国連の平和外交

Peacemonger

マラック・グールディング 著
Marrack Goulding

幡新大実 訳
Omi Hatashin

東信堂

献辞

アーヴィン・グールディング（一九一〇〜二〇〇〇）

私は、この海軍士官、裁判官、博識で 慈愛深き 父から、大切であると分かっていることの ほとんどを教わった。本書の ある章の初期の草稿を「驚異的に退屈」と評して、本書執筆にも、大いに貢献して下さった。

スーザン・グールディング（旧姓ダルビアック）

勇気と愛をもって 私に よく尽くしてくれた。本書に描かれた大冒険の間、私は 励まされ、慰められた。

本書は この二人に捧げる。

推薦の言葉

京都大学名誉教授　香西　茂

著者のグールディング氏は、長期にわたり勤めた英国外務省の外交官の職を辞した後、一九八六年に国連の事務局にはいり、「特別政治問題担当の事務官」という要職に就いた。国連事務局の中枢部局のトップの職である。その後七年間にわたり、氏は国際公務員として世界の主要な地域紛争の和平斡旋活動に奔走、十一件にのぼる国連平和維持活動（ＰＫＯ）の立ち上げに尽力することになる。本書は、この間における国連事務局の幹部職員としての豊富な経験を綴った貴重な回想録である。

ふつう、国連活動を知るための情報源は、公式記録として安保理事会や総会等の主要機関の議事録や決議集、あるいは国連事務総長の報告書といった文書類であるが、これらの公式文書では窺い知ることのできない舞台裏の動きを生き生きと伝えてくれるものに、担当の幹部職員による回想録がある。本書によって、国連に関するまた一つの貴重な情報源が加わったことは喜ばしい限りである。

私がグールディング氏にはじめてお会いしたのは、一九八八年の秋の頃であった。因みにこの年は、国連の平和維持活動に対してノーベル平和賞が与えられた年である。東京で開催された国際シンポジュウムに、私はパネリストとしてグールディング氏と同席した。たしか、そのときの会議のテーマは、「国連の和平斡旋（peacemaking）の役割」であったが、私が同氏に向かって、「調停や仲介という仕事は、強制力によらず、あくまで説得によって紛争当事者から譲歩を引き出すという厄介な試みですから、相当の高等技術が要り、ご苦労も多いことでしょうね」と水を向けたところ、温厚そうなグールディング氏の口から、次のような述懐が漏れたのが忘れられない。「紛争の仲介者というのは、当事者の側から、片方の肩を持つ不公正な態度だとか、無能者だとか、いろんな非難・中傷をうけるものです。そんなときは、家に帰りウイスキーでも飲んで憂さを忘れ、また出直すことですね」。

こうした苦労話や本音は、本書のいたるところに散見する。そこでは、平和維持活動の実施過程で生じた種々の軋轢、たとえば、グールディング事務次官と、その上司であったデ・クエアル事務総長との確執を含む人間関係の縺れ、日本の官庁間の縦割り行政に似た、事務局の部局間の激しい権限争いについて、大胆率直な描写がなされている。しかしそのような回想の記述においても、氏が国際公務員時代に身に着けた「公平性」「中立性」の態度が少しも失われていないのに読者は気づくであろう。彼は自らの犯した過去の過ちを率直に認め、逆に、昔争った相手の主張に正当性があることを謙虚に認めている。こうした寛容さには、好感がもたれる。「公平さ」の点で、とくに印象深いのは、中東問題に関する超大国の外交姿勢に向けられた著者の批判であろう。すなわち、中東のある国（イスラエル？）の核兵器保有の疑惑については目をつぶりながら、別の国の大量破壊兵器については仮借ない追及の手を緩めない米国の態度は「ダブル・スタンダード」のそしりをまぬかれない、といった指摘である。

本書は、著者が体験した国連活動についての単なる「履歴書」にとどまらない。本書の冒頭部分で、国連の紛争解決メカニズムについての理論的な分析がなされており、加えて、最後の章では、ＰＫＯの実践に著者が学んだ幾多の教訓が列挙されている。これらの教訓は、研究者にとっても、実務家にとっても、示唆に富んだ貴重なものであり、本書の学術的価値を高めている。

最後に、多くの専門用語を散りばめた本書は必ずしも分かりやすい内容のものではないが、読者の理解を少しでも高めるために訳者自身が加えた多くの脚注が有益である。また、できるだけ平易な翻訳にしようと努められた訳者の労苦を多としたい。

本書を国連研究者や外交関係の実務家のみならず、国際問題に関心を持つ一般の方々にもひろく薦める次第である。

はじめに

本書は、私が国連幹部職員として平和維持活動を担当した一九八六年から一九九二年までの七年間について、記録したものである。「平和維持」とは、国際的に軍・警察要員を集めて、紛争を防ぎ、抑制し、その解決をはかる手助けをすることである。平和維持活動とは、紛争当事者が同意しなければ行うことができず、紛争当事者に押しつけることはできない。平和維持の任務とは、戦争をやめさせることでもなければ、国際社会の意志を押しつけることでもない。それは、例えば、和平交渉を成功させるために必要な諸条件を整えたり、交戦当事者が和平に合意したあと、和平を実現するのを手助けしたりすることなのである。

本書は、私の個人的な経験をもとにしているため、紛争一つ一つの記述は断片的なものにならざるを得ない。どの紛争も、私が国連に着任するはるか前から続いてきたものであり、私の仕事などホンのつなぎ役に過ぎなかった紛争もいくつかある。従って、本書を映画にたとえるならば、映像がブレたり、時折完全に消えてしまったりするので、観客（つまり読者諸賢）は、映っている一コマ一コマから、物語を再構築する必要がある。そこで、本書は、紛争一つ一つの起源と歴史を要約し、私が直接関与したためもっと詳しく書くことのできる部分は別として、そうでない部分が、全くの空白の期間になってしまわないよう、簡潔に解説をつけ加えることにした。

私が平和維持活動に携わった七年の間には、冷戦が終り、そのため、冷戦が煽ってきた数々の紛争など、長期化していた紛争をいくつか国際的に解決する機会が生まれた。この結果、この七年間に平和維持活動は急速に拡大、増加した[一]。一九八六年当時、国連平和維持隊は世界中の五ヶ所に配置され、約一万人の制服人員が従事していたのに対し、それから七年経って一九九三年始めには、配置場所は一三ヶ所、従事する軍・警察要員は約五万人を数えるに至った。年間予算も、二億四千万ドルから二七億ドルに膨れ上がった。この七年の間の平和維持活動の成功例、失敗例から学ぶべきことを学んでいれば、その後さらに一層忙しさが増した時でも、どういう風に仕事をすればよいのかが分かっていた筈であった。しかし、過去の教訓から学ぶということは、十分にはなされず、ソマリア、ルワンダ、そしてボスニアで、惨事がくり広げられることになった。

そこで、本書は、全体として自伝の体裁をとるが、その織物の中にさらに二本の糸を織り込むことにする。その一本目

一　訳註、附録3の諸表を参照。

の糸は、冷戦終結後に国連がとり行った三つの平和活動[二]の詳しい解説で、その三つの活動とは、冷戦終結によって開かれた紛争解決の機会をどう捉え、同時にそれに伴う危険をどう回避するか、私達の腕を磨く、いわば実験室の役割を果たしたものである。その三つの活動現場は、まずナミビアで、国連は、初めて紛争当事者が、紛争の包括的政治的解決のための協定を履行するのを手伝った。次に、中米（ニカラグアとエルサルバドル、後にグァテマラでも行われた）で、国連は、東西冷戦の代理戦争になっていた三つの内戦を解決するのに指導的役割を果たした。そして、ユーゴスラビアで、国連は、連邦制国家が解体するとき、あるいは国家が崩壊するときに必ずといってよいほど発生する恐ろしい複雑な戦争に直面することになった。

　二本目の糸とは、この七年間の国連の働きぶりから学ぶべき教訓を考え、どうすれば国連の平和活動をもっと効果的なものにすることができるか考えることである。この考察から導き出される訓戒のほとんどは、国連事務局[三]よりは、国連加盟国の各国政府に対して発せられる。これは、国連の政策を決定するのは加盟国各国の政府であり、国連事務局の政策実行能力を、大きく左右するのは、決して「完全に」とまでは云わないが、やはり加盟国各国の政府の作為、不作為であるからである。

　この平和維持活動の評価という作業の中で、私は、本書を執筆する上で、最大の難問につきあたる。国連職員一人一人の働きぶりについて、どの程度率直であるべきか？外交官が回顧録を執筆する際には、こういう事柄については、特に同僚については、「努めて慎重に注意深く抑制的であるべし」との風習がある。私も当初は、この風習に従うのが自然であると感じていたが、書き進めるにつれて、私自身を含めて、国連職員一人一人の働きぶりについて率直に書かなければ、導き出すべき結論も、国連の有効性を高めるための訓戒も、中途半端なものにならざるをえないことが、明白となってきた。もし、私の見解が、一緒に働いてきた同僚たちに批判の矛先を向けることになる場合は、私たちが働いてきた国連機構のことをもっと沢山の人に知ってもらうために、また、私たちの犯した間違いが将来二度とくり返されることのないようにするために、私はどうしても書かなければならなかったのだと、ご理解いただいて、ご寛恕を願いたい。

　本書は、沢山の方々のご協力があって初めて執筆できた。

二　訳註、元、米国政府の用語で二〇〇〇年のPanel on United Nations Peace Operations（国連平和活動に関する独立検討委員会）の「ブラヒミ報告書」にも現れ、平和維持活動より広い。

三　訳註、The Secretariat は公定訳では事務局である。その中のdepartment も局と訳す慣例に注意。

まず、出版社ジョン・マレーのグラント・マッキンタイア氏とそのチームの皆さんは、本の執筆など全くド素人の私を辛抱強く手引きしてくださり、おかげで、悪夢になりかねないところが、楽しく実りあるものにすることが出来た。また、沢山の同僚や友人には、完成に至るまで数々の草稿に目を通し、助言して頂き、特に、率直に私の原稿の問題点を指摘して下さった方々の貢献は特筆に値する。私は、正確に覚えていないことがらについて、時折、電子通信で確認をお願いすることがあったが、実際に返信して頂いた数十名の方々には、感謝に耐えない。最後に、私は、本書を執筆する間、セント・アントニーズ・カレッジの先生方や学生諸君、ならびに、私の家族と友人たちを、放ったらかしにしていたのであるが、不平ひとつこぼさず辛抱してくれたことに、敬意を表したい。

　国連についての議論は、加盟国各国の政府組織についての議論と同様、略称・略語に汚染されている。特に、国連平和維持活動は、頭文字だけを綴った略称で呼ばれるのが常である。私は、できるだけ、略称を使わないように努めたのであるが、それでも沢山出てくる。そこで、巻末の附録1に国連独特の略称・略語の説明を[四]、附録2に一九四八年から一九九六年にかけて設置された国連平和維持活動を全て網羅した表を掲載した[五]。本書には、沢山の人物が登場するので、登場人物一人一人の説明を附録3[六]に載せた。

　本書の執筆は、個人的には、懐かしい昔の経験を振り返ることが出来て楽しいものであった。読者諸賢にとっては、読んで楽しいだけではなく、いろいろ勉強になったと思っていただけるように心掛けたつもりである。そして、異国に渡って戦争を防ぎ、抑制し、解決しようと働いてきた人達、そして、その途中で非業の死を遂げていったあまりにも沢山の人達のためには、本書をもって、その勇気と献身的努力を世にたたえ、同時に、この血なまぐさい、おぞましい国際関係の現実の中で、平和維持活動とは、いろいろ問題点、欠点はあるけれども、国連憲章に掲げられた崇高な目的と見事に合致した倫理的な活動であることを、世に訴えかけることができれば、幸いである。

二〇〇一年一二月

英国オックスフォードにて

原著者

四　訳註、邦訳本文には略称を用いなかったので、附録1には国連機構図を載せ、附録2の平和維持活動の表に各活動の略称を入れた。

五　訳註、邦訳では二〇〇四年五月現在までの全ての活動を掲載した。

六　訳註、邦訳では附録4に順序を変更した。巻末。

訳者まえがき

本書の表題は英語では**PEACEMONGER**という。これは戦争で金を儲ける**WARMONGER**（戦争屋）の対語である。「戦争屋」とは、別名「死の商人」。米国では、第二次世界大戦と朝鮮戦争というたて続けの外地での戦争の中で、軍部と軍事産業が癒着し、隠然たる政治的影響力を持つに至った事態を、アイゼンハワー大統領が離任に当り「軍産複合体」と呼んで警戒を呼びかけた。この「軍産複合体」も戦争で金儲けをする利権集団、つまり「戦争屋」の別名であり、連合軍のヨーロッパ戦線最高司令官として本物の戦争のおぞましさを体験したアイゼンハワーは、戦争で銭儲けをする「戦争屋」を忌み嫌い、そのようなものが、世界最強の米国政府を乗っ取りつつあることに警鐘を鳴らした。その後、ベトナム戦争を経て、米ソ冷戦の影でアジア・アフリカ・中南米（いわゆる「第三世界」）の各地で武力紛争が続く中、「軍産複合体」は政・官・学をも巻き込んで成熟した「戦争屋」として驚異的な膨張を続けていったとされる。

　原著者グールディング氏は、自分はこういうものと全く反対の**PEACEMONGER**（平和屋）、つまり、平和のために働いて給料をもらっていた者であると云って、これを表題にした。国連では安保理常任理事国からは事務総長は出さないという不文律のもと、英国人グールディング氏は事務総長にはならなかったが、平和維持活動の元締めの事務次長として「国連ナンバー2」とも云うべき地位にあった。例えばペレ＝デ＝クエヤルとコフィ・アナンの二人の事務総長が、まずグールディング氏と同じ事務次長職についてから事務総長に昇格している。「平和屋」とは、氏のこの職業を英国風に「控えめ」に表現したものとも云える。

　しかし、本書の日本語の題名としては、「平和屋」は語弊が多く、何のことかよく分からないという批判があった。そこで、原著者の経歴や本書の内容に鑑みて『国連の平和外交』という邦題をつけることにした。

　まず、グールディング氏の国連平和維持活動担当事務次長としての立場は、同じ英国人であったブライアン・アークハート氏の後継であった。本書は、その意味で、アークハート氏の著書 ***A Life in Peace and War*, Weidenfeld and Nicolson, London, 1987**（日本では、中村恭一訳『炎と砂の中で―PKO、国連平和維持活動に生きたわが人生』毎日新聞社、一九九一年）の続編とも云える。本書はアークハート氏の著書と同様に極めて率直に国連と国連関係者のありのままの姿が描かれており、この率直さ、正直さこそ、アークハート氏の名著と同様、本書の一つの価値である。しかし、グールディング氏は、軍人出身のアークハート氏と違って、外交官出身である。平和維持活動とは、軍事力を「戦闘的」にではなく「外交的」に使う活動という説明が一般的によくなされる。外交官グールディング氏はこのことをよく自覚した上で、国連に入って平和維持活動を担当した。また、アークハート氏が一九八六年に国連平和維持活動から離れた直後にその著書を執筆・刊行したのと違い、グールディング氏は国連平和維持活動局を一九九三年に離れた後、より外交的色彩の濃い国連政治局長を四年間勤め、一九九七年にオックスフォード大学の国際関係専門の大学院カレッジであるセント・アントニーズ・カレッジの学長となってから本書を執筆し、二〇〇二年に刊行した。つまり英国外務省と国連での外交実務に加えて、国連を離れた後の激動する国際関係を見据えながら、英国最先端の国際関係研究者との交流を通じて、将来のための教訓を導き出すために時間をかけて書かれた作品である。その意味で、本書は、単に国連平和維持活動の記録としてアークハート氏の著書の「続編」であるだけでなく、外交的側面、特に平和維持活動の傍らにおける和平交渉などにも含蓄が深く、導き出された教訓には今日的・将来的意義が大きい。

グールディング氏が平和維持活動を担当した時期は、ちょうど冷戦が終わり、国連の平和維持活動が急増し(附録3参照)、質的な変容を遂げつつあった時期であった。日本が平和維持活動に本格的に参加し始めた時期でもあった。グールディング氏の時代に、国連としては事実上初めて、平和維持活動をもって「包括的」和平の実現を見守るという、高度な外交的手腕を必要とする総合的で大規模な平和維持活動を本格的に実施するようになった。この時代のナミビアや中米での活動は特にその後の模範例となったと云って過言ではない。防止型の平和維持もグールディング氏の時代のものであり、和平斡旋と平和維持と紛争後の平和構築を包括的に捉えるやり方も、氏の時代に本格化したものである。

同時にグールディング氏の時代に、平和維持軍に強制行動を採らせたり、あるいは多国籍軍による強制行動と並行して平和維持活動を行うという、平和維持活動の性格を根本的に変えるような動きも出始めた。平和維持軍による強制行動に関しては、国連史上は、例えば一九六〇年代初頭のコンゴ国連軍で経験済みであり、決して新しい話ではない。しかし、特に「人道」の名を冠した強制行動への誘惑の前に、これほど長く動揺が続いている時代はない。グールディング氏の転任後に一旦伝統的な平和維持活動への回帰現象が見られたが、近年再びグールディング氏が旧ユーゴスラビアやソマリアで経験したような平和維持活動と強制行動の組み合わせがコンゴ民主共和国やシエラレオネなどで再発しており、本書に綴られているグールディング氏の経験は、この意味でも決して現代性を失っていない。

グールディング氏は自身が平和維持活動を担当していた時期の活動を振り返るに当って、転任後から執筆時（二〇〇一年末）に至るまでの東チモールやコソボ自治州、あるいはシエラレオネ等におけるより新しい活動にも目を配っている。その意味で、本書は、より視野の広いバランスの取れた記述ができていると思われる。

実はグールディング氏は、ソマリアと旧ユーゴスラビアで、平和維持活動と強制行動とは両立不能であるという伝統的立場を保とうとして、その為に平和維持活動の任務から解かれたと解釈できる節がある。ただ、グールディング氏自身も、特に一九九四年のルワンダの教訓、つまり強制行動が必要な事態に迅速に対応できなかったことへの反省からか、人道的な理由に基づく強制行動について、かなり意見が揺れている所がある。

歴史的に見ると、元来、脱植民地化の過程で発達してきた平和維持活動は、一九九〇年代に入ると、独立国が内乱や無政府状態に陥る過程で実施されることが多くなった。グールディング氏の時代は、中小国が脱植民地化を助ける平和維持から、強国が自立性を失った国へ介入する平和維持への移行期であったと位置づけることもできるかもしれない。一例として、安保理常任理事国、特に旧植民地宗主国の軍隊の参加は、昔は不文律で禁止されていたが、それが全く守られなくなったことが挙げられる。また、うがった見方をすれば、平和維持とは「戦争屋」が好き勝手に戦争を起こして歩いた後の尻拭いを押し付けられているだけではないか、という悲しい現実も見え隠れする。グールディング氏は、外交官らしく「第三世界」の視点も忘れず、転換期の国連内部と国連をとりまく状況を客観的に描き出すことも忘れていない。国連の転換期は、現在もなお続いている。

また、グールディング氏は、平和維持活動ではないが、第七章で自身が直接関与した中東における人質・拉致事件を取り上げている。この章は、最近のイラクでの問題はもとより、北朝鮮の拉致事件についても、どういう対応が必要とされているのかを考える上で、極めて示唆に富んでいる。

日本では国連や国連平和維持活動というものは、その時々の米国政権がどう扱うかに従って、一過的に激しく評価が上がり下がりし、自衛隊に関する国策に大きく影響される。しかし、国連であれ、その平和維持活動であれ、地味ではあるが簡単になくなるものではない。一定の価値があると同時に、制約があり、危険性も孕んだものであり、その現実のありのままの姿を、幻想も抱かず、軽視もせず、長期的かつ多角的な視野から冷静に落ち着いて観察し、理解し、評価し、日本の対応を考えていくことが大切である。その目的のためには、本書は大きな意義があるであろう。

訳者はオックスフォード大学のセント・アントニーズ・カレッジに色々な形で足掛け五年間ほど所属したが、ちょうどグールディング氏が同カレッジで本書を執筆されている時であった。グールディング氏は、もと英国の外交官であったが、英国の国益を離れて、もっと大きな世界平和の為に、国際社会の共通の利益のために、自分の外交的才能を活かしたいと志し、英外務省を離れて国連に入り、国際公務員としての立場から外交的に活躍した。その率直かつ具体的な記録が本書である。訳者は、ここに日本が国際社会を渡っていく上で、国力を笠に着て威張るいわゆる「大国」の外交とは別の外交の姿を探し出す糸口があると思い、是非、日本の読者にも読んでもらいたいと考えた。これが翻訳の初志である。

グールディング氏はエリート官僚出身でありながら、どこか人間的な温かみを感じさせる人である。日本と違って法学部ではなく、大学では人文、即ちギリシャ語・ラテン語を学んで外務省に入った。今は英国でも失われつつある本物の良い教育を受けた人という感じがする。真直ぐで、外交官の資質としては人間的魅力というものが重要だという、ある意味で当り前のことを改めて思い知らされた。決して「やり手」「豪腕」あるいは「裏技師的」外交官ではないが、本書からもややもすれば忘れがちな大切な正攻法の外交というものを、様々な具体的場面でのコメントから読み取ることができるであろう。

グールディング氏は「はじめに」の中で、セント・アントニーズの院生諸君を「放ったらかし」にしていたとしているが、これは英国流「控えめ」表現の一つで、原稿のチェックを任された院生、昼食時のセミナーを持たされた院生などもあっただけでなく、カレッジの運営にも大変熱心な方であり、前の学長さんの頃と比べてカレッジの様子がガラッと一変したことが一目瞭然であった。その影響は、秘書や事務員の態度にまで及んでいた。

本書は、具体的に詳述されている国連平和維持活動ばかりにとらわれることなく、もっと高い次元で、世界は、そして国連はどうなっているのか？あるいはあの時どうなっていたのか？日本のあるべき外交とは何か？あるいは何だったのか？日本は国際関係をどう渡って行くべきか？国連とはどう付き合っていくべきか？あるいは自分はどんな外交官になりたいか？どういう国際貢献がしたいか？などと考えながら、その参考にするためにも読んでいただきたい。きっと、訳者が気付かなかったような価値を見出す読者も現れるであろうし、見かけは煌びやかではないが、いぶし銀のような、味わいのある一読となるであろう。

さらに専門的に興味のある読者は、そして本書の第2章に戸惑いを覚える読者は特に、東信堂から二〇〇三年に刊行された山手治之・香西茂編『21世紀国際社会における人権と平和―国際法の新しい発展をめざして』の下巻『現代国際法における人権と平和の保障』に所収の香西茂「国連による紛争解決機能の変容―『平和強制』と『平和維持』の間―」を参照するとよい。古典的教科書として香西茂『国連の平和維持活動』有斐閣（一九九一年）も合せて参照すると極めて有益である。

訳者識

二〇〇四年一二月

オックスフォードにて

附録1a　国連組織網の機構図

（国際司法裁判所と事務局と信託統治理事会を除く）
（文責訳者）

安保理

軍事参謀委員会
平和維持活動
（附録２参照）
他

総　会

主要七委員会

第五委員会（予算）
他

諸常設委員会

事務財政問題諮問
委員会
他

その他

経済社会理事会

機能委員会

人権委員会
他８つ

地域経済委員会

アフリカ
欧州
中南米カリブ海
アジア太平洋
西アジア

その他

諸計画・諸基金

国連開発計画
国連児童基金
国連難民高等弁務官
国連救援事業部（近東パレスチナ難民）
他

専門機関

国際労働機関
食糧農業機関
国連教育科学文化機関
世界保健機関

世界銀行グループ
国際通貨基金
他９機関

附録1b　国連事務局機構図（文責筆者）

ペレ＝デ＝クエヤル時代（1982–1991）

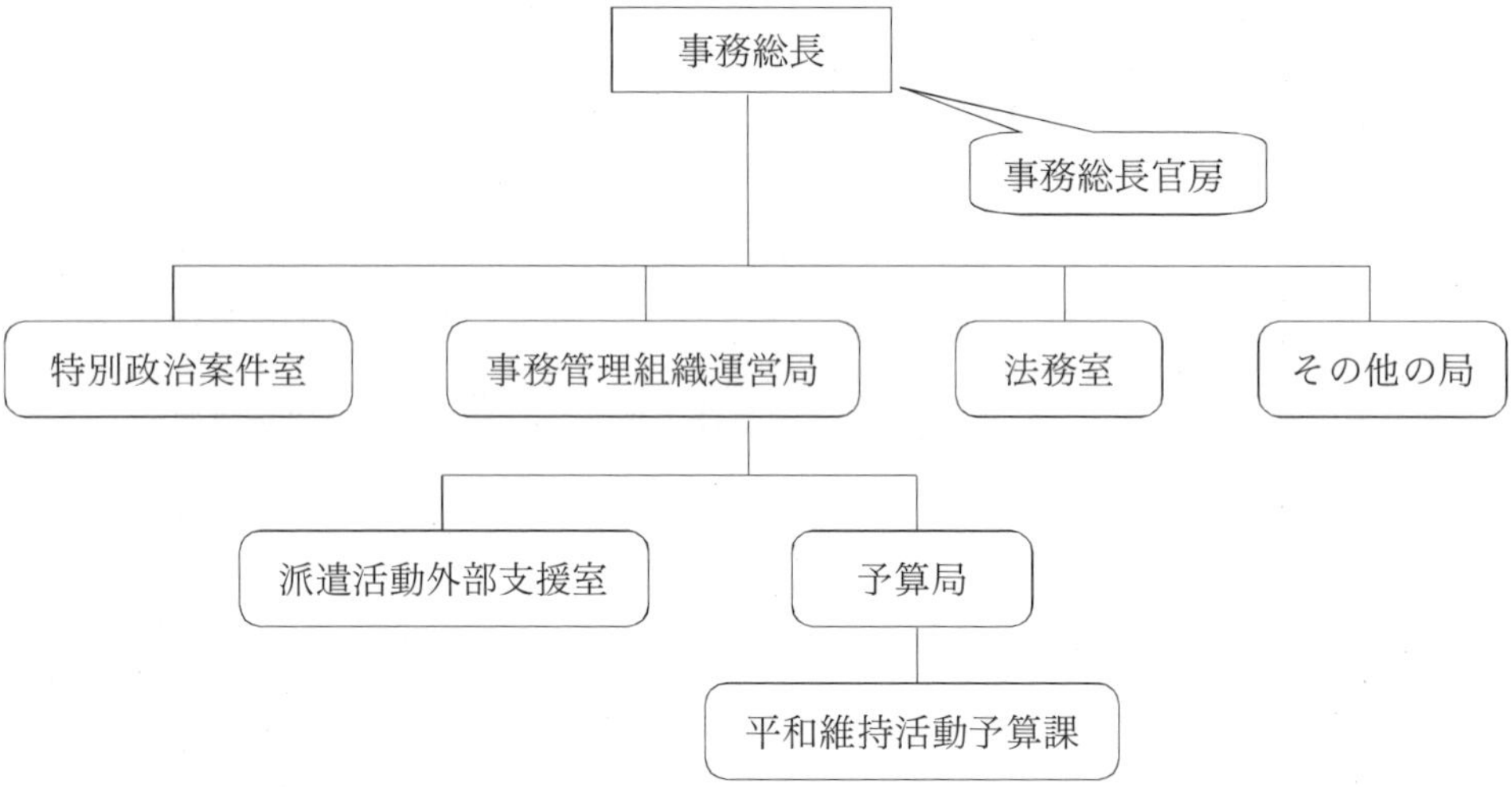

ブートロス＝ガリ時代（1992–1996）

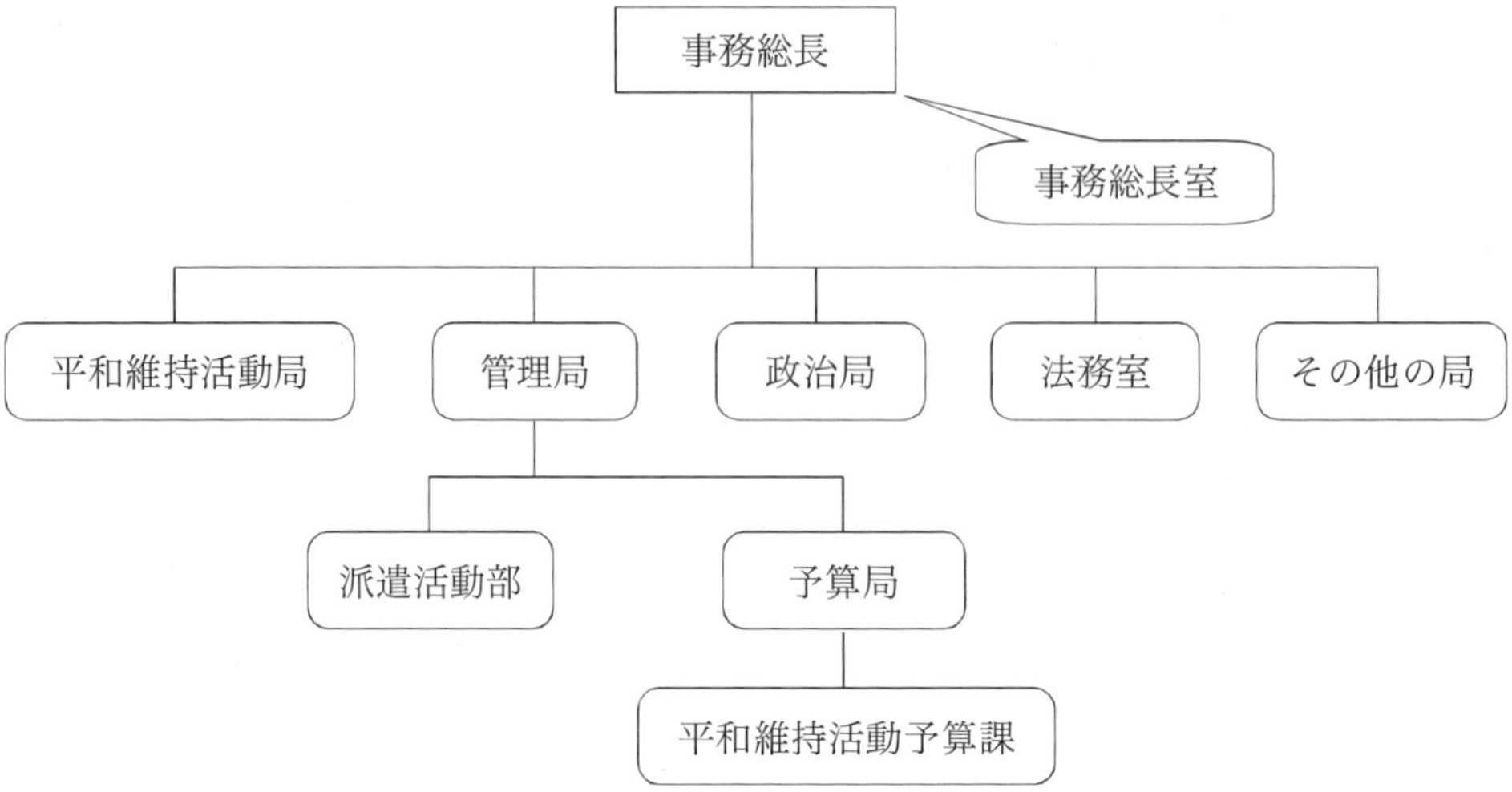

附録2　国連平和維持活動　1948–2004（年代順）

名　称	略称	時期	類型	場所
国連休戦監視機構 UN Truce Supervision Organisation	UNTSO	1948–	伝統	地中海東岸とエジプト
駐インド・パキスタン国連軍事監視団 UN Military Observer Group in India and Pakistan	UNMOGIP	1949–	伝統	インドとパキスタン（ジャム・カシュミール州）
第一次国連緊急軍 First UN Emergency Force	UNEF I	1956–1967	伝統	エジプトとガザ地区
駐レバノン国連監視団 UN Observer Group in Lebanon	UNOGIL	1958	伝統	レバノン
コンゴ国連活動（軍） Opération des Nations Unies au Congo	ONUC	1960–1964	複雑	コンゴ（後ザイール）
国連臨時行政権力と国連保安軍 UN Temporary Executive Authority and UN Security Force	UNTEA/ UNSF	1962–1963	多機能	西イリアン（インドネシア）
国連イエメン監視使節 UN Yemen Observation Mission	UNYOM	1963–1964	伝統	イエメンとサウジ・アラビア
駐キプロス国連平和維持軍 UN Peacekeeping Force in Cyprus	UNFICYP	1964–	伝統 ⇒複雑	キプロス 1974⇒
駐ドミニカ共和国国連事務総長代表部 Representative of the Secretary-General in the Dominican Republic	DOMREP	1965–1966	伝統	ドミニカ共和国
国連インド・パキスタン監視使節 UN India-Pakistan Observation Mission	UNIPOM	1965–1966	伝統	インドとパキスタン
第二次国連緊急軍 Second UN Emergency Force	UNEF II	1973–1979	伝統	エジプト
国連兵力引き離し監視軍 UN Disengagement Observer Force	UNDOF	1974–	伝統	シリア（ゴラン高原）
駐レバノン国連暫定軍 UN Interim Force in Lebanon	UNIFIL	1978–	伝統 ⇒複雑	レバノン南部
遣アフガニスタン・パキスタン国連周旋使節 UN Good Offices Mission in Afghanistan and Pakistan	UNGOMAP	1988–1990	伝統	アフガニスタンとパキスタン

連イラン・イラク軍事監視団 UN Iran-Iraq Military Observer Group	UNIIMOG	1988-1991	伝統	イランとイラク
第一次国連アンゴラ検証使節 UN Angola Verification Mission	UNAVEM I	1989-1991	伝統	アンゴラ
国連移行支援団（軍） UN Transition Assistance Group	UNTAG	1989-1990	多機能	ナミビア
在中米国連監視団 Grupo de Observadores de las Naciones Unidas en Centroamérica	ONUCA	1989-1992	伝統	中米
国連イラク・クウェート監視使節 UN Iraq-Kuwait Observer Mission	UNIKOM	1991-2003	伝統	イラクとクウェート
第二次国連アンゴラ検証使節 UN Angola Verification Mission II	UNAVEM II	1991-1995	多機能 ⇒複雑	アンゴラ 1992年10月⇒
遣エルサルバドル国連監視使節 Misión de Observadores de las Naciones Unidas en El Salvador	ONUSAL	1991-1995	多機能	エルサルバドル
遣西サハラ国連住民投票使節 Mission des Nations Unies pour l'organisation d'un référendum au Sahara Occidental	MINURSO	1991-	多機能	西サハラ
遣カンボジア国連先遣使節 UN Advance Mission in Cambodia	UNAMIC	1991-1992	伝統	カンボジア
国連保護軍 UN Protection Force	UNPROFOR	1992-1995	伝統 複雑 防止	クロアチア ボスニア マケドニア[1]
在カンボジア国連暫定権力機構（軍） UN Transitional Authority in Cambodia	UNTAC	1992-1993	多機能	カンボジア
第一次在ソマリア国連活動（軍） UN Operation in Somalia I	UNOSOM I	1992-1993	伝統	ソマリア
在モザンビーク国連活動（軍） Opération des Nations Unies au Mozambique	ONUMOZ	1992-1994	多機能	モザンビーク

1　1995年３月31日、旧ユーゴスラビア構成共和国のクロアチアとマケドニアでの活動が分離、同年12月、ボスニア・ヘルツェゴビナに残存していた国連保護軍も改組された。

第二次在ソマリア国連活動（軍） UN Operation in Somalia II	UNOSOM II	1993– 1995	強制	ソマリア
ウガンダ・ルワンダ国連監視使節 UN Observer Mission Uganda-Rwanda	UNOMUR	1993– 1994	伝統	ウガンダとルワンダ
遣グルジア国連監視使節 UN Observer Mission in Georgia	UNOMIG	1993–	伝統	グルジア（アブハズ自治共和国）
遣リベリア国連監視使節 UN Observer Mission in Liberia	UNOMIL	1993– 1997	複雑	リベリア
遣ハイチ国連使節（軍） UN Mission in Haiti	UNMIH	1993– 1996	多機能	ハイチ
ルワンダの為の国連支援使節（軍） UN Assistance Mission for Rwanda	UNAMIR	1993– 1996	多機能	ルワンダ
国連アウズ地帯監視団 UN Aouzou Strip Observer Group	UNASOG	1994	伝統	チャドとリビア
遣タジキスタン国連監視員使節 UN Mission of Observers in Tajikistan	UNMOT	1994– 2000	伝統	タジキスタン
第三次遣アンゴラ国連検証使節（軍） UN Verification Mission in Angola III	UNAVEM III	1995– 1997	伝統	アンゴラ
国連信頼回復活動（軍） UN Confidence Restoration Operation	UNCRO	1995– 1996	伝統	クロアチア
国連予防配備軍 UN Preventive Deployment Force	UNPREDEP	1995– 1999	防止	旧ユーゴ構成共和国のマケドニア
遣ボスニア・ヘルツェゴビナ国連使節 UN Mission in Bosnia-Herzegovina	UNMIBH	1995– 2002	多機能	ボスニア・ヘルツェゴビナ
東スラボニア・バラニャ・西スレムの為の国連暫定行政機構（軍） UN Transitional Administration for Eastern Slavonia, Baranja and Western Sirmium	UNTAES	1996– 1998	多機能	クロアチア
遣プレヴラカ半島国連監視員使節 UN Mission of Observers in Prevlaka	UNMOP	1996– 2002	伝統	クロアチア
遣ハイチ国連支援使節（軍） UN Support Mission in Haiti	UNSMIH	1996– 1997	多機能	ハイチ
遣グァテマラ国連検証使節 Misión de verificación de las Naciones Unidas en Guatemala	MINUGUA	1997	多機能	グァテマラ

（訳者の追加）

遣アンゴラ国連監視使節（軍） Mission d'Observation des Nations Unies en Angola	MONUA	1997-1999	多機能	アンゴラ
遣ハイチ国連暫定使節 UN Transition Mission in Haiti	UNTMIH	1997	警察	ハイチ
遣ハイチ国連文民警察使節 Mission de Police civile des Nations Unies en Haïti	MIPONUH	1997-2000	警察	ハイチ
国連文民警察支援団 UN civilian Police Support Group	UNPSG	1998	警察	クロアチア
遣中央アフリカ共和国国連使節（軍） Mission des Nations Unies en République Centrafricaine	MINURCA	1998-2000	伝統	中央アフリカ共和国
遣シエラレオネ国連監視使節 UN Observer Mission in Sierra Leone	UNOMSIL	1998-1999	伝統	シエラレオネ
遣コソボ国連暫定行政使節 UN Interim Administration Mission in Kosovo	UNMIK	1999-	多機能	コソボ自治州
遣シエラレオネ国連使節（軍） UN Mission in Sierra Leone	UNAMSIL	1999-	複雑	シエラレオネ
在東チモール国連暫定行政機構（軍） UN Transitional Administration in East Timor	UNTAET	1999-2002	多機能	東チモール
遣コンゴ民主共和国国連使節（軍） Mission de l'Organisation des Nations Unies en République démocratique du Congo	MONUC	1999-	複雑	コンゴ民主共和国（元ザイール）
遣エチオピア・エリトリア国連使節（軍） UN Mission in Ethiopia and Eritrea	UNMEE	2000-	伝統	エチオピアとエリトリア
遣東チモール国連支援使節（軍） UN Mission of Support in East Timor	UNMISET	2002-	多機能	東チモール
遣リベリア国連使節（軍） UN Mission in Liberia	UNMIL	2003-	複雑	リベリア
在象牙海岸国連活動（軍） UN Operation in Côte d'Ivoire	UNOCI	2004	複雑	象牙海岸

遣ハイチ国連安定化使節（軍） Mission des Nations Unies pour la stabilisation en Haïti	MINUSTAH	2004	複雑	ハイチ
在ブルンジ国連活動（軍） Opération des Nations Unies au Burundi	ONUB	2004	複雑	ブルンジ

参照 www.un.org/Depts/dpko/dpko/home.shtml
類型については第2章22-24頁参照。

訳註

1 以上、forceは軍、groupは団、missionは使節、operationは活動と一律に訳した。訳の下には英語略称のもとになっている国連公用語（必ずしも英語には限らない）名を記した。和訳名の後に（軍）と訳者が記載したものは、歩兵大隊を含む意味。その他は機能のところに「警察」と記されていない限り、将校からなる軍事監視団。

2 アフガニスタンの使節でgood officesを「周旋」と訳すことについては本文43頁の原註を参照。

3 国連アウズ地帯監視団UN Aouzou Strip Observer GroupのAouzouを「アオゾウ」と英語読みする人もいるが、チャドの旧宗主国フランスの綴り方で現地音を綴ったものと思われ、フランス式なら「アウズ」である。

4「東スラボニア・バラニャ・西スレムの為の国連暫定行政機構（軍）」UNTAESのWestern Sirmiumを西スレムと訳すのは、使節のフランス語名Administration Transitoire des Nations Unies pour la Slavonie Orientale, la Baranja et le Srem OccidentalのSrem Occidentalを参考にした。

5「象牙海岸」とはフランス語でコートジボワール。混迷の続くリベリアを挟んで西隣がシエラレオネ（獅子山脈）、東隣がコートジボワール（象牙海岸）。

6 ブルンジは混迷の続くコンゴ民主共和国の東隣でルワンダの南隣。

附録3　平和維持活動の多忙度

1. グールディング氏の任期中の仕事量1986～1992（帯の幅が激務度を示す）

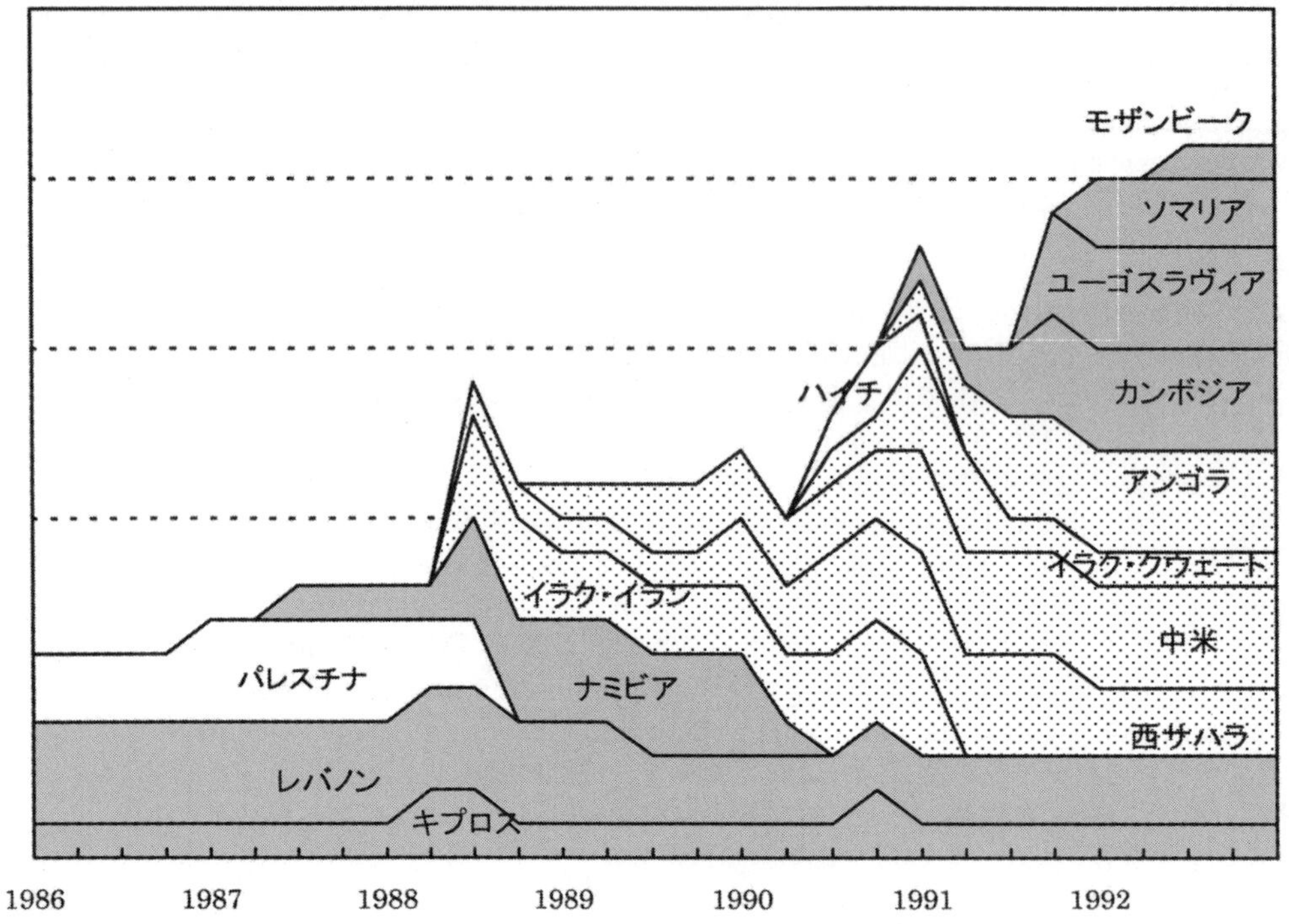

2. 平和維持隊（軍・監視団込み）の新設数と終了数1948～2004（文責訳者）

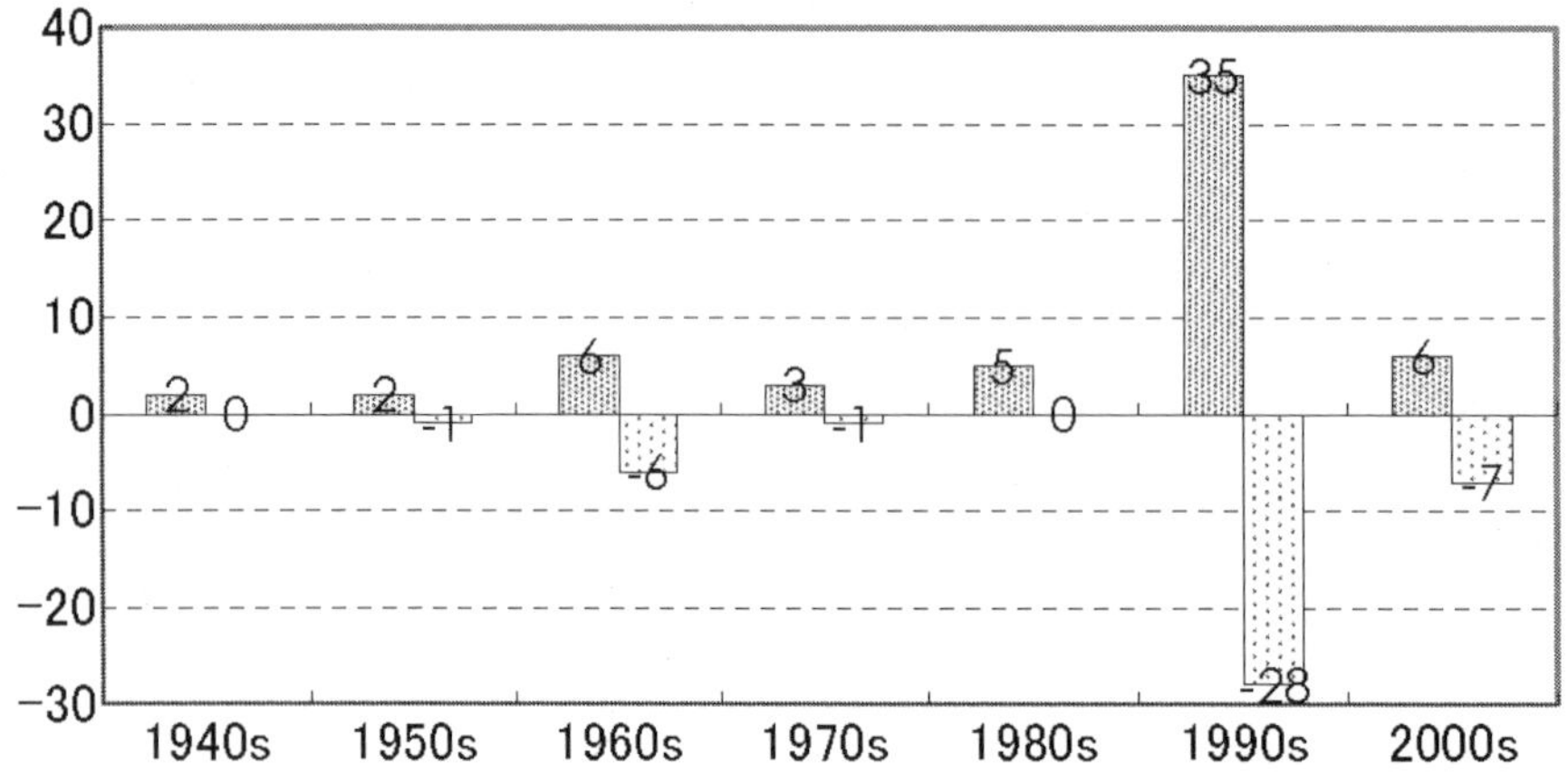

3. 実施中の平和維持活動の数の年毎の変化（2004年年頭まで）（文責訳者）

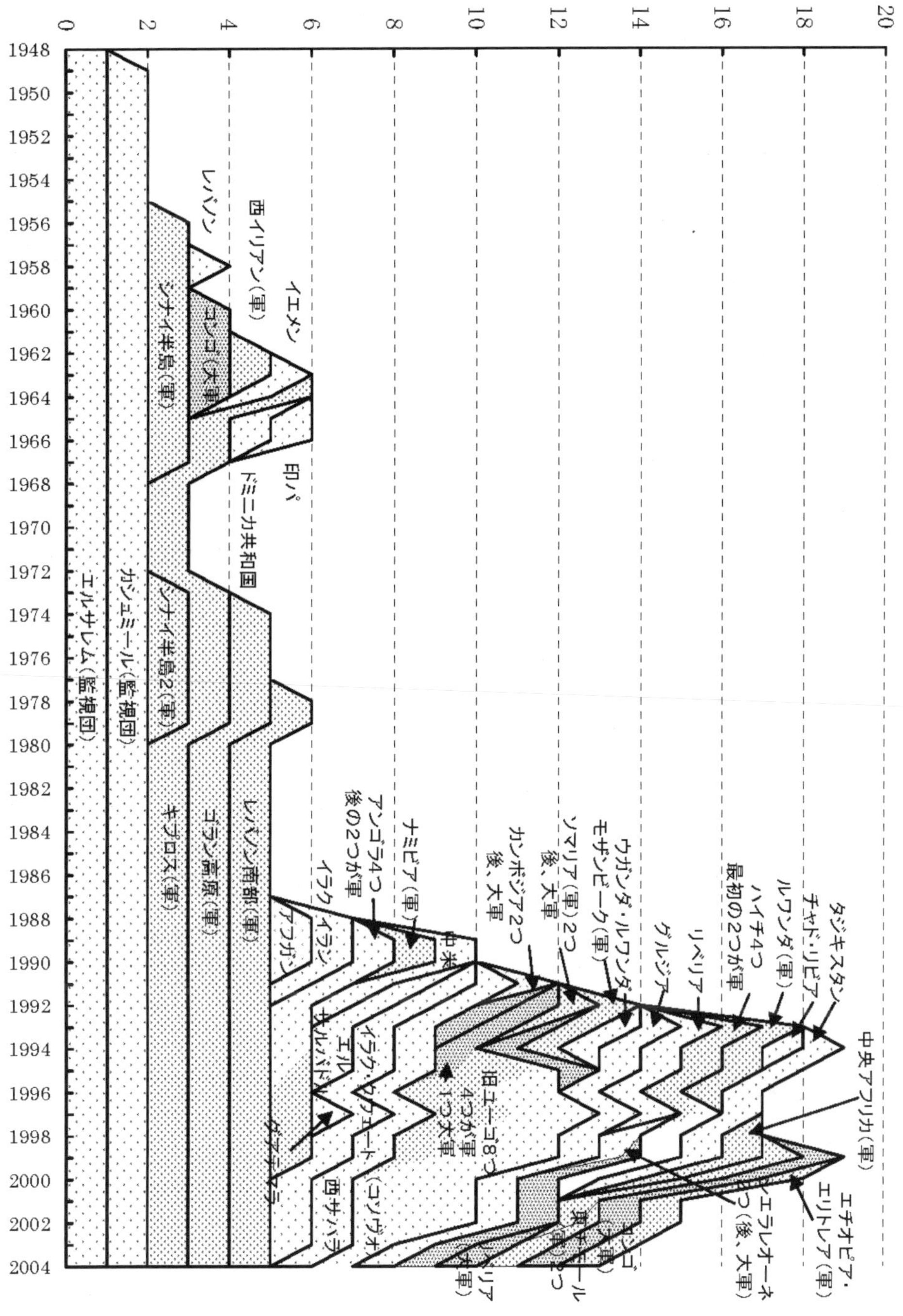

1「大軍」とあるのは歩兵1万人以上。（黒点25%）
2「軍」とあるのは歩兵1万人以下。（黒点20%）
3「監視団」は将校のみ。軍と示されていないものは監視団。（黒点5%）
4 白地（黒点0%）は文民警察。
5 同じ場所で2つ以上の平和維持隊が並存するのではなく単に交替した場合は、その年次に活動している平和維持隊の数（縦軸）には変化は示さなかった。

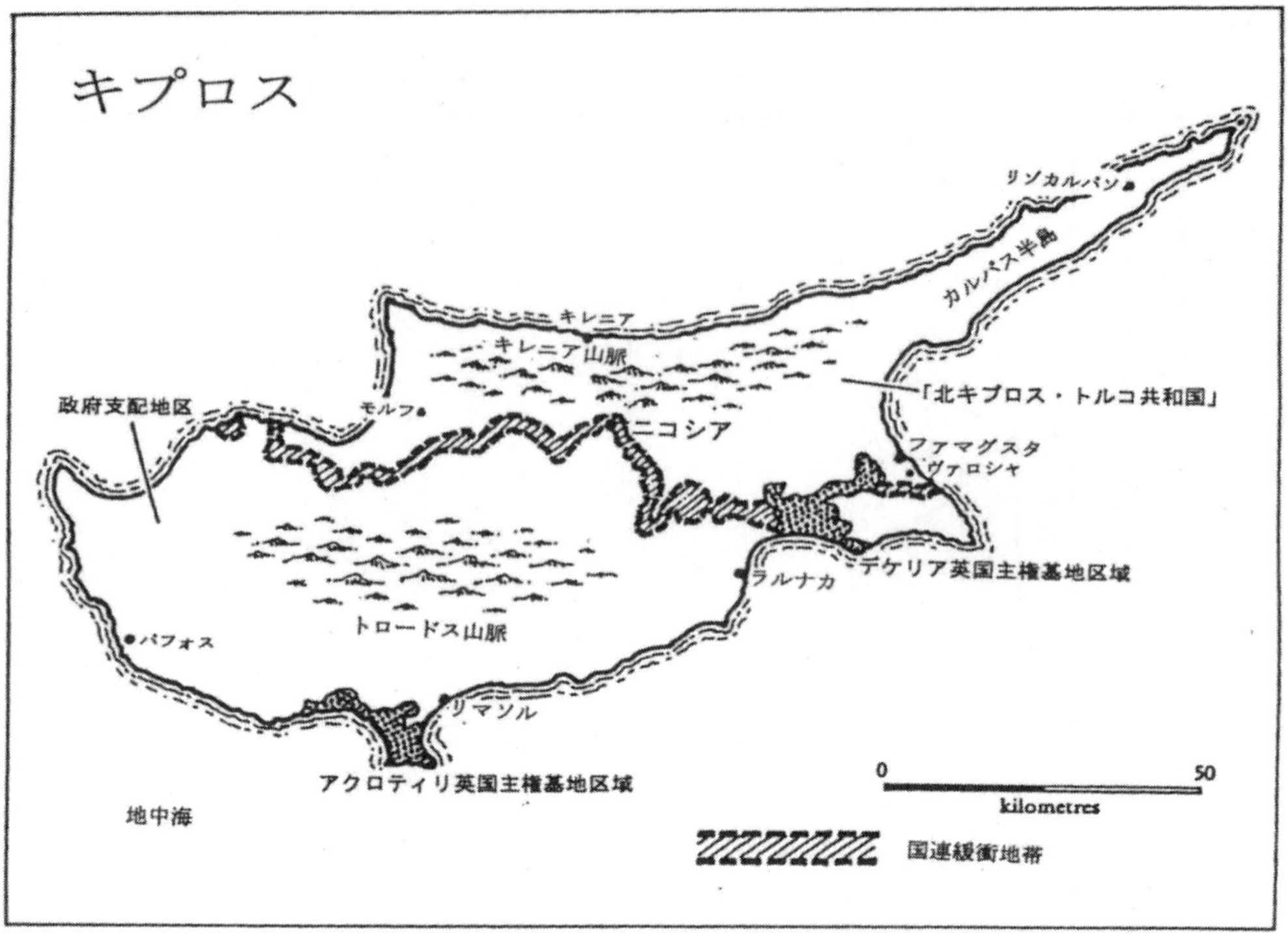
キプロス
リゾカルパソ
カルパス半島
キレニア
キレニア山脈
「北キプロス・トルコ共和国」
政府支配地区
モルフ
ニコシア
ファマグスタ
ヴァロシャ
デケリア英国主権基地区域
ラルナカ
パフォス
トロードス山脈
リマソル
アクロティリ英国主権基地区域
地中海
0
50
kilometres
国連緩衝地帯

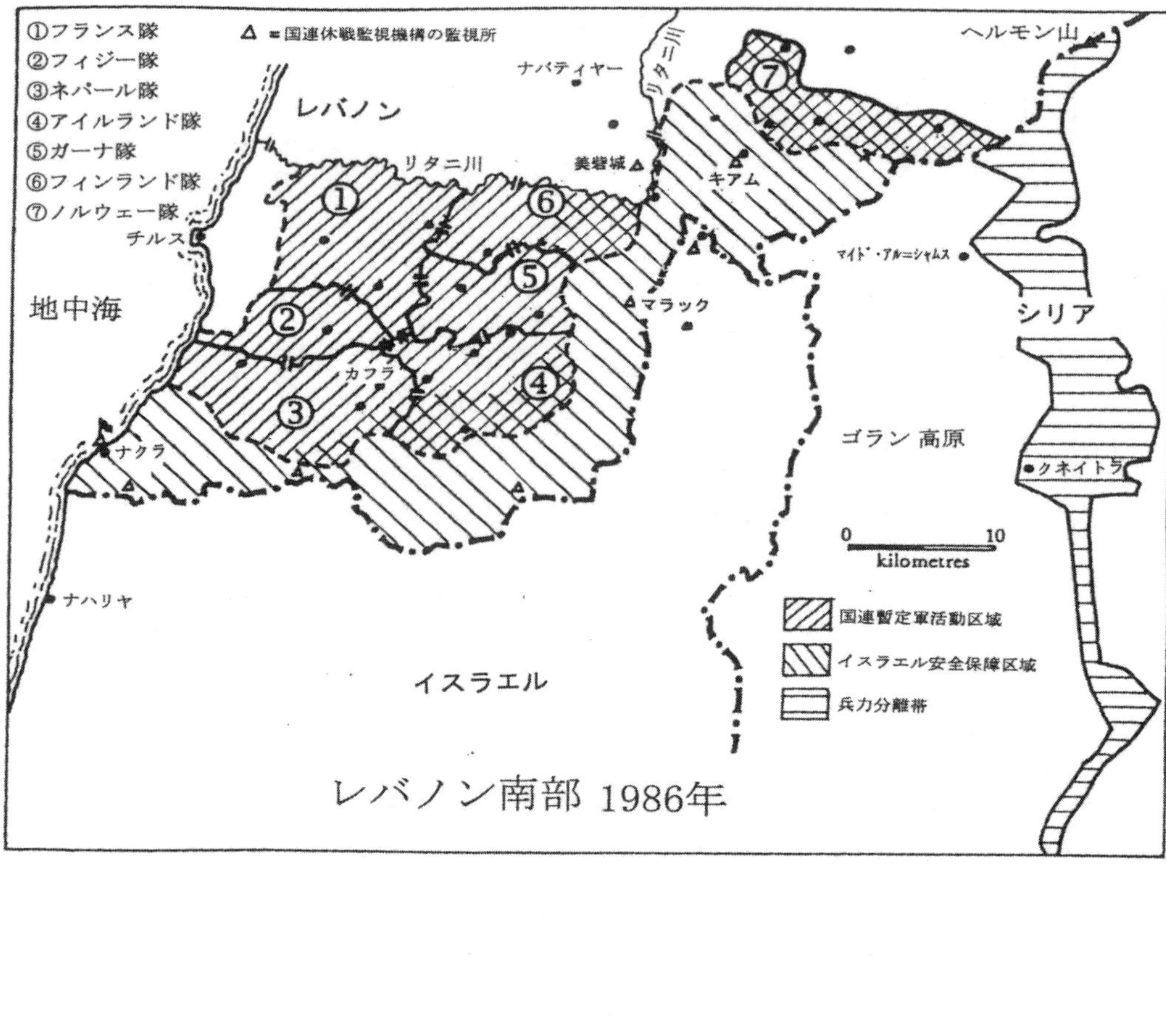
①フランス隊
②フィジー隊
③ネパール隊
④アイルランド隊
⑤ガーナ隊
⑥フィンランド隊
⑦ノルウェー隊
△＝国連休戦監視機構の監視所
ナバティヤー
リタニ川
ヘルモン山
レバノン
美砦城
キアム
チルス
マイド・アルニシャムス
地中海
マラック
シリア
カフラ
ゴラン 高原
ナクラ
クネイトラ
0
10
kilometres
ナハリヤ
国連暫定軍活動区域
イスラエル安全保障区域
兵力分離帯
イスラエル
レバノン南部 1986年

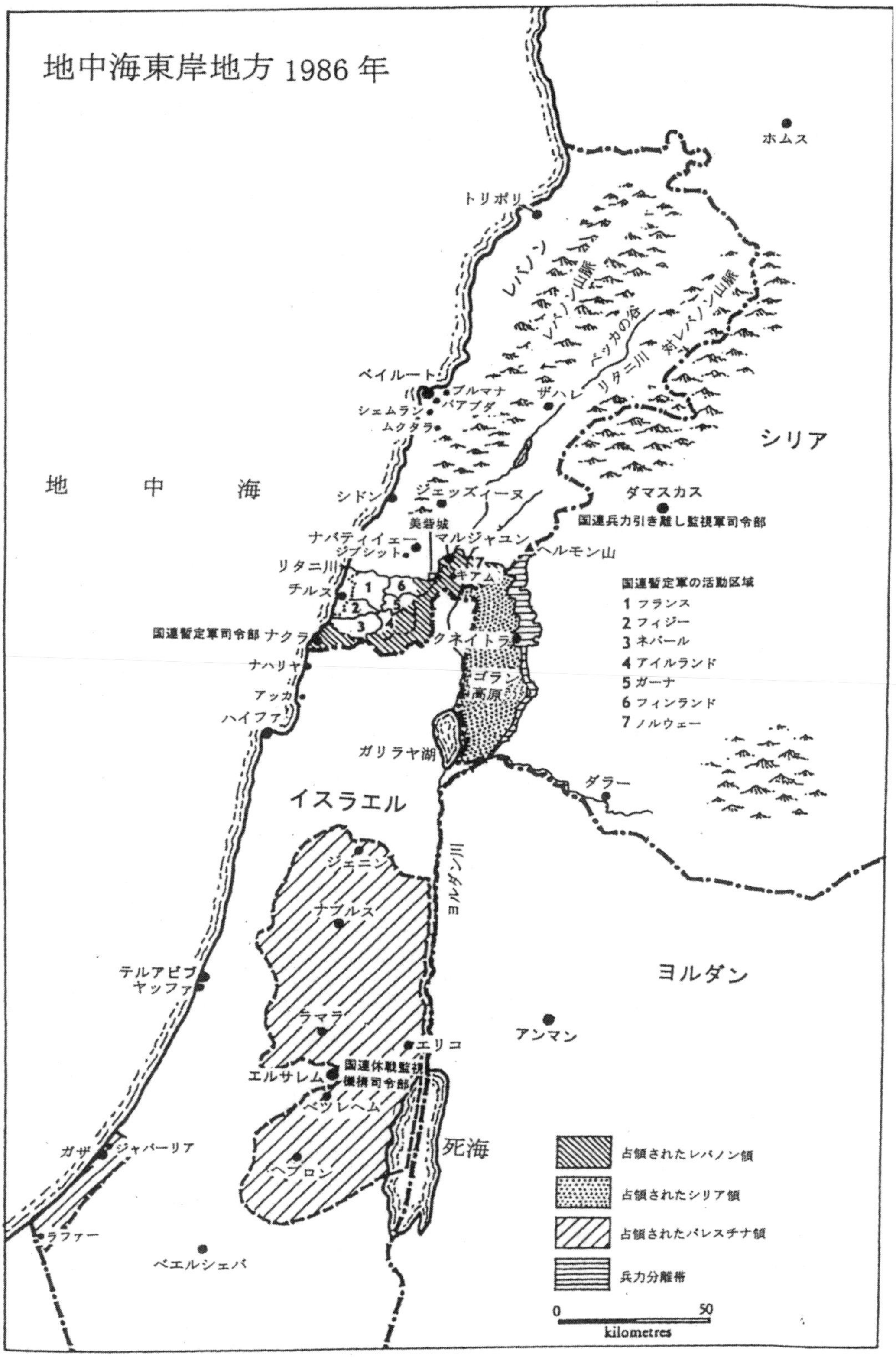
地中海東岸地方 1986 年
ホムス
トリポリ
レバノン
レバノン山脈
ベッカの谷
リタニ川
対レバノン山脈
ベイルート
ブルマナ
シェムラン
バアブダ
ザハレ
ムクタラ
シリア
地 中 海
シドン
ジェッズィーヌ
ダマスカス
国連兵力引き離し監視軍司令部
美砦城
ナバティイエー
ジブシット
マルジャユン
ヘルモン山
リタニ川
キアム
チルス
国連暫定軍の活動区域
1 フランス
2 フィジー
3 ネパール
4 アイルランド
5 ガーナ
6 フィンランド
7 ノルウェー
国連暫定軍司令部 ナクラ
クネイトラ
ナハリヤ
ゴラン高原
アッカ
ハイファ
ガリラヤ湖
ダラー
イスラエル
ジェニン
ヨルダン川
ナブルス
テルアビブ
ヤッファ
ヨルダン
ラマラ
アンマン
エリコ
国連休戦監視機構司令部
エルサレム
ベツレヘム
死海
ガザ
ジャバーリア
ヘブロン
ラファー
ベエルシェバ
占領されたレバノン領
占領されたシリア領
占領されたパレスチナ領
兵力分離帯
0
50
kilometres

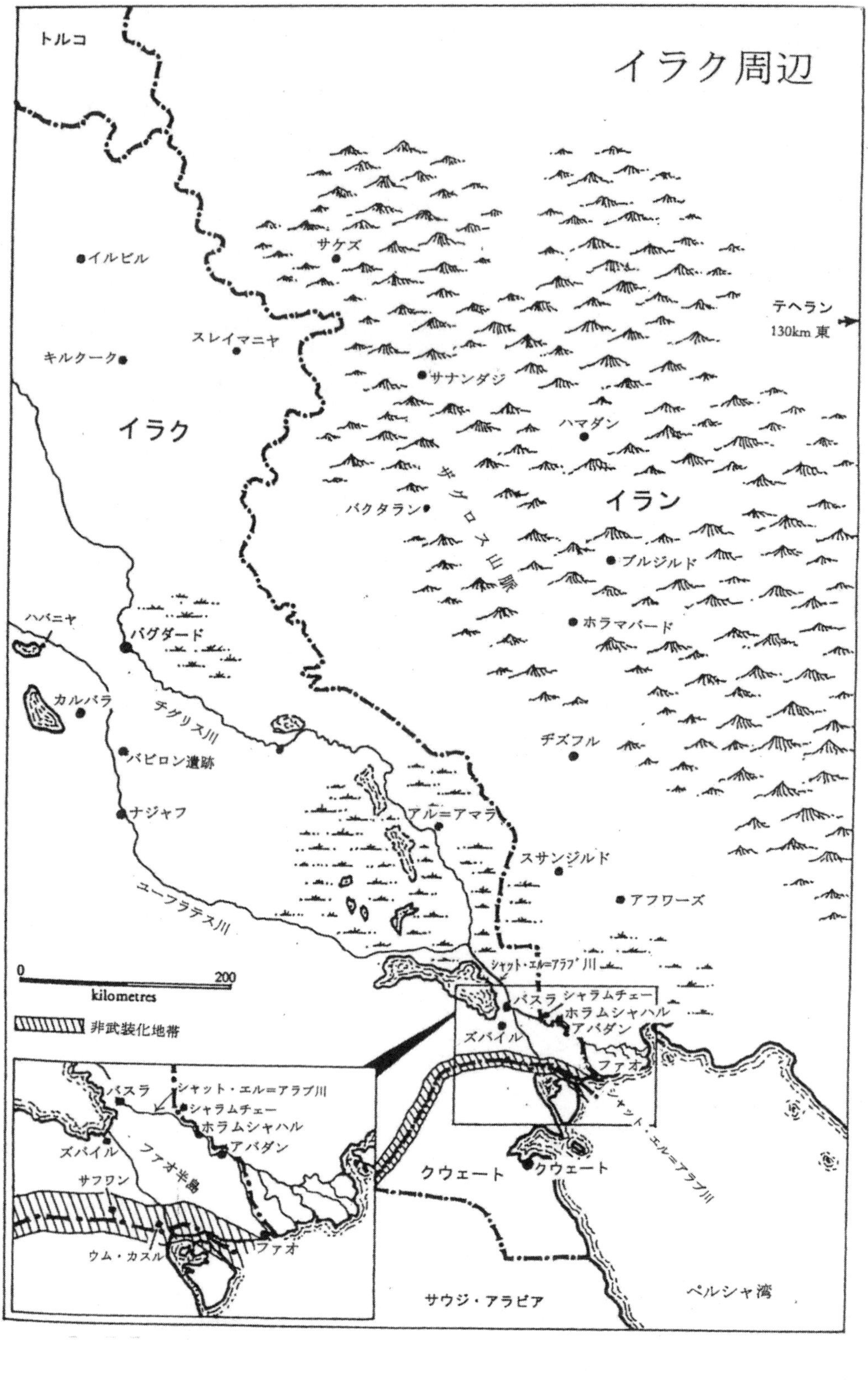
イラク周辺
トルコ
イルビル
サケズ
テヘラン
130km 東
スレイマニヤ
キルクーク
サナンダジ
イラク
ハマダン
ザグロス山脈
バクタラン
イラン
ブルジルド
ハバニヤ
バグダード
ホラマバード
カルバラ
チグリス川
チズフル
バビロン遺跡
ナジャフ
アル＝アマラ
スサンジルド
アフワーズ
ユーフラテス川
シャット・エル＝アラブ川
0
200
kilometres
バスラ
シャラムチェー
ホラムシャハル
アバダン
非武装化地帯
ズバイル
ファオ
シャット・エル＝アラブ川
ファオ半島
サフワン
ウム・カスル
クウェート
クウェート
サウジ・アラビア
ペルシャ湾

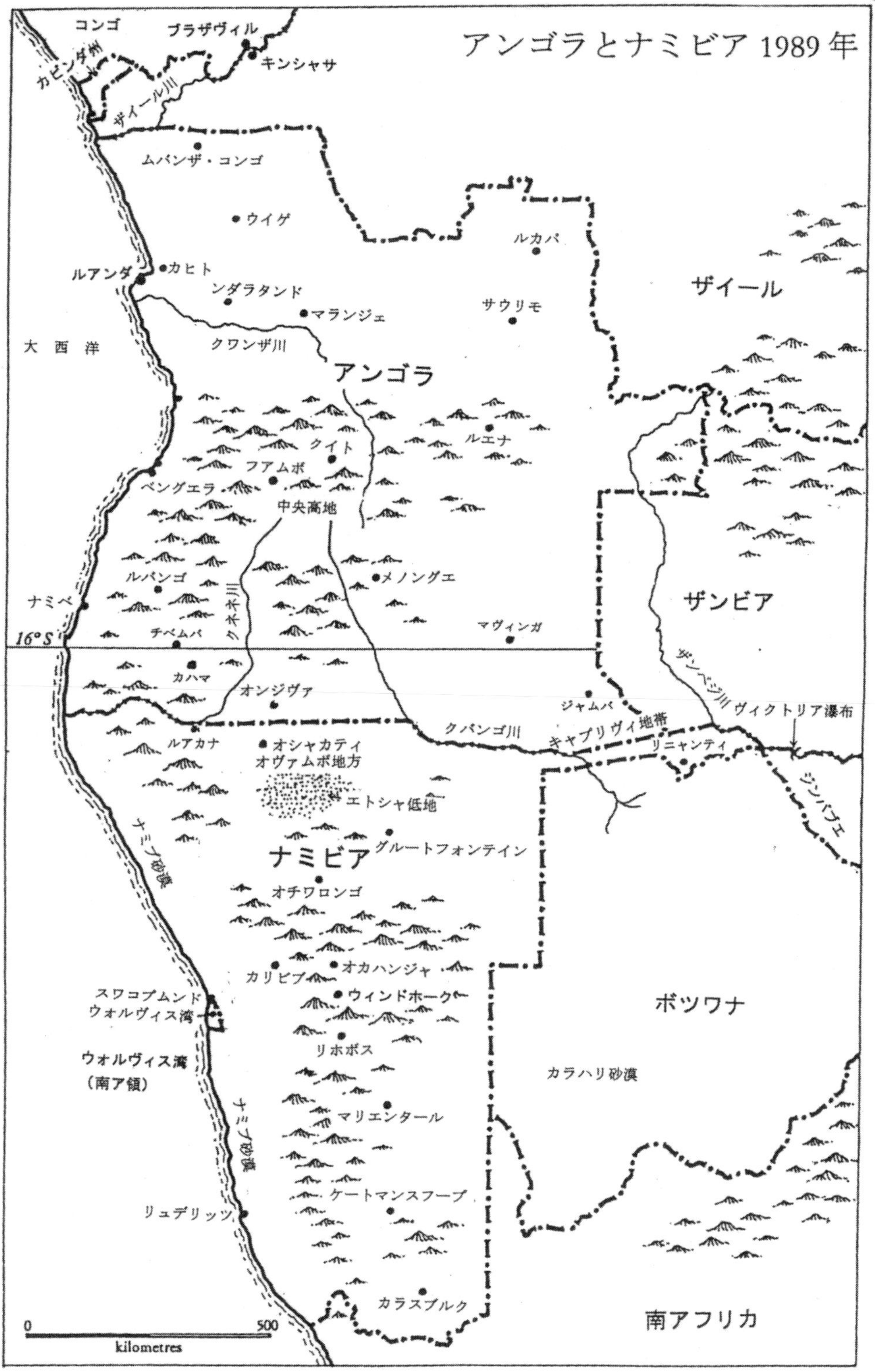
アンゴラとナミビア 1989 年
コンゴ
ブラザヴィル
キンシャサ
カビンダ州
ザイール川
ムバンザ・コンゴ
ウイゲ
ルカパ
ルアンダ
カヒト
ンダラタンド
マランジェ
サウリモ
ザイール
大 西 洋
クワンザ川
アンゴラ
クイト
ルエナ
フアムボ
ベングエラ
中央高地
メノングエ
ルバンゴ
クネネ川
ザンビア
ナミベ
マヴィンガ
16° S
チベムバ
カハマ
オンジヴァ
ジャムバ
ザンベジ川
ヴィクトリア瀑布
ルアカナ
クバンゴ川
キャプリヴィ地帯
オシャカティ
オヴァムボ地方
リニャンティ
エトシャ低地
ジンバブエ
ナミブ砂漠
グルートフォンテイン
ナミビア
オチワロンゴ
カリビブ
オカハンジャ
スワコプムンド
ウォルヴィス湾
ウィンドホーク
ボツワナ
ウォルヴィス湾
（南ア領）
リホボス
カラハリ砂漠
マリエンタール
ケートマンスフープ
リュデリッツ
カラスブルク
南アフリカ
0
500
kilometres

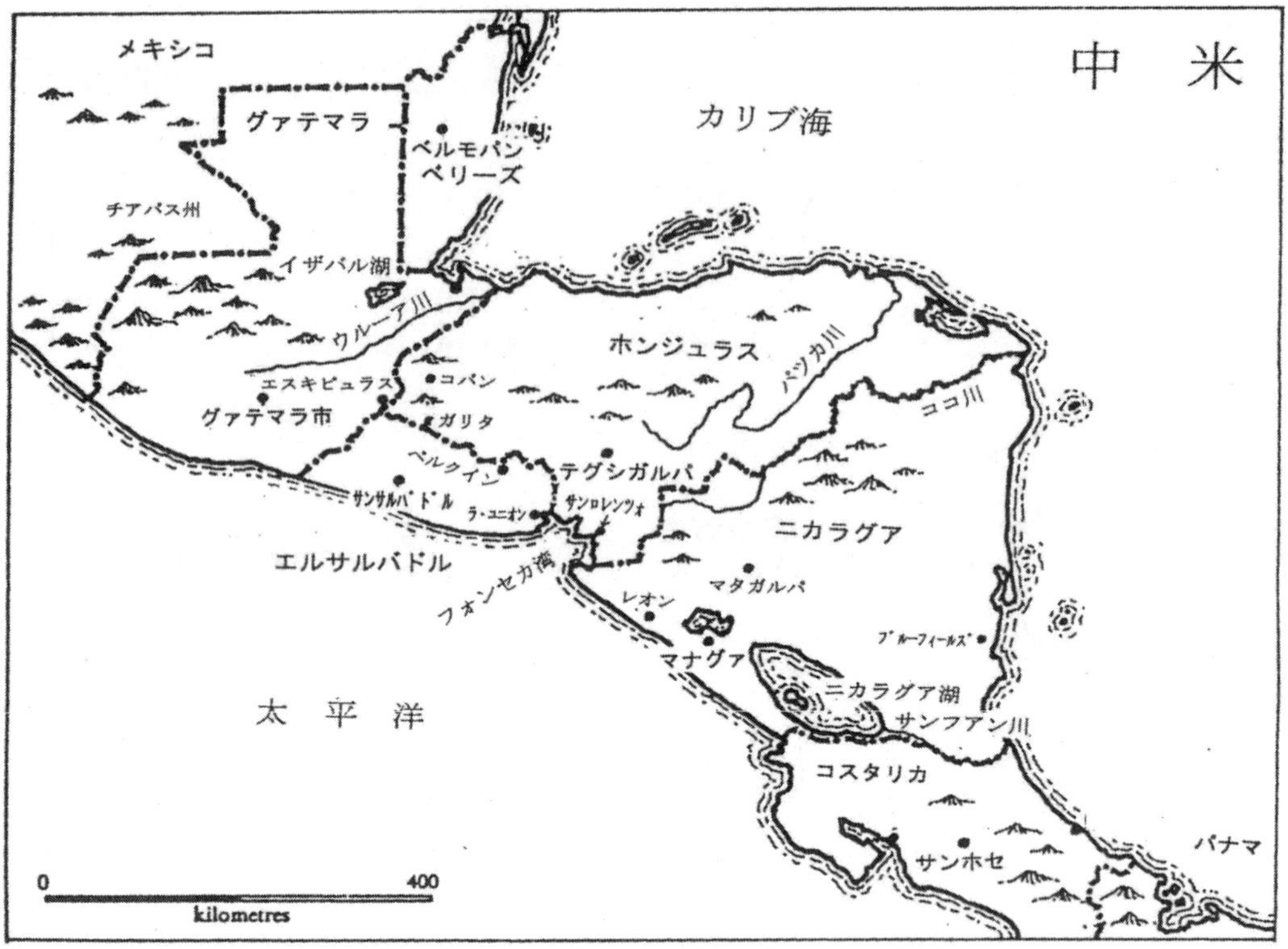
中米
メキシコ
グァテマラ
ベルモパン
ベリーズ
カリブ海
チアパス州
イザバル湖
ウルーア川
ホンジュラス
パツカ川
ココ川
エスキピュラス
コパン
グァテマラ市
ガリタ
ベルクイン
テグシガルパ
サンサルバドル
ラ・ユニオン
サンロレンツォ
ニカラグア
エルサルバドル
フォンセカ湾
マタガルパ
レオン
ブルーフィールズ
マナグア
ニカラグア湖
サンフアン川
太平洋
コスタリカ
サンホセ
パナマ
0
400
kilometres

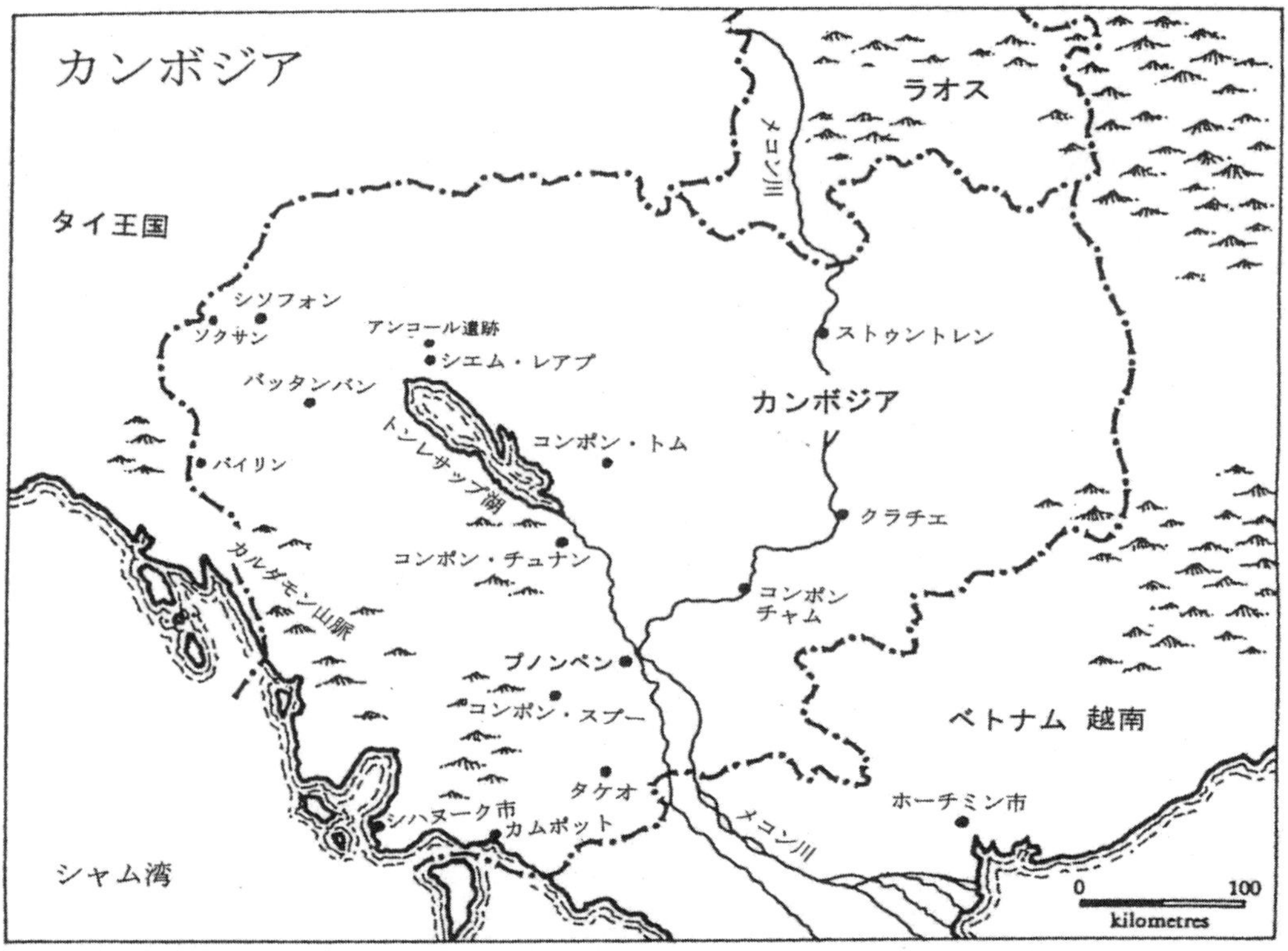
カンボジア
ラオス
メコン川
タイ王国
シソフォン
ソクサン
アンコール遺跡
シエム・レアプ
ストゥントレン
バッタンバン
カンボジア
トンレサップ湖
コンポン・トム
バイリン
クラチエ
カルダモン山脈
コンポン・チュナン
コンポンチャム
プノンペン
コンポン・スプー
ベトナム 越南
タケオ
ホーチミン市
メコン川
シハヌーク市
カムポット
シャム湾
0
100
kilometres

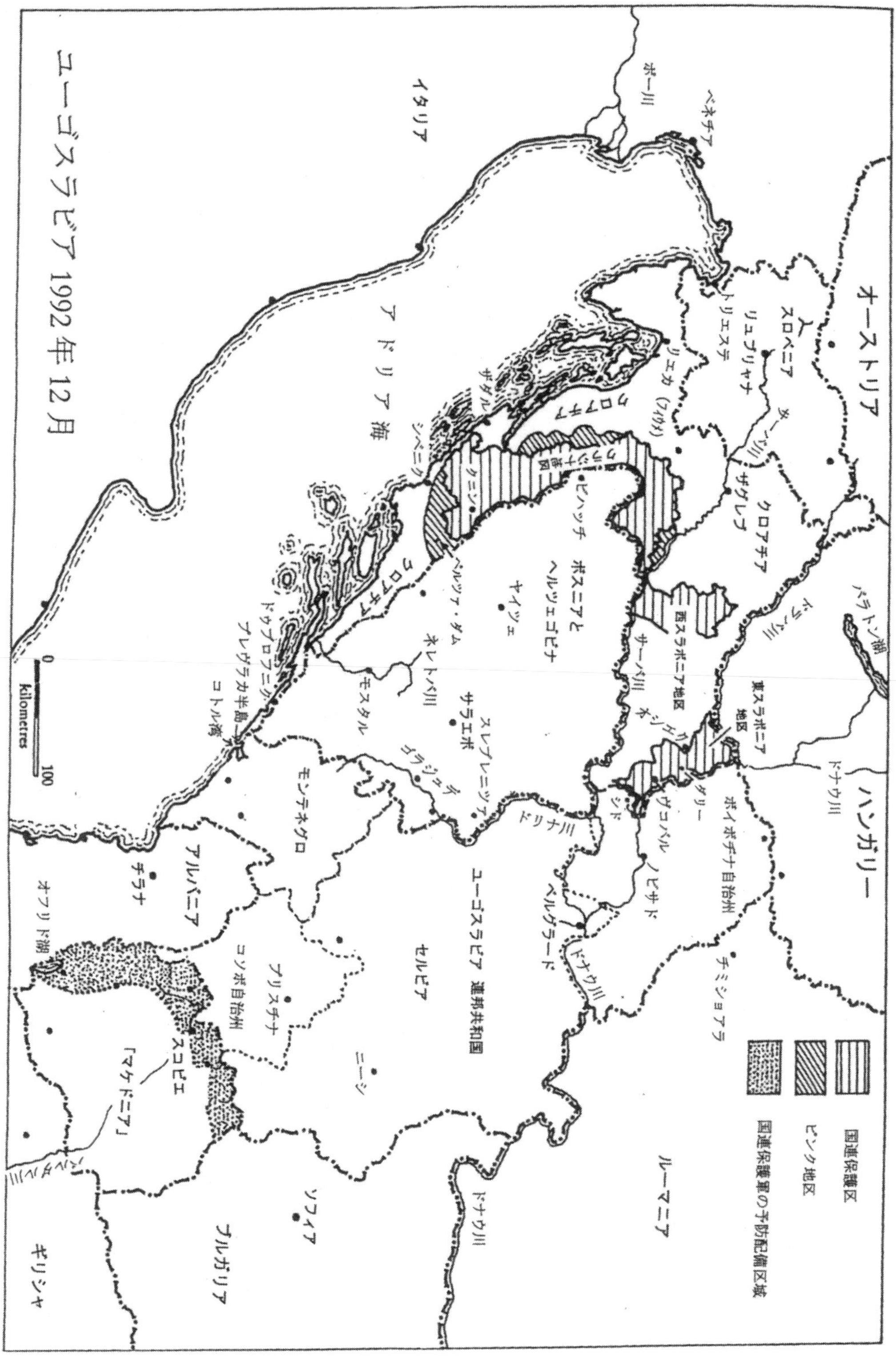

ユーゴスラビア 1992年12月
オーストリア
ハンガリー
イタリア
ルーマニア
ブルガリア
ギリシャ
アルバニア
アドリア海
ポー川
ベネチア
スロベニア
リュブリャナ
トリエステ
リエカ（フィウメ）
サーバ川
ザグレブ
クロアチア
ザダル
シベニク
クニン
クライナ
ビハッチ
ボスニアとヘルツェゴビナ
ヤイツェ
ペルツァ・ダム
ネレトバ川
モスタル
サラエボ
スレブレニツァ
ゴラジュデ
ドゥブロブニク
プレヴラカ半島
コトル湾
西スラボニア地区
東スラボニア地区
オシエク
ブコバル
ボイボディナ自治州
ノビサド
ベオグラード
ドナウ川
ドリナ川
ドラバ川
バラトン湖
チミショアラ
モンテネグロ
チラナ
オフリド湖
セルビア
ユーゴスラビア連邦共和国
コソボ自治州
プリスチナ
ニーシ
スコピエ
「マケドニア」
ソフィア
国連保護区
ピンク地区
国連保護軍の予防配備区域
0
100
Kilometres

目次／国連の平和外交

凡例

翻訳に当っては、原意をできるだけ忠実にかつ平易に日本の読者に伝えることを心掛けた。人によっては翻訳されることを嫌う人もいる。微妙なニュアンスが翻訳ではうまく伝わらなかったり、誤解されたりすることが多いからである。しかし、本書の場合は広く日本の一般読者に読んでいただく価値の高い本であるということで、敢えて邦訳することに了承を得て、適宜原著者に連絡をとりながら訳を進めた。その結果、一部、原著者と相談した上で訳出不能として削除した部分（非英語圏の人の時代劇的な英語と変則複数形の間違い）や訂正した箇所もある。訂正箇所は訳註で示した。しかし、それでも原著者の意図と違う部分があれば、それは訳者の責任である。

原註と訳註について

原著者は英語圏の人向けに書いているが、英語圏の人にとっての「常識」は必ずしも日本の読者にとってはそうでない場合もあり、「訳註」の形で補足説明が必要な部分も散見された。訳註は、全て日本の読者のためのもので、文責は訳者にある。実は、原著者もいくつか註をつけているので、原著者の註は「原註」と表記して区別した。

例

「原註」と示されているのは原文にあった註を訳したもの。

「訳註」と示されているのは原文にはなく、訳者が訳者の責任でつけたもの。

「参照頁」と示されているのも原文にはなく、訳者が訳者の責任でつけたもの。

原註に補足説明が必要であった場合は、原註のあとに「訳註」と示した上で、訳者の註がついているので、注意していただきたい。なお、註の番号は、原註、訳註を通して各章ごとに一貫番号をつけた。実は、一部、批判的に見える訳註もあるが、日本の読者の知的な注意を喚起したいためであり、原著者のご寛恕を請いたい。

また、原文中に〈 〉括弧内に〈小さ目の活字で〉入っているものがあるが、これも訳者が挿入したもので、文責は訳者のものである。原文にはゴシックも傍点もない。ゴシックや傍点は全て読み易さを考えた訳者が訳者の責任でつけたものである。

附録について

原著には附録がついているが、邦訳に当って日本の読者の便宜上、訳者の責任で次のように変更した。

附録1は英語の長い用語の頭文字だけを綴ったりした略称が何を意味するか説明したもので、この問題は、訳ないし訳註で処理したので、削除した。その代り訳者の責任で、国連組織網の機構図と国連事務局の内部機構図を主に本書に関係する部分に限って挿入した。

　附録2は平和維持活動の一覧表であるが、原文では一九九七年のグァテマラにおける活動までが記されていた。しかし、原文がそれ以降の活動にも言及していることに鑑み、ここは訳者の責任で二〇〇四年五月までに設置されたものまで延長し、訳者の責任で「軍」か「監視団」かを区別するために、軍の場合に軍と註記したりした。

　附録3は原著者の仕事の激務度を三ヶ月（四半期）毎に示した図表であった。しかし、激務度を色の濃淡で表現することについては見易さの点で問題があり、折れ線グラフの方が視覚的に分かり易いと思われたので、訳者の責任で変更した。さらに、平和維持活動の年代ごと（十年単位）の設置数と終了数を表した棒グラフ（3の2）と、その累積の結果として活動中の平和維持活動数の毎年の推移を表した折れ線グラフ（3の3）を挿入し、原著者の激務度と原著者の活動の記録の平和維持活動の歴史の中での重要性を、読者が視覚的に観察できるようにした。

　附録4は主要登場人物の経歴等の解説であった。これは人名索引として巻末の事項索引の前に置いた。

　附録5は一九八七年の地中海東岸訪問についての原著者の手紙であったが、内容的に第5章に関連するので、翻訳では第5章の後に追録として入れた。便宜上、附録1から3までは巻頭、附録4（主要登場人物の解説と索引）は巻末に事項索引の前に置いた。

文　責

　従って訳註、参照註、「訳者まえがき」、「訳者あとがき」、附録1と附録2の「訳者の追加」以降、附録3の表の2と3、本文中に括弧内で〈小さめの活字〉で入っているものについての文責は、一切訳者にあり、原著者とは関係がない。

専門用語の訳の問題

　平和維持活動の個別名は、訳者の訳は外務省や国連広報部の日本語サイトなどに出てくる訳とはやや違うこともあり、違和感を覚える読者もいるかもしれない。しかし訳者としては何より日本語に「ミッション」や「グループ」などのカタカナ書きを導入することは訳者の責任放棄に思われ、「使節」や「団」と訳すことにした。そもそも日本語は国連の公用語ではない。一定の決まった訳し方があるわけでもない。何より原著者自身がアラビア語、イタリア語、スペイン語、フランス語、ポルトガル語、ラテン語等の数ヶ国語に堪能で原語の意義にうるさい人であることに鑑みて、できるだけ原語（英語、フランス語、スペイン語）に忠実に訳すことを心掛けた。特にforceを「隊」（自衛隊 Self-Defence Force の隊 Force）と訳すのは無理ではないが、例えば UN Emergency Force は従来から国連緊急軍と訳されてきたことに鑑み force は全て「軍」と訳すのが良いと考える。わが国の憲法第九条との関係から か、「軍」という言葉を避ける向きもあるが、国内の言葉遊びにも見えるので、そういうことは止めた。

本書の主題である国際連合、国連も原文 The United Nations に忠実であれば中国語と同じく「連合国」となったはずである。ただ、この点は原著者自身が本書第2章に先の大戦中の軍事同盟と戦後の国際機関の区別について一応の説明をしているので、国会が採択した公定訳に従う。同様に公定訳では Secretariat は（国連）事務局となる。実は、その内部の departments を局（政治局、管理局、平和維持活動局等）と訳すのが慣例であることから、どうもスッキリしないが、departments を部と訳すと課の下にも思われ、敢えてここで新訳を導入することはやめた。国連事務局内部の部局の個別名については、いろいろ異論もあろうが、時とともに変遷し決まった日本語訳があるわけではない。

原著者の国連事務局での最初の役職であったUnder-Secretary-General for Special Affairsには公定訳はない。外務省はこれを「特別政治問題」担当事務次長と訳し、特に、別の Under-Secretary-General for Special Political Questions との区別が必要な場合に「特別政治案件」担当事務次長と訳すことにしているようである。この違いは本書第一章に原著者の説明があり、区別の必要があるので、本書は「特別政治案件」で通した。これは東信堂の『ベーシック条約集』第五版一一〇八頁上の国連事務局内部図では「特別政治事務」担当事務次長となっているものに相当する。（この事務次長の執務室を「特別政治事務室」と訳すと「事務室」が一つの単語に見えてしまうので、外務省訳を採用した。）

ブートロス＝ガリのAn Agenda for Peace は、「平和への課題」と訳せる。しかし agenda は「なすべきこと」を意味するラテン語で、そのままの意味で英語の一部になったもので、この方がブートロス＝ガリの意図したところが日本語としても的確かつ平易に伝わると思われるので、敢えて「平和のためになすべきこと」と訳した。（但しagendaは複数形なので厳密には不定冠詞のan はおかしいが、「なすべきこと」を一覧表にしたという程度の意味で、英語としては間違いではない。）それ以外の文脈では agenda は適宜「課題」と訳したところもある。

また peacekeeping（平和維持）と peace-building（平和の構築）との関係では peacemaking を例えば「平和創造」と訳すこともそれなりに合理性があるが、「和平」だけで意味は出るので、内容から「和平の斡旋《あっせん》」にした。「和平創出」とも云う。

Preventive の語は国連憲章第四〇条（prevent）と第五〇条（preventive measures）に表れ、第五〇条は公定訳では「防止措置」と訳されている。これに関係すると思われる語は「防止」と訳すことを原則とした。但し、旧ユーゴスラビア構成国の一つであった「マケドニア」に配備された平和維持軍は分かり易さのため「予防配備軍」と訳した。

Good offices の語は一九〇七年のハーグ国際紛争平和的処理条約の第二条に出てくる。この条約の公定訳はこれを「周《しゅう》旋《せん》」と訳している。しかし一九九四年の世界貿易機関協定の付属書二「紛争解決に係る規則及び手続きに関する了解」の第五条に出てくるものは「あっせん」とひらがなで訳されている。国連用語としてのgood offices は上記ハーグ条約の想定したような第三国（主権国家）の活動ではなく、国際公務員による活動であり、「斡旋《あっせん》」ないし「斡旋活動」と訳して区別する場合もある。本書の読解のためには、この道の最前線の実務家である原著者の説明が43頁の原註にあるので、これを参照していただきたい。要点は、good（善）とoffices（役務・奉仕）の組み合わせで、「慈善奉仕」のように聞こえ内容が定かでないので融通が効くという外交実務上の使い勝手の良さである。この点を上手に訳すのは難しい。一八八二年の李氏朝鮮と米国の修好通商条約第一款では「善為調処」という漢訳が使われているが、日本語としてこなれていない。訳者としてはpeacemaking を一律「和平斡旋」と訳す方針であることから、これと区別することを優先し、「周旋」の訳を用いた。

Mediation は一九〇七年のハーグ国際紛争平和的処理条約第二条の公定訳では「居中調停」であるが、国連憲章第三三条の公定訳では「仲介」である。Conciliation（一九二八年の国際紛争平和的処理のためのジュネーヴ一般議定書第一条に出てくる）は国連憲章第三三条の公定訳では「調停」である。以上については国連憲章の公定訳に従った。実は intermediary や go-betweenなど仲介に似た言葉も散見されるが、「仲立ち」など区別して訳した。

Negotiation（国連憲章第三三条では交渉）、consultation（世界貿易機関協定付属書二の紛争解決了解第四条では協議）、dialogue、discussion、talk 等については、文脈によりニュアンスの変化があり、とても一貫して一つの英語に一つの訳語を対応させることはできなかった。Negotiation は、原著者の経験上この言葉の使用が問題になった事例が第13章に記されており、そこでは「交渉」と訳した。しかし、この言葉は「暇（otio）のない（nego）状態」を意味するラテン語を語源とし、商談を纏めて契約するとか、「話し合い」で折り合いをつけ（折衝）紛争を解決するとか、「交渉」ではとても表現しきれないニュアンスがある。Consultation は相手の意向を伺う、相談するという程度のもので、negotiationよりも柔軟で実務上も先に来ることが多い。本書第11章でこの語が実務上問題となった事例が記されており、そこでは「協議」と訳した。しかし全般的に原著者自身が意識して区別していない部分も多い。

　Authorisationは「授権」と訳すのが一般的と云えるかもしれないが、本書では日本語としての流れと平易さを考え、許す、許可するという表現を用いた。

　Co-ordinationを山本草二教授などは「調整行政」と訳されているが、本書では便宜的に短めの「調整」に一本化した。

　Demobilisationは動員解除、兵役解除、除隊、武装解除など、文脈により力点が変わる。

　Deploymentは「展開」と訳されることもある。本書では原著者が平和維持部隊の現地配備という文脈でこの言葉をよく用いていることから、全て「配備」と統一的に訳した。

　Genocideは、ポーランドの学者 Raphael Lemkin が、一九四四年に米国で出版された *Axis Rule in Occupied Europe* の中で使ったのが初出で、ラテン語で殺人を意味するhomicidiumの人homoの部分に、ギリシャ語で種族・民族を意味するγενοςを入れ、「一国民ないし一民族の破壊」を意味する造語である。日本では権威ある東信堂の『ベーシック条約集』に「集団殺害」との訳語が出ている。これは関連条約上、国民的・民族的・人種的・宗教的「集団」を集団として破壊することを意味することから出た訳である。しかし日本語として単なる大量殺人との区別がつきにくいという語弊も否定できず、また日本は未加盟なので公定訳はない。原著者はこの語の用法に極めて厳格であり、その原著者の議論を正確に伝えるためには「民族(γενος)を抹殺する(caedere)」という原義に忠実に訳す必要がある。中国語では「滅絶種族」と訳されているが、日本語としてはこなれていない。Genocideという語の発明の契機となったナチス・ドイツによるユダヤ民族大虐殺の当事者は、この概念をドイツ語でVölkemord、ヘブライ語でretsach 'am（レツァフ・アム רצח עם）と、ともに「民族殺」を意味する自らの言葉で表現している。本書では「民族皆殺」と訳すことが、一番語弊が少ないと思われる。

　Verificationは各種条約の公定訳では「検証」と訳されているので、これにならった。「確かめる」などと柔らかく訳した方が良かったと思われる箇所もあるが、ご容赦願いたい。

　アルファベットの略称は原則として使わず、訳註で原語と略称を示した。

　原文で固有名詞がアルファベット順に並んでいる場合などは、できるだけ「あいうえお」順にした。

人名、地名、組織名の表記について

　人名について、氏だけで呼ぶ例（ペレ=デ=クエヤル）と氏の場合が多いが時に名（First Name）だけで呼ぶこともある例（ブートロス・ブートロス＝ガリ）、主に名で呼ばれる場合などがあり、これは原著者自身の親近感の表れであるため、できるだけ原文に従った。原文はほとんど呼び捨てであるが、これに「氏」とか「女史」とか「さん」とかつけるべきかどうか、難しい判断であるが、煩雑を避けるために、敢えてやめておいた。但し、女性であることが判別しにくいが、重要な場合など、敢えて「女史」とつけた箇所もある。代名詞は彼、彼女とした場合もあれば、適宜、固有名詞にしたり、職名を使った箇所も多い。

原著者はアラビア語の専門家であり、アラビア語の表記についてはベイルートやナセルなど一部慣用化されているもの以外について専門表記に従っている。従って、訳者もカタカナにする際、できるだけ原著者の表記に忠実に従った。

本書では、さすが国連だけあって世界中の種々雑多な外国の人名・組織名・地名が登場し、人名なのか組織名なのか地名なのか極めて分かり難いので、人名にその職名（例、事務総長、特別代表、現地司令官、大統領、外相等々）もつけ、組織名の略称などに「大隊」とか「党」とか「戦線」とか略称に入っている筈の意味を敢えて訳出したりもした。

国名の表記は東信堂の『ベーシック条約集』第五版の主要条約締約国一覧表（一〇五五～一〇六三頁）にある表記に倣った。

軍人の階級の訳について

外国軍人の階級の訳は、研究社の『新和英大辞典』第四版の「英米（日）軍人階級表」に従い、対応する大日本帝国陸海軍の用語を用いた。

国連平和維持軍の司令官は本書に見るように准将ないし少将、場合によって中将の階級の将校が担当している。准将 Brigadier-General は帝国陸軍にはなかったが、旅団 Brigade の長に任じられる階級であり、帝国陸軍では少将がこの任に当った。オーストリアやフィンランド等の旧ドイツ式やユーゴスラビア等のロシア（赤軍）式の少将も旅団長格と考えてよい。

なお准将を持つ英仏式軍は師団長を少将、軍団 Corps 長を中将とするのが普通であるが、准将を持たない旧独露式の軍隊では師団長は中将となる。

ユーゴスラビア人民軍にはロシア語で **генерал-полковник**、直訳すると「大佐大将」という階級があり、軍管区長や軍団長を担当した（英仏式でも日本でも中将が普通）。これは中国人民解放軍の「上将」に相当し、中将と大将の間に入る。日本にない階級なので本書では中国語を用いる。（ドイツ帝国軍の Generaloberst は、Oberst が大佐なので、上のロシア語の語源と思われるが、ドイツ語の意味は最上級大将で階級は別。）

国連の平和外交

第一部　序

第1章　始まり

「ううむ。そうですか……」

そう云いながらペレ＝デ＝クエヤル事務総長[一]は辛そうに顔をしかめた。ペレ＝デ＝クエヤルはいつも何か云いにくいことを云わなければならないとき、そうする癖があった。

「しかし、私の後任になる人まで拘束するような約束はできません。」

これは、私が、国連で初めて難題を持ちかけた時のことであった。しかも、私は、その時、まだ国連に着任もしていなかった。

それは一九八五年八月のあるよく晴れた朝のことだった。私は、ロング・アイランドのペレ＝デ＝クエヤルの夏の借家に押しかけ、彼と座って談《はな》しをしていた。私は、ペレ＝デ＝クエヤルから私を、かの有名なブライアン・アークハートの後任に指名する用意がある、との確約を取付けようと、外務省の助けをかりて、彼の居所をつきとめ、押しかけたのである。アークハートは一九八五年末をもって国連事務局から引退することになっていた。彼は、その四〇年前に国連事務局を創設した国連幹部職員第一期生のほとんど最後の「生き残り」であった。後年、アークハートと云えば、国連平和維持活動の顔とも云うべき存在となったが、平和維持活動とは、安全保障理事会が冷戦のためにその機能が麻痺して、国連憲章の規定通りには、紛争に対応できなかった時代に、国連事務局が開発したいわば穴埋めの技術であった。平和維持活動は憲章には明文の規定がなかったので、ソ連はことあるごとにその合法性を問うた。それで、私が志した職務は、モスクワ[二]の機嫌を損ねないように、「**特別政治案件担当事務次長**」[三]という、国連らしいもって回った名前がついていた[四]。アークハートは、勇気と知性と現場で培ってきた政治的知恵を兼ね備えた模範的な国際公務員であって、多国間国際協力の理想を追い求めながら、それを実現すべき機関や人材の欠点については現実的で、よくそういう点を冗談めかして話すことがあった。

国連安保理の常任理事国として英国はニューヨークの国連本部の事務次長の椅子を少なくとも一つは期待することがで

一　訳註、Perez de Cuéllar。名はJavierないしXavierでザビエルと同じ。

二　訳註、各国政府をその所在地で呼ぶのは一種の外交慣習。

三　訳註、Under Secretary-General for Special Political Affairs を次の原註にあるSpecial Political Questions と区別する必要のあるときに外務省が使う訳で、普通は特別政治問題。

四　**原註**、国連事務局には、別にSpecial Political Questions「特別政治問題」担当事務次長もあったが、これは、植民地宗主国の機嫌をとって、あえて「脱植民地化」という云い方を避けたものである。

き、英外務省は、アークハートの後釜にはどうしても英国人をと考えていた。アークハート自身は経歴の点では変り種で、国連事務局の中から事務次長までのし上がって行ったが、ほとんどの事務次長は、加盟国各国の政府が、本国で、政治家なり、官僚なり、外交官として成功した人物を、事務総長のもとに提供していた。当時、既に国連の上級幹部職員になっていた英国人の中には適任者が見当たらず、他に誰かいないかということで、候補者探しが始められた。同時に、英国政府は、クルト・ワルトハイムとその後任のペレ＝デ＝クエヤルからアークハートの椅子は原則として英国のものであることを保証してもらおうと、何度も働きかけたが、いつも返事は曖昧なままであった。

私の名前が候補者として最初に浮び上がったのは一九八二年のことで、私が、英国連常駐代表部に常駐代表（国連大使のことをこう呼ぶ）アンソニー・パーソンズ付主席参事官（つまり参謀長）の任務についていた頃であった。一九七九年、パーソンズが在リスボン英国大使館から私を救い出してから、三年の年月が経っていた。私が在リスボン大使館に回されたのは、一九七七年のことで、内閣府の中央政策審議官として二年間出向した後のことであった。審議会は「シンクタンク」と呼ばれ、私はそこの一部局を率いて、英国の海外代表のあり方について、報告書を一つ提出した。これが、在外公館ならびにブリティッシュ・カウンシルとＢＢＣに受けが悪く、機嫌を損じた外交当局は、この罪深い一急進分子に対して、残酷とは云わないまでも、たいへん手のこんだ懲罰を考えついた。私は公使として在リスボン大使館に回されたのである。上の大使も、下の参事官も、両方とも高い知性と豊富な経験と流暢なポルトガル語を誇り、外交のあり方について、かたくなに旧態然とした考え方を変えようとしない人たちばかりであった。リスボンはそれでも左遷の地としてはオヴィディウスのトミス[五]よりはましで、私は楽しい二年間を過ごした。しかし、職務の上では、一九七九年春、トニー[六]・パーソンズが私に電話で、私を、どうでもニューヨークへ主席参事官として連れて行くよう交渉中であると伝えて下さった時は、これで助かったと思った。

私が、運よくブライアン・アークハートの後任になれたのには、実は、アルゼンチンの大統領、ガルチエリ将軍の失策によるところも大きかった。一九八二年三月のアルゼンチン軍のフォークランド侵攻である。英国艦隊がフォークランド

五　訳註、トミスとは現ルーマニアのコンスタンツァで黒海に望む都市。オヴィディウスは古代ローマの詩人（西暦前四三年〜後一七ないし一八年）。西暦八年、ローマ皇帝アウグストゥスの命によりトミスに流刑となり、一〇年後、同地で死んだ。主著はメタモルフォーゼ（変身物語）で、岩波文庫（赤120）から中村善也訳が出ている（上下２巻）。

六　訳註、トニーはアンソニーの愛称。

諸島を実力で奪回すべく大西洋を南下していた頃、まず、アレクサンダー・ヘイグ米国務長官が、ついでペルーのベラウンデ大統領が、仲介に入って平和的解決を試みた。どちらの努力もうまく行かず、五月に入ってペレ＝デ＝クエヤル国連事務総長が、そのあとを受け継いで仲介に入った。これは、大胆な行動だった。ペレ＝デ＝クエヤルは初の南米出身の事務総長だったが、その南米の一国が、こともあろうに安全保障理事会の常任理事国を相手に戦争を起こしたのは、彼が就任してからわずか三ヶ月後のことであった。彼は、ニューヨークにおける二週間の集中協議の末、フォークランド全島の行政を一旦国連が仮に担当することにし、そうしておいて、話し合いで島の主権の帰属問題の解決をはかるという暫定計画を立て、英国・アルゼンチン両国代表部に対し、両国の本国政府に回付してその判断を仰ぐという条件付で、これを受け入れさせた。英国のパーソンズ代表はうまくロンドンの戦時内閣の了承を得ることができたが、アルゼンチン代表の方は、ブエノスアイレスのガルチエリ将軍の了承を得られず、戦争になった。

このニューヨークにおける交渉は極秘に行われ、国連、英国、アルゼンチンそれぞれの代表団には、それぞれわずか三人しかいなかった。国連側は、事務総長本人とラフィーウッディーン・アフメドというパキスタン国籍の長年の国連幹部職員と、アルバロ・デ＝ソトというペルーの有能な外交官。デ＝ソトはペレ＝デ＝クエヤルがこの交渉の為に呼び寄せ、後に国連事務局で大いに出世した。アルゼンチン側の三人は、ブエノスアイレスの外務次官がひきいていた。英国側は、トニー・パーソンズと英国代表部付法律顧問のデイヴィッド・アンダーソンと私の三人であった。こうして、私はペレ＝デ＝クエヤルと面識ができ、パーソンズがこの年、私がアークハートを継ぐべきであると、ロンドンとペレ＝デ＝クエヤルの双方に進言するに至ったのである。この時は、事務総長は確約を避け、数ヵ月後、私のニューヨークでの外交任務は終了した。

私は、在ニューヨーク国連代表部での業績により、名誉を挽回し、当時としてはまだ若い四六歳で、駐アンゴラ大使に就任した。小国ではあったが、活動的な任務であった。私が（アンゴラの首都）ルアンダに着任してわずか二ヶ月たったところで、ペレ＝デ＝クエヤルが、南アフリカ訪問からニューヨークへ帰る途中、アンゴラに立ち寄った。私が空港まで表敬に出向いたとき、彼のお付の一人から、「事務総長はブライアンの後任として貴官が待機なさるようお望みです」と聞いた。

この後も、数ヶ月の間、風は何度も熱くなったり冷たくなったり不安定であった。しかし、アンゴラでの任期二年を勤め上げたあと、私は、ここロング・アイランドで、事務総長に〈直接面会して〉、私をアークハートの後任に付けると、ハッキリ明言してもらうべく頑張っていたのであった。私は、外務省には、妻も私も、国連の任務が長期のもので、三年程度の単なる出向ではないことを希望すると伝えていた。アンゴラでの任務はきつかった。内戦は首都を脅かしつつあり、外交官にとっても生活は苦しくなっていた。しかし、仕事は面白かった。私は、一九七五年以来捕らえられていた英国人傭兵を釈放させ、歴代英国大使としては、初めて、国の東北部のダイヤモンド鉱山を視察した。そこでは、百人以上の英国人人夫が拉致される危険、いやもっと悪くすると、ジョナス・サヴィムビの「アンゴラ完全独立国民連合」[七]のゲリラ兵に遭遇する危険にさらされながら仕事をしていた。私は、アンゴラからキューバ兵を撤退させる代わりに、国連が計画通りナミビアを独立させることを南アに認めさせるという外交交渉の、米国とアンゴラの間の秘密連絡を中継する役割を担っていた。アンゴラでは、大使館の細々とした委任代表事務もほとんどなかった。将来どこの大使に任命されたとしても、これほど満足のいく職場があるとは思われなかった。ニューヨークで次の一〇年から一五年を過ごすというのは、従って、とても魅力的な話であった。外務省は、私の決断を歓迎し、もし国連でうまくいかない場合は、最初の三年間のうちなら外交実務に戻って来られるようにしてくれた。

ペレ＝デ＝クエヤルとの会見に先立ち、私は、こう考えていた。

本国から二、三年出向してきて、本国では誰が昇進していくか、出向が終わった後は、どんな役職が期待できるか、などとヨソ見ばかりしているような者ではない方が、事務総長にとってもよいだろう、と。会見は、私が真剣さを示そうと、終身で任務に就くことを申し出るまでは、スムースに進んでいた。ペレ＝デ＝クエヤルは云った。分かりました。しかし自分の後任になる人まで拘束するような約束はできない。次の年の末で、自分の任期は切れる。再選に出馬するかどうか決めていないし、出馬したところで、選任されるかどうか、分からない。できることは、短期契約だけだ。

会見は、そのあとすぐに終わった。私は、英国常駐代表用ロールスロイスに乗り込み、近所で食事をとって、マルティーニのグラスを片手に考えた。ひょっとすると、会見はそう悪くなかったかもしれない。事務総長は少なくとも私を採用することについては約束してくれた。ペレ＝デ＝クエヤルが、私を長期的な転身を考えている者というよりは、短期的に出向してくる者として扱おうとするのは、ある意味で自然であった。確かに、英国大使用のロールスロイスと運転手を

七　訳註、União Nacional para a Independência Total de Angola (UNITA)。

借用したことは、熱い多国間国際協力への情熱を示すためには、決して一番賢明なやり方ではなかった。私は、外務省には、会見は首尾よく行ったと報告することにした。

しかし、ペレ＝デ＝クエヤルの反応から見て取れるように、そう簡単には解決されない問題が一つあった。本国政府から指名されてくる国連上級幹部職員は、私も十分承知の上であったが、本国政府の意向に沿うように行動するものとみなされていた。そういう見方が常に正しいわけではないのに、国連事務局内部の人間関係を害することもあった。私は、アークハートのような不偏不党の国際公務員になりたいと思っていたし、この時既に国連から各国へ渡るようなことがあったときにも、例え現地の英国大使館から泊まっていきませんかと誘われても、断る心づもりでいた。

私は、今でも、同じようにするつもりだ。国際連合とは、事務総長とその上級顧問たちが、本国だけでなく、どこの国の政府からも独立していなければ、有効に機能することはできない。私が、たとえホワイトホール[八]との関係を絶ったと云ったとしても、国連の中には、完全に承服しない人がいただろう。もしそうなら、ホワイトホールは、どうして私を着任させるために、これだけ働きかけてきたのであろうか？あの八月の日に私が予想していなかったことは、私がホワイトホールとの間に距離を置けば置くほど、事務総長にとっては私の利用価値が減少するということであった。ブートロス＝ガリ事務総長などは、特に、「陛下の政府[九]」の考え方や、彼がやってみたいと思っていることについて、「陛下の政府」はどう出るか、英国人事務次長から個人的に聴き出せるものと考えていた。それで、独立した国際公務員たらんとする私は、国連ビル三八階（アークハートが通いつめた事務総長執務室がある）には、いささか不適格であった。単に、本気かどうか疑われたと云うよりは、本気であったからこそ、私は上司にとって使い道の少ない部下になってしまったのである。

ものの云い方、書き方という点でも、私は不適格であった。私は直接的に物を云う方で、国連で愛用されている回りくどい云い方には、どうもなじめなかった。私は、「事務総長、今すぐ、国務長官に電話を」とは云っても、「事務総長様、出来るだけ早く、国務長官に電話をかけることをご検討ください」などという云い方はしない。歴代事務総長が安保理に提出してきた平和維持活動についての報告書は、特に、もって

八　訳註、英国外務省の所在するロンドンの一角。日本の官庁を霞ヶ関と呼ぶようなもの。

九　訳註、連合王国の王国政府なのか、大英帝国の帝国政府なのか、ぼかすときなど、こういう云い方をする。

回った、ぼかした表現が目立った。「武装分子」と云えば、ゲリラ兵を意味し、キプロスで「一九七四年七月から八月にかけての出来事」と云えば、トルコ軍侵攻を意味し、どうしても直接的に云わなければならない場合は、トルコ軍の「介入」と表現しなければならず、カンボジアに関する報告書には、ポル・ポト派による大虐殺は「過去の政策と行為」と書かなければならなかった[一〇]。私は、「凶」と出れば「凶」と云ってしまう性分なので、ヴィル・ダヤルはとても困ったようだ。ダヤルは有能なインド人でペレ＝デ＝クエヤル事務総長の官房長をつとめ、アークハートと一緒に平和維持活動に携ってきた。ヴィルは、私が国連事務局に入ってきてから最初の数ヶ月の間、よき案内人であり、先生であった。私は、事務総長に見せる報告書の原稿は、まず彼に目を通してもらった。彼は、もっと抑えた表現にしようとし、よく私と衝突した。

ただ、キチンとした文章を書くことを重んじるという点では、ダヤルも私も同じであった。外交実務においては、文章の質がとても重要視されていた。それは、外交実務の伝統であったばかりでなく、的確な言葉遣いと、不必要な衝突や誤解を防ぐ気配りは、外交にとって大切であったからである。

一〇　訳註、英語でこれをgenocide（民族皆殺し）と呼ぶことについては、本書第14章311頁原註で原著者は不適当としている。「集団殺害」では語感が出ない。

私は、主席参事官の職をトリポリ、カイロ、ニューヨーク[一一]と三回経験したが、こと、文章の書き方に関しては、部下に厳しい鬼軍曹であった。そして、国連事務局では、私の部下のほとんどが、英語を母国語としない人たちであった。しっかりした英語を書く人も沢山いた。しかし、英語のなってない人も何人かいて、私は、そういう原稿を読むと、ダメでも辛抱するか、時間をかけて自分で書き直すか、どうするか、悩んだ。今考えると、自分で書き直すことにし過ぎたと思う。

私がなかなか　なじめなかったもう一つの分野は、文書の保管であった。外務省では文書はしっかり保管され、機密は漏れないものと信じて、機密事項を文書に書くことができた。しかし、国連では、そうではないことを、すぐに教えられることになった。しかし、昔のくせはすぐに出てくるもので、部下から、あまり率直に書かないようにと、ことあるごとに文句をいわれた。

外務省は、ペレ＝デ＝クエヤルが私を一九八六年の年頭に任命することを確約する場合には、それまでの数ヶ月の間オックスフォード大学セント・アントニーズ・カレッジに所属できるように、手を回してくれた。これは、私が、外国にあっ

一一　訳註、それぞれ、在リビア大使館、在エジプト大使館と国連常駐代表部を指す。

て英国を代表する大使から、国際公務員に無理なく転身できるように、同時に、私のニューヨーク在任中の四年間にはほとんど直接かかわることのなかった国連平和維持活動について勉強できるようにするためのお膳立てであった。将来、私自身がセント・アントニーズの学長になる日が来るとは、夢にも思わず、私は、一学期間、全くみっともないほど怠慢に過ごしてしまった。当時のレイモンド・カー学長は、私には何も要求せず、私に託された唯一の学術的な仕事は、国連平和維持活動について講演を一つ行うだけであった。それ以外は、私は、自由に気の向くまま、本を読み、おしゃべりをし、散歩をし、学期の終りには、国連についての理解を深め、体調も以前よりずっとよくなり、落ち着いた気分になっていた。

　しかし、オックスフォードで過ごした数週間の間、ニューヨークからは、何の音沙汰もなかった。外交実務での几帳面な連絡の取り合いになれていた私は、この長い沈黙に不安を覚えた。最後に一九八五年一一月一一日、ニューヨークで、事務総長がブライアン・アークハートの引退と私の着任を公表した。出発前、私はロンドンの関係閣僚や高官を訪ねて挨拶した。サッチャー首相への表敬訪問は一二月九日で、ちょうど、ウェストランド・ヘリコプター社事件[一二]の日のことであった。サッチャー首相は約束の時間に一時間遅れて現れ、まるで水から上がってきたばかりの犬のように全身をブルブルッと震わせて、ウィスキーを一杯所望したあとは、他に気をとられることはなく、一時間半の間、ニューヨークで私を待っている仕事について、集中して、真剣に話し合った。

　妻と一緒にニューヨークに着いたのは、年が明けて一九八六年一月二日のことだった。二月の終りまでに東61通り[一三]の一八階のまるで空に浮かんでいるようなアパートを借りた。それから、国連事務局を引退するまでの一一年以上の間、ここが、私の住ま居となった。私は、同じ所に、こんなに長く住んだことはない。英国からペットたちも呼び寄せた。二匹の小さなダックスフントとアフリカの灰色の鸚鵡。鸚鵡は一九六九年、リビアでムハマール・カダフィー大佐が王制を倒す三ヶ月前に、王妃から私の妻に賜られた品である。このペットたちはどれも、以前にニューヨークに赴任した時も、一緒であった。一九七九年にこのペットたちが初めてジョン・F・ケネディー国際空港に到着したとき、早くも、私達はアメリカ英語とイギリス英語の違いから生じるカル

一二　訳註、英軍事産業ウェストランド・ヘリコプター社救済に、欧州共同体の資本を使うか、米国資本を使うかで、サッチャー保守党内閣が割れ、孤立したヘイゼルタイン国防大臣が内閣から、閣議の最中に文字通り、出て行った。さらに情報が外に漏れたことから、レオン・ブリテン通産大臣も辞任に追い込まれる羽目になり、重要閣僚二人を失ったサッチャー内閣は倒壊の危機に瀕した。

一三　訳註、長安や平城京のような古代都城式にいうと左61坊。

チャー・ショックを経験していた。雄のダックスフントが箱から出して欲しいと吠えたとき、連邦係官が、それを指さしながら、

「こいつは何をするのが一番好きかい?」

と尋ねた。妻は、一言。

「プッシーを追っかけること。」

(訳註、イギリス英語ではプッシーとは「猫」を意味するが、アメリカ英語では「女」を意味する。)

これを聞いた係官は、驚きの表情を隠せず、額の汗を手でこすりながら、云った。

「エーッ!奥さん、本官もそうするのが好きだと思います。ハイ。」

しかし、現場になじむということは、単なるカルチャー・ショックだけでは済まない何かがあるものだ。ブライアンが正式に引退したのは一月の末であった。仕事の引継ぎは、いつでも厄介なものだが、この時は、特に難しかった。ブライアンは四〇年以上の経験を誇る、国連の長老であった。彼の引退を、事務総長は仕方なく認めざるをえず、同僚たちは残念がっていた。その椅子は、長く国連に勤めてきた幹部職員なら、できれば自分たちの仲間内だけで独占したいと思うような、人も羨むもので、それを一大国の力で、若僧がいきなり手に入れてしまったのである。いつもよく気の回るブライアンは仕事の引継ぎがスムースに進むよう、できる限りのことをしてくれた。それでも、ダグ・ハマーショルドとラルフ・バンチが一九五六年に最初の平和維持軍を立案した「地図室」という聖域中の聖域に一歩足を踏み入れたとき、私は、ブライアンが去り、私がかわって事務次長室に入って任務につく日のことを思いやると、なんだか落ち着かない気持ちになったものである。

それまでの間、私は国連事務局のことをもっと勉強しようとした。簡単なことではなかった。私は、英国の国連常駐代表部に四年間つとめていたが、それでも、国連事務局については、その一員になったのにもかかわらず、ほとんど何も知らなかった。国際官僚組織というものは、どれも評判が悪い。能率が悪く、腐敗しているとよく批判されている。私の経験では、汚職よりは、能率の悪さの方が、正しい批判だと思う。国連事務局に汚職がないわけではない。派遣任務には、汚職の危険度の高いところもいくつかある。しかし、国連加盟国の各国の大部分の公務員と比べて、国連公務員の方が腐敗がもっとひどいかどうかは、疑問がある。「英国の陛下の」[一四]外交当局のように能率のよい所から来て、驚くのはやはり、そ

一四　訳註、Her Britannic Majesty's. 王国か、帝国か云わず、「陛下の」という云い方は、英国政府が好んで使う表現。

の能率の悪さである。しかし、この点でも、国連機構の敵が主張するほど、非能率は悪質でもなければ、全体に蔓延しているわけでもない。

文書や会合の準備というのが、ニューヨークにおける国連事務局の仕事の大半を占める。そして国連職員の腕前は、この点では第一級のものである。能率の悪い所があるとすれば、それは、どちらかというと、人材不足のせいというよりは、国連加盟国各国が事務局に押しつけてきた面倒くさい手続きが山ほどあるせいである。例えば、私が、ワシントンの国務省に話しに行かなければならないとする。この場合、勝手に航空券を買って、あとで公費として落としてもらうわけにはいかない。まず出発する前に、六人もの下級職員の署名をもらわなければならない。それがなければ、公式の旅行会社は、航空券を発行できないし、私は、出張に付随する諸経費を公費として払い戻してはもらえない。そして、私の「旅行」は「出張」扱いにならない。すると、例えば、公務中に、死傷事故にあったとしても、それ相応の保険の適用外になるのである。このような面倒な手続きは他にもあって、平和維持活動のために、必要な人員を集めるのに平均一四ヶ月、備品を一つ取り寄せるのに平均一〇週間もかかるのである。

確かに、文化や言語を異にする者たちの寄り合い所帯であるから、そのせいで能率が低下することもあるが、これは必ずしも、「公平な地理的配分」の政策の帰結ではない。国連憲章第一〇一条第三項は

『職員の採用に当っては……仕事の能率と才能と誠実さの上で、最高水準の人材を確保する必要があることを、何よりも重要視すること。なるべく、地理的な偏りの出ないように、世界中からまんべんなく職員を採用することも大切であるから相応の配慮をすること』

と定めている[一五]。この規定は、見る人によっては、たがいに矛盾しあう二つの要請を、単に、そのまま文中に書き並べることによって、あたかも両立しうるように見せかけているという点で、かのバルフォア宣言のように見えるかもしれない[一六]。実を云うと、私もそういう偏見をもったまま、国連事務局に

一五　訳註、公定訳は『職員の雇用……の決定に当って最も考慮すべきことは、最高水準の能率、能力および誠実を確保しなければならないことである。職員をなるべく広い地理的基礎に基づいて採用することの重要性については、妥当な考慮を払わなければならない。』

一六　**原註**、バルフォア宣言は、本書でこの後何度も言及することになるが、一九一七年一一月二日付で当時の英外務大臣アーサー・バルフォアが、ロスチャイルド卿に宛てた書簡に書かれた次の宣言である。『陛下の政府は、パレスチナにユダヤ民族の祖国を建設することを良しとし、この目的がうまく達成されるよう最善の努力を尽くす所存であるが、パレスチナに既に存在しているユダヤ人以外の社会の民法上の権利や、宗教上の権利、あるいは他国に在住しているユダヤ人の権利や政治的地位には、決して悪影響を及ぼすことがあってはならないことは、明確に理解される。』

入った一人である。しかし、すぐに私は、これは単に道徳的に許されないだけでなく、経験的にも、正しくない見方であることに気がついた。職員の仕事の能率とその出身地域との間には、何の関連もないし、それがあるように云うことは中傷である。

しかし、国連事務局では、何十年に亘って人事がうまくいっていないこともすぐに明らかになった。役員（国連用語では幹部職員）一人一人の働きぶりについて、秘密裏に報告する制度もなかった。報告係は、一三項目にわたって職員をA（優）からF（不可）まで、六段階評価しなければならなかったが、全部Aをつけておくのが普通で、まじめに評価がなされているかのごとく見せかけるために、時々B（良上）を二つ三つばらまいておく程度で済ましていた。この因習を改めようとすると、評価を受けた職員から報告係に対して、反論が殺到する恐れがあり、報告係としても、時間もかかり、言葉数も多くなる面倒なことは、出来るだけ避けて通ろうとしていた。こうして剪定ハサミで切り取られるはずの「枯れ木[一七]」が残ることになった。これ以下だと失格と云えるような一定の評価の水準がないと、懲戒や免職などの処分をとるにしても、その根拠を示すことができない。米国が自国の分担金を十分に支払わないため、国連は財政危機に陥ってしまい、いずれ、採用凍結が頻発されると考えられたので、米国が要求してきたことと逆に、現状を改めることが一層難しくなってしまった。コフィ・アナン事務総長が一九九七年に最初の改革事項を発表した時には、国連事務職員の平均年齢は四九歳にまで上りつめており、三五歳以下の職員は全体の五％にも満たない有様であった。米国が追求していると云う活力のある新鮮な人事管理とは、あまりにかけ離れた現状である。

一九九三年初期、ブートロス゠ガリ事務総長は、私を平和維持活動の任務から新設の政治局へ移した。ブートロス゠ガリ事務総長は、国連事務局の政治的活動能力、特に、紛争防止外交の手腕を高めるため、前任のペレ゠デ゠クエヤルとは正反対に、約六つの部局に分かれていた政治的機能を一つの局にまとめるために政治局を新設した。私は、彼に次のような苦情を申し立てた。政治局には何人か「枯れ木」が配属されている。統廃合過程で、新設の政治局の仕事に見合った能力があるかどうか見きわめることなく、旧部局から人材が寄せ集められただけだ。別に個人的に問題があるわけではないが、職員の中には、新しい任務をこなし得ない者が何人かいる、と。ブートロス゠ガリは、「枯れ木」を排除するのだ。総長室長に名簿を渡しておいてくれ。自分は貴官に賛成だ、と答え

一七　訳註、「役立たず」とか「無能」とかいうと当たり障りがあるので、原著者がdead woodという比喩を用いた。

た。私は、手始めに、出身地域に偏りの出ないように、六名をリストアップし、他の部局に移してもらえるよう、頼むことにした。こういうことは、公明正大にやるべきだと信じていた私は、その六名を一人一人呼び出しては、私がどうするつもりで、なぜ、そうするのか、言って聞かせた。**事務管理・組織運営担当事務次長**[一八]は、私が正規の手続きを無視し、侮辱したと云って非難した。六名のうち何人かは、内部審査委員会に不服を申し立て、そのうちの一件では懲罰的損害賠償の請求まで出た。六名の中には、ナイジェリア人はいなかったのだが、(ナイジェリアの首都)ラゴスの新聞には、

「国連政治局で民族浄化」

という活字がおどった。もっと慎重であるべきだった。

こういうことは、英国外交実務の規律正しい、和やかな世界とは全く異質であった。私は、他のあらゆる人と同じように、国連人事部を批判してきた。しかし、こうして私は、人事部がいかに人情味のあるところで、その規則がいかに意味のあるものか、ようやく理解し始めることになったのである。国連内部規則の問題点は、めったに改められることがなく、ぬけ穴がいっぱいあり、時々、総会の決定で無効になっていたりすることがあった。事務管理部局の同僚と話をしているうちに、「企画部長」から何か気に入らない提案が出ても、いろいろ規定や規則や決議が無尽蔵にあって、適当に使いこなして、どうにでも提案を葬り去ることができることに察しがついた。これと対等にわたりあうため、私は、国連機構の事務管理、財政、人事手続きについて、一日くらい、説明を受けたいと願い出た。何度も繰り返し頼んだのであるが、一度も聞き届けられたことはなかった。二年後、私は、この件で、アルゼンチンの友人、ルイス・マリア・ゴメスに苦情を述べた。彼は、目先が利き、物事をまっすぐ見ることをしない、世渡りの上手な男で、事務管理局長代行になっていた。曰く、

「しかし、グールディングさん、一体全体どうして、連中があなたに手の内を明かすようなことをすると思うんですか?」

それはそうと、国連事務局で、ビックリしたことと云えば、おもしろい英語の使われ方である。国連では、アラビア語、英語、スペイン語、中国語、フランス語、ロシア語の六つが公用語で、うち、英仏二ヶ国語が実用語になっている。二つの実用語は対等に使われるたてまえであるが、現実には、フランス語圏のジュネーヴにある国連欧州本部でも、もっぱら英語の方が支配的である。しかし、その「英語」は単語の上でも、綴りの上でも、たいへん独特で楽しい。私は、別に、

一八　訳註、Under Secretary-General for Administration and Management。

国王英語に固執したりする方ではなく、むしろ世界各地の地域英語が、世界的平準化の潮流に逆らって、独自の発展を遂げていることを、ほほえましく思っている。国連本部に「搭乗」（国連では、着任をこう云う）した直後、私は、同僚の一人から、次のようなメモを受け取った。

「（某）政府は詭弁的支配（hypocracy）で有名である」

（訳註、これは、ギリシャ語の「低い」hypo「判断」crisis からできたhypocrisy「詭弁」の後半のcrisis の部分を、democracy の後半、-cracy「支配」で置き換えた造語）。

こういう宝石のような見事な例は他にもある。綴りを無謀に変えた例として、

「勝手に陣地を掘ってきたのに触発されて、米英は、トルコ側に『ディマーシュ』を行った」

（訳註、これはフランス語からの借用語のdémarche（政治的働きかけ）をフランス語と知らずに英語と信じきってday（日中）marshes（泥沼）と綴ってしまった例）。

厳密にいうと間違いだが、論理的なものとして、例えば、

「甲将軍は『ハイアラーキー』から転げ落ちた」

（訳註、hierarchy（位階制）とは、ギリシャ語のhieros（神聖な）とarche（統治）を組み合わせ、ピラミッド型の教会組織のような身分秩序、ヒエラルキーを意味するが、英語ではハイアラーキーと発音されるので、ハイアをhigher（より高い）と勘違いして、higher-archy（より高い統治？）という新語が生まれた。確かに意味としては、そういう感じはあるかも。）

「インドとパキスタンの関係は、今月、『記録的に低い頂点に達した』」

（訳註、普通、敵対関係が絶頂（ピーク）に達するという云い方はある。しかし、常に小競合いが続いている印パ関係を見ていると、「記録的に低い頂点に達した」などと云って、「記録的に何も起こらず、平穏無事だった」ということを皮肉りたくもなるか。）

地理を取り違えたように見える例として、

「土曜日は妻と一緒にウェストチェスター県の『奥地の茂み』にドライブに行きました」

（訳註、「bush ―奥地の茂み」とは、あるザンビアの大使が「田舎」のつもりで云ったものだが、ウェストチェスター県とはニューヨーク州の北部で、よく手入れされた農園が広がり、きれいな小さな町が点在しているので、「奥地」という感じではないが、アフリカ南部のサバンナととり違えているように思われておかしかったそうだ。）

見事な表現で、辞書に載せたいと思われる例として、

「エネルギー大臣は分配業者が燃料を『ハムスターのごとく食い荒らしている』と非難している」

（訳註、ねずみの類のハムスターhamsterを動詞に使ってhamstering（ハムスターのように食い荒らす？）などと云う英語はない。しかし、綴りの似たhamstringは、ひざ裏の腱（ひかがみ）を意味し、動詞に使っ

て「ビッコにする」（ひざ裏の腱を切るとビッコになるから）、「だめにする」という意味を持つ。おそらくこれと混同した用法。）

「我々は両国の間のより強い amityship を築かなければならない」

（訳註、これは、英語の「友」friendである「様子」shipを意味するfriendship（友好関係）に、ロマンス語系で、同じ意味を持つamityをあてて、互いに仲の悪いゲルマン語系とロマンス語系を結合させた、なかなかの傑作？）

「イラク側の言い分では、クウェートはイラク領土を『一寸づつ』侵食している」

（訳註、「ちょっとづつ」を意味する英語 piecemeal に、英語の長さの単位インチinchをかけて、inchmeal という新語を作った。お見事。日本語では、本当にinchmeal「一寸づつ」という云い方をする！）

「われわれは事の beforemath に行動しなければならない」

（訳註、aftermath つまり「草刈の後」、転じて「事後」を意味する英語はあるが、逆の beforemath はない。）

「この状態から発生する問題は crease out しなければならない」

（訳註、iron out つまり「アイロンをあてて平らにしてしまう」という英語はあるが、逆に、折り目 crease を消す out という英語は本来ない。でも、どうして？ そんな云い方があってもいいじゃないのと、原著者は云っている。）

そして、国連で演説があると、時おり、次のような意図されざる真実が語られることがあった。

「この機関は、（swords「剣」ではなく）words「言葉」を犂（すき）に変える[一九]ために設立された」

一九八六年一月の末、ブライアン・アークハートは国連を去り、ニューヨーク一番街[二〇]を横切ってフォード財団に移った。彼が去るのに、何の特別な式典も、パーティもなかった。私は勝手に、そういうものは一月前、自分がニューヨークに来る前に、とっくに済んでしまっていたものと考えていた。しかし、私は、あの金曜日の晩、彼をエレベーターまで見送りに行ったとき、あらためてこの人物の大きさに圧倒され、彼が平和のためにつくして、誰にもまねの出来ない業績を残したことに敬意を表して、何か記念行事をもよおすべきではなかったか、と後悔した。彼が完璧な先達であったことが、身にしみて分かるようになったのは、それから後のことだった。私が、国連事務局につとめている間中、彼は、

一九 訳註、swords into ploughshares「剣を犂（すき）にうちなおす」とは、旧約聖書イザヤ書2章4節とミカ書4章3節にある表現で、ニューヨークの国連プラザに刻み込まれた国連の標語である。平和のために武力を行使すると明言している国連憲章よりは、日本国憲法第九条と戦後の日本の経済復興の方が、もっとそれらしい。

二〇 訳註、The First Avenue。平安京のような古代都城風に云えば一条大路。

私が頼めば、何でも親切に助言してくれたが、決して、彼の方から口出ししてくることはなかった。

第2章　国際連合の平和活動[一]

私は、国連事務局に一一年半勤めた。本書が扱うのはそのうちの初めの七年と二ヶ月である。その期間に私が主に担当したのは平和維持の分野における国連機構の活動であった。但し、平和維持と云っても場合によっては、和平斡旋 peace-making の仕事も結構含まれていた。

一九四五年に国連憲章は国際的に国と国との間のもめごとを処理する手続きを定めた。そこには、第六章の定める「紛争の平和的解決」と、第七章の定める、最後の手段としての武力行使を含む強制手段に訴える「平和に対する脅威、平和の破壊[二]、及び侵略行為に対する行動」との区別があった。国連の初めの四〇年間は、冷戦が続いたため、国連機構が憲章の定める手続きを利用することは容易ではなかった。米ソ二大軍事ブロックの間では直接対決はなかったものの、世界中のほとんどの紛争は、多くの内紛を含めて、東側が紛争当事者の一方を支援し、西側が、もう一方を支援していた。このため、安全保障理事会が一定の合意に至ることは、非強制措置をとることについてであっても、ほとんど可能性がなかった。いわんや、強制措置においておや。双方とも、自分側の子分に不利益な提案があれば拒否権を行使することができたからである[三]。

しかし、東西対立による行き詰まりが一時的に打破され、二超大国が、長期的には目的は違っても、短期的には、共同歩調をとるような事態も時には発生した。こういう事態は西側陣営が仲間割れしたときに最も発生しやすく、大抵の場合、植民地の独立が関係していた。アラブ・イスラエル紛争に絡んで、こういう事態が三度び発生した。一九四八年、イスラエル独立宣言に続いて、ソ連と米国が真っ先にこれを承認したこと。一九五六年、英、仏、イスラエルが水面下で協力しあってエジプトを攻撃したとき、両超大国が一致してこれに反対したこと。一九七三年一〇月、エジプトとシリア対イス

一　訳註、peace operations。元、米国政府の用語で、二〇〇〇年に報告書を出したPanel on United Nations Peace Operations（ブラヒミ率いる独立検討委員会）も用い、平和維持活動より広い。

二　訳註、breach of the peace（憲章第39条）は英国刑法の概念の援用で、定冠詞がついているのは元来「王の平和」つまり王が旅して歩く時に維持すべき沿線の治安を意味したから。日本刑法第106条（騒乱）や同第208条の2（兇器準備集合）関係の判例にある「公共の平和」や「社会生活の平穏」を「害する」ことに近い概念。

三　**原註**、例外として、一九五〇年に安保理が北朝鮮による韓国侵略をやめさせるべく、武力行使のお墨付きを与えた事例があるが、これは当時、ソ連がたまたま、中国国民党が共産党に敗北した後なお中国の議席を手放さないでいたことに抗議して、安保理の会合をボイコットしていたために、強制措置を採ることができたに過ぎない。

ラエルの戦争が、双方の親分であったソ連と米国とを直接対決に巻き込みかけたとき、米ソが紛争を抑え込んだ方が、双方にとって利益になると認め合ったことである。

アラブ・イスラエル紛争の流れの中で、国連が有効な措置を講じえたのが、以上の三例だけなのは、決して偶然ではない。両超大国が一時的に共同歩調をとったときに、はじめて、国連を不偏不党で中立的な第三者として利用することができたからである。こうして国連が活動できる機会は長続きするものではなく、安保理は東西の不和によってすぐに動けなくなってしまうので、紛争の直接当事者が紛争の政治的解決を目指して話し合うように根回しをするといった長期的な仕事よりは、緊急に紛争を封じ込めるといった過渡的な措置をとることの方に重点が置かれた。これが国連平和維持活動の原型であり、平和維持とは、紛争当事者の同意のもとに、国連の指揮下に軍人を集め、配備し、戦闘停止の手助けをし、もって政治的話し合いの場をもてるようにすることなのである。最初の平和維持活動は一九四八年の第一次アラブ・イスラエル戦争の最中にパレスチナに設立された。安保理が休戦を命令し、非武装の軍事監視団が**国連休戦監視機構**として派遣された。最初の武装した平和維持活動は**第一次国連緊急軍**で、一九五六年、英仏イスラエル三国によるエジプト侵略の後に続けられた敵対行為の停止を「保障し、監視する」目的で配備された[四]。

ダグ・ハマーショルドは、平和維持活動の国連憲章上の根拠を「第六章半」と表現した。国連憲章第六章は、紛争の平和的解決について、特に軍人を使用する可能性については触れていない。憲章第七章は、受入国の同意を基本とする平和維持活動ではなく、今で云う「平和の強制」について規定している。これは、国際連盟が「牙を持っていなかったために」両大戦間期（二つの世界大戦の間）に失敗したという一九四五年当時に有力であった見解を反映したものであった。従って、紛争当事国の同意に基づいて国連が軍隊を展開するということは、憲章には明文の規定はないが、だからと云って、憲章のどの規定に照らしても特に矛盾することはなかった。これが、「第六章半」という表現をもってハマーショルドが云わんとしたところである。この概念はロシア人には都合が良かった。平和維持活動の邪魔がしたいときは、憲章に明文の規定がないと云って、その合法性を問うことができたし、平和維持活動がロシア人に都合が良かったり、その第三世界の友好国が望んでいたりする場合には、憲章に直接矛盾するわけでもないので、安保理が設置することを認めることもできたか

四　**原註**、一九四八年から国連が設立した平和維持活動を網羅した表は、附録2に収められている。

らである。しかし、冷戦のほとんどの期間、ソ連は平和維持活動の費用の分担金を支払うことはなかった。このため、一九六四年には、国連総会は政治的・財政的危機に陥り、その機能が麻痺してしまうほどであった。

一九八六年に私が国連事務局に入った当時は、国連の平和と安全保障に関する役割と云えば、ほとんど平和維持活動が取り上げられるだけであった。これは、国連の活動がいろいろ制約されていた冷戦の時代、仲介の試みよりは、平和維持活動の方が目立つばかりでなく、規模も大きかったからである。しかし、同時に、冷戦は終結しつつあり、冷戦が終われば、国連は紛争処理のための手法をいろいろ増やすことができるであろうと考えられていた。一九九二年一月、安保理で初めて理事国の国家元首・政府首脳が集まり、新任のブートロス=ガリ事務総長に対し、「防止外交[五]、和平斡旋[六]、平和維持のための」国連の力量を向上させるためにはどうするのがよいか、答申書を準備するよう要請した。これをきっかけにブートロス=ガリは一九九二年に『平和のためになすべきこと』[七]を執筆し、その中で、冷戦後に平和と安全を確保していくため国連のなすべきことについて、よく整理された理論的枠組みを提供し、そのために必要な手法をいくつか定義づけた。

その理論的枠組みには、その後も、ブートロス=ガリ本人だけでなく、それから一〇年にわたる激動の時代の成功例と失敗例を研究してきた人々によって、いろいろな手が加えられてきた。そして、国連の平和活動にどういう呼称をつけるべきか、普く一般的に受け入れられた呼称は未だ存在しない。しかし、本書では、国連の紛争に関する行動の全てを次の五つに簡単に分類しておくことにする。①和平斡旋、②平和維持、③平和構築[八]。以上の三つは、紛争当事者の同意のあることを基本条件とするものである。④制裁措置、⑤平和の強制。最後の二つは、強制措置であり、その名の通り、相手方の同意なしに執り行われるものである。

本書の中心課題は平和維持であり、これは一九四八年に初めて試みられてから、長い間変遷してきた。しかし、平和維持を定義づける特徴は不変である。平和維持活動とは、必ず、各国政府が国連に軍人を、時には警察官も、提供することで始められる。安全保障理事会が設置する[九]。事務総長が指揮

五　訳註、preventive diplomacy。紛争防止のための外交。
六　訳註、peacemaking。平和創造とも。内容から「和平斡旋」。
七　訳註、An Agenda for Peace。「平和への課題」とも。

八　訳註、peace-building。平和構築と一般に訳されている。
九　**原註**、あるいは一九五六年のスエズ危機において最初の国連緊急軍がエジプトに派遣されたときのように、常任理事国から反対があり、拒否権が行使されるような事態においては、総会が設立する場合もないわけではない。

をとり、安保理に定期的に経過を報告する義務を負う。平和維持活動は、実際に火を噴いている紛争、ないし将来火を噴くかもしれない紛争の当事者の同意があってはじめて実施することができ、当事者間にあっては、中立かつ不偏不党でなければならない[一〇]。武装している場合でも、武器の使用は自衛に限られる[一一]。その仕事、あるいは「任務」とは、事前に当事者が合意したものである。活動の費用は、活動に派兵する各国政府に派兵費用を払い戻す分を含めて、国連の全加盟国が各々分担して全体で負担する[一二]。

　平和維持活動は、与えられた仕事の違いから、次の四つの類型に分類することができる。しかし、一つの活動で複数の類型に当てはまるものもあるし、一つの活動が、一つの類型からもう一つ別の類型へと変遷していくこともある。

　まず「**伝統型平和維持活動**」は、武力紛争が一時的に休止された後に実施される。その仕事は、戦闘が再発しないように見守り、武力衝突に発展してしまった紛争を本格的に解決するために当事者同士が話し合えるような環境を整えることである。平和維持部隊は、ここでは停戦を見守り、緩衝地帯を見回り、一時的な合意が守られているかどうか検証し、紛争当事者同士が互いにある程度の信頼関係を築けるように努力する。その仕事も要員も基本的に軍のもので、通常将校が指揮をとる。この類型の平和維持活動には、主に二つの問題があり、両方とも、これから本書で扱うことになる。まず第一の問題は、当事者が戦闘を再開するときに発生する。こうなると、単に平和維持部隊が存在する政治的・現実的根拠がなくなるだけでなく、隊員はその名誉を傷つけられ、危険に曝される。第二の問題は、平和維持部隊はよく働いているが、話し合いによる紛争解決に向けた和平斡旋の方がうまくいかない場合に発生する。この事態がもたらす危険としては、①紛争当事者の一方が和平実現の手順に不信感を抱き、戦闘を再開すること、②兵隊・資金の供出国が「供出疲れ」で供出をやめてしまうこと、③紛争当事国は話し合いの場でどんなに頑迷な態度をとっても、平和維持部隊がいる限り直接戦闘の危険には直面しない場合もあり、その場合は、平和維持活動を続けること自体が、問題の一部となってしまうと云うこともできる。

　私が平和維持活動を担当していた時期には、この伝統型平和維持活動は、アフガニスタン、イランとイラクの間、アンゴラ、中央アメリカ、イラクとクウェートの間、クロアチア、ソマリアにおいて、それぞれ実施された。それから、もう一

一〇　訳註、中立と不偏不党の違いは第13章279頁参照。
一一　訳註、自衛と交戦規則について第4章59～60頁参照。
一二　訳註、この原則を破った時の問題は第17章411頁参照。

つ、カンボジアにおける「多機能型活動」(これは以下に扱う)に先立って派遣された先遣使節も「伝統型」に属する。

第二の類型は、「**防止型平和維持活動**」で、将来火を噴くかもしれない紛争の当事者の一方から要請を受けて、その当事者の領土に配備されるものである。従って、活動の任務は、紛争当事者双方の合意に基づくものではなく、その一方の要請に基づく。今日まで、この類型の実例は、マケドニアに一九九二年から一九九九年まで配備されたものが一つあるだけである。

三つ目は「**多機能型平和維持**」で、紛争当事者が話し合って決めた和平[一三]がうまくいくよう手助けするために、執り行われる。つまりこの類型の平和維持活動は、和平斡旋がうまくいってから執り行われる。その仕事は、伝統型平和維持活動よりも大規模で、複雑で、費用がかさむ。それは、停戦と緩衝地帯を見守るという伝統型よりも、はるかに多くの仕事をこなさなければならないからである。例えば、戦闘兵の動員解除と通常の市民生活への復帰、地方行政機構や警察の監視(時には監視だけでなく、警察を創設することもある)、人権の促進と検証、過去の事件の真相解明委員会の創設、選挙管理、場合によっては選挙の実施、難民の帰還と再定住、地雷撤去、経済再建と復興などがある。このような多機能型平和維持活動においては、大きな文民部門が必要になり、通常、「事務総長特別代表」の肩書きをもつ上級職員が指揮する[一四]。

私が平和維持を担当した時代には、多機能型はナミビア、アンゴラ、エルサルバドル、西サハラ〈未了〉、カンボジア、モザンビークで実施された。

最後に、「**複雑・緊急事態型**」平和維持という厄介な類型がある。これは、現に武力衝突がおこっている現場で、和平のための話し合いはおろか、停戦協定さえない所で活動する。

一三　訳註、settlement は、文脈によって「和平」(仲直りして和睦すること)と訳す。

一四　**原註**、事務総長の平和と安全保障の分野の活動を支える上級事務職員の肩書のつけ方は混乱している。最もよく使われるのは、上から順に「特別代表(Special Representative)」、「個人的代表(Personal Representative)」、そして何もつけない「代表(Representative)」である。ほとんどの場合、平和維持活動や和平斡旋の任務の現場指揮官にこういう肩書がついている。特使(Special Envoys)や個人的使者(Personal Envoys)は大抵ニューヨーク本部に拠点を置いているが、現場に住んでいる者がそのまま雇われて任務に当たる場合も多い。彼らは、通常、和平斡旋や平和の構築にあたる。特別顧問(Special Advisors)や上級顧問(Senior Advisors)も、普通はニューヨーク本部に拠点を置いており、現場組に比べると、より広い、総括的な責務を担っている。特別調整役(Special Coordinators)や高等調整役(High-Level Coordinators)という役職もある。しかし、誰がどういう肩書で呼ばれるかについては、別に決まった基準があるわけではなく、上記の一般論には例外もある。

このような事態は普通、伝統型ないし多機能型平和維持活動の基礎となっている協定が崩壊した場合に発生する。こういう事態においては、撤退するのが理にかなっている。任務遂行はもはや現実的でないからである。しかし、それでも安保理は、責任を放棄したと見られることを潔しとせず、何か別の仕事を探し出して来ては、何としてでも、現場から撤退することを許さないこともある。そういう仕事は、大抵人道的なもので、その中身は通常、紛争当事者ではなく、安保理が決定する。紛争当事者の同意を得ることは難しいこともある。特に、紛争当事者によって生活必需品の供給を断たれ、恐怖におののいて、追い立てられようとしている地域住民を対象に人道支援を行うことは、極めて難しい。この場合、平和維持部隊は武力紛争に巻き込まれ、自ら紛争当事者になってしまう危険がある。人道的活動を護衛するということは、最終的には、身体を張って、武力をもって敵と対峙する覚悟がなければできないからである。しかし、そうすれば、平和維持部隊はもはや紛争当事者全員に対して等しく公平であることはできなくなる。だが、そういう不偏不党性こそ、平和維持活動の安全を確保するためには、どんな武器よりも大切であり、その任務を成功させるための必須条件なのである。

　国連には長らくの間、強制措置と同意に基づく平和維持とは組み合わせることができないという教えがあった。強制措置と平和維持とは両立せず、どちらか一方を選択しなければならない。この教えは、ブートロス＝ガリの一九九五年一月の『平和のためになすべきこと・追補[一五]』にも妥協の余地なく明記されている。私自身も国連事務局にいる間中、この教えに遵ってきた。平和維持と平和の強制の間に中間の道はない。しかし、今にして思えば、国連事務局は冷戦終結後に激増した新しい種類の武力紛争に直面したとき、その新しい事態に適応することに、あまりにも時間がかかり過ぎたと思う。国連は、もはや主権国家の国際的に認知された正規の政府同士が戦う戦争に直面しているのではなかった。そのような一応体制の整った政府の同意であれば、通常、ある程度の信頼性があったが、新しい武力紛争のほとんどは、主権国家の領域内で発生した内戦であった。そういう内戦の主役の少なくとも一つはゲリラで、国際関係の規範についてはほとんど理解がなく、指揮・命令系統も整っていない有様であった。このような当事者が何かに「同意」したとしても、どこまで同意したのか不明で、ほとんど当てにならなかった[一六]。

　一九九〇年代後半までに平和維持の教えを変更する必要があることが明らかになった。紛争当事者の一方が同意はした

一五　訳註、Supplement to An Agenda for Peace。「平和への課題・追補」。
一六　訳註、歴史的には冷戦期のコンゴやキプロスやレバノンでの平和維持軍で経験済み。

が具体性に欠ける場合、その当事者の傘下の活動家が、あるいは、政府がまともに機能していないような国では政治的目的さえ持たない単なる山賊の類が、武力で平和維持活動の邪魔をすることが予想され、そのような事態にも備えた教えが必要になった。それで平和維持部隊の交戦規則[一七]を改め、軍事的優越性を確保するために充分な武力を与える必要が生じた。新しい教えとは、要するに、武装分子に対しては、その行動に従って、即ち、その分子がどの当事者の側についているかとは関係なく、必要に応じて武力を行使することである。これは、一九九二年一二月ソマリアで、米軍率いる多国籍軍が安保理決議に基づき国際人道支援活動を護衛した時初めて試みられた。「統合特務軍」[一八]と呼ばれたこの多国籍軍は、圧倒的に優越した軍事力を誇り、人道支援に従事する者を攻撃する武装分子に対しては、どの軍閥に属する者であれ、容赦なく武力を行使するという決意を顕わにして臨んだ。本書執筆中も、同様の交戦規則が[一九]（一九九五年のデイトン合意後の）ボスニア、コソボ、東チモール、シエラレオネ等の紛争で北大西洋条約機構軍や国連軍に適用された。もっと早くからこうすることができなかったことが残念である[二〇]。

私が一九八六年に国連事務局に入る前の四〇年間のうちに、国連は一三の平和維持活動を実施した。一つの例外を除いて全てが伝統型であった。但し、コンゴ[二一]とレバノン南部での活動は複雑・緊急事態型活動に転落し、コンゴでは一部平和の強制も実行に移された。例外とは、西イリアン（西ニューギニアという名でも知られる[二二]）での活動で、これが唯一の多機能型であったが、規模が大変小さかった。私が平和維持を担当した七年間のうちには一六の平和維持活動が新設された。そのうち八つが伝統型、六つが多機能型（うち一つが複雑・緊急事態型に低落）、一つが防止型、そして一つが当初から複雑・緊急事態型として始められた[二三]。私が一九九三年三月に平和維持担当から離れた時点で、一五の平和維持活動が活動中で、五万五千人の制服要員を擁し、二七億ドルの年間予算を計上していた。一九八六年当時の数字は、五

一七　訳註、rules of engagement。武力行使準則。
一八　訳註、The Unified Task Force (UNITAF)。
一九　訳註、紛争当事者の合意した目的の達成のために武力を不偏不党に行使する。

二〇　訳註、平和維持軍がこのような行動をとれば敵と見なされ中立性など平和維持の基本価値を失う危険がある。香西茂『国連による紛争解決機能の変容―「平和強制」と「平和維持」の間―』（山手治之・香西茂編『現代国際法における人権と平和の保障』東信堂、二〇〇三年所収）、特に236頁や註(29)(239頁）参照。本書348頁も参照。
二一　訳註、後にザイールと改名したが、現在はコンゴ民主共和国。
二二　訳註、インドネシアは西イリアン、オランダは西ニューギニア、現地人は西パプアと呼んだ。
二三　**原註**、分類の好きな読者は附録2のゴシック部分を参照。

つが活動中、制服要員一万人、年間予算二億四千万ドルであった。コフィ・アナンが私の後任として**平和維持活動担当事務次長**となった翌年には、制服要員は七万五千人を超え、年間費用も三〇億ドルを超過する勢いであった。

このような平和維持活動の大膨張はすでに述べた一事が原因であった。一九八〇年代後半、冷戦が終結したことでついに国連安保理は、第三世界の武力紛争の数多くを、特に現実には東西両超大国の代理戦争になっていた内戦を、終わらせるべく動くことができるようになった。当初、国連はこの機会をうまく捉えて大きな成功を収めた。しかし、この成功で国連の加盟国も事務局もすっかり慢心してしまった。そのため、賢明でない決定がいくつか下され、アンゴラ、ボスニア、ルワンダ、ソマリアで悲惨な結果がもたらされ、国連は混乱した一〇年間をおくり、その平和維持についての名声は輝きを失った。二十世紀の終りまでに現場で活動中の平和維持要員の数は一万九千人にまで減少した。

紛争当事者の同意を得て初めて実施される平和維持以外の二つの活動類型には、和平斡旋と平和の構築がある。

和平斡旋とは、外交的手段を用いて紛争当事者が話し合いで武力衝突に至った、あるいは至るかもしれない紛争を解決するよう、説得することである。最初の段階では、通常一番うまくいったとしても、停戦合意を得て、平和維持部隊を配備して停戦を見守り、停戦を確固としたものにするだけで精一杯である。しかし、和平斡旋を担当する者は、いつも今発生している武力紛争を終わらせるだけでなく、将来の再発の危険をできるだけ少なくするような、包括的な和平協定を作ることを最終目標としていなければならない。国連による和平斡旋の古典的な実例は、エルサルバドル和平協議で、本書第13章でもっと詳しく扱う。これは、エルサルバドルという小国ではあるが人口密度の高い国における内戦の軍事的側面だけでなく、紛争の原因となっていた経済的、社会的諸問題にまで手をつけようとするものであった。

平和の構築とは、これから起こるかもしれない、あるいは、過去に起こった武力紛争の根本原因を解決し、平和をより確かなものにしていく、長期的な活動である。冷戦の終結以来、国連が学んだ教訓の一つは、和平協定を作り、当事者がこれを実行するのを手伝い、二年ほどしたら引き揚げるというだけでは、十分ではないということである。平和というものは、武力衝突に至ったもめごとの原因を取り除くために、平和維持と並行して、もっと長期的な努力を積み重ねていかないと、長続きしない。平和の構築は、内戦の場合、特に重要であるが、また、特に難しい。国連にとって厄介なことは、内戦の原因というものは必然的に国内問題であるということである。それは、通常、人権、法と秩序、人種差別、経済政策、富の分配に関する事柄で、全て、国家主権に神経を尖らせている政府であればあるほど、外国政府や政府間組織に分からないように、できるだけ内密にしておこうとするものばかりである。従って、国連の役割は自分から直接出向くのではなく、慎重に注意深く現地で平和と和解のために働いている人たちを支援していくようにしなければならない。この分野については、国際社会がまだまだ研究すべきことが山積みである。

国連のとりうる強制措置の第一類型は制裁で、普通、安保理が命令する経済制裁や武器の禁輸措置である。確かに米国は、何でも制裁に訴えることが好きで、実際、独りで勝手に制裁を大量に連発しているが、国連加盟国各国の間では、制裁についてこれほど熱心な国は少なくなってきている。制裁は、効果が鈍く、そのため制裁対象国の政府が政策を変えようとすることは、ほとんどないと考えられており、私自身もこの考え方の方が正しいと思っている。制裁をかけると大抵の場合、まず無辜の一般庶民が苦しむことになる。庶民は、不幸にしてたまたま誤った政治をしている政府のもとで生活しているだけなのに。制裁をかけられると、その国の支配階層の連中は、違法に富を蓄える絶好の機会を得る。そして、制裁対象国の隣の国がとばっちりを受けることもある。特に、一九九〇年以来のイラク制裁の失敗で、制裁の有効性については、大きな疑問が残った。

一九八八年、南アのP・W・ボタ大統領がプレトリアでペレ゠デ゠クエヤル国連事務総長を歓迎して昼食会に招いたことがある。私は、南ア財務大臣のバレンド・デュ・プレシスの隣の席について南アの対ナミビア政策の柔軟化は、制裁によるところがあるのかどうか、訊いてみた。長い答えの中で大臣は、軍事上、通商上の両制裁は問題ではなかったことを指摘した。彼は、南アに良い品があれば売ることもできたし、輸入する必要があれば、輸入することもできた。もちろん、どちらの場合もいくらか高くついたが。おそらく、南アは制裁のおかげで産業がもっと発展することになった。スポーツ制裁の方がむしろ国民党支持者の間で、これまでのような政策を執り続けて、国際競技会に出場できないのでは、割が合わないのではないかという批判が増えて、もっと具体的な効果があった。しかし、南ア政府が最終的に政策転換を考え出した契機は、短期金融市場からの締め出しであった。これで、南アは資金繰りがうまくいかなくなり、「学校や病院を閉鎖せざるを得なくなった」と語った。

この裏話から分かるように、こういう場合、国際的な怒りを表すため、反射的に大急ぎで広範な制裁措置をとるよりは、もっと落ち着いて辛抱強く研究して、暴君が本当に政策を改めるような効果的な制裁措置を考え出す必要のあることが理解できるであろう。ブートロス゠ガリも『平和のためになすべきこと・追補』の中で、このことをもっと外交的な言葉で表現している。彼は、安保理が制裁措置の対象をもっと的確に絞り込み、好ましくない副作用を減らすようにする「仕組み」を作るべきであると、強く要請した。安保理は何もしなかった。この仕事には、是非取り組むべきである。

もう一つの強制措置は、平和の強制である。国連憲章に謳われた希望にもかかわらず、国連機構は、組織としては戦争に訴える力はない。非戦闘任務のために加盟国各国から提供された平和維持軍の配備を手がけることはできるが、遠隔地で、平和を乱す者に対して戦争に訴えようにも、軍隊を派遣するのに必要な作戦計画、指揮、統帥、通信、諜報、兵站の能力を欠くため、できないのである。どの国の政府も、自軍の兵士と兵備と名声を、自軍が信頼をよせていないような統帥部にあずけるようなことはしないだろう。国連憲章にある強制措置に関する規定は、加盟国各国が安保理と協定を結んで安保理の要求に応じて兵備を提供する義務を負い、安保理がこうして集められた兵備を、侵略行為や平和の破壊をやめさせるために使用するというものである。この考えは冷戦で座礁し、想定された協定は一つも締結されることはなかった。しかし、別のやり方も出てきた。それは、平和の強制が必要とされる場合、安保理が、加盟国各国に、ある特定の加盟国の指揮下に集結して多国籍軍を編成するよう要請し、安保理の了承する目的のためにその軍事力を行使することを許すというやり方で、一九五〇年の朝鮮戦争がその最初の例で、一九九〇年から一九九一年にかけて、イラク軍により占領されたクウェートを解放した例が、現在の模範となっている。このやり方は、多国籍軍参加部隊が安保理にその行動を逐一報告することを怠らず、安保理の許す範囲内で行動する限り、全く問題のないものである。

ここで、もう一つ別の種類の活動に言及する。これまで簡潔に概観してきた五つの活動類型と別に、人道的活動がある。その主目的は平和と安全の保障ではなく、平和と治安が破られたときに、苦しんでいる人たち、とくに一般庶民を助けることである。しかし、人道的救援部隊は、よく武力紛争に巻き込まれ、救援活動のやり方如何では、和平斡旋や平和維持活動の方にも大きな影響が出ることがある。従って、双方がうまく連絡をとりあって調整することが必要であるが、多くの場合、そうすることは至難である。

五つの活動類型を、これまで国連の活動ということにして見てきたが、国連は、必ずしもこれらの活動を独占しようとしているわけではない。それどころか、「国際社会」[二四]を形

二四　**原註**、the international community（国際社会）とは一体何か、学問的には議論のあるところである。本書においては、国連とその関連諸団体、各国政府、または臨機応変に結成された同盟、地域機構、非政府組織、特定の紛争に関与する意欲と影響力を持つ著名人などを指す。

作っている構成部分のいずれであっても、こういう活動をすることができるし、実際に、そうしてきたのである。現実には、国連がこうした活動を全部やることは、まずない。冷戦の終結以来、うまく成功した平和活動は、どれも国際社会を形作る様々な国や団体や個人が力を合せてはじめてできたことばかりである。ナミビア独立を例にとってみよう。これは、第10章で詳しく扱うが、和平案は、西側五ヶ国が「連絡国団」として関係当事者と話し合いながら作られ、国連安保理が和平案を承認し、予期されなかった問題が発生した場合は、米国が仲介に入って和平が計画通り進行するようにさらなる合意を取りつけ、国連が和平協定の履行を監督し、各国の政府機関や非政府組織が平和の構築に取り組んだ。

　実は、「国際連合」という言葉にも曖昧なところがある。それは、一九四五年に創設された「国際連合機構」[二五]に加盟している「連合国」（あるいはそれほど連合していない）諸国のことか[二六]？　それとも、総会、安全保障理事会、信託統治理事会、経済社会理事会、国際司法裁判所、事務局の六つの「主要機関[二七]」からなる国連機構のことか？　それとも、今最後に掲げた主要機関、つまり事務総長と彼（または、将来期待される彼女）の事務職員のことか？　それとも、上記の全てをひっくるめて、さらに一九四五年以来、国連機構に付け加えられてきた諸々の計画、基金、事務所などの関連諸団体を含めた集合体のことか？　答えは、単に「国連」と云うとき、上記の意味のいずれであってもおかしくない、ということである。国連事務局の内輪では、国連が褒められている場合（例えば、「国連、天然痘撲滅に成功」とか、「国連、ナミビア独立達成」）は、その加盟国を意味し、国連が批判されている場合（例えば、「国連は何々をしているはずなのであるが……」とか、「国連は、また機会を逃した」）は、事務局を意味するように感じられていた。私は、正鵠を期するため、部下には国連機構を意味するときは「国連」、関連諸団体をひっくるめるときは「国連組織網[二八]」、その加盟国は「加盟国」、事務局は「事務局」と使い分けるよう、指導していた。どれだけ云いつけても、うまくいかなかったが、本書では、この使い分けを実行している[二九]。

　ところで、国連の五つの活動類型に戻ると、国連は二種類

二五　訳註、The United Nations Organisation。
二六　訳註、日本の外務省が「国際連合」と訳しているThe United Nationsという英語は、国連公用語である中国語では、そのものズバリの「連合国」。外務省も、ポツダム宣言を訳したときは、「連合諸国」としていた。
二七　訳註、principal organs。
二八　訳註、The United Nations System。
二九　訳註、なお Secretariat は集団としての国連事務職員をも指す。

の強制措置よりは、同意に基づく三つの手法の方を頼りにしてきた。その理由はいくつかある。強制してもうまくいくかどうか定かでないこと、金銭的にも、人身損害の上でも、代償が高くつくこと、根強い平和主義――国連は戦争の惨禍から人類を子々孫々に亘り救うために設立されたものであるから、自分から戦争をしてはならない――、そして、何より、国家主権の尊重である。冷戦終結後の戦争のほとんどは内戦だったので、国連の活動には国家主権の壁が大きく立ちはだかった。国連職員は、それでも何とか頑張ることが多かったが、加盟国各国の政府は、反対だった。

このために国連の払った代償は大きい。同意に基づいた手法に頼り、国家主権を尊重していたため、国連が行動を起こすことができなかった場合がしばしばあった。世界中には、いつの時点をとってみても、現実の武力衝突ないし武力衝突の可能性のある紛争が、何十とある。しかし、紛争当事者が全てそろって局外第三者の仲介に同意するということは、大変稀れである。ほとんどの場合、紛争当事者の少なくとも一方は、武力をもってその目的を達成することができると信じているものである。あるいは、アルジェリアの前外務大臣で仲介の経験に豊かなラクダル・ブラヒミ[三〇]が、アフガニスタン内戦の群雄割拠状態について述べたように、「問題は、どの紛争当事者も第一目標は実現不可能なことなので、次の目標として、みんな共通して仕方がないから戦争を続けるということ」なのである。もし、武力紛争が長期化し、いつまでも勝敗が決しない場合は、主人公たちも最終的には局外の第三者の仲介を受け入れるであろう。しかし、それでも紛争の終結までには、長い時間がかかってしまうこともあり、その間、「どうして国連は何もしないのか？」という問いかけがあっても、「紛争当事者が同意しないから」という、歯切れの悪い答えしかできないのである。

ジョンズ・ホプキンス大学のウィリアム・ザルトマン教授は、紛争が第三者の仲介に適するようになることを「機が熟す」という表現で理論化した。各紛争当事者が、他の当事者よりも自分の方が力が強く、あまり大きな犠牲を払わず、あまり大きな金銭的負担もなく、武力闘争で雌雄を決することができると確信している場合は、そういう当事者は話し合うよりも戦いを選ぶ。双方が、武力闘争では雌雄を決し得ないと判断するようになったとき、話し合いにより紛争を解決する「機が熟す」のである。当事者がそう判断するようになるには、次の二通りの道筋がある。争いが「膠着して双方にとって耐え難い状態に陥り、将来にわたって打開できる見通しが立たないとき、あるいは、争いが大きくなり過ぎて、身の破滅が

三〇　訳註、二〇〇四年、国連事務総長のイラク担当特別顧問。

目前に迫るか、身の破滅がぎりぎりのところで回避された時。理論的には「機が熟す」のは明白であるが、現実には、その機が過ぎ去ってからでないと、それを見出すことが難しい三一。一九九三年、私が国連の和平斡旋、特に防止外交担当になったとき、ザルトマン理論は、どの紛争、あるいはどの紛争の危険性に国連が注意を払うべきか考えるとき、大変役に立った。例えば、インド・パキスタン紛争は、双方とも核兵器を使用しうる実力を備えた強大な軍事力をもって対峙し、既に三回も本格的な戦争を起こしているが、仲介に入るのは時間的にも、労力の点でも、あまり意味がない。それはこの二〇年間インドが、紛争は二国間協議でのみ解決することが可能で第三者は無関係であり、たとえ二国間協議を始められるように斡旋することであっても口出し無用という態度を貫いてきているからである。

もちろん、同意がどうしても必要とされるのは国家主権のためである。このことは国連憲章〈第2条7項〉にはっきりと確認されている。

三一　**原註**、I. William Zartman, *Ripe for Resolution: Conflict and Intervention in Africa*, Oxford University Press, Oxford, 1986, pp.232-3, 236-7 および I. William Zartman and Saadia Touval, *International Mediation in the Post-Cold War Era*, United States Institute of Peace Press, Washington DC, 1966, pp.450-2。

『この憲章のいかなる規定も、本質上いずれかの国の国内管轄権内にある事項に干渉する権限を国際連合に与えるものではなく、また、その事項をこの憲章に基づく解決に付託することを加盟国に要求するものでもない。但し、この原則は、第七章に基づく強制措置の適用を妨げるものではない。』

国連憲章採択からわずか三年後、世界人権宣言により各国は、他国の人権であってもそれがきちんと尊重されているかどうか関心をもつ権利を持つようになった三二。それ以来、とくに冷戦の終結後、国連が国内紛争（もちろん関係国の「国内管轄権内」）に関与することが増加している。通常は関係国政府および武装した反政府活動の側の両方の同意を取りつけて関与してきたが、ソマリアのように「崩壊した国」では、同意を与えるべき政府そのものが存在せず、対立する各軍閥の首領から同意を取りつけなければならなかった。

法的立場は憲章に書かれてある通りで、国家主権は至上である。しかし、冷戦の終結以来先例がいくつかできており、いつか将来そういう先例が世界普く受け入れられて国際慣習となり、国連が国内問題に介入することを合法化するように

三二　訳註、世界人権宣言（一九四八年）は、Universal Declaration of Human Rights で直訳すれば、「普遍的」人権宣言であり、その名称と前文から、こういう解釈が生まれてくる余地がある。

なるかもしれない。一九九〇年リベリア内戦の勃発の頃、首都モンロヴィアでの凄惨な戦闘に驚いてニューヨークでアフリカ諸国の国連代表団がペレ＝デ＝クエヤルに何とかしてほしいと頼んだことがある。事務総長は、南米の優秀な法学者であったから「国連憲章の下では、残念ながら何もすることができない。その紛争は国内のことだから」と答えるにとどまった。しかし、その一年後ソマリアの首都モガディシュで続いていた悲惨な出来事について知らされたとき、これもまた内戦に違いはなかったが、ペレ＝デ＝クエヤルは、平和を回復するために働きかける決意を固めたとためらわず安保理に報告した。それから一〇年たって、国際的道徳観も変り今ならどの事務総長ももはや武力衝突が国内問題だからと云って何もできないとは云えないであろう。

一九九一年には、ペレ＝デ＝クエヤル自身、フランスのボルドーで講演したとき「国際法は時勢とともに変化すべきであり、停滞し腐敗してはいけない。国連憲章が確認する国家の権利と世界人権宣言が承認する個人の権利とをはかりにかければ、ひょっとすると釣り合うようになってきていると云えるかもしれない。そうすると、国家主権は侵すべからずという考えには疑問も出てくるのではないか？」と述べた。ブートロス＝ガリは、『平和のためになすべきこと』の中でも、現実の危機に対応する場合でも、国連のもっと積極的な介入を推奨した。コフィ・アナンは、一九九八年オックスフォード近郊のディッチリー・パーク会議場で講演したとき、「武力介入は悪いことだが、虐殺や極端な弾圧政策を手をこまねいて眺めている方がもっと悪い。しかし、武力介入は集団的な決定によるべきで、唯一国連安保理だけがその決定を下す権限を有する」と述べた。

しかし、介入は平和と安全を保障する国連の仕事の中では、どこまでやっても良くてどこまでやると悪いのか、基準が定かでなく、未だに批判が絶えない。特に非同盟諸国[三三]にとっては大変気がかりな問題である。非同盟運動は一九五五年のインドネシアのバンドン会議で芽を吹き、一九六一年ユーゴスラビアのベルグラードで初めて非同盟諸国首脳会議が開かれた。その発起人はインドのジャワハルラル・ネルー、エジプトのガマル・アブドゥル・ナセル、ユーゴスラビアのヨシプ・ブロッツ・チトーであった。冷戦について中立でありたい国であれば、どんな国にも参加資格があった。一九八六年には非同盟運動参加国は総勢約百ヶ国と二つの解放運動を擁し、国連においては、互いに政策を調整し一致団結して統一投票行動をとるので、決して無視できない勢力となっていた。

三三　**原註**、本書で「非同盟」non-aligned と云うとき、非同盟運動、非同盟運動の参加国全体、国連安保理などの国際機関の中での非同盟運動の参加国を指す。

しばしば一つや二つ単独行動をとる国もあったが、ほとんどの場合成功した。安保理においては、非同盟運動参加国はその団結が崩れない限り実質的に六つ目の拒否権を有していた。これは、安保理非常任理事国として通常非同盟諸国が七ヶ国入っていたからである。安保理にかける決議案は、理事国全部で一五ヶ国あるうち、最低九ヶ国が賛成しなければ採択することができないので、非同盟諸国七ヶ国がこぞって不賛成であれば、決議案の採択を阻止できるのである。しかし、非同盟諸国の結束は、カシュミール問題や一九九〇年のイラク軍クウェート侵攻の場合のような非同盟諸国同士の紛争の場合には、足並みが乱れることが多かった。

　介入問題に関して云えば、事例によっては非同盟諸国も（前述の）リベリアの場合のように人道的理由で国連が国内問題に立ち入ることを要求したり、少なくとも容認したりすることがないわけではない。しかし非同盟諸国は元々国家主権を絶対視してきた。ブートロス＝ガリの『平和のためになすべきこと』に対する非同盟諸国の反応は当初は悪くなかった。しかし西側諸国が、そこに含まれた防止外交や人道的介入を熱烈に歓迎する一方で、経済開発・社会開発[三四]についての国連の役割については全く興味を示さないのを見て、態度が反転した。非同盟諸国にとって開発とは、平和や安全保障と同じくらい重要な国連の目的なのである。この結果ブートロス＝ガリの報告書についてどう答えるべきか、国連総会は実質的には何も合意に達することができなかった。それ以来、イラクと旧ユーゴにおいて国連安保理が目的を明確に特定して許可した強制行動（例えばクウェート解放）と、西側諸国が安保理の関連決議の解釈が分かれているのにもかかわらず強行した強制行動（例えばイラクの飛行禁止区域[三五]や一九九九年のコソボ爆撃）との間の区別がはっきりしなくなってきたことで、さらに一層警戒感が強まることとなった。

　冷戦が終結し、これで国連憲章に謳われている通り国連もようやく平和と安全を保障するのに中心的役割を果たすことができるようになるという期待があったが、国連のこの期待に応えていく能力には制約が二つあり、一つは、国連が、平和を保持しあるいは回復するのに紛争当事者の同意を取りつけなければならないという手法に頼ってきたこと。もう一つは、国連は各国の国内問題には立ち入らないという憲章に明言された大原則をどこまで緩やかに解釈することができるかが、不明なままであること。両方とも互いに関連し合ってい

三四　訳註、development は開発とも発展とも訳せる。国連開発計画という組織もあるだけでなく、開発の方が、第三世界の各国政府が実際にやりたいことに即している。

三五　訳註、第16章355〜356頁参照。

ることである。

実は、もう一つ、三つ目の制約もある。それは、加盟国の政治的意欲である。国連の平和活動に各国が供出できる資金と兵力には、やはり限界がある。その限界を客観的に査定することは難しいが、国連事務局としては、常にそういう限界があることを承知していなければならない。したがって、紛争解決のためには単にザルトマンの云うように局外の第三者が仲介に入る「機が熟す」だけでは十分でない。同時に、国連のやろうとすることに対して、加盟国各国から必要な政治的、物質的支援が寄せられるようでなければならない。この点で、政治的にはあまり愉快なことではないが、国連加盟国の中の、ごく一握りの国々だけが、他の国々よりもずっと重要となる。一九九〇年当時、**経済開発協力機構（OECD）**の国々が[三六]、国連平和維持活動の費用の八二・九％を供出した。（実は、米国は通常出していない）。二〇〇〇年に合意された新計算方式によると、ＯＥＣＤの供出額は全体の九三・七％を占める。ＯＥＣＤには安保理の五常任理事国のうち三ヶ国が入っている。この三国はそれだけでは国連にどんな活動も押しつけることはできない。中国かロシアが拒否権を行使するかもしれない。しかし、この三国にやる気がなければ、どんな活動も実施することはできない。

この結果、国連の平和活動は西側の優先順位に従って実施されることになり、二枚舌の誹りを受けることにもなる。例えば、セルビアからの分離独立を求める少数民族が弾圧されると戦争になるのに[三七]、トルコで同じようなことが起こっても[三八]、ほとんど誰の注意もひくことがないのは、何故か？　ある中東の一国が隣国の領土を占領し大量破壊兵器を開発するとこてんぱんに懲らしめられるが、もう一つ別の中東の国が全く同じことをしてもどうもないのは、何故か？　こういう問いかけがなされる。ペレ＝デ＝クエヤルはボルドーでの講演において、このことに触れた。曰く、国際法を適用するのに選り好みをしてはならない。「ある場所ではこれが原則であると云い、別の場所ではそれを無視するというのでは、全く原則を持たないのと同然である」と。その通りである。西側の読者がこういう二枚舌を批判する問いかけを聞くと、誤解であり、中傷であると感じるかもしれない。しかし、第三世界を飛び回り、第三世界の人たちと話をする機会の多い国連の役員にとっては、これは日常茶飯事なのである。一九九一年

三六　**原註**、経済協力開発機構（Organisation for Economic Co-operation and Development）加盟国は、西側の産業化された民主主義諸国と、韓国、日本、メキシコ、チェコ共和国、ハンガリー、ポーランド、トルコ。

三七　訳註、コソボ。

三八　訳註、アルメニア。

のある晩、ホンジュラスのテグチガルパにあった**国連中米監視団**司令部[三九]に何者かがロケット弾を撃ち込んだ。この攻撃は、国連が米国によるサダム（フセイン）迫害に利用されてしまっていることに対する抗議行動であったことが後で判明した。

　近年、国連は民主的でないとか、安保理は改革されなければならないなどとよく論議されるようになったのは、西側こそが国連が平和のために努力すべき事項を決め、経済開発、社会開発についての役割を軽視していると思われているからである。安保理の構成を変えようという話し合いはほとんど進んでいない。たとえそれがうまく進んだとしても笛吹きに給料を支払う者が笛の音色を指定するように、国連が注意を傾ける紛争の優先順位も、多かれ少なかれ金持ちの国の意向で決まることに何の変りもないであろう。

三九　訳註、Grupo de Observadores de las Naciones Unidas en Centroamérica (ONUCA)。

第3章　初めての現場派遣

一九八六年二月三日、私は国連事務局ビル三八階にあるブライアン・アークハートの執務室に移った。私は、それから一九九二年にブートロス＝ガリが事務総長となり、三八階全てを自分の部下用に接収するまでの六年の間、この執務室を使うことになった。西はマンハッタン越しにニュージャージーに臨み、実に見事な日没が眺められることもあった。時々、隼《はやぶさ》が私の部屋の窓まで迫って来ては、総ガラス張の国連ビルの壁面をまるで故郷アリゾナの断崖絶壁であるかのように使っていた鶸《ひわ》を追い立てていた。

特別政治案件担当事務次長は二人いて、私はその一人であった。もう一人はディエゴ・コルドヴェスといって、後にエクアドル外相になった。それぞれ別々の部下を持っていたが、部局はまとめて**特別政治案件室**と呼ばれていた[一]。コルドヴェスは、国連事務局の中でも最も愉快な男の一人で、愛想も良く、別に付き合いも悪くなかったが、同僚としてはなかなか扱い難くい人物であると、人から忠告されていた。コルドヴェスはアークハートに嫉妬していて、小舅のように英国からやって来た新任の事務次長をいびるべく、手薬煉引いて待ち構えているという話であった。しかし、私はすぐに、同僚同士を対立させるのは、職員同士を競い合わせる国連事務局のやり方であって、そういう忠告は無視した方がよいと思うようになった。

私の部下は、少数精鋭で、やや頭でっかちの編成であった。部下の長老は、劉福増と云って、偉大な中国の山水画家の子息であった。彼はパリ育ちで、一九四九年に国連事務局に入り、一九七一年に中華人民共和国が国連における中国代表権を勝ち取った後も、任務を中断することなく、台北から乗り換えて、そのまま北京に政治的忠誠を誓っていた。彼は、平和維持の「高僧」であって、その手続きに精通していた。国連という組織では昔のことを覚えている者は少なく、その意味で劉はありがたい存在であった。彼は、彼でいろいろ感情の高ぶることもあったようだが、私の着任から一年後に引退するまでの間、多くの知恵を貸してくれて、最後まで忠実に私を支えてくれた。

劉は事務次長補で、国連事務職員の間では二番目に高い階級にあった[二]。その下が、上級管理職[三]であった。わたしには、三人の上級管理職がついていて、それぞれ、ジャン＝クロード・エメ、ガス・ファイセル、ウラジスラフ・ミシャーリン

一　訳註、Office of Special Political Affairs (OSPA)。

二　訳註、事務総長を除いている。

三　訳註、D2。D1（初級管理職）は、D2の下。

と云った。

エメはハイチ人で、私の親密な友となった。国連でのキャリアは国連開発計画[四]から始めた。実は一九七〇年代中頃アークハートがアンマンでエメの政治的手腕を認め、まずエルサレムの**国連休戦監視機構**、次に**駐レバノン国連暫定軍**の政治顧問に任命した。彼は決して自分を表に出そうとしない、知性と魅力にあふれた人物で、ひろい電話連絡網を持ち、何事にも徹底して慎重であった。ペレ＝デ＝クエヤルは三年後、彼を事務総長官房に引き抜き、エメは次いでブートロス＝ガリの事務総長室長になった。しかし、それまでの間、彼は私が国連官僚組織の地雷原を渡っていくのにかけがえのない案内役であった。

ファイセルはアルザス系[五]米国人で、国連事務局では二〇年ほど経済畑を歩んできて、最近平和維持に転任していた人物であった。彼は、すぐにキプロス問題に関する国連内部の権威者ジョージ・シェリー（同じく米国人）の後を継いで、その後の国連でのキャリアのほとんどを難しいキプロス問題に捧げた。

ミシャーリンはソ連を代表する形だけの職員であった。既に述べたようにソ連はしばしば平和維持活動の合法性を問うた。ソ連の云い分は、平和維持活動は国連憲章に明文の規定を持たない活動で、「国連機構の事務処理の最高責任者」に過ぎない事務総長に、持たせてはならない政治的権能を与えてしまったということであった。しかし一九七三年の十月戦争[六]の後、シナイ半島に新しい国連軍を配備することをソ連が認めたことで、ソ連を平和維持活動に引き込む道が開けた。当時、ソ連から派遣されていたシェフチェンコ国連事務次長は、国連事務局による**第二次国連緊急軍**の立案に参加し、ワルシャワ条約機構から初めてポーランドが国連平和維持活動に兵を出すことになった。この時、アークハートはワルトハイムに、国連特別政治案件室にソ連から上級職員を一人出させるべきであるというソ連の要求を呑むよう、説得した。こうしてソ連からニコライ・フォチネが出向してくると、アークハートは、フォチネはソ連代表部にいろいろ報告しなければならないだろうから、情報をどうしても共有できない場合もあるということを説明した。フォチネはこれを特に反対せず了承していた。ミシャーリンは私が着任する直前にフォチ

四　訳註、The United Nations Development Programme (UNDP)。

五　訳註、アルザス・ロレーヌのアルザス。現在はフランス領だが、このようなゲルマン系の名前が多い。Gus（ガス）とは Gustave の略称。

六　訳註、第四次中東戦争のこと。ちなみに第一次は一九四八年のイスラエル独立戦争、第二次は一九五六年のスエズ危機、第三次は一九六七年の「ヨム・キポール」戦争、つまり、ユダヤ教の「贖罪の日」戦争、またの名を「六日間戦争」。

ネと交替していた。彼は、控えめで、礼節をわきまえ、やはりフォチネの了承していた制約事項をそのまま受け容れた。こういう制約には私も良心が咎め、数年後、ソ連の政策が変り、ミシャーリンに替ったドミトリー・ティトフにアンゴラ班長として本格的な仕事を回すことができるようになった時、もう転任してしまっていたミシャーリンのことを思うと悲しかった。

　劉と以上の三人の上級管理職に加えて、私には三人の文民専門職員と六人の補助職員がついた。ごく少数の軍務職員はティモティ・ディブアマ少将が率いた。彼はガーナ陸軍の将校で、一九七四年に少佐として「軍事連絡員」の肩書で国連特別政治案件室に入った。一九八一年までにガーナ政府は彼を准将に昇格させ、彼の国連での肩書も「特別政治案件担当事務次長付軍事顧問」とすることに決まった。一九八七年、私は、ペレ＝デ＝クエヤルが、彼を「事務総長付軍事顧問」と呼ぶことにしたいと思っているという話を聞いた。私は反対しなかった。ディブアマは望み通りの肩書を得たが、実際には私の部局の一員であり、私の指揮下にあった。彼は、まじめで忠実で劉と同じように先例と手続きに精通していた。彼は、冷戦が終結する前の一〇年の暗闇の間、平和維持の灯明が消えないようにするのに、功績があった。

　特別政治案件室の私の持ち分には三つの機能があった。第一に、当時、現場で活動中の五つの平和維持活動を運営することであった。そのうち三つはアラブ・イスラエル紛争に関連していた。エルサレムに司令部を置き、ガザ地区、エジプト、シリア、ヨルダン、レバノンに軍事監視団を配備した**国連休戦監視機構**[七]、シリアのゴラン高原に配備された**国連兵力引き離し監視軍**[八]、レバノン南部に配備された**駐レバノン国連暫定軍**[九]。四つ目は**駐キプロス国連軍**[一〇]。最後の五つ目は**駐インド・パキスタン国連軍事監視団**[一一]で、カシュミール州のインド軍とパキスタン軍の間に引かれた「管理線」[一二]の両側に配置された小規模の軍事監視団であった。第二の機能は、必要と考えられる新しい平和維持活動を計画することで、一九八六年当時、唯一計画中だったのはナミビアでの活動で、それは一九八九年まで実現されなかった。第三の機能は、既に平和維持活動実施中の紛争を解決するための事務総長の外交的働きかけ（和平斡旋）の手伝いをすることであった。一九八六年当時は、アラブ・イスラエル紛争、レバノン南部、

七　訳註、The United Nations Truce Supervision Organisation (UNTSO)。
八　訳註、The United Nations Disengagement Observer Force (UNDOF)。
九　訳註、The United Nations Interim Force in Lebanon (UNIFIL)。
一〇　訳註、The United Nations Force in Cyprus (UNIFIL)。
一一　訳註、The United Nations Military Observer Group in India and Pakistan (UNMOGIP)。
一二　訳註、The line of control。

キプロスの問題について交渉が行われていた。

一九八八年の終りに、特別政治案件室の組織、機能、部員に一大変化があった。コルドヴェスが、母国エクアドルの外相に就任するのに伴い国連を辞し、後任は置かれなかった。ペレ＝デ＝クエヤルは、この機会に特別政治案件室の機能を平和維持活動の運営と企画に絞ることにした。和平斡旋の任務は事務総長自身の職務権限とされた。エメとファイセルはこれで事務総長直属となり、もう一人、米国籍で一九八六年に国連休戦監視機構から特別政治案件室に移って来た優秀な政治問題担当職員のリサ・バッテンハイムも、エメと結婚して、これについて行った。私は、コルドヴェスの配下から日本人の上級管理職志村尚子を受け継ぎ、彼女が私の副官となった。彼女は働き者で、几帳面で、忠実であったが、上意下達の官僚組織の中で、他の部局の上位の職員と交渉することが苦手で私のいないときに独りで重要な決定を行うことは気が進まないようであった[一三]。

こうして部下は減ってしまったが、一九八八年末の時点で必要な平和維持関係の限られた事務をこなすためには十分であった。しかし、この後すぐに仕事が急激に膨張し始めることになる。一九八九年には新しく三つの平和維持部隊が現場に配備された。その一つはナミビア独立のための多機能型平和維持活動第一号であった。一九九〇年に一休みして、一九九一年には五つが新しく配備された。これで、仕事が私の部下ではとても手に負えない分量になった[一四]。一九九一年までに私は志村に加えて四人の初級管理職員を得た。ドイツ人ヨアヒム・ヒュッターは大変有能で、レバノンとキプロスの国連軍で相次いで上級顧問を勤め、誰よりも平和維持活動をよく理解していた。フランス出身のミシェル・ペルティエは各国語に熟達していて中米関係の交渉で大変お世話になった。ガムビアから来たフェリックス・ダウンズ＝トーマスはまだ特別政治案件室に配属されたばかりであったが、西サハラについて私の右腕となった。ロシア連邦からきたドミトリー・ティトフは、着任してきたばかりであったが、すぐアンゴラ班長として光ることとなった。

私は、しかし、平和維持活動の実施能力を直接左右する二つの事務管理部局に対しては何の権限も持たなかったため、やりにくいことも多かった。**事務管理・組織運営局**[一五]の派遣

一三　訳註、原著者によれば、志村尚子さんは、その後、長く東京の津田塾大学学長として国際経験を活かした立派な業績をおさめておられる。

一四　**原註**、附録3の図表1は一九八六年から一九九二年まで、原著者が平和維持活動を担当した七年間の特別政治案件室の仕事量の増加ぶりを示したものである。

一五　訳註、Department of Administration and Management。

活動・外部支援室は[一六]、後に**派遣活動部**[一七]と呼ばれることになったが、平和維持活動のあらゆる人事、兵站事務を担当していた。予算局[一八]平和維持予算課[一九]はあらゆる財政事務を担当していた。両課とも、事務管理・組織運営担当事務次長の管轄下にあり、特別政治案件室からは何の命令も受けない関係にあった。派遣活動部長ベフルーズ・サドリは、事務管理・組織運営局内でも高度の独立性を誇っていた。このため、関係役員の協力を得るためには、ことに活動を一つ新しく始めるときなど、手続きを少々端折ってもらう場合は、かなりの官僚的、外交的手腕が必要とされた。

一九九一年はじめ頃までに特別政治案件室全体が、私を含めて、仕事のあまりの多さに疲労の色が濃くなっていた。何とか荷を減らす方策を考えなくてはならなかった。私はペレ＝デ＝クエヤル事務総長に二つの相互補完的な案を出した。一つは、私の副官として事務次長補を一人任命すること。もう一つは、派遣活動部を私の直接管轄下に置くこと。エメは両方とも支持した。ペレ＝デ＝クエヤルは一番目の案に賛成したので、私はサドリを副官にもらいたいと願い出た。ペレ＝デ＝クエヤルは、当時主計官（国連事務局の上級財務職員をこう呼ぶ）であったコフィ・アナンの方がよいという意見だった。私はそれで満足である旨返答した。派遣活動部を私に直属させることには、反対の意見がもっと多く、ペレ＝デ＝クエヤルはスウェーデンの専門家に検討を依頼した。その結果は私の案に反対で、ペレ＝デ＝クエヤルは、任期切れ間際であったので、後任の人が処理すべきであるというもっともな理由で、私の案を両方とも保留した。こうして、私はもう一年、世界中のどこへ行っても滞在先のホテルまで志村さんがファックスで「ご教示願います」と一言添えてそっくりそのままゴッソリ転送してくる大量の書類に埋もれながら頑張るより他なかった。

一九九二年初頭ブートロス＝ガリは、国連事務総長に着任すると、まず最初の二年間を事務局の組織改革にあてた。**特別政治案件室**は**平和維持活動局**に改められた。私は事務次長に再任され、ようやく事務次長補級の副官を得た。ブートロス＝ガリも副官にはコフィ・アナンがよいのではという意見であった。私は喜んで受け入れた。アナンは国連での経験が豊富で、事務管理・組織運営局でもいくつか要職を占めてきた出世頭で、私の部局には喉から手の出るほど欲しい経験と能力を兼ね備えた逸材だった。昔、シナイ半島の最初の**国連緊急軍**や、**国連難民高等弁務官事務所**（ＵＮＨＣＲ）に勤務した

一六　訳註、Office of Field Operational and External Support Activities。
一七　訳註、Field Operation Division。
一八　訳註、Budget Office。
一九　訳註、Office of Peacekeeping Financing Division。

こともあり、平和維持活動局に直接関係する仕事の経験もあった。彼は、私のあらゆる任務についての副官ということであったが、現場の活動を分担し合うことにした。アナンはアフリカと中東（ただしアンゴラは私が昔から関与してきたので、私が担当）、私はそれ以外のアジアとヨーロッパと中南米を担当することにした。

ブートロス＝ガリはまた**政治局**を新設し、ペレ＝デ＝クエヤルが直属にした和平斡旋担当職を含めて、これまで六つの部局に分かれていた任務を一括して担当させようとした。ブートロス＝ガリは、これからは、重要案件は事務総長ではなく、各局が処理すべしと言明した。しかし彼は、実際には事務次長二人を含む三名を上級政治顧問に任命した。これに対しては、こんなに経験豊富な地位も高い人材が、単に助言者くらいの役目で満足するかと、懸念する声もあった。それでも、エメはこのあとすぐ事務総長室長としてダヤルの後任となって、各局の既得権益を頑張って守り抜いたので、ブートロス＝ガリの意向は全体として尊重されることになった。ただ、任期終り頃のなると、なかなかそうはいかないことも多くなっていた。

この組織の刷新で、平和維持活動が実施中ないし議案に上っている紛争については、この二つの新設局の管轄はどう分かれるのか、不明な点が残った。和平斡旋は平和維持とは別の局の担当のままになるのであろうか？それとも一九八八年以前の状態に戻って、平和維持活動実施中の紛争についての和平斡旋は、平和維持担当事務次長の管轄となるのか？一九九二年二月当時は、一三の活動が実施中であった。ブートロス＝ガリとエメは、政治局は政治的仕事を担当し、平和維持活動局は実践的仕事を担当すると、単純に割り切っていた。私は、平和維持とは政治的活動であり、政治的目的を追求し、紛争当事者の政治協定に基づいて実施され、活動を実施する者は、たとえ事務職員であっても、紛争当事者双方と基本的に政治的な関係にあるということをまた論じなければならなかった。「それで、事務総長は、どこに線を引くのですか？」私は、一九八八年以来失っていた地盤をかなり回復し、ラフィーウッディーン・アフメドが自分以外「立ち入り禁止」にしていたカンボジアを唯一の例外として、新活動を計画することと、実施中の活動を運営することの両方について、政治的仕事を担当することになった。私は、仕事を分担し合えるような有能で適切な階級の副官をようやく持つことができた以上、なお更、この仕事を二度と失いたくなかった。

新設の政治局は二人の事務次長が統括した。一人はジェイムズ・ジョナー。国連事務局に長年勤めたシエラレオネ人で、アークハートと共に働き、和平斡旋と平和維持を熟知していた。もう一人はウラディーミル・ペトロフスキー。ソ連の前外務第一副大臣としてミハイル・ゴルバチョフのソ連外交政策の改造に携ってきた人物であったが、国連は全く経験がなかった。ジョナーは、アフリカでの活動（ソマリアとモザンビーク）は自分がやるという決意であったが、アンゴラについては私に遠慮し、敏感に西サハラについても触れようとしなかった。ペトロフスキーは熱心にユーゴスラヴィアを何とかしようとしていた。しかし、ブートロス゠ガリの「ペレストロイカ」で消滅した「政治」部局から政治局に集められた全く多種多様のバラバラの職員を率いて効果的な防止外交と和平斡旋に邁進しようとしても、思うように事ははかどらず、随分苦労していた。私は、一年後ペトロフスキーの後を継ぐことになったので、その苦労が身に沁みてよく分かる。それやこれやで、二局間の仕事の分担がハッキリせず、時折、紛議を醸した。

一九八六年三月、私は、着任早々、当時実施中の五つの平和維持活動の四つの現場を視察することになった。遺憾ながら、**駐インド・パキスタン国連軍事監視団**は視察先に含まれなかった。これは一九四九年にその前年のカシュミールの帰属をめぐるインド・パキスタン戦争のあとに成立した停戦を「監視」するために設置された。はじめはインド政府も協力していたが、のちにニューデリーは一九七二年に印パ両国が調印した合意により、国連のなすべき仕事はなくなったという見解をとるようになった。この合意で停戦線は書き改められ、両国間のカシュミールをめぐる見解の不一致やその他の問題は、二国間協議で解決されることとなった。パキスタンは、この合意で国連監視団の任務が終了したとするインドの見解を受け容れなかった。パキスタンは、カシュミール問題はなお国連安保理の議案として残っており、インドには一九四八年の安保理決議に従い、カシュミールの将来を住民投票で決める義務があるという立場を貫いている。こうして、インドの方は国連監視団にパキスタンによる停戦違反を訴えることをやめ、国連監視団がインド側へインドによる停戦違反を訴えるパキスタン側の苦情を転送しても、返答することをやめてしまった。パキスタンの方は、ずっと苦情の申し立てを続けた。歴代事務総長の立場は、安保理の決定を仰がなければ活動をやめるわけにはいかないというものであった。安保理がそのような決定を下そうにも、パキスタンの友好国である中国が拒否権を発動するであろうと考えられていた。こうして駐インド・パキスタン国連軍事監視団は、実際の活動はないのに、全く政治的に、活動しているふりをするだけのために存在していた。

歴代の事務総長は、ニューデリーに、印パ両国間協議で問題を解決するという合意があったとしても、必ずしも事務総長がいわゆる「周旋二〇」の一環として、そういう協議を始められるように根回しすることまで、排除するものではないのではないか、と折を見てはやんわりとその意向を伺ってきた。しかし誰が云っても、一度も日の目を見ることはなかった。私もニューヨークのインド代表部に時々働きかけて国連の現場での活動を一度ちょっとだけ視察させてもらえないかと頼んでみたが、ダメだった。私の在任中にインドからこの国連軍事監視団の視察を許された最も地位の高い国連職員は、ジェイムズ・ジョナーであった。当時、ジョナーは平和維持活動の事務処理支援担当事務次長補であった。ジョナーはパキスタンで記者会見に臨み、いろいろ当り障りのないはずの発言をしたが、それでもインド当局の神経に障ったらしく、大いに非難されることになった。ジョナーの前にも後にも、同じ経験をした者が山ほどいる。

私は、駐インド・パキスタン国連軍事監視団にはほとんど時間をかけなかった。私が覚えていることと云えば、いろいろな人事問題と、一九九一年に数日間続いたある事件くらいである。カシュミールの過激派がイスラエルの観光客を拉致・監禁し、国連にしか引き渡さないと主張して譲らなかった。インドは、はじめなかなかこれを了承しようとせず、釈放に時間がかかった。この出来事で、この国連監視団には、この程度の些細な事件でさえ危機管理能力がないことが明らかになり、私は、この事件を口実にして、もう一度この国連監視団の現場視察を頼んでみた。結局、うまくいかなかった。

私の平和維持活動の現場初視察の旅はキプロスから始まった。私はキプロスを再訪できてうれしかった。その二六年前、私はレバノンでアラビア語の研修を受けていた時分、週末を利用してキプロスによく渡ったものである。一度、キレニアのナイト・クラブで、私はイスラエルのスチュワーデスと頬をすり合わせながら踊ったことがあるが、これでドキドキしたのは、性的にというよりは、政治的に危なかったからである。一九五八年のレバノン内戦以来、英外務省はレバノンの語学研修所の将来を案じて、私たち研修生は、誰かに聞かれるような場所では「イスラエル」という言葉でさえ使ってはならないと、厳に注意されていたのである。（私たちは代わりに「南ウェールズ」と呼んでいた）一九六〇年代後半、私

二〇　**原註**、事務総長のgood offices（周旋ないし斡旋活動）は、使い勝手のよい「国連語」の一例。慈「善」活動のように聞こえるし、中身は決まっていないので、融通が効くからである。ペレ=デ=クエヤルの表現を借りると、「とても柔軟な言い回しで、ほんのちょっととも、とっても沢山とも、どちらにもとれる」。その基本的な意味は、相互に敵対している当事者の間に入って、仲介を試みる見込みがあるかどうか探ってみること、そして、もし見込みがありそうなら、仲介をすること。ダグ・ハマーショルドとペレ=デ=クエヤルは「周旋」に特に熱心で、普通は自発的に、極秘密裏に行動し、事務総長の影響力を増進させた。

は、在トリポリ英国大使館の主席参事官としての職務上、在リビア地方諜報委員会という巡回機関の委員長を兼ねていた。委員会は東地中海のいろいろな名所で会合を開き、その中にはキプロスのエピスコピの英国主権基地区域もあった。そこの将校食堂での食後の歓談会たるや、もう無礼講そのものであって、翌朝の二日酔いには閉口した。

　私の経歴の中では二度目のキプロスであったが、とんでもない失態から始まってしまった。ニューヨークとの時差ぼけで、私は朝食の時間まで寝過ごしてしまい、副司令官のロビン・ドゥーシェイン准将が、丁重に、しかし明らかに不機嫌そうに私を起こしてくれた。これで、予定時刻を一時間遅れて、新任の事務次長を迎える儀杖兵を閲兵した。私は、滅多に気持ちよく閲兵できたことがない。最前列の前を歩き、立ち止まって、兵士と、何の変哲もない大して面白くもない話をするわけであるが、それで、数秒後にまた歩き進めるために話をうまくやめるのは、大層難しい。それから、「この兵隊たちは私をどう思っているのであろう？」と思うと、そうそう心穏やかにはしていられなかった。フィンランドの儀杖兵が一番やり易かった。私は、前に立って、フィン語で、「ヒヴァーパイヴァー、スオマライセト・ソティラート（こんにちは、フィンランド兵諸君！）」と叫ぶよう教わった。するとフィンランド兵は「ヒヴァーパイヴァー、ヘーラ・アリパーシフテエリ（こんにちは、事務次長閣下！）」と叫び返す。この方式は遵守され、他に何もしゃべる必要はなかった。

　キプロス初日のもう一つの失態は、服装であった。アークハートから現場に行くときは普段着で行ったらよいと聞いていた。それに間違いはなかったが、私は少々やり過ぎた。私のブリティッシュ・ホーム・ストア（ＢＨＳ）製の上から被る服は古くて似合わなかっただけでなく、私のおなかを目立たせ、スマートな制服姿の兵隊たちと比べると、どうもしっくりこなかった。ドゥーシェイン准将が助け舟を出してくれた。「階級章のついていない、何か軍服みたいなものを着ればよい」。アイルランド軍のバーニー・グールディング司令官は、私と名前が同じであっただけでなく、背丈も似通っていた。彼のアイルランド軍のセーターは暖かく、姿かたちを大きく見せ、右腕に丸い国連の記章がついている他は、何もついていなかった。これを頂戴して、国連で現場視察があるときは、いつもこれを着ていくことになった。ただし、暑いときは、やはり右腕に丸い国連の記章のついたカーキ色の半袖シャツを着た。

駐キプロス国連軍司令官はオーストリア（墺）軍のギュンター・グラインドル少将であった。彼は、付き合いがよく、快活で、自信があり、現実的であった。また平和維持活動の経験も豊富で、以前、シリアで国連軍を指揮した経験があった。当時、彼の指揮下に入っていた主要部隊は英国、オーストリア、カナダ、スウェーデン、デンマークから派遣されていた。当時は、平和維持活動の低迷期で、部隊を供出していた国は少なかった。英仏はそれぞれキプロスとレバノンに部隊を出し、カナダは全てに参加していた。しかし、残りのほとんどは多国間国際協力に熱心な欧州の小さな民主主義国のオーストリア、アイルランド、北欧諸国が出していた。シリアには唯一のワルシャワ条約機構の部隊（ポーランド）が配備され、第三世界（フィジー、ガーナ、ネパール）からの部隊が駐在したのはレバノンだけであった。

　この平和維持活動に熱心であった国々が、数少ない司令官のポストを狙って競争した。国連事務局もこれに同調していた。私たちも平和維持活動を忠実に支援してくれている国の政府、特に、自国の納税者にかなりの負担をかけてでも支援してくれる国の政府に司令官のポストを回すことに異存はなかった二一。また、国連にとっても、以前に平和維持活動に参加した経験のある司令官を持った方が良かった。軍事的、文化的背景の異なる各国将校の寄り合う多国籍軍の司令部を統率するのは、容易なことではない。現地司令部の人事は、事務次長が背負わなければならない最も重い十字架の一つであった。特に、このあとすぐに始まった平和維持活動の急増で、現地司令部人事は一層厳しくなった。沢山の新参加国にも、当然、上級ポストを得る資格があるのであるが、必要な経験を積んだ上級将校を探すのは、これまた至難のことであった二二。

　しかし、一九八六年の第一回巡回視察では、私は、アルヴァロ・デ＝ソトの表現を借りれば平和維持活動の「しきたり」と「慣わし」というものが、すでに確立され、一兵卒であれ、将官であれ、全員に浸透している世界に、自分は新入りとして来ているということを意識していた。このことは軍司令部であれ、僻地の監視所であれ、どこを視察するときでも、その前に行われる説明で明らかとなった。視察はじめの説明には決まった形式があり、大変懇切丁寧なものであったので、私は、私のために大勢の人がよく働いてくれて、とても済まないという気持ちになった。はじめのうちは説明を受けても、はじめてのことばかりで、役に立った。しかし、この後、何度も繰り返し現場に戻ってくる度に、「おや、もうそれは見たことがあるし、聞いたことがある」という思いが強くするよ

二一　**原註**、一九八七年の計算によると、ノルウェーに国連が予算から払い戻した金額は、ノルウェー政府が駐レバノン国連暫定軍に歩兵一個大隊を派遣するのに実際にかかった費用の四分の一に過ぎなかった。

二二　訳註、本書185〜186頁参照。

うになっていった。私は、この紛争の主役は誰で、軍の任務は何で、配備状況、標準的活動手続きはよく承知しているから、説明は、私がこの前視察に来た後、何が起こって、次に何が予期されているか、ということに絞ってもらってよい、ということを何度か軍司令官に云ってみたが、結局うまくいかなかった。どうやら要人に説明するときには決まった義務的手続きがあって、軍司令官も、要人自身も、勝手にそれを変更するわけにはいかないようであった。

　説明の部屋から出て、活動区域[二三]を見回るために車ないしヘリコプターに乗ると、ほっとすることがよくあった。現場の土地はいつ見ても飽きがこなかった。よく美しい眺めに出遭い、時には野鳥やその他の野生の動植物に満ち溢れていることもあった。というのも、キプロスやレバノンのように徹底的に野生動物が狩猟されてしまった国々では、緩衝地帯は事実上の自然保護区になっていたからである。現場に出ると、軍司令部と違って、事務あるいは予算上の面倒くさい問題よりは、生死にかかわる実践的問題に接することが多い。こういうことは、部屋の中で人から説明を聞くよりも、現場に出て、目で見た方が理解しやすい。中立地帯に、無断で構築された軍事施設など、一分間、実際に自分の目で見た方が、一五分間他人の説明を聞くよりも効率的である。そして兵士たちとの関係も、閲兵式におけるホンの一瞬の会話よりも、監視ポストでサンドイッチを口にしながらいろいろしゃべってみた方がよい。後日、私は時々、一、二時間ほど歩哨について行ってよいか頼んでみた。これは、現場の土地、活動上の問題点、遠い国からはるばるやって来て他人の戦争のために命を張って頑張っている若者の士気を見る上で、何よりの方法であった。

　説明と現場視察の間には、紛争当事者双方の指導者たちを訪問した。時には表敬訪問だけのこともあったが、通常、紛争当事者の平和維持部隊に対する協力ないし非協力について、突っ込んだ話し合いをした。和平斡旋もやろうと思えばできた。この当事者が和平交渉に乗り気になるような出来事はなかったか？　次の三つの章で述べるように、キプロスと中東における紛争は当時膠着状態にあり、この問いに対する答えはいつも「我々の方はもちろんいつでも話し合う用意がある。向こうの方に聞いてみてくれ」というものであった。

　キプロスから私はベイルートに飛んだ。一九八二年のイスラエル軍侵攻当時に比べるとずっと平穏であったが、ベイルートはなお内戦に引き裂かれ、危険な場所であった。それでもエメの助言を聞いて、私はレバノンを訪問するときは、まずベイルートに飛ぶことにしていた。最初にこの首都に来

二三　訳註、area of operation (AO)。

ることで、私は、レバノンのあらゆる宗教的、政治的立場の人に対して、国連はこの国の主権と領土を保全することを約束していると信号を送っているつもりであった。ベイルートから始めるということは、国連休戦監視機構のF-27フォッカー社フレンドシップ機[二四]で傷みの激しい空港に乗り入れ、そこから**駐レバノン国連暫定軍**のヘリコプターに乗り換えて海岸線を飛んでイスラム側西区か、キリスト教側東区のどちらかに着陸地点を探すということになる。一方の指導者を訪問したあと、もう一方に渡る場合はまたヘリコプターに乗って海岸線に沿って飛ぶか、もし軍事境界線（「緑の線」）が静かな場合は、中立地帯を車で横断することになる。

私は一九五八年の短いレバノン内戦の直後の一九五九年から一九六〇年にかけての一五ヶ月間、ベイルートの丘陵地のシェムランにあった英外務省中東アラブ研究所[二五]でアラビア語を勉強するため、レバノンに暮らしたことがある。研究所は生粋のスコットランド人所長ドナルド・メイトランドが厳格に能率的に運営していた。このメイトランドがのちに私が在リビア英国大使館に勤めたときの大使であった。エジプトからアラブ世界に広まったプロパガンダによれば、研究所は「マドラサト・アル=ジャワーシス」（アラビア語で「スパイ学校」）であった。実態はそんなに華やかではなく、昔ながらの、しかし効率的な語学教育で絞られ、手当金も少なくてベイルートの贅沢な生活など、ほとんど手の届かないものであった。私たちの中には諜報部員はほとんどいなかったが、二重スパイ、ジョージ・ブレイクの反逆罪が発覚したとき、彼は研究所の研修生であった[二六]。

二六年ぶりにベイルートを再訪してみて、私は、あまりに惨憺たる変わり果てた有様に愕然として立ちすくんだ。街はそれまで一一年続いていた内戦のために荒廃していた。「緑の線」という軍事境界線がベイルートの銀座[二七]であるアル=ブルジないし殉教者広場を貫いて引かれていた。私が語学研修生であった頃にはよく深夜になってシェムランに戻るため、路線タクシーの運転手を相手に、他の客を待っていると時間がかかるから、そのまま自分だけ運んでくれるよう掛け合ったりした場所であった。しかし、今はアル=ハイア（国連）[二八]の外交特権で保護されている者でさえ近づくことが許されない。しかし前線から離れれば、街角には車と人があふれている。この後何度となくベイルートを訪れることになったが、私の

二四　訳註、オランダの会社。YS11程のプロペラ機。
二五　訳註、Middle East Centre for Arab Studies (MECAS)。
二六　訳註、ジョージ・ブレイクは後に脱獄してソ連に亡命した。
二七　訳註、原文はロンドンの繁華街 Piccadilly Circus。
二八　**原註**、アラビア語で組織、機構を意味し、国連を指す。

使節の小さな行列には地元の軍閥の護衛がついた。道があまりに混雑しているので護衛は時にはソ連製自動小銃カラシニコフを空へ向かって発砲して道をあけさせたりした。最悪のときでも、つまり夜間に銃声が聞こえ電気や水道が止まっても、街路の人出は止まらず、完璧に着飾った若い女たちがハイヒールで瓦礫をよけながらひょこひょこ歩いていく姿が見かけられた。私は、他にもいろいろ戦場を見て回るにつけ、このようなどん底にあっても決して自らを貶めない人々の気高さ、特に女たちの気高さには心を打たれた。確かに、最終的に一四年の長きにわたった内戦を生き抜いたベイルート市民が見せた「スムード」（したたかさ）は、このあとイスラエルによるヨルダン川西岸地区やガザ地区の占領に対して立ち上がったパレスチナ人たちのしたたかさに勝るとも劣らないものであった。

次の訪問地点は駐レバノン国連暫定軍の司令部で、ヘリコプターで訪れた。司令部はチルス川の南のナクラという小さな村に置かれていた。一九七八年にこの国連暫定軍が設置されたとき、その司令部は昔フランスの委任統治領レバノンとイギリスの委任統治領パレスチナの境界管制所であった場所に置かれた。それから八年、六千人近い国連軍の宿営地として、六千人を統率し、その面倒を見て、補給をするために、大量の人と物が集まり、地中海の海岸に沿って大きく発展していた。かくして一九八六年当時、駐レバノン国連暫定軍は全世界の現場に配備されていた国連全兵力の半分以上を占める最大の平和維持活動であった。私は、任期の最初の三年間、この国連暫定軍に一番時間を割くことになった。一九八六年当時の軍司令官はアイルランド軍のウィリアム・キャラハン中将で、コンゴ国連軍に従事した平和維持活動のベテランであり、エルサレムの国連休戦監視機構の指揮をとるため、駐レバノン国連暫定軍を離任するところであった。

ナクラに着いて私の注意をひいたものは、キプロスとレバノンの二つの国連軍の対照的な違いであった。キプロスでは政治的にも地理的にも物事は整然としていた。敵対する二者は双方ともその領域を完全に掌握しており、その間にハッキリ定められた国際的にも承認された緩衝地帯が設けられて国連軍が管理しており、二〇年以上にわたって銃弾はほとんど一発も発せられることがなかった。これと対照的に、レバノンでは何もかも混沌としていた。まず敵対勢力が沢山あった。イスラエル国防軍。その同盟軍であるいわゆる「南レバノン軍」。パレスチナ・ゲリラもまだイスラエル軍に完全に掃討されずに残っていた。レバノン政府は主権を主張していたが、それ自体が内戦で分裂していた。まずシリアが支援するシーア派穏健派のアマル（「レバノン抵抗運動大隊」）。そして同じシーア派でもイランが背後にいるもっと過激なヒズブラー

（「神の党」）。多種多様の敵対勢力の間には国際的に承認された前線というものは存在しなかった。イスラエル国防軍でさえ、独りで勝手に設定した「安全保障区域」というものを完全には掌握していなかった。もっとも当時はほぼ完全制圧に近かったが。「武装分子」と呼ばれる者がイスラエルめがけてカツーシャ・ロケット弾[二九]を撃ち込むと、イスラエルは空と陸から猛爆撃を加えて応酬した。両者とも国連軍があらゆる「敵対行動」を阻止しているはずの「活動区域」を素通りして、武装部隊を送り込んでいた。平たくいうと、どこにも「維持」すべき「平和」など存在しなかった。

　詳しくは、本書第5章を読んでいただきたいが、駐レバノン国連暫定軍は一九七八年にイスラエルのレバノン南部侵攻後、イスラエル軍の撤兵を確認し、国際平和と安全を回復し、レバノン政府が現場の統治権を回復するのを手伝う目的で配備された。この任務はイスラエル軍が撤兵すること、国連軍に国際平和と安全が乱されないようにする能力があること、そしてレバノン政府が統治権を行使できるような状態にあることを前提としていた。この前提はどれも間違っていた。その結果、この国連暫定軍の任務は実現不能であった。その任務がいかに非現実的かは国連軍の配備状況によく表れていた。司令部が置かれていたのは国連軍の活動区域の中でもその近くでもなく、イスラエル軍の「安全保障区域」の中であった。従ってイスラエルと「南レバノン軍」からいつでも圧力を受ける格好であった。実際、活動が始まって最初の三年間のうち少なくとも三回、イスラエル軍と「南レバノン軍」の砲撃に曝された。この国連軍の七個大隊のうち一個大隊（ノルウェー）は北東部のイスラエル軍支配区域の只中に孤立して配備されていた。残りの六個大隊（アイルランド、ガーナ、ネパール、フィジー、フィンランド、フランス）はそれぞれ隣接しあうように配備されていたが、そのうち三個大隊の活動区域はイスラエル「安全保障区域」と重なっていた。

　ビル[三〇]・キャラハンがこのような軍を一つにまとめていたのは、見事な腕前であった。しかし駐レバノン国連暫定軍は他所の活動でもよくあったように軍と文官の関係がしっくり行かず苦労した。特に問題となったのは軍司令官が文官の事務主任[三一]とニューヨーク本部の平和維持活動の事務取り扱い担当局（派遣活動・外部支援室）との間のやりとりに十分目を通すことができないことであった。軍司令部は軍の行動能力を左右しかねない事務的、金銭的な取り決めから排除されて

二九　訳註、ソ連軍が第二次世界大戦で使用した小型兵器。

三〇　訳註、ウィリアムの愛称。
三一　訳註、Chief Administrative Officer。

いると感じていた。事務主任の云い分はこういう事柄については現場には何の権限もなく、従って、直接ニューヨーク本部の上役と連絡をとる権利が、否、義務があるというのであった。

駐レバノン国連暫定軍の現場視察はほとんどヘリコプターで行われた。北にはシャトー・ボーフォール[三二]という十字軍の城が崖の上に聳えており、その麓にリタニ川が西に折れて海に向かって流れている。この城は一九八二年以前は「パレスチナ解放機構」（PLO）の牙城であり、イスラエル軍の爆撃に曝されたが、生き残った。ボーフォールの向こうには麓に沢山の丘を従えたヘルモン山が聳えていた。私がはじめて訪れたときは、まだ深い雪に覆われていた。南に向って、山の尾根がイスラエル国境、ガリラヤ湖、そして昔フラという湖であった湿原へと延びていく。西に向ってチルスまで三日月形に海岸が伸び、そこから地中海へ出る。地中海の水平線の上には、夕方、時々キプロス島の山々の頂がはっきり見えることもある。ヘリコプターの上から眺めると、どの丘の上にも何かがのっかっている。それは古代の砦だったり、国連暫定軍の地味な陣地だったり、イスラエル軍や「南レバノン軍」のいきり立った要塞だったりもするが、そのほとんどは、金のかかった豪華な別荘であった。別荘はペルシャ湾岸や西アフリカや南米に散らばったレバノン僑という冒険的出稼ぎ商人が建てた代物で、建設途上の物の方が多かった。私は、こういう建物を見ても美しいとは思わなかった。こんな建物を見て、苦難に喘ぐ祖国に対する篤い思いを感じるような人間が果たしているであろうか？単に、隣近所に見せびらかすために、建てたのではないか？

私がまだニューヨークにいる時、ビル・キャラハン司令官が駐レバノン国連暫定軍視察の最終日の日程に、二時間自由時間がとれるが、何をしたいか電話できいてきた。私は野鳥を見て回りたいと答えた。電話の向こうで、信じられないというふうに鼻息が漏れた。「野鳥？近頃の事務次長さんは鳥の観察をなさるんですか？」それでも、日程にはちゃんと組み入れられた。ヘルモン山麓の飛び地に配備されているノルウェー大隊を見廻った後「一一時～一二時三〇分、野鳥観察」。装甲車二台の間に三台の幹部用乗用車を挟んだ隊列が組まれた。山道を登る。ある廃屋の前で停車。既に一個小隊が護衛のために配置についていた。オリーヴ畑の方へ歩いて行くよう案内される。行ってみると既に馬鹿でかい望遠鏡が三脚の上に据え付けてあった。「閣下、野鳥観察の用意ができました。」ノルウェーの兵士が一名、野鳥の生態について説明をするため、前に歩み出た。（いつでもどこでも説明なのである）。

三二　訳註、フランス語で「美しい砦の城」。

兵士はガチガチになりながら手帳を読み上げ、最後に自分の言葉で「閣下も欧州北部からいらっしゃったので驚かれるかもしれませんが、ここにはシジュウカラ（四十雀）はおりません」と付け加えた。私は望遠鏡の所まで行って独りになって観察を始めた。作戦上の理由で（つまり早く帰るため）二台の装甲車はエンジンをかけっぱなしにしておかなければならず、おかげでうるさいの何の、排気ガス臭いの何の、鳥など一羽も現れず、鳴き声一つ聞こえなかった。私は、それでも、あたかも実際に鳥が見えているかの如く望遠鏡を左右に振りながら天の偉大な鳥使いにどうにかしてくださるように祈った。私は本当に困った。どうやってこの状態から脱出すべきか？　すると祈りが通じた。尾根すれすれに太陽の光をいっぱいに浴びて輝きながら三五羽の純白のペリカンが完璧なV字編隊を組んでフラ湿原へ向かって低く飛んできたのである。美しく、大きく、一羽一羽よく見えた。こうして任務を全うして、みんな心から満足して、帰途に着いた。

　次の視察現場はエルサレムであった。**国連休戦監視機構**の司令部の視察であった。国連休戦監視機構は一九四八年の第一次アラブ・イスラエル戦争[三三]の時、国連安保理の休戦命令を監視するために設置された。翌年にはアークハートの前任者ラルフ・バンチが交渉に入って片やイスラエル、片やエジプト、シリア、ヨルダン、レバノンの四ヶ国との間に締結された四つの休戦協定の履行を手助けする任務も加わった。四つの**混成休戦委員会**も設立され、国連休戦監視機構がその全ての議長役を勤めた。

　一九八六年の時点でも以上が形式的には国連休戦監視機構の任務の基本であった。しかし、一九五六年と一九六七年と一九七三年の戦争[三四]のため、政治的、軍事的見取図は変わってしまっていた。イスラエルは一九五六年の戦争勃発に際してエジプトとの休戦協定の破棄を通告し、残りの三ヶ国との休戦協定も一九六七年の戦争のとき破棄を通告した。しかし、国連はこれらの一方的な破棄通告を有効なものとは認めなかった。イスラエル・エジプト混成休戦委員会は一九七九年の平和条約により正式に解体されたが、残りの三つの委員会は形だけでも存続していた。アラブ諸国は和平が達成されるまで存続されるべきだと強く要求した。イスラエル側も国連休戦監視機構司令部が引き続きエルサレムに置かれることに反対はせず、ガザ地区に少人数の軍事監視団を置くことも、しぶしぶ容認した。しかし、国連休戦監視機構の主要任務は変わり、シリアに駐留し一九七四年のイスラエル・シリア兵

三三　訳註、第一次中東戦争ともいう。

三四　訳註、それぞれ、第二次、第三次、第四次中東戦争。

力引き離し合意のあとゴラン高原の**国連監視軍**と一緒に働くことになった軍事監視団と、レバノンに駐留し一九七八年からは国連暫定軍と一緒に働くことになった軍事監視団の、補給と管理事務を担うことになった。

このように法的根拠が雑然としているのは、長期化してしまった平和維持活動の特徴でもある。国連休戦監視機構の場合は、このため指揮・命令系統が錯綜し、特にシリア（ゴラン高原）とレバノンの国連軍と一緒に活動している軍事監視団は国連休戦監視機構の参謀長の指揮下に入ってはいるが、現場ではそれぞれシリアとレバノンの国連軍司令官が作戦行動を監督することになっていた。ダマスカスではイスラエル・シリア混成休戦委員会が引き続き存続しているという建前と、安保理の五大常任理事国からの将校はゴラン高原では活動してはならないというシリアの要求の両方に合わせなければならなかった。その結果、組織的な折り合いがうまくゆかず、人事配置表が複雑にこんがらがることになった[三五]。私はすぐにゴラン高原とレバノンの国連軍付軍事監視団をエルサレムの国連休戦監視機構から切り離し、それぞれゴラン高原とレバノンの国連軍の一部に編入して合理化すべきであると考えた。しかし、私の同僚はみな、そんなことをするとシリアとレバノンの機嫌を損ない、またそれを口実にイスラエルは国連休戦監視機構をエルサレムに置いておくことそのものに反対しだすかもしれない、船体を傷めずには藤壺を取ることはできないと云って反対した。

国連休戦監視機構の指揮官（正式には参謀長）は、ガーナのアレックス・アースキン中将という平和維持のベテランであった。最初から参謀長に配属された後、彼は一九七八年に新設された国連暫定軍の司令官としてレバノンに赴任した。一九八一年にエルサレムに帰ってきたが、一九八六年には彼もまた指揮官を引退するところであった。西アフリカの魅力に溢れる彼は、私のような新米を暖かく迎え入れてくれた。こうしてエルサレムで出会ったのが最初で最後となったことが、残念であった。

私は折角エルサレムに来ているのだからと思って、レバノン南部問題について、イスラエル国防大臣イツァーク・ラビンと面会した。この面会を契機として数日間のちょっとしたやり取りの中で、私のこの後の二年間の一大関心事となったレバノンからのイスラエル軍撤兵交渉の粗筋が決まることになった。その間エルサレムでの二日間のほとんどは、国連休戦監視機構の複雑さについての説明と、ちょっとした観光に費やされた。

私は一九六〇年に二週間ほどアラビア語を上達させるため

三五　**原註**、通の人は The Blue Helmets, 2nd edition, UN, 1990, p.410 参照。

にエルサレムのある郵便局員の家族の家に寄宿させてもらったことがあったが、それ以来、これがはじめてのエルサレム訪問であった。一九六〇年当時はエルサレム市街は分断されて緊張しており、私は臆することなくパレスチナ側の立場に立っていた。一九八六年には市街はもう武力で統一されており、一種の平和が訪れていた。私はイスラエルによるアラブの東エルサレム（旧市街を含む）占領を快く思わず、なお、パレスチナ人を犠牲にした巨悪を憎み、少なくともその一部でもよいから是正したいと考えていた。しかし、わたしは、当時アラブ・イスラエル紛争の和平斡旋と平和維持を担当していた。不偏不党でなければこの仕事はつとまらなかった。私の不偏不党の立場に少しでも疑問を投げかけるような発言や行動は慎まなければならない。

シリア訪問には二つの目的があった。まずゴラン高原の**国連兵力引き離し監視軍**の視察。そしてシリアに働きかけて、イスラエル軍がレバノン南部から撤兵しやすくするのに必要な状況を作り上げるために、シリアの支援を得ること。後の目的の方は、私のかなわぬ夢に過ぎなかった。しかし、国連兵力引き離し監視軍の方は、基本条件さえそろえば平和維持活動がどれだけ効果的なものか、よく示していた。この国連監視軍は一九七四年にその前年の一九七三年戦争のあと、当時の米国務長官ヘンリー・キッシンジャーが交渉してできた兵力引き離し合意をイスラエルとシリアが遵守していくことができるように設置された。両者とも国連にとって刺のある相手であった。シリアは特に、何かイスラエルに対するえこひいきやシリアの主権の軽視に見えることはないかと粗探しに明け暮れており、当時は、国連監視軍の備品の中でヘブライ文字の書かれた物を見つけると、例えばイスラエルで使用されていた消火器などがあると、片っ端から没収し、破壊することに専念していた。しかし、両者ともゴラン高原を巡って戦う気はなく、間に国連軍を展開させておく方が都合が良かった。嫌がらせはよくあったものの、国連監視軍に対する大きな妨害行為はなく、兵力引き離し合意の重大な違反もなかった。

ゴラン高原の国連軍の活動区域はレバノンの国連軍のものよりもさらに面白く美しかった。北はヘルモン山の頂に至り、南はヤルムク川の谷まで広がっていた。その間にゴラン高原が広がっていた。ゴラン高原は火山性の高原で玄武岩の岩がゴロゴロ転がっていて、一九七三年にここで繰り広げられた戦車戦では、大きな障害物となったという。戦争の残骸が沢山転がっていた。地雷処理の済んだ見廻りルートは傍らの石を赤く塗って示してあった。そこから一歩踏み出せば、いつ地雷を踏んでもおかしくなかった。地元の羊飼いは家畜を連れて「気にしない、気にしない」と云って平気で地雷原に入っていくのであるが、地雷に足を吹き飛ばされたら、結局担架を担いで行って地雷原の只中から連れ帰ってこなければならないのは国連兵で、随分頭にきていたようだ。国連活動区域の真ん中にゴラン高原の中心都市クネイトラがあったが、一九七四年にイスラエル軍がここから撤退する際に完全に破壊してしまった。シリアはこのことを反イスラエル宣伝の材料に執拗に使い続けている。

　国連兵力引き離し監視軍は駐レバノン国連暫定軍の四分の一の兵力しかなく、オーストリア（墺）とフィンランドの歩兵大隊とカナダとポーランドの後方支援部隊からなっていた。司令官はフィンランド陸軍のハグルンド少将であった。痩身でまじめで、彼は印象深い指導者であった。二ヶ月後、ビル・キャラハンが駐レバノン国連暫定軍から国連休戦監視機構に転任になると、わたしは、迷いなくペレ＝デ＝クエヤル事務総長にハグルンドを駐レバノン国連暫定軍司令官に任命するよう提言した。

　最後の視察先は**国連休戦監視機構**のエジプト出張所であるカイロの駐エジプト監視団であった。軍事的には何の存在理由もなかった。イスラエル・エジプト平和条約は、元々、一九七三年以来シナイ半島に駐留してきた第二次国連緊急軍がそのまま平和条約の履行の上で必要な平和維持任務につくことを予定していた。しかし、エジプトが単独でイスラエルと和平を結んだことを非難するアラブ諸国にソ連が同調したため、それはできない相談となった。こうして第二次国連緊急軍の任務は期限が来て消滅し、国連の枠組み外で、「多国籍軍および監視団」[三六]がこれにとってかわった。それでもエジプトは政治的理由から国連がイスラエル・エジプト問題から排除されてしまうことを望まず、何とか安保理を説得して国連休戦監視機構をシナイ半島に引き続き配備させることに成功した。こうして、国連休戦監視機構の任務の複雑な考古学的「地層」に新たな「層」が積み重ねられることになった。

　エジプトでは私は既にニューヨークで面識のあった外務大臣エスマト・アブドゥル＝メグイドとその副官のブートロス・ブートロス＝ガリを訪問した[三七]。今、当時の会談記録を読み返してみても、これから六年足らずの間に国連事務総長としてブートロスが発揮した知力ないし知恵をほのめかすような事実はほとんど書かれていない。ひょっとすると、私が見落としたのであろう。私は当時レバノン南部と占領されたパレスチナ領土（ヨルダン川西岸地区とガザ地区）の状況に集中したいと思っていて、一九九二年にブートロス＝ガリが初め

三六　訳註、The Multinational Force and Observers (MFO)。日本は一九八七年度に予算可決、一九八八年から資金協力を開始（外務省中東第一課）。

三七　訳註、ブートロス＝ガリはコプト教会キリスト教徒（アラブ征服以前からのエジプト人の子孫）で、妻はユダヤ人。

て加盟国各国に提示した報告書『平和のためになすべきこと』に顕れた彼の広い視野に気がつくゆとりがなかったのである。しかし、私たちが立ち去る際、彼はこう云った。

「国連に対してエジプトはちょっと頭の上がらないところがあります。私たちは国連こそ私たちを援助できる組織であると考えていますし、国連を信頼しているのです。このことをよく覚えておいてください。」

私は、カイロには長居しなかった。長居をしたいとは思ったが。レバノン南部問題の交渉斡旋に取り掛かったのである。金曜日、テル・アヴィヴでラビン国防相と。土曜日、カイロでアラファト議長と、そしてベイルートでゲマイエル大統領ならびにカラメ首相と。日曜日、再びテル・アヴィヴでラビンと、次いでエルサレムでシャミル首相と。私はレバノン南部からイスラエル国防軍を段階的に撤兵させる交渉ができるのではないかと、胸を躍らせながら、日出づる所「レバント」[三八]をあとにした。

それはかなわぬ夢であった。今思うと、私の間違いは、単に成功の可能性を過大評価していただけではないということに気がついた。私は外交的な幻想に気をとられて、もっと実現可能性の高い、面白みの少ない仕事に目が届かなくなってしまっていた。それは、平和維持活動の能率を低下させ、必要以上に労力を消耗させ、疲労させていた事務管理や予算や人事問題の「くもの巣」を、新しい箒を使って掃除することであった。これもうまくいかなかったかもしれない。私の新しい同僚たちは乗り気ではなかった。国連の組織運営のしきたりに新参者が手をつけるのは容易なことではなく、ニューヨーク本部の事務管理や兵站補給責任者に対して私は何の権限も持っていなかった。しかし、もし、私が一九八六年と一九八七年という比較的平穏だった時代に、こういう仕事にもうちょっと気を入れていたら、冷戦終結のためにこのあとすぐに訪れた大きなチャンスを、国連はもっとうまく活用できるような体勢を整えていたかもしれない。

三八　訳註、Levant とはフランス語で日出づる所を意味し、地中海東岸地方をさす。

第二部　過去の遺物

第4章　キプロス

キプロス紛争には後の旧ユーゴスラビアの紛争と重なる特徴が沢山あった。民族的、宗教的に違う者同士がいがみ合い、昔のことがいつまでも尾を引き、どちらも自分の非を認めようとせず、相手方の立場を思いやることはなく（おそらくできず）、凄惨な争い方をする。こういう争いの性格、とくに残虐性は、オスマン朝トルコ帝国の支配から脱却した地域の国々に特徴的であるという人がいるが、それは正しくなく、公平でもない。オスマン帝国はベルファストを支配したことはない[一]。

駐キプロス国連平和維持軍は、一九六四年に現地に配備された。独立から四年も経たない間にギリシャ系住民とトルコ系住民との争いが激化したため、安保理は、国際平和と安全を脅かしかねないと認め、この島の法と秩序を回復する一助として平和維持軍の設置を決めた。当時は、ギリシャ系住民とトルコ系住民は島全体に散らばっており、発火点となりうる場所が沢山あった。それで、駐キプロス国連軍を配備する時は、実際の戦闘の戦線に割って入ると同時に、他の暴力沙汰の起こりやすい場所にも、いざという時にすぐ出動し対処できるように、よく考えなければならなかった。この仕事は軍事的に簡単ではなく、暴力行為を防止する能力には限界があった。住民同士が闘い、時折、トルコ空軍が介入するという状態が、駐キプロス国連軍設置後、最初の一〇年間続いた。

駐キプロス国連軍の任務は大変難しく、武力行使はどの程度までなら許されるかということが問題となった。それまでの教理によれば平和維持部隊は自衛のためにだけ、その「自衛」の意味もかなり厳密に解釈されて隊員自身の生命が危険に曝された時にだけ、武器を使用することが許されるというものであった[二]。駐キプロス国連軍設置直前に実施されたコンゴ国連軍においては、国連兵は命令を受けても、命令に従えばいろいろな党派の武装要員から攻撃するぞと脅されるので、結局何もできないという事態が何度も起こった。その結果、事務総長の駐キプロス国連軍用指針は、「自衛」の範囲についてかなり詳しく定めた。そこには駐キプロス国連軍兵士が指揮官から命じられた任務を遂行することを、何者かが武力で妨害しようとした場合にも、その兵士の武力行使は自衛と認められるという指針も設けられた。この文言は、この後の平和維持活動の交戦規則に決まって用いられるように

一　訳註、ベルファストは北アイルランドの主都。

二　訳註、フランス語ではdéfense légitime「正当防衛」。

なった。これを額面どおり受け取ると、平和維持の教理を大きく拡大することになる。しかし、現実には、キプロスでもどこでも、そこまで自衛権を拡大解釈した実例はほとんどない。それは、国連軍が敵対勢力と交戦できるような装備をもっていたことがほとんどなかったからである。司令官は、別に国連軍自身が攻撃に曝されているわけでもない場合に武力を行使すれば、平和維持を成功させる必須条件である中立で不偏不党の立場をかなぐり捨てることになることを恐れた。これは正しい。また武力を行使すれば、相手方との正面衝突も考えられ、相手方の兵力に圧倒され、軍事的に敗北を喫することも懸念された。このことも、ほとんどの場合正しかった。

一九七四年キプロスに新たな悲劇が起こった。七月中旬ギリシャでクーデターが発生し、マカリオス大統領が失脚、軍事政権がとって替ったため、トルコがキプロスに侵攻（あるいはトルコ側の云い分では、一九五九年の保護条約に基づくキプロスの独立を保全するイギリス、ギリシャ、トルコの三国の一つとして「介入」）した。キプロスの猛暑の中、戦闘は二つの段階を経て進行し、双方とも一般住民を巻き添えにした。四週間足らずの間にトルコ軍は島の北部の三分の一を占領した。その結果、島は分断され、住民の住み分けが、戦闘中、及びその後の話し合いに基づき、実施された。戦争から一年経ってみると、ニコシア[三]の政府が支配する島の南部の三分の二には、トルコ系住民はほとんど見られなくなり、トルコの支配する北部では、ギリシャ系住民の姿はもっと少なくなっていた。ニコシアの政府はトルコ以外のあらゆる国からキプロス政府として引き続き承認された。しかし、トルコ系キプロス人はアンカラ[四]の支持を受けてギリシャ系キプロス人と政治的に同等に扱われることを要求し、そのように一方的に宣言を出し、一九八三年にはついに独立を宣言し、「北キプロス・トルコ共和国」を名乗ったが、トルコだけしか承認する国はなかった。

一九七四年の戦争は悲劇であったが、国連軍の仕事は以前よりやりやすくなった。もはや島全体に展開して多数派住民に取り囲まれた少数派住民の「飛び地」あるいは混住地などを守る必要はなくなり、国連軍に頼るよりは、自分たちは自分たちの力で守った方が良いと、勝手に武装した数々の非正規軍を相手に平和を維持する必要もなくなった。駐キプロス国連軍の仕事は、二つの比較的紀律正しい軍隊同士の間の緩衝地帯を管理する、伝統型の平和維持活動に変わった。分断されたニコシア市街の中では、緩衝地帯は所々で幅わずか三

三　訳註、キプロスの首都。
四　訳註、トルコの首都。

メートルにまで狭まっており、時々、発砲事件も起こり、死者も出ていた。一九八〇年代後半には、駐キプロス国連軍は双方を説得して、陣地を空にさせ、巡回地点を事件の起こりやすい地点だけに絞り込むようにして、この問題に対処してきた。しかし、もっと重大な事件が他所で起こっていた。それは、ギリシャ系キプロス人が緩衝地帯の中に入って示威行動をしたり、行進したりして軽率な行動をとった時によく発生した。しかし、そういう事件はそう多くはなかった。駐キプロス国連軍の一番忙しい時期は、通常狩の季節であった。緩衝地帯には沢山の獲物がいるので、地元の住民がついつい釣られて武器を持ち込んではいけない場所に、武器を持って入ってしまうからであった。

駐キプロス国連軍は伝統的平和維持活動であったから、紛争の政治的解決へ向けて話し合いが行われる間、島の平穏を保つのが役割であった。一九七四年の事実上の分割以来、駐キプロス国連軍はこの役割をよく果たし、国際社会にかけた負担も、極めて少額であった。和平へ向けての話し合いという補完的な作業は、歴代の国連事務総長の特別代表に委任されていた。特別代表の役職は一九九〇年代中葉まで、南米諸国出身者に回されるのが慣わしであった。一九七五年から一九七七年までは、後に事務総長となるペレ=デ=クエヤルが担当した。歴代の特別代表は、底なしの忍耐力と外交手腕を発揮して、橋渡しの不可能な場所に橋を渡そうと「周旋」に取り組んだ[五]。一九七四年の戦争前は、ほとんど何の実りもなかった。しかし、戦後処理についての話し合いのおかげで、引き続き両住民間の話し合いが持たれることになり、いろいろその効果も現れ始めた。一九七七年、そして再び一九七九年に「上級者同士の合意」が成立し、和平は、「独立、非同盟、連邦制の、二つの共同体からなる単一の共和国」の建設を目指すということになった[六]。しかし、この骨に肉付けすることは大変難しく、一九八六年に私が着任した頃には、話し合いは全く進まず、みな疲れ果てていた。

こうして和平斡旋が進まなかったため、国際的に駐キプロス国連軍を支えていくことにも支障が出始めた。ワシントンやその他で平和維持軍がキプロス「問題の一部になってしまっている」という批評を聞いて、私は愕然とした。その云

五　**原註**、キプロス問題について「仲介」という言葉を用いることは厳禁である。一九六五年に当時の「仲介者」エクアドルのガロ・プラザ・ラッソが報告書を出して以来、これを反トルコ的とみなしたトルコ系キプロス人から「仲介」という言葉は忌み嫌われているのである。ガロ・プラザ・ラッソはこのため解任に追い込まれ、和平斡旋の主任は、それ以降「事務総長特別代表」の名で知られることとなった。これはキプロスで不注意な者がはまりやすい言葉遣いの落とし穴の一例である。「周旋」good officesについては、43頁原註を参照のこと。

六　**原註**、のちに、「独立、非同盟、連邦制、二つの共同体から構成され、二つの領域に分かれた単一の共和国」という表現に改められた。

い分は、駐キプロス国連軍がうまく行っていることは、実は和平の邪魔である。話し合いがもたれても、両当事者の指導者たちは、互いに一歩も譲らず、物別れに終わっても国連軍がいるので痛くも痒くもない。もし国連軍がなければ、戦争勃発を恐れて双方とももっと譲り合って話をまとめることを考えるようになるであろう、というものであった。私は、こういう批判を受け入れなかったし、今でも受け入れる気はない。それには二つの理由がある。一つは、国連軍が撤退したところで、どちらも譲らないだろうということ。緩衝地帯は全島の三％を占め、耕作に適した大変肥沃な土地であり、その支配権をめぐってすぐに戦闘が始まるであろう。もう一つは、裏で戦争の脅威に訴えて紛争の解決を図るということは、国連の主要目的の一つ、すなわち紛争の平和的手段による解決に反することである。

また、もし批判者の云い分が正しいとすると、どうしてゴラン高原については何の批判も出ないのかという疑問が湧く。ゴラン高原では和平斡旋が全く行われていない、ないし失敗してしまっているのに、小規模の国連軍が四半世紀にわたって駐キプロス国連軍以上にうまく平穏を保っている。私見では、これはイスラエルもシリアも国際的に現状を揺るがそうとしていないからである。イスラエルは現状に満足している。シリアはそうではないが、もっと長期的戦略を練っており、今のところ、イスラエルとの軍事的対決を望んではいない。これと対照的に、ギリシャ系キプロス人指導者たちは、現状についてずっと煽動的な言動を続けてきており、一九八八年から一九九三年まで大統領であったジョージ・ヴァシリウーと、その後継者グラフコス・クレリデスを部分的例外として、言葉巧みに民衆の期待だけを膨らませて、現実に和平が達成される場合にはその期待に大きく背くことになるのにもかかわらず、民衆の方でそういう和平を受け入れられるような心の準備ができるようにするためには、ほとんど何の努力もしていないのである。

一方、トルコ系キプロス人指導者ラウフ・デンクタシュは、島の事実上の分割に割合に満足しており、そのため、和平の話が進まないようにする傾向がある。客観的に見れば、満足できるような状態ではない。彼の、どこからも承認されていない「国」の一人当たり国内総生産はギリシャ系キプロス人のわずか三分の一である。ここからは欧州市場に売り出すのが自然であるが、ギリシャの懇請を入れて、欧州連合はトルコ系キプロスに対しては、市場をほとんど開放していない。中産階級がどんどん島から離れていくかわりに、アナトリア[七]

七　訳註、トルコの領土の大半を占める小アジア半島のギリシャ語名（日出づる所）。

から島へ農民が続々と移住してきている。それでもデンクタシュの政策は彼自身にとっては不条理なものではない。彼の政策は次の二つの確信に基づいている。ギリシャ系キプロス人とトルコ系キプロス人が一緒に平和に暮らすことなど不可能である。そしてギリシャ系キプロス人が受け入れられるような和平案はトルコ系キプロス人にとっては現状より悪くなることはあっても、決して善くなることはない。私は、彼は本当にこう固く信じていると思う。彼はまた、アンカラは彼をどんなことがあっても支持し続けるであろうし、西側列強もアンカラに対してそうしないように無理に圧力をかけるようなことはしない、と自信を持っており、この点でも、彼はおそらく間違っていないであろう。

　キプロス和平を斡旋する者にとって一番困った問題は、手続的にも、実質的にも、デンクタシュがキプロスの二つの共同体は政治的に対等であって、両者の間で和平をとりなす者は誰でも両者を対等に扱わなければならないと頑張ることであった。彼の云い分によれば、一九六〇年に独立したキプロス共和国は一九六三年一二月に始まったギリシャ系とトルコ系両キプロス人共同体同士の争いのために崩壊してもはや存在しない。和平交渉は、政治的に対等である二つの別々の共同体が、あるいはもっと挑発的な云い方をするなら、二つの別種の「民」が、新しい連邦共和国を構成するために行われる。したがって、「キプロスの大統領」などという職務は存在せず、国連がギリシャ系キプロス人共同体の指導者に、そんな肩書をつけるのは不適当である。このような立場は、もちろんキプロス共和国はトルコ以外のあらゆる国から承認されている、という事実を指摘するギリシャ系キプロス人の受け容れるところには決してならない。デンクタシュにあてこすりをするように、ギリシャ系キプロス人は、利用できるありとあらゆる国際舞台、例えば、国連、英連邦、非同盟運動などを利用して、各国にその立場を支持するように訴え、デンクタシュが二つの対等の共同体ないし人民の間の交渉を通じてのみ解決できると主張して譲らない問題を、国際化している[八]。

　双方の立場が根本的に違うため、国連としては言葉の使い分けに巧みな業《わざ》師がいなければ、仕事にならなかった。まず和平交渉は「二つの別々の共同体」の間で行われ、双方の指導者の実名を使うことも、その肩書を使うことも、極力避けるという合意があった。したがって、和平斡旋においては「クレリデス大統領」は存在しない。彼は「ギリシャ系キプロス人の指導者」であった。しかし、一九六四年に駐キプロ

八　訳註、二〇〇四年五月一日キプロス共和国（ギリシャ系）は欧州連合に加盟。

ス国連軍の設置を要請し、キプロス島における国連軍の地位を定める合意文書に調印したのはキプロス政府であった。したがって平和維持の文脈では、クレリデスは「大統領」に戻るのであった。

この呼び名についてのこだわりのため、キプロスは私が携ったどの紛争よりも厄介なものであった。双方とも納得していることが一つあったとすれば、それは、「凶」と出ても「凶」と云わないことであった。トルコ軍の侵攻（ギリシャ系住民の云い方）ないし介入（トルコ系住民の云い方）は、「一九七四年の七月と八月の出来事」と呼ばれた。トルコ系住民のミニ国家宣言は「一九八三年一一月一五日のトルコ系キプロス人の行動」。「共同体間協議」は一九七七年と一九七九年の二回にわたる「上級者同士の合意」に辿り着き「部分的暫定合意」が準備された。これはうまく行かず、一九八二年に「諸案をまとめるための本格的努力」をなすことが決定され、おかげで一九八四年に「あらすじ」の原稿ができた。次に「上級者同士の緊密協議」が数回にわたって行われ、一九八五年初期に国連事務総長が「合意の一案のための文書類」を双方に提出することができた。デンクタシュはこれを完全に受け入れたが、ギリシャ系キプロス人の指導者スピロス・キプリアヌーは、これを単に「全体を統合的に扱う方法で交渉を進めるための基礎」としてだけしか受け容れなかった。次の段階は「文書類の各部分を一つのまとまった合意案として一体化すること」であった。この時はキプリアヌーが受け入れ、トルコ系キプロス人の指導者デンクタシュが拒絶した。一九九〇年に別の試みが始まった。これまでの経緯で出てきた文書類を「領土整合案」の地図も含めて「諸案をまとめたもの」として、協議の場に再び回覧し、「全体的枠組み合意の基礎」にしようというものであった。しかし、一九九二年末までには「諸案をまとめたもの」について、どんな合意も取り付けられないことがはっきりした。そこで、国連は一九七〇年代中頃に出ていた案をいくつか、主にニコシア国際空港の再開港とヴァロシャという見捨てられたリゾート海岸の再開発を、「信頼醸成措置」としてもう一度検討し直すことにした。いつまで経っても合意は成立せず、私が国連事務局を離れる頃でも、協議の議題は「総括的解決のために譲り合いの可能な事項のおおよその範囲」というもので、国連事務総長は、「総括的解決のための事項は全てここに提出されています」と、これがまるで決まり文句であるかの如く、仰々しく何度も繰り返さなければならない有様であった。

もしかすると、二〇年にわたって優秀でまじめな人たちが辛抱強く一生懸命努力してきたことを、こんな風に簡単にダメだったと云ってしまうのは、適当ではないかもしれない。しかし、こうも歯に衣を着せたようなもって回った云い方ばかりしていたのでは、明らかに問題のある事態の実像が全く見えてこない。一つの島とその首都が、かつてのドイツやベルリンのように分断されていること。ものすごい兵力が集中していること（トルコ軍だけでも全英陸軍の四分の一以上もある）。ニコシアの北の五つの頂を持つペンテダクティル山[九]の斜面に石で描かれた相手を馬鹿にするようなトルコの記章。トルコ系の北部は、貧しく汚い。ギリシャ系の南部は栄えているが恨みがましい。キプロスでもう一度戦争が起これば、エーゲ海が燃え上がる（つまり、ギリシャとトルコが直接戦争する）という予感。また、もって回った外交的婉曲表現をちょっと云い間違ったくらいで、いちいち国連事務総長の立場を勝手に変更したなどと非難されると頭にくる。私の任期中は、ほとんどグラフコス・クレリデスとラウフ・デンクタシュが主な交渉相手であったが、二人とも頭のよく切れるロンドンで訓練された法廷弁護士で[一〇]、容赦なく人の言葉尻を捕まえては攻めたてた。この他、もう一つ精神衛生上悪かったのは、ギリシャ系キプロス人の自己中心性であった。私はこう云ったものだ。「世界のへそは、もはやデルフィではない[一一]。それは今やキプロスである」と。すると、もっと賢明な同僚たちは「紛争の当事者になると、自然に世の中自分たちの紛争以上に重要な紛争はないと思うようになるものです」と指摘し、「多分、この部屋には盗聴器が仕掛けられていると思います」と耳元で忠告してくれたものである。

一九八六年三月に私が初めてキプロスを視察した頃、和平斡旋の方は、ペレ＝デ＝クエヤルの提起した「合意の一案のための文書類」工作が失敗して完全に凍結してしまっていた。ニューヨーク本部の見方では、失敗の責任はデンクタシュよりはキプリアヌーの方にあった。私はキプリアヌーには好感を持てなかった。彼は頑固でいかめしく人に説教するような口ぶりで話した。彼こそ、私にこれまで述べてきたようなややこしい用語法を教授してくれた人物で、繰り返し、私が今口にしたことは、私が本当に意図したことなのかどうか、いちいち確認しようとした。いつ、私が、事務総長は立場を変えましたなどと云ったであろうか？　ラウフ・デンクタシュと初めて会ったときも、これと大して変らなかった。彼もまた

九　訳註、ギリシャ語で「五本の指」を意味する。五指山。

一〇　訳註、barrister-at-law。法曹一元なので、この中から裁判官や検察官が選ばれる。イングランドとウェールズの法曹は、まずロンドンに現存する四つの法曹ギルドに入って訓練される形になる。

一一　訳註、デルフィ（デルフォイ）は古代ギリシャの聖地で「汝自身を知れ」という神託で有名。古代ギリシャ人はここを「世界のへそ」、つまり世界の中心（中華）と呼んだ。原著者は、ギリシャ系キプロス人がキプロスを世界の中心と思っていると云って、その自己中心性を皮肉っている。「汝自身を知れ」。

私がまだ事の細部についてよく知らなかったことをいいことに、得意そうに自分の知性と交渉手腕を見せびらかした。その後、彼に何度会っても、いろいろ議論して、少しは話の分かる相手だなどと思えたことは、ただの一度もなかった。しかし、嫌いにはなれない男であった。もちろん彼が双方の橋渡しをする妙案を考え出すのではなく、交渉が進まないように、その優れた知性を発揮していることは残念であった。

私は、この訪問で両者の橋渡しはまず不可能であると結論した。ゲオルギオス・ヤコヴー外務大臣でさえ、憂鬱そうに「現状を維持することが、悪さの度合いの一番小さな策であると、生まれて初めて思うようになりつつあります」などと発言した。しかし、現状維持を公式に認める方策はなく、両者の軍備増強は着実に平和に対する脅威となっていた。したがって、どうしても和平斡旋の努力は続けられなければならなかった。全く希望はないように見えるかもしれないが、他に手はなく、思いがけず展望が開けることもあるからである。和平斡旋の努力は、駐キプロス国連軍に軍隊を出し、普通以上に重い財政的負担を背負っている各国の政府の手前も、続けられなければならなかった。当時実施中の他の四つの平和維持活動の経費は国連加盟国全体で分担していた。実際には分担金を支払わない加盟国もあったが、国連としては軍隊を出してくれている国々にはその経費の少なくとも一部を払い戻すことができたのである。しかし、駐キプロス国連軍の場合は、最初から安保理の決定により、その経費もほとんど軍隊を出す国々だけで負担することになっていて、次第に経費負担までする意欲が失われつつあった。

一九八七年はキプロスにとって何の実りもない年であったが、一九八八年は楽天的に明けた。一月早々ギリシャとトルコの首脳会談が思いがけず成功し、二月にキプロスの新しい大統領にジョージ・ヴァシリウーが選ばれた。両親は共産主義者で、彼自身はハンガリーで育ったが、資本主義のキプロスで成功した。彼はキプリアヌーとは正反対であった。話しやすく、落ち着いて、堅苦しくなく、頭も柔軟で、いかめしい前任者と違って何をやらかすか分からないので、デンクタシュにとっては、ずっと手ごわい相手であった。そこへ偶然ペレ＝デ＝クエヤル事務総長がオスカー・カミリオンという重量級の特別代表を任命した。彼は知性と政治的策謀と人間的魅力で抜きん出たアルゼンチン人で、ある時は学者、ある時は外交官、ある時は新聞社の編集主幹、そして短かったがアルゼンチン外相を勤めたこともある人物であった。彼のヴァシリウーとデンクタシュとの第一回会談で、新展開の可能性がはっきりと見て取れたが、デンクタシュは彼らに神経を尖らせていた。ペレ＝デ＝クエヤルは八月、ジュネーヴに三人を仕事上の昼食会に招いた。そこで彼らは一九八九年六月一日までに和平案を協議してみることを約束した。このあとカミリオン特別代表の立会いのもとで二人の話し合いが繰り返し行われたが、どんどん難しくなってゆき、ついに一九八九年六月、ニューヨークでペレ＝デ＝クエヤル事務総長が再び臨席した会談で決裂した。しかし、この時までに私には和平斡旋の任務はなくなってしまい、仕事上は駐キプロス国連平和維持軍だけ気にしていたらよかったので、おかげでペレ＝デ＝クエヤル事務総長の在任期間の後期に激増した新しい平和維持活動からほとんど注意がそらされることがなかったのは、幸運であった。

　しかし、こうして平和維持活動が急増したことで、駐キプロス国連軍にもいくらか影響があった。毎年新しい活動がいくつも開始され、加盟国の負担がどんどん膨らんだので、昔から続いている活動を見直して、いくらかでも経費を節約できないかを考えることになった。駐キプロス国連軍を支えている各国政府は、特に駐キプロス国連軍だけは、ほとんど軍隊供出国だけでその経費も負担することになっていたので、強く見直しを求めた。この結果、当時もう事務総長直属になっていたガス・ファイセルを中心に見直し委員会が結成された。私も一九九〇年一一月に委員会がキプロス島を訪問した時に一緒について行った。三年ぶりの訪問であった。その頃までにはヴァシリウーの当選で開かれたと思われた新展開の機運は幻想に過ぎなかったことが明確になっており、和平斡旋は足踏み状態であった。（あるいは、私が勝手にそう思っただけで、秘密主義のファイセルが私に話した以上のことが起こっていたかもしれない）。双方とも緩衝地帯の両端に沿った陣地を強化して停戦合意を破っており、ギリシャ系キプロス人の中のいきり立った者どもなど、「トルコ軍による占領」にもっと国際的関心が集まるようにするために、トルコ軍に対してこともあろうに自爆テロをやろうなどと叫んでいた。

　駐キプロス国連軍司令官はギュンター・グラインドルが八年勤めたあと、カナダのクライヴ・ミルナー少将に交替していた。私はミルナーが大変好きであったが、彼のやり方には必ずしも完全に賛成できたわけではない。私も彼と同じく和平斡旋と平和維持を切り離してしまったことに不満を感じていた。しかし、彼は気が短く、文官を全く信用せず、オスカー・カミリオン特別代表や彼自身の政治顧問ヨアヒム・ヒュッターとの関係をこじらせてしまったことに目をつむるわけにはいかなかった。しかし、彼は駐キプロス国連軍の仕事を明確に把握しており、その軍組織を効率化する案をいくつか作成していた。

　ニューヨーク本部では駐キプロス国連軍を武装した歩兵中心の軍から、その二年前にイランとイラクの停戦の後に配備されたような非武装の軍事監視団[一二]に改めたらどうかという者が何人かいた。私たちは緩衝地帯を見廻ってみて、それは無理だと分かっていた。当時は駐キプロス国連軍の一四八ヶ所の監視所に武装した兵卒が詰めていたが、これを非武装の将校で置き換えなければならない。こうすると、費用を別にしても、現状が破られたり、破られる恐れが察知されたとしても、国連としてはもはや即座に武装した兵隊を展開することができなくなる。見直し委員会は、緊急対応能力を奪ってしまえば、駐キプロス国連軍の小さな事件が重大な武力衝突に発展してしまわないように抑制する能力に差し障りが出ると確信していた。しかし、もし武装した歩兵が必須なら、どうすれば経費を削減できるか？その前年にナミビアで行われたことに倣うなら[一三]、「兵の数」対「隊の数」の比を改善すれば、つまり、歩兵大隊の数を減らすかわりに、各大隊の兵隊の数を増やすように関係国政府に頼めば、全体としては以前と同じ数の兵士が国連軍の任務につくようにできる。

　これは、「兵の数」の点では妙案であった。しかし、私は「隊の数」の点で失敗した。私は、これまでの駐キプロス国連軍訪問の間に、次のようなことが囁かれているのを耳にしていた。英国政府は、英国がキプロス島に保持している英国主権基地区域の物資に頼りながら、駐キプロス国連軍英国隊が国連に提供している兵站の経費を過剰に評価して申告しているということであった。私には、当時この苦情が正しいのかどうか、判断することはできなかった。駐キプロス国連軍見直し委員会ができて、この点を調査してみる機会ができた。ミルナーの手助けを得て、私は一生懸命調べた。しかし駐キプロス国連軍英国隊と同軍の事務主任が、これがたまたま英国人であったが、上手に煙幕を張ってしまって、とても真相解明は難しかった。私の手記はこう記している。「私が、英国が駐キプロス国連軍経費として計上している金額は、何を根拠に計算されたものか？そして、その金額とキプロスの現地市場（それはつまるところ現在近東における最もサービス業に重点を置いた経済の一つ）での価格と比較してみたことはあるのか？と質問したところ、何にもはっきりした答えは返ってこなかった。ミルナーはじっとこみ上げてくる怒りをこらえていた。」

　私は、このキプロス再訪がうれしく、将来、少なくとも一年に一回は駐キプロス国連軍を訪問すると誓った。見直し委員会の報告書に対して、駐キプロス国連軍に軍隊を出している各国政府の反応は悪くなかった。しかし、駐キプロス国連軍が他の平和維持活動と同様に軍隊供出国だけでなく、国連

一二　訳註、第9章参照。
一三　訳註、本書189頁参照。

加盟国全体で経費を分担するのでなければ、各国ともその派遣兵力を増強することは難しいという立場であった。見通しは暗かった。安保理（一五ヶ国）のうち一二ヶ国は賛成であったが、ソ連は拒否権を発動するよう指示を受けており、中国もフランスも拒否権を発動するかもしれないと発言した。決議案はこうして取り下げられた。見直し委員会の提案を支持する国は年々少なくなり、二年後には拒否権をちらつかさない国は英国ただ一国となった。軍隊供出国各国の怒りは膨らむばかりであった。各国は主張した。数ヶ月に一度、新しい平和維持活動が設置されており、全て加盟国全体でその経費を分担している。なぜ、駐キプロス国連軍の軍隊供出国だけ、差別されなければならないのか？　一九九二年中頃までにデンマークが全部隊を引き揚げることに決定した。残りの主要供出国三国（英国、オーストリア、カナダ）も各国隊の兵員数を減らすことにしていた。カナダは翌年末までに全部隊を撤収すると云った。その結果、駐キプロス国連軍の総兵力は、一九九〇年一一月の見直しで、その現在の任務を遂行するために最小限必要な兵力とされていた数値を下回ることが予想された。

一九九二年の七月と八月、ブートロス゠ガリ新事務総長は、ヴァシリウーとデンクタシュをニューヨークに連れて来て、何とか領土問題だけでも合意できないか交渉した。問題は単刀直入に云うと（キプロス問題の交渉に当たって単刀直入に物を云うことは絶対に許されないが）、新しく二つの別々の領域からなる一つの共和国を作るのに、現時点でトルコ軍が掌握している土地のうちどれくらいがギリシャ系領域に譲渡されるか？　ということで、特にその場合、譲渡される土地には重要なモルフー市とその周囲の耕地は含まれるのか？　ということであった。ブートロス゠ガリは、この手の交渉が得意で、巧みにデンクタシュを追いつめて、モルフー市を手放すか、それとも私たちの多くが長年信じてきたように、和平よりも現状維持を望むと宣言するか、二者択一を迫った。

国連事務局内部には、これで緊張関係が生まれた。ブートロスと和平斡旋担当者は駐キプロス国連軍が崩壊寸前であることは、緊急に和平達成が必要になるので、それはそれで結構なことだと考えていた。しかし平和維持活動担当者の方は、兵力を削減された駐キプロス国連軍はどの任務ならまだ責任をもってやれるか協議したいと考えていた。私は、ブートロスからそんな協議はするなと固く云われた。キプロスの連中が最悪の事態を考えるように仕向けるのだ、と。この状況は、和平斡旋と平和維持の仕事を別々の部局に分離してしまうことの危険性を浮き彫りにした。もし平和維持活動担当者が和平斡旋担当者がどこまでやろうとしているのか了解していない場合、間違いが起こりうるということである。私は、国連事務局での最初の七年間、平和維持の野うさぎと一緒に走り回った。残りの四年間は、和平斡旋の猟犬と一緒に狩をした。そして私は、平和の谷では、野うさぎも猟犬も一緒に横になって休まなければならないのだと、ペレ=デ=クエヤルにも、ブートロス=ガリにも説得を試みたが、一度も聞き入れられることはなかった。

最終的には、一九九三年中頃、安保理が駐キプロス国連軍も他と同じように通常の経費分担方式によることで合意した。それでもカナダ隊は撤退してしまい、アルゼンチンからの一個大隊で埋め合わされた。こうしてフォークランド戦争から一一年目にして、かつての敵同士が肩を並べて平和の任務につくという喜ばしい帰結となった。

第5章　レバノン

私の国連事務局における最初の五年間はほとんどアラブ・イスラエル紛争に費やされた。私には三つの役割があった。一つは、中東における次の三つの平和維持活動を運営すること。エルサレムに拠点を置く軍事監視団（**国連休戦監視機構**）、ゴラン高原の軍（**国連兵力引き離し監視軍**）、そしてレバノン南部の軍（**駐レバノン国連暫定軍**）。もう一つは、イスラエル側とシリア側と多種多様なレバノン人と「パレスチナ解放機構」（PLO）を何とか説得してイスラエル軍をレバノン南部から撤退させ、同所にレバノン政府の統治権を回復させるように試みること。これは政治的駆け引きを要し、平和維持よりは和平斡旋の仕事の方が多かった。最後の一つは、純粋な和平斡旋で、詳しくは次の章で扱うことにするが、まずペレ=デ=クエヤル事務総長が中東和平に国連を再び関与させることを決意したこと、次にインティファーダと呼ばれる一九八七年末のイスラエル占領下のヨルダン川西岸地区とガザ地区のパレスチナ人の蜂起に関係していた。

最初の役割つまり平和維持活動の運営の仕事量は、各活動のおかれた状況とその司令官の資質によって変った。**国連兵力引き離し監視軍**などはほとんど運営には手がかからなかった。とても安定した活動で、任務にも無理がなく、少なくとも戦略的にはイスラエルとシリアの双方が協力していた。

国連休戦監視機構はもっと複雑であった。その任務は昔から複雑に集積されてきたもので、その主要機能は、シリアの国連兵力引き離し監視軍とレバノンの国連暫定軍と、それぞれ一緒に仕事をするべく配備された軍事監視団を管理することであった。私は、この機能を上記二つの軍そのものに移したいと思った。しかし、次の四つの理由から私はそうしないように説得させられた。第一に、現状を変えてしまうと、国連がイスラエルやその占領下の土地に四〇年近くにわたって取得してきた権原や諸権利が弱まるかも知れず[一]、イスラエルは喜んでこういう権利を無効にしてしまうであろうこと。第二に、シリアやレバノンは、一九四九年に国連が築いた休戦体制を維持することでアラブ・イスラエル紛争がまだ解決されていないことの証拠としたいと考えている以上、そういう証拠を潰してしまえば、これらの国々が怒ってしまうこと。第三に、国連休戦監視機構は地中海東岸地方の各国の首都を素早く巡り歩く必要のある私をはじめとする国連幹部に飛行機などの兵站支援をしてくれていること。第四に、国連休戦監視機構は昔から、そして将来にわたって、**国連軍事監視員**

一　訳註、国連休戦監視機構本部はエルサレムにある英国委任統治時代の旧パレスチナ総督府 Government House 建物を使用している。因みにイスラエルは英米法系の国。

の蓄えとして緊急に新しい活動を始める際に有益であること。

国連休戦監視機構はニューヨーク本部で取り扱うべき事務もあるにはあったが、大抵、重要度は低く、国連兵力引き離し監視軍とともに私の部下の一人に任せておいてちょうど良かったと思う。しかしレバノン南部に関して、私はイスラエルとシリアへよく出かける必要があり、現場の司令官の考えていることは、どんな些細なことでも無視するわけにはいかなかった。

レバノン問題そのものは大変複雑で、まずはじめにある程度の説明が必要である。レバノンを「闘鶏場」に例えよう。それは、普通の闘鶏場と違って二羽の鶏が闘うのではなく、鶏が何羽もいて、いろいろ群れを組み、そして時々群れを組み替えながら闘っている。闘鶏場の土俵の上には様々な色のビーズ玉が散らばっている。鶏がつつき合い、奪い合っているビーズ玉は、何らかの利権の象徴、例えば、政治的利権が青、経済的利権が黄、戦略的利権がカーキ色、思想的・宗教的利権が白、麻薬取引・人身売買等の利権が赤のビーズ玉に象徴されていると思っていただきたい。闘鶏場の土俵の上には、鶏がいくつも群れを成して巣くっている。主だった四つの群れは、マルン派キリスト教徒[二]、スンニー派イスラム教徒、シーア派イスラム教徒[三]、「ドゥルーズ」と呼ばれるイスラム教であるが異端視されている教団である[四]。他にももっと小さな群れがある。一つ一つの群れには民兵と呼ばれる闘鶏がいる。群れは色々な利権を手に入れようと互いに争っている。群れと群れとの間には頻繁に合従連衡が繰り返され、大変流動的である。時々、群れの中にも内紛が起こり、もっと小さな群れに分裂する。闘い方は凄惨で残虐である。群れの指導者たちは沢山暗殺され、同じ群れの者に殺害されることもしばしばである。

この闘鶏場の周囲には「ばくち打ち」が寄ってたかっている。主な「ばくち打ち」はイスラエル、シリア、イラン、「パレスチナ解放機構」（ＰＬＯ）である。その脇にはエジプト、イラク、ヨルダンも顔を並べている。ばくち打ちも「闘鶏場」に転がっている色々な利権にたかっている。そのうちの三者（イスラエル、シリア、ＰＬＯ）は闘鶏場の土俵の上に彼ら自身の鶏を持ち込んで、闘鶏に参加してきた。イランやその他のばくち打ちも闘鶏場に巣くっている鶏を借用して、闘鶏に参加していた。

二　訳註、古代フェニキア人の後裔を自称。五世紀に派が結成された。

三　訳註、イスラム教徒はアラブ系。スンニー派が富裕層、シーア派が貧困層。

四　訳註、山地人。

レバノンの政治的利権の重要なものは、一九四三年の国民協約と呼ばれる不文律の合意に基づき、「群れ」ごとに分配されていた。この分配の仕方はレバノンで実施された唯一回限りの国勢調査、一九三二年の統計に基づいて決められている。当時はキリスト教徒とイスラム教徒の人口比は六対五であった。したがって、多数派マルン派キリスト教徒に共和国大統領と軍司令官の椅子が配分された。スンニー派イスラム教徒には首相の椅子、シーア派イスラム教徒には国会議長の椅子が、それぞれ配分された。一九八六年までにレバノンの人口統計は一九三二年当時のものとは大きく様変わりした。イスラム教徒の人口はキリスト教徒の人口を上回り、シーア派イスラム教徒が数の上で最大と信じられるようになった。しかし、国会で今なお六対五の多数を占めるキリスト教徒議員が、新しく国勢調査を行うことに反対してきたので、一九四三年の国民協約で決められた政治ポストの配分は修正されることなく、ずっと続いてきた。

私が一九八六年に職権で**駐レバノン国連暫定軍**に携るようになった時点での「闘鶏場」あたりの顔ぶれは次の通りである。マルン派キリスト教徒は、表向きは共和国大統領アラン・ゲマイエルが率いていた。しかし、実際上の権力は、その主要な「鶏」である「レバノン軍」を率いるシャミル・ゲアゲアが掌握していた。スンニー派イスラム教徒は人口比の変化を受けて少数派に転落してしまい、既にレバノンの権力闘争の最前線から脱落してしまっていたが、首相ラシード・カラメが統率していた。彼らの「民兵」ムラービトゥンは他のどの民兵組織よりも小さかった。シーア派イスラム教徒は、表向きはシャイク・ムハマド・マフディ・シャムスディンが率いていたが、現実には二つに分裂していた。一つはシャイク・ムハマド・フセイン・ファドララー率いる（もっとも当人は否定している）ヒズブラー（「神（アラー）の党」）。もう一つはナビー・ベリ率いるアマル（「レバノン抵抗運動大隊」）[五]であった。どちらも自前の「鶏」を飼っていた。ドゥルーズ教徒はワリード・ジュムブラットが率いていた。これらのイスラム教徒は全部まとめて「国民運動」として知られていたが、マルン派キリスト教徒は他のキリスト教徒[六]と連合して、特

五　**原註**、アマル amal はアラビア語で「希望」を意味するが、実は afwāj al-muqāwama al-lubunāniyya（レバノン抵抗運動大隊）の頭文字を綴ったものである。

六　訳註、マルカ派（東ローマ皇帝マルキアヌス（シリア語 Syriac でマルカ）に忠誠を誓いつつ、カトリック教会の至上性を認めるものとギリシャ正教会と親交するものがある）、シリア派（シリア語を話し同じくカトリック系とヤコブ派正教会系がある）、アルメニア教会（カトリック系と正教会系）、などがあり、カトリック教会の至上性を認めシリア語を話すマルン派を含め、皆、元はアンチオキア大司教座から出たもの。シリア語は現在のシリア共和国とは関係なく、もっと古い西北セム系言語アラム語から出たもので、中近東一帯のキリスト教徒の日常語。プロテスタントもいる。

にベイルートで、これと果てしない戦闘を繰り広げていた。国民運動の内部ではアマル大隊とヒズブラー党というシーア派の二大軍閥が互いにいがみ合い、いつ衝突してもおかしくない状態にあった。

レバノンの闘鶏にたかっている「ばくち打ち」はと云えば、イスラエルは自前の「鶏」つまりイスラエル国防軍そのものをイスラエル・レバノン国境沿いのレバノン南部に自分で勝手に設定した「安全保障区域」に配備していた。イスラエルはまた現地レバノンの「鶏」つまり「南レバノン軍」に装備と資金を供与し、これを指導していた[七]。「南レバノン軍」は主にマルン派キリスト教徒の軍隊で、イスラエルが「安全保障区域」とそれに隣接するマルン派キリスト教徒の居住地ジェズィーヌを支配することに協力していた。イスラエルは、さらにレバノン中央のマルン派キリスト教徒からも支持されていた。レバノン中央のマルン派キリスト教徒は、レバノンで活動している様々なパレスチナ勢力と敵対しており、イスラエル軍がレバノン南部のキリスト教徒の盾となっていることを評価していた。

七　**原註**、国連用語では「安全保障区域」を「飛び地」のちに「イスラエル支配区域」と呼び、「南レバノン軍」を「事実上の軍隊」と呼んで、その実態をもっと正確に表現している。しかし、本書では、「安全保障区域」、「南レバノン軍」という表現の方が広く人口に膾炙しているので、そう表現する。

シリア側の「鶏」もシリア軍そのものの支隊で、兵力一万五千を数え、主にベイルート周辺とレバノンの中央を南北に走るベッカの谷に展開していた[八]。この他、レバノン現地のシーア派のアマル大隊がシリア側に付き、シリアはドゥルーズ教徒も自分の側に付くよう働きかけていた。

「パレスチナ解放機構」（ＰＬＯ）の「鶏」もヤシル・アラファト率いるファターー運動[九]という戦闘組織そのものであった。レバノンで活動する他のパレスチナ人戦闘組織はＰＬＯからはほとんど独立していた。ＰＬＯ（ファターー運動）は現地のスンニー派イスラム教徒から支持されていた。

シーア派のイランはレバノンのシーア派軍閥二つのうちの過激派、ヒズブラー党の協力を得ていた。イランはまたシリアに対しても一定の影響力を持っていた。これはシリアがイランの石油に頼り、イランに借金があり、シリアもイラン（ペルシャ）もイラクと対立していて、イランの方は一九八〇年以来イラクと本物の戦争をしていたという事情による。イランはシリアとの関係をうまく利用してヒズブラー党がレバノンのシリア軍支配区域の中で、あるいはそこを通過して、作戦

八　訳註、ベッカの谷は、タイ・ラオス・ビルマ・雲南省にまたがる「黄金の三角地帯」とアフガニスタンに並ぶ、世界三大ケシ（アヘンの素）産地の一つ。

九　訳註、ファターとはアラビア語で、中世、イスラム教徒の大帝国建設に伴った「大征服」を意味する。

行動をとることができるように手配していた。しかし、このことでシリアとそのレバノン現地の盟友アマル大隊との関係がギクシャクすることもあった。アマル大隊はイランの盟友であるヒズブラー党と争って現地シーア派イスラム教徒の忠誠を獲得しようとしていたからである。

駐レバノン国連暫定軍は一九七八年三月に大急ぎでこしらえられた。これはイスラエル国防軍のレバノン南部侵攻直後のことであった。イスラエル国防軍としては、ＰＬＯがレバノン南部の支配的勢力に成長し、国境を越えてイスラエル領内の民間人を攻撃するので、ＰＬＯを狙い撃ちしたのであった。大急ぎとなったのは、米国がキャンプ・デイヴィッドで予定されていたイスラエルとエジプトの間の和平交渉が始まる前に、この突然発生した事態を収拾したいと考えたからであった。国連安保理は**決議第四二五号**において駐レバノン国連暫定軍の任務を定めた。それは、レバノン領内からの「イスラエル軍の撤退を確認すること」、国境地帯の「国際平和と安全を回復すること」、そして「レバノン政府が現地でその統治権を効果的に回復できるよう援助すること」であった。この任務は、イスラエルが国境の安全の確保を国連に委ね、ＰＬＯが安保理の決定に従ってイスラエルに対する攻撃を止め、レバノンの中央政府に回復すべき権威がいくらかでも残っているという前提条件ないし単なる「願望」によりかかっていた。いずれもあやふやな前提であった。

イスラエル国防軍は一九七八年六月に実際にレバノン領内から撤兵した。しかしイスラエル国防軍は国境近くの陣地の全てを駐レバノン国連暫定軍にではなく、「南レバノン軍」に引き渡した。このため国連軍は直接国境の際まで展開することができず、「南レバノン軍」と交戦すべき任務も実力もなかった。「南レバノン軍」は攻撃されれば直ちにイスラエルという親分の軍事的支援を受ける約束ができていた。レバノン中央政府は当時既に三年近く続いていた内戦で権威を失墜し、その後の一三年間レバノンには政府も軍も正常に機能しない状態が続いていた。

パレスチナ人勢力の方は、イスラエルに対する戦いを諦める気はなかった。彼らの云い分では一九六九年にエジプトのナセル大統領が仲介したレバノンとＰＬＯの協定に基づきＰＬＯにはレバノン南部を拠点として作戦行動をとる権利があるということであった。しかし安保理決議第四二五号の採択に先立った極めて簡単な審議は、ほとんどＰＬＯ抜きで行われた。ワルトハイム国連事務総長としては駐レバノン国連暫定軍の仕事、配備場所、パレスチナ人勢力からの協力の必要性についてＰＬＯの代表者と話し合いたいと考えていた。しかし、米国とイスラエルがこの紛争の当事者はイスラエルとレバノンの両国の政府だけであるという見せかけだけの理由で事務総長がＰＬＯと連絡をとることに反対したため、実現しなかった。しかし現実にはイスラエルと戦っていたパレスチナ人とレバノン人の民兵こそ、駐レバノン国連暫定軍が「維持」すべき「平和」が存在するかどうかの鍵を握っていたのである。もし彼らが停戦に応じなければイスラエルは報復し、戦争が続くことになる。現実にそうなった。国連軍がその任務を遂行しようとすると、民兵はイスラムの聖戦（ジハード）の邪魔をしていると認識し、国連軍兵士を殺害することさえ厭わなかった。

駐レバノン国連暫定軍が配備され始めるや否や、イザコザが起こった。ＰＬＯは、チルスはイスラエル軍の占領下にないという理由で国連軍がチルスに入ることを拒絶した。この時、国連軍に対して発砲があり、フランス隊の司令官を含む数名が殺された。ＰＬＯの協力を確保するため、国連はチルスを国連軍の活動区域からはずすことに合意せざるをえなかった。それだけでなく、国連軍の活動区域の中にＰＬＯがその陣地六ヶ所と武器・弾薬の隠し場所数ヶ所を保持することさえ、国連としては受諾せざるをえなかった。このあと国連軍は活動区域全体に検問所と監視所を設置し、武器をもって区域に立ち入ろうとする者があれば、武器を没収するか追い返した。しかし小さな集団であれば検問所を迂回することも簡単で、ＰＬＯやその他の勢力は、安保理が両者の間の非武装の緩衝地帯にしようとした区域の中に武装したままやすやすと入っていた。国連軍はイスラエルの支援する南レバノン軍に対しても似たような抑制措置を強制しようにも強制できず、南レバノン軍は国連軍の活動区域の中に新たな陣地を構築し、国連軍関係者を拉致したりナクラの司令部に砲火を浴びせたり、思いのままに国連軍をいじめた。このため国連軍がＰＬＯとそのレバノン現地の盟友から克ち得た信頼があったとしても台無しとなり、国連軍は危険に曝され、名誉を傷つけられた。

一九八二年六月イスラエルが再び侵攻してきた。駐レバノン国連暫定軍のネパール隊の一部は勇敢にもリタニ川にかかる戦略的に重要な橋を封鎖し、侵略軍の砲火を直接浴びるまで二日間持ちこたえた。それ以外に国連軍のとった措置とは道路に障害物を置くくらいであった。国連軍としてはイスラエル兵がそういう障害物を難なく片付けて行くのを絶望的に傍観するより手がなかった。レバノンその他で駐レバノン国連暫定軍は何故もっと頑張らなかったのかと激しく責め立てられた。これは不当な非難であって駐レバノン国連暫定軍にはイスラエル軍侵攻に抵抗すべき任務も実力もなかったのである。

一九八二年のイスラエルの攻撃目標は一九七八年の時以上に野心的であった。この時は、イスラエルはベイルートを占領し、西側列強の協力を得てPLOをレバノンから駆逐することとなった。この時、レバノン人がベイルートの難民収容所の中のパレスチナ民間人を虐殺する事件も発生した。しかし、PLO駆逐という結果そのものは、イスラエルだけでなくレバノンのキリスト教徒が心から望んでいたことであった。シリアもPLOの中のヤシル・アラファト率いるファタ一運動に長く敵対してきたので、これがレバノンから駆逐されて喜んでいた。PLOがいなくなったのでアマル大隊（シーア派穏健派）もレバノン南部における拠点を強化することができるようになった一〇。アマル大隊はPLOが出て行くのを見て、その満足感を隠そうともしなかった。こうして初めてレバノンの人口の大多数を占めるシーア派住民をイスラエルの対PLO報復戦のとばっちりから解放することができるというのが、レバノン南部に勢力を拡大しようとするアマル大隊の切り札であった。またシリアのアラファトに対する敵意を利用することは、アマル大隊の対シリア工作をうまく進める上でも良策であった。

しかし、その間ベイルートの状勢に異常が起こった。ベイルートにはイスラエル国防軍が撤兵した後、米英仏伊の西側四ヶ国から成る「多国籍軍」が進駐していたが、これがシリアとイランに支援されたもっと過激なシーア派勢力の格好の標的となってしまったのである。当時、誰も気づかなかったが、これらシーア派過激派は立派な軍事力（反対側から見ればテロ実行力）を持っていた。一九八三年一〇月に同日に発生した二件の爆弾トラック突っ込み事件で米兵二四三名、フランス兵五八名が殺された。多国籍軍は速やかに引き揚げたが、イスラエル国防軍はベイルートの南に駐留し続けた。シーア派民兵はイスラエル軍に対しても実効的な攻撃を加え、イスラエル軍も南方へ転進し始めた。一九八五年前半の駐レバノン国連暫定軍司令部におけるイスラエルとレバノンの交渉では安保理決議第四二五号に基づくイスラエル軍完全撤退に関する合意は得られず、イスラエルは独自の案を実力で押し通した。国境沿いに「安全保障区域」が設けられ、イスラエル国防軍はレバノン領内に陣地を保持し、「南レバノン軍」も強化されることとなった。この軍事占領に加え、イスラエルはすぐに行政も始め、警察を管理し、住民が「安全保障区域」に出ることを許可制にし、住民から税金を取り立てるようになった。

こうして一九八六年になるまでに駐レバノン国連暫定軍の本来の任務は現場の政治的・軍事的現実から大きくかけ離れたものとなっていた。しかしレバノン政府に代表権を持つ諸派閥は全て本気でこの国連軍を評価していた。彼らにとって

一〇　**原註**、アマル（レバノン抵抗運動大隊）はイスラエルとそのレバノンの盟友に対してだけでなく、レバノン南部を支配してきたPLOゲリラに対しても抵抗を続けてきた。

見れば、祖国がどんなに分裂していようと、国連軍がいることで国際社会がレバノンという国が国際的に承認された国境の中に存続することを約束しているという体裁が整っていたからである。安保理は六ヶ月ごとに会合を開いて駐レバノン国連暫定軍の任期を更新していた。この機会にベイルートは国際政治の正式の表舞台で自らをイスラエルに占領されている被害国として演出することができた。一方のイスラエルは国連の場においてはなお「鼻つまみ者」であった。「レバノン政府」は駐レバノン国連暫定軍の任期更新を安保理に要請することで、形だけでも実際に政府として機能している「ふり」をすることができた。レバノンが内戦状態にあることは忘れることになっていた。

残念ながら、こういう見せかけだけの芝居は安保理の更新手続きが済んだ後にも続いた。ベイルートに帰ってきても「レバノン政府」は自分でも全く非現実的だと百も承知の要求を駐レバノン国連暫定軍に対して発し続けた。多種多様の政治指導者が「イスラエル軍を撤退させろ」とか「レバノン陸軍に国連軍と一緒に南部の治安維持に参加させろ」とか要求した。しかし「陸軍」など「レバノン政府」同様に内戦で分裂していて、昔それを南部に展開させてみた時は、イスラエルと「南レバノン軍」の手で実力で阻止された。「抵抗運動の邪魔をするな。民衆には占領軍に対して武力を行使する権利があるのだ。」これは、その通りで事務総長も承知していたが、安保理は駐レバノン国連暫定軍の任務を変えようとしなかった。駐レバノン国連暫定軍は、その活動区域において「どのような敵対行為」も許容してはならないと厳命されていた。「イスラエルの連中がリタニ川の水を盗むのをやめさせろ。」この云いがかりは毎年聞かされたが、イスラエル人が現実にそのような犯行を犯しているという証拠は一度も提出されたことがない。レバノンの政治指導者は、駐レバノン国連暫定軍には無理な要求だと分かっていながら、無理を承知していると口に出して認めようとする者は、誰一人としていなかった。ただ一人、一九八七年に首相になった賢明で冷静で穏健なサリム・アル゠ホスだけは、例外的に時々駐レバノン国連暫定軍の限界は承知しているが、と云うことはあったが。

一方のイスラエル政府はと云えば、駐レバノン国連暫定軍の任務遂行の邪魔はしていたが、国連軍がレバノン南部に駐留していること自体は、ある種の評価をしているところもあった。イスラエルはイスラエル北部を「テロ」から守ることができるのはイスラエル国防軍と「南レバノン軍」だけであると考えていたので、駐レバノン国連暫定軍の任務が現実的だとは考えていなかった。レバノン政府には明らかにそんなことをする能力あるいは意欲がなかったし、国連にも必要な軍事・諜報能力はなかった。イスラエルは、国連軍が「安全保障区域」の北を平穏に保つのに少しは役立っている面もあると認めていた。しかし国連があるいは軍供出国が撤兵しようとする場合は、イスラエルとしては政治的にも軍事的にも駐レバノン国連暫定軍を存続させるために自腹を切るところまではする気はなかった。イスラエルの高官も将校も駐レバノン国連暫定軍に一定の敬意は払っていたが、駐レバノン国連暫定軍を侮辱してはばからないイスラエル人も大勢いて、その英語の略称UNIFILをもじって「UNFULFIL」(何も達成しない国連軍)と呼んで馬鹿にしていた。

分かり易く云うと駐レバノン国連暫定軍は初めから平和維持活動などをしてはいけなかった例として教科書に載せるべきである。一九七八年、安保理は自分が何をしているのか考える暇もないうちに大慌てで決定を下した。特に、国連軍の進駐と、安保理が国連軍に任せるべき仕事の中身について紛争の全当事者(レバノン政府以上にPLOの方が重要)の確かな合意を得ることを怠った。安保理は新国連軍の活動区域さえ特定しなかった。三ヶ月後、イスラエルがこの国連軍の任務が遂行不能となるような政策をとっていることが明らかになった時点でも、安保理はイスラエルを説得することも、国連軍の任務を変更することもしなかった。四年後の一九八二年、イスラエル軍の侵攻とその後の事態の推移の中で、駐レバノン国連暫定軍の任務はもう現実とは何の係わりもなくなってしまった。しかし、この時もまた安保理は、これを機会に以前の失策を是正することもなく、この国連軍に実行可能な任務を与えることもなかった。

こういう数々の失策のために苦渋を嘗めることになったのは「安全保障区域」のすぐ北側に住んでいた地元住民であった。一九八六年までにレバノンの抵抗運動は過激化する一途を辿っていたが、地元住民がこういう抵抗運動家を匿うので、「南レバノン軍」は地元の村々を平気で攻撃するようになった。「南レバノン軍」は「安全保障区域」の中のキアムに収容所を設け、そこに抵抗運動の容疑者を何十人も裁判も行わないまま監禁していた。キアム収容所の中はひどい状態で、**赤十字国際委員会**でさえ立入禁止であった。国連自体も安保理の失策のために難儀をした。国連平和維持活動は一九七三年一〇月のアラブ・イスラエル戦争の後、シナイ半島とゴラン高原での活動が成功して、その信頼性が高まっていたのであるが、駐レバノン国連暫定軍の失敗で、その信頼性に傷がついた。駐レバノン国連暫定軍の失敗はワシントンの国連の敵[一一]の

一一　**原註**、一九八六年一〇月、私はワシントンでの全国民主的女性の会において国連平和維持活動について講演をするよう招待されたが、この時、ユダヤ人と親イスラエル派の会員全員が会合をボイコットして国連に対する不満を訴えた。一九八七年一〇月、ニュージャージーのある有名な熱狂的ユダヤ国家主義者が電話で私を殺すと脅迫してきたので、数週間の間、厳重な身辺警護がついた。

攻撃材料となり、米国務省の国際機関担当次官補アラン・キーズまで議会に平和維持活動用の資金の支払い停止ないし削減を要求するようになった。

一九八六年初期までに、駐レバノン国連暫定軍の難局は、軍隊を供出していた九ヶ国にとっても悩みの種となっていた。これは仕方のないことであった。各国は事務総長に駐レバノン国連暫定軍が所定の任務を遂行できないようであれば、部隊を引き上げざるを得ないと通知した。しかも米ソをはじめとする他の国々が駐レバノン国連暫定軍経費の分担金を支払っていなかったので、軍供出国はその経費を国連から払い戻してもらえないでいた。現地に来ていた兵士の方はそれほど不愉快な思いはしていなかった。私が就任早々現場を視察した時、私は彼らの士気が高かったのに感心した。確かにある程度危険であったし、冬は寒く降水量も多かった。しかし、楽しい冒険と云う側面もあり、滞在期間は高々六ヶ月で、各国政府も国連活動に無償で奉仕する者を募ろうと、いろいろ策を練っていた。例えば、ネパール兵は金Auを関税抜きで輸入させてもらっていたし、フィンランド兵も自動車についてやはり関税を免除してもらっていた。

私は、就任までの一学期間をオックスフォードで過ごし駐レバノン国連暫定軍について勉強したため、何でも前向きに考えていた。駐レバノン国連暫定軍は我々の担当の五つの活動の中で最も大きな困難にぶち当たっていたが、新任の事務次長にとっては単に現状を維持する以上にもっと印象的な業績をあげる機会でもあった。私がこう考えたのには当時セント・アントニーズに来ていて、レバノン南部について講演したイスラエルの学者、クリントン・ベイリーの影響もあった。彼はイスラエル国防省の文官顧問で、シナイ半島を手始めとして次にレバノン南部（そして後のパレスチナ人蜂起の頃は「占領されたパレスチナ領土」）を担当していた。

ベイリーの見方では、シーア派アマル大隊とイスラエルはレバノン南部において基本的に同じ目的を追求していた。両者ともPLOに出て行ってもらって、レバノン南部が平和になることを望んでいた。アマル大隊の問題はシリアからの支援を頼りにしていることで、もしアマル大隊が、ゴラン高原には飛び火しないようにレバノン南部からイスラエルに軍事的圧力をかけることができるようにする、というシリアの意向に沿えない場合は、シリアからの支援を失うということであった。この為アマル大隊は、PLOとイスラエルの両方を敵に回して戦っており、レバノンでは「敵の敵は友」という図式がいつも当てはまるわけではないということをよく示していた。ベイリーは、こういう状況のもとでは、国連としてはアマル大隊とイスラエルの間を取り持って密約を作り、何とか安保理決議第四二五号の要求を実現させるようにもちこめる可能性はある。もっともシリアはレバノン南部を攪乱しようとしているので、うまくいかない可能性もあるが、やってみる価値はある、と見ていた。

私は、この分析に従って国連は強くイスラエル政府に対して働きかけることができると考えていた。イスラエルが「安全保障区域」を占領し「南レバノン軍」の横暴を見て見ないふりをしていたのでは、本来敵でない者まで敵に回してしまい、シーア派過激派、ヒズブラー党にとって都合のよい事態となる。このままではアマル大隊が過激化する危険も出てくる。嫌われているイスラエル占領軍と戦って過激派ほど能が上がらないのでは、アマル大隊も支持者を失ってしまう。イスラエルにとっても、イスラエルとアマル大隊との間には利害関係が一致する点もあることを認め合った方が賢明なのではないか?と。こうすれば国連とアマル大隊が協同してレバノン南部の治安維持に当たるように説得する機会も生まれるであろう。

ざっと以上のようなことを考えて、私は一九八六年三月地中海東岸地方各地を歩き廻った。まず、ベイルートの政治家巡りから足を慣らした。どう巡ったらよいものか、よく研究しておく必要があった。国連の不偏不党性を示すために、ベイルートを訪問する際は必ず国家の要職についている三人つまりゲマイェル大統領（マルン派キリスト教徒）、カラメ首相（スンニー派イスラム教徒）、フセイン・フセイニ国会議長（シーア派イスラム教徒）を表敬訪問しなければならなかった。しかしフセイニにはほとんど実権がなかったので、アマル大隊の首領ナビー・ベリとも会う必要があった。私はレバノン「闘鶏場」の地元の四派を全て網羅するため、普通、ドゥルーズ教徒の指導者ワリード・ジュムブラットも訪問先に含めていた。

アミン・ゲマイエル大統領は、弟バシールが一九八二年の選挙に当選しながら就任前に暗殺された後を継いで大統領になった。アミンは40代半ばで、威厳があり知的でよく事情を把握していたが、共和国大統領としても、マルン派キリスト教徒の仲間内でも、ほとんど実権がないことを自覚していて困っていた。

ラシード・カラメ首相は、ずっと年配でスンニー派イスラム教徒の政治力の低下を身をもって体現していた。彼は礼儀正しくお世辞を並べ国連に対しても言葉の上では溢れるほど支持してくれた。しかし現実にはほとんど何の力もない人であった。ただ不可能なことを要求し、説教するような口ぶりでイスラエルと米国の邪悪さを責め立てるだけであった。彼は翌年、故郷のトリポリ（レバノンの地名）からヘリコプターでベイルートに帰る途中、書類かばんに仕掛けられた罠にかかって殺された。

フセイニ国会議長は、カラメのシーア派版でアマル大隊長として彼に取って代わったベリとは比べ物にならなかった。ベリは、レバノン政府の南部担当大臣でもあった。彼は四〇代後半でデトロイトに何年か住んでいたことがあったためアメリカ英語を話したが、もとはシエラレオネ生まれで、かつて英国の旅券を保持していたこともあった。彼は頓智が働き堅苦しくなかったが怒りっぽかった。自分の仲間内について開けっぴろげに話し、その欠点を率直に語ることもあった。彼はジャン=クロード・エメにこう云ったことがある。「エメさん、このことは覚えておいた方がいいでしょう。我々シーア派は世界一嘘が上手なのです。」これは本当であった。シーア派イスラム教徒にとっては相手がシーア派でなければ騙して（タキーヤ）も罪にならないのである。他の政治指導者は皆ベイルートがまだ本当に中東のパリであった頃からの立派な部屋で私と面会したが、ベリは違った。彼は大臣であったが、西ベイルートの私には特に危険と思われる場所の汚くてタバコの煙のもうもうとたちこめる部屋で仕事をしていた。

ドゥルーズ教徒の指導者ワリード・ジュムブラットは、一九七七年に暗殺された父カマルの後を継いでいた。ベリがデリア犬[一二]なら彼はサルキ犬[一三]であった。ほっそりして優雅で悠長であったが、頭脳は明晰で一種の哲学者であった。彼とは何度か話をしたが、一度こう語ったことがある。「ドゥルーズ教徒とマルン派キリスト教徒という「山の民」はしばしば殺し合いをしてきたけれども、どちらも正真正銘のレバノン人で[一四]、今は昔と同じように共に「ダマスカス知事」と「アッカ知事」つまりシリアとイスラエルに挟まれて苦労しているのです[一五]」と。

この時の訪問にはニューヨーク本部のエメとエルサレムの国連休戦監視機構文官職員のリサ・バッテンハイムという米国人が私に付き添った。国連休戦監視機構の上級政治顧問、スウェーデンのロルフ・クヌートソンも時々一緒であった。エメと同じように彼も国連開発計画から平和維持活動に移ってきた人物で親しみやすく頼りがいのある同僚で政治的見識はなかなかのものであった。彼は悲観的で特に国連内部の軋轢などについて悪いうわさに浸っているのが好きらしく、私はすぐに彼の云ったことであまり動揺すべきではないと判断

一二　訳註、狐狩用のしつこい猟犬。
一三　訳註、ほっそりした立ち居振る舞いの優雅な犬。
一四　訳註、マルン派は五世紀カルケドン公会議反対派との抗争を避けレバノン山間部の住民の間に広まった。山なので、飛騨に平家の落人がいるように、古代・中世の民族的・宗教的弾圧から生き延びたフェニキア人の末裔がいてもおかしくない。
一五　**原註**、オスマン朝トルコ帝国では wali とは州知事であった。ジュムブラットはイスラエルとシリアの対レバノン政策と昔のトルコ帝国の政策との類似点を指摘した。

するようになった。一日の会合が全部終わると我々はキリスト教徒側の丘へ車で出かけ、ブルマナの夏の行楽地にある広大なホテルに泊まったものである。ホテルは空っぽで音がガンガン響き渡った。その丘から一キロメートルほど下りると小さなフランス料理屋が二軒たっていて一軒はラ・ガルゴード、もう一軒はラ・ガルゴディエーと云って、片方はレバノン人の旦那、もう片方は奥さんが経営していた。どちらの店でも一人当たり二、三ドルで豪華な食事が楽しめ、昔のテープに録音されたフランスのナイト・クラブ歌手パタシューの歌が小夜曲のように流れていた。時々麓の街の方から聞こえてくる喧騒でレバノンにいるという現実に引きずり戻された。

エメもクヌートソンも、ベイリーの考えにも私がそれに飛びついていることにも懐疑的であった。彼らはもう何年もアークハートがイスラエル国防軍をレバノンから撤兵させようと、その権限が及ぶ限りあらゆる手段を尽くして解決策を模索してきたのを見てきたのである。彼らは、レバノンでは見かけ通りにいくものはほとんど何もなく、一夜にして敵が味方に、味方が敵に変り、国の南部で起こっている戦闘はもっと大きな地域紛争の一端に過ぎないことを私以上によく心得ていた。その地域紛争が終わる時があるとすれば、この地域の指導者たちが全員そろって終戦に決める時である。しかし、この辺りの指導者たちのものの考え方は国連の和平斡旋の分かりやすいものの考え方と比べると、随分と複雑怪奇なものであった。私の相談役が云うには、シーア派アマル大隊とはシリアのレバノン工作の道具の一つに過ぎない。シリアのアサド大統領がイスラエル占領軍の早期撤収を望んでいると思ったら早計である。イスラエルが国際世論と対立するように仕向けゴラン高原では平穏を保ちながら「安全保障区域」のイスラエル国防軍をいつでも針でチョコチョコつけるようにしておく方がアサドにとって有利なのではないか？ 彼の一番の狙いはゴラン高原を奪回しパレスチナ和平にシリアの利益を反映させることである。彼にとっては、このどちらの目的のためにもレバノン南部における争いの火をあまり大きくなり過ぎないように燻ぶらせ続ける方がおそらく都合がよいであろう、と。

私は、エメとクヌートソンの云っていることが正しいとは、なかなか思えなかった。その間、私は事務総長、安保理、軍供出国各国の支持を得ながら駐レバノン国連暫定軍撤退を回避するために奔走した。駐レバノン国連暫定軍が撤退すれば必ず戦争になる。私はそう信じて疑わなかった。それで私はしつこく頑張った。そして数ヶ月後ゲマイェル大統領が会談の後でこう云ってくれた時はうれしかった。「グールディングさん、私みたいに何があってもへこたれないで頑張っている稀代の意地っ張りが世の中にもう一人いてくれて、嬉しいです」と。

一九八六年三月、私は初のベイルート公式訪問の後、エルサレムでイスラエル国防大臣イツァーク・ラビンと会見した。私たちは、それから一九八七年一二月にガザ地区とヨルダン川西岸地区でパレスチナ人蜂起が始まり、ラビンの優先事項が変り、レバノン南部について話すことにはこれまで以上に難色を示すようになるまで、十数回会合をもった。彼はいつも必ず時間に正確で、礼儀正しく、冷静に人の話を最後まで遮らずに聞く人であった。それだけでなく彼は、人の話を実に真剣に聞いているように感じさせる人であった。別にメモをとっているわけではないのに（ひょっとすると私の話は全てお見通しだったのかも）、論点一つ一つについて逐一回答した。こうして話をちゃんと聞いてくれる人だと分かると、外交交渉でいつも障害となる、そしてベイルートやダマスカスでは絶対に避けて通れない、あの回りくどい婉曲表現の数々も全く気にならなくなるのであった。彼は会談の間、煙草、コーヒー、ビスケット、果物をパクパク口にした。最初は、煙草に火をつけたり梨にかぶりついたりするのを見ると話に飽きてきたのかとも思ったが、そのうちそうではなく、それは彼が集中して物を考える時の癖で、歓迎すべき兆候であることが分かった。

ラビンは、声はしゃがれて顔は物憂げで、もう世の中にくたびれたという感じが漂っていたが、突然ニコッと笑ってその暖かい人柄が表に出ることがあった。最初の会談では全く思いもかけなかったが、その後いつ笑ってくれるかと待ち遠しく思うようになった。一九八七年、私が短期的にラビンと、レバノン南部で捕らえられたイスラエル兵二人の遺骸を保持していると考えられる人物との間の連絡を受持った時、テル・アヴィヴの国防省の執務室で、私はラビンと二人だけで会見した。どこに遺骸が置かれているか話し合った。「ベイルートがどうなっているか見てみますか？」と聞かれた。もちろん。執務室の裏の部屋までついて行くと壁に巨大なスクリーンがかかっていて南ベイルートのスラムらしい街路の生中継の画像が映されていた。戦車が一台その街路を通過していた。ラビンがボタンを操作し戦車の画像が拡大された。「シリアのT55型だ」とラビンは云った。彼はまるで複雑な新しいおもちゃを手にした子供のように興奮していた。

ラビンが友人であったと云うのは僭越であろうが、私はこの数ヶ月のうちにラビンがすっかり気に入った。最後に私が彼に出会ったのはニューヨークで一九九五年一〇月二〇日彼が首相としてブートロス＝ガリを表敬訪問した時であった。彼は、ハマス[一六]というパレスチナ人組織とユダヤ熱狂主義

一六　訳註、アラビア語で「熱狂」を意味するが、haraket al-muqawama al-islamiya（イスラム抵抗運動）の略。本書250頁参照。

者[17]という双方の強硬派が結果的に力を合せてパレスチナ和平の進展をやめさせようとしており、自爆テロのおかげで市民がますますオスロ協定に批判的になり苦しい立場に立たされているが、「ヨルダンとは『美しい平和』を保っている」と語った。それから二週間後、彼はユダヤ熱狂主義者の凶弾に倒れた。このおぞましい知らせは全く不似合いな場所で私の耳に届けられた。あの土曜日の午後、下マンハッタンの玉突き競技場でビリヤードのプールを楽しんでいたところへ私の局の当直者が携帯電話で連絡してきたのであった。

　一九八六年三月に初めてラビンと会ったとき、私は前述のシーア派アマル大隊対策について話をした。「安全保障区域」はうまくいっていない。ヒズブラー党をレバノン南部に近寄らせたくないという点で貴官とアマル大隊の利害は一致している。国連とアマル大隊に何ができるか、やらせて見てほしい、と。ラビンの回答は次の通りであった。その分析は正しくない。ヒズブラー党の南進は「安全保障区域」とは何の関係もない。ヒズブラー党は「レバノン回教共和国」建設を目論むイラン[18]にシリアが協力しているために南下している。越境テロ活動は、いつもながらレバノンに実効支配力のある政府が存在しないから発生している。駐レバノン国連暫定軍では国土実効支配の空白を埋めることはできない。駐レバノン国連暫定軍の任務は実行不能だ、と。私は提案した。試験的に「安全保障区域」の西部に駐留しているイスラエル国防軍をひとまず国境まで引いて、ある特定の日まで何も起こらなければレバノンから完全に撤兵すると宣言するのはどうか。こうすれば、アマル大隊の方も進んで何ができるか証明することができる。また国連としても首都ベイルートの政治指導者たちに働きかけて安全保障措置と「南レバノン軍」の将来について真剣に協議できるようになるだろう、と。

　ラビンは直接回答しなかった。彼はイスラエルとしてはアマル大隊との直接対話を望んでいるが、アマル大隊の方で拒絶したことを話した。私は、これは良い話だと思った。アマル大隊には何かできることがあるということを暗黙のうちに認める云い方であったからである。私は「イスラエルとしては国連を通してアマル大隊と話し合ってみますか？」と訊いてみた。彼は「遺憾ながら」内閣はこれまで通りの政策を維持する方針であり、彼としてはアマル大隊との交渉は向こう側にその気があるのなら拒まないが、ただ直接話し合う方がよいと考えている、と云った。我々はもう一度会見すべきだということになった。

一七　訳註、原文は zealots で小文字であるが、大文字なら古代ユダヤの「ゼロテ党」を意味し、西暦一世紀にローマ帝国の支配に抵抗しユダヤ神権政治を標榜した党派を指す。

一八　訳註、一九七九年、ペルシャ帝国が倒れ「イラン回教共和国」が樹立された。

次の週、シリアの首都ダマスカスでは何一つラビンとの協議に有益なものは得られなかった。副大統領のアブドゥル・ハリム・ハダムは話しかけやすい感じの男であったが傲慢で不愉快でインフルエンザを患っていた。それはレバノンから使節団が沢山来ては各人それぞれ三回の挨拶の頬ずりを強要するので移されたということであった。彼の云うには、イスラエルがレバノンから撤退しなければならないのは当然だが、それだけではイスラエルに対する攻撃は止まないであろう。イスラエルはこの地域全体が平和になるまで安全ではない。イスラエルがアラブの土地を占領し続ける限りこの地域に平和は来ない。もしシリアがイスラエルの村や町に何かもめごとを起こせるものなら、いつでもそうしたい、ということであった。

私がラビンと再会したのは初会見から一〇日後のことであった。彼は代案を用意していた。「安全保障区域」の西部の一区画で六ヶ月間「平穏無事」が続くかどうか観察してみよう。もしアマル大隊と国連がこの試験に合格するようなら、その時はイスラエルも、その区画のイスラエル国防軍の再配備（彼は注意深く「撤退」という言葉を避けた）を考慮しよう（彼は考慮するという点を繰り返し強調した）。私はこの試験はアマル大隊には酷であると云った。アマル大隊の方で何か成果を挙げて示す必要があった。しかしラビンが強く出たので、私はアマル大隊の指導者ベリにこの案を見せてみることを約束した。

私は翌日ベイルートでベリに会った。彼は何の前座もなく、提案を拒絶した。そのような提案なら以前にも二回ほどあった。彼は抵抗運動を自由に操作できるわけではない。アマル大隊が出て行けばヒズブラー党が代わりに入る。イスラエルの方が試されるのが筋で、アマル大隊が試されるのは筋違いである。仮に彼がこのような命令を発したところで、誰も従わない（これは単なる云い訳ではなく現実にアマル大隊のあまり穏健でない分子から色々圧力を受けていた）と。そして、彼の対案はこうであった。まずイスラエルが撤兵すべきで、仮にその後、イスラエルに対する攻撃があれば、イスラエル国防軍は、再びレバノンに派兵できるという条件で、撤退すべきであると。

私は続けてカラメ首相とゲマイエル大統領と会見した。ゲマイエル大統領は、我々がアマル大隊に全てを賭けようとしていることを見抜いていたようであった。彼はハッキリと、レバノンの正統政府を通さない話し合いや、アマル大隊と「南レバノン軍」との間の合意などは断じて認めるわけにはいかない。「我々の国家主権がもはや絵に描いた餅に過ぎないことは我々もよく承知しているが、我々はそれを回復しようとしている」と云った。しかし、この後二人だけになって私がラビンの提案について話をすると、大統領ももっと柔軟になった。彼としては、「政府」が最初から関与するのであれば、例えばアマル大隊よりの陸軍士官を交渉に立ち合わせるような形でやるのならば、できない相談ではない、と。しかし彼は、ラビンの提案もベリの提案も非現実的であるとして退けた。彼は代案を出した。イスラエルは一定の期日までの間に(イ)イスラエル国防軍に対する連続攻撃が収まり、(ロ)イスラエルとレバノンとの間で将来どう国境を管理するか交渉することを条件に、その期日に撤兵することを発表するというものであった。ゲマイエルはまた、レバノン人が一致団結してイスラエル撤兵が必要であると考えているのなら間違いである。イスラエル国防軍と「南レバノン軍」は南部、ことにジェズィーヌとその周辺のキリスト教徒住民を保護するために必要とされているのである、と述べた。

翌日、テル・アヴィヴで私はラビンに会った。彼は以上の話のいずれにも驚かなかった。彼は云った。アマル大隊長ベリには敵が沢山いる。アマル大隊の中の過激派、ヒズブラー党とイラン、ワリード・ジュムブラット率いるドゥルーズ教徒、PLOのアラファト派。目下興味深い問題はシリアが続けてベリを支援していくかどうか。もしシリアが、急速にレバノンに浸透しつつあるイランの影響力に気づいていればベリを支持する他ないはずである、と。ラビンはゲマイエルが出したような方策に、ベリが乗ることはまずないと見た。しかし数週間ほど待って、アマル大隊内部のベリと過激派の権力闘争がどうなるか様子を見てみようということで、私も賛成した。

私は一九八六年の一年間に地中海東岸地方をこの後五回訪れ、ベイルート、ダマスカス、エルサレムとテル・アヴィヴの間の三角形を巡り歩くことになった。しかし読者諸賢は何も恐れる必要はない。一九八六年のこの後の五回の訪問も、一九八七年の二回の訪問も、これほど詳しく書くことはない。この交渉の基本的なところは何も変わらなかったからである。しかし、外の情勢が動いて主役たちがその方針を変えなければならなくなったことが何回かあった。

まず最初は、一九八六年四月、フランスが安保理による駐レバノン国連暫定軍の任期の更新を従来の六ヶ月毎から三ヶ月毎に短縮するよう主張した。どうしてフランスがそう主張したのか、その動機は定かではない。ベイルートから拉致されたフランス人の一人がその頃殺されてしまったこととの関連を指摘する見方もある。フランス人を拉致したのはシーア派の過激派であった。同じシーア派のテヘラン政権[一九]は、

一九　訳註、イランのこと。テヘランの regime という云い方は、その正統性を疑問視する時などに使う。

安保理決議第四二五号はイスラエルという国家の存在を承認しているという理由で拒絶すると表明していた。従ってフランスが働きかけて駐レバノン国連暫定軍を解体しようとするのは、拉致されたフランス人を解放させるための一策であるというわけである。しかしパリはもっと納得のいくもっとまともな動機を発表した。安保理としてはその従前からの決議について何も進展しない活動についてはは更新手続きを手続きだけ型通り踏んでいたのでは埒が明かないというのである。フランスの動議は可決されてしまった。

二つ目は、パレスチナ解放機構（PLO）がその軽視できない資金力に物を云わせてレバノン南部に再上陸し始め、ベイルートとシドンとチルスの難民収容所の中に軍事活動の拠点を築き始めていたことであった。PLOはこの為にヒズブラー党だけでなくゲマイエル大統領とキリスト教徒民兵の支持まで獲得したと噂されていた。（もっともベイルートではどんな噂でも飛び交っていたが）。レバノンのキリスト教徒はかつてPLOの仇敵であった。しかし彼らはPLOが駆逐されて以来強化されてきたシリアの覇権にも同じくらい反対しており、この際シリアの敵アラファトと手を結ぶ気であると云われていた。シリアと手を組むアマル大隊は既にPLOとそのレバノンのイスラム教徒の仲間に支配されたシドンでは何の活動もできなくなっていた。しかしアマル大隊長ベリはチルスとベイルートのシリア支配区にあるパレスチナ難民収容所を包囲し二年以上にわたって断続的に砲火を浴びせかけ続けた。

こうしてレバノン「闘鶏」の番付は、イスラエル国防軍をレバノンから撤収させようとする我々の目論見にとっては好ましくない形で明確化した。片方は、シリアとアマル大隊ともしかするとドゥルーズ教徒。もう片方は、イランとヒズブラー党とPLOとPLOのレバノン人の仲間の一部。その他は、イランやヒズブラー党と手を組むことには戸惑いを感じていた。しかし、どうやらマルン派キリスト教徒がレバノンに対するシリアの宗主権に反対するあまり、かつての敵、PLOやヒズブラー党の組する勢力に加担することになったように見受けられた。これでシリアの立場はどうなったのか？　形の上ではシリアはイランからレバノンへ資金と武器と秘密工作員を送り込む経路を支配していたのでヒズブラー党を抑制する力はあった。では、シリアは、イランの対レバノン南部政策に手を貸すことが自国の利益になるかどうか考え直すであろうか？

アサド大統領は、その夏テヘランを訪れたが（これが三つ目の動き）、何も変らなかった。これで私は駐レバノン国連暫定軍の抱えた問題は、もっと大きな地域全体を舞台にした劇の脇の余興に過ぎないということがよく分かった。アサドは既に述べた理由で（つまり石油、借金、イラク）イランの指導者ホメイニ師と敵対するわけにはいかなかった。アマル大隊がどうなるかはシリアにとって重要であったが、対イラン関係以上には重要ではなかった。アマル大隊長ベリはこの点、冷静で「先週アサドは訊いてきた。『イスラエルが引こうとしないのなら、どうしてヒズブラー党と事を構えようとするのか？』シリアにはシリアの政策がある。我々としては賛同できることもあるし、できないこともある」と。ラビンはもしイスラエルが引く場合シリアはどう出るつもりか私にシリアで探ってきてもらいたいと繰り返し頼んだ。ハダム（シリアの副大統領）の云えることは、レバノンの抵抗運動はイスラエルが引けば目的は達成したと考えるであろう。同時に抵抗運動は「一九八二年以前の状態」つまりレバノン南部にPLOの軍事力が復活することは望まない。シリアはこの両点において抵抗運動の立場を支持しているということであった。これではラビンにとってほとんど意味がなかった。彼の望んでいたことはシリアがその力の及ぶ限りヒズブラー党の活動を抑制することであった。

四つ目の動きは一九八六年八月と九月、駐レバノン国連暫定軍要員が何度も狙い撃ちされる事件が続いたことである。アイルランド兵一名がアマル大隊に殺された事件は、彼が、イスラエル国防軍と「南レバノン軍」が使っている道路筋にアマル大隊が設置した爆弾から起爆装置をはずす作業を、アマル大隊の再三にわたる警告にもかかわらず、一生懸命やり過ぎたために発生した。別の事件では、検問所で口論の末フランス兵がアマル大隊のより過激な派閥の首領一名を含むアマル隊員二名を殺害した。その後七週間フランス隊は報復攻撃に曝され、フランス隊の被害は死者三名負傷者二四名に上った。シラク首相は公然と、国連がフランス兵の生命を危険に曝していると云って厳しく批判した。フランス国防大臣は、私に、自軍の兵士が本来監視しているはずの武装分子から逆に監視されるような場所に配置されなければならないことは、フランス陸軍の威厳を損なう耐え難い恥辱であると語った。これでまた、私はエメと一〇日の間ベイルート、ナクラ、テル・アヴィヴ、バグダードを巡回しなければならず、ほとほとくたびれ果てた。

以上の四つの動きで、この一九八六年の三月に表明された案は立ち消えとなってしまった。ラビンも私も二人とも方針を変えなければならなくなった。ラビンは、アマル大隊と国連が「安全保障区域」の西端の「三角形」と呼ばれる区画を平穏無事に保つことができるかどうかの例の六ヶ月の試験期間から一歩も譲らなかった。それどころか、彼は部分的撤退についてさえ、さらにもう一つ新しく条件を付け加えた。レバノン人の間で「南レバノン軍」は正統な民兵組織として受け容れられなければならない。そうしないと「南レバノン軍」はイスラエルから裏切られたと思うことになる、と。これでは舞いも神楽も始まらないのであるが、ラビンは分からないふりをした。彼はまた「三角形」区画からのイスラエル国防軍の撤退にはチルスの南の海岸線を見渡す技術的な偵察場所は含めず、「安全保障区域」の唯一の港で「南レバノン軍」の経済に重要なナクラ港も含めない、と云って撤兵の対象区画までずらしてしまった。

　私には、このような条件ではどうにもならないことが明白であった。アマル大隊長ベリは拒絶したが、アマル大隊は現実には「三角形」区画での活動を二ヶ月間抑制した。アマル大隊はこの間、パレスチナ人の収容所を砲撃するようになったが、同時に、宿敵ヒズブラー党が勢力を拡大していく事態に直面することになった。アマル大隊は、シーア派住民からイスラエル占領軍に対する戦いを続ける気があるのかどうか疑いをもたれると困る立場にあった。

　我々は駐レバノン国連暫定軍に軍を供出している各国に対して安保理決議第四二五号の履行に向けていくらかでも進展があることを示すために、何か別の策を講じる必要に迫られた。ペレ＝デ＝クエヤル事務総長の了承を取り付けた上で、私は安保理決議第四二五号を履行するための基礎を築くため、イスラエルとレバノン両国政府と個別に交渉しながら国連が新しく外交的働きかけをするにあたり、一定の表現を使うことについてレバノンの関係者全員とイスラエルから合意を取り付けた。一九八六年六月中旬の安保理宛報告書の中で、事務総長はこう述べた。

「私は理事会が駐レバノン国連暫定軍の任期を更新することに決する場合には、国連としては、駐レバノン国連暫定軍の任務遂行を可能にする実質的な措置について両国政府の合意を取り付けるために、両国政府双方との協議を段階的に進めていくことが必要であるとの結論に達した。……私は決議第四二五号（一九七八年）を完全に履行するためには、これが一番見込みのある現実的な方策であると信じる。」

　これは私の原案に比べると随分中身が薄められているが、それでも見事に功を奏して安保理は駐レバノン国連暫定軍の任期を一九八七年一月中旬まで更新した。

　一九八六年の終りまでに私の考えが甘かったことは歴然としていた。私はまだ定期的に地中海東岸地方を訪問することを楽しんでいたが[二〇]、交渉は厳しくなった。一九八七年は一年中あらゆる関係者が一歩も譲らず交渉は進まなかった。しかし不可解なことに現地では一歩前進した。七月、駐レバノ

二〇　**原註**、追録に訪問の一つを描いた一九八七年一月私の娘レイチェルに宛てた書簡の一部を掲げる。

ン国連暫定軍は、「南レバノン軍」が国連軍活動区域の中のテル・アル=ジャナイルという目立つ場所に新しく陣地を構える計画でいることを察知した。国連軍司令官グスタフ・ハグルンドは真夜中に私に電話してきて一足先に国連の方で問題の丘を占領するつもりだと云った。私の激励を受けて彼は丘を占領しイスラエル軍と「南レバノン軍」を歯軋りさせた。彼はその新しい陣地を私にちなんで「マラック監視所」と名付けた。三ヶ月後、国連軍は、イスラエル国防軍と「南レバノン軍」がタレット・フクバンという丘に登って隣接するシーア派の村二つを定期的に攻撃していたのを上手に交渉して撤退させた。しかし私が一九八七年一二月にラビンと会見した時、彼はイラン革命防衛隊とヒズブラー党活動家が問題のシーア派の村二つへ帰る民間人に紛れ込んでしまったと苦情を述べた。では、同じシーア派の競争相手、アマル大隊はこれについて何をしていたのであろう？

一九八七年一二月、パレスチナ人の蜂起が始まったことでイスラエルが対レバノン政策を変更する見込みはほとんどなくなり、その後は駐レバノン国連暫定軍については、私はその活動上の問題に限って関与することになった。このうち一番大変だったのは一九八八年二月米国のウィリアム・「リッチ」・ヒギンズ中佐がチルス近郊で拉致された事件であった二一。一九八八年七月駐レバノン国連暫定軍軍司令官がグスタフ・ハグルンドからスウェーデンのラース=エリック・ワールグレン中将に交替し、彼はハグルンドと同様、軍司令官官舎にかわいらしい奥さんを連れてきて北欧人らしく気前よくもてなしてくれた。官舎は飾り気のないプレハブの平屋であったが地中海の岸辺に建てられていて「イエルクー」みずなぎ鳥が岸辺近くで手榴弾を使って漁をしているレバノンの猟師たちと沖合いのイスラエル巡視艇の間をすり抜けるように滑空していた。一九八八年七月の訪問の焦点は、政治情勢がさらに悪化していた首都ベイルートであった。アミン・ゲマイエル大統領の後継者選びは正式の憲法上の手続きによることは、もはや絶望的になっており、同年八月に国会が後継者選出に失敗した後、大統領は引退直前にマルン派キリスト教徒のミシェル・アーウン大将を軍事政権の首領に指名した。イスラム教徒はサリム・アル=ホス首相が大統領代行となるべきであると主張してこれを受け容れなかった。こうして、もはやレバノンにおいて単一の立憲政府が存在するという神話は維持することができなくなった。

私が駐レバノン国連暫定軍を継続させるべきかどうか疑い

二一　**原註**、この悲劇については本書第7章で詳しく書く。ヒギンズは国連休戦監視機構要員で駐レバノン国連暫定軍付軍事監視団を統率していた。彼の拉致はヒズブラー党員の犯行を過激派のアマル隊員が幇助したもので、我々は彼がどこに連行されたのか把握することもできず、釈放交渉も失敗し、彼は一九八九年に殺害された。

始めたのは、この頃であった。その任務は遂行不能であった。何とか遂行させようとした私の努力は水泡に帰した。国連側に死傷者が出る危険性はなお大きかった。駐レバノン国連暫定軍が役に立たないことをワシントンの国連の敵が国連攻撃の材料にしていた。そして平和維持活動への需要が膨らんでいる時、駐レバノン国連暫定軍は高くついた。その反面駐レバノン国連暫定軍はイスラエルとその敵の間の断層の上で生活している民間人を救援していたし、国連がレバノンの独立と領土の不可侵性を尊重する姿勢を具現化していた。私は、もし駐レバノン国連暫定軍が完全に撤退できないのなら、少なくともイスラエル国防軍と「南レバノン軍」がいわゆる「解放区」を侵略しても手の付けられない「安全保障区域」からは撤退すべきだという結論に達した。私はこの考えをペレ=デ=クエヤル事務総長に伝えた。彼はあまり乗り気ではなかったが、私が慎重に軍供出国のいくつかの出方を探ってみることは許可してくれた。ノルウェーの国防大臣ヨーハン・ヨルゲン・ホルストは我々の最も信頼できる最も現実的な支持者の一人で、もし駐レバノン国連暫定軍が「安全保障区域」の中に完全に取り込まれているスウェーデン隊の管区から撤退する場合は、ノルウェー政府としては国内の反応はどうにでも対処できると云ってくれた。しかしパリではフランスの外務大臣はペレ=デ=クエヤル事務総長に対して、国連が一部でも撤退すれば、国連はレバノンには関知しないと宣言することになると述べた。私の案は採用されなかった。

私の次のレバノン巡りは一九八九年一月で、私はこの時二つのレバノン「政府」に対して悲観的な査定報告を出した。レバノン国家の崩壊、イスラエル「安全保障区域」の強化、ヒギンズ拉致事件、国連軍要員に対する連続攻撃、駐レバノン国連暫定軍の財政難。彼らは私の話を聞いたし、ベリなどはレバノンから他人の土地で勝手な戦争をしている外国人を追い出すためにはレバノン人が団結しなければならないということを認めた。しかし彼らは、国連軍がレバノンに維持されることは間違いないと踏んでいた。

キリスト教徒側「大統領」アーウン大将との会見には困り果てた。彼は我々を大統領執務室で一人で軍服に身を包んだまま迎え入れた。彼はきびきびしていて率直で要領を得た話ができたが、全く非現実的であった。彼の政策はシリアに対する全面的な外交戦争であった。彼は自らアラブ連盟と国連の場でシリアによるレバノン占領を侵略と認めるよう働きかけて歩くというのであった。

良い知らせもいくつかあった。アラファトの働きかけでアマル大隊とPLOはレバノン南部におけるPLOの軍事活動を完全に禁止する取り決めに調印し、レバノン「闘鶏場」の同盟関係が大きく修正された。こうしておいてアマル大隊はレバノン南部でヒズブラー党と戦争状態に入った。

もしこの展開が本物なら、我々が先に考えていたようなイスラエル国防軍の段階的撤収をもう一度試してみることができるかもしれなかった。もっとも、それはガザ地区と西岸地区の情勢がもっと安定してからの話であったが。ところが、一九八九年三月、駐レバノン国連暫定軍のアイルランド隊に所属していた三人が道路わきに仕掛けられた爆弾の炸裂で命を落とした。計画的犯行と考えられた。私は国連の新設のイラン・イラク停戦監視団の視察から帰る途中、ヨルダンの首都アンマンでワールグレン駐レバノン国連暫定軍司令官と落ち合うことにした。アイルランド隊参謀長タグ・オーニール中将も合流した。ワールグレンによれば仕掛けられた爆弾は玄人の仕業で場所はアイルランド隊がここ二ヶ月間にわたり日に数回使用している道路であった。彼は、動機は分からないがアイルランド隊を狙ったことは間違いないと見ていた。アマル大隊長のベリは、ヒズブラー党がアマル大隊に対してあまり国連軍に接近するなと警告を発したのかもしれないと見た。オーニールは微笑ましいくらい全く動じなかった。アイルランドの国連に対する長年の真摯な協力姿勢をこういうところにも見て取ることができた。彼はアイルランド政府に対し駐レバノン国連暫定軍にこれまで通り貢献し続けるよう勧告してくれるということであった。国連休戦監視機構参謀長のマーティン・ヴァドセトもアンマンにやって来て、ベイルートの戦闘が激化している中、どうやってベイルートの国連軍事要員の身の安全を保障するか話し合った。答えはできるだけ大勢撤退させ、軍事境界線「緑の線」を横断することを必要最小限に抑えることであった。

駐レバノン国連暫定軍の受難を聞いてペレ＝デ＝クエヤル事務総長も心配のあまり気が変わったようで、私に安保理常任理事国五ヶ国と少なくとも軍の規模を縮小できないかどうか相談してみるように命じた。しかし、この頃には特にラクダール・ブラヒミのアラブ連盟によるレバノン内戦終結交渉が少なくとも前向きに進行しており、どの常任理事国も賛成しなかった。この時までに私は新しいナミビアでの**多機能型平和維持活動**に集中して取り組むようになっていた為、レバノン問題に関わっている時間的余裕がなく、一九八九年七月のいつもの駐レバノン国連暫定軍視察は取りやめていた。(但し七月三一日にヒギンズ中佐を拉致した連中が彼を「処刑」したと発表したので、急遽レバノンに飛ばなければならなくなった。)

私が次にレバノンを訪れたのは一九九〇年一月であった。情勢はすっかり様変わりしていた。アラブ連盟のブラヒミは、一九七二年のレバノン総選挙で選ばれた国会議員で存命中の六二名をサウジ・アラビアのタイフに連れて行き、そこで議員たちは国民和解憲章に合意した。この直後に内戦は一気に激化した。レバノン「闘鶏場」のほとんどの勢力がこのタイフ合意を批判し、東ベイルートのキリスト教徒政府指導者アーウン大将はタイフ合意を全面的に拒否し、もしタイフに集まっている代議士たちが新しい大統領を選出しようものなら（一応マルン派キリスト教徒を選ぶということであったが）国会議事堂を砲撃する、と脅した。それで代議士たちはベッカの谷のシリア支配下の空軍基地で新大統領を選出した。選ばれたレネ・ムフードは、しかし、その直後に暗殺された。代議士たちはそれでも挫けずエリアス・フワリを大統領に選出し、イスラム教徒の支配する西ベイルートに政府を設けた。安保理はこの（フワリの）新政府を無条件で支持したが、アーウン大将はその正統性を否定し、軍の統帥権や東ベイルートのバアブダにある大統領宮殿の明け渡しを拒んだ。

　このタイフ合意でレバノン「闘鶏」の番付が様変わりした。アーウン大将はバアブダにたてこもり、今度はシリアやイスラム教徒相手ではなく、同じキリスト教徒の民兵組織「レバノン軍」を相手に戦闘を始めようとしていた。「レバノン軍」はシャミル・ゲアゲアが率いており、アーウンとマルン派キリスト教徒の指導権を争う構えを見せていた。アーウンはイラクからＦＲＯＧミサイル[二三]を含む軍事支援を取り付けた。これにエジプトとヨルダンも密かに協力しているという説もあった。イラクもエジプトもヨルダンもレバノン「闘鶏」にはあまり深く関与していなかったが、タイフ合意でシリアが優勢になったのを見て足を引っ張ろうとしたのである。レバノン南部では同じシーア派のアマル大隊とヒズブラー党が互いに闘い合い、両者にとって宿敵であるはずのイスラエルがこしらえた「南レバノン軍」は、シーア派の内紛の火に油を注ごうとヒズブラー党戦闘員にその支配地を無事素通りさせていた。ヒズブラー党に押されたアマル大隊の方は、それまで長年レバノン南部から追い払おうと戦ってきたもう一つの宿敵「パレスチナ解放機構」（ＰＬＯ）の援助を得ようと接近していた。

　この混沌とした情勢の中で私が最も注意したことは、レバノンのキリスト教徒が安保理のフワリ政府に対する全面的支持（これで私はアーウンをこれまで通り訪問することができなくなった）に抗議して国連を攻撃するようなことにならないようにすることであった。抗議運動はあったが、私を国連軍司令部のあるナクラに連れて行くヘリコプターの航路めがけて重機関砲がちょっと連射された程度で命に危険はなかっ

二三　訳註、ソ連で開発されたFreeflight Range Over Ground（地上自由飛距離）ミサイル。

た。翌日、国連軍が苦情を述べるとアーウンのキリスト教徒軍は防空訓練をしていて誤って国連ヘリの近くに撃ってしまったと釈明してきた。この時ナクラへ海岸線伝いに飛んだ際、おまけがもう一つついていて、イスラエルのジェット戦闘機二機がシドンのパレスチナ難民収容所へ空襲の模擬演習に行ったのをまるで正面観覧席から見るようにハッキリ眺めることができた。こんなややこしい紛争の中で駐レバノン国連暫定軍にどうやって任務を全うしろと云うのであろうか？

ナクラでは、タイフ合意ができても駐レバノン国連暫定軍の窮状は一向に変わらないということが確認された。士気は低かった。イスラエル軍による占領状態を終結させようにも何も新しい考えは出なかった。国連軍に対してはイスラエル軍とあらゆる「武装分子」からの攻撃が絶えなかった。駐レバノン国連暫定軍の各国隊のいくつかは水準以下であった。各国隊長の何人かはワールグレン軍司令官を無視して本国政府から直接指示を仰ぐことが余りにも多かった。二、三週間してアイルランド政府が、駐レバノン国連暫定軍アイルランド隊とアマル大隊が衝突してアマル隊員二名が射殺された件について、犠牲者の家族に賠償金を支払うよう隊長に命令した。ワールグレン軍司令官はこの種の事件についての駐レバノン国連暫定軍の所定の手続きがまだ済んでいなかったので、私はアイルランド隊長にそれまで支払いを見合わせるように命じ、ダブリンに勝手に動かないよう強く要請しておいたのであるが。これでニューヨークのアイルランド代表部と気まずいやり取りをする羽目になった。

国連の指揮命令系統に各国政府が横槍を入れることは平和維持活動においては常に問題となってきた。一九六七年の第三次中東戦争前夜、ナセル大統領が**第一次国連緊急軍**の撤退を要求した時、インドとユーゴスラビアの両国政府は、ウ・タント事務総長のナセルに対する返答とは無関係に、一方的に両国部隊を撤収させることにしてしまい、軍の兵力のほとんどを削ぐことになった。通信手段の発達で各国政府は自国の部隊と分刻みで連絡を取り合うことが容易となった。平和維持軍司令官と私は、国連の名前で我々が出す重要な命令は全て軍を提供している各国政府の目に入ることを意識していた。このこと自体は別に非難できることではない。各国政府には国連に提供した自国の兵隊の安全と福祉を確保し兵士の生命が不必要に危険に曝されると見る場合は、その都度国連事務局と話し合う権利がある。我々としては、国連の戦略・戦術について軍提供国各国がどんな不満があろうと、いつでも話し合う用意があった。しかし各国政府が自国隊に国連軍司令官から受けた命令に違反するよう命じることは断じて受け容れるわけにはいかない。国連平和維持活動が事務総長の作戦指揮下に入り、それ自体として独自の指揮命令系統を有するというのは不動の原則であった。これが無視されれば平和維持部隊員の生命を保証することはできない。

この面白くない駐レバノン国連暫定軍司令部訪問の後、私はシリアへ向かった。首都ダマスカスは、安保理がタイフ合意を是認したことで喜びに沸き立っており、私もその温もりに浴することができた。しかしレバノン南部については何も新しい話は出てこなかった。イスラエルのテル・アヴィヴではハ・アレツ紙のいかつい防衛問題特派員ゼエヴ・シフが、私に幻想を抱かないようにと云った。レバノンの現状はイスラエルにとって都合がよく（イラクのアーウン大将へのミサイル供与は気になるが）、イスラエルはタイフ合意の履行には手を貸さない、と。ラビンも一歩も譲る気はなかった。彼が、レバノンはスイス式に各種自治体の緩やかな連合体にした方がよいと思っていることは明らかで、もしアーウン（キリスト教徒指導者）に対して武力行使があればイスラエルは「黙っていない」ということであった。

私がそれから六ヶ月後の一九九〇年七月にレバノンに戻ってきた時には情勢は一変していた。確かにアマル大隊とヒズブラー党は国連軍の活動区域のすぐ北側で醜い戦闘を続けていたが、国連軍に対する敵対行為はかなり減少し、アイルランド隊の事件をめぐる難局も収まり、レバノン南部は好景気のようで、そこら中で橋やテラスや不愉快な豪華住宅が続々と新築され、道路や電気、ガス、水道も修復されていた。国連軍は「安全保障区域」の断層に沿って新しい陣地を築くことに成功し、ノルウェー隊は上手に「受身暴力」をつかってイスラエル軍が新しく陣地を作るのを邪魔していた。（「受身暴力」とは自分からは暴力を使わないが敵方が暴力を使うように仕向ける戦術で、敵方の進行方向に先に人や車両を置いて邪魔することである。）しかし平穏さも発展も幻想に過ぎなかった。私はベイルートとダマスカスとエルサレムにある各国政府と話をしてみたけれども、レバノン内戦を終えることもイスラエルによるレバノン南部占領を終わらせることも何一つ進展を期待できる要素はなかった。

それからさらに六ヶ月後の一九九一年一月、タイフ合意のおかげでいくつか良いことも起こり始めていた。レバノンの首都ベイルートを分断してきた軍事境界線「緑の線」が消え、ベイルートは再統一された。シリアの首都ダマスカスへ通じる幹線道路も復旧した。軍隊の新司令官、エミール・ラフードという海軍士官は民兵組織の解体を推進していた。彼は、旅団が宗派ごとに編成され、各宗派がそれぞれ独自の旅団を持つという従来の編成を改めようとしていた。新しい陸軍では旅団一個一個が全宗派の混成となるようにした。例えば第六旅団はもはやシーア派旅団ではなくなることになった。フワリ大統領とラフード司令官はレバノン南部に統治権を行使する足がかりとして、新陸軍を進駐させようとしていた。シリアはこれを支持しアマル大隊とヒズブラー党の両者に新陸軍に協力するように云ったと主張していた。国連も原則としてこれに賛成していた。しかし我々は慎重に構えた。一九七八年の時はイスラエル侵略軍の撤兵の際、結局「南レバノン軍」が砲撃して陸軍の南進を阻止した。私は、フワリ大統領と彼の大臣たちに問題の要点は新陸軍が南部の民兵組織をどうするのかということであると説明した。もし新陸軍が民兵組織によるイスラエル国防軍や「南レバノン軍」に対する作戦行動を見て見ぬふりをするのであれば、新陸軍も武力紛争に引きずり込まれることになる。新首相オマール・カラメ（暗殺されたラシード・カラメの弟）などは既に新陸軍は抵抗運動の通信を保護するために南進すると宣言して、イスラエル側の懸念を煽っていた。しかしフワリ大統領は、私の云うことを理解して、私にイスラエル側の出方を探るよう要請した。

イスラエル国防大臣モシェ・アーレンスは、予想通り、イスラエルとしては、レバノン新陸軍が法と秩序を確立し「事件」の発生を防止できるのであれば、これを歓迎するが、もしレバノン新陸軍が「テロ行為」に関与する場合には、躊躇なくこれを攻撃すると述べた。

レバノンのフワリ大統領はこれですっかり落胆してしまった。曰く、イスラエル軍がレバノンを占領しているのに新陸軍にイスラエル国防軍と「南レバノン軍」に対する攻撃をやめさせるように命令することは政治的に不可能である、と。いつでも、これが問題で駐レバノン国連暫定軍も困っていた。私はこの哀れなフワリの宗主国シリアがどうしてフワリにダメだと分かりきった政策をとらせ、その政治的信用を失墜させようとするのか不思議に思った。シリアとしては、おそらくレバノンに、シリアによるレバノン支配に抵抗を呼びかけるような信望のある政治指導者が出現すると困るからであろうと考えられた。

しかし以上の私の観測は必要以上に悲観的であった。続く六ヶ月のうちにラフード新司令官は新陸軍を国連軍活動区域の一番北側を流れるリタニ川まで進駐させることに成功した。私が一九九一年七月に戻ってきた時には、次は「安全保障区域」の外にはあるが、キリスト教徒住民を保護するという名目で「南レバノン軍」が支配していたジェズィーヌに進駐できるかどうかが懸案となっていた。ベイルートのフワリは「南レバノン軍」司令官アントワーヌ・ラハードと交渉してジェズィーヌの「南レバノン軍」要員を何人か新陸軍に編入できないかという提案をした。しかしエルサレムではアーレンス国防大臣がジェズィーヌをレバノンにおけるイスラエルの安全保障措置の重要拠点の一つと呼んでおり、ラハード独りでは何も決められないことが明白であった。

国連軍の活動区域を部分的に新陸軍に移管するという交渉も始まった。この時までにコフィ・アナンが**平和維持活動担当事務次長補**に就任し、駐レバノン国連暫定軍は私が彼に任せた活動の一つであった。私の最後の駐レバノン国連暫定軍視察は一九九二年二月のことで彼と一緒に行った。この時は、我々は緊急に現場を訪問することになった。二月一六日イスラエル軍がヒズブラー党首アッバース・ムサウィをリタニ川の北で妻子と共に自動車で移動中のところを急襲し暗殺した。イスラエル北部の町々に対するロケット砲攻撃など激しい砲火の応酬が続き、四日後イスラエルの装甲部隊が一列縦隊で「安全保障区域」から出撃、国連軍が設置した障害物を除去しながらカフラ村を襲撃した。イスラエル軍は死傷者を出し翌日撤兵したが、国連軍も、カフラ村でイスラエル軍と交戦したレバノン民兵も、死傷者を出した。アナンと私の任務はこの大変緊迫した事態を収拾することであった。我々は砂嵐の中カフラ村を訪れた。村に近づく途中で非友好的な民兵に遭遇した。私が何者か判明すると民兵の一人が空に向けて銃を乱射した。（あるヒズブラー党の僧侶が当時数ヶ月にわたって私を「ユダヤ人グールディング」と呼んで非難していた。）有線通信でグールディングが撃たれたと伝えられたため、この日のニューヨークでの記者会見ではいささかどよめきが起こったという話である。

これは私と駐レバノン国連暫定軍の関係の終焉を飾るものとしては悪くなかった。レバノンが無法のまかり通る場所であることはレバノンの政治家が何人暗殺されたか考えてみればよく分かる[二三]。レバノン訪問はいつでも冒険の趣があり私もそれをしっかり堪能した。しかし私はレバノンそのものについてどんどん幻滅していった。はじめのうちは、私もレバノンの「国家主権と領土不可侵性を保全する責任」が自分にあると信じてきた。しかしレバノン人自身はそういう責任が自分たちにあると思っているのであろうか？レバノン「闘鶏」に寄ってたかっている「ばくち打ち」の連中が自己の利権の増進のためにレバノン内部の内輪もめを煽っているのは事実であった。しかしレバノン人に本当に愛国心というものがあったら、わざわざ自分から進んで外国の「ばくち打ち」の駒になるために自分を身売りするようなまねをするであろうか？しかし、そこまで考えると、ふと外国軍とその現地小間使いによる無法に苦しむレバノン南部の一般庶民が駐レバノン国連暫定軍の限られた力にすっかり頼りきっている姿が目に浮かぶのであった。ひょっとすると、そういうことにこそ国際社会が無駄な努力を続けてきたことの倫理的な正当性

二三　**原註**、附録4に掲げた一七人のレバノンの政治家のうち四人が暗殺された。

があったのかもしれない。

　こんな議論も国連がまだ僅か六つの現地活動しか実施していなかった時代には通用したかも知れない。しかし一九八八年以降は平和維持活動の需要が増えとてもそんな悠長なことを云ってはいられなくなった。当時、安保理常任理事国の五ヶ国は全体で経費の五七・六％を支払うことになっていた。経済協力開発機構の国々[二四]の負担分は八二・九％であった。これらの諸国は平和維持活動の経費がどんどん嵩みだすと、あまりいい顔をしていられなくなった。こういう状況では私は優先順位を決定する必要があると考えた。駐レバノン国連暫定軍を継続することは賢明か？　駐レバノン国連暫定軍は年間約一億五千万ドルもの国連の予算を使っているのに、米国がかばうために、安保理は何の措置も講じることができないだけでなく、責任の追及さえできない一小国のために、その任務を果たすことができない状態が、既に一〇年乃至それ以上続いている[二五]。その上、米国がいつも他国には国際法を守れというくせに自分は平気で国際法を破って駐レバノン国連暫定軍経費の分担金の支払いを滞らせ、ますます不快さが昂じる。

二四　訳註、欧米、日本など経済力のある国々。

二五　訳註、二〇〇〇年夏、イスラエル軍はレバノンから撤兵したが、それから四年経ってもまだ国連暫定軍の撤収の目途は立っていない。

【追録】一九八七年 地中海東岸での一週間

以下に掲げるのは、一九八七年一月、私が一週間に亘る地中海東岸訪問から帰って二日後、娘のレイチェルに書いた手紙の本文である。この時、私は本書第5章に書いたように、レバノン南部から外交交渉でイスラエル国防軍を撤退させるという夢を追っていた。この手紙は、当時の私の心境や、仕事の密度と楽しさをよく表している。

「旅する平和維持活動家の一週間（二回目）。金曜日（一月二日）の晩、ハイチの同僚ジャン＝クロード・エメと一緒にニューヨークを発ち、テル・アヴィヴへ直行便で向かう。到着は土曜日の昼。インフルエンザに罹ったようで、体がだるい。エルサレムへ車で向かう。我々のお好みのオスマン朝トルコ帝国風のホテルは、夏場こそ絵のように美しいが、冬場は寒くてたまらない。飛行機で足が鈍ったので、旧市街を散歩して回った。エルサレム駐在の米国人記者が一人同伴した。断るわけにもいかなかった。この男、昼食時沢山ブランデーが入って足がフラフラで、私の思うようなペースでは歩けなかった。しかし、彼は、二、三週間前にユダヤ神学校の生徒が殺害され、ヨルダン川西岸地区とガザ地区での暴動の引き金となった例の事件の現場に連れて行ってくれた。そこは、みすぼらしい路地で、泥とゴミがいっぱい。犠牲者の級友たちが既に祭壇を備え、仇討ちの義を説く怖い旧約聖書の文句が記されていた。黄昏時、沢山の長元坊（マグソ鷹）が獲物を狩っていた。エメと静かな夕食。この訪問で何か収穫があるかどうか、大変悲観的。

日曜日。夜インフルエンザが悪化したようだ。体がゾクゾクする中、午前中と昼食は駐レバノン国連暫定軍のハグルンド司令官と会談。昼食後、ラビン国防相に会いに車でテル・アヴィヴへ。雰囲気は大変和やか。（この少し前、私は、彼のレバノン側同盟軍である南レバノン軍が我々国連軍のアイルランド兵を一人見境もなく殺害したことで、彼に大変不躾な手紙を送り、あまりのことに、イスラエル代表部から国連事務総長にこの手紙の語調について苦情が出たのであったが……。）しかし中身の方は何の譲歩もなし。イスラエルはレバノン南部の占領は決してやめない。しかし、ラビンは、南レバノン軍がレバノン抵抗大隊〈アマル大隊〉から最近かなりの打撃を受けていることを憂慮している様子であった。テル・アヴィヴに戻る。ニューヨーク本部への電話は皆話中。イスラエルの友人と面白い夕食。レバノンに詳しく、口にするだけでもワクワクするが、我々のやろうとしていることを支持してくれている。

月曜日。何とか苦しい夜を乗り越えた。しんどい。国連のフォッカー機[一]でベイルートへ飛ぶために早起き。いつものようにベイルートへ向かう時は気が気ではないが、到着すれば大丈夫。空港には何の事故もなく着陸。近くの「収容所戦争」の軽い砲声だけ。国連暫定軍のヘリコプターに乗り込み、一旦海の上を迂回して、西ベイルートに着陸。そこから車で西べ

一　訳註、F27型機。オランダのフォッカー社製。YS11と同じくらいのプロペラ機。

イルート市街を突っ切って、カラメ首相の官邸に向かう。天気は最高。明るい太陽。新雪に白く覆われたレバノン山。しかしベイルート市街は相変わらず恐ろしい場所である。ゴミの山。パンと灯油を求める長蛇の列。そこら中に武器を持った男が立っている。カラメ首相はいつも以上に非現実的であった。「国連はイスラエルを撤退させなければならない。国連暫定軍の任期の自動的更新は、レバノンを侮辱するものである。既にここまで混乱しているのだから、今更南部で少々混乱が起こったからと云って、それがどうしたと云うのか？」車で西ベイルートに戻り、ヘリコプターで海の上を迂回して東ベイルートへ向かい、ゲマイエル大統領と会う。彼は国民和解の見通しについて自信たっぷりで、パレスチナ解放機構の戦士を収容所に帰したことには関与していないと云った(嘘)。それから外務省の役人と重くてあまりおいしくない昼食。記者会見が二回。事務所で電信を見る。丘を登ってブルマナへ。ホテルには裕福な移民が大勢泊まっていて、レバノン・ポンドの暴落のおかげで、国連職員同様、安上がりの生活を楽しんでいた。いつものレストランでエメと素晴らしい夕食。エメは寝場所のお礼にアルマニャックを一本ご馳走してくれた。

火曜日。夜熱に苦しむ。たくさんの雷鳴。滝のような豪雨で目が覚める。国連暫定軍のヘリコプターが飛べるかどうか？ 雪でシリアへの検問所が通れない。ブルマナで足止めか？ そんなことはない。我らが勇ましいイタリア隊の操縦士が、何とかしてみるそうだ。北の雷と南の西ベイルートでの銃撃の間のどんどん狭まっていく狭間を潜り抜けて無事空港に到着。ダマスカスまで飛行機で二時間。シリアが直線飛行を許さないので時間がかかる。ダマスカスは、ベイルートよりもさらに寒く、降水量も多かった。ウェリン（国連兵力引き離し監視軍司令官でスウェーデン人）たちとサンドウィッチを口にしながら仕事。ホテルに戻ってシリアの閣僚たちと会見時間の確認を取ろうとするが、何度も変更される。悔いることはない。この時間に、次の日曜日の晩までに仕上げなければならない国連暫定軍についての事務総長の報告書を書くことができる。そして、驚いたことに、ホテルは毎日午後、魅力的な室内楽三重奏団を用意して、何を聞いても分からないシリアの警備員と散々こき使われているビジネスマン(と国連職員)の為にモーツァルトやシューベルトの有名な曲を奏でていた。午後七時になって、ようやくシリアの外相と会う。外相は予想を裏切って友好的で（シリアの私の敵の何人かは、ヒンダウィ裁判[二]にまつわること

二　訳註、一九八六年、パレスチナ人ネザル・ヒンダウィがロンドン発テル・アヴィヴ行きイスラエル航空の旅客機の爆破を図ったことで懲役四十五年の刑を云い渡され、裁判で駐英シリア大使の幇助が明らかになったため、英国政府はシリア大使を国外追放。ヒンダウィは自分の子を宿しているアイルランド女性に爆弾入り手荷物を持たせて搭乗させようとした（自身は出国手続きせず）が、係官が手荷物の重さを不審に思って発見。なお、二〇〇四年、刑期の三分の一を既に終えているヒンダウィ囚を仮出獄させるかどうかで、英内相が仮出獄検討委員会に対しこの事案は検討に及ばずと指示を出したことが、人権に違反するという高等法院の判決が出て、紛糾。(仮出獄となると、自動的に国外へ出される)。

で、シリアでの私の信任状は用をなさないであろうと云い回っていたが、随分違った)、ヤシル・アラファトは公正でないと非常に熱っぽく語った。我々はそれからレバノン抵抗大隊〈アマル大隊〉長のナビー・ベリの用心棒たちと待ち合わせをした。連中は夜遅くまで我々を待たせ、ベリとは結局二時間会見することになった。大変、くつろいだ有益な会談であった。彼は抵抗大隊がイスラエルをレバノンから駆逐することに自信をもっていたが、アラファトとの戦争に勝てるかどうか、心配していた。ようやく魅力的で辛抱強いウェリン司令官夫人の夕食をご馳走になったのは夜十一時半。午前一時半就寝。

水曜日。六時半起床。ダマスカスから濃い霧の中車でゴラン高原を越える。停戦線を越え、国連兵力引き離し監視軍のカナダ隊とフィンランド隊の士官たちと朝食をとる。まさに朝食とはこうあるべし。乱雑な壁にかけられた女王陛下の御真影。目玉焼。ベーコン。大豆煮。カナダの調理人は、片手で玉子を割り、黄身が潰れないようにフライパンの上に上手に落とす名人であった。それからゴラン高原を越えて、イスラエルへ下りて行く。エメはどの交戦がどこで起こったか、苛々するほど不案内であった。これは、この道をもう一度通ることになるまでに、よく学習しておかなければならない。ガリラヤ湖の北岸を越え(この辺りにまだこれ程沢山のアラブの村が残っているとは知らなかった)、アッカで海に出た。海岸沿いの道を北へ。イスラエルとレバノンとの国境、さらに、国連暫定軍司令部へと向かう。到着は午前十一時。まだ寒く雨。ハグルンド司令官たちと長時間の何も決まらない会議。(そして避けられないサンドウィッチ。)国連側に死傷者を出さないようにしながら、敵対行為を抑制する国連軍の能力を高めるにはどうしたらよいか、話し合った。スウェーデンの軍医に診てもらう。薬をもらう。眠くはならないと誓って云っていた。ヘリコプターで出発。豪雨を避けながら、国連暫定軍の活動区域に入る。最初の着陸地点はフィンランド大隊司令部。ここでダウード・ダウードというレバノン南部のアマル大隊を取り仕切っている男と会う。私に三回接吻し(初対面)、狼狽させられた。インフルエンザがうつらなければよいが。三つの重要な村に駐屯するアイルランド兵をネパール兵と交代させるというハグルンド司令官の計画に対してこの男が文句を云っていることを厳しく批判した。ネパール兵はアイルランド兵よりも良い、と請け合い、マルヴィナス諸島[三]でアルゼンチン兵がどれだけネパールのグルカ兵を恐れたか、話した。(あの戦争のことはよく知っていた)二ヶ所目は、あまり好感を持たれていないネパール大隊司令部。充分に厚着をしないまま(私のこと)凍えるような霧雨の中で閲兵。親愛の情のわく兵士たち。(仏教のお経をくれた。)しかし私がダウードに述べたのと反対にあまり有能ではなかった。三ヶ所目、新たに配備されたスウェーデン大隊司令部。フランスが部隊

三　訳註、フォークランド諸島のアルゼンチン側の呼称。

の大部分を撤退させることに決めた後、この海岸に進駐してきた。閲兵。よく国連軍の難局を助けに来てくれたと正直に本当に感じたままを話した。その後、国連暫定軍司令部に戻り、二時間の会議。ハグルンド司令官夫妻と夕食。夕食中、イスラエルが、我々を最も悩ませてきたイスラエル陣地二つを国連管理下に置くように要請するつもりであるという知らせが入る。もし、これが本当なら、国連の我々は、勿論アマル大隊の助けもあって、イスラエルのレバノンからの撤退を再開させることに成功したことになる。私はこの話を信じたかったが、結局、信じないことにした。午後九時、国連暫定軍司令部をあとにする。エルサレムまで車で三時間。エメは、また腹立たしいことにずっと眠りっぱなし。私は興奮し過ぎてとても寝られなかった。午前零時エルサレム到着。午前一時前就寝。

木曜日。十時にペレス外相と会見。それから事務総長の報告書の下書き。外務事務次官と会談。（ハト派で気分爽快。しかし、誰か賛同する政治家がいるか？）キャラハン（国連休戦監視機構の司令官）と昼食。イスラエルの記者たちと会見。キャラハンと会議。テル・アビブへ車で向かい、ラビン国防相と重要会議。昨夜の情報は本物か？　勿論、本物ではない。ラビンの立場は前よりずっと硬化した。アマル大隊が近頃戦果を挙げていることで、予想できることであるが、イスラエルは柔軟化するのではなく、もっと強硬に対抗する必要があるという結論に達したことは明白であった。国連暫定軍に対する嫌がらせ攻撃について、喧嘩腰に口論。会議の最後はものすごく落胆。あるイスラエルの友人と飲みに行く。イスラエルが鉄拳を振るうことにしたのは間違いないという話。駐テル・アビブ米国大使と国務省中東課のディック・マーフィーと夕食。全般的に意気消沈し、インフルエンザに苦しみ、くたびれていたのであるが、何とかうまくこなす。テル・アビブのホテルで午前一時前就寝。

金曜日。帰宅。午前十時半、ニューヨーク着。床についた後十三時間ぶっ通しで白河夜船。目が覚めたのは土曜日の昼。好かれないネパール兵と彼らがアイルランド兵にとって代わることを望まない現地人とが銃撃戦になったと聞く。ネパール大隊は毅然として、かつ自重して対応し、水曜日に彼らの能力を疑った自分を恥じた。二時間後、アイルランドの伍長がイスラエルの戦車の放った一発に当たり死亡したと聞く。国連暫定軍はもうこれ以上、こんなことを我慢することはできないし、我慢するべきでもないと思う。」

第6章　パレスチナ

レバノンは、色々事件に事欠かない場所であったが、もっと大きなアラブ・イスラエル紛争の脈絡の中で捉えると、やはり「余興」に過ぎず[一]、パレスチナ[二]という主問題について進展がない限り、解決できないものであった。一九八六年に私が国連に入った当時、パレスチナ和平の進展など、ほとんど見込みはなかった。役者は色々入れ替わったが、和平は停滞していた。レーガン米大統領が一九八二年に打ち出した計画は、失敗に終わっていた。米国の世論は、一九八三年にベイルートで海兵隊員二四三名を失い、米国人が拉致され、「パレスチナ解放機構」（ＰＬＯ）のテロ行為でしばしば米国人が狙われたことで、すっかり「中東」に幻滅していた[三]。一九八五年、ヨルダンのフセイン国王は、ヤシル・アラファトＰＬＯ議長と協定を結び、ＰＬＯをヨルダン・ＰＬＯ合同外交団の一部とし、将来ヨルダンと連邦制国家を構成するという形で[四]、パレスチナ人[五]の民族自決を実現するという和平案の交渉に参加させる、という方針を打ち出した。米国は、慎重ながら、この方針に興味を示したが、他の関係国からは無視され、最終的にアラファト議長自身が、このやり方を放棄することになった。一九八六年二月、フセイン国王も、和平は失敗し、ＰＬＯ指導部と協力することをやめる、と宣言した。

この失敗にもかかわらず、アラブ各国は、国連事務総長のもとで安保理の五常任理事国と紛争当事者を集めて国際会議

一　訳註、原語はサイド・ショーで、ベトナム戦争の影で、脇のカンボジアという国が無茶苦茶にされたことを、ショウクロスがSideshow: Kissinger, Nixon and the Destruction of Cambodiaを著して発表したため有名になった言葉。（邦訳は『キッシンジャーの陰謀』で、原著の趣旨に照らすと名訳だが、事実としては語弊が多い）。

二　訳註、「パレスチナ」とは古代ユダヤ王国を滅ぼしたローマ帝国がつけた属州名を、第一次世界大戦後オスマン朝トルコ帝国に替って当地を支配した英国が使った。

三　訳註、米国では、カーター大統領の仲介が功を奏した一九七九年のイスラエル・エジプト平和条約締結以来、中東和平への期待が高まっていた。

四　訳註、この提案の背景として、一九二〇年のサン・レモ会議で、英国が支配し「ユダヤ人の祖国」を建設することに決まった旧トルコ領の「パレスチナ」には現在のヨルダンとシリアのゴラン高原の相当部分も含まれていた。しかし一九二二年七月二四日、国際聯盟から「パレスチナ」の統治が英国に正式に委任される前に、英国はゴラン高原をフランス（シリア）に割譲し、現在のヨルダンをも「ユダヤ人の祖国」から隔離する準備を進め、一九四六年に正式に分離独立させた。一九四八年、ヨルダン軍はイスラエルの独立を否定してエルサレム東部と「ヨルダン川西岸地区」を軍事占領、一九五〇年に「併合」した。英国は東エルサレムを除いてこれを承認したが、他にはパキスタンしか承認する国はなかった。英国は東エルサレムを「国際管理」下に置きユダヤ教徒でもイスラム教徒でもなくキリスト教徒が支配する体制を追求した。

五　訳註、この文脈では、旧委任統治領パレスチナ住民のうちイスラエル市民権を取得しなかった多数のアラブ系住民を指す。

を開くという、長い間、誰も口にしなかった案に関心を寄せ続けていた。紛争当事者は、イスラエルと隣の四ヶ国（エジプト、シリア、ヨルダン、レバノン）と何らかの形でパレスチナ人を含める、と規定されていた。フセイン国王は、この案を積極的に推進しようとしており、はじめは、イスラエルからも支持があった。イスラエルは、当時「国民団結政府」と云う、労働党とリクード党[六]の難しい連立内閣が成立しており、イツァーク・シャミルとシモン・ペレスが二年おきに首相と外相を交替で担当していた。一九八六年一〇月、職務交替直前のペレス首相は、会見で、国際会議の第一目的はヨルダンを交渉に引っ張り出すことであると真相を明かし、「形式は、ヨルダンが交渉に参加できるように国際会議を十分開いて、適当なところで止めて、二国間で直接交渉ができるようにする」と云った。イスラエルは、いつもアラブ各国との二国間の直接交渉を望んできた。この一ヶ月前、ペレス首相はペレ＝デ＝クエヤル事務総長に、エジプト、モロッコ、ヨルダンのアラブ三ヶ国が初めてこのような二国間直接交渉に前向きの姿勢を見せた、と自信ありげに話していた。

ペレ＝デ＝クエヤル事務総長は、私に駐レバノン国連暫定軍訪問の際に、関係する政治家たちと国際会議について「協議」するよう命じた。和平を進めるに当たっては、何度挫折しても、機会のあるごとに、当事者に手詰まりの状態を放っておくのは危険である、と云って働きかけを続けるのが、彼のやり方であった。私は、このやり方に全く賛成ではあったが、何と云っても一九八六年のパレスチナは全く不毛の土地であった。重要な協議は、私などよりももっと上の方で秘密裏に行われていた。事務総長のこの件に関する役割は、総会決議に基づいたものであったため、イスラエルと米国の中で一番云うことを聞いてもらわなければならない人たちにとっては、受け容れがたいものであった。つまり、彼らに云わせれば、国連総会はその決議の中で「パレスチナ解放機構」（PLO）を「パレスチナ人の代表」と呼んで、すっかりPLOの口車に乗せられて[七]、一九七五年には「シオニズム[八]は人種主義と人種差別の一形態であると判定」し、一方的意見ばかり聞いて、仲介役としては、してはいけないことをしており、不適格であるということであった。

一九八一年、総会は「パレスチナ問題に関する国際会議」

六　訳註、リクードとは「同盟」を意味する。

七　**原註**、しかし、総会のこの呼称は、当時のアラブ連盟側の呼称「パレスチナ人の唯一の正当な代表」ほど、立ち入った呼び方ではなかった。

八　訳註、「シオニズム」はエルサレムの「シオンの丘」つまり古代ダヴィデ王がユダヤの国イスラエルの都を定めた場所の名前に由来し、ユダヤ民族の祖国イスラエルの再建と発展を追及する主義。

を開催することに決定した。二年後、総会は、このような会議のための詳細な指針を採択した。この指針には、イスラエルと米国とその他のいくつかの西側諸国にとっては全く受け容れようのない文言が含まれていた。例えば、パレスチナ難民の故郷に帰る権利、パレスチナ人の国家、パレスチナ人民の代表として「特定された」「パレスチナ解放機構」（ＰＬＯ）などである。一九八三年の総会決議は、事務総長にこのような国際会議を開催できるように早急に手を打つように要請し、以来、毎年同じ要請が繰り返された。こうしてペレ＝デ＝クエヤル事務総長は難しい立場に立たされた。もし彼が、総会が認めたような「会議」について各当事者と協議しようとしても、イスラエルと米国がそのような「会議」を相手にしない以上、何も進むはずがなかった。しかし、もし彼が、総会の云っているのと違う、別の形の会議について協議すれば、越権行為の誹りを受ける危険があった。彼は、敢えてその危険を冒して、もし文句が出ても、総会決議による委任は、事務総長が事を進める方策として、総会決議の定めた枠にとらわれない形で、国際会議を開く可能性を探ることまで禁止しているわけではない、と反論することにした。このような言葉の細かな意味をあれこれ論じても実際に交渉に立ち会ったわけではない人には退屈なだけかもしれない。しかし、言葉の微妙な使い分けには、かなり実質的な問題が秘められていることもある。

一九八六年一二月の総会決議は、もう一つ新たな内容を盛り込んだ。それは、安保理がその五つの常任理事国を含む準備委員会を設立することであった。事務総長は一九八七年五月一五日までに総会に　その進み具合を報告することになった。後に準備委員会では何も進まないことが明らかになったが、総会がその設立を承認したことにより、ペレ＝デ＝クエヤル事務総長は、これを契機として一九八七年一月のクウェートにおけるイスラム諸国会議機構の首脳会議を皮切りに、いろいろ働きかけることができるようになった。

その首脳会議に出席したアラブの指導者たちの中では、シリアのアサド大統領がひときわ関心をひいた。私がこの人物と出会ったのは、この時一回限りであった。背は高く、身は細く、額は広く、色は白く、話は静かで簡潔で、礼儀正しく超然として、全く何をしでかすか分からない人物の典型で、人をして、この狡猾で利にさとく抜け目のない役者を抜きにしては、アラブ・イスラエル紛争の解決などありえない、とまで云わしめただけのことはあった。ヨルダン側は、アサド大統領はヨルダンがイスラエルと米国と交渉しているような種類の国際会議案にも乗りやすくなりつつある、と云っていた。その案とは、会議は安保理常任理事国五ヶ国とイスラエルとその隣のアラブ諸国四ヶ国の計十ヶ国が参加する。アラブ四ヶ国はそれぞれ独自の代表団を出し、シリアの主張するようなアラブ代表団として一つにまとめることはない。パレスチナ人はヨルダン・パレスチナ合同代表団の形で代表される。本会議は多国間会議となるが、部会の形でイスラエルと二国間で直接交渉する、というものであった。アサド大統領は、そのような重要な政策の転換を確認できるようなことは一言も口にしなかった。ペレ＝デ＝クエヤル事務総長には、いくらか柔軟な姿勢の兆候が見えたそうであるが、私の見たところでは、そんなものは何も見えなかった。

クウェートから帰ってくると、ペレ＝デ＝クエヤル事務総長は、ニューヨークで安保理の当時の理事国各国と紛争当事者と協議を開始した。安保理の理事国は、全て、少なくとも非公式協議の中では、とにかく何らかの形で国際会議を開催することに合意した。どういう形で準備したらよいか、という点まで具体案を考えていたのは、ソ連とその忠実な盟友ブルガリアだけであった。その他の理事国は、紛争当事者の納得のいく準備手続きなら何でも構わないという態度であった。期待していたよりは収穫は少なかったが、それでも、これで国連事務局の我々としては、紛争当事国五ヶ国と「パレスチナ解放機構」（ＰＬＯ）に焦点を絞って仕事を進めることができるようになった。一九八七年四月、ヨルダンのフセイン国王とイスラエルのペレス外相（当時）は密かにロンドンで会見し、その国際会議のやり方について合意した。それはエジプト以外のアラブ諸国が追求してきた条件を満たすものではなかったけれども、とにかく一歩前進に違いはなかった。しかしペレス外相は、シャミル首相の了承を得ることに失敗した。

ペレ＝デ＝クエヤル事務総長は、ここで諦めてはいけないことを正しく理解して、一九八七年六月中旬、私を紛争当事国五ヶ国とＰＬＯのアラファト議長のいるチュニジアに遣わして協議させた。エメが私に同行し、現地でエルサレムの**国連休戦監視機構**司令部からクヌートソンが合流した。我々は、会議の参加者、議題の範囲、会議運営の方式、議事進行規則に関して八項目の点検表を準備して持参した。目的は、当事者間の共通点はどこか見極め、相違点はどう解消すればよいか探ることであった。我々の会見相手は、イスラエルではシャミル首相とペレス外相、ヨルダンではフセイン国王とハッサン太子とザイード・アル＝リファイ首相、シリアではアル＝シャラ外相、レバノンではゲマイエル大統領とアル＝ホス首相、エジプトではエスマト・アブドゥル＝メグイド外相そしてチュニジアではＰＬＯのアラファト議長であった。この中東のあまり善良でないお偉方との交流は、一九八七年に私が子供たちに宛てて書いた手紙に要約されている。

『ヨルダンで国王とその弟と昼食。シリアでは、何でもイスラエルが悪いのだから国連などそう非難さえしていればよい、という外相と不愉快な会談。レバノンの「ベッカの谷」では、護衛の手配がうまく行かず、エメとお父さんは、シリアの秘密警察の運転する車に乗せられ、おそらく人さらいとの待ち合わせ場所と思しき所まで猛スピードで暴走した恐怖の瞬間。レバノンは、何でもこれで最悪と思っていたらそれ以上に悪くなる場所で、全く意気消沈。チュニジアでは、首都近郊のアラファト議長の浜辺の別荘に招かれ、長い夕べ。』

しかし、こうして私が会見した相手は全員、事務総長の発議を真剣に受けとめており、私もひょっとするとかなり実質的な交渉が可能な段階まで上がってきたのではないかと期待し始めた。私は、ジュネーヴの国連欧州本部[9]に出張していたペレ＝デ＝クエヤル事務総長に、ヨルダンとエジプトとイスラエルのペレス外相の間では注目に値する一致点が見られたが、国際会議を何らかの形で開催するにしても、障害は沢山あり、イスラエルのシャミル首相が一番大きな障害である、と報告した。シャミルは、国際会議そのものに頑として反対であり、イスラエルにヨルダン川西岸地区[10]とガザ地区[11]を手放すように圧力をかけるような交渉には全て反対であった。ペレスは、早めに総選挙に持ち込んで、和平問題で勝利すると自信ありげであったが、それほど自信を持っていた人はほとんどいなかった。シャミルの次に大きな障害はシリアであった。アル＝シャラ外相は、総会決議に明記された形の国際会議でなければならず、イスラエルがそういう形の会議に出席すると約束するまでは、どんな手続き問題も議論されるべきではない、というシリア独自の立場を貫いた。ペレ＝デ＝クエヤル事務総長がクウェートでシリアのアサド大統領が匂わしたという柔軟性など、かけらも見当たらなかった。しかし、アラファト議長の方は、パレスチナ代表権をどういう形で具体化するか、そしてパレスチナ人の権利をどういう形で議題の中に盛り込んでいくか、話し合いの余地はある、と云っていた。レバノン側は、レバノン南部の問題にしか興味がないようで、レバノン南部問題が先決問題であって、より大きなパレスチナ問題の解決と一緒にされるべきではないと主張した。どの立場の者にとっても、両超大国の意向が定かでなく、特に一九八八年の米大統領選挙が和平の進展にどう影響するか予測不能であった。

九　訳註、旧国際聯盟本部le Palais des Nations（万国宮）。

一〇　訳註、一九四八年（第一次中東戦争）から一九六七年（第三次中東戦争）までヨルダン軍が占領した旧委任統治領「パレスチナ」の一部。

一一　訳註、一九四八年（第一次中東戦争）から、一九五六年の第二次中東戦争とその後の約四ヶ月を除き、一九六七年（第三次中東戦争）までエジプト軍が占領した旧委任統治領「パレスチナ」の一部。

私は、ジュネーヴからモスクワまでペレ＝デ＝クエヤル事務総長に同行した。しかし、彼がミハイル・ゴルバチョフに会見した時、私も、そしてアフガニスタンからのソ連軍撤兵に関する協定を仲介していたディエゴ・コルドヴェス事務次長も、この会見には招かれなかった。ペレ＝デ＝クエヤル事務総長としては、イスラエルの政策が明確化すること、できればペレスが一〇月に早めに総選挙を実施して勝つこと、そして、シリアからもっと積極的な姿勢が見られることが必要であるという点を力説した、ということを後から聞かされた。ゴルバチョフの方は、事務総長の方針に賛成したが、シリアについては、最近アサド大統領と会った、と述べるだけにとどまり、あまり多くを語ろうとしなかった、という話であった。

ジュネーヴに戻ると、ペレス外相がペレ＝デ＝クエヤル事務総長に会いに来て、イスラエル国内情勢について話をした。イスラエルの全党派を挙げて国際会議について共通の立場を構える方が良いが、それができない場合は、有権者に決定が委ねられることになる、ということであった。ペレスは、事務総長にモスクワでの会談について長い間質問をし、国際会議こそ正しい方策であるとイスラエル世論を確信させうるようなソ連の立場の変化が何かなかったかどうか探っていた。

翌日、私は、イスラエル国防省のアヴラヒム・タミル事務次官と二人だけで会見した。彼は、以前イスラエル国防軍の将官で、一九八六年一〇月、ペレスとシャミルが首相と外相の立場を入れ替えたときに、ペレスが首相府から連れ出して来た人物であった。背が低く、小太りで、爺むさく、全く軍人らしからぬ風体で、ラビンと同じようにしゃがれ声で、英語の発音も全く常軌を逸していた。「コオペレイト」（協力する）が「コピュレイト」（性交する）に聞こえた。彼の会見の目的は、国際会議についてイスラエルの立場が一つになっていることが望ましいという点について、ペレスが事務総長に述べたところを、私に補足説明することにあった。ペレスが述べたのは、労働党とリクード党が、とりあえず、そういう会議を開くことに合意できれば良いということで、会議の帰結について合意できるなどという幻想は抱いておらず、和平はイスラエルとPLO双方の内部分裂なしに達成することはできない、と考えているという話であった。私は、タミル事務次官にアラファト議長との会談の最新情報を話した。彼は、憂鬱そうに笑みを浮かべて、

「困ったことですが、アラファトの云うことは大体正しいのです。」

と云った。いつか必ず、イスラエルは、PLOと対話しなければならなくなる日が来る。後世の歴史家は、イスラエルが長い間PLOとの対話を拒んだために、イスラエルとパレスチナで連邦国家を作る、という唯一常識的な解決ができずに

いたことを「冷笑し、遺憾に思うであろう」と彼は語った。

また、タミル事務次官は、私にペレスがその前日、国連について熱い思いを語ったことに事務総長が注目するように取り計らって欲しい、と述べた。これは、ペレスが、現時点では国連が最も利用価値の高い「道具」であるというタミルの論に説得されたことを示している、というのであった。私は、イスラエル人のほとんどが国連をどれだけ軽んじているか直接身をもって体験してきたので、このような発言を聞くと、かえってペレスの政策の現実性に疑問が湧いた。ペレスやタミルがイスラエルの対レバノン・パレスチナ政策を変え得ると思うようでは、何が何でも世間知らずもよいところではないか？彼らの政策を遂行するためには、少なくとも連立相手のリクード党が賛成するか、あるいは早期総選挙でリクード党を打ち破る必要があった。私は、リクード党が賛成する筈がないと考えていた。そしてペレスとペレ＝デ＝クエヤル事務総長の会談で示されたように、またタミル自身も不満に思ったように、ペレスは、米ソ両国を含む他の関係者から、イスラエルでの選挙戦に有利となる札は一枚も獲得できなかったのである。

それでも、ペレ＝デ＝クエヤル事務総長は、私に再び関係各国を巡って来るように命じた。ヨルダンは、最近ＰＬＯと接触していたが、ヨルダンがＰＬＯとの協力を再開するために必要としている条件（安保理決議第二四二号と同第三三八号の承認[一二]、国際会議の議題にパレスチナ人の権利については明言を避けること、ヨルダンとパレスチナの合同代表団）について、まだアラファト議長の方が明確に受諾したとは確信を持っていなかった。シリアでは、ハダム副大統領と会見したが、不毛に終わった。彼は、一応国連事務総長に協議する権限があることは問わなかった。しかし彼は、私がシリアの立場が変わりうるなどと勝手に想定していることは受け容れがたい、と非難し、シリアの立場は、その前の月にアル＝シャラ外相が説明した通りであると述べた。（私は、彼がロシア側からモスクワでの会談について聞かされていたのかと思った）。彼は、国際会議にエジプトが参加することを拒絶し、イ

一二　**原註**、安保理決議第二四二号は、一九六七年六月のアラブ・イスラエル戦争の後で採択され、そこでは、イスラエルが同年に占領したアラブ領土から撤退する代わりに、アラブの隣国がイスラエル国家を承認するという「土地と平和の交換」の原則が掲げられ、その後の和平斡旋は、全てこの原則に基づいて行われてきた。安保理決議第三三八号は、一九七三年一〇月のアラブ・イスラエル戦争の間に採択されたもので、停戦を命じ、停戦後ただちに安保理決議第二四二号を全部履行するよう命令した。〈**訳註**、厳密には、この決議はイスラエル軍が（同年に）「占領した領土」（つまり「アラブの領土」とは云っていない）から撤退することと、当地域のあらゆる国家（つまりイスラエル、エジプト、シリア、ヨルダン、レバノン）に「安全で公認された国境の内側で平和に生存する権利」があることを承認することの二原則を並べただけとも云える〉。

スラエルでペレスが早めに総選挙をやることは無理で、もし総選挙があれば必ずペレスが負けると云った。イスラエルに行ってみると、ペレスに別に目新しい話はほとんどなく、イスラエルの対ソ関係の改善について楽観的な見通しを語った。タミル国防事務次官の方は、反対に落ち込んで、あらゆる人間に腹を立てて(特にシリアのカダム副大統領に対して)、ペレスが早期総選挙に持ち込めるかどうか分からないと云った。シリアの副大統領が予想した通り、早期総選挙は実施できなかった。それから一年以上あと、一九八八年一一月に総選挙が実施されると、シリアの副大統領の予想は、またもや的中する。パレスチナ人蜂起、「インティファーダ」に議論が集中した選挙戦で、両党とも議席を減らすが、労働党の方がリクード党以上に議席を減らし、新しい国民団結内閣においては、シャミルが単独で交替なしの首相となり、外相までリクード党からモシェ・アーレンス[一三]が就任することになる。

そして、私にとってつらい出来事が起こった。一九八七年九月のある土曜日の朝、我々の住んでいるアパートの建物の隣の「摂政ホテル」の外に、事務総長のリムジンが停車しているのが目に入った。私は運転手に冗談めかして、ペレ=デ=クエヤル事務総長が私に会いに来たのか、と尋ねてみた。返答は、

「いいえ。イスラエル外相との昼食です。」

私は、会談の準備をするよう云われてもいなかったし、そもそもこういう会談がある、ということさえ聞かされていなかった。これは、私が事務総長の名代として地中海東岸地方を四ヶ月の間巡り歩いていた時であったから、私は痛く傷ついた。私は、事務総長の官房長ダヤルに電話をした。彼もこの会談については何も聞かされていなかった。彼は、ジャンドメニコ・ピッコが仕立てたものに違いない、と云った。

ピッコは、イタリア人で、後にレバノンで拉致された西洋人の人質のほとんどを釈放させて、その見事な手腕と勇気を讃えられる事となる。彼が国連事務局に入ったのは一九七三年で、アークハートの采配で、当時キプロス問題に関する事務総長特別代表であったペレ=デ=クエヤルの助役になった。そうしてペレ=デ=クエヤルは彼を篤く信頼し、一九八二年に事務総長に就任すると、ピッコを直属の「特命助役」とした。この役柄でピッコは、ペレ=デ=クエヤルがそれほど信頼を置いていなかったディエゴ・コルドヴェスと一緒に、アフガニスタンとイラン・イラク戦争とを主に担当していた。ピッコがアラブ・イスラエル紛争とキプロスにも関心を寄せたことで、私の職分とぶつかることもしばしばあったが、これほど不愉快な経験は、初めてであった。

一三　訳註、モシェとは「モーゼの十戒」の「モーゼ」のヘブライ語読み。

私は、ダヤルにできるだけ早く事務総長と面会できるよう頼んだ。ペレ=デ=クエヤル事務総長は、普段は人と正面から衝突することを避けるが、この時はいきなり攻撃してきた。曰く、誰を会見に連れて行くか行かないかは、彼の自由で、彼の胸三寸で決める問題であって、私にとやかく云われる筋合いはない、と。私は、彼が部下を思い通りに用いるのは当然であるが、我々も、上級者同士の会見に同席し、上役の信頼を得ている所を見せることで、相手側に信頼できる職員であると認識させられることも又明白である、と述べた。後になって、事務総長の執務室で、私と私の部下にはペレス外相との会見については一切知らせないように指令が出されていたことが判明し、本当にうんざりした。これで、私が会見前に事務総長に要点を説明する機会は絶たれていた。それどころか、このことは、つまり、事務総長が私を信用していないということを示していた。彼は、後悔する様子もなく、この短い面会は、何故私が排除されたのか何の説明もないまま、そして両者とも二人の間にできた溝を埋める努力を一切しないままに終わった。

この後、ピッコからペレス外相が国際会議について何と云っていたか、簡単に聞かされた。ペレス外相は、ロンドンでフセイン国王と会ったと云い、彼自身の最近の米中ソとのやりとりについて楽観的な観測を述べたということであった。しかし、ペレ=デ=クエヤル事務総長が　イスラエル国内情勢について尋ねたところ、彼は、彼とシャミルはアダムとイヴのように固く結び付けられ身動きがとれないという現実を認めたという。

その後、数ヶ月の間、国際会議の成功の見込みはどんどん遠のいて行った。一九八七年一二月、私は、**駐レバノン国連暫定軍**関係の地中海東岸訪問を利用して交渉を再開しようとしたが、不毛に終わった。イスラエルでペレス外相は、政治的には何も進展させられなかった。米国の方は、国際会議という案に元からあまり関心がなかったが、さらにやる気をなくし、代案として、超大国の後見の下、イスラエルの首相とヨルダンの国王を引き合わせることを考えていたが、この案も、予想通りフセイン国王に拒絶された。一一月にヨルダンの首都アンマンで開かれたアラブ諸国首脳会議では、イラクのサダム・フセインが七年前に始めたイラン・イラク戦争で、イランが勝ってしまうことを懼れるあまり、パレスチナ問題から注意が逸れてしまった。双方の強硬派は、途中でいくらか柔軟性を示すようなことがあったとしても、元の立場に戻ってしまった。一九八七年一二月、ＰＬＯ「外相」の喧嘩早いファローク・カドゥミは、パレスチナ問題に関して毎年採択されていた総会決議に、ペレ=デ=クエヤル事務総長が一九八三年に総会が要求した形の国際会議から横道に逸れたと云って、これを公式に叱責する文言を挿入することに成功した[一四]。イスラエルのシャミル首相は、アラブ各国の行き違いを見てご満悦であった。彼にとって脅威は去ったからである。

しかし、今にして思えば、当時、歴史の万華鏡は新しい事件、パレスチナ人蜂起「インティファーダ」によって大きく様変わりしつつあり、これがパレスチナ問題の解決を促進する新しい刺激となったのであった。パレスチナ人蜂起のために、占領されたパレスチナ人の領土、つまりヨルダン川西岸地区（イスラエルの云い方では「ユダヤとサマリア」[一五]）とガザ地区では、外交が行き詰まっている間に、現実には何が起こっているのか、ということに国際的関心が高まった。既に一九八六年中頃には、エジプトの外務大臣が、私にこれらの地区の状況は「容認しがたい」と語っていた。当時、まだイスラエル首相であったペレスも、これらの『領土』の経済を何よりも重大な問題と表現していた。経済状態は本当にひどいものであったが、そういうことが問題であったわけではない。当時イスラエルが人権を蹂躙せずに問題の『領土』を統治できなかったのは、イスラエルが戦時占領地域行政に関する国際規範を守らないからであった[一六]。ここでも生死にかかわる政治的問題が、言葉の端々の解釈問題の裏に隠されている。組織体としての国連と、ほとんどの国々は、ヨルダン川西岸地区とガザ地区を『占領された領土』と呼び、それ故、占領国の行動を規制する**ジュネーヴ第四条約**とその規定が適用されると解釈していた[一七]。これに対してイスラエルは、問題の『領土』に同条約の規定は適用されないと主張するために、これを『(イスラエル) 行政下に置かれた土地』と呼んだ[一八]。これを根拠に、イスラエルは同条約が禁止して

一四　**原註**、私は、常にカドゥミのやり方はPLOに害を与えこそすれ、益にはならないと感じていた。この後、英国のある著名なパレスチナ問題の第一級の論客がカドゥミにこう云ったことがあると聞いた。「私は、パレスチナの立場を三十年間擁護してきました。そして、あなたが何をしでかそうとも、それしきのことでは私は、へこたれません」と。

一五　訳註、「旧約聖書」（ユダヤ教徒にとっては『律法・預言・歴史書』）通りの呼び方で、『ヨシュア記』にある古代イスラエル人による同地征服の起点となったエリコやイエス（ヘブライ語のヨシュアが訛ったもの）生誕の地ベツレヘムなどがある。

一六　訳註、なお、戦時国際法の人道規定と国際法上の人権とは、近年近接してきているが、起源は全く別。

一七　訳註、「戦時における文民の保護に関する一九四九年八月一二日のジュネーヴ条約」（第四条約）。イスラエルは一九四九年一二月八日調印、一九五一年七月六日に国会（クネセット）批准（英米ソよりも早かった）。

一八　訳註、ここを「領土」と主張して民族自決を追求するパレスチナ解放機構は「国家」ではなく、非国家との国際的武力紛争にも同条約を適用させるジュネーヴ諸条約の第一追加議定書（一九七七年）にはイスラエルは非加盟。なおエルサレム・ヘブライ大学のラピドス名誉教授（国際法）は、「占領された領土」か「係争中の土地」かを区別したいイスラエル人が「行政下の土地」という云い方をすると回答。

いる措置をいくつも採用した[一九]。例えば、非人道的な待遇〈二七条〉、情報収集のための「肉体的強制」〈三一条〉、立ち退き命令〈四九条一項〉、連座制処罰による報復〈三三条〉、私有財産の破壊〈五三条〉、領土の併合[二〇]、占領国側市民の居住の用に供するための土地の強制収用[二一]、裁判を経ない投獄〈七一条〉[二二]、等々[二三]。傲慢で、時に残虐なイスラエル支配と、不潔で、失業者が溢れ、貧乏な難民収容所の実態と、政治的解決の見通しがなかなか立たない状況が重なり合い、一触即発の事態に発展していた。

一九　訳註、なお、イスラエル参謀本部の軍令は具体的にハーグ陸戦法規とジュネーヴ諸条約を遵守するよう命令しており、イスラエル司法部はジュネーヴ諸条約のうち慣習国際法化したもの（具体的にはハーグ陸戦法規にあるもの）や、被告「国」が適用を善意で了承する場合はそうでない規定も適用し、一九九五年からは一貫して国内法化されたかどうか問わずにジュネーヴ諸条約を適用している。

二〇　訳註、ジュネーヴ第四条約第四七条は、仮に占領国が「併合」を宣言しても、同条約の規定の適用は排除できないと定めている。厳密にはイスラエルは一九六七年に東エルサレムに（八一年にはゴラン高原に）同国の「法律・管轄権・行政権」を適用すると宣言し「併合」したとは云っていないが、どちらにせよ、条約の適用はある。

二一　訳註、同四九条は、住民の安全または軍事上の理由のための一定区域の立退きを定めている他、占領国文民の占領地域への移送を禁じている。

二二　訳註、これは同条約第三条第一項dで内戦の場合にも適用される基本原則。

二三　訳註、同一四七条の重大違反行為も参照。なお第四条約各条への言及は訳者の文責。

イスラエルは、問題の『領土』の状況がいかに悪いか理解していた。そこに定住しているユダヤ人は、占領された東エルサレムの一二万人を含めて二一万五千人を数えた。ガザ地区だけでも六万人のアラブ人労働者が毎朝バスに乗ってイスラエルに通勤し、毎晩イスラエルからバスに乗って帰宅していた。しかし、ほとんどのイスラエル人は、パレスチナ人の境遇よりもパレスチナ人の人口増加率の方が気になっていた。一九八四年には、増加率はガザ地区で年間三・一％、ヨルダン川西岸地区で二・四％を記録していた[二四]。このまま問題の『領土』を保持し続けると、（リクード党が主張するように）イスラエルに併合してしまうにせよ、占領状態を続けるにせよ、イスラエルにとっては受け容れ難い二つの選択肢しか残らない、と多くの人が考えた。選択肢の一つは、二つの民族からなる民主的国家で、これまでイスラエル国内でそうだったように、ユダヤ人とアラブ人が同じ市民権を持つ。この場合、ソ連からのユダヤ系移民を楽観的に見積ったとしても、二十一世紀の最初の四半世紀のうちに、アラブ系イスラエル

二四　**原註**、ラビンから、ガザ地区の将来について調査したことがある、と聞いたことがある。一九八六年の六五万人から二〇〇〇年までに百万人を超えるという試算が出て、あまりに恐るべき予測に、さすがのラビンもこれを秘密にしておくことにした程であった。結局、一九九七年のパレスチナ側の調査では既に一〇二万二千人を数えていた。

人の人口がユダヤ系イスラエル人の人口を上回ることになり、それではイスラエルは、どうして「ユダヤ人の祖国」であり続けるであろうか？もう一つの選択肢は、アラブ系国民がユダヤ系国民よりも低い権利しか持たない国で、これではアパルトヘイト[二五]の近東版であって、イスラエルは南アフリカのアパルトヘイト体制と同じ国際的汚名を着ることになる。第三の、もっと受け容れがたい選択肢は、メア・カハネのような過激派が主張するように、問題の『領土』をイスラエルに併合し、そこに居るアラブ人を全員、根こそぎ追い払うことであった。このようなゾッとするような選択肢に直面して、多くのイスラエル人は、不本意ながら「土地と平和の交換」の原則に基づいて、話し合いで解決することが、一番悪さの程度の低い策であると考えるようになった[二六]。

　ヨルダンのフセイン国王と「パレスチナ解放機構」（ＰＬＯ）のアラファト議長との合意が一九八六年二月に早くも潰れると、問題の『領土』の住民の間では、アラブの指導者たちは、イラン・イラク戦争にイランが勝利することを恐れるあまり、

二五　訳註、apartheidは「隔離した状態」。人種隔離政策。本書第10章参照。

二六　訳註、この原則によれば、ヨルダン川西岸地区とガザ地区がイスラエルから切り離されるので、ユダヤ系の国民が多数派を占めるイスラエル国家を維持できる。一九九三年のオスロ協定の基本線はここにある。

自分たちの窮状など忘れつつあるという思いがつのった。ヨルダンのフセイン国王など、今やあからさまにイスラエルと米国の支持を得て、ヨルダン川西岸地区とガザ地区を「ヨルダン化」してしまおうと企んでいることが判明し[二七]、緊張が高まった。「ヨルダン化」とは、問題の『領土』の野心的な開発計画、同所の親ヨルダン的マスコミに対する資金援助、ガザ地区の国無き民に対するヨルダン王国臣民用の旅券の発給、ヨルダン川の両岸の間のつながりの強化、という政策となって公然化していた。「ヨルダン化」に伴い、ヨルダン国内のアラファト議長の事務所は全て閉鎖され、彼の指導者格の家来、アブ・ジハードも国外追放となった。これで、一九七〇年の「黒い」九月事件というヨルダン陸軍がＰＬＯを実力で国外に駆逐した事件の傷口を、再び切り開くことになった。ヨルダン川西岸地区ナブロス市の親ヨルダン派の市長が、報復のため暗殺された。

　問題の『領土』の住民の絶望感がつのるにつれて、彼らがイスラエルの占領に抵抗する仕方も変化した。組織化された

二七　訳註、元々ヨルダンは旧委任統治領パレスチナの一部であった。一九四六年に正式に分離独立した後、ヨルダンは一九四八年から一九六七年までヨルダン川西岸地区を軍事占領し、一九五〇年には一方的に「併合」を宣言したが、承認した国は英国とパキスタンだけであった。

抵抗運動はほとんど解散させられていた。この時、イスラエルが直面したのは、ほとんどが「シャバーブ」と呼ばれる年少者の小さな集まりが、散発的、断続的に石を投げたり、挑発したりする事態であった。イスラエル国防軍は、しばしば不釣合いな軍事力を行使し、「殉教者」が倒れ、負傷者が病院に担ぎ込まれるところをマスコミが報道し、一般住民が路上に出てきて抗議した。こうして巻き起こった混乱を鎮めるためには、自制心と場慣れが必要であるが、不幸にも、問題の『領土』の秩序維持を任されていた徴用兵には、そういうものが全く欠けていた。

　一九八七年の秋には、既にこういう事件の発生件数は増加していた。しかしパレスチナ人蜂起は、一九八七年一二月九日、ガザ地区でイスラエル入植者が交通事故で四人のアラブ人を死亡させた時に始まった、と考えられている。騒動は、ただちにヨルダン川西岸地区にも飛び火した。ラビン国防大臣は、徴用兵では上手く対処できないと気が付いて、もっと経験を積んだ部隊を送り込んだ。しかし、彼に「骨を折れ」と命じられた部隊がいい気になって暴力をふるったため、反対の声がさらに大きくなり、イスラエル市民権を持っているアラブ人まで暴動デモを起こした。一二月二二日、国連安保理は決議第六〇五号で、イスラエルのパレスチナ人の人権を蹂躙する政策や行為を「大変遺憾」とし、ジュネーヴ条約が適用されることを再確認し、事務総長にイスラエル占領下のパレスチナ民間人を保護する[二八]方法について報告するよう要請した。これを受けてペレ＝デ＝クエヤル事務総長は、私に問題の「領土」へ行って事情を調査し、一九八八年一月二〇日までに彼が安保理に提出しなければならない報告書を準備するよう命じた。

　私は、一九八八年一月八日にイスラエルに到着した。当時、**国連休戦監視機構**から**特別政治案件室**に移ってきたばかりのリサ・バッテンハイムも同行した。パレスチナ人蜂起の最初の一ヶ月のうちにパレスチナ人三四名が死亡、二五〇名以上が負傷し、ほとんどがイスラエル治安部隊にやられたものであった。二四名以上が逮捕された。イスラエル側には死者は出なかったが、兵士約六〇名と入植者約四〇名が負傷し、主に投石によるケガであった。ガザ地区の八つの難民収容所のうち七つと、ヨルダン川西岸地区の一九の難民収容所のうち四つに外出禁止令が出されたり、軍事閉鎖区域の指定がなされた。この結果、これら問題の『領土』のアラブ人数万人がイスラエル国内の職場に通勤できなくなった。イスラエルの連立政府、特に労働党側の閣僚でさえ、もっと強硬な手段に

二八　訳註、戦時における文民の保護に関するジュネーヴ第四条約を念頭においた云い方。条約上の civilian persons を文民、安保理決議の civilians を民間人と訳す。

訴えるか、それとも規制を緩和しパレスチナ人の経済困窮状態を和らげる努力をするかで意見が分かれていた。

私の事実調査の任務について、ペレ＝デ＝クエヤル事務総長は、イスラエル政府から同意をとりつけるのに苦労した。最終的に私は、事務総長の名代としてよくイスラエルを訪問している国連職員として受入れられ、私の訪問は、安保理決議第六〇五号で要請されている報告書とは無関係とする、ということで、話がまとまった。しかしシャミル首相は、私を受入れないと宣言してしまっていた。そこで、問題の『領土』の治安についてはイスラエルが排他的に責任を負っており、安保理には関係がないので、イスラエル政府としては安保理決議第六〇五号を受け容れないという事を、ペレス外相が、私に復唱することになった。

私は、普段はアラブ人の東エルサレムにある「アメリカ植民地ホテル」に泊まることにしていた。オスマン朝トルコ帝国時代の立派な建物で、ユダヤ人の西エルサレムの近代的ホテルにはない歴史を感じることができた。しかし、この建物は、多くのイスラエル人からパレスチナ民族主義の温床と見なされていたので、今回は、敢えて西エルサレムのヒルトン・ホテルに泊まる方が無難であると考えた。ペレス外相に会見するまで、丸二日の間待たなければならなかった。ペレスに会うことは、問題の『領土』を視察する前に必ず行うべき儀礼のようなものであった。彼は、イスラエル政府がどういう名目で私の来訪を受け入れたかを再確認した後、問題の『領土』の状況は深刻であると認めた。イスラエル国防軍も騒動の大きさに驚き、暴動対策については素人であった。死傷者を出したことは遺憾であり、死傷者を最小限度にくい止めるべく手は打っているが、現在のような混乱が続くことは容認できないので、必要とあれば事態の鎮静化のために強硬手段をとる、ということで、私は、どこでも好きな所に行って構わないが、外出禁止令の出ている所や軍事閉鎖区域には行くことができない、ということであった。私は、どの難民収容所がそれに当たるか尋ねてみたが、ペレスは、明確な回答を避けた。

ペレ＝デ＝クエヤル事務総長からは、収容所をいくつか見て来るよう云われていた。少なくとも行って見る努力はしないと私の使命は全く信用を失うことになる。それで翌朝ガザ地区まで足を運ぶことにした。記者たちは、イスラエル国防軍の手に負えなくなっている収容所もいくつか出ており、イスラエル国防軍は国連を信用しておらず、国連職員の来訪で事態が拡大することを好まないであろう、と云っていた。我々は、マスコミの目をくらますことを考えた。ついて来るカメラの数が少なければ少ないほど、収容所の中に入れてもらえる可能性は大きい。しかし、取材陣はホテルの外で我々を待ち構えており、結局、我々は報道関係者とカメラの長蛇の列を彗星の尾のように引き従えて、ガザ地区に向かう羽目となった。イスラエルとガザ地区の境界は、問題なく越えることができ、そこで近東におけるパレスチナ難民の為の**国連救援事業部**[二九]のガザ地区部長代行のアンジェラ・ウィリアムズと合流し、ガザ地区最大の難民収容所シャバーリアに向かった。入口で、イスラエル国防軍の中尉が、この収容所はたった今軍事閉鎖区域に指定されたので、我々を中に入れるわけにはいかない、と云った。ウィリアムズが云い合いを始め、何か紙に書いて強く要求していた。私は、一旦、自動車の中に戻り、話がもっと大きくなった時のために備えるつもりで待機していた。マスコミの取材陣が車窓を通して私を撮影していた。私は、この映像がニューヨーク本部の連中にどう見られるかと考えながら、落ち着き払い動じていないように見えるように努めた。

　中尉は、一歩も譲らなかった。

「近くのシャーティ収容所は、見てもよいか？」

「ダメだ。外出禁止令が出ている。」

　我々は、敗北を認めて引き下がった。ウィリアムズは、マガーズィ収容所に行ってみようと云った。彼女は、携帯用の無線でそこがガザ地区で唯一、外出禁止令も軍事閉鎖区域の指定も出ていない収容所であると聞かされたのである。この情報は正確であった。入口には、イスラエル国防軍が厳重に配備されていたが、中には入れてくれた。中に一歩足を踏み入れると、道がタイヤで塞がれていて燃えており、前に進むことができなかった。これは、イスラエル国防軍の行動を邪魔するためによく使われていた戦術であった。現場の若者たちが、収容所の中は皆いきり立っているので、これ以上前に行かない方が良いと教えてくれた。我々は、ラビン国防相との会見を予定していたテル・アヴィヴに戻ることにした。その途中、ラジオでイスラエル国防軍報道官が、私がシャバーリアに来たために暴動が起こり、イスラエル国防軍としては一帯を閉鎖せざるを得なくなり、別の難民収容所では、中の連中が私に出て行くように云った、などと話しているのを耳にした。

　ラビン国防相との会見は、取材陣に囲まれながら行われた。取材陣は、会見の様子を「緊張した」とか「険悪」とか様々な表現で報道していた。私としては取材陣がいてくれたので、

二九　**原註**、The United Nations Relief and Works Agency for Palestine Refugees in the Near East (UNRWA) のことで、一九四九年にアラブとイスラエルの武力衝突のために居住地を追われたパレスチナ人を救援する目的で設置された。占領されたパレスチナ人の領土とヨルダンとレバノンとシリアにおいて難民として登録された人々に救援物資を渡す他、教育、保健その他の社会奉仕事業を行っている。以下、国連救援事業部と訳す。

私のせいで暴動が起こったのではない、とテレビ画面を通して云うことができ、嬉しかった。取材陣が去った後、ラビンは、前日ペレス外相が話したことを繰り返した。エルサレムに帰ると、ニューヨーク本部から何とか収容所内部に入れるように頑張れという方針に変わりのないことが伝えられた。もちろん、戦術は練り直して、次の日は、ヨルダン川西岸地区を回ると見せかけることにして、盗聴者向けに、わざと電話でそういう話をしておいた。

翌朝、夜明け前に我々はエルサレムを発ち裏道を伝ってガザ地区へ向かった。夜が白々と明け始め、朝靄の立つ頃、報道関係者がほとんど付いて来ていないのを見て喜んだ。ガザ地区の検問所で、ウィリアムズはラファー難民収容所に行くことを勧めた。ガザ地区の西はずれにあるこの収容所では、前日、イスラエル国防軍の手にかかってパレスチナ青年が一人命を落としていた。収容所の内部に入った。何の妨害もなかった。自動車をとめて外へ出た。下水溝が表通りになっていた。それを伝って国連救援事業部の保健所まで歩いた。小さな家並みが続いた。そこから何百人もの人たちが続々と出てきた。皆、顔に笑みを浮かべていた。女たちは大声で「うらら一」と歓声を上げていた。イスラエル兵は一人も見当たらなかった。老人が一人、私の首筋を掴んで両頬に口付けした。保健所に辿り着いた。所長の部屋に入って仕事に取り掛かった。

我々に話を聞いてもらいたい、という人たちが何百人も詰めかけた。国連救援事業部の仲間たちは、何とか整理しようとしていた。行列を作って下さい。暴行を受けた若者の話をしたい人はこちら。行方不明の家族を探している人はこちら。店を閉鎖された人はこちら。皆、代表者を選んで下さい。「アル＝ハイア」（国連）の人から、皆さんにお話がありますからよく聞いて下さい。しかし、何を云っても無駄であった。外は、見る見るうちに群集で溢れた。叫び声がどんどん大きくなった。我々のいるプレハブがきしんで揺れた。その手は、もはや我々を歓迎して拍手をしているのではなかった。我々の所に力ずくで押し入ろうと怒りの拳を振り上げていた。

そして別の音がした。銃声であった。私は、最悪の事態を恐れた。この時は、私はまだ実弾とゴム弾と催涙弾の音を聞き分けることができなかった。この時は、実弾でなくてよかった。何が起こったかと云うと、イスラエル国防軍の見回りが保健所に接近し、パレスチナの若者が石を投げた。イスラエル国防軍がゴム弾と催涙弾で応酬した。双方ともごく日常的な行動であった。すぐに負傷者が数名、群集を掻き分けて部屋に入ってきた。大したケガはしていなかったが、十分保健所に入れてもらえるくらい出血していた。騒ぎが大きくなった。部屋にいた三人の国連職員、ウィリアムズとバッテンハイムと私は、神経を張り詰めながら、どうやって外へ出るべきか、論じ合った。

国連救援事業部の職員がもう一人入ってきた。事を鎮める方法は唯一つ。私が外へ出て一本演説をぶつしかない、ということであった。私は気が気でなかった。この場所は、イスラエル国防軍に包囲されていた。群集は、ほとんどヒステリー状態であった。下手な演説をすると暴動が起こって人が死ぬかもしれない。ウィリアムズは、パレスチナの若者たちの手を借りようと云い出した。私が外で演説する。その間、若者たちが群集を静まらせ、演説が終わり次第、我々を出口まで護衛するというのである。私は賛成した。若者が二人連れて来られた。すぐに話がついた。あまり早かったので、私はどこまで本気なのか、ちょっと信じられなかった。

我々は外へ出た。群集は静まり返った。イスラエル国防軍の兵士が数名、屋根の上から監視していた。私は通訳をつけた。私のアラビア語では、もはや、このような微妙な状況を切り抜ける自信がなかった。パレスチナ人には慰めの言葉をかけ、希望を持たせる必要があった。かと云って、イスラエル側から暴動を誘発したと非難されないように言葉を選ぶ必要があった。それで私は、ニューヨークでは世界中の人が彼ら全員の苦しみを知っていること、私は国連事務総長に実情を伝えるためにやって来たこと、イスラエルにはジュネーヴ第四条約を遵守する義務があること、パレスチナ人の「スムード」（したたかさ）を讃えるが、暴力に暴力で応じてはいけないこと、唯一正しい道は話し合いで解決することであること、を演説した。群集は、静かに礼儀正しく聞いていた。しかし、私の言葉は、慰めにはなってはいないようであった。

先に手配しておいた通り、若者たちは、我々の周囲に輪を作って我々を追いかけてきたカメラマンと不機嫌な群集の中を掻き分けて進んだ。小さな男の子がパレスチナの旗をバッテンハイムの手に押し付けた。

「気を付けて。テレビが映している。」

と私は云った。彼女は、子供に美しい微笑みを返した。この様子は全世界に放映された。彼女の母親は、後にこの映像を見て、息女があれ程危険そうな仕事の中でも同僚をよく信頼していることがよく分かった、ということであった。私のもっと趣味の悪い友人たちは、もっと不当な見方をしていたが、それは間違いである。

我々が車に乗り込むと、イスラエル国防軍の一個小隊が、新たに到着した。バッテンハイムが云った。

「そら、イスラエル国防軍野×のお出まし。」

私も同じ気持ちであったが、どこにでも伸びてくる腕付きマイクに録音されていなければよいが、と案じる思いが先にたった。このような場合でも、和平斡旋家は厳正中立でなければならない。群集はもはや静かにしていなかった。自動車の窓越しに、できたばかりの傷口を見せる者。自動車の屋根を拳でつつく者。石で打つ者。男が一人、車の屋根に上った。この男が屋根から下りたのは、運転手が動転してアクセルを吹かして急発進した瞬間である。我々は急いで国連の「ガザ地区海水浴場」へ向かった。休憩と気分転換が必要であった。浜辺に着いて大喜び。次の瞬間、恐ろしかったことを思い出し、悲しくなり、エルサレムで夕食をとった時は、この日起こった出来事を想い返して、大変感情的に論じ合った。その間、イスラエルは四人のパレスチナ人指導者をレバノンへ追放した。これは、ジュネーヴ条約にも安保理決議にも違反していたばかりか、米国政府でさえ反対していた措置であった[三〇]。

翌日、我々はヨルダン川西岸地区のデイシェー難民収容所を訪れた。ラファーよりも小さかったが、それでも暴動があり、負傷者が出ていた。デイシェー収容所は幹線道路のそばに位置しており、イスラエル国防軍や入植者の車に投石するにはうってつけの場所であったからである。イスラエル国防軍は、どれ程屈強の若者が石を投げても届かないくらい高い金網の柵を張り巡らせた。今回は、脱出に困るような建物の中には入らないことに決めた。そのかわり、収容所内の道を歩き回って難民と話をすることにした。訪問は、平穏無事に終わった。私は、エルサレムに戻ってペレス外相と会見し、安保理が緊張緩和の道を探り、事務総長の使者が問題の『領土』を訪問している最中に、イスラエルが四人のパレスチナ人指導者を追放したことに、ニューヨーク本部が腹を立てていることを伝えた。ペレスは、全く悪いと思っていなかった。我々は、ジュネーヴ条約の違反行為をこの目で見てきたのであるが、他のイスラエルの役人と同様、ペレスもまた、占領国の振る舞いについて我々が聞かされたことは意図的に誇張されている、と云うのであった。

二日後、我々は、ロルフ・クヌートソンという国連休戦監視機構の上級文官職員とバーナード・ミルズという国連救援事業部のヨルダン川西岸地区指導者と一緒に、もう一度夜明け前に難民収容所視察を行うことにした。目的地は、ナブロス市のはずれにある大きな難民収容所バラタであった。我々は、また夜明け前にエルサレムを出発し、報道陣を避け、支障なく収容所に入った。我々は、イスラエル国防軍の手で爆破された家を一軒、内部の部屋をいくつも閉鎖された家を一軒、一時間かけて視察した。どちらの家でも、その家の息子が一人「テロリスト」であるとされていた。色々な話を聞いた。「アル＝イフティラール」(占領)下の苦境を訴える者。「パレスチナ解放機構」（ＰＬＯ）への支持を主張する者。国連に

三〇　訳註、ジュネーヴ第四条約第四九条。

もっと有効な手立てを講じて欲しいと求める者。しかし、群集が大きくなるにつれ、私はラファー収容所のようなことが繰り返される事を恐れ始めた。何丁目か先で銃声が聞こえた。

「ゴム弾だ。」

とミルズ。クヌートソンは、我々に付いて来ている若者たちの方をあごで指し示しながら訊いた。

「あの連中が手に何を持っているか見ましたか。」

さっき見た。石だ。

イスラエル国防軍の見回りが角を曲がってやって来た。群集は、ほとんど裏の路地へ散って行った。若者たちは逃げない。やれやれ。石を投げてくれた。イスラエル兵が我々の方を向いた。その距離は約七五メートルくらいか。我々が引き揚げようと向きを変えると、彼らは我々の行く手をめがけてゴム弾を数発連射した。我々の内何人かは走って逃げた。私は、四十年前、不敵にも帝国主義的な伝統を守り続けていたイングランドの予科学校[三二]で教わったことを思い出し、我々にゴム弾などを浴びせかけて嘲け笑っている者どもを侮蔑するため、わざとゆっくり歩き、肩をいからせ、威風堂々と出て行くことに努めた。我々がとめておいた車の所まで戻った時、さらなる銃声が聞こえた。私はミルズと顔を見合わせた。

「実弾射撃。気がかりだ。」

というのがミルズの答えであった。

この時の訪問は八日間に亘り、マスコミの注目を集めた。パレスチナ人蜂起はまだニュースの主要項目であったからである。世界中の友人たちが、各地の新聞からラファー難民収容所で老人が私を抱擁した写真を切り抜いて、からかいの言葉や賛辞を添えて、私のもとに送ってきた。私の父は、シャミル首相は旧約聖書イザヤ書第二六章五節と六節を思い出すがよい、と云った。

『主は、高い所に住んでいる者を引きずり降ろす。

主は、街に聳え立つ建物を引き倒す。地面まで引き落して、

塵に返す。

そして足で踏みつける。貧者の、賎民の足で踏みにじる。』

私の妹は、収容所の内部で外界を全く知らずに育った若者たちに、分別を求める方がどうかしているのでは、ともっともな疑問を呈した。私の義母は、一九三〇年代、英国空軍将校の妻としてエルサレムに住んだ経験があったが、私に「何やらいかがわしい者どもが、しつこくまとわり付いていた」のをテレビで見て、心配していると手紙を下さった。一月一八日、ニューヨークに戻ってみると、私は一躍、国連事務局の内輪の英雄になっていた。

バッテンハイムと私は、帰りの飛行機の中で事務総長の報

三二　訳註、大学進学・公務員養成を目的とするPublic School（日本の旧制高等学校的なもの）の下の予科。

告書の最初の原稿をしたためた。ペレ=デ=クエヤル事務総長は、これではイスラエル批判が強すぎると考えた。ダヤル官房長官も、エメも同意見であった。この時は、私はそう受け取られたことが気に入らなかった。問題の『領土』の現実の姿を、丸一週間、この目で見て来たのだから、私は、当然の批判をしたまで、と確信していた。ニューヨークへ発つ前、私はエルサレム・ポスト紙のインタヴューに応えて、批判的なことを述べたが、さすがはエルサレム・ポスト紙だけあって、私の云ったことを完全に、そして公平に伝えた。私は、パレスチナの蜂起した若者たちとイスラエルの若い兵士たちの目には、互いに相手に対する憎しみが、ありありと表れていて、こんなことで、イスラエルの将来はどうなるのか？武器を持たないデモ隊をいつまでも武力で鎮圧しているようなことで、イスラエルはどうして民主的な国と云えるか？私は、ジュネーヴ条約の人道的規定を事実上適用しているというイスラエル政府の公式見解を否定し、イスラエルが毎日どうやってその規定に違反しているか、一つ一つ実例を列挙した。イスラエル人のうちどれくらいの人がこの実態を知っているか？と私は問うた。私の憤りは、私が直接目にしたことからすれば、当然のものであった。しかし、ペレ=デ=クエヤル事務総長が、自分の報告書にそんなに激しい文言が並んでいては困るというのは、もっともな話であった。彼は、問題の『領土』で早期に市町村長選挙を実施すべきであるという世間知らずの提案もはねてしまったが、これも、今になってみれば、賢明であったと思う。

しかし、ペレ=デ=クエヤル事務総長は、私にとって一番大切な点は、全て取り上げた。イスラエルの閣僚たちは、今になってようやく認めるようになったが、事務総長は、この時、パレスチナ人蜂起とは自然発生的な怒りの爆発であって、あらゆる世代、あらゆる職業のパレスチナ人が支持しており、二十年もの長きに亘る占領状態がいつ果てるとも知れず続いていることに、もはや我慢ができないと訴えているのである、と安保理に報告した。報告書は、最も一般的に聞かれていた苦情を一つ一つ例示した。冷酷で、乱暴で、傲慢で、非人道的な治安部隊。ユダヤ人入植地を作るための土地の収奪。立除き。学校や大学の閉鎖。不公平な裁判制度。重税。問題の『領土』に対する経済的差別、等々。イスラエル当局がこういう苦情を否定していることにも、報告書は触れた。しかし、ペレ=デ=クエヤル事務総長は、こう結論した。

『国際社会が、占領された領土の情勢に関心を寄せることは、全く正当である。』

報告書は、次にいかにパレスチナ人の身の安全を確保し、保護していくか、という点を検討した。ペレ=デ=クエヤル事務総長は、これは占領状態を終結させるべく政治的解決を協議する以外に方法はない、とした。それまでの間、イスラエルはジュネーヴ条約上の義務を果たさなければならない。同条約が適用されないという議論には根拠がない。ペレ＝デ＝クエヤル事務総長は、イスラエルと外交関係を有するジュネーヴ条約締約国各国に対して、イスラエルに、問題の『領土』に同条約を適用するよう、厳粛に訴えるように要請した。

報告書は、それから安保理決議に取り上げられた「保護」問題を分析した。四つの方法があった。第一は、武力による「物理的保護」。パレスチナ側には、この目的のために国連軍を配備することを強く求める声もあった。しかし、ジュネーヴ条約では占領地域住民の保護は占領国が責任を負うことになっている[三二]。いずれにせよ、国連軍の配備はイスラエルの受け入れるところではない。第二は、「法的保護」。これは、赤十字国際委員会がイスラエルの押し付けてくる制約の範囲内ではあったが、その関連法規に従って既に実施していた[三三]。

第三の方法は、バッテンハイムと私が「一般支援」と呼ぶことにしたもので、住民が自身の権利が侵害されないように抵抗し、占領下の日々の生活の苦労に耐えて行けるように外部から支援の手を差し伸べることであった。報告書は、国連救援事業部が昔からこの方法で問題の『領土』のパレスチナ人口の約五五％を占める「難民」として登録された八二万人を支援してきている、と記した。しかし国連救援事業部は、当時外国人職員[三四]が僅か一五名にまで減って不足していたため、その能力に限界があった。当時の治安状況に照らせば、パレスチナ人現地採用職員よりは外国人職員の方が、このような支援活動を行い易かった。それで、ペレ＝デ＝クエヤル事務総長は、国連救援事業部の総弁務官にこの目的のために外国人職員を追加採用すること、例外的状況にあっては、「難民」として登録されていない六八万人のパレスチナ人にも一般支援を行えるようにすることを要請した。第四の方法は、マスコミの力であった。報告書は、国際的なマスコミの関心が問題の『領土』に集まったことを歓迎した。

結論として、ペレ＝デ＝クエヤル事務総長は、イスラエルがジュネーヴ第四条約を適用するように国際的に協力して説得を続けることが大切であると強く勧告し、**安保理決議第二四二号と第三三八号**に基づいて何らかの形で国際会議を開き、

三二　訳註、ジュネーヴ第四条約第二九条。
三三　訳註、赤十字国際委員会の法的基礎は、一八六四年と一九〇六年のジュネーヴ赤十字条約の他、武力紛争法を規定する一九〇七年のハーグ諸条約および追加議定書と、これを補完する「一九四九年のジュネーヴ諸条約」および一九七七年の追加議定書にある。

三四　訳註、原語はinternational staff。国際職員と直訳すると国連の枠組みより広い語感があり不適当。要は現地人でない職員ということ。

包括的和平を協議していく必要があるという点に戻った。彼は、これを実現することは非常に難しいと認識した。しかし、「双方とも、過去の謬ちについて恨みに思うことはもっともであるが、それを乗り越えて、相手側にも正当な利益と正当な不服のあることをもっとよく理解し合わなければならない。激しい攻撃的な言動や誹謗中傷、そして相手側の存在に目を瞑って生きていく、という態度からは、こういう相互理解は生まれてこない」のである。和平斡旋に携ったことのある人なら、誰でもこの言葉に一つの見識を見て取ることができるであろう。また、和平の話し合いをすると約束した者同士の間でも、敵対関係にある以上、この通りに行動できるようにすることがいかに難しいか、経験的に理解できるであろう。

国連事務局が報告書を仕上げる段階になって、ニューヨークの「パレスチナ解放機構」（ＰＬＯ）代表部は、我々が出会ったパレスチナ人の大半がＰＬＯを「パレスチナ人民の唯一の正当な代表」として支持していると主張した、という一文を挿入するよう強く迫った。我々としては、そうすべきではないと考える理由が一つあった。問題の『領土』を訪問する前に、私は既にヨルダン国王の「ヨルダン化」政策に対するパレスチナ人の反応が割と冷めていたことに気づいていた。その時まだ気づいていなかったことは、ＰＬＯに対する幻滅感が広がりつつあったことである。我々が現地で話を聞いた相手の多くは、ＰＬＯ支持を表明した。しかし同時に、チュニジアで快適に暮らしているアラファトとその仲間は、問題の『領土』で生活している同胞たちの苦しみを分かち合っていない、そして、もうこれ以上占領状態が続くことは我慢がならない、と世界に知らしめるために立ち上がったのは、問題の『領土』で生活している者たちの方である、という思いをほのめかす者も沢山いて、しばしば、そうハッキリと明言する者さえいた。従って、我々としてもＰＬＯ代表部が我々に代弁して欲しいと思うことを受容したのでは、誠実さに欠けることになるし、イスラエルと米国の反感を買うだけである、と考えた。

安保理は、事務総長の報告書を五回の会合に亘って連続で討議した。アラブやイスラム諸国の代表の多くは、非現実的に、問題の『領土』におけるイスラエルの暴力行為を取り締まる厳しい措置を希望していたが、報告書は高く評価した。主要関係者からは何も期待された以上の発言はなかった。イスラエルは、アラブの対イスラエル和平反対派が問題の『領土』を無法状態に陥れようと暴れているにもかかわらず、事実上、ジュネーヴ第四条約の人道的規定を適用し、赤十字国際委員会と協力しているが、法律上は、イスラエルにそうしなければならない義務はない、と主張した。ＰＬＯは、イスラエルによる問題の『領土』の占領を糾弾し、和平のためには占領を止めること、占領が止むまでの間は、占領地域に住む民間人を保護する措置を講じる必要があるが、国連が駐留するだけでは象徴的な意味しかなく、安保理が、総会決議に従ってこの悲劇的事態に対処するために行動することを訴えた。

安保理理事国の中の非同盟諸国が合同で決議案を提出した。これは、各国のこれまでのパレスチナについての発言の基準から判断すると非常に穏健な言葉遣いで、事務総長の慎ましい勧告を承認するものであった。（例えば、「非難する」とか「遺憾とする」とか「残念である」という言葉は一切出てこなかった）この決議案は、安保理十五ヶ国中、十四ヶ国の賛成票を得たが、米国が拒否権を発動した。その理由は、このような決議案を採択すると、和平のための外交交渉をこれまで通り続けていく意味が薄れ、暗黙のうちに当事者にいろいろ押し付けることになるが、安保理は押し付けはできない、ということであった。大変がっかりさせられた。しかし、私が現場に派遣されたことで、問題の『領土』で発生している事実についての認識を高め、実際上とても有益な結果も一つ出すことができた。米国が拒否権を発動しても、国連救援事業部が、事務総長の要請に従い難民問題職員として「一般支援」を行う外国人職員を追加採用することは妨げなかった。二年の内に外国人職員の数は四倍となり、彼らの慎重な働きが、なお過酷な占領体制下にある難民を保護する上で大変役立ったことが、今日では認識されるようになってきている。

安保理の会合の後すぐに、バッテンハイムと私は、もう一度関係国巡りに出かけた。この時は、あまり成果はなかった。米国務長官ジョージ・シュルツが国際会議について新しい米国案を携えて関係各国を訪問するという報道があったのと同じ時期であった。これで、私の交渉相手の方は、国連が云いに来たことについて、それほど興味を持たなくなってしまった。いずれにせよ、私は、一九八八年二月一七日、チルス近郊で国連休戦監視機構のレバノン監視団の米国人団長「リッチ」ヒギンズ中佐が拉致されたことで、別の用事ができてしまった。シュルツの案は、シリアとPLOに一蹴され、イスラエルのシャミル首相は、頑固にどんな国際会議であろうと反対し続けた。一九八八年四月、安保理理事国の中の非同盟諸国は、再度、問題の『領土』について決議案を通そうと試みた。彼らの基準からすれば、穏健な決議案であったが、今回は、イスラエルによる人権侵害を「非難する」という文言が入っていた。それでも十四ヶ国が賛成したが、米国が再度拒否権を行使した。一九八八年七月、バッテンハイムと私は、私の六ヶ月ごとの定期的駐レバノン国連暫定軍視察の延長として関係国巡りに出かけたが、これが最後となった。この時までにはもうイスラエルと米国の両国における選挙が間近に迫っており、話が進む可能性は前回以上に小さくなっていた。両国の選挙が投票日を迎える頃には、私は、中東和平の責務を解かれ、パレスチナで続けられていく悲劇をただただ傍観するのみとなっていた。

第7章　人質・拉致事件

中東における人質・拉致事件は[一]、私が国連の任務についた最初の四年の間大きな比重を占めた。一九七九年のイラン革命と、一九八二年のイスラエルの二度目のレバノン侵攻、そしてその翌年の不成功に終わった西側のレバノン侵攻の後、ヒズブラー（神の党）などレバノンの様々なイスラム教シーア派組織が、首都ベイルートで西洋人を次々に拉致し始めた。ほとんどの場合、イランからある程度の支援があったようだ。

拉致の動機は、今もって定かではない。もし、レバノンのシーア派住民（自称「身ぐるみ剥がされた者」）の恵まれない境遇に関心を呼び寄せようとしたのであれば、確かに世界中の注目を集めた。しかし、それで彼らが何を訴えているのか、どうして西側の人民や政府がそれを支持すべきなのか、理解を広めることにはならなかった。逆に、イスラエルとその友邦が「アラブ」や「イスラム教過激派」を十把一絡げに誹謗する格好の材料を大量に提供してしまった。おそらくこのことに気が付いて、イランは、一九八〇年代終り頃には、拉致支援を取り止め、ペレ＝デ＝クエヤル事務総長とその補佐ジャンニ・ピッコが交渉して、シーア派組織に拉致された人質のほとんどを釈放させることができるようになったと思われる。しかし、シーア派組織だけがレバノンで人質を拉致していたわけではなく、西洋人だけが狙われたわけではないことも、忘れてはならない。実際、四人の国連関係者の人質のうち、シーア派組織の手によるものは、僅か一人しかいない。残りの三人は、パレスチナ人〈スンニー派〉にやられた。一九八二年には、レバノンのキリスト教徒組織がイランの外交官数名を拉致し、その行方は今もって全く不明である。本書執筆中も、イスラエルに連れ去られた人質で最も著名な者、一九八九年にレバノンの自宅から連行されたシーア派僧侶、シャイク・アブドゥル・カリム・オベイドと、一九九四年に連行されたレバノンのシーア派アマル大隊の前治安部長、ムスタファ・ディラニは、二〇〇〇年、イスラエルの二二年に亘ったレバノン南部占領が終わった後も、なお、イスラエルで牢に入れられたままである。

初めて人質に捕われた国連関係者は、**国連救援事業部**に雇われていた英国人記者アレック・コレットであった。彼は、一九八五年三月にベイルート近郊で「社会主義イスラム教徒の革命機構」を自称する組織の手で拉致された。これは、ア

一　訳註、原文はhostages。直訳すれば「人質」で、日本でも「イラン人質事件」として報道された問題の一端が、扱われている。北朝鮮による日本人「拉致」事件も同じ頃（一九八〇年代）に頻発した。中東では特殊な人が拉致され犯行声明があって政府や報道関係者の注意が集まる傾向はあったが、結局、犯行声明もなく目的不明で「拉致」と云った方がよいものも多い。

ブ＝ニダルというパレスチナのテロリストの前線組織であり、この三年前（一九八二年）にイスラエルの駐英大使暗殺未遂事件について犯行声明を出していた。（この事件を格好の口実としてイスラエルは犯行声明の出た三日後、レバノンに侵攻した）暗殺者の三人は英国で長期刑を言い渡されていたので、その仲間がコレットを人質にとって三名と交換しようと申し出た。英国政府はこれを拒否し、一九八六年四月、組織は、コレットを「絞首刑に処した」と発表した。彼らは、このことを証明するためにビデオテープに録画したが、国連は、これでは決定的な証拠にはならないとし、事件はこれでお終いにはならなかった。私は、定期的に「パレスチナ解放機構」のヤシル・アラファト議長にその影響力を行使してコレットを釈放させるか、その死を確認させてほしいと頼んだ。私は、アラファト議長はアブ＝ニダルには何の影響力もないことは分かっていた。彼らは宿敵同士であったからであるが、私は、アラファト議長がアブ＝ニダルの保護者、リビアの国家元首カダフィー大佐に働きかけることを期待していたのである。アラファト議長の方は、いつも、自分にできることはやってみる、と云っていたが、一度も成果はなかった。

一九八八年二月、シドンで国連救援事業部のスカンジナヴィアの職員二名が短期間人質に捕られた時も、私は同じようにアラファト議長に働きかけた。これは、リサ・バッテンハイムと私が、パレスチナに関する国際会議の交渉のため、地中海東岸各国とチュニジア歴訪に出発する直前のことであった。この人質事件は、シドンのパレスチナ難民に対する国連救援事業部の奉仕活動に対する不満が原因であったことが、後に判明した。「パレスチナ解放機構」（ＰＬＯ）のアラファト議長は、早期に二人の身柄を釈放させることができた。

時折、イスラエルから、レバノンで殺された、あるいは殺されたかもしれない、色々なイスラエルの軍人の遺体の回収の手伝いを要請して来ることがあった。その中には、一九八二年の「ベッカの谷」におけるシリア軍との戦闘の際行方不明となったイスラエル兵三名も含まれていた。その家族は、まだ生きているかもしれないという可能性に一縷の望みを託していた。私は、シリア側に彼らがどうなったか情報を求めたが、いつも、シリアは何も関知していない、という返事であった。一九八九年の数ヶ月の間、あるレバノン軍閥の首領の一人が、このイスラエル兵たちの遺体や遺品を所持していると云って、赤十字国際委員会による南レバノン軍のキアム監獄の視察を含む取引をもちかけてきた。我々は、このような取引ができる人物と連絡を取れるようにしておいて、イスラエルのラビン国防相に我々のとった措置を報告した。しかし、彼らの遺体が実際に帰ってきたのは一九九六年になってからであった。イスラエルは、その空軍将校、ロン・アラドがどうなったか、国連に調査協力を要請してきたこともある。彼は、一九八六年にレバノン上空で乗っていた飛行機が撃墜され、当時、アマル（レバノン抵抗運動大隊・シーア派親シリア）の治安部長であったムスタファ・ディラニの手に落ちた。しかし、ディラニに何度連絡をとっても、何の情報も得られなかった。

私が深く関与した一件は、一九八八年二月一七日に、**国連休戦監視機構**のレバノン監視団長として**駐レバノン国連暫定軍**に付いていた米海兵隊員、ウィリアム・「リッチ」・ヒギンズ中佐が拉致された事件であった。この監視団そのものの任務は、一九四九年の休戦協定に遡り、その軍事監視員は国境の五つの監視所に配置されていた。このような歴史的経緯から休戦監視機構のレバノン監視団員たちはイスラエルの「安全保障地域」内でも駐レバノン国連暫定軍よりも自由に行動でき、国連暫定軍のためにレバノンの様々な軍閥と連絡をとっていた。彼らは危険な場所へ足を踏み入れることもあった。ヒギンズ中佐が拉致される二、三週間前、豪州の将校が一名、地雷の爆発で命を落としていた。ヒギンズ自身は、チルスからナクラ（国連暫定軍司令部）へ向かう幹線道路を独りでジープを運転しているところを拉致された。彼は、レバノン監視団員二人を乗せた別の国連車両の後ろについて走行していたが、彼のジープには護衛は同乗させていなかった。豪雨の中で二台の間の連絡が少しの間途絶えた。国連暫定軍のトラックがヒギンズの車の所まで来た時には、エンジンはかかったままの状態で、ちょうど、もう一台の車が、これが拉致犯人の車と思われるが、猛スピードでチルスへ向かって発進したところであったという。

この知らせを私は、シリアの首都ダマスカスで聞いた。翌日、レバノンの首都ベイルートと駐レバノン国連暫定軍司令部のあるナクラに向かった。ほとんど何の手がかりもなかった。犯人はヒズブラー党ではないかと考えられた。ヒズブラー党が、一番反米的で、国連暫定軍に最も非協力的であったからである。しかし、犯行声明はなかった。この十二日前にシドンで国連救援事業部のスカンジナヴィアの職員二名が拉致されていた。この二件の間に何か関係があるのであろうか？

ナクラ司令部で、私はレバノン監視団員全員に会った。私は、国連休戦監視機構ははじめから非武装で任務についているが、今度のことで、どう感じているか、尋ねてみた。驚いたことに、一人を除いて全員が今まで通りやっていきたいと答えた。腰の武器では現場に溢れている武器に対しては役に立たないし、非武装であれば国連暫定軍と区別がつき易く、そのことが一番身の安全を保障している、ということであった。会見の時は誰も新しい情報を口にしなかったが、後で二、三人が別々に私のところに話しに来た。

彼らの云うことには、ヒギンズ中佐は、自分から「拉致されたい」と云っていたようなものであった、というのであった。彼は、以前、米国防長官について働いていたこと、そこでオリバー・ノース大佐と一緒に働いていたこと、そして（シーア派親イラン系）ヒズブラー党と連絡をとって、その拠点に行ってみたいという希望を隠そうともしなかったし、危険なことをやり（例えばレバノン監視団の安全規則に反して独りでジープに乗り込んだり）、彼は、自分には独自の、ひょっとすると本国政府の仕事があるという印象を他人に与え、このように目立った行動をとることは賢明でない、と注意されても耳を貸さなかった、という話であった。私は、こういう話を聞いて、気分は良くなかった。ヒギンズの身に何がおこってもおかしくない時に、何という場違いなことを云っているのかと思ったし、ヒズブラー党については、私はほとんど何も知らなかったけれども、この拉致事件には何かもっと実質的な国家的な理由がある、つまり、云うまでもなく、イランが背後にいる、と確信していたからである。しかし、私も内心では、一年前にニューヨークでヒギンズが私に会いに来た時、今、レバノン監視団の同僚たちが口にしたのと同じ印象を持ったことがあった。

ヒギンズが拉致されてから数日間、（シーア派親シリア系）アマル大隊の指導部は、すぐに釈放させるように交渉する、と駐レバノン国連暫定軍司令官グスタフ・ハグルンドに約束していた。その間、国連暫定軍とレバノン監視団には、ヒギンズがどこにいるのか、誰が犯人なのかについて、食い違った裏情報が沢山寄せられてきた。国連暫定軍は、道路に新たな監視所を設け、また、ヒギンズの姿が見かけられたとされる村々や山々をアマル大隊の協力を受けながら捜索した。国連暫定軍の要はティムール・ゴクセルで、国連暫定軍の報道官を十一年間勤め、レバノン南部の土地と乱れた政治を誰よりもよく理解していた[二]。ゴクセルは、裏情報はどれも国連側を撹乱させるためか、国連に取り入るための卑劣な手段であって、信用してはならない、と警告していた。彼は、ヒズブラー党が犯人だという憶測に対しても慎重であった。そのような憶測は事実にそぐわない。ヒギンズが拉致された道路は、アマル大隊が厳重に見張っていた。そのような場所で、ヒズブラー党にこれ程見事な芸当が可能であろうか？　ヒズブラー党はアマル大隊の宿敵である。それなのに、我々のアマル大隊の連絡係は、どうして早期釈放が可能だと自信を持って云えるのであろうか？　と。

駐レバノン国連暫定軍は犯人をこう断定した。おそらく、

二　訳註、ティムール・ゴクセルはトルコ人。

以前西洋人の拉致に関与したことがあり、現在は、昔アマル大隊にいたことのある土地の者の協力を得ているヒズブラー党の一派の単独行動であろう、と。アマル大隊の中にも、最高指導者ベリや、チルス方面を任されているダウード・ダウードのような上層部が好むような話し合いではなく、武力でイスラエルをレバノンから追い払うべきだと信じている連中がいて、アマル大隊主流派が軍事的に何もしないことに憤り、アマル大隊支持からヒズブラー党支持に傾きつつあり、アマル大隊上層部が国連と緊密な関係を保っていることに不信感を抱き、彼らに対する腹いせに国連の上級職員を拉致することに協力した。最初は、フランス人を狙ったが、フランス隊は常に警護が固いので、ヒギンズなら目立つし、護衛なしで独りで車に乗っていたりするので、拉致しやすかった、という結論である。

従って、アマル大隊には大きな内部分裂があった。その組織力も杜撰なもので、ヒギンズが拉致された直後、チルス周辺の道路にアマル大隊の民兵が数千人動員されたが、一体何のために動員されたのか、誰も全く聞かされていなかった程である。従って、アマル大隊指導部がヒズブラー党の拉致犯人（「革命義勇機構」ないし「世界被抑圧民機構」などと自称していた）を説得して、ヒギンズの身柄を引き渡させる、などといくら自信ありげに語っても、実際のところとても信用できなかった。結局アマル大隊を当てにしなかったことは正解であった。アマル大隊指導者と拉致犯人との交渉はまとまらず、二月二六日、ベリは、アマル大隊の中の武断派の首領で治安部長であったムスタファ・ディラニを解任した。これは、ヒギンズにとっては悪い知らせであった。ディラニは国連に対して非友好的で、ヒギンズ拉致を公然と支持しており、もう一人（イスラエルの空軍将校）ロン・アラドを人質に捕っていると信じられていた。ディラニは、決してヒズブラー党に加わったりはしなかったが、彼がアマル大隊から出て行けば、ヒズブラー党と接近することは予想されていた。ヒギンズはこの結果、ヒズブラー党とその系列組織の人質となってしまい、その死命を制するのは、レバノン南部の現地勢力ではなく、首都ベイルート南部（シーア派のヒズブラー党の拠点）か、イラン（シーア派原理主義の拠点）の勢力である、と考えられた。

バッテンハイムと私は、中東から国連本部に戻るや否や、ワシントンに行ってヒギンズ中佐の妻で、同じく米海兵隊員のロビン・ヒギンズ少佐に会うことになった。ヒギンズ少佐はペンタゴン（米国防総省）の広報課職員だったので、そこで会見することになった。彼女は穏やかで、冷静で、海兵隊と夫のことを非常に誇りに思っており、既に、夫が不当に自発的に危険を冒したという話まで耳にしていて、その話を心外に感じていた。彼女は、国連事務局としては夫を釈放させるためにどのような手を打っているのか、という点を一番気にしていた。私は、彼女の質問に的確に答えることができず、ご主人は釈放されますと自信をもって云うこともできず、困った。もちろん、ヒギンズをシーア派の手から救出するということは、我々の能力外のことであったが、今にして思えば、国連も組織を挙げてその職員を救うべく努力をする覚悟である、ということを示すために、手続き的なことでもよいから、何かもっと具体的な手段を講じていたら、その方がロビン・ヒギンズに対しても、国連にとっても、良かったのではないかと思われる。しかし、そうしたことは何もなされず、二ヶ月後我々が再び彼女に会った時、決して口には出さなかったけれども、国連が何もしないことに対して怒りをおぼえていることが、ひしひしと感じられた。

ヒギンズ夫人を初めて訪問した三月、バッテンハイムと私は米国政府の様々な関係者と会った。彼らは口をそろえて何も確かな情報は掴んでいないと云った。我々としても、彼らがどこまで率直に話をしているのか、判断のしようがなかった。五月、私の要請に応えてニューヨークの米国連常駐代表が我々のためにもっと公式の各種諜報機関合同説明会を開いたが、あまり中身はなかった。四月から五月にかけて、アマル大隊主流派と、ヒズブラー党の間でヒギンズ釈放の条件について折衝が行われたというある程度信頼性のある報告があった。しかし、確かな情報（ないし結果）は、何も出なかった。

国連事務総長は、イランとシリアの指導部の協力を得ようとしたが、何の返事もなかった。私の職権の範囲では、レバノンとシリアとイランを訪れるたびに、情報を求め、会見相手に対してヒギンズを救うことが向こう側にとっても利益になると力説するのが精一杯であった。私の云っていることを理解し、ひょっとすると本当に力になってくれるかもしれない、と感じられたのは、イランの外相ヴェラヤティ唯一人であった。しかし、彼でさえもイランは、ヒギンズを拉致した者が何者で、ヒギンズがどこにいるか、何も承知していない、と云い張った。彼の副官の一人、ラリジャーニは、一〇月に拉致に反対を唱え、イランに友好的なレバノン人に対して拉致をしたところで何の得にもならない、と云ったところ、そのせいで、イラン政府内で評判が悪くなったと語った。彼の見るところでは、ヒギンズは恐らく生きていない。もし、生きているなら、どうして人質として利用しないのか？このようなあやふやな憶測だけ聞かされても、ヒギンズを探す者にとっては何の手助けにもならなかった。前途は真っ暗であった。

一九八八年一二月、国連平和維持活動にノーベル平和賞が贈られたのを受けて、私がオスロにいた時、前途に一筋光明が射した。バッテンハイムが電話してきて、ヒギンズを拉致した連中は「世界被抑圧民機構」を名乗り、彼がイスラエルと米国の間諜者（スパイ）であることが判明したので処刑すると声明を発した、と伝えた。この知らせで、少なくともヒギンズはまだ生きていると考えることができ、イラン側ともう一度交渉する機会ができた。ペレ＝デ＝クエヤル事務総長は、遣イラン・イラク事務総長特別代表に指名されたスウェーデンの外交官ヤン・エリアソンにこの仕事を任せた。ヴェラヤティ外相がエリアソン特別代表に語ったところによれば、ヒズブラー党は、ヒギンズの身柄を拘束していることを否定し続けているが、イラン側がもう少し深く探ってみたところ、ヒギンズはもう生きてはいないという感触を掴んだということであった。この後、数ヶ月に亘ってヴェラヤティ外相は同じことをペレ＝デ＝クエヤル事務総長に何度も繰り返した。我々は、イランの他の筋からこんな話も聞かされた。ペルシャ湾で、米軍艦ヴィンセンス号がイランの民間旅客機を撃ち落したことに憤ったイラン革命防衛隊により、ヒギンズは一九八八年七月に殺害された、という話である。犯人が一二月に声明を発した時に同時に流したヒギンズの写真が、その十ヶ月前の拉致直後に彼らが流した写真と同じであることを見て、この話とつじつまが合うと考える者もいた。

しかし、一九八九年一月に私がレバノンとシリアとイスラエルとを訪問した時は、ほとんど全員がヒギンズはまだ生きていて、ヒズブラー党が拘束していると信じていた。二、三週間後、イスラエルから米国に具体的な状況は分からないが、ヒギンズは一九八八年一二月から一九八九年一月にかけて殺された（おそらく「世界被抑圧民機構」の「死刑判決」の執行）という情報が流れたと聞いた。当時、イスラエルも米国も国連にはこの情報は回さなかった。

そうこうしている間、駐レバノン国連暫定軍のゴクセルの方は、一九八八年二月一七日に拉致されたヒギンズがどこに監禁されていたか、かなり確かな事実を掴んでいた。事件当日の午後、拉致作戦は周到に計画され実行に移されたもので、何度も車を乗り換えながら、駐レバノン国連暫定軍の活動区域の北限であるリタニ川に向かった。犯人たちは夜間川を歩いて渡り、ナバティエーの近くのジブシット村に到着した。二月二〇日夜、アマル大隊がヒギンズを奪い返そうとして失敗し、その後、彼の身柄は犯人たちのもう一つの拠点、ルヴァイゼー村に移された。数週間して、彼はベイルート南郊にあるヒズブラー党の人質を捕らえておく場所に移された。

「死刑判決」で、一旦は慌しくなった捜査も、この後六ヶ月間全く手詰まりの状態になった。しかし、一九八九年七月三〇日、犯人たちはベイルートから、もしイスラエルがその二日前に特殊部隊を送ってレバノン南部の村から連行したシャイク・アブドゥル・カリム・オベイドを二四時間以内に釈放しない場合は、ヒギンズを「処刑」する、と声明を発した。このシャイク[三]は釈放されず、翌日、ヒギンズの拉致犯人たちは、彼の絞首刑の模様を写したとする三〇秒前後のビデオを流した。

　私は、その日の晩、ニューヨークを発ち、ザルツブルグの外交セミナーに出席し、その後英国で休暇をとる予定であった。妻と私がザルツブルグのホテルに到着するや否や、フロントで、ニューヨークから電話が入っていると云われた。ペレ=デ=クエヤル事務総長の官房長ダヤルからであった。米国のマスコミは、ヒギンズ事件に関して国連が何もしてこなかったと云って大層批判的である。ブッシュ大統領は、西部に行くのを中止して、ワシントンに留まることにした。私は、ただちにベイルートに飛んで、ヒギンズの身に何が起こったのか確認し、もし本当に殺害されていた場合はその遺体を回収し、国連としてより大きな拉致・人質問題全般を終結させるために何ができるか探ってくるように、云いつけられた。「革命義勇機構」は、一時ヒギンズの身柄を拘束していると云っていたが、八月三日に米国人の人質ジョセフ・チチピオを殺害すると声明を発した、ということであった。妻と私は、残念ながら汽車でウィーンに引き返した。翌朝早く、私はベイルートに向かうためにまずテル・アヴィヴへ飛んだ。

　ベイルート訪問するには、あまり良い時期ではなかった。ラクダール・ブラヒミ前アルジェリア外相が率いるアラブ連盟の三人の指導者は、レバノン内戦を終結させるべく仲介に入っていた（この数ヶ月後成功することになる）が、この前日に失敗を認めてしまったのである。これで、ベイルートでは、シリア軍が二四〇ミリ迫撃砲を使ってミシェル・アーウン大将傘下のキリスト教徒地区を砲撃していたが、再び戦闘が激化することは必至と見られた。この弾頭は、一つ一一〇キログラムもあり、これまで民間人をかくまってきたコンクリート製の防弾壕を撃ち抜く力があった。このため、二日前の夜も、東ベイルートの駐レバノン国連暫定軍と国連休戦監視機構の事務所近くの防弾壕で十五人が死亡、四十人以上が負傷した。実際に、国連事務所近くの軍事境界線『緑の線』の上で戦闘が始まったため、私は国連暫定軍司令部からヘリコプターでベイルートに飛ぶ予定であったが、中止された。

　我々は、次の朝を待って東ベイルートへ飛び、昔一九七六年、内戦二年目に、レバノンのキリスト教徒軍に虐殺され、消されてしまったテル・アズ=ザアタルと呼ばれたパレスチナ難民収容所の跡地に着陸した。幽霊よ、出でよ。しかし、そ

三　訳註、シャイクはアラビア語で長老、年寄りを意味し、村長や何かの集団、組織の長を指す。

の朝は戦闘はなく、我々は難なく『緑の線』を越えて真直ぐ車で市の南郊にあるヒズブラー党の拠点に、その「精神的指導者」シャイク・ムハマド・フサイン・ファドララーを訪ねに行った。私は心配になってきた。これまで、私はベイルート市のこの辺りには足を踏み入れたことがなかった。人質が拘留されていると信じられていた危険な場所であった。私は、ヒギンズが拉致された直後にここに来てファドララーに会うことを考えたが、アマル大隊指導部も、私自身の顧問も、皆大反対で、やめておいた。今や、ヒギンズはトップ・ニュースであり、米国世論は憤激しており、米第六艦隊[四]がベイルート沖の水平線の向こうに展開していた。危険を冒すべき時が来ていた。

ファドララーは、人を魅了してしまう男で、小柄であったが身のこなしが優雅で、威厳に満ち、礼儀正しく、にこやかであった。彼は英語が解ることを隠そうとはしなかったが、彼自身はアラビア語を話し、三十年前に（英）中東アラブ研究所で[五]アラビア語の研修を受けた私にも解るように、ゆっくりと大変ハッキリした発音で話してくれた。私は、事務総長から委託された仕事ができるように協力を要請し、拉致・人質問題のために西側のイスラム教とアラブに対する態度がひどく悪化していることを話し、イラン・イラク停戦線上の国連軍事監視団に関係して私が頻繁にイランに行っていることと、私のイランでの信任状について詳細に述べ、彼の力で何とかチチピオが殺されないようにしてもらいたい、と頼み込んだ。ファドララーの発音は明解であったが、発言の中身はつかみどころがなかった。彼は、まず最初に、シーア派イスラム教徒の指導者ではあるが、ヒズブラー党の「精神的指導者」などではない、と述べ、それはマスコミが勝手にこしらえた妄想である、とした。彼は、国連兵士に対する攻撃は全てけしからんとし、拉致にも反対しているが、外国勢力が絡んでいるので、ややこしくなっている、と述べた。彼は、ヒギンズがどうなっているか、探ってみよう、と云った。はっきりヒギンズは死んだ、とは云わなかったが、もう生きてはいない、と考えていることを匂わせた。拉致犯人とは何の関係もないと云って、仲介に入ることは断った(が、この後、「関係者」に人質を殺害させないようにできるだけのことはしている、と云った)。

私が立ち上がって去ろうとすると、彼はテレビ局関係者を呼び入れた。ベイルートでは、会談の終りではなく、始まりを撮るのが常であったが、ここでは違っていた。テレビ撮影の準備ができた時、ファドララーが口にしたことで、私は、

四　訳註、地中海艦隊。次の第七艦隊が太平洋艦隊。
五　訳註、本書47頁参照。

思わず笑ってしまった。彼が何を云ったのか、もう記憶に残っていないが、私は、翌日の新聞の一面に、ヒギンズを殺したと主張している連中の精神的指導者とまるで「冗談を云いかわしている」かの如く掲載されてしまった。ファドララーは、我々を見送った時、駐レバノン国連暫定軍のゴクセルに目配せした。その意図は明白であった。

「どうだ。異教徒にまんまと一杯喰わせてやったぞ。」

私は、その足でシャイク・アブドゥル・アミル・カバランというもう一人別のシーア派僧侶で、アマル大隊の世俗指導部と協力し、その政治局員でもあった人物を訪ねた。彼の勘ではヒギンズは生きているということであった。彼は、一九八八年一〇月か一一月に始まったという三五〇万米ドルの身代金と引き換えに、ヒギンズの身柄を引き渡すという取引のあったことをある程度詳しく話した。（その当時、アマル大隊長ベリも、駐レバノン国連暫定軍のワールグレン司令官に、こういう取引があることを示唆したことがあった）その交渉の間に、ヒギンズがまだ生きていることの証拠として日付入りの写真が撮られて、米国大使館に渡されたという。米国側からは、このような話は一度も聞かされたことがなかったので、私はカバランの話を疑った。もし本当なら、ヒギンズは一九八八年七月の米軍艦ヴィンセンス号事件の時に殺されたという報告は、デタラメであったことになる。

次に、私は、イランの代理大使に会った。カミソリのようによくきれる不愉快な若者であったが、その話にはある程度信頼性があった。彼もまた、イスラエルがオベイドを拉致した時には複雑な交渉もあと一歩という所まで来ていたのに、ということをほのめかした。彼の見るところでは、ヒギンズはもう生きておらず、公表されないことを条件に、遺体の回収には協力しよう、と云った。しかし、彼は、私が一九八七年のテリー・ウェイトのように人質の釈放の交渉に携って自分自身が人質として捕らえられてしまうことのないように、あまり深く立ち入り過ぎないように、と釘を刺した。我々は、それから軍事境界線『緑の線』を越えて東ベイルートに戻り、駐レバノン国連暫定軍の東ベイルート側の事務所の置かれていた「快適ホテル」という、似つかわしくない名前のついたホテルで一夜を過ごした。ニューヨーク本部から、例の絞首刑ビデオを米連邦捜査局（ＦＢＩ）が分析した結果について報告があった。はっきりとヒギンズの遺体であるとは断言できないが、ほとんど間違いなくヒギンズと思われる。しかし、絞首された人物の特徴などは読み取ることができない、ということであった。

その夜は夜通し銃声が聞こえていたが、暁の直後、ホテルのそばで戦車が発砲する音が聞こえた。それでも、しばらくの間ウトウトとしていられたが、ホテルのすぐ外で大爆発が起こったようで、これですっかり目が覚めてしまった。しかし、後で聞いてみると、それは残念ながらキリスト教徒側の戦車を狙った単なる対空砲の水平射撃に過ぎず、ホテル前の電信柱に命中しただけであったそうである。全く同じことが一時間後にも発生し、私は風呂場にいたのだが、恐怖のあまり床に伏せてしまった。砲火に曝されながら威厳を保つというのには、いささか、格好がつかなかった。私の軍人の友人たちが笑って平気でいるのを見て、恥ずかしく思った。しかし、その朝、良い知らせが届いた。チチピオは殺されずに済んだ。

国連暫定軍のゴクセルと私は、ベイルート南郊に向かい、六人のヒズブラー党指導者の一団と面会した。全員まだ若くひげを生やしていた。名前を明かしたのは一人だけで、アブドゥル・ハディ・ハマデーといった。この時、私は知らなかったが、この男はヒズブラー党の治安組織の大物であった。彼の兄弟二人は、ドイツでテロ犯罪の廉で刑務所にぶち込まれていた。彼らは敵対的で、頑固で、教条主義的で、徹底して非協力的であった。私が何を話しても、前日ファドララーが示した程度の効果すら見られなかった。彼らは、何も知らないと云い張った。私は、ヘリコプターでチルスに戻り、当地のアマル大隊の指導部と面会することにした。彼らは、一応友好的であったが、何も有益な情報は持っていなかった。

しかし、次の会見で、私は元気を取り戻した。相手はシャイク・ムハマド・マフディ・シャムスディンといって、シーア派最高評議会の議長で、レバノンのシーア派穏健派の堂々たる長老であった。あらかじめ、シャムスディンは私が先にヒズブラー党の精神的指導者ファドララーやアマル大隊政治局員カバランに会いに行ったことが気に入らず、私としてはまず最初にフセイニ国会議長とアマル大隊長ベリに会いに行くべきであった、と考えている、という警告を受けていた。我々は、しばらく待たされた。その間は、義弟がとり持った。義弟はもう少し下位のシャイクで、瞳がきらめき、ひげとターバンさえなければアイルランドの農夫に見える、赤ら顔の男であった。

シャムスディンは、不機嫌そうに姿を現した。私から目をそらしたままであった。私は、当たって砕けろで、正面から切り出した。私としては最初にシャムスディンに会いたいと思ったが、ベイルートのどこに居るのか行方が分からず、ベリ大隊長はシリアのダマスカスにいて、フセイニ国会議長はバアルベックにいた、と述べた。(実は、夜間の砲撃を避けるためにそうしていたわけであるが、そのことは口にしなかった)すると、シャムスディンは、私がファドララーと何を話してきたのか、尋問し始めた。私は、これに真正面から答えるわけにはいかなかった。もし、ファドララーと話したことをその宿敵シャムスディンに詳しく話してしまったら、ファドラーは私を全く信用しなくなってしまうからであった。

私は話題を駐レバノン国連暫定軍にそらし、シャムスディンが配下の者に国連を攻撃させないように尽力してくれていることに、謝意を表した。これで、割と簡単に彼の方からヒギンズについて話し始めてくれた。二時間半ほど経ってみると、彼はスッカリ丸くなって、私の「知略」を褒めてくれていた。彼は、ヒギンズの死を強く示唆する情報が多いが、自分は、名前は明かさないが何者かと、もうこれ以上は人質は殺さないという取り決めをした、と云った。後になって、彼は、ベリ大隊長とアル＝ホス（イスラム教徒側の首相）と外相も皆、米国が言動を控えることを条件とするとシリアが重要な注意事項を付けたが、この取り決めに関与していた、と主張した。シャムスディンは、米国がイランに対する敵対姿勢を緩和させ、ラフサンジャニ新大統領がもっと実際的な政策をとれるように協力するなら、人質問題を話し合いで解決する道は開かれている、と述べた。

これは、正確な見通しであった。僅か一週間後、ブッシュ米大統領からペレ＝デ＝クエヤル国連事務総長に、イランのラフサンジャニ大統領に思うところを伝えるように要請があり、ペレ＝デ＝クエヤル事務総長は、ピッコをテヘランに派遣し、この後、紆余曲折を経て、一九九一年、人質釈放に至ったのである。私は、ヘリコプターでナクラの国連軍司令部に戻った。これで、ニューヨーク本部に一応形のついた報告ができる、と思って気分は晴れていた。レバノン南部の夕暮れは大変美しく、見とれてしまいそうであった。この地で繰り広げられている殺伐とした修羅場とは、あまりにも対照的な美しさであった。

翌朝、私はベイルートに戻って政府指導者と会うことになっていた。もっとも、シリアの攻撃のもと、「レバノン政府」などと呼ばれる存在は、あるのかないのか、日に日に影が薄くなっていた。アーウン大将にだけ、会うことができた。彼は、一九八八年九月、アミン・ゲマイエル大統領が任期満了で引退するに当たって「政府」首脳として任命した、キリスト教徒の将軍であった。我々が会いに行った場所は、私が何度もゲマイェル大統領と面会した、あのバアブダの大統領宮殿であった。そこには、以前と同じ儀典局長がいたが、服装も汚れ、意気消沈していた。それ以外は、全てが変わり果てていた。宮殿は砲火に曝されていた。窓には一枚もガラスは残っていなかった。巨大な大理石の玄関の広間は、階下のアーウン大将の防空壕を守るために深さ六一センチの砂に埋もれていた。大将その人に再会してみると、やはり、ちょっと頭がおかしいと感じた。彼は、どんな犠牲を払ってでも、レバノンからシリア人を追い出さなければならない、と云って、救世主的な使命感に燃えていた。彼は、シリア人さえその気になれば、人質問題などすぐに解決できる。イランの役割は過大評価されている、と主張した。ひどい見当違いであった。

我々は、軍事境界線『緑の線』を越えて、イスラム教徒地区に渡り、陸路、ダマスカスへと向かった。我々の護衛は、時間の節約のため、空港の滑走路沿いに南下し、そこから田園地帯を横切ってベイルート南郊の交通渋滞を迂回し、その南で海岸通に合流する道をたどることにした。これは、かえって悪かった。私の車は、砂に車輪を取られて動けなくなり、隊列は、丘の上から時折空港を狙って撃ってくる様々な武装集団の目の前で、身動きがとれなくなってしまった。あるやり手のテレビ記者が我々の隊列に同行していて、銃の望遠鏡でこのいざとなっても手も足も出ない獲物をのぞきながら照準を合せている射撃手がいることだけを念頭に置きながら私が沈着冷静に行動しようと努めている様を、ずっと撮っていた。しかし、我々は、この場をうまく脱出し、無事ダマスカスに辿り着いた。

翌日、私は、シリアの外相ファルーク・アル=シャラに会った。彼は、開口一番、「ヒギンズ大佐のこと、お悔み申し上げます。」と云い放った。外相は、ヒギンズの死を確信していたのである。シリアは、人質問題を一度に完全に解決してしまおうと考えていたが、それは、シリアとイランの間の交渉によってのみ可能で（これは、シリアが初めて拉致犯人に対して影響力を持っていることを認めた発言であった）、米国もテヘランにおける新しい政治情勢にもっと機敏に対応した政策をとる必要がある、ということを話した。

私は、ダマスカスで、レバノンのシーア派アマル大隊長ナビー・ベリにも会った。この会見は荒れた。彼は、同大隊のカバラン政治局員が、前年に行われたという交渉について何を話したか、知りたがった。私は、これを受け流して、ベリ自身の見方を話すように仕向けた。彼の見方は、結構カバランのものと近かったが、いくつか相違点もあった。特に興味深かったのは、ベリによれば、拉致犯人が例の日付入り写真を流したのは一九八九年六月（つまり、この会見のわずか二ヶ月前）のことで、一九八八年一一月とか一二月のことではないこと、そして、それはヒギンズの妻に渡され、米国大使館に渡されたのではないこと、であった。私が、これらの食い違いを指摘すると、ベリは怒り出した。何故、国連はいつも自分を責めるのか。自分は、イスラエルがオベイドを拉致したため全てが水泡に帰すまでの間、もう一歩でヒギンズを釈放させられる所まで頑張っていたのに、と云った。彼は、ヒギンズの死体を回収するのは馬鹿げていると云って、ヒギンズはもう死んだと考えていることをほのめかした。そのようなことは、骨折り損のくたびれもうけである。ヒズブラー党は、取引材料として死体を保存しているであろうが、彼らの条件など、到底受け容れられるものではない、と述べた。

この時は、国連暫定軍のゴクセルと私は、ベリとカバランというアマル大隊の二人は、ヒギンズの死について責められないように適当に話をでっち上げたが、どちらか一方が、せりふを忘れてしまったのであろう、と考えた。しかし、二、三日後、私がニューヨーク本部に戻ってみると、去る五月にヒギンズ釈放のために内々に取引が始められていたことが、八月二日にはペレ゠デ゠クエヤル事務総長のもとに伝えられていた事実が判明した。この取引は、米国政府要人には知らされていたが、ヒギンズの死が発表された時点でもまだ継続されていて、間に入ったのは裕福なシーア派の事業家で、ベリと幼少の頃から親しかったという。ベリとカバランの話には、いくつか食い違いもあったが、全く嘘でもなかったようであった。ペレ゠デ゠クエヤル事務総長が、この情報を当時ベイルートに派遣されていた私に伝えなかったのは、おそらく正しかったと思う。私は、カバランの話から浮き上がった線に従って事実を追い、確かに不正確ではあったが、事の細部に躓いてしまっていたのであった。

翌朝、つまり、「世界被抑圧民機構」がヒギンズの殺害を発表してから七日後、我々はベイルートに戻り、再度ファドララーに会い、先週会えなかった「首相」サリム・アル゠ホスに会うことにした。この時、ファドララーは、身辺警護を一人つけているだけであった。彼は、前の時よりもっと友好的でお世辞を並べたが、拉致犯人との関係は、これまで通り強く否定した。それで、彼は、残念ながら役に立てない、と述べた。彼は、私をここに遣わした連中は、問題は政治的交渉によってしか解決できないことを熟知していながら、マスコミの注意をそらす芝居が欲しかったのだろう、と感想を述べた。当時ブッシュ大統領はペレ゠デ゠クエヤル事務総長を通じてラフサンジャニ大統領との交渉準備を整えつつあり、ファドララーがこのようなことを口にしたのは、テヘランから、イランの人質問題に対する姿勢が変わりつつあるという情報を得ていたからだと思われる。彼は、マスコミは避けた方がよいが、ヒギンズの身に何が起こったのか捜索するのと同じくらい、オベイドの釈放にも関心があることを行動で示す方が良い、と助言した。ペレ゠デ゠クエヤル事務総長が、オベイドが拉致された時、すぐに私をイスラエルに派遣しなかったことは間違いだ、とも述べた。これは、その通りであった。私は、当時、この事件にすぐに気が付いていれば、と悔やんだ。

その前夜の砲撃は特に凄まじかった。アル゠ホス「首相」は失意の人に見えた。老いひしがれ、疲れ果て、気力を全く喪失していた。しかし、以前と同じように親切で、やさしかった。私が出会ったレバノン人の中では、アル=ホスとシャムスディンの二人だけが、本当に大統領の器量を備えた人物に見えた。しかし、イスラム教徒であるが故に、一人はスンニー派、もう一人はシーア派で、どちらもマルン派キリスト教徒にだけ開かれた大統領の職につくことはできなかった。アル=ホスは、ヒギンズの生死について意見を述べることはさし控えて、ただ一言、

「私たちの方は、毎晩、死刑を宣告されているのです。敵方も同じです。」

と述べた。私は、レバノンという国の臨終に立ち会っているような思いに襲われた。そして、彼の言葉を聞いて、私は良心の呵責を覚えた。ヒギンズは同僚であり、私としても、何としてでも彼の安否を探りたい。しかし、レバノンの人々にとってみれば、内戦も十二年目を迎え、毎晩数知れぬ民間人が虫けらのように命を落としており、一人の外国人の生死がこれ程大きな注目を集めているのを見て侮辱されたと感じたに違いない。

我々は、軍事境界線『緑の線』を越えて、キリスト教徒地区に戻った。護衛は見当たらなかった。標準行動手続きに従えば、我々は護衛が来るまで待たなければならなかった。しかし、イスラム教徒地区を離れる時、ゴクセルが午後早くから戦闘が始まる「匂い」がする、と云っていた。十五分待って、我々は、護衛なしでも車で東ベイルートを走行している方が、中立地帯付近でボーっと突っ立っているよりは、まだ危険が少ないと判断した。ゴクセルの第六感はいつもの通り的中した。砲撃はいつもより早く開始され、我々が護衛を待っていた場所で、二人が命を落とした。

翌朝は、ゴクセルと私は、イスラエルのラビン国防相に会うためテル・アヴィヴにいた。私は、ゴクセルにオベイドについて話すよう促した。ゴクセルは云った。

「大臣閣下、閣下は『レモン』を掴んだだけです。あの男からは何も得るところはないでしょう。もし、あの男が重要なら、どうしてアマル大隊は、その支配地域から他のヒズブラー党の長老達を何十人も追放しておきながら、あの男だけ置いておいたとお考えになりますか？」

予想通り、ラビン付きの役人たちからは、何の拍手も起こらなかった。しかし、『レモン』が何を意味するか、説明されると（英語で「見かけ倒し」を意味する）、彼は、オベイドは全くの「見かけ倒し」であったことを認め、イスラエルがあの男から得るところはほとんどなく、扱いにくく、利口で、米国に身柄を引き渡されることを懼れている、と云った。私は、イスラエルがあの男を拉致したことを非難し、拉致がヒギンズの死を早めたかどうかは別としても、西側がイランでラフ

サンジャニが権力の座についたことを活用する上で障害になるであろう、と述べた。ラビンはあまり強く反論せず、
「この件について争うのはよしましょう。お互い意見は違う、ということで合意しましょう。」
と述べた。ビビ・ネタニヤフは六、当時外務副大臣であったが、エルサレムで私に会いたいと云ってきた。後で聞いた話では、ラビンは、拉致問題は国防省の専轄事項であるという理由で、私のネタニヤフとの会見を制止しようとしたということであった。ネタニヤフには何も興味をそそるような話はなかった。単に、「テロ問題専門家」を自称している手前、この件についてイスラエルの政策立案から排除され続けることに歯軋りしていたことが分かった。私は、オベイドを拉致するにしても、どうしてこういう時に実行に移したのか、この点を強く訊いてみた。彼は、何も知らない様子であった。

私は、この夜ニューヨークに戻り、ペレ＝デ＝クエヤル事務総長に六項目の勧告書を提出した。

①ヒギンズは、ほぼ間違いなく死んだと発表すること。
②国連としては、遺体の回収に尽力するが、あまり期待を持たせないようにすること。
③国連としては、ヒズブラー党に直接影響力を行使しようがないので、イランとシリアに対する外交努力に専念すること。
④あまり表立って行動しないこと。
⑤ヒギンズについては、米国が特別に責任を負っているので、他の人質とは別扱いにすること、
⑥広く人質問題全般については、各国政府が率先して行動すべきであり、国連の立場は、要請を受けた場合に進んで補佐するという限度にとどめること。

ペレ＝デ＝クエヤル事務総長は、全て了承した。ピッコは、この時私は聞かされていなかったが、西側の人質を釈放させる任務に着手するところであったので、最後の勧告項目は、当然、愉快なものではなかった。人質と国連にとっては幸運だったことに、この項目はすぐに忘れ去られた。この十五日後には、ピッコはブッシュ大統領の「思うところ」をラフサンジャニ大統領に伝えるために、テヘランにいたのである。その後、さらに二年の交渉の末、人質は全員釈放され、ヒギンズの遺体も回収されることになった。

それはさておき、ペレ＝デ＝クエヤル事務総長は、記者会見に臨み、私の報告を受けた結果、ヒギンズはほぼ間違いなく死んだと結論付けると発表した。彼は、遺憾ながら、私に同伴しないように頼んだ。私がニューヨークに戻った時には、私の中東行きは想像した以上にマスコミの注目を集めたこと

六　訳註、ビビはベニヤミンの愛称。後のイスラエル首相。

が明白となっており、このため、事務総長の機嫌をまた損じることになったと感じた。

二、三週間後、私はペンシルベニアで偶然ロビン・ヒギンズと出くわした。彼女は、私がペレ＝デ＝クエヤル事務総長に助言したことについて咎めた。彼女の夫が死んだという証拠がないのなら、生きているものとして、捜索を続けるべきである、と。一〇月終わり頃、彼女はペレ＝デ＝クエヤル事務総長宛に、ヒギンズの妻として、そして米海兵隊の少佐としての立場で、手紙を出し、事務総長が部下の福利厚生のために「犠牲を払う」義務を果たさなかったと云って不満を表明した。彼女は、一九八八年八月に国連がイランとイラクの間に軍事監視団を派遣したことについて、派遣は国連軍事監視員ヒギンズの釈放を条件とするべきであったと述べ、当時、そういう希望を公の場で発表した、という。彼女は、政治的理由でそうはいかないと思ってはいたが、事務総長が、ヒギンズ釈放を専門に扱う係を作るか、「少なくとも、一人、信頼できる人物」に任せることを期待していた。それなのに、何もなされなかった。どうして？と実に雄弁に書かれていた。

ペレ＝デ＝クエヤル事務総長は、この手紙に対する返事は、ピッコがイラン・イラク和平の仲介をしているヤン・エリアソンの部下としてイラン側とさらに話を詰めるのを待つことにした。六週間後、返事が出された。それは、国連職員が不法に捕らえられた場合の標準的手続きは、その件を担当する係が編成され、事務次長が調整し、事務総長に定期的に報告することになる。彼女の夫の件においても、この手続きが踏襲された、という内容であった。

四日後、ヒギンズ夫人は、国連職員協会の主催した人質問題についての企画で発言した。ペレ＝デ＝クエヤル事務総長は、はじめに簡潔に挨拶だけして、後は私に批判に応えさせた。人質に捕られ殺された英国人記者アレック・コレットの夫人は、彼女と子息が体験した「艱難辛苦」について語った。ロビン・ヒギンズは、国連が夫を捜索することに専念する係か係員を一人もつけることをせず、夫の窮状について「何の音沙汰」もなかったことを非難した。彼女は、米海兵隊長は、まだ確証を得ていないので、夫が死んだとはまだ「結論付けて」いないと述べた。これについて、ベイルートで拉致されたフランス人ジャン・ポール・カウフマンが、「フランスの人質は、公に騒ぎになったので、釈放された。米英の人質は、皆黙っているから拷問が長引くのである」と云って彼女の云い分を支持した。他には、拉致を幇助していることが周知の国々を国連から追放するように事務総長が公に演説しないのがいけない、という非難があった。私は、事務総長の代わりに、不十分ながらこう応えた。国連事務局の全員が被害者家族と同様心を痛めているが、問題は非常に複雑であり、いくつか批判にあったような方法で解決できるほど単純なものではない。被害者家族と職員協会と事務総長と事務職員、そして加盟国各国政府が力を合せて取り組まなければならない、と。

これまでのロビン・ヒギンズとの会見におけるのと同様、私はこういうありきたりの言葉では、全く不十分であることを痛いほど承知していた。しかし、今でもなお、私は他にどう云えば良かったのか分からない。個人的には、私は、英国政府がコレット釈放のための取引に応じなかったことを支持しているし、ヒギンズ釈放のためにいろいろ取引が試みられたことを遺憾に思っていた。私自身は、当時も、今も、人さらいをやめさせる唯一効果的な方法は、そんなことをしても、何の得にもならないということを思い知らせることであり、一度、取引に応じてしまったら、犯人は味をしめてまた人さらいを繰り返すことになると考えている。私は当時知らなかったことであるが、ベイルートにおける人さらい犯人が決して味をしめることのないようにするという英米の対応のために、イランが、犯人の活動を「許容」(穏便な云い方にとどめておく)していてはイランの国益を損なうことになると理解するようになったのである。しかし、このようなことを悲しんでいる被害者家族に云うことは、あまりにも無神経であり、政府や国際機関としては、やはり、ありきたりのことを述べる他はないのである。しかし、反省してみると、人さらいが頻発する地域で国連が活動する場合、これに従事する人員には書面でハッキリと警告しておくべきであろうと思う。人さらいの危険はある。国連としては拉致された人員を釈放させるよう、できるだけのことはする。しかし、何事にも限界はある。国連は、どのような場合でも身代金を払うことはない、と。

一九九〇年一月の私の六ヶ月ごとの定期的駐レバノン国連暫定軍視察の直前、レバノンのアマル大隊が、国連暫定軍活動区域の北、二、三キロメートルの所にあるカウタリヤト・アス=サヤードという村に「ヒズブラー党の秘密の監獄」を見つけ、そこにヒギンズが短期間閉じ込められていたという書証を手に入れた、と発表した。ジャン=クロード・エメは、アマル大隊は、今ヒズブラー党と公然と衝突しており、これはヒズブラー党の信用を落す計略に過ぎず、私がその現場を訪れてその手口に乗ってしまうことに反対した。彼の見方は正しかったが、私は、ヒギンズの身に何が起こったのか、国連が何もしなかったと米国側から苦情が出ていた以上、私が直接行って見てくる必要があると考えた。「監獄」は五つの部屋と原始的なトイレがついていて、丘の横の家の地下に上手に建てられていて、車庫に隠されていた。各部屋の天井には吊金が取り付けられており、輪になった縄がかけてあり、おそらく、アマル大隊がそれらしく見せるためにあつらえたものと思われた。その場所は新築に見えたが、新築の臭いはしなかった。しかし、ここが最近使われたという証拠は何もなかった。アマル大隊関係者は、最近捕らえたヒズブラー党員（名前は云わなかった）が白状したので、十日前に発見できたと云っていた。その男が、いつのことかは特定しなかったが、ヒギンズは三日間そこに閉じ込められていたと云った、ということであった。その事を確認できる書証はなかった。

私は、再び、互いに対立し合う長老同士のシャムスディンとファドララーに会った。どちらもヒギンズがどうなったかについて新しい情報は持っていなかった。私は、アマル大隊長ベリには、この監獄についてアマル大隊側の主張がいろいろ食い違っていたので、相手が怒り出すまで強く説明を求めたが、結局、捕らえたヒズブラー党員をもっと取り調べて、その結果を国連暫定軍のゴクセルに通知するという約束を取り付けたにとどまった。その結果を見てもほとんど何も解明されなかった。ゴクセルが聞いたところによると、監獄は一九八六年に拉致された者をベイルートへ運ぶ途中に一時的に拘置しておく施設として建てられ、最大でもわずか六人が一度に収容されたことがあるだけで、ヒギンズは拉致された当日の晩、ここに連行され、三日後、ベイルートに移されたということであった。ゴクセルは、アマル大隊は以前ヒギンズはジブシットに連行されたと云っていたので、それとは話が随分違うと指摘したが、話し手は、その点については満足の行く説明はできないと云っていた。どちらの話もありうる話で、真相は、異教徒を騙して（タキーヤ）も罪にならないというシーア派のベールに包まれたままである。

一九九〇年七月、米海兵隊がついにヒギンズは死亡したものと見なす、という公式の結論を出した。こうしてヒギンズの名誉を讃える儀式を行い、国連としても彼の未亡人に死亡手当を支払う段取りができた。最初の葬儀は一一月八日、ヴァージニア州のクアンティコ国立霊園でとり行われた。海兵隊長グレー大将は、冷淡で私と会話することを避けた。これは、国連がヒギンズは「ＣＩＡか、米国の他の機関の秘密工作員」であって国連の為に働いていたわけではないという理由で死亡手当の給付を拒んでいると聞いていたためであることが、後で判明した。これは、全くのデタラメであって、国連事務職員がよく犯す悪意の流言癖の罪の一例である。葬儀の当日は晩秋の寒いよく晴れた日で、感動的であった。弔辞が述べられ、礼砲が撃たれ、軍用ラッパが奏され、棺を担ぐ役の七名は、見事な手まねで、（死体がないので）存在し得ない棺を運び込み、星条旗をその上に広げ収棺するまねをして見せた。

二日後、凍てつく朝、私はヒギンズの母校、オハイオ州オックスフォードのマイアミ大学という（二重に）紛らわしい名前の大学に赴き、祖国の為に死んだ彼とその他のマイアミ大学出身者を記念する碑の除幕式で式辞を述べた。ロビン・ヒギンズは以前と同様しっかりしていたが、まだ私を許す気はないようであった。私は、参列した人たちには、ヒギンズの遺体を取り戻すことは国連に残された仕事であると確認し、国連は諦めずに頑張ると約束した。それから、ピッコの弛まぬ努力の末、ベイルート南郊のある病院の前にヒギンズの死体が放置されるまで、十ヶ月かかった。ピッコは、その著書の中で、ヒギンズが殺害されてからその死体は冷凍保存されていた、と書いている。しかし、彼は、死体からヒギンズの死に方や死んだ日について何が判明したのか、あくまで知らない、あるいは、語ろうとしないのであった。

第三部　新たな可能性

第8章　雪解け

これまで記してきた五つの平和維持活動は冷戦時代からの遺物である。私が一九八六年に着任した時点では、三十七年続いている古い活動から、できて七年の活動まであった。本書執筆の時点（二〇〇一年終り）では、五つとも全てまだ活動中で、継続期間も古いもので五十三年、新しいもので二十三年に亘っていた。この中で一番新しい活動であった駐レバノン国連暫定軍だけが早期動員解除の候補と見られていた。これらの平和維持活動の価値を疑っているわけではない。シリアとキプロスに駐留している国連軍は特によくやっているのであるが、あまり評価されていないだけのことである。しかし、平和維持活動の長期化は決して望ましいことではない。平和維持活動は、本来和平交渉の条件を整えたり、和平の実現の手助けをするという過渡期的な措置であるからである。

ほとんどの場合、平和維持活動が創設時に予定されていた期間内に任務を完了することができない場合は、早々に切り上げることを考えるのが順当である。現在の平和維持活動の「需要」を考えれば、「節約」し、より成功する可能性の高い新しい活動に「投資」するべきであるという論がよく出される。しかし、こういうことはもっと慎重に分析してからでないと判断できない。もし、節約して紛争が再燃するようであれば、今の投資を続ける方が、まだ悪さの度合いが低く、それ故、私はいつも駐キプロス国連平和維持軍を取り止めることには反対してきたのである。

一九八七年初めには、国連平和維持活動を取り巻く国際的環境が良好になってきたことは疑いようがなくなっていた。それから三年後にベルリンの壁が崩壊することを予期していた、と云えば嘘になるが、一九八六年前半には、ソ連が初めて平和維持活動の分担金の支払いを始め、それまで蓄積されてきた未払い分も順次支払うと約束した。これで、米国側も国連に対する債務を償還しなければ面子が立たなくなる、という希望的観測も出ていたが、世の中、そう甘くはなかった。しかし、米国は別として、少なくともこのソ連の動きは、ゴルバチョフのペレストロイカでソ連の外交政策が良い方向に変わりつつある証拠として受けとめられた。東西の緊張緩和で、安保理が長くくすぶっていた地域紛争のいくつかに手をつける道が開かれた。

一九八七年前半、ペレ＝デ＝クエヤル事務総長は、安保理の五常任理事国がそろってイラン・イラク戦争終結のための秘密協議に参加するように説得した[一]。こうして七月、安保理

一　**原註**、この点については次の第9章で詳述する。

は全会一致で決議を採択し、和平案の内容を示した。ペレ=デ=クエヤル事務総長がイラン・イラク戦争から着手することにしたのは上策であった。当時の地域紛争はほとんど東西冷戦の飛び火したものであったが、イラン・イラク戦争はそうではなかった。反対に、常任理事国全てにとってペルシャ湾航路の安全を保障することが共通の利益であり、中国を除く四つの常任理事国がその為に軍艦をペルシャ湾に派遣していた。そして、どの常任理事国もアヤトラ・ホメイニが勝って、彼のイスラム原理主義の影響が他のイスラム諸国やイスラム教徒のいる国々に浸透することを望まなかった。

一九八八年が始まるまでに、五常任理事国のこの新しい協調姿勢は、冷戦の「代理戦争」に対しても維持されることが明らかになった。「代理戦争」とは第三世界の紛争で、ソ連側（東側）が当事者一方を支援し、米国側（西側）がもう一方を支援してきたものを指す。こうした紛争は、領土や資源や地域的影響力をめぐる国家間紛争として独自の原因を持っている場合もあれば、一つの国の内部の経済的、社会的不公正や民族的対立、差別という問題に起因する内戦の場合もあったが、こうした紛争が激化したのは、やはり、一つの軍事ブロックが紛争当事者の一方を支援し、もう一つの軍事ブロックがもう一方の紛争当事者を支援したことが大きく作用したことは疑いがない。こうして第三世界の紛争の主役たちがより大きな国際的次元の紛争と連結し、それぞれ米ソ両超大国の一つから政治的、軍事的、資金的援助をとりつけることができるようになっていた。こうした代理戦争の典型例はエチオピアとソマリアの戦争であった。一九六〇年代は、ハイレ・セラシェ皇帝のエチオピアを米国が支援し、ソマリアの左翼政権をソ連が支援し、それぞれ武器を供給していた。ところが、一九七七年にマルクス主義者のメングストゥ大佐がエチオピアで権力を握ってからは、両超大国の役割は入れ替わり、ロシア人がエチオピアを支援し、米国人がソマリアを支援することになった。この結果、「アフリカの角」と呼ばれるこの地域に大量の武器が流れ込んで、今日でもなお、紛争が絶えない原因の一つとなっているのである。

しかし、一九八八年には数多くの代理戦争を解決するべく米ソの協調姿勢が具体的な形で現れるようになった。三月、国連の数年間に亘る努力が実り、ソ連軍のアフガニスタンからの撤兵合意を仲介することに成功した。ソ連の外交官たちは、キューバ軍をアンゴラから撤兵させる事と、隣のナミビアで国連和平案を実行に移す事とを連結して協議するという米国の仲介役チェスター・クロッカーの交渉方針にも協力し始めた。アンゴラとナミビアの二件をまとめた協定は一二月に調印の運びとなった。八月には、ペレ=デ=クエヤル事務総長が、西サハラにおける米国側モロッコとソ連側の「ポリサリオ」戦線という国民解放運動の間の戦争を終わらせる提案を両者が受け容れたと発表した。東南アジアでは、ソ連に支援されたベトナム（越南）の対中・対米関係に少し改善の兆しが現れたことで、カンボジア紛争の交渉による解決が期待されるようになり、二年後に和平協定調印の運びとなった。

　コルドヴェスと私が共同で統率した**特別政治案件室**は、これら全ての和平協定の実施に深く携ることとなった。その仔細は本書第三部の各章で述べる。アフガニスタンに関するジュネーヴ協定を唯一の例外として、これらの仕事は特別政治案件室の私の方が担当した。一九八八年四月に調印されたアフガニスタン協定は、国連の十年に亘る努力の結実であった。この協定でアフガニスタンからのソ連軍の撤兵は首尾よくいったが、アフガニスタンにおける戦争は終わらなかった。変わったことと云えば、争点と主役が変わっただけであった。外国の干渉が終わったわけでもなかった。古代アレクサンドロス大王の東征以来、あるいはもっと昔から、アフガニスタンはその戦略的位置のために国際紛争の戦場になり易かった[二]。レバノン人と同様アフガン人は干渉してくる外国勢力に対して一致団結して共同戦線を張ることはほとんどなく、分裂していた。後に私が国連で和平斡旋を担当した時、アフガニスタンの仕事が回ってきて、私は、あらゆるアフガン軍閥に対してこう説いて廻った。内輪の意見の相違は一まず水に流して、全員が一つになれば、外国勢力を追い出すことができる、と。この垂訓を聞いてもほとんど改心する者は現れなかった[三]。

　アフガニスタンの和平斡旋に国連が関与することになったのは、一九七九年一二月のソ連軍のアフガニスタン侵攻の結果であった。名目上は、首都カブール[四]の親共産主義政権の首脳からの要請に応えたということであったが、彼は、ソ連軍侵攻の中で殺されてしまい、ソ連軍と一緒にやって来たバフラク・カルマルという共産主義者がとって替った[五]。国連安保理では、ソ連軍撤兵を命ずる決議案は、ソ連の拒否権の

二　訳註、アフガニスタン南部のカンダハールは古代仏教国ガンダーラの訛った名前（場所は南に移動した）。

三　訳註、原語で、イエスの「山上の垂訓」のような宗教的説法を指す言葉が使われている。

四　訳註、ここには、紀元前八世紀頃にはインドのカンボージャという町があり、これがカブールに訛った。東南アジアの「カンボジア」と同じ語源で、巻貝カンブー（ほら貝）からきている。

五　訳註、北朝鮮でも、日本降伏の際に朝鮮総督府が釈放した現地の共産主義者が「朝鮮人民共和国」を組織したが、結局、ソ連軍と一緒にやって来た「金日成」により粛清されてしまった。それで、区別の為、「朝鮮民主主義人民共和国」という。「金日成」そのものも、「満州」で抗日戦を指揮していたという「金日成」という「伝説の老将軍」とは似ても似つかない若者であった。

行使のため可決されなかった。この時、当時私の上官であったトニー・パーソンズが珍しく外交的失態を演じた。安保理では、馬の蹄鉄型の机に向かって各理事国代表が英語のアルファベット順に着席するため、ソヴィエト連邦と連合王国（英国）とはいつも隣り合わせとなる。パーソンズは久しくソ連の風采の良いオレグ・トロヤノフスキー大使の友人であった。トロヤノフスキーは、父親が第二次世界大戦中ワシントンに勤務していた関係上、ワシントンで育った。トロヤノフスキーは、ソ連の拒否権を行使した後、こう云った。

「トニー、そんないかめしい顔をするな。君の前任者は、拒否権の行使は浮気をするようなもので、初めての時は、色々気をもむが、二回目以降は楽しいものだと云っていたぞ。」

パーソンズはこれを聞いて思わず爆笑してしまった。そして、この英ソ代表が親密そうにしている瞬間を悪意のカメラが捕らえた。写真は、翌日のニューヨーク・タイムズ紙の一面を飾った。

ソ連侵攻は、ついで国連総会の緊急集会にかけられた。総会では拒否権などはなく、大変反ソ的な決議案が採択された。ワルトハイム国連事務総長は、当時事務次長であったペレ＝デ＝クエヤルを和平交渉にあたる**事務総長の個人的代表**に任命した。二年後、ペレ＝デ＝クエヤル自身が事務総長になり、ディエゴ・コルドヴェスがアフガニスタン担当になった。それから六年間、コルドヴェスは情熱的に辛抱強く機転を効かせながら、アフガニスタンからソ連軍が撤兵できるような状況を創出する為に努力した[六]。その間、米国その他の反共の列強は、隣国パキスタンの助けを借りながら、「ムジャヒディン」（聖戦戦士）と呼ばれる幅広いゲリラ連合軍に資金と武器を供与した。彼らは共産主義政権とそれを支える十数万のソ連軍に対する「聖戦」（ジハード）の為だけに結束していた。人口の約三〇％にも達する六百万人の難民が出て、隣のイランとパキスタンに重い負担をかけた[七]。一九八七年後半には、ソ連はアフガニスタンから撤兵する準備はできたと云っていたが、現地のアフガン諸軍閥の方はその後どのような政府を作るのか、とても合意できるような状況にはなかった。

一九八八年四月にジュネーヴで調印された協定は、国連事務総長に対し「周旋」[八]を担当する代理人を一人任命するように要請した。代理人には「周旋」使節団がつき、アフガニス

六　訳註、これは国連総会が関連決議の中で国連事務局に要請した仕事の中身をそのまま云い表したもの。

七　訳註、「難民」が「負担」になるなど、いやらしい云い方に聞こえるが、これは、難民受入国が「負担」を軽減して欲しいと（国連を通じて）第三国に受け入れや援助を求める云い方をそのまま反映したもの。

八　訳註、原語はgood offices。本書43頁の原註を参照。

タンとパキスタンの双方が相手国に干渉しないこと、ソ連軍の撤退と難民の帰還を監視することとなった。このうち相互不干渉とソ連軍撤退は、従来どおり軍事監視員が監視することになった。従って先例によれば、**遣アフガニスタン・パキスタン国連周旋使節**[九]は「平和維持活動」に分類され、特別政治案件室の私の方が、その配備と指揮を担当するはずであった。ところが、コルドヴェスとピッコは、「周旋使節」である以上、これは「平和維持活動」ではなく、ソ連側もこれが「平和維持活動」として派遣されれば拒絶するであろうと主張した。私の部下はこの点は、引き下がってはいけないと強く押した。その理由も確かな根拠に基づいていた。しかし、私は、この二、三ヶ月前、ペレ＝デ＝クエヤル事務総長がイスラエルのシモン・ペレス外相との職務上の昼食に私を同伴させなかった件で事務総長と衝突していたので、この件では事を荒立てないことにした。

それで、私は遣アフガニスタン・パキスタン国連周旋使節の配備と活動には正面から携ることはなかった。同使節が現場にいたのも、せいぜい、二年未満であった。私は、しかし仕返しをするのではなく、逆にコルドヴェスの窮地を救うため、同使節の軍事要員供出国との会合の一つに出席した。国連は軍事監視員の現地生活費のみを負担するのが国連の決まったやり方であったが、コルドヴェスは、各国将校が国連の任務に従事している間の給料を国連が部分的に払い戻すと発言してしまったために、困っていたのであった。

そうこうしている間にイランとイラクの間の停戦が実現し、その他東西両陣営がもはや主役であることをやめた各地の地域紛争を終わらせることについても、特筆すべき進展が見られた。一九八八年九月には国連平和維持活動全体にノーベル平和賞を授与するという発表があった。一九八七年と一九八八年は国連にとっては幸先の良い年となり、新しい目的意識とやりがいを感じることができた。『外交界掲示板』[一〇]という隔週刊で無料で国連の各国代表団や事務職員に配布されている雑誌は、熱烈にこう書いた。

「一九八八年は国連の四十三年の歴史の中で最も首尾よくいった年の一つとして秋を迎え、この世界機関は今やほとんど世界全体から重宝されて喜びに浸っている。ペレ＝デ＝クエヤル事務総長も『非常に希望に満ちた将来を約束された時』と呼んで意気揚々としている。ニューヨーク本部の職員たちにも喜びのあまり突飛なことがひらめいた。史上

九　訳註、The United Nations Good Offices Mission in Afghanistan and Pakistan (UNGOMAP)。

一〇　訳註、Diplomatic World Bulletin。

初の国連公開日である。この日は誰でも国連本部をタダで見学でき、平和部隊の代表者に会い、マラック・グールディング事務次長の言葉を借りると、『ノーベル平和賞受賞の喜びと誇りを分かち合う』ことができることになった。」

ペレ＝デ＝クエヤル事務総長がノルウェーの首都オスロにおける授賞式に出席した。私も同席し、次いで隣のスウェーデンの首都ストックホルムでの祝賀会に彼の名代として出席した[一一]。ストックホルムでは、旧市街の中心にある大教会堂ストルキルカンで講演し、その年のノーベル賞受賞者全員の名誉を讃える国王と王妃主催の御前晩餐会に出席した。大教会堂は、ろうそくの火が燈され参列者で満員であった。中にはかつて国連平和維持活動に参加した人も多く、一人、一九三五年のザール地方の国際連盟部隊に参加した老人も混じっていた[一二]。この場にふさわしいように、私は平和維持活動と平和維持活動員の道徳的真価とは何かを説いた。

「この人たちは、平和維持の気高い矛盾、即ち道徳的な力はあっても実際上の力はない、という矛盾を体現しています。つまり、平和維持の兵士たちは、武器を使わないようにするために武器を持っているのです。彼らは軍隊ですが、まず、何があっても武力を行使してはならないと命令されています。彼らは軍と軍の間に平和を維持するために派遣され、最終手段としては、発砲するのではなく、自らの命を危険に曝すように要求されています。……犠牲の精神というものがあらゆる偉大な宗教の中心になっております。ベルナドッテ伯爵[一三]とハマーショルド[一四]の先例にあるような犠牲の精神を平和維持という厳しく、危険でさえある活動に自ら進んで参加する大勢の若い兵士たちの中に見ることができます。」

この後、平和維持活動につきまとうようになった論争を思うと、今、この当時の熱く自信満々の理想主義を思い返すとは苦痛である。しかし、これこそ一九八八年という年の精神であり、我々の仕事の推進力であったのである。

しかし、こうして喜んでいる間に、ペレ＝デ＝クエヤル事務

一一　訳註、ノーベル賞は、平和賞以外はストックホルムで授賞式がある。
一二　訳註、旧ドイツ帝国のザール州の帰属をめぐる住民投票を国際連盟が管理し、その間の行政を担当した、今で云う「多機能型」平和維持活動の先駆的活動。旧ドイツ帝国東方領土（ポーランド、チェコスロヴァキア方面）での連盟の同様の活動には、日本も参加した。
一三　訳註、スウェーデン出身の国連パレスチナ問題の仲介役で、一九四八年に暗殺、殉職した。
一四　訳註、スウェーデン出身の国連第二代事務総長。一九六一年、旧コンゴでの国連（平和維持）活動中に飛行機「事故」で殉職。

総長が私の担当分野を平和維持活動に絞り、私の三人のかなめの部下を自分の所へ引っ張って行ってしまったので、私は、個人的にはいくらか落胆していた。この人事異動が公表された時、一般的な評価は私の敗北ということであった。私自身そう感じていた。二、三週間後、私は国連法律顧問のカール＝アウグスト・フライシュハウエルにふとパレスチナ問題に関する国際会議の件はどうなっているのかと思わず質問してしまった。彼は、当惑してその件については私に話をする許可を得ていないと答えた。私は自分の質問を後悔した。

これは、当時はペレ＝デ＝クエヤル事務総長が私の鼻をへし折るためにとった措置だと考えていた。おそらく色々なことが積み重なって彼を怒らせてしまったのであろうと考えた。前年の彼のシモン・ペレス外相との昼食に対する私の反応のこと、パレスチナ人蜂起が始まった時に私がパレスチナを訪問して大いにもてはやされたこと[一五]、彼の西サハラに関する計画の実現可能性について私がハッキリと疑問を呈したこと[一六]、等々、思い当たる節はいくつもあった。コルドヴェスが、アフガニスタンに関するジュネーヴ協定のことを公けに自分の手柄だと云って、ペレ＝デ＝クエヤル事務総長の機嫌を損ねたことは有名であった。おそらくペレ＝デ＝クエヤルは、和平斡旋は事務次長たちに任せると、アルコール度が強過ぎてすぐにのぼせ上がってしまうので、自分の所で扱うべきだと考えたのであろう。この解釈は、二週間後、事務総長室の方からノーベル平和賞受賞を記念する国連の映画から、私が会見に答えている場面を削除するように要求が出されたという話を聞いて、やはり正しかったと思った[一七]。こうして、私が本当にペレ＝デ＝クエヤルを怒らせてしまったので、彼ははじめ私をジュネーヴの国連欧州本部に左遷する予定であったが、サッチャー英首相の口利きで左遷は免れたという噂が流れた。

私としては、事の真相は今もって全く分からないままである。真相を知っているかもしれない同僚の口が堅いところを見ると、私の当時の解釈はそう間違ってはいなかったと思われる。しかし、おそらくはそれ程気に病む必要のないことであった。十二年経って当時を振り返って見れば、平和維持活

一五　訳註、本書第5章参照。
一六　**原註**、本書第12章参照。

一七　**原註**、しかし、それまでに映画の配布は始まってしまっていた。この流れで見ると、ペレ＝デ＝クエヤルの回顧録『平和のための巡礼』がノーベル平和賞に全く言及していないことが興味深い。彼のその当時の気分を示すもう一つの事例は、一九八九年一月にノーベル賞受賞後、オスロとストックホルムを再訪した時、彼は演説の原稿の中で「平和維持と和平斡旋」となっていた箇所を全て「平和維持」だけに修正したことである。

動の大増設時代が迫っていたので、それ専門の部局があることはもっともな話であった。すぐに、私の手を休める暇もない程沢山の平和維持活動が実施されるようになった。

第9章　イラク対イラン戦争[一]

サダム・フセインが一九八〇年にイランを侵略した時、彼は、イラクが短期間のうちに勝利を収め、イランのホメイニ政権がイラク南部のシーア派住民や北部のクルド族など潜在的に分離独立を志向しかねない少数派の居住地域で問題を起こすことを抑止することができると信じていたように思われる。開戦時、両国の兵力はほぼ互角であったが、イランは、人口も国内総生産もイラクの三倍あり、さらにまだ革命の熱気で燃え上がっていた。

　サダム・フセインの早期に決着をつけるという公算ははずれ、イランが戦時総動員体制を整えるにつれて、彼は、ホメイニ師に比べると、長期戦を持ちこたえる持久力において劣ることを自覚した。一九八二年以降は、彼の目標は交渉で戦争を収拾することにあった。イラン側の目標は、サダム・フセイン政権を転覆すること、ないし、少なくともサダム・フセインが戦争を始め、イランに損害を与えたことの責任を国際的に認めさせることにあった。双方とも、相手側に軍事的圧力をかけ、相手側の原油輸出能力を削ぎながら、その目標の達成を図った。陸上では、戦争は大規模な砲撃、毒ガスの使用、わずかな支配地をめぐって何万人もの犠牲者（あるいは両当事国の言葉では「殉教者」）を出したことで、欧州大戦（第一次世界大戦）の西部戦線さながらの様相を呈していた。海上では、列強が石油タンカーやその他のペルシャ湾上の輸送を守るために軍艦を派遣していた。このため列強自身が戦争に巻き込まれる危険性が出ていた。一九八七年五月、米軍艦スターク号にイラク機の放ったフランス製エグゾセ・ミサイル二発が命中し[二]、乗組員三十七名が死亡した。

　一九八七年七月、国連安保理は**決議第五九八号**を採択し、イラン・イラク戦争終結案の大要を発表した。これは、ペレ＝デ＝クエヤル事務総長にとっては大成功で、東西両陣営の緊張緩和で大国が強調し合う新しい可能性が開けたという彼の信念を裏打ちするものであった。この決議は、ペレ＝デ＝クエヤルが一九八三年にイラクとイランの双方に提出して以来、辛抱強く唱え続けてきた案を反映したものであった。何より、彼は、志を立てた和平斡旋家は決して途中で諦めてはいけな

一　訳註、英米の裁判では当事者の名前を原告対被告の順で列記して事件の名前にする(例、ロンロ社対シェル石油事件)が、それにならった章題。従って、この章題に、イラクが「原告」、つまり、戦争を起こした張本人であることが暗に示されている。

二　訳註、フランス製エグゾセ・ミサイルは、一九八二年のフォークランド戦争でアルゼンチン軍が使用し、一発で英小型砲艦シェフィールドを撃沈したことで有名。

いということを身をもって示したのであった。和平の機が熟す瞬間を正確に予知することはできない。和平斡旋家は、いつ和平の機が熟しても良いように当事者が和平案を常に念頭に置いているように準備を整えておかなければならない。和平斡旋家というものは、前に何度も同じことを繰り返し云ってきたからと云って、また同じことを云うことをためらってはいけない。何度も繰り返し聞かされると、どんな案でもそのうちあまり難しくない、あるいは最初に聞いた時ほど危険ではないように思えてくることもある。一九八七年に表面化した新事態は、別に両当事国にペレ＝デ＝クエヤル事務総長の案を受け容れる用意ができたわけではなく、安保理の常任理事国が受け容れ、その案に従わない国々に対して強制行動をとることも辞さないという立場を示したということであった。

安保理決議第五九八号は、国連軍事監視員の監視の下、即時停戦と国境までの撤兵を命じた。その他、捕虜を釈放すること。両国は国連事務総長を通じて包括的和平を交渉すること。事務総長は紛争の責任について不偏不党の調査を行う可能性を探るとともに、戦後復興問題を研究する専門家団を任命すること。事務総長はまた地域全体の安定化のために両国と地域のその他の国々と協議することが決められた。強制措置の可能性は、安保理が国連憲章第七章に基づいてこの決議を採択したことに示唆されており、この決議が遵守されない場合は、安保理は、制裁、ないしレーガン米大統領やサッチャー英首相が当時一層声高に唱えていた強制行動に移る可能性を示唆していた。これはほとんど間違いなく口先だけの脅迫で、中国は制裁措置に明確に反対しており、武力行使には拒否権が行使されることが予想された。しかし、口先だけでも、ある程度政治的には重要性があった。

不偏不党の調査を別にすれば、安保理決議第五九八号はイラクの望み通りの決議で、バグダードの方（イラク政府）はこれを歓迎した。テヘランの方（イラン政府）は、決議には根本的な欠陥があり不当であると糾弾したが、注意深く拒絶することは避け、誰が侵略者であるか名指ししないような中途半端な決議とは別に、独自の立場で終戦交渉を行う用意があると表明した。イラクの立場は、決議の文言の修正には一切応じられない、というものであった。こうして、ペレ＝デ＝クエヤル流の外交の舞台が整った。彼は、大国がペルシャ湾方面における戦争の拡大とホメイニ師のイランが勝利するかもしれない事態を憂慮したことで発生した和平の機を見て取り、安保理がイラク側の拒否できないような決議を採択するように手を尽くした。こうして一つのハッキリとした目標に向かって国際的努力を協調させることが可能になった。イランを説得することである。それには、丸一年かかった。ペレ＝

デ=クエヤル事務総長の外交努力が弛むことなく続けられる間、イラク軍がファオ半島奪還[三]という予想を上回る戦果を上げ、米海軍がペルシャ湾内のイラン側の標的を一方的に攻撃しイラク軍のファオ半島奪還以上に侵略的な行動をとったことで、さすがのイランもついに屈した。一九八八年七月一八日、イランは安保理決議第五九八号を受諾し、三十三日後停戦に至った。

私は、この交渉には一切関与しなかった。コルドヴェスもソ連軍撤退後のアフガニスタンで内戦を防止することで手が一杯で、やはり関与しなかった。ペレ=デ=クエヤル事務総長は主にピッコに任せていて、ピッコはコルドヴェスの配下のイクバル・リザと組んで仕事をしていた。リザはパキスタン出身の有能で道徳的な信念を持った外交官で、一九七八年以来国連事務局に勤め、後に中米和平に重要な役割を果たし、コフィ・アナンの右腕として**平和維持活動局**〈私の**特別政治案件室**の後身〉、次いで事務総長室で、活躍することになる。安保理決議第五九八号が採択された瞬間から、イラン・イラク両軍の停戦と国境までの撤退を監視する軍事監視団は、私がディエゴ・コルドヴェスと共同で担当していた特別政治案件室が企画立案すべきものであることは自明であった。しかし、イラン・イラク停戦交渉は秘密交渉であったという理由で、私には軍事計画の立案を任せることはできないと云われ、納得する他なかった。

「ピッコが新活動を立案する手伝いに貴官の所の軍事顧問ティモティ・ディブアマを貸してくれないか」

と頼まれ、ピッコが一九八四年以来バグダードとテヘランに配置されてきた小規模の軍事視察団を担当してきたことを忘れないように、と云われた[四]。

先に遣アフガニスタン・パキスタン国連周旋使節[五]ができ

三　**原註**、イラン軍は、一九八六年二月にこのファオ半島を攻略し、チグリス川とユーフラテス川が合流しシャット・エル=アラブ川となってペルシャ湾に注いでいる所の両岸を制圧することに成功していた。このシャット川をイラクとイランのどちらが支配するかということが、一九八〇年の開戦の一つの争点であった。〈**訳註**、ファオ半島は遠浅の砂地で港はできず、脇のシャット川だけがイラクのペルシャ湾への出口だが、大型タンカー用の港がない。大英帝国は、現在のイラク、クウェートを含むアラビア半島ペルシャ湾岸、ヨルダン、パレスチナの統治を国際聯盟から委任され、かつペルシャ南部にも隠然たる影響力を持ち、イラクのペルシャ湾への出口をクウェート領とイラン領で塞いだ。文責訳者〉

四　**原註**、どちらも国連休戦監視機構から出向した軍事監視員三名と国連事務局の文官職員一名から成っていた。彼らの仕事は文民(民間人)のいる地域への攻撃があったという訴えを調査することであった。

五　訳註、The United Nations Good Offices Mission in Afghanistan and Pakistan (UNGOMAP)。周旋 good offices については本書43頁原註参照。

た時、私は前任者のアークハートの時代に成立していた特別政治案件室の「英国部」による平和維持活動の独占体制をやめ[六]、〈同室の相棒〉コルドヴェスに譲っていた。それだけでも、十分悪かったが、ここで提案されてきたことは、もっと悪かった。平和維持活動がもはや特別政治案件室専門の活動ではなくなり、事務総長室の職員が独自に平和維持活動を担当することになる。これでは、他の紛争（西サハラ、カンボジア、ナミビア）の解決を個別に担当している複数の事務次長たちの野心を否応なく煽ることになる。私の不快感は、一つには自分の縄張りを守る必要から生じていた。しかし、私にはもっとまともな動機があった。平和維持活動というものは、組織体が行う一種の技《わざ》であって、手引書があるわけでもなく、また組織体としてその先例がきちんと記憶されているわけでもないので[七]、簡単に伝授したり、真似できるものではない。今は、昔ほど難しくないかもしれないが、やはり簡単ではない。私の担当していた五つの平和維持活動だけでも、活動の決まった原則ややり方を偏りなく適用することはかなり難しくなっていた。コルドヴェスが遣アフガニスタン・パキスタン国連周旋使節で見せた失態は[八]、私がアークハートから受け継いだ職員たちが長年蓄積してきた経験を持たない人が平和維持活動を担当した場合、どれだけ物事がうまくいかなくなるか、如実に示していた。私の部下は、これ以上一歩も譲ってはならない、と私に迫った。ここで譲ってしまったら、新しい平和維持活動がいくつも予定されているので、もう取り返しのつかないことになる、と。イランが安保理決議第五九八号を受諾してから四日後、私はペレ＝デ＝クエヤル事務総長との直談判に赴いた。彼は、何も反論することなくあっさり承認し、ホッとした。

　こうして我々は十年ぶりに新しい平和維持活動を始めることになり、二ヶ月間一生懸命働いた。すぐに専門使節を現場に派遣した。その報告によれば、停戦線は、南はペルシャ湾から北はクルド族の住む山間部まで、沼地や砂漠や草原を通って全長千四百キロメートル[九]に亘って伸びていた。国連

六　訳註、英国政府としてみれば、一九五六年のスエズ危機における英軍の「転進」の尻拭いに史上初の国連平和維持軍「国連緊急軍」が創設された経緯に照らして、国連平和維持活動を英国人事務次長が独占的に統轄するのは、事務次長本人の意識は別として、国の体面上、都合が良かったと思われる。

七　訳註、組織は記憶を持たないというのは事実である。同じ会社ないし同じ官庁が同じミスを繰り返す場合、往々にして、責任者が替って経験者がいなくなっていたり、後継者に経験がきちんと伝えられていなかったりする。

八　訳註、本書第8章参照。

九　訳註、ほぼ博多から山陽・東海道・東北新幹線を乗り継いで仙台に至る長さ。

軍事監視団の配備は夏の盛りに始まることになると予想され、南部では気温摂氏五十度を超える炎暑となる。冬になれば、北部の軍事監視員はおそらくスキーを履いて偵察することになる。（私は、最初、この報告は専門使節を率いたノルウェーのマーティン・ヴァドセト国連休戦監視機構指揮官の勝手な憶測であろうと思っていたが、現実に彼の予想した通りスキーが必要になった。）そこら中に地雷や不発弾が転がっており、停戦線の後背部は猛爆撃のため監視員の寝泊りできる場所はほとんど残っていない、ということであった。

事務総長の公式勧告では、新使節は**国連イラン・イラク軍事監視団**[一〇]と名付けられ、独自の通信網と航空機を備えた軍事監視員三百五十名に加えて、いつも通り、政治、法律、情報、事務管理の各分野の文官部門を擁する編成となった。急に軍事監視員を供出できる国は少ないので、多くは既に活動中の平和維持部隊から借用してくる必要があった。どちらにせよ、私はこれまで冷戦時代に平和維持活動の主要な貢献国であった西側民主主義国家だけでなく、この機会に他の国々、特に共産主義諸国や第三世界諸国からの参加を呼びかけ、平和維持活動参加国の幅を広げようと考えた。これには

一〇　訳註、The United Nations Iran-Iraq Military Observer Group (UNIIMOG)。

時間がかかった。まず、我々は各国に非公式に参加する意欲があるかどうか打診してみる必要があった。次にイラン・イラク両国がその国の要員を受け容れられるかどうか訊く必要があり、最後に安保理の公式の承認を得なければならなかった。しかし我々は二十六ヶ国から軍事監視員を集めることに成功した。内わけは、アフリカから五ヶ国、アジアから五ヶ国、共産圏から三ヶ国、中南米から三ヶ国、西側から十ヶ国であった。

軍事監視団長として、我々はユーゴスラビアのスラヴコ・ヨヴィッチ少将を任命した。彼の父親は自動車競走の選手で空軍飛行士であったが、一九四一年にドイツ軍がユーゴスラビアに侵攻した時に戦死した。ヨヴィッチは十五歳の若さでチトーの遊撃隊（パルチザン）に参加したが、有産階級の出身であったために白い目で見られた。そのため、最も危険な任務につく以外に仲間として受け容れられる余地はない、と云われたという。彼は、それを志願し、十六歳になるまでには一個小隊にあたる部隊[一一]を指揮するようになっていた。しかし、ある日、彼の小隊は敵対するゲリラ、君主主義者ミハイロヴィッチに忠誠を誓うチェトニクの隊員を捕らえた。捕虜が銃殺のために一列に並べられた時、その中の一人がチェ

一一　訳註、旧帝国陸軍なら兵五十名。

トニク隊に潜行していた遊撃隊の工作員であることを伝える合言葉を口にした。ヨヴィッチはこの合言葉が分からず、その男は他と一緒に銃殺されてしまった。こうしてヨヴィッチは出世街道からそれてしまった。彼はまた戦争末期、ドイツ軍が北セルビアから撤退し、クロアチア兵やハンガリー兵を置き去りにして行った後、彼の部隊が置き去りにされたクロアチア兵やハンガリー兵に対してやったことについて恐ろしい話を口にした。私は、その恐ろしい話をなかなか信じることができなかった。しかし、私が一九九一年、ベルグラードでヨヴィッチに再会した時には、既にクロアチアでセルビア人とクロアチア人の間で戦闘が始まった後のことで、彼の恐ろしい話には何も驚くことはないことが分かり、ヨヴィッチ自身、新しい戦争のために五十年前の怨念を再び呼び覚ましていた。ともかく、ヨヴィッチはしぶとく、辛抱強く、機知に富み、国連イラン・イラク軍事監視団の指揮官としてうってつけの人材であった。彼は、イラン側にもイラク側にもしてやられることがなかったため、配下の外国人将校も彼には一目置かざるを得なかった。

　この軍事監視団を期限内に配備する上で最大の障害となったのが通信関係であった。国連イラン・イラク軍事監視団の無線通信網は後に文官の担当するところとなったが、通信職員にせよ、通信機器にせよ、降って湧くものではない。そこで、私も前任者たちがよくやったように、カナダに通信兵部隊を臨時に借用できないか要請した。オタワのカナダ政府は、即座に了承してくれた。カナダは当初から軍供出国の中で最もしっかりしていて、平和維持活動に献身的に気前良く協力し、国連事務局にもいろいろ為になる忠告をしてくれた。そもそも一九五六年のスエズ危機において、ダグ・ハマーショルド事務総長と共に初めて国連平和維持軍を思いついたのは、当時のカナダの外相レスター・ピアソンであった[一二]。カナダは冷戦時代に設置された十三の平和維持活動全てに、大抵一番最初から軍事要員を派遣してきたし、冷戦後初の平和維持活動であった遣アフガニスタン・パキスタン国連周旋使節にも既にカナダの軍事監視員が任務についていた。この年の後半、私は、アンゴラでの第一回目の国連活動[一三]にカナダの参

一二　訳註、裏話だが、カナダのピアソン外相は一九五四年のインドシナ戦争の休戦のためのジュネーヴ会議に出席した。この会議で設置されたベトナム・ラオス・カンボジアにおけるフランス連邦軍とベトミン（越盟=越南独立同盟会）関係軍との間の停戦・撤兵等を視察・監督する国際委員会（International Commission for Supervision and Control）にはインド（非同盟）とポーランド（共産圏）とカナダ（西側）の三ヶ国が要員を派遣した。この経験がスエズ危機の時のピアソンの発想に影響した可能性は大きい。実際これを平和維持活動の一種と見る説もある。

一三　訳註、第一次国連アンゴラ検証使節 The United Nations Angola Verification Mission (UNAVEM I)。本書第10章参照。

加を要請せず、カナダの平和維持活動完全参加の記録を中断させてしまい、一時カナダ政府の不評を買った。私は別にカナダの貢献記録を軽視したのではなく、新参加国を募りたいという一心からそうしたのである。

停戦は一九八八年八月二〇日夜明けから実施された。それまでに軍事監視員三百七名とカナダの通信兵のほとんどが停戦線の両側に配備を完了していた。初日は五十一回の見廻りが行われ、活動が完全に軌道に乗った後の一日平均六十四回と比べてもあまり遜色がなかった。見廻りは通常将校が二人一組で行った。彼らの任務は、停戦が遵守されているかを点検し、違反が報告されれば調査し、違反が事実であれば違反者に違反前の状態に戻るように説得することであった。はじめの頃は、違反の苦情はほとんど八月二〇日時点で双方が維持していた「前線地点」からさらに 前へ出る動きがあるというものであった。この種の苦情は国連軍監視員にとっては厄介なもので、停戦線は全長千四百キロメートルもあり、両者の「前線地点」がその日実際にはどこにあったのか、当事者以外の独立した情報は一切なかった。それで、どうして苦情が正確かどうか、判定できるであろうか?

はじめは軍事監視員が停戦線の向こう側の同僚に無線で訊いて確かめていた。活動が軌道に乗った後は、無線ではなく、定期的に両側の軍事監視員が会合を開くことになった（「旗下会合」[14]）。ただし、両当事国、特にイラン側は自国の防禦施設の詳細が相手方に漏れることを恐れて、こういう会合には神経を尖らせていた。停戦違反を訴える苦情は数多く（最初の二ヶ月間に千件以上）、とるに足らないものもしばしばあった。重大事件もあり、停戦四日目の夜など、イラク軍がイラン兵数百人を捕らえた事件もあった。最も執拗な違反行為は、その三週間後、イランが前線南部の広大な中立地帯を水没させたことであった[15]。これは、私の国連イラン・イラク軍事監視団の五回の視察の主要案件の一つとなった。もう一つの主要案件は、イラクが占領しているイラン領内の中立地帯に三件の油田火災があり、イラクがイラン側に消火させることを拒絶したことである。

私の最初の国連イラン・イラク軍事監視団の視察は一九八八年一〇月のことで、停戦実施後七週間たった頃であった。ジュネーヴとニューヨークでペレ=デ=クエヤル事務総長が両国と協議をしていたが全く進展はなかった。イラン側は、安保理決議第五九八号の各項目は箇条書きで示された順番で実施されるべきである、と主張した。停戦実施の次は、従って、

一四　訳註、flag meetings。
一五　訳註、参考のため、ドイツ軍の侵攻で多大の犠牲を払ったソ連が、やはり第二次世界大戦後、国防の為、人工湖を沢山作った。

国境までの撤兵であるべきである、という主張であった。実際上は、イラクが二千平方キロメートル以上のイラン領土を占領していたので、イラクが撤兵しなければならないことになる。しかし、イラクにとっては一旦撤兵してしまうと、交渉の場で他に良い取引材料がなくなってしまうので、早期撤兵を渋っていた。イラク側は、そのため捕虜の釈放が優先されるべきであると主張した。私の仕事は、この外交交渉の行き詰まりの間、停戦が維持されるように両国が国連監視団の任務遂行に必要な協力を続けるように念を押すことであった。

私は、イラクの首都バグダードから視察を開始した。これ以前は、私は一九七六年にバグダードを訪問していた。一番目に付いた変化は大統領サダム・フセインの個人崇拝であった。サダム・フセインが様々な装いをして温厚な姿で描かれた巨大な肖像画が市街のあらゆる交差点に高く聳え立っていた。しかし、ある晩、体制のあまり温厚でない現実が明るみに出た。私がアル＝ラシード・ホテルの外へ出て、外の空気を吸っていたところ、サダム・フセインの上の息子のウダイ[一六]が治安車両数台を引き連れて現れた。ウダイの登場を見るなり、周りに居合わせた者たちが恐怖におののくのが目に見えた。こういう場合、他のアラブ諸国であれば、皆お辞儀をするものだが、彼らはそうしなかった。皆、鷹から逃げる鳩の群れのように、一目散に四散した。

ヨヴィッチ国連軍事監視団長とイラク担当副団長のインド陸軍のヴェンキー・パテル准将は（室内にはどこでも設置されていると考えられる盗聴器を避けて、庭に出て腰掛けながら）、私に憂慮すべき評価報告をなした。イラクは、イランが『戦争ではないが、平和でもない状態』をもたらし、まんまとイラクをはめたと思っている。このままだと、イラク側は勝手に懲罰的攻撃をかけるかもしれないし、その場合は、イラクは予告してから二、三週間以内に実行することができる。国連監視団はそういう攻撃のありうる場所として九ヶ所を特定し、そのうち六ヶ所では明確にイラク軍が優勢と評価している。」

バグダードにおける私の主要な交渉相手は参謀長ニザル・ハズラジ中将で、高等文官では外務省法律顧問のリアド・アル＝カイシ博士が相手であった。二人ともイランを厳しく非難し、イラク側の様子は、ヨヴィッチ団長とパティル副団長の読んだ通りであることが確認できた。イラク側は、国連がイランに圧力をかけることを望んだ。私がイラク側に要請したことについては、ほとんど、もしイランがこれこれのことをすれば、イラクもするという返事であった。例えば、私が、

一六　訳註、下の息子はクサイ。

国連監視団の航空機がバグダードとテヘランを往復するのに、トルコを経由したり、ペルシャ湾に出るのではなく、前線の上を直接飛び越えられないか、と頼んでみたところ、ハズラジ参謀長の答えは、

「イランが停戦以来占領した新陣地全てから撤退するまで、直線航路は認められない。」

結局、イラク側は、次の二つの国連側の提案しか承認しなかった。国連監視団が議長役を勤める「イラン・イラク混成軍事作業団」をつくり、中立地帯で定期的に会合を開くこと、と前線の横断地点をいくつか追加敷設すること。

翌日、我々はバスラへ飛び、シャラムチェーと呼ばれる場所を国連軍事監視員と一緒に見廻りの出た。そこは平坦な砂利砂漠で、幾度も機甲部隊の衝突の起こった場所で、ずっと前には、イランの人海戦術でイラン革命防衛隊「パスダラン」の兵士数千人が「殉教した」という。ほとんどが、十代の少年兵であった。（テヘランの革命防衛隊司令部入口にはこのような戦闘の犠牲者、十代の少年兵一人が足を吹き飛ばされて、その血まみれの足の切断面を茫然と見つめているところを写した巨大なカラー写真が掲げられていた。）そこで、我々はイラン側から来た国連軍事監視員の見廻り組に出会い、中立地帯で見つかった約二十体の「死体」というか、見るに忍びない「ボロボロに引き裂けた軍服に包まれた骸骨の束」が、両軍の間で交換されるのを監視した。これは、両国が意欲的に協力するほとんど唯一の作業であった。

この見廻りから帰る途中、私は国連の任務について以来おそらく最も殉職スレスレの危ない目に遭った。我々の乗った飛行機は、バグダードの小さな軍用飛行場に着陸する予定であった。操縦士は、国連イラン・イラク軍事監視団に配属されたばかりで、誤ってチグリス河畔のサダム・フセインの宮殿の真上を低く飛ぶ航路をとって、飛行場へ向かってしまった。最後の瞬間、パティル副団長が事態に気が付いて航路を変更するように怒鳴った。彼の警告のお蔭で、我々は九死に一生を得たと云えるかも知れない。この三ヶ月前、バグダードで開催された国慶節祝賀会に参加したエジプトの戦闘機二機が、我々と同じ謬ちを犯し、その場にはふさわしくなかったが、イラク軍の手で撃墜されたことがあった。

イランの首都テヘランを訪れると、イラン側は、イラン軍の方はもう占領していたわずかなイラク領土から既に撤兵を完了したことを挙げて、イラクの方もイラン領内から即刻撤兵すべきである、という点を集中して論じた。これは予め予期されていた通りで、我々としては、バグダードでイラク側を説得してみると約束する以外、あまり発言できることがなかった。私は、イランが約束通り国連監視団に必要な便宜を図ってくれること、その点に集中した。国連監視団の活動区

域を視察したところ、宿泊施設が深刻な問題となっていることが分かった[一七]。国連監視員のほとんどは、イラン軍兵舎に宿泊しており、その中のいくつかは、熱狂的なイラン革命防衛隊が管理していた。余暇の遊びは、イスラム文化になじまないという理由で制限されていた。これは、カナダの通信兵が当初よく壁などに貼り付けていた写真については、確かにその通りであったが、音楽を聴いたり、散歩に出かけたり、仕事の後ジョギングすることが、イスラム文化と相容れないという主張は、了承しかねた。この件で私はまた国連監視員とテヘランに駐在する関係国大使に対して、受入国イランの風習や伝統がどんなに不合理に思えても尊重する必要があることを説いて回る必要が出た。関係国大使に対しては、さらに、見廻りは徒歩の場合も、騾馬に乗ってやる場合もあるが、ものすごく暑かったり、ものすごく寒かったりして非常にきつい仕事であることを各国政府によく認識しておいてもらえるように頼んだ。つまり、現場では、若くて身体の丈夫な士官が必要なのであって、中堅の将校を出向させてもらったのでは、役に立たないのである。

国連イラン・イラク軍事監視団の第二回目の視察は一九八九年三月であった。ヨヴィッチ団長は私にもっと早く来て欲しいと思っていたようだが、ナミビアでの大規模な平和維持活動を準備するために大わらわで、とても時間が許さなかった。その間、ヨヴィッチ団長はイラン側の態度が硬化していることを報告してきた。イラン側は、私の初回の視察の後に出された国連事務総長の報告書に不満で、前年一〇月に約束していた混成軍事作業団の一九八九年二月の初会合を、直前になってスッポカしていた。この二回目の視察は、私はテヘランから開始した。アフリカ南部から二十四時間飛んで、テヘランには真夜中に到着した。イラン政権内の実際派と狂信派の対立は、私が空港に降り立つなり具体的な形で表面化した。外務省と革命防衛隊が、どちらが首都テヘランまで私に付き添っていくかということで争い、革命防衛隊に軍配が上がった。

翌日、私は一日中イランが中立地帯を水没させた件を調査した。その時には浸水地域は前述のシャラムチェー戦場の上を約七十キロメートルに亘って伸びていた。この為、イラク側が機甲部隊の優越性を最大限に活用してイラン側へ懲罰の一撃を加えようにも、その足元の土地が水没してしまった。これは、あからさまな停戦違反で、最近現場付近で四回、火

一七　訳註、一九九七年、ロシアの石油タンカー・ナホトカ号が冬の日本海で難破、日本海岸が原油で汚染された事故で、原油の処理に全国各地からボランティアが集まったが、最大の問題は、ボランティアには、食料も要れば、寝泊りする場所も必要で、健康管理も容易ではないということであった。平和維持活動についても同じ。

砲の応酬が繰り返されていた。私はイラン側の関係地区司令官ハジ・アフメド（革命防衛隊員だったので無階級[一八]）に、ただちに停戦開始時の状態に戻すように云った。私の日記は、この男をこう描写している。

「三十代くらい。青い瞳の狂信者……云うことは理路整然としているが、ドジョウのようにぬるぬるとしてつかみ所がなく、逃げてしまう。」

この男は、水没は自然現象か、そうでなければイラク側の掘割や水路作りなどの水遊びのせいに違いない、と云い張った。この男の口からは、これ以上は事態を悪化させないという半分気の抜けたような約束以上のものは引き出せなかった。

テヘランに戻って、私はイランの外務大臣アリ・アクバル・ヴェラヤティに会い、国連軍事監視団からイラン側が非友好的になり、懐疑的で敵対的にさえなってきたと文句が出ていることを伝えた。イラン側の嫌がらせや侮辱の連続で、国連側の士気は落ち、活動能力も低下し、活動参加国政府の支援も減少している。特に、活動が開始されてから六ヶ月以上経つのに、**国連軍の地位に関する協定**がまだできていないというのは理不尽である、と。ヴェラヤティ外相は、国連側の苦言を聞いて、まるで良くぞ云ってくれたと云わんばかりであったが、おそらく、イラン側内部を説得する材料ができたのであろう。外相は即座に関係部局との会合を準備し、物事ははかどるようになった。まず、国連側としては国連軍地位協定に関して、イラン外相から書簡を得る必要があったが、外相はこれに署名し、旅券、査証、空港での出入国手続き、車両使用許可、国連運転免許について合意が成立し、翌週、通信とヘリコプターに関するより重要な案件について協議していくことを約束した。

翌三月二九日は、ナミビア和平案が実行に移される決行日の三日前であったが、最初のうちは悪日であった。イラン・イラク停戦線の北部視察が予定されていたが、冬型の気圧配置のため中止となり、ニューヨーク本部の法律顧問からは国連軍地位協定に関するヴェラヤティ外相の書簡は不十分であると云ってきた。レバノンでは国連暫定軍のアイルランド隊員三名が地雷の爆発で死亡した。どうやら狙って敷設したものらしかった。

この日の午後は、私はイラン革命防衛隊担当大臣アリ・シャムカニと延々と長談義し、夕食まで一緒であった。この前、前年一〇月に会った時は会談は難航し、私は途中で腹の具合が悪くなったことにして、十分間退室して緊張をほぐさなければならないほどであった。このシャムカニ革命防衛隊

一八　訳註、中国人民解放軍も、イラン革命防衛隊と同様、人海戦術を好み、一九七九年初頭ベトナムを侵略し、逆に「成敗」されてしまうまでは、無階級制であった。

大臣は、狂信的なイスラム教徒で、神聖なるイスラムの共和国に異教徒が軍服を着たまま土足でズカズカ入って来て、彼の革命防衛隊の作戦行動を監視するなどということは、全く我慢がならないと思っていた。上がこのように国連イラン・イラク軍事監視団を公然と敵視している以上、下の革命防衛隊もいい気になって、連日国連のあらゆる階層の人員に対して不快な言動をとり続けていた。今回の会談でもまた衝突してしまい、特に、国連事務総長の安保理宛報告書が前述の水没事件をイランの責めに帰したことについて激しい論戦となったが、この前よりは、おかしみもあった。晩餐会の席上、彼は、自分はオマル・カヤム[一九]に大変詳しい、と切り出した。しかし、これもまた、西洋人をいたぶるために云い出したことが判明した。つまり、彼によれば、この詩人の空想は全部宗教的なもので、異教徒が読み取るような女好き、酒好きという含みは全くないそうであった。翌日、ようやくニューヨーク本部から国連軍地位協定についてのイラン側の書簡を受理してもよいと許可が下り、ヴェラヤティ外相の助力を得て、国連監視団の状態も少しはましになるであろうと楽観的に考えながらバグダードに向かった。

　バグダード訪問は、テヘランほどの試練はなかった。国連イラン・イラク軍事監視団に関する限り、イラク人は「良い子」であった。イラク担当副団長パティルの報告によると北中部停戦管区では、イラク軍兵力は次第に削減されているが、南部停戦管区では、逆に増強されており、ひょっとするとサダム・フセインがバスラ市の復興に力を入れていることを反映しているのかもしれないということであった。しかし、北中部停戦管区でもまだ「ムジャヒディン・イ・ハルク」と呼ばれるイラン側の反政府運動がイラク側の前線の背後に陣地を敷くことが認められており、停戦違反が発生する危険は存在していた。三月三一日はよく晴れた清涼な春の日よりであった。この北中部停戦管区の眺めは、南部停戦管区の単調でつまらない戦場を歩いて来た者にとっては強壮剤であった。昼後、東の方、イランのバクダラン市の南を眺めると、手前から順番に平原は草花に覆われ、ザグロス山脈の麓の丘陵地は「岩ピンク色」に見え、ザグロス山脈の中腹はほとんど地中海の青、山頂は、雪で白く覆われていた。活動上の要注意地点もあり、国境上の「四〇二高地」[二〇]では、イラクが好戦的な巨大な戦争記念碑を建立するために地面をならしており、「三一二高地」では、尾根の上の小さな陣地にイラク兵一名と

一九　訳註、『ルバイヤート』（十二世紀）の作者で数学・天文学にも通じた。

二〇　訳註、戦場で、特定の要地を海抜の高さで示す慣習があり、日本では日露戦争の日本側全戦死者三万人のうち九割が死んだ「二〇三高地」が有名。

イラン兵一名が一緒に配置され、中立地帯の三つの油田に火がつけられて、ものすごい轟音をたてながら原油を浪費していた。我々がヨーグルトとペプシ・コーラを取りに寄ったイラクの前線基地の一つで、ツグミ科サバクヒタキ属の「ヒュームのヒタキ」という小鳥を生まれて初めて観察した。慣れているらしく、イラク兵から数メートルしか離れていないような場所で、おとなしく雛に餌を与えていた。私は、こういう日をこよなく愛した。しかし、その晩バグダードに帰ると、ニューヨーク本部から活動決行日前夜のナミビアの不吉な知らせが入ってきた。

翌四月一日の朝はイラク側との会合があり、予期した通り例の水没事件について息せき切ったように憤懣が噴き出した。午後は、バビロン古代遺跡訪問に一緒に出かけた。私の日記はこう記している。

「ゾッとするような場所だ。地表にはほとんど何も残っていないが、皆ブルドーザーでならされ、サダム・フセインという現代版ネブカドネザル王[二一]の如き暴君の個人的栄光の為に、大金をはたいてファシスト[二二]のようにバビロン再建事業まで利用している。これは、全く身の毛もよだつようなおぞましい政権である。」

翌朝早く、私はニューヨーク本部からの連絡で叩き起こされた。「南西アフリカ人民機構」[二三]の戦闘員が前日少なくとも四回ナミビア領土に侵入したという。私は、事務総長が有益であると思うのなら、ナミビアの隣のアンゴラの首都ルアンダへ飛んでもよい、と申し出た。それで、イラクを発つ前にタリク・アジズ外相[二四]とその副官に会ったが、もう気が気でなかった。こうして、私の二回目の国連イラン・イラク軍事監視団の視察は終了した。

続く数ヶ月の間、私はナミビアに係りっきりで、一九八九年九月中旬まで、国連イラン・イラク軍事監視団の現場には

二一　訳註、新バビロニア帝国（カルデヤ人）の王（在位前六〇四年〜五六二年）。「目には目を」で有名なハンムラビ王の治世を理想とし、首都バビロンを飾り立て（「世界のへそ」と呼ばれた）、前五八六年、ユダヤ王国を滅ぼしユダヤ人をバビロンに強制連行し奴隷とした（バビロン幽囚）。旧約聖書ダニエル書（ユダヤ教の歴史書の一）やヘロドトスの『歴史』に登場する。

二二　訳註、ファシズムとは、刃をむき出しにした斧と鞭を束ねた図柄の古代ローマの執政官の持った「権力の象徴」を語源とし、一九二二年から一九四三年までイタリアを支配したムッソリーニ政権の全体主義的理念や政治体制を指し、似たような極右国家主義全般を指す言葉で、ナチス・ドイツなども入る。

二三　訳註、South West Africa People's Organisation (SWAPO)。本書第10章参照。

二四　訳註、カルデヤ教会キリスト教徒で洗礼名ミハイル・ハンナ。古代からアラム語を話すアッシリア=カルデヤ人の子孫（ネストリウス派アッシリア教会とカトリック系カルデヤ教会の信者）は、北イラクのモスール（ニネヴェ対岸）付近に多い。

戻らなかった。第三回目の視察は、この前、テヘラン訪問から始めたので、バグダードを先に訪問することにした。国連監視団の報告では、イラク側は停戦以降前線兵力を三分の二以上削減していた。イラク側が中立地帯を越えてイランへ出撃できるだけの兵力を維持していたのは、中部停戦管区だけとなっていた。そこには大統領親衛隊の三個師団が配備されており、イラク側前線は三キロメートルに亘って、地雷も鉄条網も撤去された状態になっていた。ここここそ、イラン側が当時最大の停戦違反行為「水没」を悪化させた場合に、イラク軍が報復行動に出る可能性の高い場所であった。

イラク側は、自分の方は停戦合意を守っている側であるという体裁を整えていた。バグダードにおける会合は和やかで、至れり尽くせりのもてなしを受けた。私の要求は全て受け容れられた。最後の晩餐会の席上、参謀長ハズラジ大将は、以前私が面会した時は苦虫を噛み潰したような顔をして敵対的であったが、今回はうって変わって愛嬌を振りまき、家族のこと、経歴のこと、趣味などについて、開けっぴろげに話し、国連の役割について大変肯定的であった二五。私は何とハバニアの湖まで野鳥観察旅行に連れて行ってもらった。もっとも近くにあった軍事施設の方には双眼鏡を向けないように注意されたが。このような親睦は和平斡旋や平和維持に携る者には危険なこともあり、当事者の片方が親切で、もう片方が意地悪であっても、不偏不党の立場を常に維持するように心がけなければならない。

二つの興味深い現場視察があった。一つ目は北部停戦管区で、他と違ってイラン対イラクの二極対立にクルド族という第三勢力が加わった複雑な場所であった。イラク側にもイラン側にも親政府クルド族と反政府クルド族がいて、反政府クルド族は政府軍と地元の政府側勢力と闘っていた。停戦線の二〜三キロメートル西側をヘリコプターで飛ぶと、サダム・フセインがクルド系の自国民に対して行った途方もない悪逆非道を見て取ることができた。国境沿いに「防疫・隔離地帯」を設けるためにそこにある町や村は一つ残らず根こそぎ破壊され、家一つ残っていなかった。住民は低地の収容所に移され、そこでの困窮状態がさらにイラク北部のクルド族の反乱を煽り続けた。二つ目はその翌日、空から視察した南部停戦管区のファオ半島とシャット・エル＝アラブ川であった。川は一九八〇年の開戦当時に沈められた商船によって塞がれていた。こうした沈没船の引き揚げと航行の自由の回復が当時イラク側のイラン領内からの完全撤兵の主要な条件となってい

二五　**原註**、ハズラジ大将は、一九九一年イラクが多国籍軍の「砂漠の嵐」作戦（湾岸戦争）に敗れた後、サダム・フセイン打倒のため蜂起した反乱軍兵士の手にかかって負傷し、捕らえられ、五年後、国外のイラク反体制運動に身を投じることになる。

た。椰子の木が全部焼け焦げて葉を失い、砲撃で陥没した穴があばたのように砂漠一面に広がり、十八ヶ月前に起こったファオ半島での戦闘の凄まじさを窺い知ることができた。

　恐れた通り、テヘランの方はバグダード側よりずっと厳しい態度で臨んできた。外務大臣、その副官、そして国防大臣とたて続けに面会した日、私が停戦遵守とイラン側と国連監視団との協力関係の改善のために出した数多くの提案の中から、肯定的な返事をもらったのは、唯の一つに過ぎなかった。その例外とは、ヴェラヤティ外相が原則として、国連監視団がシャット・エル=アラブ川の河口を沖から見廻りすることを了承したことであった。また、別の国連職員ジャンニ・ピッコがイラン側と人質・拉致問題で新たに交渉を再開したことで[二六]、いくらか紛糾した。私は、ピッコの新任務については、ニューヨークを発つ前、彼の方から、ヴェラヤティ外相との会談では拉致されたヒギンズ中佐の件は持ち出さないようにと云ってきた時に初めて聞かされた。テヘランでは、ピッコが、私やヨヴィッチ団長の断りもなく、ヨヴィッチの上級政治顧問であったレイモンド・ソマリンズをイラン側との連絡係に使っていることを発見した。これで、恐れたとおり、ヨヴィッチ団長とソマリンズ顧問の関係は悪化したが、私としてもどうすることもできないとヨヴィッチに云わざるを得ず、更に関係は険悪化した。さらに、ペレ=デ=クエヤル事務総長から安保理のイラン・イラク停戦のための決議第五九八号のこの他の条項の履行のための交渉を委託されてスウェーデンの外交官ヤン・エリアソンが新たに斡旋外交を開始したとBBCから聞かされた。国連のために働くのは何と楽しいことか！私がこの二〜三日前、ニューヨーク本部を発った時点では、こんな話は一言も聞かされていなかった。

　イラン側現地視察でも北部山岳地帯へ行くことになった。国連イラン・イラク軍事監視団の北部停戦管区司令部はサケズという町に配置されていたが、私が行く前の晩にクルド族反乱分子の迫撃砲を喰らっていた。しかし、テヘランでの仕事が待っていたため、急ぎの旅で、山を眺めたり、前線を視察する時間的余裕はなかった。実は、ヨヴィッチ団長の「指令班」は、毎週バグダードとテヘランを往復していて、以前はよくまとまって行動していたのであるが、この時、個人的な対立のために分裂してしまっていた。私は「指令班」の面々全員と一人づつあって、もう一度一緒に働けないかどうか話し合ったのであるが、運悪く主犯が休暇をとってその場にいなかった。結局、何を話しても無駄であった。この時から、サダム・フセインがクウェートを占領し国連イラン・イラク軍事監視団を終了させてしまうまでの一年間の間、ヨヴィッ

二六　訳註、本書第7章参照。

チ団長のソマリンズ顧問に対する信頼は決して回復されることはなく、さらに、ヨヴィッチ団長とそのイラン担当の新副団長ペル・カールストロームというスウェーデンの准将との緊張関係も既にあらわになっていた。ニューヨーク本部に帰って、私はペレ＝デ＝クエヤル事務総長にイランの国連監視団に対する協力は不十分であることは安保理に報告すべきである旨助言した。彼は私の助言に従い、イラン側は彼の報告書を強く非難した。当時、彼の配下のピッコによる人質問題の交渉について今日までに明らかにされていることに鑑みると[二七]、この段階でイラン側の機嫌を損ねるような危険を冒したペレ＝デ＝クエヤルは、全く大胆であった。

私が次に通算四回目の国連イラン・イラク軍事監視団の現地訪問を行ったのは、一九九〇年五月であった。しかし、この二ヶ月前に私のもとにはヨヴィッチ団長から、イラン駐留の副団長カールストロームは気が短く、情緒不安定で、云うことを聞かず、報告・連絡・相談もしない、と苦言を並べ立てた長文の手紙が寄せられていた。これは、とても五月の訪問まで二ヶ月間も放っておける内容ではなかった。私は、ナミビア独立の祝賀会に出席する道すがらフランクフルトに立ち寄ることになっていたので[二八]、カールストロームにフランクフルト空港で落ち合うように云った。私は、ヨヴィッチ団長の云い分を述べた。カールストロームは、穏やかに長々と自己弁護に努め、ヨヴィッチ団長や、国連イラン・イラク軍事監視団の上級団員について苦言を呈した。二時間経って、私は、ヨヴィッチもカールストロームも二人とも気難しい相手であり、このカールストロームの方に、国連イラン・イラク軍事監視団の上層部の遺憾な人間関係についてかなりの程度責任があるが、彼の責任がどの程度のものなのか、簡単には判定できず、こういう状況のもとで私にできることは、両名に対してうまくやっていくように勧告するだけであると判断した。それで、私は、カールストロームにはその場で、ヨヴィッチには当人がこの十日後ニューヨーク本部に現れた時、そう勧告した。

このような話をするのは、別に両者の悪口を云うためではなく、多国籍軍事活動を監督し、管理するということが、いかに難しいかを分かり易く説明するためである。軍隊の能力は、紀律と戦友たちの同士意識にかかっている。命令どおりに動き、互いの面倒を見ること。紀律と同士意識は一緒に訓

二七　訳註、本書第7章参照。

二八　訳註、ナミビア（南西アフリカ）が旧ドイツ植民地であった関係上、西ドイツが米英仏カナダと並んで西側連絡国団の一員として和平交渉に参加していた。

練され、任務に就き、寝食を共にし、軍隊の過去の栄光と伝統の全てと共にその「しきたり」を体得することで、得られる。国連平和維持活動にもいくつか組織独特の飾り、例えば勲章や（「青兜」などの）装備や記念品、記念日、決まったやり方などがあるが、一国の軍隊を一つにまとめているような紀律や同士意識というものを持ち得た例しはない。国連加盟国各国は、大変もっともな政治的・資金的理由で常設の国際連合軍などを設立することには絶対に合意しないであろうから、国連平和維持活動は、各国の軍隊から短期的に派遣されてくる部隊や将校たちを寄せ集めて実施されていくことになろう。従って国連平和維持活動の効率性は、ニューヨーク本部の事務次長と軍事顧問と現地司令官の、伝統も水準も能力も体制も言葉も全くバラバラの兵士たちを一つの軍隊にまとめあげる能力にかかっているのである。この仕事は、一九八八年に私が平和維持活動参加国を増やすことに決定したため[二九]、さらに一層難しくなった。これは、正しい方策であったが、新しく設立された平和維持活動の参加国の三分の二以上が、全くの初心者という事態を招いた。これで、特に各活動の最初の段階において効率が悪くなることになった。

　また、各国政府ともしばしば最高の部隊・将校を出し惜しみするということも指摘しておかなければならない。我々国連側が現地司令官を探す時は、まずどこの国に話を持ち込むか決める。これには、関係する紛争当事者に関する政治的要因と、国連としては軍供出国各国の間で主要職務が公平に分配されるようにしなければならないという政治的要因の二つが絡み合っていた。目当ての国が決まると、我々は、その国の政府に三名の将校を挙げて国連が選択できるようにしてもらいたいと要請した。政府はよく、急なことで三名も挙げる時間的余裕がないとか、指名した一名は抜群の資格を持っているとか云って、この要請を断った。この為、現地司令官の任命は現実にはほとんど事務総長の手の届かない所で決まってしまい、関係国政府から送られてくる司令官はその軍事的力量に従って選ばれたわけではないこともしばしばであった。

　それ故、頻繁に現地を訪問し注意を払っておかなければならなかった。現地訪問は、一九九二年にブートロス＝ガリが事務総長になったことで、以前よりも難しくなった。彼は、着任して六ヶ月目、ブラジルのリオ・デ・ジャネイロで開催された「環境問題と開発に関する国連会議」に国連の幹部職員が何名もこぞって出席したことに激怒した。ニューヨーク本部に帰るなり、彼は「事務次長が連れ立って外遊することを禁じ、ニューヨーク本部に残って各担当部局をしっかり運営するように命じた。この結果、彼は私や、他の事務次長が

二九　訳註、日本は憲法を尊重して対象外であった。

申し出た外国行きをいくつも阻止した。私は、平和維持活動のように複雑な任務は、ファックスや電話だけでは到底監督しきれないし、現場の多種多様の人材が一緒にうまくやっているかどうか、実際にはうまくいっていないことの方が多かったが、実際に現場に行って見てみないことには分からないと陳情したが、ダメだった。

ともあれ、一九九〇年五月、通算四回目の現場視察で私がイランの首都テヘランに降り立った時、ヨヴィッチ団長とイラン担当のカールストローム副団長の両名に対する私の勧告は一定の功を奏しているようではあった。しかし、この訪問ではもう一つ別の管理問題で追われ、これがまた大ごとになってしまった。ニューヨーク本部が国連監視員の現地手当金を減額することに決定したのである。本部は、また現地手当金は公式の為替レートで計算された現地通貨で支給する割合を増やすことにした。(これは、米ドルで支給された場合、闇市でもっと良い値で現地通貨と交換できるのと比べて、将校にとって不利であった。)以上の決定は合理的なものであった。大勢の国連監視員が原始的な生活環境に耐え、イラン側の押し付ける社会生活上の制約を耐え忍ばなければならなかったことは確かである。しかし、彼らの給料はこのような困難の分を差し引いたとしても、法外に高かった。私が、各国隊隊長との会合の中でこう説明したところ、受けが悪く、やりづらいことに、この会合は延々と長引き、なかなか終えることができず、弱った。

イラン側はと云えば、その見解はこの前の訪問の時とさして変わらず、政府と革命防衛隊関係者と前と同じ案件を繰り返し議論し、前と同様に成果のないまま終わった。二つだけかすかな希望のかけらが残った。イラン側は、手続き規則に関する相違のために未だにできていなかった懸案の混成軍事作業団についてもう少し柔軟に対応できるかもしれないと示唆した。そして中立地帯を水没させることを止める件と、油田火災を消火する件について別々にしかし同時に交渉することについて、漠然とした話があった。いつもどおり活動現場に出かけて気分転換を図り、英探検家ウィルフレッド・テシガーの著作『沼地のアラブ人』で有名になった沼地のイラン側の岸も訪れた。見事な野鳥の生態を観察できたが、当の沼地のアラブ人は戦争の為に立ち退かされ、今では停戦線よりイラク側の収容所で暮らしていると聞かされた。

ニューヨークに発つ前、イラクのサダム・フセイン大統領が最近イランのラフサンジャニ大統領に宛てて自称「平和の知らせ」を送り、イラン側もこれを「建設的な信号」との見方を示しているという話を耳にした。テヘランではそれ以上のことは何も判明しなかったが、バグダードであるイラク人の友からもっと詳しい話を聞いた。それによると、サダム・

フセインが四月二一日付の書簡でそれから一週間後のメッカ[三〇]における首脳会談を提案した。十日後、ラフサンジャニ大統領は首脳会談に原則的に合意したが、まず予備会合を開こうと提案した(典型的なイランの対応)。イラク側はどういうことか説明を求め、イラン側からまだ返事はない。イラクのタリク・アジズ外相は国連事務総長に対して懸案の首脳会議は国連側の努力と「並行して」行われるものであると念を押し、ペレ＝デ＝クエヤル事務総長もそれを聞いて「大変良い」と云ったということであった。私は後で事務総長は全く「良い」とは思わなかったということを知った。私も、このような話をイラクの友から聞くまで、国連の同僚から何も聞かされていなかったことが、ちっとも「良く」なかった。

　イラク側は私がかすかな希望を託したイラン側の動きは鼻であしらい、テヘランでの会談と同様、ここバグダードでも、話は堪忍袋の緒が切れるほど何も進展しなかった。しかし、ちょうどペレ＝デ＝クエヤル事務総長からただちにニューヨーク本部に戻るよう命じられたので、私はイラク人から「釈放」されることができた。(実は、中米ニカラグアで「コントラ」右翼反政府ゲリラが武装解除を中止した知らせを受けて現地へ飛ぶことになり、これで私が地球の反対側における平和維持活動のために国連イラン・イラク軍事監視団の現地訪問を中断するのは二回目を数えた。）この時、私がこの次にバグダードを訪れるまでに、イラク軍がクウェートを占領してしまうなどということは、ほとんど予測できなかった。しかし、その朝、沼地のイラク側の岸を訪ずれる道すがら、我々は数百両の戦車が衛兵のようにズラーッと並んだ大戦車基地の上を飛び、イランとの和平が成った時、イラクの実戦で鍛えられた軍隊はイラクの他の隣国にとって恐るべき脅威となるであろうとは思った。

　一九九〇年八月二日、イラクがクウェートを侵略したが、これは私が当初考えたこととは逆に、国連イラン・イラク軍事監視団にとっては幸いした。二週間後、サダム・フセインはイラン側に一九七五年にイランとの間で取り決められた国境を受け容れると打診し、イラン領内からイラク軍を完全撤兵させ、イラン軍捕虜を全員引き渡すと云った。こうして、ようやく国連イラン・イラク軍事監視団はその任務を完遂することができるようになった。クウェート問題で緊張が高まったのにもかかわらず（ひょっとすると、緊張が高まったからこそ）、イラン・イラク両軍の国際的に承認された国境までの撤退は一九九〇年九月末までにほとんど完了した。国連安保理は、国連イラン・イラク軍事監視団の任期を二ヶ月間延

三〇　訳註、サウジ・アラビア王国にあるイスラム教最大の聖地で、カーバ神殿には「天から降ってきた石」つまり隕石が祭られ、イスラム教徒は皆これを拝んでいる。

長し、三つの任務を課した。(い)撤兵の残りの手続きが取られることを検証すること。(ろ)イラン・イラク両国が国境について約五十点の相違点を解決することを手助けすること。(は)両国がどちらも武力を投入できない引き離し地帯を設けるように手助けすること。

一九九〇年一一月、この二ヶ月の新任期が切れると、国連イラン・イラク軍事監視団をどうするのか、議論があった。イラクはもう六ヶ月間任期が延長されることを望んだ。イランの方は最大二ヶ月が受け容れられる限度であるとした。ペレ=デ=クエヤル事務総長は、私が両国の首都を短期間訪問することに賛成したが、バグダード訪問については彼のクウェート危機の平和的解決のための努力に支障を来さないように、できるだけ目立たないようにするよう望んだ。悲しいことに、スラヴコ・ヨヴィッチ監視団長は心臓発作の為帰国してしまっていて、今回は彼の出迎えを受けることができなかった。私は、この五回目の訪問は、バグダードを先にすることにした。「サダム国際空港」は薄気味悪いほど静かだった。しかし、それ以外にはこの国が危機にあることを示す兆候はあまり見当たらなかった。ホテルの食堂には、イラク政府がバグダードでは全て何の問題もなく平穏無事であることを外国の客に示す為に、政府の命令で、政府の公金で、夕食がたっぷり用意されていると聞かされた。しかし、国連監視団の人間は、この危機が戦争なしで解決できるかどうか怪しんでいた。文官職員は、やはり身の安全を考えて、ほとんどの者が一早く出国することを望んでいた。しかし、軍事監視員の方は職務上、そして露骨に給料のことも考えて、ほとんどが残留を希望した。イラン・イラク両国の立場は、これまでどおりであった。イラクは国連監視団の残留を希望した。イラン側は、私に、和平が順調に進んでいるのに、国連監視団にまだ何をすることがあるのか、説明を求めた。私は何度も説明したが、効果はなかった。二日間議論した末、何とかイラン側に受け容れさせることができたのは、国連監視団の人員数を既存の半分に削減した上で、二ヶ月間駐留を延長することであった。

この五回目の訪問は、私の通算五回に亘る国連イラン・イラク軍事監視団訪問の中でも、最低のものになった。クウェート危機とヨヴィッチ監視団長の帰国で、軍事監視団のただでさえギクシャクしていた結束に大きなひびが入った。(私の日記にはこう記されている。「こういう人間関係の軋轢が我々の平和維持活動のほとんど全てに傷をつけ、私の現場訪問の時間を大量に奪う。こういうことは本当にうんざりだ。全くもって情けない。」)そして、国連イラン・イラク軍事監視団の将来についての決定は急場しのぎで雑であった。私は、個人的にはここで活動を止めてしまうのが良いと考えていたが、ペレ=デ=クエヤル事務総長がクウェート問題の平和的解決を仲介しようとしている時、イラク側の要望を無視するわけにはいかなかった。

一九九〇年一一月二九日、国連安保理がクウェート解放のための武力行使を許可すると[三一]、戦争の可能性はいよいよ高まり、イラクにおける国連イラン・イラク軍事監視団の置かれた状況はどんどん苦しくなっていった。一九九一年一月九日、ジュネーヴにおけるイラク外相タリク・アジズと米国務長官ジェイムズ・ベイカーとの会談が決裂すると、バグダード在住の国連監視団の文官職員はパニック状態に陥ってしまい、国連事務総長本人が自らバグダードを訪問するのを三日後に控えて持ち場を離れることはできない、と厳命を下さなければならなかった。ペレ=デ=クエヤル事務総長の勇敢な訪問が不成功に終った後、イラクに駐留していた国連監視団の全員が国境付近に移され、四日後、戦争が始まるや否や、イラク領を離れた。一九九一年一月末、任期は最後に一ヶ月だけ延長され、その間は、国連軍事監視員はイラン側からだけ活動し、イラン・イラク国境で両国がまだ争いのある部分を解決するのを助けた。

三一　訳註、安保理決議第六七八号。同年八月二日の安保理決議第六六〇号の実現のためにクウェート政府に協力する加盟国が必要なあらゆる措置をとることを授権した。

サダム・フセインのクウェート侵略という失策のお蔭で、**安保理決議第五九八号**の軍事条項はイラン側に大変有利な形で充足され、国連イラン・イラク軍事監視団もその任務を完遂することができた。この六ヶ月前には、夢にも完遂できるとは予想できなかったのであるが。国連イラン・イラク軍事監視団は予定以上に長引いていたが、いざ終結してみると、一九八八年に我々が十年ぶりに初めて新しい平和維持活動を開始するために大忙しで、大喜びで仕事に取り組んだ日々が、少し懐かしく想い出された。この頃には、三ヶ月に一度、新しい平和維持活動を開始するようになっており、仕事に忙殺され、我々の仕事の質の低下はもはや否定しようがなくなっていた。

第10章　ナミビア

冷戦の終結とともに、米ソにとって戦争を続けるよりも平和にした方が都合が良くなり、解決できるようになった紛争がいくつか出てきた。ナミビアはその最初の例であり、ナミビアを舞台として国連は、紛争当事者が予め合意した通り和平協定を実施することを手伝う「多機能型」平和維持活動[一]を初めて実施した。厳密には、これ以前にもう一つ「多機能型」平和維持活動の例があった[二]。それは一九六二年から一九六三年にかけてニューギニア島の西半分をオランダ領からインドネシア領に移す協定を実施するのを手伝うものであった。主権国がオランダからインドネシアに交替する間の七ヶ月間、国連は停戦を見守るだけでなく、この土地の行政にも責任を負った。しかし、これは規模も小さく期間も短かったので、平和維持活動の教義や実践にはあまり影響はなかった。これに対して、ナミビアでの活動は、目立った成功を収め、後世なかなか達成できないほど高い水準の活動であったため、国連の役割の新展開にとって大変重要なものとなった。

ナミビアは「南西アフリカ」として知られるドイツの植民地であった。第一次世界大戦後、国際聯盟が「南アフリカ連邦の一部として」統治することを委任した〈委任統治領〉。第二次世界大戦後、国際聯盟とは別に国際連合が新しく組織されると、この国際聯盟からの統治委任の有効性が論議の的となった[三]。南アフリカ（南ア）が南西アフリカの領土化を進める一方、南アのアパルトヘイト（人種隔離）[四]政策に反対する勢力は、聯盟による統治委任の無効を主張した。反アパルトヘイト側は一九六六年ついに国連総会で国連が同地について直接責任を持つという決議を採択することに成功した。しかし南アによる同地の実効支配（占領状態）は変わらず、独自の政策が執行され続けた。「南西アフリカ人民機構」[五]がゲリラ戦

一　訳註、本書第2章参照。

二　訳註、厳密には、国際聯盟も、旧ドイツ帝国領であった特定地域の帰属をめぐる住民投票の管理や暫定行政を行った例がある。Alan James, *Peacekeeping in International Politics*, IISS and Macmillan, Basingstoke, 1990。

三　訳註、南アフリカは「南西アフリカ」併合を主張し、米国と対立した。しかし米海軍は日本の旧聯盟委任統治領「南洋諸島」の併合を主張しており、この矛盾を解決するため、国務長官ダレスは一計を案じ、「南洋諸島」の方は国連の戦略的信託統治を適用することにした。詳しくは、豊下楢彦「太平洋をめぐる米ソ『勢力圏分割』」、佐藤幸雄編『世界史の中の太平洋』（東京、国際書院、一九九八年）所収、一五三〜一七三頁。

四　訳註、アフリカーンス語の apartheid は英語なら aparthood（隔離された状態）。

五　訳註、South West Africa People's Organisation。以下、単に「人民機構」と訳す。

を開始し、南ア国防軍は精力的にこれを鎮圧しようとした。

　一九七〇年代中頃、英、米、仏、独、カナダの西側五ヶ国が集まり「連絡国団」として「ナミビア紛争」[六]をどう解決したものか、南アと「人民機構」とアフリカ南部の「前線諸国」[七]と協議した。一九七八年初頭、連絡国団は国連の監視と管理下で南アがナミビア独立選挙を取り仕切るという案を安保理に提出した。南アが独立まで当地の行政を取り仕切るが、国連は決してそのために選挙の自由度と公正さに問題が生じることのないようにするというものであった。ワルトハイム事務総長は、この案の実施計画を準備するように要請を受けた。

　「連絡国団」の案とワルトハイム事務総長の計画の大要は以下の通りであった。和平計画実施前に国連事務総長はナミビアに国連平和維持活動を展開する（**国連移行支援団**）[八]。国連支援団長は事務総長特別代表で、現地における国連の上級代表となる。国連支援団は文武両部門から構成され、双方とも特別代表に報告する義務を負う。文民部門は特別代表室、大規模な警察部、選挙部、行政部と国連難民高等弁務官の代表部を含み、この難民部は約四万人のナミビア難民の帰還に責任を負う。そのほとんどは他のアフリカ諸国からの帰還である。軍事部門は歩兵数個大隊と兵站部隊と軍事監視員を含む。

　和平計画実施の「決行日」には南アと「人民機構」の間の停戦合意が発効し、両者の戦闘員が基地に籠《こも》る。これに続く十二週のうちにナミビア領内の南ア軍は千五百人に削減され、南アの組織した現地軍部隊も解散させられる。「人民機構」の戦士の解散についてはナミビア領外にいる戦士は指定された入国地点から平和的に帰還するという以外、特に言及されなかった。計画の軍事的側面については国連支援団の軍事部門が監視することになっていた。

　当地の行政は引き続き南アの行政総官が責任を負うことになっていたが、国連事務総長特別代表が「満足するように」その任務を果たす義務を負っていた。特別代表の中心的な仕事は、自由で公正な選挙ができ、不偏不党の選挙を進められるような状態が確実に創出されるようにすることで、この点で特別代表が満足できなければ、選挙戦に突入することはできないとされた。選挙戦に入る前に、難民と、領外にいる「人民機構」戦士は帰還し、政治囚は全て釈放され、自由で公正

六　**原註**、ナミビアは国連総会が一九六八年に旧「南西アフリカ」につけた名称。

七　**原註**　Front Line States (FLS)。アンゴラ、ザンビア、タンザニア、ボツワナ、モザンビークの五ヶ国に後にジンバブエが加わった。ナイジェリアも時々「前線諸国」会議に参加した。ナイジェリアの頭文字Nを付けて英語ではFLSNと略した。

八　訳註、United Nations Transition Assistance Group (UNTAG)。南アに配慮して「ナミビア」という地名や「独立」という文言を使わず、南アによる事実上の占領状態から住民投票で独立国に「移行」することを国連の一団が支援するという意味。

な選挙の妨げとなるような法令は一切撤廃されることになっていた。南アの行政総官は、現地の「南西アフリカ警察」が正しく任務を遂行することを請合うよう要請を受け、国連支援団の警察部がその行動をしっかり監視することとされた。

投票は独立した主権国家ナミビアの憲法を制定する制憲議会の議員を選ぶものであった。選挙戦と選挙そのものは国連支援団の選挙部がしっかり監視することとされた。選挙が本当に自由で公正であったかどうか特別代表が判定を下す。特別代表がそのように確認すれば、それまで残留していた南ア軍は撤退し、人民機構の基地も閉鎖され、制憲議会が開会する。制憲議会議員の選挙は「決行日」から七ヶ月後には実施できるものと期待された。その後、制憲議会による憲法制定にどれくらいかかるか、日程は未定とされていた。国連支援団は独立の日まで駐留することとされた。

ワルトハイム事務総長の実施計画は特に軍・警察の働きについて大きな論議を醸した。そこで表明されたいくつかの懸念に対してワルトハイムが「陳述書」を提出した後、ようやく安保理も一九七八年に**決議第四三五号**を採択しその計画を承認することになった。計画はそれから一九八九年まで実施されなかった。その間、「連絡国団」、「前線諸国」、南アと人民機構の間で追加合意や非公式了解事項というものがいくつかできあがった。これらは主に憲法に盛り込まれるべき原則、選挙制度、国連が不偏不党の立場で行動する義務を負うこと、そして決行日以降の人民機構の基地の監視に関する事柄であった。もう一つ論議を醸したのは、ナミビア難民と国外逃亡者全員に対して帰郷開始前に特赦を施す必要のあることであったが、この点については決行日を過ぎるまで合意は得られなかった。

一九七八年九月の安保理決議第四三五号の採択で、ナミビア独立は間近という期待が高まった。そういうことを期待する根拠は薄弱であることがすぐに判明した。南アが沢山難癖をつけ、一九八一年初めの「実施予備会議」でも機運を元に戻すことはできなかった。そして米国に促されて南アが安保理決議第四三五号は隣のアンゴラからキューバ軍が撤兵することを条件として実施するという方針にしたため、さらに後退した。キューバ軍は一九七五年のアンゴラ独立時に派遣されたもので、それ以来、アンゴラ領内の人民機構ゲリラの基地を狙って侵攻してくる南ア軍に対してアンゴラを守っていた。一九八二年にはこのキューバ軍問題との「連結」は、安保理決議第四三五号の実施について一見して解決不能の障害となっていた。国連事務総長としては、キューバ軍問題は安保理決議第四三五号の範疇外の問題であり、なお解決されていない問題は選挙制度（一九八五年に解決）、国連支援団の構成と実施決行日だけであるという立場であったが、この立場に対する「連絡国団」の他の四ヶ国の支持の度合いにはぶれがあった。

　当時は、私は、駐アンゴラ大使を二年勤め、主にナミビア問題を扱っていた。人民機構主席のサム・ヌジョマは隣人で、お茶と胡瓜のサンドウィッチを呼ばれに来たものである[九]。しかし話は厄介なもので、「連絡国団」が弱腰であるとか、英国政府がキューバ軍問題との「連結」を支持していると辛辣な批判を受けた。もっと有益であったのは、米国務省アフリカ担当次官補の穏やかで理知的でやや威圧的なチェスター・クロッカーと、彼のもっと溌剌とした副官フランク・ウィズナーとの会見であった。私は彼ら米国側とアンゴラ政府とのパイプ役で当時、米国側の主要な交渉相手であったアンゴラの内相マニュエル・アレクサンドル・ロドリゲス（またの名をキト[一〇]）との間のやり取りを中継した。

　クロッカーとウィズナーはアンゴラ政府に対し、キューバ軍が撤兵しても恐れることはないと説得を試みていた。つまり、ナミビアが独立してしまえば、南アもその向こう側のアンゴラを攻撃したり、アンゴラ内部のジョナス・サヴィムビ率いる反政府運動「アンゴラ完全独立国民連合」[一一]に対して軍事援助を行う口実がなくなる。従って、アンゴラもキューバの軍事援助を受けなくてもやっていけるようになるし、アンゴラ人は、表向きはナミビア人民の解放闘争を支持することになっていても、裏では人民機構を嫌っており、嫌われ者を追い出すこともできるようになる。これはアンゴラ側にとっても有利な取引であるから、事態がさらに悪化しないうちにこの取引に応じておいた方が得である、とクロッカーとウィズナーは論じた。私は、この議論のうち「アンゴラ完全独立国民連合」に関係する部分についていつも不安を感じていた。南アは、アンゴラ政府をこの方面における悪意のマルクス主義勢力と見ていたので、やはり「アンゴラ完全独立国民連合」が政府にとって替わることを望むであろう。もしサヴィムビがアンゴラ北部国境付近を支配し続けるのであれば、南アはザイール[一二]経由で陸路をつたって彼を援助すること

九　訳註、イギリス上流階級風の社交、つきあい。オスカー・ワイルドの The Importance of Being Ernest にも出てくる。この文脈では一種のユーモア。

一〇　**原註**、支配政党「アンゴラ解放人民運動」(Movimento Popular da Libertação de Angola, MPLA) の上層部の大半と同じようにロドリゲスもまだ「戦時名」を名乗り、「戦時名」で知られていた。カンボジアのサロト・サルを「ポル・ポト」と呼ぶようなもの。

一一　訳註、ジョナス・サヴィムビは土地の酋長の子で、自らアンゴラの支配者となるべく生まれてきたと信じていた。「アンゴラ完全独立国民連合」はUnião Nacional para a Independência Total de Angola, (UNITA) の和訳。

一二　訳註、現在コンゴ民主共和国。元ベルギー王レオポルド二世の私有地であった。

ができる。サヴィムビについての私の懸念は、確かに当時は、彼がダイアモンドの違法採掘を資金源として南アからの支援が止まっても戦費を賄い続けるとまでは予測がつかなかったが、実際のところ的外れではなかった。米国側の友人と私の見解が相違したもう一つの点は、キューバ軍に関してであった。私は個人的にはキューバ軍がアンゴラに駐留しているのは結構なことだと思っていた。キューバ軍はアンゴラの教育と保健の水準を驚くほど引き上げ、南ア国防軍がやってきてアンゴラ南部を荒廃させてしまうのを阻止していたからである。

　私は国連事務局に入ってからも時折チェスター・クロッカーないしその仲間との会合に参加した。国連支援団の実施計画は、時折、事務総長特別代表に内定していたマルッティ・アフティサアリ〈フィンランド人〉とその特別補佐セドリック・ソーンベリー〈アイルランド人〉と私の軍事顧問ティモティ・ディブアマ〈ガーナ人〉の間で見直しが行われていた。安保理決議第四三五号の実施が遅れた分、国連支援団は、それまでの平和維持活動のどれよりも、そしてそれ以降のどれよりも、周到に計画が練られた。一九八八年、事態は急速度で進展した。クロッカーの外交手腕と冷戦の雪解けのお蔭でアンゴラとキューバと南アの間で何度も会合が持たれ、ソ連の参加のもとで米国が仲介し、キューバ軍問題との「連結」が了承されるに至った。一九八八年八月に調印された「ジュネーヴ議定書」によれば、キューバ軍（と南ア軍）はアンゴラ領内から撤兵する。ナミビア和平計画[一三]は実行に移される。即時に「敵対行為の停止」[一四]、人民機構軍は南緯一六度線（アンゴラ・ナミビア国境から北へ約一五〇キロメートル離れたところ）以北に部隊配置を変更する。人民機構はこの議定書の締約者ではなかったが、アンゴラとキューバが人民機構にこれに従うよう強く説得する旨約束した。

　一九八八年九月ペレ＝デ＝クエヤル国連事務総長（一九八二年初めにワルトハイムと交替）が安保理決議第四三五号の実施について協議するため南アのボタ大統領に招待された。帰路、事務総長は同じ目的でアンゴラの首都ルアンダにも一泊した。アフティサアリ（特別代表内定）と私も同行した。南アの行政府プレトリア[一五]訪問の目的は、和平計画の実施に関して、南ア政府に、ペレ＝デ＝クエヤル個人が不偏不党であることと、

一三　**原註**、和平計画には一九七八年の安保理決議第四三五号で承認された計画と、その後締結された追加合意書と「非公式了解事項」を含む。

一四　**原註**、これも云い回しの問題。完全な停戦には違いないが、ナミビア和平計画の実施に伴う「決行日」の公式停戦と区別するための云い方。

一五　訳註、南アの行政府はプレトリア、立法府はケープタウン、司法府はボロェムフォンテインに所在している。

一九八二年の「不偏不党性抱き合わせ合意」（「非公式了解事項」の一つ）により国連組織網[一六]も全体として同じ不偏不党性を遵守する約束になっていることを確信させることにあった。南ア側はペレ＝デ＝クエヤルを信用しており、一九八三年と一九八五年の二回にわたる訪問でも、彼は南ア側に以上の二点を確約していた。この時も問題なく済んだ。その間、南アはアンゴラからの撤兵を完了していた。こういうことで、南ア訪問は短く快適であった。アンゴラの首都ルアンダでも同様であった。アンゴラのジョセ・エドアルド・ドス・サントス大統領は和平計画についてのアンゴラの約束を守ると確認し、人民機構主席のヌジョマもジュネーヴ議定書を承諾していると確約した。一九八八年一二月初めには、和平計画を一九八九年四月一日に実行に移すということで合意が成立した。しかし、南アは安保理がキューバ軍の撤兵を検証するために新しく国連平和維持活動（国連アンゴラ検証使節[一七]）を創設するまでは公式文書には調印しないと述べた。これで我々は普段数ヶ月かかる仕事を僅か一週間でやることになった。我々は何とかこれをこなし、一九八八年一二月二二日、ニューヨークで調印式が開かれ、その場でペレ＝デ＝クエヤル事務総長が決行日は一九八九年四月一日であると公式に発表した。

国連アンゴラ検証使節は、一九八九年一月一〇日に現地に配備され、キューバ軍の第一陣の撤兵の検証に間に合った。三十ヶ月間にわたりキューバ軍総勢五万が出国することになっていた。国連アンゴラ検証使節は十ヶ国から派遣された軍事監視員七十名を擁した。この時も私は参加国の枠を拡げ、うち五ヶ国はまだ平和維持活動の経験がなかった。司令官はブラジルのペリクレス・フェレイラ・ゴメス准将であった。彼は着任早々ニューヨーク・タイムズ紙の記者会見に答え、国連アンゴラ検証使節はキューバ兵が一人も残っていないかどうか点検しきれないのではないかという南アの疑念を裏打ちするような発言をして失態を演じた。私が簡潔にこれを咎める内容の伝言を送ったところ、彼は開き直った。私はそれまでに中東へ飛んでいた。ニューヨーク本部は、フェレイラ・ゴメス准将をロンドンに呼び出して私と面会させることと、エルサレムの国連休戦監視機構の上級政治職員クヌートソンを二、三週間アンゴラに派遣し、フェレイラ・ゴメス准将に国連平和維持活動のやり方について教授することに合意した。しかしロンドンでの話し合いは全く苦々しいものであった。しかしクヌートソンはアンゴラでうまくやり、私とフェレイラ・ゴ

一六　訳註、国連機構と別組織だが関連する専門諸機関を含む。本書附録1と第2章29頁参照。
一七　訳註、The United Nations Angola Verification Mission (UNAVEM)。

メス司令官との関係もすぐに復旧した。

この事件は、平和維持活動を未経験者に指揮させることは上策でないことをよく示していた。平和維持活動は普通の用兵とは随分違うものである。どちらかというと警察の仕事に近い。平和維持部隊は関係する個人や団体に約束事を守るよう説得し、かつそうしながら相手方の自己に対する信頼を失わないように気を付け、かつ自己の生命を守るため最後の手段として武器を用いる以外は、武器を使わないようにしなければならない。従って平和維持活動に従事する兵士は、その間は、戦争用の訓練を一まず忘れて、全く別の心構えを身につけなければならない。兵を供出する国の政府は必ずしもこのことを好まない。一九八六年のレバノン南部におけるフランス大隊の危機の時[一八]、フランスの国防大臣は、私が「フランス軍の戦闘意欲を削いでいる」と云って非難した。

フェレイラ・ゴメス司令官の事件には、普通の軍と共通した問題点もあった。司令官は報道関係者にどれだけしゃべっても良いか？　事務総長は立場上、ニューヨーク本部から予め許可のない限り何もしゃべるなと要求する。しかし、これでは物事はうまく進まない。当時の平和維持活動は全てニューヨークから時差にして六時間以上先に進んでいる地域で実施されていた。報道関係者に国連軍司令官の発言についてニューヨーク本部から許可が下りるのを待てとは、特に重大事件の起こったことが知られている場合には、とても云うことはできない。もし報道関係者にそのようなことを云えば、記者たちは紛争当事者を含め、もっといい加減な筋から情報を集め、自分たちで勝手な物語を創作してしまうであろう。その場合、国連の活動について誰が責任を持って発言すべきかという問題がある。それは活動の責任者であり報道官であることは明白である。しかし、それでは軍を供出している各国政府は「現地に派遣した我が軍の兵士」について刺激的な話を政治的に必要としているという点が考慮されていない。こうして、各国隊がそれぞれ独自の報道官を持つという結果になる。同時に通信技術の革命的発展のため、本国の記者たちが、どれだけ遠くの現場に派遣されている部隊に対しても、何か事件が発生したと分かるや否や即座に連絡を取ることが可能になってきた。

私は五つの原則をうちたてようと試みた。

①　報道機関から情報を要請された時は、通常は報道官を通して速やかに回答すること。

②　その場合、即座に回答の内容をニューヨーク本部に伝え、事務総長の報道官との間に齟齬をきたすことのないようにすること。

一八　訳註、本書第5章89頁参照。

③　政治的問題について勝手な憶測をしないこと。
④　事実関係が確かである場合にのみ、具体的な事実を詳細に、特に事件の責任に関係のある部分を詳細に発表すること。実際、捜査の結果、当初発表されたのと違う事実関係が明らかにされ、先の発表を撤回しなければならなくなる程、国連の信用を傷つけることはない。そして
⑤　軍を提供している国向けの情報は厳に現地に派遣されている兵士の安否についての情報に限り、紛争の政治的様相については一切話をしないこと。

私は、以上の五つは簡明であり当然の原則と考えていたが、実際にこれを徹底して遵守させることは至難であった。

それで国連アンゴラ検証使節は最初からぐらついたが、その仕事は割りと単純であった。唯一の重大問題は「アンゴラ完全独立国民連合」によるキューバ軍への攻撃であった。二回の攻撃で十名のキューバ兵が命を落とし、一九九〇年一月撤兵は一ヶ月間中断された。しかし中断された期間はすぐに挽回され、撤兵は予定より早く一九九一年五月に完了した。国連アンゴラ検証使節の成功は、平和維持活動に実行可能な任務が課され、当事者が協力する場合、どれだけ成果があがるかをよく示すものである。

ナミビアでの活動の方が困難であった。安保理の五常任理事国は**国連支援団**の軍事部門の兵力を半減するように迫った。その云い分は、アフリカ南部での近年における緊張緩和により、十年前に国連支援団が計画された頃よりも危険は減っているというもので、南アも同じ見解であった。この提案は非同盟諸国、アフリカ諸国（特に「前線諸国」）、人民機構は集団で激しくこれを拒否した。曰く、南ア政府はナミビアに対する支配力を強化し、一九七八年当時に比べ、ナミビアに配備された兵力も警察力も増強されており、国連支援団の兵力は従って増強されるべきであって、削減されるべきではない。しかし和平計画を下手にいじるのは賢明でない。従って増強は要求しない。計画が今のまま実施されることだけを望む。安保理の五常任理事国もこの点は慎重であるべきである、と。

これは気懸りな動きであった。もし、和平実施計画を書き直す必要が出て、安保理に再承認を請うことになれば、どうやって我々としても兵と文民を四月一日までに現地に取り揃えることができるであろうか？　国連事務局内部でも意見が分かれた。軍事顧問ティモティ・ディブアマは国連支援団の兵力削減には全く反対であった。一九八〇年以来、国連支援団の軍司令官に内定していたインドのデワン・プレム・チャンド将軍も同じく反対であった。彼は英領植民地時代からインド軍に勤め、その時身につけた独特の話し方と行動様式を

全く失っておらず、私にとっては親しみやすかった。彼は国連ではコンゴでの活動[一九]において抜群の功績をあげ、後のキプロスでは一九七四年、トルコ軍がニコシア空港を制圧するのを阻止した実績があった。私はペレ＝デ＝クエヤルの官房長ダヤルと同様ディブアマとプレム・チャンドに賛成した。しかし、ナミビア担当事務総長特別代表に内定していたアフティサアリは、それほど大勢の軍が必要かどうか疑い、五常任理事国の削除命令を受け容れる方に賛成であった。彼も平和維持活動の経験はなく、国連事務局の事務管理局で彼の重要な右腕であったアイルランドの法律家ソーンベリーの影響を強く受けていた。ソーンベリーは一九八〇年代に駐キプロス国連軍、ついで国連休戦監視機構付き上級政治局員を勤めた経験から、平和維持活動において軍人が過度に支配的な役割を果たしており、文民警察を含む文民がもっと十分に役割を果たすべきであると確信するようになっていた。この当時は私には分からなかったが、ソーンベリーのこの見解は全く正しく、国連支援団の成功はソーンベリーが文民部門の要員を集め指揮したその力量によるところが大きい。

　こうして国連を二分した紛議の真ん中にペレ＝デ＝クエヤルは位置していた。一方は南ア、五常任理事国、アフティサアリ（特別代表）。もう一方は、人民機構、アフリカ諸国、非同盟諸国、ダヤル（事務総長官房長）、プレム・チャンド（軍司令官）と私自身。ペレ＝デ＝クエヤルは目に見えて不機嫌であった。南ア代表との会談では、彼は「完全に切れてしまい、何を云われてもうわの空で、一生懸命手帳の頁を小さくちぎっていた」と私の日記は記している。非同盟諸国の立場を支持し、実施計画をそのままにしておくのがペレ＝デ＝クエヤルの性に合っていた。しかし、彼は冷戦後の国連においては五常任理事国が中心的役割を果たすと見ており、イラン・イラク停戦のために尽力した時も、彼は五常任理事国と上手につき合ってきた。一九八九年一月中旬、私がレバノン南部の国連暫定軍視察からニューヨーク本部に戻ってみると、安保理は、既にペレ＝デ＝クエヤルに対し「一九七八年に委託した任務の遂行に差し障りの出ない範囲で、節約できる箇所を具体的に列挙する」よう要請する決議を採択していた。これは例のバルフォア宣言[二〇]のように二律背反の要請を言葉の上でくっつけただけの代物であった。これは、既に非同盟諸国に対して軍事部門の削減は受け容れがたいと発言していた事務総長に対し、全く正反対の勧告を出す責任を押し付けるものであった。

一九　訳註、フランス語でOpération des Nations Unies au Congo (ONUC)。

二〇　訳註、本書13頁原註。

しかしディブアマ（軍事顧問）は目ざとく風向きを読み、窮余の一策を考え出した。ペレ＝デ＝クエヤルはこれで行けると考えた。実施計画の原案は、ナミビアに歩兵六個大隊を配備し、一個大隊を予備として本国に待機させることにしていた。各大隊には三個の実戦中隊を含めることになっていた[二一]。ディブアマ案は、初期段階で現地に配備する歩兵大隊の数を六個から三個に半減するかわり、各大隊の中の実戦中隊の数を三個から五個に増強する。残る四個大隊は予備として本国待機とする。これで許しを得た兵力は安保理決議第四三五号の通り総員七千五百名のままであるが、予算は実戦配備の四千六百五十名分で計算されることになる。作戦行動に従事する兵力の削減率は三個中隊分（一六・七％）に過ぎないが、実戦部隊と後方部隊の比の改善により、国連支援団の全予算は四〇％も削減されることになる。もし活動中に当初の配備数では足らないことが判明すれば、その時、事務総長が安保理に連絡し、その了解を仰いだ上で、総勢七万五千人の大枠の中で、事務総長が必要と考えるだけの予備の大隊を動員する、というものであった。

二一　**原註**、歩兵一個大隊は通常、実戦中隊四～五個、輜重隊一個、事務隊一個から成る。実戦中隊は戦場における作戦任務につく。彼らが「牙」と呼ばれる。あとの二個中隊は「尻尾」と呼ばれる。訳では、「牙」を実戦部隊、「尻尾」を後方部隊と訳す。

この案には、いくつか明白な弱点があった。これで、もう何年もの間歩兵大隊の派遣を準備してきた国を四ヶ国ほど失望させることになる。これらの国々が歩兵大隊をいざという時のために自費で待機させておいてくれるなどと期待できるであろうか？五常任理事国の経済的懸念に照らして、本国待機部隊の動員に許可が下りると考えることは現実的かどうか？仮に許可が下りたとして、当初の配備数では足らないことが判明するような危機が発生した場合、追加部隊の配備が間に合うかどうか？プレム・チャンド〈軍司令官に内定〉は頑として削減案を認めず、ディブアマ案など取るに足らない戯言であると云ってとりあわなかった。彼は当時既に老境に入り、嫌なことがあると怒りっぽくなり、政治的に不注意であった。例えば、彼は南アの将軍の一人をいい男だと熱心に褒めちぎって、南ア贔屓のような印象を他人に与えてしまった。しかし、彼がこの時南西ア人民機構やアフリカ諸国の方を精力的に支持したように、そのような印象は間違っていた。察しがつくように、彼はニューヨーク本部における多角的外交の皮肉な現実にはなかなか辛抱できないようであった。彼は事務総長がディブアマ案に好意的であると聞き及ぶと、それなら軍司令官にはならないと云い出した。国連と事務総長に対する忠誠が大事であると云われてようやく説得された。しかし、この事件のためにナミビアでの活動の間中、彼とアフティサアリ（特別代表）、そして特にソーンベリー（その補佐）との関係にしこりが残り、長く尾を引いた。

事務総長のディブアマ案を推奨する報告書は一九八九年一月二四日に発表された。これは、人民機構、「前線諸国」、そしてアフリカ諸国の加勢にやってきたキューバの外務副大臣リカルド・アラルソンにより糾弾された。彼らはペレ＝デ＝クエヤルが実施計画を改竄し、五常任理事国に買収されたと非難した。（実質的にその通りであった）。アフリカ諸国との苦しい会合のあと、私はペレ＝デ＝クエヤルに、ワルトハイム（前事務総長）が一九七八年にしたように、安保理に「陳述書」を提出し、アフリカ諸国の懸念のいくつかに応えたらどうかと提案した。安保理議長がこれを受けて陳述書の文面について交渉し、アフリカ諸国も渋々納得した。二月一六日、安保理は事務総長の報告書と陳述書の両方を承諾し、安保理決議第四三五号を「原文のまま、決まった通り」実施することに決定した。バルフォアが聞いたら、さぞご満悦であったであろう。

もう残された時間はほとんどなかった。その日の午後、予算原案が総会に提出された。しかし「前線諸国」が、国連支援団が南アの業者から物資や役務の提供を受けることは罷りならぬとまた難癖をつけたので審議が遅れた。こうして予算は三月一日まで可決されなかった。国連支援団の部隊編成は二月二三日に安保理の承認を得ていたが、その日は、我々が目星をつけた部隊提供国相手に説明会を行っていた二日目であった。我々は四角い部屋を丸く掃くようにして急いでいた。二月二六日、プレム・チャンドとその配下の幹部職員がディブアマ〈以上武官〉と伴にナミビアの主都ウィンドホークに到着した。アフティサアリとソーンベリー〈以上文官〉は、まだニューヨーク本部にいたが、この時、プレム・チャンドが私の局と直接連絡を取り始めたことを気にしていた。私は、活動が正式に始まれば、こういう直接の連絡は専門的軍事事項に限られ、政策に関する案件については、軍司令官は特別代表を通して勧告する義務があることを再確認した。我々は全員慎重に事を進めた。これ程広範な文官任務を持った平和維持活動はかつてなく、我々の方でもこれでニューヨーク本部の仕事がどう変わるか考え尽していた者は誰一人としていなかった。アフティサアリは案件の内容に応じてニューヨーク本部の別々の部局に報告してくるのか？それとも一局が全ての報告を受け、必要に応じて他の部局と相談することになるのか？現実には一局集中受理方式が採られ、これはうまくいったが、我々の仕事さばきのやり方が決まるまでにはしばらく時間がかかった。

三月一四日、ペレ＝デ＝クエヤルは南アと人民機構に書簡を提出し、停戦は四月一日に実施されると正式に提案し、両者がこれを承諾するかどうか、あらゆる戦闘行為、作戦行動を停止する必要な措置を採ったかどうか、確認を求めた。三月二一日までに双方が正式にこの提案を受諾した。

しかし、直前になって我々は全てが必ずしも順調に行っているわけではないことを察知した。和平計画は南ア国防軍と彼らがナミビア領内に設置した軍隊がどうなるか、詳細に取り決めてあった。しかし、人民機構の戦士については、単に決行日後は基地に籠《こも》ること、ナミビア領外にいる者はしばらくたって平和的に帰還して選挙に参加できるということしか定められていなかった。この曖昧さは次の二つの問題に対して合意された回答が存在しなかったために発生した。人民機構の基地は何処にあるのか？　そして一体誰が人民機構の戦士が基地に籠っているところを監視するのか？　一九七八年には人民機構がアンゴラとザンビアに基地を置いていることについて争いはなかった。しかし、人民機構はナミビア領内にも基地があると主張していた。この点は南アが争い、人民機構はナミビア領内には決まった基地など持ったことがなく、領内での作戦行動は全て隣接国から侵入してきたゲリラによるものであると主張していた。「連絡国団」は、この点については南アの云い分に傾いていた。とにかくナミビア領内に人民機構の基地があれば、戦士の基地籠りは国連支援団が検証することになることには争いはなかった。しかし領外の人民機構の基地については、アンゴラが、表向き国家主権に関する原則を盾にして国連による監視を拒絶した。一九七八年当時、「連絡国団」は、自分の提案をどうしても安保理に持っていきたいがために、以上の二点を（他の諸点と同様に）後回しにしたのである。

「連絡国団」は一九八二年に問題の二点について検討し直した。この結果が「非公式了解事項」と謂われるもので、「連絡国団」は事務総長に対し、さらなる協議の結果、「国連支援団はアンゴラとザンビアにある人民機構の基地を所在国政府の協力の下監視する」ことなどについて合意が成立したと報告した。これは所在国政府と国連の役割について曖昧さが残ったものの、第二点を解決した。しかし、第一点については、人民機構はナミビア領内に基地を持っているから、それは国連支援団が監視するべきであると云い張った。これは「連絡国団」の受け容れるところではなく、和平計画にはナミビア領内の人民機構兵の監視については何の規定も置かれなかったのである。こうして和平計画の実施が目前に迫る中、国連事務局の我々としては、人民機構は一九八二年の「非公式了解事項」に拘束されることを承諾したものと断定するより他はなかった。また我々は、アンゴラに駐留する人民機構戦士の基地籠りを監視するのに当って、アンゴラ政府と国連支援団の間の役割分担を明確化しなければならなかった。

(ザンビアには人民機構戦士はもういないことは全関係者の承知するところであった)。

安保理による国連支援団設置決定に続いて、私は以上の二点について覚書をしたため、これをアンゴラ政府と人民機構に送付して意見を求めた。不吉な沈黙が続いた。南ア政府は米国政府の後押しを得て、人民機構対策は四月一日の決行日までに実施されると確約するよう迫ってきた。南アにとっては、政治的にも実際的にも、南ア軍の国際監視は人民機構の国際監視と並行して進められることが極めて重要であった。私はそのような確約ができる態勢が整っておらず、国連アンゴラ検証使節の視察も兼ねてアンゴラに飛んで現地で話をつけることに決めた。三月一六日、私がニューヨークを出発する二、三週間前になってアンゴラの国連代表部から訪問を三月二五日まで延期するように要請してきた。これでは決行日まで日がないので、私は、プレム・チャンドの言葉を借りれば、要請を無視して突撃した。

アンゴラに着いてみると事態はよりハッキリし、懸念は一層増大した。アンゴラの外相ペドロ・デ・カストロ・ヴァン・ドゥネム(またの名をロイ)は、私の覚書はドス・サントス(大統領)とヌジョマ(人民機構主席)でしか解決できない問題を挙げており、両名とも彼とともに一週間ジンバブエにおける「前線諸国」首脳会議に出かけて留守で、その後、三日間、三月二八日までアンゴラは休日である、と告げた。私は事態が緊急であることを説明し、何とかロイを説得してジンバブエに飛んでドス・サントスとヌジョマに会うことにした。

次の三日間は国連アンゴラ検証使節の視察に専念した。既に軍事監視員はまとまってよく働いていた。アンゴラとキューバ当局者との関係も優れて良好に見えた。アンゴラ政府は何でも見事に間に合わせる名人であった。私が視察した六ヶ所のうち、一ヶ所を除いてアンゴラ政府は国連検証使節に十分な装備を取り揃えていた。これは二八年間絶え間なく続いてきた戦争で何もかにも荒れ果てていた国としては、かなりの実績であった。

しかし、国連アンゴラ検証使節の方は、心配することはもうなかったが、人民機構の基地の問題は、私は懸念していた以上に深刻であることが判明した。アンゴラ南部の主要都市ルバンゴで参謀長のアントニオ・ドス・サントス・フランサ(またの名をンダル)将軍は国連支援団の軍事監視員がアンゴラ領内に来て、アンゴラ軍が人民機構兵を監視下に置いているかどうかを検証し、ルバンゴに拠点を置くことに合意した。しかし、参謀長はアンゴラ軍がどのように仕事をするのか、まだ答えることはできなかった。ドス・サントス(大統領)とヌジョマ(人民機構主席)の決定を仰がなければならないという。参謀長は、問題の一端は、人民機構の「基地」などというものはほとんどなく、あっても柵で囲まれているわけでもないので、監視しようにも難しいと語った。戦士のほとんどは一個小隊[二二]くらいの小集団に分かれて茂みに潜んでいる。参謀長の見るところでは、「基地」を作って集めようと思えば集められるが、人民機構の方でそう合意しない限り難しいということであった。彼は、アンゴラ政府は一九八二年の約束を守るが、ナミビア領内に人民機構の戦士が武装して出没すれば、アンゴラ政府が非難されることになることを気にしていた。彼は、外相のロイが云ったように、アンゴラ人は人民機構の連中を全員追い払いたいと思っており、連中はアンゴラの主権を尊重せず、連中のせいでもっと南の敵〈南アのこと〉がアンゴラまで攻め込んで来る。（つまりレバノン人がパレスチナ解放機構に出て行ってもらいたいと思っていたのと全く同じ理由）、人民機構の戦士を基地に集めてしまうことで連中がアンゴラに居座るようになっては困ると述べた。

　ドス・サントスは我々がシンバブエまで飛ぶのに大統領専用ジェット機を貸してくれた。サヴィムビの携帯式スティンガー地対空ミサイルにやられないように、高度一万二千五百メートルで飛んだ。映画『ナイアガラ』が上映され、マリリン・モンローが出てきて、おかげで私が国連支援団のアンゴラ派遣隊の隊長となるアイルランドのマイケル・モリアーティ大佐に複雑な政治について説明しようとしても、注意が散漫になってしまった。私はその晩ドス・サントスと面会した。彼は初めのうち人民機構の基地については触れたがらず、南アによる和平協定違反の可能性についていろいろ憶測を述べることに終始しようとした。しかし、私が強く迫ると、彼は、アンゴラは一九八二年の約束を守ること、国連支援団の軍事代表が翌週早くアンゴラに戻るが、これと詳細を協議することを確約した。

　翌朝（三月二三日、決行日の九日前）、ヌジョマ（人民機構主席）との会談はもっと大変だった。彼の見方では、一九七八年八月のワルトハイム事務総長〈当時〉の「陳述書」によれば、人民機構兵はナミビア領内の基地で国連支援団の監視下に置かれる。人民機構はアンゴラとザンビアにおける監視についての一九八二年の合意などは一度も了承したことがない。それは、人民機構側の提案を一切斟酌しないまま一方的に押し付けてきたものである、ということであった。私は次のように切り返した。アンゴラ領内の人民機構の基地が監視されないのであれば、ナミビア和平計画は実施できないと。ヌジョマはこう返した。では、ナミビア領内の人民機構の戦士はどうなるのか？誰が食糧や医薬品を提供するのか？私や国連の他の者はどうして人民機構を苦しめ、南アと宥和しようと

二二　訳註、旧帝国陸軍の一個小隊は約五十名。

するのか？ヌジョマにとっては、国連支援団の仕事とは単に人民機構の戦士をナミビアからアンゴラへ追い出すだけに見えるそうであった。

私は、ナミビアのどこに人民機構の基地があるのかと尋ねてみた。ヌジョマは「何処にあるか、いずれ、明らかにします」と答えた。私は、それで、できるだけビシッと、安保理が了承した実施計画ではナミビア領内に人民機構軍の戦士が存在することを許容していないと云った。それから私はその前の夜にドス・サントスと話したことを述べ始めた。ヌジョマはそれを遮って、「私はアンゴラ側の考えなど聞きたくない。彼らはアンゴラ人である。我々はナミビア人である」と云った。そのうちヌジョマも翌週、国連支援団のアンゴラ代表部に付ける人民機構側の連絡係を任命するよう支持を出すことで合意した。しかし、一九八二年の合意は人民機構にとっては受け容れられないということであった。私は、一九八二年の合意が国連の和平計画の一部であることを強調し、国連としては誰かを特に苦しめたり、宥和したりすることはない、と確約した。

ペレ＝デ＝クエヤルは後年その回顧録『平和のための巡礼』の中で、この会談で我々は、ヌジョマが人民機構は常にナミビア領内に基地を有してきたという自説を裏付けるために戦士をナミビア領内へ投入する可能性があることについて、もっと機敏に対応するべきであったが、私グールディングがニューヨーク本部へ警鐘を鳴らすほど重要なことではないと判断したと書いている。こう書くことは正当であるが、実は、私はこの情報を一早くニューヨーク本部のアフティサアリ（ナミビア担当特別代表）に伝達する必要性を強く感じていた。しかし、ジンバブエにあっては、私には安全な通信手段がなく、南アが私の電話やテレックスを盗聴できると考えていた。この段階で、私は、ヌジョマも恐れていたように、南アは、南アにとっての和平計画の要点にヌジョマが疑問を投げかけていることを察知すれば、必ず計画の実施を阻止しにかかってくると信じて疑わなかった。それで、私はその日の午後、ナミビアにいたモリアーティ大佐にプレム・チャンド司令官宛の書簡を送った。その書簡で、私は書簡そのものと同封したものを暗号ファックスでニューヨーク本部のアフティサアリに送信するように頼んだ。私はプレム・チャンド宛書簡で、モリアーティ大佐には、ヌジョマが国連支援団と直接交渉をもちかけてきても拒絶するように、そして、アンゴラ領内の人民機構の戦士の監視はアンゴラ政府の第一義的責任であることを強調した、と伝えた。

プレム・チャンドが書簡と同封のものをニューヨークにファックスしたのは三月二五日のことであった。これが偶々復活祭の日曜日であった。おそらく、このせいで報告が三月二八日、つまりアフティサアリがナミビアへ出発する前日まで、ペレ=デ=クエヤルのもとに届かなかったのであろう。私はもっと大きな警告を発するべきであったであろうか？後から考えると、間違いなく、そうするべきであったであろう。しかし、ペレ=デ=クエヤルもその回顧録で示しているように、決行日を延期するには時間が足らず、国連支援団の配備は随分遅れていたのであるが、とにかく、ナミビア北部に回す部隊はなかった。そういうことで、私はプレム・チャンド宛にはこう書いたのである。

「私の見るところでは、サム〈ヌジョマ〉としては、人民機構はアンゴラ領内ではアンゴラ軍の監視下に置かれることを了承するしかないであろう。ナミビア領内の彼の武装人員はどれだけ少数か見当がつかないが、もし我々〈国連〉の方で何か考えられたら良いが、そうすると、国連と南アの関係に問題が起こる。」

実は、私は駐アンゴラ大使を勤めていた頃、ヌジョマの癇癪を何度も経験していたので、この最新版を見た時も慣れてしまっていて、本来なら重要視すべきところ、それ程大事件だと思わなかったのでる。さらに、私はニューヨークを発つ前、米国筋から、ナミビア領内への越境侵入は前年の八月に非公式の停戦が実施されてからは、米国も南アもほとんど察知していないと聞かされていた。戦争はもう終ったように見えていたのである。アンゴラ政府について云えば、私は数年来彼らの即応能力を高く評価しており、決行日前の一週間のうちに十分な監視体制を整えることも、信頼してよいと思っていた。

そのヌジョマとの会談の翌日、一九八九年三月二三日、復活祭の金曜日は、私は大ジンバブエ遺跡、すなわち十二世紀から十六世紀にかけてアフリカ南東部一帯に権勢を誇った文明の壮大な、やや復旧され過ぎた嫌いのある跡地を見に出かけた。ニューヨーク本部のディブアマの補佐官の一人であるアイルランド軍のダーモット・アーリー指揮官が同行した。この後、二人でよく旅行に出かけ、良き友人となったが、彼はアイルランド西部でケルト語が話されているゲールタハト県の出身で、若い頃は偉大なケルト人サッカー選手であった。軍人らしく忠誠心、勇敢さ、自発性、的確さ、気力に富み、上官に率直に思うところを述べる点は、国連事務局ではあまり見当たらない性格であった。

ナミビアから大事件の兆しを伝える知らせが届き始めた時、私は国連イラン・イラク軍事監視団の仕事でバグダードにいた[二三]。三月三一日の晩にディブアマ〈私の軍事顧問〉がニューヨークから電話してきて、プレム・チャンドから、アンゴラ

二三　訳註、本書第9章参照。

領内での監視体制がまだ整わないので翌四月一日からの南ア軍の監視もしばらく様子を見ようと提案してきたと伝えた。私は即座にこの提案を蹴った。二つの間違いを重ねても何も良くならない。その夜、数百名の重装備の人民機構戦士がアンゴラ領内から越境してナミビア領内に侵入し始め、この侵入は四月一日中続いた。侵入した戦士は南アの「南西アフリカ警察」に迎撃され、ヌジョマ本人と人民機構の戦士のほとんどにとっての故郷であるナミビア北部のオヴァムボ地方[二四]一帯で停戦違反事件が激発した。四月一日午後、南アの行政総官ルイス・ピエナールは、アフティサアリに対し「南西アフリカ警察」では侵入兵に対応しきれず、国連支援団には十分な数の兵がいないので、その日早く基地に籠らされたばかりの南ア軍を実戦配備するしかないと通告してきた。

　サッチャー英首相はその時偶然ナミビアの主都ウィンドホークにいて、回顧録『ダウニング通の年月』[二五]の中で、どう対応したかを書いている。彼女は南ア外相のピック・ボタにこう述べた。人民機構による和平計画違反に対しては南アは徹底して正しい行動をとらなければならない。独断で南ア

二四　訳註、オヴァムボ族はアンゴラ最南部からナミビア北部にかけて住む。Ovamboland。
二五　訳註、*The Downing Street Years*。英首相官邸はロンドンのダウニング通十番地。

軍を基地から出動させてはならない。国連当局者にそうさせるように、と。彼女はアフティサアリ（特別代表）に電話して事態を伝えた。国連が南ア軍の出動を許可した。そして彼女らしい控えめな表現で「私は適切な時に適切な場所にいた適切な人材であった」と書いてある[二六]。

　サッチャーのした事は助けになった。彼女はピック・ボタに彼女ならではの迫力と権威で正しいことを云った。しかし、この日の現実は、彼女が書いているよりももう少し複雑であった。ボタはその前に単独行動をとらないようにという同じ警告をペレ＝デ＝クエヤルから電話で聞かされていた。彼は、アフティサアリが注意するまで、この電話のやり取りで、事務総長は南ア軍の出動の必要性を理解したと解釈することにしていた。ペレ＝デ＝クエヤルは、このことをアフティサアリから聞くと、南アになめられないように南ア軍の出撃には断固として反対するように命令した。南アは圧力をかけてきた。曰く、拘束した人民機構戦士を尋問したところ、四千人から六千人の仲間がその晩越境侵入を試みる予定であると自供した、と。これを受けて、現地に派遣されている特別代表と軍司令官が、事務総長に対し南ア国防軍の基地籠りを一時的に

二六　**原註**、Margaret Thatcher, *The Downing Street Years*, (Harper Collins, New York, 1993), p.529。

特定の基地に限って中断することを許可するよう勧告した。

この勧告を受けて国連事務局は苦悶した。事務総長は、人民機構の戦士が何百人も南ア軍の手にかかって死ぬことになるかもしれない（現実に死ぬことになった）措置を許可するように要請されたのである。そのようなことをすれば非同盟諸国との関係は難しくなり、ナミビアを独立させる不偏不党の「助産婦」たる国連の信用を台無しにしかねない。一方、人民機構のこのあからさまな和平協定違反に対して、ペレ＝デ＝クエヤルの責任ではないが、国連にはアンゴラ領内から実情を伝えてくる軍事監視員もいなければ、ナミビア領内で事態に対処すべき軍隊もなかったのである。もし南ア軍の基地籠りを解除しなければ、南アと米国とその他の「連絡国」が信用してきた事務総長の不偏不党性に傷をつけることになる。どちらにせよ、南アは恐らく国連の権威を無視するであろう。ペレ＝デ＝クエヤルは、行動すれば呪われ、行動しなくても呪われるという、事務総長なら時々「忍」の一字で歯を食いしばって耐え忍ばなければならない不愉快な立場に立たされた。しかし、もし和平を前進させなければならないのであれば、南ア軍の基地籠りの中断を許可するしか選択の余地はなかった。彼がこの選択をしたことは、彼の実績である。かなりの政治的勇気を要する決断であった。

翌四月二日、アフティサアリは補佐官のソーンベリーをナミビア北部へ派遣した。ソーンベリーは拘束されていた人民機関の戦士二人と会見することを許された。彼らはナミビア領内に武器を持って入って基地を作り国連の監視を受けられるようにするよう命令されたと主張した。もしこれが本当であれば、そしてソーンベリーは本当だと思いかけていたが、越境侵入の目的は、南アが云うような攻撃的なものではなく、和平協定の誤解、おそらくは意図的な誤解によるものに思われた。このためアフティサアリは、南アに対し越境侵入者の取り扱いはできるだけ慎重にするように強く要請した。人民機構は予想通り和平協定には違反していないと主張し、ナミビア領内の戦士は単に武器を明け渡すべき国連の要員を探していただけであると云い張った。南アも、やはり予想通り、越境侵入はまだ続いていると主張した。

四月二日の朝、私はバグダードからニューヨーク本部のディブアマに電信を発し、もし事務総長が望むのであれば、私はアンゴラに戻りアンゴラの大統領と人民機構の主席に会って再び一九八二年の「非公式了解事項」を遵守するよう説得してみると申し出た。その日の午後は、私はヨルダンへ飛び駐レバノン国連暫定軍の当時沸き起こっていた難局について同軍司令官ラース＝エリック・ワールグレンとアイルランド陸軍の参謀長タグ・オーニールと話すことになっていた。

その夜、ニューヨーク本部から可及的速やかにアンゴラへ飛ぶよう指令が来た。ヨルダンでの一日はほとんどレバノン問題に費やされたが[二七]、報道関係者から沢山の電話が入り、**遣中米事務総長特別代表**のアルベルト・デ＝ソトからは中米における平和維持活動（国連中米監視団）が活動を開始すると連絡が入った[二八]。

その晩、私はアーリーを連れてヨルダンを発ちカイロとアディス・アベバを経由してアンゴラへ飛んだ。エチオピアのアディス・アベバ空港の要人ラウンジでは偶然ロバート・フレイシュアと出くわした。彼は、一九八〇年代中頃米国務省でアンゴラのキューバ軍問題を担当していたクロッカーのロンドンでの部下であった人物で、米国の在エチオピア大使館に勤めているという話であった[二九]。フレイシュアはペレ＝デ＝クエヤルが前日安保理に報告書を提出したが、人民機構の越境侵入の規模についてはアフティサアリの報告よりもずっと抑えた内容になっていたと述べた。疑いなく、このことは、国連事務局内部における非同盟諸国を怒らせたくないという思いと、事務総長が下さなければならない決断に対する不満を反映していた。

アンゴラでは国連支援団の小さな派遣隊が迎えに出ており、副司令官のケニア軍のダニエル・オパンデと選挙主任のヒッシャム・オマヤドというガーナ出身の国連本部職員の顔もあった。彼らの報告によればオヴァムボ地方の状況は大変深刻で南ア軍の三個大隊が「南西アフリカ警察」に加勢して越境侵入者狩りを行っている。南ア側は降伏する機会も与えず、殺害するために射撃しているということであった。

こうしてアンゴラの首都ルアンダで十日間の外交折衝に取り掛かることになった。そこでは、人民機構とアンゴラ政府との連絡だけでなく、もし我々がナミビアから人民機構を撤退させることになる場合には必須のキューバとソ連の高官との連絡をとることも容易にできた。ソ連代表はアナトリー・アダミシン副外相で、今回の事件が発生するや否やモスクワから飛んで来ていた。私はペレ＝デ＝クエヤルとアフティサアリにアンゴラでの状況を逐一連絡すると同時に、アンゴラ政府には、アンゴラ領内の人民機構の戦士を監視下に置く責任をきちんと果たし、国連支援団が検証できるようにさせなければならなかった。これは和平を元通り進展させるために必要不可欠の措置であった。

当初、アンゴラ政府は人民機構による越境行為など全くないと主張し、南ア軍がナミビアでの発砲行為を止めるまで、

二七　訳註、本書第5章参照。
二八　**原註**、本書第13章で詳述する。
二九　**原註**、この六年後（一九九五年）彼はリチャード・ホルブルックと共にボスニアに関するデイトン合意（本書389頁参照）に向けて交渉中サラエボで事故死した。

人民機構の戦士は監視しないと云っていた。しかし、私はすぐにソ連のアダミシンから、アンゴラ軍は南緯十六度線の北側の二ヶ所に人民機構の戦士を集結させており、国連支援団にはできるだけ最小限のことしかさせたくないようであるが、アンゴラ側としても国連側の監視に関する提案を受け容れるために相当努力しているという話を聞いた。

　四月五日早く、ニューヨーク本部から電話が入り、決まった日時に停戦を回復できるようにすること、ナミビア領内の国連支援団監視下に人民機構戦士の一時的集結場所を設立すること、南ア軍は停戦回復から四十八時間以内に基地に戻ることを提案する準備を進めていると聞かされた。集結場所に集まった人民機構戦士は武器を携帯したままアンゴラへ護送されるか、武器を国連支援団に渡して文民としてナミビアに帰還するか選択できることにしたいということであった。私はさらに二点付け加えることを勧めた。人民機構の越境行為の即時停止とアンゴラ領内の指定された地点に戦士を集結させること。私は明言しなかったが、このような分かりきった点を挙げたのは、国連本部側はまだ人民機構が大変明確に停戦違反を犯した事実を認めたくない様子でいることを示しているように思われたからである。その日の晩、私はこうしてできたペレ＝デ＝クエヤルの提案をアンゴラ政府と人民機構に提示する許可を得て、即座に実行に移した。

　翌四月六日、アンゴラの首都近郊の大統領官邸で「前線諸国」首脳会議が開かれた。午前中、私は議長国ザンビアのケネス・カウンダ大統領にペレ＝デ＝クエヤルの提案を手渡した。彼の反応は驚くほど良好であった。ソ連のアダミシン副外相など、さも気に食わないという風に、所々「穴」があるが、人民機構が受け容れるのであれば、ソ連も了承すると云っていたが、それとは全く違った。カウンダ大統領は「前線諸国」の他の首脳が説明を求めるかもしれないので、同席して欲しいと要請した。午後遅くなってから呼び出された。選挙主任のオマヤドが同伴した。彼は国連職員が「前線諸国」の首脳会議に出席するのは、この時が初めてだと云っていた。

　各国大統領は長方形に並べられた革のソファーや肘掛け椅子に着席していた。長方形の一番奥の席に議長のカウンダ大統領が座り、その反対側に私とオマヤド用の椅子が用意されていた。私の向かって左手の一番手前のソファーにはヌジョマ（人民機構主席）とタムボ（アフリカ国民会議）（南アの黒人勢力の代表）、その向こうのソファーにムウィニー（タンザニア）とマシレ（ボツワナ）が着席した。私の向かって右手に一番手前のソファーにはムガベ（ジンバブエ）が孤りで着席し、その向こうにチッサノ（モザンビーク）とドス・サントス（アンゴラ）の二人のポルトガル語を話す大統領が着席した。各国外相は右手のソファーの後ろの椅子に一列に着席した。左手のソファーの後ろは巨大な板ガラスの窓越しに太陽の日差しをいっぱいに浴びた水泳プールに臨んでいた。空調がやたらと強く効いていた。オマヤドと私が着席した後、カウンダ議長が歓迎の挨拶を始めたが、ヌジョマ（人民機構）は不機嫌そうにこれを遮り、ヒディポ・ハムテニャ（人民機構情報部長）がまだ外相席に着いていないので、まだ会議を始めるべきではない、と述べた。会議は彼を探して来るまでの間中断された。チッサノとドス・サントスがひそひそ話をしていた他は、誰も話をしなかった。ヌジョマは私と視線を合わせないようにしていた。私は、まるで教会堂の中にでもいるような感じがした。

そして、ようやく会議が始まった。議長のカウンダ大統領だけが発言した。曰く、徒らに人命を失うことを止めるために首脳会議は人民機構の全面的賛同を得て国連事務総長の提案を受け容れることに決定した。人民機構は、さらにその全戦士がナミビア領内の集合場所で武装解除されることに合意したが、首脳会議は、人民機構の指導者たちがナミビアに戻るまでの間、彼らが集合場所において国連支援団の保護下に置かれることを望むということであった。この最後の修正は、おそらくアンゴラ側の人民機構を領外に追い出したいという願望と、人民機構の武装解除されてもナミビア領内で国連監視下に置かれたいという願望を反映していたものと思われる。私は、首脳会議の決定に感謝した上で、事務総長の提案を修正することになる点もあることを指摘するにとどめた。私は、事務総長には、この修正は南アとの関係で問題になることを認めた上で、和平を先に進めるためには、南アの方もナミビア領内に入って来た人民機構の者でまだ命のある者に対して一定の敬意を払った措置をとることを了承してもらわないと困る、という私見を再度伝えた。

翌四月七日、アンゴラによるアンゴラ領内の人民機構の戦士の監視は順調に進んだ。ンダル参謀長とヴェナシオ・ダ・ムラ副外相はアンゴラ領内にある人民機構の各所在地に一つ一つ国連支援団の駐在所を設けるという点を除いて、我々の提案を全て受け容れた。（翌日、ドス・サントス大統領が駐在所の件もしぶしぶ了承した）人民機構の戦士は全てルバンゴに既に三つある基地と、南緯十六度線の少し北側にこれから設けられる二つか三つの野営地に籠《こも》ることになった。

翌四月八日朝早く、ドス・サントス大統領に呼び出された。報道関係者の前で演出された演説では、彼は、人民機構の方が和平の進展を元に戻す必要があると述べた。カメラが去った後、彼は、南アの方は、いくら「前線諸国」の方で越境侵入者がナミビアに留まれるように望んでも決して容認しないと確信していると述べた。彼は、ヌジョマ（人民機構主席）にこの現実を受け容れ、アンゴラ領へ戦士を呼び戻すように一生懸命説得しており、ヌジョマが受け容れる可能性は十分にあると考えていると述べた。もしそうなら事態は大きく進展する。このことは、その晩遅くハムテニャ（人民機構情報部長）が、ドス・サントス大統領が予想した通りのヌジョマの声明文を持って私のホテルまでやって来たことで確認された。声明文には、人民機構にはナミビア領内で戦士を基地に籠らせる権利があるとか、南アによる「民族皆殺し的虐殺」や「野蛮な大量虐殺」などといった言葉の遊びも含まれていたが、核心部分は、人民機構指導部がナミビア領内の戦士に七十二時間以内に停戦し、アンゴラへ出頭するよう命じるという決定であった。このような決定は戦士たちの意図に反するものであるが、「我々（人民機構）は、こうすることが我が国民の長期的利益にかなうことになると確信した」そうであった。

　こうしてヌジョマは**アンゴラ・キューバ・南ア合同委員会**（米ソ傍聴）の緊急会議の直前に矛を収めた。この委員会は一九八八年一二月に設置され、ナミビア和平計画の解釈と実施についての問題を解決することになっていた。緊急会議は四月八日から九日にかけてナミビアの主都ウィンドホークに程近い狩猟用の保護区エトジョ山で開かれ、クロッカー（米）、アダミシン（ソ連）、アフティサアリ（国連側特別代表）、ピエナール（南アの南西アフリカ行政総官）も出席した。エトジョ山宣言は、アンゴラ・キューバ・南アの三国がナミビア和平に責任を持つことを再確認し、四月一日前の状況に事態を復旧する方策を定めた。これはペレ＝デ＝クエヤルの提案に沿ったものであったが、一つ重要な相違点は、人民機構の越境侵入者は全てアンゴラへ帰るという点であった。これはアンゴラのドス・サントス大統領の努力の成果であった。これは、彼が、「前線諸国」の仲間や国連事務職員が当初期待した以上に、人民機構に対して強く出ると決意しなければ、とてもかなわないことであった。こうして危機の最悪の局面を何とかしのぐことができた。しかし、和平を元に戻すのには、それからまだ六週間もかかった。さらに、この危機で、国連支援団にとっては次の七ヶ月間にわたり痛いトゲが突き刺さったままになった。それは、「鉄梃隊《かなてこ》」[三〇]と呼ばれる残忍さで悪名高い南ア「南西アフリカ警察」の反乱対策部隊が復活したことであった。この部隊は一九八八年一二月、ナミビア和平実施前の信頼醸成措置として解散されていた。

　この危機の責任は誰にあるか？　まず非難されるべきはヌジョマである。ペレ＝デ＝クエヤルがその前月に送った停戦に関する書簡は、越境行為を禁止されている「戦争ないし作戦」行動の一つとして明示していた。これ程あからさまな停戦違

三〇　**原註**、koevoet。アフリカーンス語で「かなてこ」を意味する。

反をすれば和平が潰れてしまうかもしれないことは、想像に難くなかった。私は、ヌジョマが何を考えていたのか、まだよく理解できない。彼は、いつもナミビア領内に人民機構の戦士を有していると云い張り、その点について疑われると、いつも怒り出した。これは、一種の強迫観念に取り憑かれて いて判断力が狂い、どんな危険を冒してでも、何が何でもナミビア領内に戦士がいることにしなければならなかったのであろうか？ひょっとすると、ロバート・ムガベ（ジンバブエ大統領）が、一九八〇年の自分の選挙の時[三二]、旧ローデシア領内の野営地に「ジンバブエ・アフリカ国民統合愛国戦線」の戦士を維持しておいたことで選挙に勝ち、ジンバブエ独立を指導することができるようになったと入れ知恵し、危険を冒してでも越境侵入することを示唆したのかもしれない。また、ひょっとすると、ヌジョマは、人民機構の戦士が越境さえすれば、友好的な国連軍を見つけて平和的に武器を明け渡すことができると本気で信じていたのかもしれない。

しかし、ヌジョマだけが責められるべきではない。安保理の五常任理事国にも応分の責任があるし、ひょっとすると、こちらの責任の方がずっと重いかもしれない。五常任理事国は実施直前になって十年以上前に「連絡国団」が当事者と包括的に交渉してできた和平計画を変更した。常任理事国のうち三国は当の「連絡国団」の一員であった。こういう交渉ではいつでもそうであるが、どの当事者であれ、協定に百％満足していることなどあり得ない。あらゆる当事者にとって、和平案とは戦争を続行するよりもましに思えるだけで、微妙な得失の均衡の上に保たれている。人民機構と「前線諸国」側の最大の得点は、ナミビア領内に無視できない兵力を備えた国連軍を展開させることであった。この国連軍の兵力をほぼ半分近くまで削減してしまえば、均衡は崩れた。予想通り、非同盟諸国が全くもっともな抗議を行い、実施準備が数ヶ月も遅れ、この為、和平実施の日には、ナミビア領内にはその半減された兵力でさえまだ到着していなかった。

ペレ＝デ＝クエヤル事務総長としては、決行日を国連軍が到着するまで延期するよう勧告すべきであったであろうか？後から考えるとそうすべきであったと考えることになりやすい。しかし、当時は、私は事務総長にそう助言しなかったし、仮に、私が助言したとしても、アフティサアリ（特別代表）とソーンベリー（同補佐）が反対したであろう。事務総長がそう勧告したとしても、安保理の常任理事国のうち西側の三国が反対したであろう。英、米、仏は後にボスニアで、事務総長

三二　訳註、一九七九年のロンドンのランカスター・ハウス協定に基づき、英連邦の「平和維持」活動が、英領ローデシアにおいて現地白人勢力による違法な「一方的独立」状態を終え、黒人住民に選挙権を与えた全住民選挙に基づく正統政府樹立を助けた。

がどれだけ安保理から託された任務を遂行するために必要な兵力を揃えて欲しいと懇願しても、全く聞く耳を持たなかった。他の問題もある。例えば、仮に国連支援団の歩兵大隊が四月一日までにナミビア北部に配備を完了していたとして、それもディブアマ（国連軍事顧問）の代案である増強された二個大隊ではなく、原案通りの軽四個大隊が配備を終っていたとして、それで事態に十分に対応することができたであろうか？それとも国連軍が越境侵入者を集め、国連の保護下に置いて武装解除する前に、南ア「南西アフリカ警察」が越境侵入者と交戦してしまわなかったであろうか？そして、仮に国連支援団がうまくやったとして、果たして南アが、人民機構がナミビア領内に例え武装を解除された上であったとしても、事事実上存在してしまうことを容認したであろうか？誰も確かな回答はできないであろう。しかし、以上の問題に答えを出すことができないからといって、英、米、仏三国はナミビア和平決行日に起こった大惨事について責任を免れることはできない。

私は、ヌジョマとは決行日前の三月二二日にジンバブエで会って以来、一度も話をしていなかったので、ナミビアで数百名の戦士を失い、生き残った者を全員アンゴラに引き揚げさせなければならなかった屈辱をどう感じているものか、時々気になっていた。四月一〇日の晩、私は人民機構のハムテニャ情報部長に付き添われてヌジョマ邸に赴いた。ヌジョマはムッとするほど臭い小部屋に座っていた。部屋はビデオ用品でいっぱいで、マルクス、エンゲルス、レーニンの綴織が飾られていた。ハムテニャ情報部長は「ペレストロイカ前の贈呈品」であると説明した。ヌジョマは、この時大変攻撃的な口調で、アンゴラ政府は昨日四月九日にエトジョ山で何が決まったのかまだ何も知らせてこないと文句を云った。（私は、アンゴラ側にはナミビアから戻り次第、人民機構の方に報告するよう頼んでおいたのであるが）。そしてエトジョ山で出された宣言の不明確な点を説明するのは、国連の責任であると強く要求した。私自身、アフティサアリ（特別代表）に同じ点を理解できるよう説明を求めていたのであるが、まだ返事をもらっていなかった。それで、この場は、ヌジョマが直接自分でアンゴラ側に問い合わせるように云うしかなかった。彼は実に嫌そうで、疑いなく、ドス・サントス大統領の対応に腹を立てていることが見て取れた。

二日後、私は気になってペレ＝デ＝クエヤル（事務総長）に電信を送った。アンゴラ政府はまだエトジョ山宣言について人民機構に報告していないこと、キューバが人民機構に対し、公表された文面は合同委員会で交渉されたものと違うと云って、話をもっとややこしくしたこと、我々としては、ナミビアからの人民機構の引揚者の受け入れについて、アンゴラ軍からまだ何の情報も得られないでいることを伝えた。もう一つの問題は、プレム・チャンド（軍司令官）が、アンゴラ領内における人民機構軍の籠営《ろうえい》は、どうしても国連支援団が直接責任を負うべきであると主張していたことであった。私は、彼にそういうことはアンゴラ政府の受け容れるところとはならないと明言した。

プレム・チャンド（軍司令官）は自分の意見が通らないと機嫌が悪く、また私に辞職を願い出てきた。彼は、自分で確信を持てないような活動計画に責任を持てと云われるのは公正でないと文句を云った。もしかすると、彼に替って誰か、もっと新しく客観的なやり方のできる人材を軍司令官につけるべき時がきたのかもしれない。彼は、私が一定の政治的制約の中で仕事をせざるを得ないことは理解していた。彼は同時に、私の方も、彼の考慮しなければならない現場の実際上の制約を理解しているものと信じていた。

私も、彼の思いには同情できるところもあった。平和維持活動というものは、軍司令官に軍事的見地からはあまり感心できない措置を採るよう要請することがあるものである。時には、作戦上あまりに馬鹿げているので、将官が上司の文官から受けた命令に疑問を呈することがもっともな場合もありうる。現実に、一九九五年七月、ロンドンで開かれたボスニア和平実施のための国際会議で、国連軍のジャンヴィエとスミス両将軍が、勇気を持って、異議を申し立てた。しかし、平和維持軍の司令官は、軍事的に感心できないような、そしても戦争中であれば決して許されないような作戦を採ることが要求されるのである。平和維持軍は戦争をしているわけではないので、そういう作戦もその政治的効果のために正当化されることもあるのである。アンゴラ領内における人民機構の監視はまさにそういう例であった。プレム・チャンドが、私の話したような措置では国連支援団は人民機構の全兵士がアンゴラ領内の「基地」に籠っているかどうか保証できないと云うのは、その通りであった。しかし、アンゴラ政府は、この目的の達成のために必要な実質的な兵力を国連軍がアンゴラ領内に展開することを容認する気はなかった。この時点では、国連にとっては、アンゴラ領内の人民機構の戦士が確実にくまなく監視されることよりも、アンゴラ政府が約束どおりキューバ軍の撤退とナミビア和平の進展に責任を持ち続けるように取り計らうことの方が重要であった。軍事的効率性よりも政治的便宜の方が優先される必要があった。

焦点は、首都ルアンダから南部のルバンゴに移った。南アフリカ向けに、エトジョ山での合意がきちんと履行されていることを証明する必要があった。これで、次の週はほとんどアンゴラ南部で過ごすことになった。私は居心地の悪い二つの三角関係に囚われる羽目になった。一つは、私自身とンダル（アンゴラ参謀長）とヌジョマ（人民機構主席）。私は、確実に、人民機構の戦士をナミビアから撤退させ、南緯十六度線以北の基地に籠らせるよう、この両名に強く圧力をかけざるを得なかった。これで、ンダルが機嫌を損ねた。ンダルはマラリアに罹患しており、兵站や事務的な後方支援も無く、事の仔細について全てドス・サントス（大統領）の指示を仰がなければならなかった。彼は、私に、ちょっとそこをどいてくれ！兵士に仕事をさせるためだから、首都へ行かせてくれ！とまで云ったことがある。私が圧力をかけるのでヌジョマの方も機嫌を損ねた。彼はアフティサアリ（遣ナミビア特別代表）では仕事が勤まらないとか、人民機構が多数の死者を出したのは、国連の責任であるとか、いろいろ云いがかりをつけてガミガミまくしたてた。私の方は散々待たされ、ンダルもヌジョマも約束したことを何度も破るので、気分を害した。さらに、ンダルとヌジョマの間にも、ヌジョマの高慢がえった態度と、人民機構を国外に追い出したいというアンゴラ側の露骨な態度のため、緊張関係が生まれていた。ヌジョマがルバンゴ市に初めて姿を現した時、私は、その身辺警護の数と武装と横柄な振る舞いに驚いた。これを見ていると、「パレスチナ解放機構」（ＰＬＯ）の指導者たちがチュニジアに放逐されてしまう前、ヨルダンやレバノンでどんな振る舞いをしてきたかが思い出された。ヌジョマは、ちょうどアラファトがシドン市を我が物顔で歩いていたように、ルバンゴ市を闊歩していた。

もう一つの三角関係は、私自身とナミビアの国連支援団とニューヨークの国連本部であった。ニューヨーク本部では、アフティサアリ（現地特別代表）が南アを制御できないことと、私がアンゴラ領内の人民機構の基地に国連支援団を効果的に配備することができないでいることに、ペレ＝デ＝クエヤル（事務総長）が次第次第に不満をつのらせていることが、その電信から明らかになっていた。もちろん私自身も、特に南アの軍ないし警察が人民機構のナミビア領内の全ての集合場所の周辺に配備されたことが判明したため、不満であった。このため、人民機構の戦士は、国連が数も数えられず、検証もできない間に、越境して撤退してしまった。このため、南アはまだ大勢の戦士がナミビア領内に残留していると主張し、南ア国防軍は従って基地に戻ることができないと粘ることができた。私と国連支援団の関係はと云うと、アフティサアリ（特別代表）とは問題なく友好的にやっていた。しかし、プレム・チャンド（軍司令官）との難しい関係は続いていた。私は、またあれだけ苦労してドス・サントス大統領を説得して何とか受け容れてもらった二十八名の軍事監視員を国連支援団が素早くアンゴラに派遣できないことに腹が立っていた。ひょっとすると、この怒りは不公平であったかもしれない。しかし、軍事監視員がいないと、我々としても、アンゴラ軍が確かに人民機構の戦士の基地籠りを監視しているかどうか、検証する手立てがなかった。

四月一八日、つまりナミビア領内から人民機構の戦士が撤退すべき期限が到来する三日前、私はオマヤド（選挙主任）とアーリー（私の軍事顧問の補佐）を連れて、人民機構の戦士がチベムバという「基地」に籠りに行く途中に立ち寄るカハマという中継点を訪れた。オパンデ（国連支援団副司令官）も人民機構の基地に配属されるべき最初の八名の軍事監視員と伴に現場に来ていた。彼ら軍事監視員は、ナミビア領内の教会からあずかってきた軽く負傷した一名を含む、三名の人民機構の戦士を連れていた。私は三人をヌジョマ（人民機構主席）に引き渡した。ヌジョマは、この兵たちに会っても別に喜びもせず、兵たちの方も、ヌジョマに会っても全く何も感じていないようであった。翌日人民機構の兵約六十名を乗せた車列がカハマを通過して北へ向かった。彼らは、トラックの荷台に乗せられ、重装備で大変しょんぼりしていた。国連隊はトラックの列にそって歩いて、誰か英語を話せる者はいないか？と尋ね回った。誰一人として話せると名乗り出る者がなかった。兵隊たちはただムッとした表情で敵対的に我々を睨み付けるだけであった。そして二人の「将校」が前に歩み出た。二人はアンゴラ人（ンダルがそこにいた）と報道関係者とだけ話がしたいということであった。両名とも、アルコールか麻薬に犯されているようで、もう何度も聞かされてきた例の話をした。ナミビアで十年戦ってきた。国連支援団に基地に集められ監視下に置かれることを期待していた、云々。

我々は、そこからヘリコプターでナミビアとの国境上のルアカナという場所へ飛び、徒歩でナミビアへ入り、近くの集合場所を訪れた。そこで国連軍事監視員の残り二十名と車両十台が新しい持ち場に来る手はずになっていた。集合場所は小高い丘の上にあり、マレーシアの軍事監視員、英国の通信兵、豪州の工兵が詰めていた。人民機構の戦士はまだ一人も集まっていないという報告であった。その訳はハッキリしていた。僅か百メートル先に南ア国防軍・警察の合同駐屯所があり、装甲車が停車していた。特に行方不明の国連隊について何の情報もなかったので、我々は、南ア軍の駐屯地に向かった。

行ってみると、何と、そこにはさらなるマレーシアの軍事監視員が配置されていた。士気は低く、不平不満だらけであった。南ア軍は協力しない、国連支援団からは何の支援も来ない、何の連絡も許されない、国連の旗もない、もっと西の方の集合場所に出向いてきた人民機構の兵数名をヘリコプターで運ぶように要請しても何の応答もない、と。この日、国連支援団について聞かされたことは、全てガッカリさせられることばかりであった。プレム・チャンド（軍司令官）が軍事監視員を国別に組織して配備することにしたことも、その一つであった。軍事監視員は各国混成で組分けし、各国将校が国の威信にかけて競って仕事に励むようにするのが、国連の普段のやり方であった。なお行方不明中の国連監視員について唯一の手がかりは、国連支援団のトラックが二台やって来たことであった。トラックを運転してきたポーランド人将校は、主部隊は二、三時間遅れて来ると云った。それで、我々はアンゴラへ戻ることにし、日没の頃、ルバンゴ市に着いた。

その翌日は、長編叙事詩のように次から次へと色々な用事で果てしなく待たされた。まず、ナミビア領内に残留している人民機構兵をどうしてアンゴラへ引き揚げさせるか協議するために開催されたアンゴラ・キューバ・南ア合同委員会の結果報告。ンダル（アンゴラ軍参謀長）との会見。モリアーティ（国連支援団のアンゴラ派遣隊長）をチベムバ基地偵察に派遣することの許可。アンゴラの首都から送られてくる筈の衛星通信受信機の到着。行方不明中の軍事監視員の到着。何も来ない。結局、最後の軍事監視員だけが夜九時、ナミビアとの国境近くのルアカナから車で十五時間かけて到着した。彼らが持参したのは、発電機七機だけ。それも電線さえついていない代物で（国連支援団のさらなる「偉業」）、兵站は火の車となった。その上、体重百二十キログラムの巨体のパナマの少佐が、どうやらここルバンゴでまともなホテルに泊まれると思っていたらしく、芝居人のように実に大袈裟に騒ぎ立てたので、大混乱に陥った。私も、ニューヨークから離れて六週間目に入っていたので、癇癪を抑えるのにも限界が来ていた。

次の日になって、ようやく道が開けてきた。モリアーティ（国連支援団アンゴラ派遣隊長）がチベムバに行って「ホー・チ・ミン（胡志明）同志」という名前の人民機構の参謀長と「危険同志」という名前の、我々が二日前カハマ中継所で出会った将校の一人と和やかに話をしてきた。（「胡」同志はモリアーティを「モラリティ（道徳）同志」と名付けた）しかし、恐れていた通り、そこには「基地」と云っても周囲を取り囲む柵もない四百平方キロメートルの茂みであって、このような場所に「籠る」のを「監視」するなど、単なる幻想に過ぎなかった。翌朝、ンダル参謀長が二つの良い知らせを持って私に会いに来た。合同委員会で南アの治安部隊は全て、人民機構の残存兵力がアンゴラへ撤収し易いように、六十時間基地に籠ることに決まり、国連支援団の軍事監視員をチベムバとカハマの両地点に配備して良いことになった。

私のアンゴラでの仕事は終った。我々はルバンゴの西のダ・レバ山という断崖絶壁を横目に見ながら車を飛ばし、順に熱帯雨林から草原そして砂漠へと様変わりしていく平地を横切り、ナミベという町で海に出た。そこの空港にはやたらと快適な重役用の特別ジェット機が待っていた。これはアフティサアリ（特別代表）がウィンドホーク（ナミビアの主都）からよこしたもので、スチュワーデスもシャンペンも贅沢な料理もそろっていた。しかし、一区切りついた悦びもつかの間、我々を出迎えたカナダ人の大佐二人から国連支援団の運営について山ほど苦情を聞かされることになった。アフティサアリ（特別代表）とプレム・チャンド（軍司令官）と一緒に夕食をとったが、これで、プレム・チャンドの精神状態が私の危惧していた通り悪化していることが判明した。特に、彼の人民機構に対する敵意はものすごいもので、この僅か三ヶ月前、予算の件で彼自身が人民機構の立場を擁護したのと正反対になっていた。翌日、私は英国、カナダ、豪州の各国隊の隊長が合同で本国政府に対しプレム・チャンド（軍司令官）の指揮権について不服を申し立てる計画でいることを聞かされた。アフティサアリ（特別代表）と私は、プレム・チャンド更迭案は全て揉み消すことに決定した。ニューヨーク本部に、この更迭案に賛成する者などいる筈がなかった。彼はこれまで国連機構に忠実によく尽くしてきた実績があり、国連の仲間内では大変好感を持たれていた。我々としては、手持ちの札で頑張るしかなかった。

　私はナミビアには四日間滞在した。最初の二日間は主都ウィンドホークで状況説明を受け、外交使節と接することに費やされ、三日目と四日目はナミビア北部の現地視察となった。説明では順調に行っているようであった。確かに国連本部が南アからの必要物資の調達を禁止したことで、ほとんどあらゆる物が不足していたし、地雷耐久性車両が無くて活動範囲も制限されていた。しかし、物資不足は五月中旬にはほとんど解消され、国連支援団の皆もナミビアの現実に見事な速度で適応していった。南アの協力にはむらがあった。目の前で行われていることに露骨に不快感を表す将校もいたが、紀律正しく命令されたことはきちんとやっていた。陸軍部隊には正しい命令が出ていたらしく、撤退を始めていた。警察にはどういう命令が出ていたのかは、より不明確であった。警察は軍と違って、移行期間[三二]を通して配置についたまま、法と秩序に関して第一義的責任を負うことになっていた。もし、彼らが、和平計画で要求された通り「正しく行動」していると**国連事務総長特別代表**が満足できるようにするためには、警察の仕事を根本的に再定義し直す必要があった。ナミビア北部のオヴァムボ地方を二日間視察して、私の思った通りであることが証明された。「警察」による残虐行為の報告をたて続けに聞かされた。この「警察」と呼ばれる存在が、国連支援団に災難をもたらすことになると。

　北部視察第一日目は、キャプリヴィ地区という名の、ナミ

三二　訳註、被占領状態から独立へ「移行」する期間。和平計画実施期間。

ビア北部を東へ向かってチョベ川とザンベジ川が合流し一八五〇年代デイヴィッド・リヴィングストンが布教活動の拠点を設けたリニャンティの近くでナミビアとザンビアとジンバブエとボツワナの四ヶ国の国境が交わる点まで延びている、長細い帯状地を訪問した。キャプリヴィ地区の北側はアンゴラ領土の南東部で、ほとんど人は住まず、ポルトガル人はここを「世界の果ての地」[三三]と呼んだ。実は一九七五年から六年にかけて「アンゴラ解放人民運動」[三四]とキューバ軍に打ち破られたサヴィムビが、ここで南アと米国の支援を受けて「アンゴラ完全独立国民連合」を組織していた。

我々は、キャプリヴィ地区では和平計画で解体される予定の「市民軍、特殊部隊、民族軍」の一つとされたブッシュマン大隊を視察した。カラハリ砂漠出身の「先バントゥー」種族ブッシュマン[三五]は、砂漠で足跡を追跡する能力を買われて、南ア国防軍に仕えた。この大隊とその家族は、ギリシャ語のアルファベットで「オメガ」と呼ばれる町に定住させられていた。「オメガ」は南ア軍が保健、教育、地方行政、売店、礼拝所等手取り足取り世話をしている軍隊丸抱えの町で、おかげでブッシュマン本来の移動狩猟民としての生活様式は全く維持されていなかった。ある南ア軍の大佐が、兵役解除後、定住状態を解かれた彼らが、どうやって生きていけるかと心配していたことに感銘を受けた。しかし、アフティサアリ（特別代表）は、そのような「帝国主義者の身勝手な温情主義」は独立とともに消え去るので、私がそういうことに感心しているのはおかしい、と叱った。私はまた、国連支援団のフィンランド大隊がキャプリヴィ地区に足場を固めようと頑張っているその気合いにも感服した。フィンランドの宣教使節は一八七〇年代からナミビアで活躍していたが、フィンランド兵たちがついにフィンランド出身のアフティサアリ事務総長特別代表の下、この土地の独立を支援するために働いていることは、喜ばしかった。

その夜は、我々は旧ドイツ軍の要塞の一つ（ドイツ式の立派な振舞い）で過ごした。当時はエトシャ低地野生動物保護区を訪れる観光客のためのホテルに改装されていた。そこの他の住人は、呑んだくれの中年のドイツ人入植者であった。連中は即座にアフティサアリの存在に目がとまったようで、彼をからかい始めた。試練の始まりは、連中が冷やかしに寄って来て、腕を彼の身体に回し、頬ずりをするところから始

三三　訳註、terra ao fim do mundo。
三四　訳註、これが政府軍。
三五　訳註、サン族。ホッテントット（コイ・コイ族）と一緒にしてコイ・サン語族と呼び、舌を打ち鳴らす音を言葉として用いるのが特徴。なお、「バントゥー」（人民）という言葉は、元来アフリカ中南部の黒人を指す純粋に科学的用語であったが、南アの「バントゥー祖国政策」などのために人種差別的響きを感じる人もいるので注意。

まった。連中が彼の頭に変てこりんな帽子をかぶせて写真を撮り、どうしてナミビアの問題を自分の力で解決できるなどと思ったのか、などと挑発的な質問を浴びせかけるようになると、凄みが出てきた。私は、これはただごとではないと思って、ホテルの管理人に何とかできないかと頼んだ。管理人は単に肩を窄めて見せるだけであった。しかし、アフティサアリは挑発に乗らず終始冷静であった。うるさい連中もそのうちに飽きてきたようで、元のテーブルに戻った。次の日の晩は、私はウィンドホークに戻り、ナミビアの最高裁判所の首席裁判官ハンス・ベルケル夫妻との夕食会に呼ばれた。夫妻もドイツ系ナミビア人であった。夫妻の自由主義的な思想、愛国心、和平の進展への責任感を見て、その前の晩の野卑な連中から受けた印象を拭い去ることができて良かった。

ペレ=デ=クエヤルからは、不本意ながらも、私がアフティサアリ（特別代表）と一緒にケープタウンにおけるアンゴラ・キューバ・南ア合同委員会の会議に出席しても良いという承諾の知らせが届いていた。最大の案件は、南ア国防軍が人民機構兵の撤退を検証し、人民機構の武器の隠し場所を探し出して回収するために、さらに二週間再び基地を離れるのを許可するべきかどうか決めることであった。国連本部からは我々は反対するように云われていた。しかし、会議が始まるなり、南アが、前日の秘密会議で五ヶ国代表（アンゴラ、キューバ、南ア代表に米ソの傍聴委員）が既に南アの提案を承諾したと発表した。会議が終るまでに祝賀ムードが支配的となった。和平はほぼ元通り進められる。厄介な人民機構の越境侵入はもう終った。

南アの外相ピック・ボタは公邸の芝生の上に大天幕を張って、四百名用の祝いの「ブラーイ」（バーベキューの夕食）をご馳走してくれた。この祝賀会のために特別に葡萄酒が瓶に詰められた。瓶のラベルには南ア国旗と**pereunt et imputantur**というラテン語が記されていた。それは公邸の庭の日時計に刻まれていた文句であった。ピック（外相）は、このラテン語は「過ぎ去った時間は無意味なものではなかった」という意味だと云い張った。私がその解釈はちょっとおかしいと云ったら、ピックは尊大な云い方で、おかしい点を説明するよう要求した[三六]。音楽はシス・カイ[三七]からきたスロ・フットと

三六　**原註**、私はこう説明した。このラテン語はマーシャルの『寸鉄詩』（機知に富んだ短詩）の一つの引用で（第五巻第二十番目の詩）、その意味は「時は過ぎ去り、我々の記憶に留められる」ということで、ピック訳ほど楽観的ではない。

三七　訳註、「カイ川のこちら側」（つまりケープタウン側）を意味し、人種隔離政策の一環として一九八二年から一九九四年までコサ族の「シス・カイ共和国」として「独立」していた（南アだけが承認）。今はケープ州の一部。「独立」した他の三つはネルソン・マンデラのコサ族のトランス・カイ（「カイ川の向こう側」、一九七五年から一九九四年）、ツワナ族のボフサ・ツワナとヴェンダ族のヴェンダ（共に一九七九年から一九九四年）。「非独立」の「バントゥー祖国」も六つあった。

いう一団が奏で、聴き慣れた英国教会の賛美歌が主に歌われた。各曲目を紹介した後、主催者が「あなたの上にスロ・フット」と云う。ピックは二度演説した。まず最初に合同委員会参加国の各国指導者のために祝杯を揚げ、次いで、「アンゴラ、キューバ、南ア、ソ連、米国の各国指導者夫人のために」祝杯を揚げた。ンダル（アンゴラ軍参謀長）は国連事務総長のために祝杯を揚げ、カルロス・アルダナというキューバ代表団長はアフリカ南部の平和のために杯を揚げた。彼らの演説は皆同じ主題について行われた。我々は歴史に残る外交上の出来事に立ち会っている。仇敵同士が話し合っている。これこそ本来あるべき姿である。バーベキュー祝賀会の最後を飾って南ア国歌が奏され、次いで驚いたことに、「アフリカ国民会議」[三八]の歌『♬ンコシ・シケレル・イ・アフリカ』〈主よ、アフリカに祝福を[三九]〉が奏された。我々は念のため南アフリカの公式の場でこの歌が奏されるのは、これが初めてであると聞かされた[四〇]。

ホテルに帰って冷水シャワーを浴びて酔いを醒ました。事務総長官房長ヴィル・ダヤルがニューヨーク本部から連絡してきて、合同委員会が南ア軍の再出動を認めたことについて苦言を呈した。アフティサアリ（事務総長特別代表）や私（特別政治案件担当事務次長）が雁首そろえて既成事実の公表に出席したのは誤りである。事務総長は決定が下される前にその意見が十分に開陳されることを望むとハッキリ明言していた、と。私は、例のラテン語の文句 pereunt et imputantur「時は流れ心に刻まれる」に力づけられて、ちょうど終ったばかりの祝賀行事について説明し、国連事務職員としては、当事国とその後ろ盾になっている超大国が決めたことを拒絶するわけにはいかないと論じた。あまり説得力はなかった。云うまでもなく、事務総長は、加盟国の決定が国連の集団的決定に基づいて自分に託された任務と合致しないと判断する場合、それについて意見を述べ、必要とあらば、強く反対する権利があることを強く主張しなければならない。ダヤルは、私が彼の電話を受けて腹を立てたのと同じくらい、私の説得力のない議論を聞いて腹を立てたが、理解できることである。ペレ＝デ＝クエヤルのこの合同委員会の決定についての不快感は、数日後、彼の安保理宛書簡に率直に表明された。これに挑発されてピック・ボタ（南ア外相）が彼に書簡を出した。ペレ＝デ＝クエヤルはこの書簡を「事務総長として私が受け取った中で最も無礼な手紙」と回顧録に記している。

ニューヨーク本部に戻ってみると、私が予想していた以上

三八　訳註、The African National Congressはインド独立の父ガンジーの「国民会議派」の影響を受けた命名。
三九　訳註、もとはコサ語。
四〇　訳註、一九九四年、アパルトヘイト廃止後の南ア国歌となる。

に雰囲気は険悪であった。ダヤルは四月一日の決行日の事件に深く動揺し、アフティサアリと国連支援団全般を全く信用せず、南アの連中は四月一日に人民機構が本格的な越境侵入をするつもりでいたことを早くから察知していたが、人民機構を痛い目に遭わせ、国連を辱めるために、わざとそうさせたのだと確信していた。まだペレ＝デ＝クエヤルが留守の間に（ジュネーヴでイランとイラクに安保理決議第五九八号を遵守させるため、また不毛な努力をしていた）、ダヤルを議長としてナミビア特務班が組織されていた。班員の大部分が大の人民機構支持者で、かつ反アフティサアリ派であった。私が戻って最初の会議で、私は、もし国連のナミビアにおける活動を成功させたいのであれば、ニューヨーク本部とウィンドホーク現地司令部の関係を良好に保つためには、忍耐と相互理解と頻繁な現地訪問が必要であると述べた。この時の私の議論はなかなかのものであったと自負しているが、受けは悪く、国連支援団は公正でないと再度ダヤルの怒りが爆発した。しかし、この同じ会議でペレ＝デ＝クエヤルは、ダヤルの助言に基づき特務班は毎日午後ペレ＝デ＝クエヤル自身を議長として集まることに決した。

特務班の主要班員はダヤル（総長官房長）、フライシュハウエル（法律顧問）、ファラー（アフリカ担当事務次長）、ディブアマ（軍事顧問）、ジュリアーニ（報道官）と私であった。特務班はニューヨーク本部の関連部局の仕事を調整し、ウィンドホーク現地司令部に出される指示に齟齬が出ないように取り計らった。アフティサアリ（現地特別代表）は毎日午後、電信で連絡をとる。何か不明な点があれば私が翌日午前中（ニューヨーク時間）に電話して訊く。そして午後に、事務総長としてはアフティサアリの電信にどう返答すべきか、私が特務班に勧告書を出す。日没後、帰宅前に私が事務総長の決定をアフティサアリに電信で伝える。これは翌朝（現地時間）彼の机の上に届く。

はじめのうち、ニューヨーク本部ではアフティサアリに対する敵意がつのっていて（彼は南アに追随し過ぎるという評判の為であった）、私がその場に居て、国連支援団を批判するよりも、その仕事の困難さを理解しようと努力すべきであると、口を酸っぱくして詠唱しなければ、本部と現地司令部の関係はいとも簡単に潰れそうになるのであった。例えば五月初旬、私は二日間ほどデンマークに出かけて北欧各国の外相と会った。ニューヨークに帰って来ると、もう、アフティサアリが辞めると云っていた。実は、彼に何の相談もなくペレ＝デ＝クエヤルがアフリカ人を彼の副官につけると、アフリカ諸国の国連代表団に発表してしまったからだそうであった。これは、アフリカ諸国が、四月一日の決行日の事件のあと、要請していた措置であった。ペレ＝デ＝クエヤルがこれを了承したのは正解で、しかもボツワナの国連常駐代表であったジョウ・レグワイラを副特別代表に選んだところなど、絶妙の人事と云う他なかった。しかし、少なくとも、アフティサアリに前もって連絡することもなく、勝手にこの決定を発表してしまったことで、現地司令部との間に不必要な緊張関係を創ることになった。

次の数週間の間、大きな案件については必ず特務班で反対の声が上がった。一番懸念された案件は、南ア政府がようやく合意した無条件の特赦の適用範囲、人種差別的立法の廃止、難民の帰還、有権者登録、「南西アフリカ警察」の相変わらずの残虐行為、そしてレグワイラ副特別代表の任命であった。この人事についてはプレム・チャンド（軍司令官）まで辞めると云い出した。彼は、自分が国連支援団のナンバー2になるという明示の了解のもとに軍司令官に就任したのに、これでは、アフティサアリが留守の間、レグワイラが指揮をとることになる、と述べた。ダヤル（総長官房長）は、毎日、アフティサアリは南アに対して腰の引けた信用できない人物だ[四一]、特別代表たる者はアフリカ諸国と非同盟諸国の前で事務総長の顔が潰れることがないようにしなければならない、従って南ア側との交渉は、いつでも可能な限り、現地ではなくニューヨーク本部が担当しなければならない、と発言した。私は、しばしば四面楚歌する中、唯独りこう論じたものである。国連は和平計画の下で、国連として正しいと考えるところを行い、その独自の権威を示す必要がある。批判が出るのは当然で、批判が出るからといって、本部特務班が現地特別代表の下す決定について、いちいち勘ぐりごとをするのは良くない。反対に、特務班の我々は、アフリカ諸国や非同盟諸国に対しても毅然として、これらの諸国の気分次第で国連の方針があっちへフラフラこっちへフラフラしないようにしなければならない、と。

ともあれ、先に説明したように、ニューヨーク本部とウィンドホーク現地司令部との日々の連絡の手順に従って、私は毎晩夜遅くまで残業が続くことになったが、英特殊空挺部隊[四二]の標語「草案を書いた者の勝ち」に習うことにもなった。特別政治案件室の私の担当の方が、事実上特務班の事務取り扱いを担当し、文書であれ、口頭であれ、ウィンドホーク現

四一　訳註、アフティサアリはフィンランド人で、南アの白人至上主義者の観点から見れば所謂「名誉白人」であった。英米仏独加「連絡国団」から見れば、ナミビアは旧ドイツ領で、フィンランドはドイツの敵ではなく、かつ、米ソ共に強く反対する理由もなく、かつ、アジア系の血を引くため、反アパルトヘイト勢力が強く反対する理由もない、ちょうどよい人選であったとも云える。

四二　訳註、Special Air Service (SAS)。本国では「影の軍団」dark force とも云われる

地司令部との通信の主要拠点となったので、私は自分の局を平和維持活動の「球止め」[四三]の責任を主に担う局として再確立することができた。同様の本部特務班はこの後に設置された他の平和維持活動についても編成されたが、すぐにその数が増大し、ナミビアの時のように事務総長が自ら直々に目を通すことはとても無理になった。こうしてニューヨーク本部からの支援の質が低下したことで、沢山の間違いが起こることになった。国連事務局としては既存の人員だけで、同時に二つ以上の大規模な平和維持活動を運営しなければならない重圧を耐え忍ばなければならなかった。そして、四年後には我々はエルサルバドル、旧ユーゴスラビア、カンボジア、アンゴラ、モザンビーク、ソマリアの六つの活動に同時に取り組むことになったのである。

ペレ=デ=クエヤルは一九八九年六月末に安保理にナミビア活動の進展報告書を提出した。南ア政府はこれを一方的意見に偏っていると云って批判した。曰く、南アによる和平計画違反の申立は全て記されているが、人民機構による違反行為として証明済みのものはほとんど何一つ触れられていない。アンゴラ領内の人民機構の「基地」は監視されていない。その兵士のナミビア領内への侵入はまだ続いている。従って、南アとしては「鉄梃《かなてこ》隊」を北部から撤収することはできない。いずれにせよ、「鉄梃隊」は、帰還してくる人民機構支持者を極右勢力から守るために必要である、と。

一九八九年七月、事務総長のナミビア・南ア訪問の準備を整えるため、私は軍事顧問ディブアマと一緒にナミビアに向かった。現場視察では、我々はナミビア北部に出かけた。あまり励みにはならなかった。国連支援団の内部組織はまだうまく調整されていなかった。もっと深刻だったのは、南ア軍の地方隊の指揮・命令系統がまだ維持されていたことである。各大隊の高級将校と下士官は、兵卒の雇い主であるかの如く兵卒が一週間おきに給料をもらいに参上する度に、その報告を聞いていた。兵卒の武器と装備包みは、軍事教練室に整然と並べられ、再動員がかかれば、いつでも即座に手にとって出動できるようになっていた。このような和平計画違反は確かに国連支援団からの報告に触れられてはいたが、あまりにも穏やかな表現であったため、我々本部職員には事態の深刻さが全く伝わっていなかった。これは現地司令部の本部に対する不信感の表れで、逆に本部の現地司令部に対する不信感をつのらせる結果になった。悪循環であった。

事務総長ペレ=デ=クエヤルのナミビア訪問で悪循環は断た

四三　訳註、back stop は野球の捕手の後ろの球よけの柵であるが、ここでは国連用語で、現地司令部と本部各局との連絡係。

れた。アフティサアリ（現地特別代表）は、「前線諸国」や非同盟諸国や非政府組織の国連支援団批判にはいい加減な情報や悪意によるものが多いので、毅然とした態度で臨む必要があると述べた。行政総官ピエナール（南ア）は、言葉の端々そして一挙手一投足に大変気をつかい、国連本部特務班の話からペレ＝デ＝クエヤルが思い描いていたような悪魔のようなピエナール像とは全然違う印象を植え付けた。ペレ＝デ＝クエヤルはプレム・チャンド（軍司令官）が要請していた二個大隊増強を、アフティサアリが賛同していないこともあって、柔和に拒絶し、かつ辞めてしまわないように説得した。オヴァムボ地方を訪問して、事務総長は自分の目で成果が着々と挙がりつつあることを確認することができた。約二万三千人の難民が帰還し（登録数の五六％）、そのうち三分の二は既に帰還受付所を離れて故郷に帰っていた。選挙人登録の方も、最初の二週間のうちにほぼ二十六万五千人が登録を済ませ、推定総数の三八％に上っていた。

事務総長はまたオヴァムボ族[四四]が南アの「鉄梃隊」をどれだけ嫌っているか、直接目にすることができた。「鉄梃隊」は北部でカスィピールと云う悪名高い装甲車に乗って日夜見廻りを続けていた。これは、事務総長がナミビアの主都ウィンドホークに戻ったあと南ア側に強く改善を迫る主要案件となった。公には事務総長は和平「決行日」〈一九八九年四月一日〉の人民機構の無分別な行動と南アの残虐な対応を同列に批判し、不偏不党の立場を貫きながら、ナミビア全土の住民が平和と民主主義と和解の精神で選挙に臨むようにしなければならないと説いて回った。ピエナール行政総官はこれを聞いて喜ばしいと述べた。ペレ＝デ＝クエヤルは人民機構の支持勢力に対して内々には、もっと強い態度で臨んだ。彼は四月の越境侵入はとんでもない間違いであったと述べ、これからは南アが「鉄梃隊」を動員し続ける口実になるようなことは一切しないようにして、自分〈国連〉を助けて欲しい、誰も暴力に怯えることのないようにしなければならない、と訴えた。人民機構はこの発言が気に入らなかった。彼らはふくれて、社交の場にも姿を見せなくなった。しかし、「前線諸国」代表との会見は首尾よく行き、彼らの批判は我々がニューヨーク本部で毎日聞かされていた批判と比べると穏やかなものであった。

我々は次にプレトリア[四五]に飛んで外相ピック・ボタに会い、

四四　訳註、有名なホッテントット（コイ・コイ族）やブッシュマン（サン族）のようなコイ・サン語族とは違い、他のアフリカ黒人種と同じ系統。独立後ナミビアの過半数を占める最大種族。一部アンゴラ南部にも広がる。

四五　訳註、南アの行政首都。立法首都はケープタウン。司法首都はブロェムフォンテイン。

付き添いの防衛・法秩序大臣とも会い、次いでいつもの贅沢な晩餐会に出た。会見ではピックは他の全員が紅茶やコーヒーを飲んでいるのに、ウィスキーを呑んだ。彼はストレスを感じ感情的になっているようで、「鉄梃隊」についてのいつもの議論を遮り、人民機構兵が人口の少ない北部を支配することにでもなれば、カオコ地方の象（目を見張る程大きく、力の強い種類の象）が危機に曝される、と涙ながらに脱線した。ペレ＝デ＝クエヤルが「鉄梃隊」について苦情を述べると、彼はアンゴラが人民機構の所謂「基地」の監視に失敗していることを批判して交し、「人民機構の兵の数と居所について確かな情報を示して下さい。そうすれば、『鉄梃隊』についても何とかしましょう」と述べた。ペレ＝デ＝クエヤルは、次の日にザンビアの首都ルサカでドス・サントス（アンゴラ大統領）とヌジョマ（人民機構主席）に会う時、できる限りのことをすると約束した。

　この現地訪問は和平の道のりの中で、一つの標石として、区切り目に当るものであった。本部特務班の懐疑派もナミビア現地の実情を見た。確かに完璧ではなかったが、ニューヨーク本部で国連支援団を批判している者の話よりはずっとましであった。ルサカ（ザンビアの首都）では、ペレ＝デ＝クエヤルはアンゴラ領内の人民機構兵の件について一歩前進した。ほとんど全員が平服に着替えて難民としてナミビアに帰還したという保証を得た。国連支援団のアンゴラ派遣隊からも同様の報告があった。しかし、人民機構兵の越境侵入が迫っているという噂は絶えず、南アはなかなか引き揚げようとしなかった。八月の終わり頃になって、安保理が「鉄梃隊」の解散と指揮・命令系統の解体を要求する決議を採択した。九月二八日、ついにピック・ボタは「鉄梃隊」千二百名が解散中で、一ヶ月後、さらに四百名が解散すると発表した。しかし、南アはナミビア独立まで「鉄梃隊」に給金を支払い続け、隊員は最後までアンゴラ・ナミビア国境付近で不愉快な事件を起こし続けた。

　私は、その間ヒギンズ大佐殺害の知らせの後[四六]、地中海東岸地方を訪問しなければならなくなり、ナミビアを離れ、その後、英国で休暇をとった。私が八月末にニューヨークに戻るまでに、いくらか事態が後退したことが明らかになった。本部と現地司令部の関係は相変わらず悪いままであったが、この時の問題は、南アの現地行政総官の選挙法原案であった。国連現地司令部は、この原案は大規模な修正を要する旨、強く迫るように指示されていたが、どうやら、行政総官の方は、国連からは別に大した反対はないものと考えていた。いつものように、アフティサアリをはじめとする国連現地指揮官は、

四六　**原註**、本書第7章参照。

アフリカ諸国、非同盟諸国や非政府組織のいい加減な情報に基づく批判に耳を傾ける必要はないという立場であったが、事務総長としては自分に託された国際活動に関する国際的な懸念の表明を無視することはできないと感じていた。そこへ、プレトリアでは南アの閣僚たちが、ペレ＝デ＝クエヤルはどうでも人民機構を勝たせる覚悟で工作する者どもに取り囲まれているので、和平の実施はそういう者どもの介入なしに、ピエナールとアフティサアリに任せておけば簡単に行くと云っていることが国連本部にまで伝わり、火に油を注いだ。最初、私は国連本部側の立場であった。私はアフティサアリに好感を持っていたし、彼に対する批判は正当ではなく誇張されていると考えていた。しかし、アフティサアリ批判があまり強くなってきたので、非同盟諸国が和平計画全体を否認してしまわないように、事務総長としても公正ではないが　現地特別代表を罷免する必要がないかどうか考えてみた。非同盟諸国が和平計画全体を否認してしまう危険性は、人民機構が選挙で予想を下回る得票しか得られない場合に大きいと考えられた。しかし、ユーゴスラビアの首都ベルグラードにおける非同盟諸国首脳会議に国連事務総長が出席した後、国連のナミビア現地司令部に対する圧力が強まったのを見て、私は、自分は国連本部と現地司令部の間の緊張をほぐす役割に戻る必要があると感じた。アフティサアリの方は、七月に事務総長とナミビア選挙に参加する全政党との会議で発案された「選挙活動規則」に全政党の署名を得ることに成功し、その職分を果たしていた。

九月中旬、私は、国連イラン・イラク軍事監視団の現地視察に一週間費やした。そこから戻ってみるとソーンベリー（アフティサアリの補佐）の所に殺してやるという脅迫状が何通も届いていると報告を受けた。見たところ、二、三日前に、ウィンドホークで人民機構の白人要員アントン・ルボウスキーを暗殺したナミビアの白人強硬派の仕業らしかった。アフティサアリはソーンベリーの家の治安強化工事と二十四時間の身辺警護を提案した。しかしニューヨーク本部の決定は、国連職員規則からすれば、即座に現地から退去すべきである、というものであった。これは、アフティサアリとソーンベリー本人の受け容れるところとならず、両名は事務総長本人も了承した指示を黙殺するに至った。この騒ぎはニューヨーク本部と現地司令部の双方で、公に知れ渡るようになった。事務総長の権威にかかわる事態となった。歯に衣を着せないナマの伝言をアフティサアリに伝えなければならなくなった。ペレ＝デ＝クエヤル本人も、ダヤル（総長官房長）も自分でする気はなく、私が伝えるように云われた。全く心苦しい話し合いであった。二日後、ソーンベリーは「相談のため」という名目でニューヨーク本部に出頭した。

この問題は一ヶ月続いた。アフティサアリは辛抱できず、しばしば怒り出し、国連加盟国各国に働きかけて事務総長の方を押さえ込むと発言してみたり、時には辞めると云い出す始末であった。私は現地司令部がこれ以上空中分解してしまわないように、なるべく早くソーンベリーを現地に戻したかった。しかし、人事権は事務管理・組織運営担当事務次長代行のルイス・ゴメスと人事部長コフィ・アナンにあった。彼らは、ソーンベリーがニューヨーク本部から出ることは許さないと云った。しかしダヤル（官房長）と私はうまくペレ＝デ＝クエヤルを説得し、事務屋の反対を押し切って、ソーンベリーを「作戦上の理由」で現地に戻すことに成功した。

その間、事務総長はナミビアでの活動の最初の六ヶ月間を総括する大部の報告書を安保理に提出した。現地司令部の準備した原稿のままでは、アフリカ諸国を憤激させるので、私は一週間かけてこれを書き直した。私は良いできばえだと思った。修正原稿は、和平への責任を果たすことについて南ア側の失敗を率直に書き連ね、人民機構とアンゴラ側の失敗についても、やや甘くしつつ率直に書いた。しかし決行日以来どれだけの成果が挙がったかを明示し、一ヶ月先の選挙は心配しなくとも成功すると前途に期待を持たせる内容にした。これを読んで非同盟諸国とアフリカ諸国は怒った。キューバのリカルド・アラルソン（副外相）に率いられて、各国は報告書を「解剖」し、国連支援団が南アの停戦違反、殊に旧「鉄梃隊」員の「南西アフリカ警察」への編入や、南ア国防軍の人員が航空管制官などの「文官」として駐留し続けていることなどの問題を見て見ぬふりをしていることを立証しようと努力した。これらの諸国は、国連支援団ではその不偏不党性を信用できないと云って、安保理に別の選挙監視団を派遣するように迫った。この提案を全常任理事国がそろって拒絶すると、アフリカ諸国の怒りの火に油が注がれ、会議は辛酸なものとなった。私は、国連本部のナミビア特務班内部における現地部隊の擁護者として知られており、ニューヨークでの批判の矢面に立たされた。ジンバブエの常駐代表スタン・ムデンゲからは公に人種主義者と非難された。事務総長がアフリカ人職員（コフィ・アナン）の助言に反してソーンベリー（特別代表補佐）を現地に戻したことまで、私に対する告発状に記されていた。私はアフリカ諸国が憤激した点のいくつかについて同感であったので、以上のことは全てつらい経験であった。特に南ア国防軍が「文官」として居座った問題は、私も数ヶ月に渡ってアフティサアリ（現地特別代表）とプレム・チャンド（軍司令官）に圧力をかけていたが、それでもどうにもならない問題であった。しかし、私の立場からはこのことを公にはできなかったのである。

事態は、安保理議長であったカナダのイーヴス・フォルティエの巧みな外交手腕と、南アがついに「南西アフリカ警察」から旧「鉄梃隊」員全員を除籍するという決定を下したことで、徐々に収束に向かっていった。一〇月三一日、安保理は全理事国の総意に基づくという形（コンセンサス）で決議を採択し、本部特務班のダヤルとその他の班員が慌しく現地ウィンドホークを訪れることになった。残念ながら私は同行できなかった。それまで一年余りの間、不整脈が続きいずれ心臓にペースメーカーを取り付けなければならなくなると覚悟していた。そして一〇月終わり頃、その時がついに訪れた。一一月六日、「ニューヨーク病院」で手術を受けた。私は病院の寝台の上でナミビアの投票日の最初の五日間が順調に終わり、登録を済ませた有権者の三〇%が大きな事件に巻き込まれることなく無事投票を済ませたことを聞いた。（最終投票率は九七%を超えた。）他にも大きな出来事が起こっていた。東ドイツの閣僚が総辞職し、ベルリンの壁の崩壊が始まった。安保理は全会一致で中米で新しい平和維持活動を始める決議を採択し、これを受けてエルサルバドルで反乱軍が首都に大規模な攻撃をかけた。レバノンでは新しい大統領が選出されたが、僅か二週間後に暗殺された。私は退院後、ただちに職務に復帰した。

ナミビア選挙の結果は一一月一四日に出て、人民機構が五七・四三%の得票率で優位に立ち、親南アの「民主体操会堂同盟」[四七]が二八・五八%の得票率でこれに次いだ。これは夢のような結果であった。人民機構は明白に過半数の議席を獲得し[四八]、独立後の政権を担うことになった。しかし、独立国としての新憲法を採択するために必要な三分の二の議席を獲得するには至らなかった。従って、人民機構としては野党勢力と折り合いをつけながら新憲法を制定しなければならない。にもかかわらず、安保理は割れた。ザンビアとジンバブエは、国連事務総長特別代表がこの選挙を「自由で公正」と性格づけたことを承諾することに反対した。しかし、この時実質的に重要であったのは現地ナミビアでの行事であった。制憲議会は一一月二一日に開会した。審議は早く進み、翌年二月にはヌジョマ（人民機構主席）が独立を宣言することになるという予測が専らであった。ヌジョマの自信は当然のもので、一ヶ月経たないうちに制憲議会は憲法草案を作成すべき法律家のための指針について合意した。国連本部の方はほとんど何もすることがなかった。南アフリカ政府は選挙結果を異議なく受け容れた。南ア側が細心の注意を払って紀律正しい行動をとってくれたことは、人民機構の支配下でナミビアが独立へ

四七　訳註、Democratic Turnhalle Alliance。Turnhalle はドイツ語で体操の会堂ほどの意。

四八　訳註、ナミビア全土を一つの選挙区とする比例代表制が採用されたので、各党の得票率がそのまま議席に反映される。

移行していくこの時期大変有難いことであった。おかげで、私は他の仕事、特に中米での新しい平和維持活動に注意を払うことができた。一九九〇年一月末には、ナミビアで三月二〇日をもって正式に権力を委譲することに決まった。しかし、この時新たな問題が沸き起こり、私は緊急にナミビアに戻ってこれを処理することになった。現地特別代表と軍司令官は国連支援団の引き揚げについて、何の相談もしていなかった。新たな治安問題が懸念されるようになっていた。ペレ＝デ＝クエヤルは、ナミビア独立式典では事務総長は何をするのか、現地から何も云ってこないことが不満であった。私の仕事は、独立の日まで国連支援団のなすべきことについて合意を取り付け、国連本部としてはその後国連支援団を可及的速やかに段階的に撤収させる意向であると伝えることであった。午前中、時間をかけて引き揚げ計画を練り、ニューヨーク本部の了承を得るべく電信で送付した。ニューヨーク本部の方では国連支援団が引き揚げたらナミビアの法と秩序はすぐに崩壊すると心配していると云っても、アフティサアリ（現地特別代表）は鼻にもかけなかった。人民機構の方は、独立祝賀式典の計画については曖昧なままであった。

私は、ナミビアを再訪できたことが嬉しく、この機会に大西洋に臨むスワコプムンドとリュデリッツを訪れてみた[四九]。

四九　訳註、地図参照。

スワコプムンドは大変ドイツ的な町で、町営公園には第一次、第二次両世界大戦におけるドイツと南アそれぞれの戦没者のための慰霊碑が並んで建っていた。しかし、そこで一番興味があったのは、隣接するウォルヴィス湾と沖合いの島嶼であった。沖合いの島嶼に蓄積されたグアノ[五〇]のために英国が一八七八年（明治一一年）にこの付近一帯をケープ植民地の一部として併合し、従ってナミビア独立後もこの付近は南ア領の飛び地として残ることになっていた。同様にリュデリッツなど、三つの島がもっと海岸近くに横たわっている所では、ドイツ人がそのうちの一つを土手道で本土とつなげたので、つながった島はナミビア領、つながっていない二つの島は南ア領ということになり[五一]、その不条理さがもっと露骨に現れていた。人民機構は一九七八年の段階ではウォルヴィス湾とこの二つの島は和平計画に入らないことをしぶしぶ承諾していた。しかし、ナミビア独立後の一九九四年、南アは領地をナミビアに返還した[五二]。

五〇　訳註、海鳥の糞で燐分が多く肥料になる。
五一　訳註、沖の島を植民地にとっておくのは島国イギリスの趣味で、航路支配のためにも、航行上の安全のためにも有益であった。
五二　訳註、南アでは一九九四年、黒人を含めた南ア初の全住民選挙でネルソン・マンデラ率いる「アフリカ国民会議」が勝利し、黒人政権が誕生した。

次の二日間、私はオヴァムボ地方とキャプリヴィ地区を再訪した。この辺りでの問題は、別に法・秩序が崩壊寸前ということではないようであった。統計に拠れば、家畜泥棒を別として、犯罪が増加したわけではなかった。しかし、南アがアンゴラ領から人民機構兵が越境侵入して来るのを防ぎ、アンゴラ政府に対する「アンゴラ完全独立国民連合」の戦いを支援するために築き上げた半分秘密、半分公然の様々な組織が、まだ整理されず放置されたままになっていることが一目瞭然であった。アンゴラとの国境はほとんどが開放され管理されておらず、国境の両側にオヴァムボ族特有の柵で囲まれた村々が点在していた。土地の住民は越境してくる盗賊について苦情を申し立てていたが、ひょっとすると「鉄梃隊」から除役されたアンゴラ人によるものか、あるいは戦争中に南ア軍が組織した「市民軍、特殊部隊、民族軍」の一つによるものかも知れなかった。先年一九八九年四月に見かけたブッシュマンたちは、まだキャプリヴィ地区にいて、我々は、ギリシャ語のアルファベットで「デルタ」という名前のついたアンゴラ人が五千人ほど居る奇妙な場所を訪れたが、ファアムボ（アンゴラ領）出身の元タクシー運転手が支配していて、この人物は、どうも先に述べたような南ア系軍隊の関係者であったようである。

ニューヨークに戻ると、アフティサアリ（現地特別代表）から「前線諸国」と非同盟諸国が土壇場になって国連支援団の任期延長を提案すると予測する電信が入り、平穏は打ち破られた。予測通り、一九九〇年三月一二日、ザンビアのカウンダ大統領の書簡が届き、「前線諸国」を代表して国連支援団があとさらに少なくとも三ヶ月間ナミビアに留まることを要請してきた。これは、これまでの十二ヶ月間「前線諸国」が散々アフティサアリ（特別代表）と彼の率いる国連支援団を悪く云い続けてきたことからすると、贅沢というものであった。その間、独立後に正式に発足する予定の政府は、国連の支援を受けながら、国連支援団に参加してきた各国と、国連支援団の解散後もしばらく軍ないし警察を留め置いてくれるよう、二国間協定を結ぶべく交渉に入った。安保理は「前線諸国」の提案には返答しないことに決定した。

こうして一九九〇年三月二〇日から二二日までの日程で、国連事務総長がナミビア独立祝賀式典に出席し、国連支援団が早急に引き揚げる用意が整った。難しい日程をこなしたという熱気と満足感で、あいにくの天気や、新政府のこうした規模の公式行事を主催する経験の欠如にもかかわらず、式典は順調に行われた、事務総長は、午前中、国連支援団を閲兵し、賛辞を述べた。午後、事務総長は南アのデ・クラーク大統領と長い会談を持ち、大統領は国連がアフリカ南部にもっと関与するように強く要請した。南ア政府は既存の統治機構の中で南アの全人民が全て国政に参加できるようにする「新しい憲法上の規定」を協議する内政改革を「急いで」いる。大統領としては、南アの内政に国連が関与することは求めないが、国連事務総長らが、南アフリカ共和国を訪問することは大歓迎である。「我々には隠すことは何もない。影響力のある人物に来てもらい、何が起こっているか見てもらいたいのです」ということであった。

独立祝賀式典は日没後、陸上競技場で行われた。大勢の人が詰めかけたので、将棋倒し事故が起こる危険があり、特にネルソン・マンデラ[五三]とウィニー夫人が到着し、群集が熱狂する時が一番注意を要した。しかし国連警察隊は群集管理に精通しており、南アの「南西アフリカ警察」の経験不足を補って余りあり、事故は起こらなかった。ペレ=デ=クエヤルが最初にマイクの前に立った。雄弁であったが、とにかく長い、長い、長過ぎる演説であった。次にマイクに向かったのは南アのデ・クラーク大統領で、聴衆は静かに敬意を払って聞いていた。午前零時、南アフリカ国旗が南ア国防軍の一団の手で引き降ろされ、観衆が「おろせ、おろせ」と叫んだが、混乱は起こらなかった。ナミビアの新国旗が掲揚された。ペレ=デ=クエヤルがサム・ヌジョマ[五四]を「ナミビア共和国大統領」として迎え入れた。新大統領は立派に、和解を呼びかける演説を行い、ナミビア人が構成する二個中隊が、うち一個は人民機構、もう一個は南アがナミビア領内に設置した地方隊であったが、仲良く並んで行進した。「こうして」一週間後、ペレ=デ=クエヤルが安保理に報告したように、

「……国連と加盟国各国が実に長い間粉骨砕身してきたナミビア独立は、厳粛に、大いなる歓喜の中で見事に達成された」

のであった。

ナミビアでの平和維持活動は成功であった。和平計画は、当初のものからはいくらか修正された形ではあったが、予定より早く完遂され、しかも予算内に収まった。ナミビアは民主的な手順を踏んで独立を達成し、こうして樹立された政治秩序は、それから十年経っても変わっていない。これは、最近のアフリカの水準からみると立派な実績である。確かに、この平和維持活動は立ち上がりから大惨事に見舞われ、活動期間を通して国連事務局内部、そしてより広い国際社会内部の対立のために悩まされた。これら二つの現象、つまり平和維持活動の成功と「分裂した国際連合」というものは、互い

五三　この年（一九九〇年）、二十七年間の監獄生活から釈放され「アフリカ国民会議」の指導者となった。マンデラが十八年間収監されていたロッベン島は負の世界遺産としてユネスコの目録に登録された。

五四　訳註、与党となった「（南西アフリカ）人民機構」の指導者。

に矛盾しているように見えるかもしれないが、決してそうではない。多国籍官僚組織というものは、どれも嫉妬心、陰謀、人間関係の軋轢で引き裂かれているものである。それは驚くに値しない。国連の役人には多種多様の経験を持った人物が集まっており、ほとんどの人は仕えるべき国際組織に忠実であるとともに、本国に対しても忠誠を誓っている。人によって管轄下の人間模様や情勢の読み取りが違うことも、しばしばある。この最後の点において、ナミビアでの活動ではアパルトヘイト政策のために特に際立った違いが出てしまった。南アの既存の体制は全員が嫌っていた。国連の事務局や加盟国代表団の中には、それでも南アの政策が改善される可能性があると見て、その可能性を信じてやってみようという者もいた。他は、そう簡単に南アを信用することはできず、常に最悪の事態を想定していた。これが、国連本部のナミビア特務班の内部対立の主要な原因であった。

この内部対立にもかかわらず、ナミビア活動が成功した理由はいくつか挙げられる。第一に、ナミビアを国際監視下の民主的手続きに従って独立させるという目標は、南アやナミビアの一部の極右勢力を除いて反対する者は誰もいなかったこと。第二に、この目標だけでなく、具体的な和平実施計画についても、ほとんど全世界から支持が集まっていた。第三に、和平実施計画は十年間も実施されないまま置かれていた。実施上の要点はこのため関係者のほぼ全員がよく理解し、了承していた。このため、ヌジョマ（人民機構主席）が初めから筋道を変えようとした時も、結局うまくいかなかったのである。第四に、国連は、運良く、感情に左右されたり一方の肩を持ったりしないで難しい選択を勇気を持って決断できる事務総長に恵まれ、彼に任命された特別代表も同様であったことが、幸いした。

第11章　アンゴラ

アンゴラは昔アフリカに五つあったポルトガル領植民地の一つであった[一]。最初のポルトガル人入植地ができたのは、十六世紀初め（日本の戦国時代）であったが、ポルトガルが内陸部までその支配力を拡大し、サハラ砂漠以南で現在第三位の面積を誇る広大な領土を築き上げたのは、それから三世紀後（明治時代）のことであった[二]。一九六〇年代初め、民族主義者の蜂起をきっかけとして、十五年に亘る「植民地戦争」[三]が始まり、三つの解放運動が独立のために戦った。ポルトガル軍部がこの戦争とモザンビークにおける同様の戦争を嫌がったことが、一九七四年の「カーネーション革命」の原因の一つで[四]、ポルトガルはこの革命でファシスト体制を受け継いだマルセロ・カエタノの専制政治[五]から解放された。

モザンビークもアンゴラもその翌年（一九七五年）まだ混乱の続く中で独立を勝ち取ったのであるが、とても国民国家を形成する用意は整っていなかった。アンゴラではマルクス主義政党である「アンゴラ解放人民運動」が政権に就き、ソ連とキューバの援助を受けていたが、米国と南アの援助を受けたもう一つの解放運動「アンゴラ完全独立国民連合」の挑戦を受けていた。南アの方は、基本的には本書第10章で述べたように、ナミビアの解放運動「南西アフリカ人民機構」がアンゴラ領土に拠点を置いていたために関与するようになったのであるが[六]、米国の方は「冷戦」という戦争をしていた。米国は、北大西洋条約機構[七]の加盟国の旧領土にソ連やキューバの勢力が確立されないように抵抗することが、自らに課さ

一　訳註、アンゴラの他、カーボ・ベルデ、ギニア・ビサオ、サントメとプリンシペ、モザンビークの五つの独立国がアフリカの旧ポルトガル領にできたということで、植民地時代に五つに分かれていたわけではなく、歴史的に領域も変遷している。

二　訳註、一八九〇年（明治二三年）、三C政策をとる大英帝国の圧力でポルトガルはアンゴラとモザンビークを連結する政策を放棄。その代わり一八九九年（明治三二年）のボーア戦争で南ア支配権を確立した大英帝国からアンゴラとモザンビークの領有権を保障され、以後、第二次世界大戦後も、これらのアフリカ南部のポルトガル領植民地は大英帝国の一部を非公式に構成する領土として維持されてきた。

三　訳註、独立戦争のことを植民地宗主国側は「植民地戦争」と云う。

四　訳註、またの名を「リスボンの春」。植民地での戦場に送り込まれた将校、兵士の間にマルクス主義思想が蔓延し、彼らが本国へ帰って革命の主役の一部となった。

五　訳註、ファシズムとは、刃をむき出しにした斧と鞭を束ねた図柄の古代ローマ執政官の持つ「権力の象徴」を語源とし、一九二二年から一九四三年までイタリアを支配したムッソリーニ政権の原理や体制を指し、同様の極右国家主義全般を指す言葉で、ここでは、隣のスペインのフランコ政権のポルトガル版、サラザール政権を指す。カエタノは一九六八年に首相代理となった後継者。

六　訳註、南アの白人勢力は大英帝国の後継者としてアンゴラやモザンビークなどイギリスの「非公式の帝国」を当然自分のものと考えていた。

七　訳註、The North Atlantic Treaty Organisation (NATO)。

れた責任であると感じていた。「アンゴラ完全独立国民連合」の指導者ジョナス・サヴィムビは、ワシントンで自らを民主主義の擁護者として売り込み[八]、これは南ア相手でも有効な手法であって、両国の援助を獲得した。

米国、ソ連、南ア、アンゴラ、キューバのナミビア独立のための協力関係がうまく行くと、今度は、アンゴラ紛争についても同じ和平策が使えるのではないかという期待が膨らんだ。一九九〇年三月のナミビア独立祝賀式典の会場で米国務長官ジェイムズ・ベイカーは、国連事務総長ペレ＝デ＝クエヤルに、ソ連と協力しながらアンゴラ紛争を制御したいと述べた。ベイカー国務長官は、既に両紛争当事者に話し合いによる和平に向けた第一歩として停戦を提案していた。彼は、国連もアンゴラで実施中の活動（**国連アンゴラ検証使節**）を拡大して、停戦監視ができるよう準備するべきであるという意見であった。米国は当初ザイール[九]が和平交渉の仲介役となるべきであると考えていたが[一〇]、一九九〇年中頃には、ポルトガルが仲介役となり、米ソが後見することになった[一一]。

一九九〇年一二月、米国政府は、五回に亘る協議の結果話し合いによる和平のための「諸原則の陳述」について合意がなったと、国連の我々に伝えてきた。一九九一年二月、アンゴラ政府が停戦の日取りが合意されるまで何も署名することはできないと仲介者に伝え、和平は一歩後退した。国連の我々も米国政府も別にこれには驚かなかった。同時期に中米エルサルバドルで進んでいた和平交渉でもエルサルバドル政府が全く同じ立場をとっていた[一二]。内戦にあっては、政府側はほとんどいつも政治的交渉を始める前提として停戦を求めるものである。三月中旬には楽観的な見方の方が再び支配

八　訳註、北京では民族解放運動の指導者として売り込み、成功した。もし大日本帝国が潰れずに存在していたら、サヴィムビは自らを、最後の酋長（王）の子として売り込みに来たであろう。

九　訳註、元、ベルギー王レオポルド二世の私有地「コンゴ」（一九〇八年国に所有権を譲渡）。一九六〇年、ベルギーが撤退、独立後の混乱を国連が大規模な平和維持軍を展開して六四年まで収拾に当り、翌六五年の軍事クーデターでモブツ・セセ・セコが権力を握る。一九七一年に国名をザイールに変更。一九九七年左翼のカビラがウガンダとルワンダ両軍の援助でモブツを追放、「コンゴ民主共和国」と改名した。

一〇　訳註、ザイールは親米政権。アンゴラはザイール領を挟んで北にカビンダ州という飛び地を持つなど、ザイールとは複雑な関係にある。昔、旧仏領コンゴとガボン、旧ベルギー王私有地コンゴの東部とアンゴラ北部は「コンゴ王国」だった。都はアンゴラ北部のムバンザ・コンゴ。

一一　訳註、ポルトガルは一九八二年に改憲し社会主義色が低下、一九八五年に欧州経済共同体に加盟。一九九一年には、一九七五年以来インドネシアの実効支配下にあった東チモールに行政権を有すると称して豪州を相手取って国際司法裁判所に提訴するなど旧植民地への関与を強めた（九五年の判決で小田判事はポルトガルには原告適格がないと補足意見を述べた）。（なお東チモールは一九九九年、ポルトガル・インドネシア両国の合意に基づき国連使節の監視下の住民投票で独立を選択、以来国連が暫定行政を行い、二〇〇二年に独立。）

一二　訳註、本書第13章参照。

的になっていた。両当事者は四月初旬にリスボンでポルトガルと米ソ後見人と会い、四週間かけて懸案事項の全てについて合意できるように話し合うことになった。懸案事項とは停戦のやり方、新しい国軍の創設、選挙、国連の役割であった。国連も傍聴委員を一名派遣するように招待された。私は**国連特別政治案件室**のダーモット・アーリー軍事顧問補佐を派遣することにした。武官を選んだのは、国連の主要な任務は停戦監視であったからである。

エルサルバドル和平交渉と同様、リスボンでの交渉会場は作業班が二つ設けられ、一つはポルトガルのジョセ・デュラン・バロッソ外相が議長を務める政治班、もう一つは外相の右腕アントニオ・モンテイロが議長を務める軍事班であった。政治班における主要案件は停戦と選挙の日取りであった。停戦は早ければ一九九一年五月に実施できる可能性があった。この日程は手一杯の状態であった私の特別政治案件室と平和維持活動の事務管理と兵站補給を預かる**派遣活動部**にとっては過酷であった。軍事班では、当事者双方とも最初は、停戦から新国軍の編成までの期間はそれぞれの軍をそれぞれ五十の集合場所に集めることを要求した。アーリー軍事顧問補佐は両当事者全体で五十の集合場所にするよう説得した。四月末までに合意は成立した。停戦は一九九一年五月三一日から実施され、一九九二年九月に選挙を実施する。アンゴラ和平協定は後に「ビセス協定」の名で知られることになるが、五月三一日にリスボンで調印されることに決まった。

協定は四つの文書から成っていた。停戦協定は「合同政治・軍事委員会」を設け、アンゴラ政府、「(アンゴラ完全独立) 国民連合」が委員、ポルトガル、ソ連、米国が傍聴委員を出すことになった。国連の代表も一名招待されることもありうる。委員会は停戦の各手順を政治的に指導してゆく責任を負う。その下に「検証・監視委員会」が置かれ、「政治・軍事委員会」と同じ構成であるが、ただ一つ、国連の代表は必ず会合に招待されることが違っていた。この「検証・監視委員会」は、両当事者の非武装の代表者同数からなる「合同監視班」を設けることが許された。事実上の敵対行為の停止は、五月三一日に実施された。当事者双方の軍は七月に集合場所に集合を開始し、集合は八月一日までに完了する予定であった。選挙当日までに集合場所の全部隊は兵役を解除されるか、「アンゴラ軍」と呼ばれることになる新国軍の訓練施設に移されることになっていた。

この措置で異例であったのは、両当事者自身が互いに相手側の合意の遵守具合を検証する責任を負い、国連の仕事は形式的には両当事者がそうしているかどうかを検証するだけであった点であった。これはアンゴラ政府の国連による主権侵害に対する警戒感を反映しているということであった。二年前にも我々はアンゴラ政府がアンゴラ南部の「南西アフリカ人民機構」兵の兵営籠りの**国連移行支援団**による検証に難色を示したことについて、同じ説明を聞かされていた。この説明は理由のホンの一部であったかもしれない。この何年か前、私は、ナイジェリアの元大統領でその後もう一度大統領に返り咲くことになるオルセグン・オバサンジョに、モザンビークはどうして国連が内戦の解決に手を貸すと申し出ても、何の返事もよこしてこないのか、意見を求めたことがある。オバサンジョによれば、答えは単純であった。当時モザンビーク政府を率いていた党派の世代の左翼的アフリカ人にとっては、国連とは一九六一年、コンゴでの活動[一三]の最中にパトリス・ルムンバ首相を暗殺した組織に他ならず[一四]、国連を全く信用していなかった。

　アンゴラ和平協定の第二文書は平和の確立のための「根本原則」を打ち出した。即ち「アンゴラ完全独立国民連合」は選挙前の期間「アンゴラ解放人民運動」を政府として承認すること。「国民連合」は停戦が実施された後、直ちに政治活動に参加できること。憲法改正について協議すること。国際監視下における自由で公正な選挙。人権と基本的自由の尊重。選挙前に新しいアンゴラ国軍を編成すること。停戦の宣言と実施。第三文書は、第二文書の原則をどう適用するのか、もっと詳細に敷衍したものであった。国連は停戦監視の文脈でのみ触れられただけであった。第四文書は第二、第三文書に提示された事項の全てではないが、その多くについての両当事者の合意を文書化したもので、特に、選挙、「政治・軍事委員会」が機能すること、国内の治安、「国民連合」の政治活動、「国民連合」支配地域における政府行政の復活、そして新国軍についての合意が成立した。そこでは国連にとって一つ重要な新事項があった。国連機構は、両当事者が警察の政治的中立性を検証するのを手助けするために警察専門家を派遣するよう要請を受けるであろうことであった。また選挙について国連にいくつか専門的助言をするよう要請が出る可能性についても言及があった。

　運良く、私とアーリーは五月初めにはバグダードにあって、ペレ＝デ＝クエヤル国連事務総長がクウェート解放後にイラク北部のクルド族居住地域に国連警察隊を配備すると提案したことに、イラク政府が回答するか待つため、二日間足止めを喰らっていた[一五]。お蔭で我々はビセス協定で国連に託され

一三　訳註、Opération des Nations Unies au Congo。コンゴに派遣された平和維持軍。

一四　訳註、ルムンバは現地種族の神秘的な思想と共産主義に影響されていた。参謀長モブツ・セセ・セコの軍に捕らわれていた時に殺された。

一五　**原註**、本書第16章参照。

た任務を遂行するために**国連アンゴラ検証使節**の拡張を勧告する内容の事務総長の安保理宛報告書の原稿を準備する時間ができた。我々は、拡大使節は軍事監視員三百五十名、警察監視員九十名、そして規模の大きな航空部隊を含む通常の後方支援部隊を擁するべきであると勧告した。

私は、ニューヨーク本部に戻ると、ペレ＝デ＝クエヤルから安保理への勧告について五常任理事国の大使に前もって説明をしておくように頼まれた。そうしたところが、英国常駐代表〈つまり国連大使〉デイヴィッド・ハナイから尋常ならざる非難を受けた。曰く、事務職員ごときが、報告書を既に印刷に回してしまった後で、五常任理事国と「協議」しにくるなどということは、不届き千万である。報告書の印刷を直ちに停止しろ、と。私は、説明しに来たのであって「協議」しに来たのではない。事務総長は、安保理に自ら勧告をする権限があり、それを受け容れるか拒絶するか修正するかは安保理の自由である。しかし事務総長がその勧告を予め五常任理事国と「料理」してしまい、他の利害関係国を除け者にすることは適当でない、と説明した。こう云ったところ、ハナイはさらに頭に来たようで、他の四常任理事国の大使は英国人二人が喧嘩するのを面白がってそのまま高見の見物をくくっていた。しばらくして、ソ連の常駐代表ユーリ・ヴォロンツォフがその月の五常任理事国の調整役に当っており、私に事務総長が報告書の回付を遅らせてくれると常任理事国としては有難い旨、伝えるよう頼んで喧嘩を止めた。ペレ＝デ＝クエヤルはこれを拒絶し、ヴォロンツォフ大使宛に何故了承できないかをしっかりと説明した断固たる書簡を書いた。二日後、ヴォロンツォフの方から事務総長に会いに来て、誤解の発生したことを遺憾とし、五常任理事国としては事務総長が安保理に自らの勧告書を提出することは事務総長の議論の余地の無い特権であることに合意すると確約した。

しかし、私の論じたところは必ずしも正しかったわけではない。国連憲章は五常任理事国に平和と安全保障に関する事項について特別の責任を付与しているからである。国連憲章第一〇六条は、五常任理事国は「国際平和と安全の維持のために必要な共同行動を国連機構に代わって執り行うために五ヶ国相互に、及び必要に応じて他の国連加盟国と、協議すること」と定めている。これは、加盟国各国が安保理に強制行動を採るのに必要な軍事物資や人的資源を提供する「特別協定」を結ぶまでの間をつなぐ「過渡期的安全保障措置」の一つである。今日まで「特別協定」なるものは一つも締結されておらず、従ってこの過渡期的措置が今なお続いている。さらに五常任理事国は平和維持活動費用の四六・二％を支払っており(このハナイとの騒ぎの時点では五七・六％であった)、確定した報告書が安保理に提出される前に協議がもたれることを合理的に期待できる、とも云えるのである。

しかし、強力な対抗論もある。国連加盟国のほとんどは安保理に常任の理事国など一国も無い方が良いと思っており、特に常任理事国の拒否権は怨嗟の的である。従って事務総長が他の加盟国よりも五常任理事国の機嫌をとることに注意を払っているように見られることは政治的に賢明ではない。前の章ではペレ＝デ＝クエヤルが国連移行支援団の兵力をめぐって五常任理事国の圧力に屈した時に直面した非同盟諸国との軋轢について述べた。事務総長としては他の加盟国を排除した非公式協議の場で五常任理事国の要求に屈するよりは、安保理の公式の場で投票により拒絶される方が良いのである、と私は論じたものである。ブートロス＝ガリは、事務総長には加盟国に何を勧告するか決定する権限があるというペレ＝デ＝クエヤルの意見に賛成していた。しかし、ブートロス＝ガリもペレ＝デ＝クエヤルと同様、権力を重んじ、いつもは安保理の公式の場で五大国の手で撃墜されてしまうよりは、非公式に内密に五大国に屈することを好んだ。ブートロス＝ガリが一九九三年、ボスニア（・ヘルツェゴヴィナ）における「安全地区」案を実施するのに必要な兵力について五大国の意向に屈してしまったことは特に不幸な出来事であった[一六]。

一六 訳註、本書202～203、361、407、425頁参照。

我々国連職員の多くが当時そう思った。

ともあれ、アンゴラでは、特に東部の主要都市ルエナ周辺で厄介な戦闘が続いていた。政府は「アンゴラ完全独立国民連合」がまだ南アから膨大な援助を受け続けていると苦情を申し立て、この件を安保理に持ち出すと脅してきた。停戦実施前に戦闘が激化するということは、よくあることである。和平を進めるにあたり、この段階では両当事者とも政治的解決がうまくいくかどうか疑念を持っているものである。どちらも公式には認めなくても、停戦と云うのは「変更可能」だと思っており、戦闘再開の折には、戦略的に戦術的に最良の立場を確保しておきたいと思っている。また集合場所に集められて活動できなくなる前に一つ二つ戦果を上げておいた方が士気を維持する上でも良い。

私は一九九一年五月三一日のビセス協定調印式に出席する事務総長に合流すべく、ヴェネズエラの首都カラカスにおけるエルサルバドル和平のいつ果てるとも知れぬ長談義から一旦離れ、ポルトガルのリスボンへ飛んだ。この六日間、アンゴラから最後のキューバ兵が撤退を完了し、第一次国連アンゴラ検証使節はその任務を完了していた。前日五月三〇日の晩には、安保理は、私とアーリーが先にバグダードで起草した報告書に基づいて使節の拡大を承諾し、これを**第二次国連アンゴラ検証使節**と命名していた。調印式の前に事務総長はアンゴラのジョゼ・エドアルド・ドス・サントス大統領と「国民連合」の指導者ジョナス・サヴィムビと別々に会見した。ドス・サントスはいつものように物静かで威厳に満ちた一面を見せていたが、国連アンゴラ検証使節の新司令官にナイジェリア人を当てるという我々の提案には難色を示した。他の「前線諸国」と同様、アンゴラ人も、ナイジェリア人が他のアフリカの兄弟国を相手にした時に見せる横柄でしばしば傲慢不遜な態度をいつも心よく思っていたわけではなかった[一七]。ペレ=デ=クエヤルも私もサヴィムビとは面識がなかった。もっとも、私は英国の駐アンゴラ大使であった頃、サヴィムビは、私が彼の「国民連合」に対して偏見を持っていると公に非難したことがあった。(偏見など必要なかった。「国民連合」の残虐行為はサヴィムビの野心に反対するのに十分な理由を提供していた。)この時はサヴィムビはたっぷり愛嬌を振り撒いたが、彼が立ち去った後、ペレ=デ=クエヤルは明敏に彼を「悪鬼」と呼んでその性格を見通していた。

調印式では、ドス・サントス大統領は式典の間中陰鬱で、その演説も、「国民連合」にもその指導者にも一切言及することなく、顔をこわばらせ、厭々しゃべっていた。対照的に、サヴィムビは落ち着き払って舌もよく回り、ドス・サントスを「アンゴラ人民共和国大統領」そして「同じ愛国者」と呼んで挨拶した。私はこの情景を見て、少しも楽しくなかった。私の「アンゴラ解放人民運動」の方の友人が戦争に敗れたのは南アと米国がサヴィムビを援助したからであり、さらに米国務長官ジェイムズ・ベイカーがその日の午前中ペレ=デ=クエヤルに、米国はサヴィムビが選挙戦を効果的に戦えるように資金協力を続ける旨語ったことで、内心頭に来ていた[一八]。

両当事者の軍隊が集合場所に移動を開始する日、つまり七月三一日が近づくにつれて、私は果たして国連アンゴラ検証使節がきちんとその役割を果たすことができるかどうか、段々心配になってきた。国連使節は車両その他の兵站物資が絶望的に不足しており、その主な原因はいつものように国連の予算の可決と物資調達の手続きに時間がかかったからであった。こういうことは、時折紙留めクリップを調達しなければならない程度のあまり活動的でない事務所であれば、そう問題ではないであろう。しかし、こういうことでは、戦争で荒廃した遠隔地へ緊急に強烈な政治的圧力のもとに多国籍軍を派遣することを要求される活動的な組織にとっては、全く間に合わなかった。この問題の解決策はハッキリしていた。①**平和維持活動基金**を設け、事務総長が平和維持活動の立ち

一七　訳註、国連安保理の常任理事国になることがナイジェリアの国家的悲願である。アフリカの「大国」を自任している。

一八　訳註、米国は一九九三年に国連が執りしきったカンボジアの選挙戦においても非共産系反ベトナムの二派に資金援助を続けた。

上げ費用（例えば軍隊と装備を時間内に現場に運ぶ飛行機や船舶を借りる費用）を、その活動の全予算を総会が可決するのを待たずに（第二次国連アンゴラ検証使節の場合、安保理が使節の設置を決めてから、総会が予算を可決するまで二ヶ月半かかった）賄えるようにすること。②平和維持活動に通常必要な装備をいつ新しい活動が始まってもすぐに使えるように常備し、その活動の予算が通った時に補充しておくようにすること。そして、③新しい活動を始める時の物資の調達手続きを整理しておくことである。国連事務局としては何年にも亘って加盟国に以上の改革案を受け容れるように迫ってきたが、何もうまくいかなかった。この状態は十年後の現在でも変わっていない[一九]。

一九九一年九月にはアンゴラ和平がうまく進展していないことは明らかになっていた。両当事者とも約束の日付を守らず、軍事の日程は大幅に遅滞していた。遅れのほとんどはアンゴラの荒廃した国土全体にわたる物不足と劣悪な交通事情に起因していた。もう一つの問題は和平の全行程を監督している筈の二つの「合同委員会」が効率的に機能していないことであった。「国民連合」はしばらくの間どちらの委員会にも出席を拒否した。米国とポルトガル両政府は私に国連アンゴラ検証使節は仕事をしていないようだと苦言を呈した。私は両国が二つの委員会をうまく機能させられないでいることに苦言を呈した。もう一つ事態を不安定にしていた要素は、両当事者とも自軍の兵力を過大に申告していたことであった。九月末、集合場所にはかろうじて申告数の半数の兵が集まっていただけであった。当初の過大申告のため、実際より多くの兵力がまだ集合場所の外に残っているように見えた。さらにナイジェリア政府が国連アンゴラ検証使節の司令官として安保理の承認した第一候補を途中で取り止め、代わりのエドワード・ウニムナ少将が赴任してくるまで、司令官の着任が遅れたことも、ありがたくなかった。こういう事情の下では私は現地を訪れ直接自分の目で確かめた方が良いと判断した。問題はエルサルバドル和平交渉からどうやって抜け出すかであったが、何とか十月中旬には抜け出すことに成功した。

アンゴラ視察には三つの主要目的があった。一つ目は、両当事者が兵力を集合場所に集結させるのが遅れているのは、和平に本気で取り組む気がないのか、それとも単に兵站不足のためなのか、見極めること。二つ目は、アンゴラ領内全部で四十以上ある集合場所それぞれを五人一組で監視する国連軍事監視員の寝食の状態について、一部は辺境地帯に派遣され、ほとんど皆まともな宿泊施設のない場所で仕事をしてい

一九　訳註、日本政府は自衛隊を海外に派遣するため関係国を買収して歩いているが、なぜ日本の手で平和維持活動基金が出せないのか？本書424頁参照。

たので、何とか改善策を考えること。三つ目は、アンゴラの当事者は選挙について国連からどのような援助を期待しているのか具体化させることであった。

首都ルアンダで二日間会合を開き、説明を受けた後、現地視察に出かけた。最初の視察地はアンゴラ東北部の北ルンダ州であった。私は駐アンゴラ大使を勤めていた時分、よくここに来た。当時は英国籍の人夫が約百五十名ダイヤモンド鉱山会社で働いていたからである。空港に降り立つと、「アンゴラ解放人民軍」(政府軍)と「国民連合軍」(反政府軍)の将校が並んで私を出迎えたのを見てギョッとした。政府軍は彼らのいつもながらの着古した戦闘服姿であったが、反政府軍は新着の緑の制服に毛沢東帽を被っていた[二〇]。我々はまず反政府軍の集合場所を視察した。国連軍事監視員はある破壊された集落の片隅にテントを張って野営していた。「合同監視団」の政府軍と反政府軍の団員は、その集落の壊れた家屋の中で宿営していた。水は川の水を汲んでこなければならなかったが、国連隊は発電機一機、調理用コンロ一つ、冷蔵庫一つ、冷凍庫一つを所持していた。集合場所はそこから十一キロメートル離れていて広さは数平方キロメートルあり、そこから藪をきれいに刈り分けた小道が数本延び、それぞれ頑丈に作られた草葺の小屋が全部基準通りに整然と並ぶ宿営地の一つ一つへ続いていた。反政府軍(国民連合)は南アの行き届いた訓練を受けていた。この場所は四個大隊を収容し、一つ、兵士の家族用の宿営地(案内人はこれを「オ・アカムパメント・ド・モラール」つまり「士気宿営地」と淫らな笑いを浮かべながら説明した)も備えていた。しかし、この場所に集まっていた兵士の数は四百二十五名で、一個大隊当り一個中隊程度しか集まっていなかった。この場所の指揮官は細く身の締った筋肉質の反政府軍兵士で(私がこれ以来会うことになった反政府軍兵士は皆こういう体躯であった)、私が残りの者はどこにいるのか尋ねても、明確な回答を避けた。私は詰所つまり兵士の武器を収納する場所を見せて欲しいと云った。詰所は単なる草葺の小屋に過ぎず、何の戸締りもされていなかった。

次にヘリコプターで鉱山町の一つルカパに向かい、政府軍の集合場所を視察した。国連軍事監視員は鉱山会社の宿舎で快適に寝泊りしていた。集合場所はそこから約十五キロメートル離れた吹き曝しの乾ききった台地の上にあった。政府軍兵士は列を組んで並んで私に歓迎の挨拶を述べた。彼らは見るからに哀れであった。都市部の兵士がこんな僻地に送り出され、指揮する将校は一緒におらず都市部に残っていて紀律

二〇　訳註、紅衛兵の帽子で、ウグイス色、前に赤い星の徽章がついている。

は乱れ、水も食糧も不足し、藪の中で生活をするのには向いていなかった。私が彼らの挨拶を受けて立ち去ると、背後で兵士たちはヒソヒソ話を始め、口笛を吹き、不満を示してブーブー震えるように口笛を大きく吹き鳴らした。私はベンジャミン・ブリテンの歌劇『ビリー・バッド』の最後のシーンの水兵たちを思い出した[二一]。現場指揮官は果たして彼らが私に抗議しているのか、指揮官に抗議しているのか、彼ら自身の置かれた境遇に抗議しているのか、話そうとはしなかった。

この後、この集合場所の現地指揮官と、地方合同監視団の政府軍と反政府軍双方の団員が立会う中、長い会合を開いた。指揮官は、兵站の問題と、反政府軍が最近奪取した地域において政府の統治権回復を拒絶していること、そしてそこでダイアモンドを不法に採掘していることを長々と述べ立てた。反政府軍代表はこの主張を否定したが、ダイアモンドは人民のもので、「アンゴラ解放人民運動」（政府軍）のものではないとも述べた。両者ともあまり激しく議論を戦わせたので、私はこういう会議をあと何回開くことができるか、心もとなくなった。国連軍事監視員の地区司令官はギニア・ビサオ出身の[二二]印象深い将校であったが、ダイアモンド鉱山付近の人間の関心事は政治ではなく、不法採掘であり、戦争ではなく、犯罪を志向していると述べた。ありとあらゆる人間が不法にダイアモンドを掘り出している。政府軍、反政府軍、両軍からの逃亡兵、政府側を支持する民間人、反政府側を支持する民間人。全員が鉱山警察を敵視することで連帯している。そこでは誰も、このアンゴラ東部における米西部劇さながらの無法状態についての見解に異議を唱える者はいなかった。

翌日はアンゴラ中南部を回った。手始めにアンゴラの中央高地プラナルトの主都フアムボを訪れ、政府軍集合場所二ヶ所、反政府軍集合場所二ヶ所を視察し、フイラ県の主都ルバンゴに行ってこの日の日程を終えた。ルバンゴは、先のナミビアでの平和維持活動の最初の数週間、大変な待ちぼうけを喰わされた場所であった。この辺りの集合場所を見ても、前の日、北部で観察したことは正しいと確認できた。つまり反政府軍はよく指揮・命令が行き渡り、よく統率されているが、政府軍は指揮・命令がうまく行き渡らず、士気は低く、バラバラであった。

その後、首都ルアンダに戻り、比較的ゆっくりとした一日

二一　訳註、ハーマン・メルヴィル原作『水兵ビリー・バッド』は、英国から海外へ流れ出た浪人兵士の他虐性と不正義を描き出した作品。

二二　訳註、旧ポルトガル領ギニア。沖にカーボ・ベルデという旧ポルトガル領の島国がある。

をおくった。その日の主な出来事はサヴィムビ（反政府軍首領）との会見であった。翌日から我々は現場に戻り、アンゴラの南東のはずれを視察した。そこのジャムバという場所にサヴィムビは長年本拠地を構えていた。我々はマヴィンガという町に着陸した。そこは反政府軍が、ジャムバを攻略に来た政府軍を迎え撃ち、数次にわたる政府軍の攻撃を跳ね返した大激戦地として有名であった。反政府軍の集合場所では大規模な壮行会が催され、チンドン屋が繰り出し、「国民連合」を讃え、政府側とその味方のキューバを侮辱する歌舞音曲の催し物がついた。私は壮行会で演説するように招待されたので、今はあれが勝ったこれが負けたなどと歌っている場合ではない。ビセス協定はアンゴラ人全てにとっての勝利であった。どうせ歌うのなら平和がもたらす悦びを歌うべきである、と述べた。彼らは全く説得されなかったようだが、それでも拍手だけはした。

我々はジャムバへ飛んだ。「国民連合」の外交儀礼に従って、我々を迎える行事の式次第が整えられた。私は二年後ブートロス=ガリ事務総長に連れ添って北朝鮮の都平壌を訪れるまで［二三］、これ程全体主義的な統制力を目の当たりにすることはなかった。国連アンゴラ検証使節の連絡官でダンというアイルランドの大佐は、「国民連合」の良いことしか口にせず、私が反政府側のビセス協定違反をいくつか揚げると、怒り出す始末であった。すぐにこの大佐と彼の班は現実には人質に捕られているようなものであることが判明した。彼らにはほとんどいつも反政府軍の護衛が付き添い、反政府軍の許可する場所にしか行っていなかった。昼食時、我々をもてなしたのはミルエル・ンザウ・プーナという「国民連合」の重役で、ダンはこの男を「内務大臣」などと呼んで紹介した。まるで「国民連合」が「政府」であるかの如き表現であった。同様の精神で、我々は「アンゴラ自由国」なる国への入国手続き書に書き入れるように云われ、まるで、アンゴラの反政府軍支配地域が「独立国」であるかの如き扱いを受けた。私は部下にこのようなものには記入しないように云いつけた。プーナは謝罪した。昼食の間、私の局のアンゴラ班長ティトフ〈ソ連出身〉が、地方合同監視団の政府軍側団員から、我々が今見て回ってきたものは全部偽物であり、「国民連合」の本物の司令部と本物のジャムバは七十キロメートル離れたところにあると聞かされた。この説に対してはダン連絡官が強烈に争い、「国民連合」の司令部からは一キロメートルも離れていないと云った。我々が指定された道筋から外れると「国民連合」のお目付けは他の車両が続くことを止めた。（私は自分の車両

二三　訳註、朝鮮民主主義人民共和国は大韓民国と共に一九九一年に国連に加盟した。

にお目付けが同乗するのを断った）こうして我々は泥道をガタガタいわせながら進んだ。すると本当にすぐに司令部らしい憲兵隊に囲まれた建物群に迫った。恐らく、政府軍将校がティトフに云ったことは、「国民連合」と国連の間にイザコザを起こそうと仕組んだものだったのであろう。我々が本隊に合流すると、「国民連合」の儀礼官が怒りで我を失っていた。我々に対する懲罰として入国手続き書類に記入するよう、更に圧力をかけてきたが、これは上手に断った。

　次の日は日曜日で、主に、国連アンゴラ検証使節の司令官ウニムナとその重役らと「兵営籠り」をどう加速させるとよいかを話し合った。「兵営籠り」とは、集合場所に戦闘員と武器を集めることである。兵営籠りの遅れは、和平協定の穴や間違いに起因するところもあると我々は了承した。例えば、都市部に拠点を置いた政府軍の司令部職員、輜重《しちょう》隊（兵站担当）、教練係などに遠隔地の集合場所に集まるように要求したことは理不尽であった。（和平協定によれば、集合場所は、主要な人口密集地から「できるだけ」離れた場所に設置することになっていた）恐らく、国連側としても、これらの後方支援要員は持ち場に留まることができるように両当事者の合意を取り付けられるように思われた。また、国連側としては、両当事者の兵力についても、もっと現実的な数字を出すように説得する必要があった。もっと重要なことに、大型兵器はほとんど集合場所に集められておらず、集められていたものは、ほとんど旧式で使い物にならない物ばかりであった。ひょっとすると、遠隔地の集合場所の代わりに、地域別に兵器庫を設置して、そこへ大型兵器や弾薬を集めることにすれば、両当事者も了承できるかもしれないと思われた。

　翌日、私は両当事者とポルトガル、ソ連、米国の三人の傍聴委員の出席する会合で以上の案を出した。何も決定はでなかったが、どれも拒絶もされなかった。後で、政府軍参謀長ンダルがやって来て、国連だけが中立的な第三者として効果的にこういう提案をすることができる。もし当事者の一方が提案すれば、もう一方がその場で拒絶してしまう、と云った。これは正しい見方であった。このために、国連が和平斡旋ないし平和維持の機能を果たしている場合は、国連が中立で不偏不党でありかつ中立で不偏不党であると認識されていることが重要なのである。

　その日の晩、私はカンボジア和平協定の調印式、つまり国連の次の難しい平和維持活動の誕生に立ち会うため、パリへ発った[二四]。さて、この一週間のアンゴラ視察に当って最初に立てた目的をどれくらい達成することができたか？

　兵営籠りについて云えば、「国民連合」（反政府軍）は奥地の

二四　訳註、本書第14章参照。調印式は一九九一年一〇月二三日。

茂みに最高の兵士と武器を保持していた。また政府軍と違って集合場所に派遣した兵士の士気も高かった。政府軍も申告したよりもはるかに少ない数の兵士しか集合場所には現れなかった。従って、両当事者ともいざとなればいつでも戦争を再開できる能力を持っていると見なさざるを得なかった。そして、和平協定実施の成功に欠かせない新国軍の編成については、新兵の雇用も教練も何も行われていなかった。この新国軍作りを支援すると約束した三ヶ国（英仏葡）は計画だけはよく作成していたが、まだ肝腎のアンゴラ政府と「国民連合」から何の返答ももらっていなかった。

　第二の目的は国連軍事監視団についてであった。監視員の質はまちまちで、現地での生活状態の劣悪さも様々であった。彼らを緊急に辺境の五十近くの集合場所にそれもほとんどどこにも宿泊施設のない場所に派遣するということは、どんな兵站組織をもってしても、試練であったと考えられる。資金不足と規制過剰の国連にとっては、これは不可能な仕事であった。しかし、私がニューヨーク本部の職員はこういう状況の下で実に良くやっていたと思うと述べても、現場の軍事監視員は誰も拍手しなかった。監視員の中にはその軍事上の技能の上でも逆境に耐える力の上でも優秀な者もいた。特に私はインドのシンハ中佐[二五]をよく覚えている。彼は二、三週間のうちに現地人と話ができるくらいのポルトガル語を習得し、何とか少しでも気持ち良くやっていくことができるように同僚を説得していろいろ自助努力の企画を立てていた。しかし、中には職務のことよりも、衣食住のことばかりしゃべって、私をイライラさせる者もいた。

　選挙に関して国連の役割があるとしても、この点については不明瞭であった。サヴィムビ（反政府）は国連の専門技術支援とできれば選挙監視を望んでいた。ドス・サントス（大統領）の方は、いつものようにアンゴラの主権が侵害されることを懸念し、国連による選挙監視には乗り気ではなく、専門技術支援についても確約を避けた。彼は、しかし国連のニカラグアにおける選挙検証（与党の左翼サンディノ派[二六]が予想に反して敗北した）について色々訊き出そうとした。私は、ドス・サントスはマルクス主義政党が与党である国での選挙は、国連の不偏不党性は当てにならないという証拠を探しているのか？と思った。ペレ＝デ＝クエヤル事務総長は国連がアンゴ

二五　訳註、singha は梵語でライオン。音訳の「獅猊」から獅子や、高僧の敬称である猊下（ゲイカ）の語が出た。シーク教徒に多い苗字。

二六　訳註、サンディノは人名、「サンディニスタ」（サンディノ主義者）と云うスペイン語で人口に膾炙している。国連は一九八九年から九〇年にかけてニカラグア選挙過程検証のための国連監視使節 Misión de Observadores de las Naciones Unidas encargada de verificar el proceso electoral en Nicaragua (ONUVEN) を派遣した。日本も選挙監視員を派遣し、その後の復興支援費用も拠出した。国連の事務手続きの上では、軍を含まないので平和維持活動には含めない。

ラ選挙において指導的役割を果たすことを期待していた。それで、一九九一年一〇月末の安保理宛報告書の中で、事務総長は、アンゴラにおいては国連が選挙に関与すべきであるという了解が広まりつつあることを強く示唆する兆候がある、と述べた。アンゴラ政府から専門技術支援と選挙監視の双方について公式の要請が届いたのは、一九九一年一二月のことであった。

選挙は国連アンゴラ検証使節の任務に大きな文官任務を付与することになった。一九九二年一月一日に新しく国連事務総長に就任したブートロス＝ガリは、これを契機に使節の長として文官の**事務総長特別代表**を任命することにした。この難しい職務を、彼は英国人マーガレット・ジョウン・アンスティーに任せた。彼女は長く国連職員として働き、大変理知的で無限の活動力をもった女性で、当時は国連ウィーン事務所長であった。私はこの選任を歓迎したが、使節の軍事監視団長エドワード・ウニムナがどう反応するか心配であった。前年一九九一年、私がアンゴラを視察した時の彼の印象は芳しくなく、その時も、それからも、私は彼の気の短さと専制的采配について数々の苦情を聞かされていた。ジョウン（特別代表）[二七]がウニムナを忠実な部下として采配するためには、彼女の外交手腕を総動員する必要があろうと思われた。

彼女は一九九二年二月にアンゴラに着任した。翌三月、ブートロス＝ガリは安保理に選挙監視について実施計画を提出した。これによると、アンゴラにある十八県の一つ一つに選挙監視団を送り込むことになり、大掛りな航空機の動員が必要であった。一方、ビセス協定の実施の方は、なおひどく遅滞していると報告された。「国民連合」（反政府軍）が申告した兵力の九三％が集合場所に集まったが、政府軍の数値は五四％に転落した。政府軍兵士の多くが給料がもらえず、食べていけなくなって、集合場所から失踪してしまったのであった。兵役解除はまだ開始されず、「国民連合」は自軍支配地域の多くで、政府行政機構の復権を阻止していた。肯定的な面を見ると、重大な停戦違反はなく、政府側・反政府側合同の警察監視がついに開始された。

四月初旬、兵役解除が始まり、大統領選挙と国会議員選挙を九月二九日と三〇日に同時に実施することに決まり、ビセス協定の実施に拍車がかかった。六月下旬、ブートロス＝ガリ事務総長は「条件付ながら、楽観的である」と報告することができたが、彼もアンスティー（特別代表）もビセス協定では選挙前に完遂されるはずの事項の多くがとても期限内には達成できないという現実を隠そうとはしなかった。選挙人登

二七　訳註、ここではAnsteeという氏ではなくJoanという名で呼んで、親しみを込めている。

録が始まって最初の一週間の間に、この荒廃した広大な国で史上初の選挙の仕度をするには途方もない兵站整備能力が必要であることが歴然としてきた。国際社会からもっと沢山のもっと迅速な支援が必要であった。アンゴラ政府の要請を受けて、国連は空における活動を調整することに合意した。これで早急に必要となったのは機材の方であった。ブートロス=ガリのこの報告書に対する安保理の返答は、和平実施の遅れについて「深刻な懸念」を表明し、いつも以上に強い調子で両当事者にビセス協定で約束したことを遵守するよう要求した。

選挙の三週間前、事務総長はもう一つ別の報告書を提出した。この時、彼は「慎重ながら楽観的」見通しを語った。この報告書を今九年ぶりに読み返してみると、私は、我々がこんなことを云うように事務総長に助言していたということに驚きを禁じえない。恐らく、我々としては悲観的な報告書を出すと、惨事となる危険性を高めると読んだのであろう。当時、両軍兵士の僅か四一％しか除役されていなかった。政治や治安上の状況は目立って悪化していた。国連アンゴラ検証使節の不偏不党性は疑われていた。武器が一般民衆の間に拡散していた。政府は政府軍兵士数万人を警察の新「機動隊」に編入したと非難されていた。（恰度クロアチアのクラジナ地方のセルビア系住民がやっていたように）ザイール川を挟んだ飛び地のカビンダ州（当時アンゴラの原油の主な産地）では二八、二つの武装した分離独立運動が反乱を起こしており、同州の有権者のうち選挙人として登録したのは僅か二〇％程度に過ぎず、和平協定の実施から結果的に排除された形になっていた。新アンゴラ国軍の編成は「ひどく遅れ」、唯一の進展は新司令部を統轄する将校が宣誓し着任したことだけであった。次の段階は、志願兵が寝泊りできるようテントを調達してくるまで遅れるということであった。良い知らせは二つしかなかった。まず飛び地のカビンダを除けば、選挙人登録は目立って大成功であった。アンゴラ全土で推定有権者数の九二％が選挙人として登録を済ませていた。さらに、国民が選挙に大変熱心である証拠も沢山あった。もう一つの良い知らせは、空輸についての事務総長の支援の要請に対する加盟国各国の反応が良かったということであった。

こういう情勢の下では、アンスティー（特別代表）とブートロス=ガリ（事務総長）は、選挙の延期を勧告すべきであったであろうか？そうする理由は兵站の問題ではなく、政治的な

二八　訳註、一八九一年（明治二四年）、ポルトガル領（現アンゴラ）が内陸部に進出する代わりに、ザイール川（現コンゴ川）上流域のベルギー王の私有地（後のザイール）はザイール川と川の北岸を得て大西洋への出る合意がなり、アンゴラにはザイール領を挟んで北にカビンダという飛び地ができた。

ものであったであろう。兵站の問題は大きかったが、何とか克服されつつあった。危険は、ビセス協定で選挙前に選挙ができるように整えるべき政治的諸条件が整えられないのが確実であるところにあった。特に三つの軍隊が並存したままであった。政府軍、反政府軍の両方ともまだ無視できない兵力を動員解除せずに維持しており、そして新国軍も少なくともその萌芽が編成されつつあった。その上、サヴィムビ（反政府軍首領）は報道関係者に自分が当選しないような選挙は自由でも公正でもないなどと語り始めていた。私は、当時国連として延期を提案することを考慮したかどうか、思い出せない。しかし、仮に我々が延期を提案したとしても、うまく行かなかったであろう。ドス・サントス（現職大統領）は国連の内政干渉として拒絶したであろうし、サヴィムビはいつも早期選挙実施を望んでいた。米露〈訳注・ソ連は一九九一年末消滅〉は資金的理由で反対したであろうし、ポルトガルもおそらく米露の立場に合わせたことであろう。

　それで、安保理は、はかなくも選挙開始十一日前になって、和平実施は後戻りできないという確信を表明し、両当事者に対し、彼らがこれまでの十二ヶ月間に亘って実施してこなかった兵の除隊、武器の収集と格納、新国軍の編成、警察が政治的中立性を保ちながら国民のために働くようにすることなどの「一定の基本的措置を完遂するべく、緊急に断固たる措置を採る」ように要請した。私はよく安保理の決議や声明はもっと数が少なく、短く、現実からの乖離度が小さければ小さい程、もっと注意深く読まれるようになるのではないかと思うことがあった。一九九三年、ボスニア（・ヘルツェゴビナ）でベルギー人国連軍司令官が、安保理の決議は加盟国の政治的意欲や各国が提供する用意のある人材や物資についてあまりにもひどく非現実的であるから、読むのを止めてしまったと発言した時、私は喝采を送ったものである。

　実際には、選挙は大成功であった。投票日〈一九九二年九月二九日と三〇日〉の二日前、国連の選挙監視員はアンゴラ全土で六千ヶ所近くあった投票所の約三分の二を訪れた。翌十月一日、アンスティー（特別代表）は、交通・輸送の困難にも拘らず登録を済ませた選挙人四百八十三万人の大部分が平和的に秩序正しく投票を済ませたと発表した。開票は各投票所で行われた。これで国連が監視できる開票数は減ってしまったが、アンゴラでも、一九九〇年に国連がニカラグアとハイチで試していた種類の「速算」を行った[二九]。「速算」はここでも選挙結果の正確な予測を弾き出した。（誤差はドス・サントス票について一〇・三%、サヴィムビ票について二%であっ

二九　**原註**、「速算」の方法は本書第15章341～342頁のハイチ選挙の脈絡で説明する。これは開票の早い段階で選挙結果を予測する信頼できる方法であることが証明されている。

た）しかし「国民連合」は直後から膨大な数の不正行為があったと主張し始めた。苦情の調査と開票の最終仕上げに八日間が割り当てられたが、「国民連合」側の苦情件数が余りにも多かったので、選挙結果の発表は一〇月一七日までずれこんだ。この間、大統領選挙における現職ドス・サントスの得票率は決選投票なしで当選できる五〇％前後でゆれていることが知られた。この結果、サヴィムビは首都ルアンダの宿舎の中でふくれて誰とも顔を合わせず、不正があったと叫び、まだ選挙結果が公式に発表されないうちから認めないと脅し始めた。事務総長ブートロス＝ガリはそうしないよう説得するため長い電話をかけなければならなかった。それでも一〇月五日には新しく編成された国軍総司令部の元反政府軍の将官たち十一名が選挙は不正であったと云って抗議して職務から離れてしまった。その二日後、サヴィムビが首都ルアンダから連れ去られ、中央高地のフアンボに遷されたことが判明した。

安保理は以上の経緯と「国民連合」のラジオ放送が反国連アンゴラ検証使節・反アンスティー特別代表の憎悪を煽り立てる放送を始めたことに動揺し、特別委員会をアンゴラに派遣し、両当事者にビセス協定を遵守するよう強く迫った。特別委員会の派遣は南ア外相のピック・ボタの訪問と同時であった。アンスティー女史の回顧録『冷戦の孤児』は特別委員会とボタ外相の会見を見事に描いている。我々の電話通話には反対派法律家が注意を向けていなかったので、彼女は私との電話で外相の様子と外相が単独でこの難局を切り抜けようとした馬鹿さ加減をもっと具体的に説明してくれた。サヴィムビは感情が高ぶり、沢山の相手から「ドス・サントスと会いますか？」「選挙結果を受け容れる条件は何ですか？」「決選投票に出馬しますか？」「決選投票まで挙国一致政府を結成することに賛成しますか？」等々質問を受けたがどの相手に対しても肝腎なところで答えが二転三転して一貫しなかった。ドス・サントスの方は、対照的に落ち着き払って話も一貫しており、一流の政治家らしく、サヴィムビと会う用意も（但しアンゴラ国内で）、国民的和解のために働く用意もあると表明した。

一〇月一七日、公式に選挙結果が発表された。投票率は九一％を超えたが、白票や無効票も多かった。国会議員選挙では「アンゴラ解放人民運動」の得票率は五三・七％で、「アンゴラ完全独立国民連合」は三四・一％であった。大統領選挙の方はドス・サントスの得票率は四九・七％で、サヴィムビは四〇・〇七％であった。ドス・サントスが僅かに五〇％に達しなかったので、彼とサヴィムビの間で決選投票を行う必要があった。アンスティー（特別代表）は選挙の自由度と公正さについて発表するよう要求されていた。特別代表はいくつか規則違反はあったが、大規模な、組織的な、あるいは広範な不正があったという決定的な証拠はないと述べた上で、「選挙は総じて自由で公正なものであったと考えられる」と確認した。この認定は疑いなく正しいものであったが、これで「国民連合」宣伝部によるアンスティー女史に対する更に悪質な攻撃が行われた。前の週には首都ルアンダその他で重大な暴力事件が発生しており、和平の破滅が目前に迫っていた。国連アンゴラ検証使節から「国民連合」軍による戦闘行動とアンゴラ各地の市町村の武力占領の報告が届いた。ブートロス＝ガリは両指導者が直接会って話をするように強く要求したが、双方とも相手側の受け容れる見込みのない条件を提示した。

一九九二年一〇月三〇日、「国民連合」は首都ルアンダの空港の占領を試みた。首都で大規模な戦闘が勃発し、翌日各地方都市に拡散した。首都ではアンスティー特別代表も英国大使館から二日間一歩も外へ出られない状態が続いた。「国民連合」の副長ジェレミア・チトゥンダと合同政治・軍事委員会での「国民連合」代表エリアス・サルペト・ペナ（サヴィムビの甥）はこの戦闘で命を落とし、多くの「国民連合」支持者も死んだ。「国民連合」側三十六名が投降ないし身柄を拘束され、国防省内で「政府の保護下」に置かれた。一一月二日、一種の停戦が実施された。政府軍は主要都市の支配権を維持したが、郡部はほとんど「国民連合」軍が掌握した。一一月二三日には、国連アンゴラ検証使節はアンゴラの百六十四市町村のうち、五十七が「国民連合」軍の支配下に入っていることを確認し、これに加えて四十の市町村が「国民連合」軍の支配下にあるものと考えられると報告した。

この緊急事態が発生した一〇月三〇日、私は中米エルサルバドル和平の立役者アルベロ・デ・ソト（国連幹部）とサンサルバドル市に向かう途中であった。そこではクリスチャニ大統領が軍部の粛清に難色を示したため、和平の進展が危機に陥っていた。予定では、私はそこから北京へ飛び、カンボジア和平を危機から救うためカンボジア和平国際会議の共同議長とシハヌーク王子[三〇]と面会することになっていた。カンボジア共産党ポル・ポト派が武装解除を拒否し、和平が止まっていた。これら中米と東南アジアの危機に加えて、いつ果てるとも知れぬボスニアの危機のために、私はアンゴラ問題についてジョウン（アンスティー特別代表）から毎日かかってくる電話に応答している時間がほとんどなかった。私の応対は往々にして許されない程短かった。私は、何か起こったら電話ではなく電信で、一日に一、二回連絡してきたら良いと

三〇　訳註、一九四一年一〇月、日本軍の南部仏印進駐下、カンボジア国王として即位した。一九五五年の総選挙に際して政治的に活躍するため譲位して立憲君主の制約から離れた。現地では「王子」ではなく「元国王」と呼ばれ、「太上国王」（上王）というべきか。

思っていた。しかし、一一月二日、事務総長がサンサルバドルまで電話してきて、一旦、ニューヨーク本部に戻り、そこからアンゴラへ飛んで二、三日アンスティーを援護してくるように指示した。アンスティー女史は戦闘が続く間、実に勇敢に振舞っていたが、この頃、驚くまでもなく、大変疲れ果てている様子であった。私はこれまでにも事務総長に、アンスティー特別代表には国連アンゴラ検証使節の中に親しめる者がおらず、腹を割って打ち明け話のできる者が一人もいないことを憂慮していると述べたことがあった。国連軍現地司令官エドワード・ウニムナは穏便な表現で云うと難しい同僚で、とてもそのような役柄には似合わず、女史の文官の副官、エブリマ・ジョバルテー（ガンビア人[三一]）も、向いていなかった。女史にとって信頼のおける友に最も近い存在は、行政部長トム・ホワイトというカナダ人のようで、私も高く評価していた。それで、私としても都合は悪かったが、アンゴラの様子を見に行くことができて良かった。

　私はアンゴラ班長ドミトリー・ティトフを連れて、一一月六日遅く首都ルアンダに到着した。国連アンゴラ検証使節の基地に午後六時の外出禁止令の刻限までに到着するにはギリギリの時間であった。私はジョウン（・アンスティー）の平屋

三一　訳註、旧仏領セネガルにそっくり囲まれた旧英領。

（バンガロー）に滞在することになった。ジョウンは家政婦のスィッスィーと猫のミッスィーと一緒に暮らしていた。家政婦のスィッスィーはジョウンがウィーンから連れてきた人で、戦火にまみれたアンゴラの首都で手に入る僅かな食材から最も見事な料理をつくる手品師であった。猫のミッスィーはジョウンが現地で「養女」にした。翌朝、スィッスィーは優雅な朝食を戸外の石敷きの庭に並べた。隣は空き地で、赤ラテル系[三二]の土がむき出しで、安全のため空港から離れてここに国連の巨大な軍用ヘリコプターが三機とめてあった。案の定、我々が、朝食の席につくや否や、そのうちの二機がエンジンを吹かせ始めた。これで女性三名とも逆上した。ジョウンはペニョワール着（部屋着）のまま巻き上がる土煙の中に突進して行って叫んだ、

「すみません！すみません！今、朝ごはんを食べるところなんです！」

　スィッスィーは身体を二つ折りに屈伸すると（十代の頃、フィギュア・スケートの選手で優勝したことがある）、素早く家中を駆け巡って窓を閉め、朝食を土煙の中から救出した。三人目、つまりメス猫のミッスィーは騒音と振動と吹き付ける強風から逃れようと必死であった。赤土まみれになるのは

三二　訳註、英語で laterite ラテライト。Later はラテン語で「粘土」。

決して楽しいことではない。それも、川の水が一日に一時間しか流れず、次に流れてくるのは翌朝まで待たなければならない所では、特にこれは半端な試練ではなかった。

この日の最初の訪問先はドス・サントスであった。彼とはこれまでの九年間、何度も会見してきたが、そのどの時よりも自信がなさそうであった。彼はサヴィムビが選挙結果に難癖をつけて以来この方、あらゆる人に云ってきたことを繰返した。停戦は尊重されなければならない。ビセス協定はまだ有効である。「国民連合」は国会議員選挙の結果を受け容れなければならない。国会は選挙法を改正し、大統領の決選投票を五月まで延期する。国連は決選投票を行うのに必要な諸条件を整えるべく、指導的役割を果たすべきである、と。この最後の点はドス・サントスが和平交渉の間中、そして前年私と面会した時にとり続けてきた立場と正反対であった。私は、我々国連の方で、明確で実行可能で両当事者の合意し得る国連の任務を確定することができれば、事務総長はより大規模な国連の関与を歓迎するであろう。しかし、私としては、平和維持活動の費用が嵩むことに懸念を強めている主要国がどう云うか、代弁はできない、と回答した。

アンゴラはまたもや「待ちぼうけの国」となった。我々は翌朝サヴィムビに会うことになっていたが、会見は理由もなく直前になって取り止めになった。二日間待たされて、サヴィムビから連絡が入った。会見はもちろん重要なことであると云いながら、まず政府が、「国民連合」による計画的クーデター未遂云々の言い掛かりをつけるのを止め、首都ルアンダの国防省内に身柄を拘束されている三人の「国民連合」幹部を釈放し、我々国連職員と一緒にファンボ市まで来させることを要求した。私は、これでは話にならないと思い、翌日、日程を合わせないでファンボ市に直接出向いてサヴィムビに圧力をかけることに決めた。決めただけでなく、実行した。ファンボ市の空港には「国民連合」の旗が揚がっていた。政府軍が市の中心部を支配し、「国民連合」軍が郊外を支配していた。国連アンゴラ検証使節の野営地は中立地帯にあり、見るからに居心地悪そうであった。我々は国連の野営地に入り待機した。夕焼け小焼けで日が暮れると、ウニムナ（軍司令官）が半狂乱となって騒ぎ出した。我々は罠にかかったのではないか？人質に捕られてしまうのではないか？否、もっと悪いことになるのではないか？一旦ルアンダ市に戻って翌朝また来た方が良くはないか？十五分間程議論した末、私は全員ここに留まるように厳命した。私は、サヴィムビに我々との会見を簡単にスッポかさせるわけにはいかなかったし、サヴィムビがいくら腹の虫の居所が悪かったとしても、我々に危害を加えるような馬鹿な真似をするとは、ちょっと考えられなかった。

案の定、午後七時四五分、「国民連合」の将官が一人、我々を会見の場所まで出迎えに来た。我々は人気のない通りを自動車で突っ走って、雨戸の閉った小さな館に入った。中に入ると異臭の漂う小部屋に群集が群がっており、壁は青く塗られ、痛んだ家具が置かれ、見渡す限りプラスチック製の人形と人形の家がセロファン紙に包まれたまま置いてあった。生身の人間の方は、サヴィムビと片腕を半分失ったボックという将軍、情報部長ジョルゲ・ヴァレンティム、そして副幹事長エウゲニオ・マヌヴァコラの面々がいた。我々国連側はアンスティー（特別代表）、ウニムナ（軍司令官）、国連アンゴラ検証使節のファンボ地区司令官のニュージーランド軍のロジャー・モートロック大佐と私であった。

会見は三時間半、お茶も出されず、休みなしでぶっ通しで続けられた。サヴィムビはただ闇雲にクドクドと同じことをしつこく何度も何度も延々とまくし立てた。サヴィムビは、政府の云うことは一言も信用できない。政府は俺様から選挙を奪い取った。政府は俺様を生まれ故郷で指名手配にし、このように悪臭がプンプン鼻をつく隠れ家で国連職員と応対しなければならないような、夜中に寝場所を何度も変えなければならないような体たらくに陥れた。もう自分は政治から身を引いて、若い者に任せることを考えている、などと語った。(ここでサヴィムビが身を引いたら、この難局を収拾する交渉相手がいなくなってしまうので、私は思いがけずサヴィムビに引退しないように頼み込む羽目になってしまった)。サヴィムビの部下たちも口を開いた。時折サヴィムビ以上に攻撃的な言辞が飛び出した。私はサヴィムビに対して何とか和平を計画通り進展させられるように具体的な方策を考えるよう、特に国連により広範な役割を任せることに思考を集中させるよう、説得を試みた。(運良く、サヴィムビはアンスティー特別代表に対する彼の宣伝部による誹謗中傷について、二、三日前に電話で上手に謝罪していたので、この件を持ち出す必要はなかった。)私は、国連の任務についていくつか可能性のある案を一つ一つ掻い摘んで説明して聞かせ、どれも、両当事者の確たる合意に基づく必要のあること、つまり、サヴィムビもドス・サントスとの政治的対話を再開する必要のあることを強調した。後で、私はアンスティーと、対話の再開があり得ることを示すような発言は一切なかったことを確認せざるを得なかった。

首都ルアンダに戻ると、全員この会見について聞きたがった。米・露・葡の三後見国の代表と英国大使は、私がサヴィムビに対して柔軟な姿勢をとったことに賛成しなかった。彼らは、サヴィムビは孤立させた方が良く、サヴィムビを支援する国には制裁措置を採り、外国にあるサヴィムビの「代表部」は閉鎖し、サヴィムビとその支持者には入国査証を発給してはならず、サヴィムビには選挙結果を受諾する期限を早めに設定し、彼がそれを守らない場合は、それで彼もお終いである、と述べた。私は自分の方針を批判されて苛立った。私はサヴィムビを孤立化させることは不可能であると思った。四〇％の選挙人は彼に投票したのである。彼は敗北しても捲土重来を期す力のあることを前にも示していた。南アと米国の援助がなくても、彼は戦争を続けられるであろう。私は、本心ではサヴィムビを権力欲のために自国民に悲惨な犠牲を強いてきた怪物として嫌悪してきたのに、ここで周りから彼を擁護しているよう見られることでも苛々した。しかし、私は和平の斡旋のためにその場にいたのであり、私の仕事はアンゴラ和平を再開させる方策を見出すことにあった。

翌日、私はドス・サントスと彼の様々な閣僚に会って説明した。彼らの方も、サヴィムビをもう一度交渉の席につけることができるかどうか懐疑的であった。曰く、サヴィムビは時間稼ぎをしており、武力で権力の座を狙っている、と。ドス・サントスは、殺されたチトゥンダやサルペト・ペナの死体を返還するなど、友好的な姿勢を見せることは考えても良いが、サヴィムビが、ビセス協定がまだ有効であること、国会議員選挙の結果を無条件で受け容れるまでは、彼とこれからの国連の役割について話すつもりはない、と云った。私は、サヴィムビはフアンボ市での会見でビセス協定の有効性について は受け容れたと述べ、国会議員選挙についてはサヴィムビの合意が得られるかどうか掛け合ってみようと述べた。その日の午後、私はサヴィムビに電話をした。彼は、国会議員選挙の結果を受け容れるのに近いことを口にしたが、無条件ではなかった。それで、私はサヴィムビに、貴殿はこう云ったと私は思うという内容の手紙を書くと提案した。私の受け取り方が正しいかどうか確認し返事できるでしょう、と。その日の晩、ニューヨーク本部へ帰る前にこの手紙を出した。

ともあれ、サヴィムビとの会見を待った数日の間、私は、アンゴラ奥地での任務の後首都ルアンダに休憩と気晴らしに集まって来ていた選挙監視員や他の国連アンゴラ検証使節の職員と野営地の酒場で呑み交わすことができた。彼らは恐怖の経験談を語った。「国民連合」軍は郡部や小さな町村で暴力で支配権を掌握しようとしており、政府は民間人に武器を配り、北部のキムブンドゥ族（ドス・サントスの仲間）の多い地方ではムブンドゥ族（サヴィムビの仲間）に対する血なまぐさい残虐行為があり、給料の支払いの滞っている政府軍兵士は山賊に成り下がり、人を殺し、家々を荒らし、互いに仲間同士殺し合っているということであった。酒場に集まっていた者は大統領選挙の決選投票が可能であるとか、仮に決選投票があったとしても、サヴィムビが再度の敗北を甘受するなどということを考える者は一人もいなかった。

待ちぼうけを喰わされていた間に、私とティトフ（アンゴラ班長）はまた、国連アンゴラ検証使節の不健康な状態を診察することもできた。我々の耳に入ってきたことは好ましくなかった。黒人職員も白人職員も両方とも人種的偏見が使節を真っ二つに分断していることが根本的問題であると述べた。入口で、国連アンゴラ検証使節の黒人上級職員がアンスティー（特別代表）と米・露・葡の三後見国の代表はどれも人種主義者であると話しているのを聞いた者がいると聞かされた。反対に、私は白人職員の何人かが黒人の上級職員について話をしている時、人種差別の片鱗を捕らえたと思った。例えば、彼らはこういう話をした。黒人の上級職員のうち二人が国連アンゴラ検証使節のビーチクラフト機[三三]に乗って週末にナミビアへ向かった時、うら若いアンゴラ女性を二人同乗させ、乗員名簿にはこの二人の女性を国連使節のナミビア当局との打ち合わせに参加する「政府役員」として記載した、というのである。私がそれでは何故、何の懲戒処分もとられなかったのかと質問してみると、肩をすぼめて、「だって、そんなことをすれば、もっと悪くなるばかりですから」という答が返ってきた。ニューヨーク本部に戻るときから、私が勘付いていた通り、アンスティー（特別代表）は国連使節の頂点にあって孤独でいくらか孤立してしまっていた。女史はまた絶望的に難しい仕事に取り組んでおり、ありったけの力を注いで頑張っていた。女史に必要だったのは、控え目でよく気のつく管理職で、女史に代わって管理上の問題を解決するか、女史自身がどうやって解決したらよいか、助言できる人物であった。

短く忙しい視察期間中、このような扱い難い問題について急に話を聞いても、それがどこまで正確で、悪意に基づいていないかどうか見極めることは難しい。従って、私は人種差別問題についてはひとまず様子を見ることにした。しかし、他の要因も考慮した上で、私は、ウニムナ（軍司令官）は更迭することにした。彼はアンスティー（特別代表）を嫌い、上官として認めようとしなかった。彼は鬼軍曹でもあり、気が短く、ワンマンで、素行が荒く、一度ならず運転手を殴りつけるところを目撃されていた。これは、多国籍活動の指揮官としては全く不適切であった。また、彼は私が当初考えていた程有能な将官でもなかった。今回の現地視察の直前の週末も、戦闘のためアンスティー（特別代表）が英国大使館から出られず、報道機関が国連アンゴラ検証使節にも死傷者が出たと誤った情報を流していた時、彼がニューヨーク本部に何の連絡もよこさなかったため、彼を厳重注意処分にしたことがあった。今回は、私はウニムナ本人に直接会って、もう本国

三三　訳註、米国ビーチクラフト社の軽飛行機。

ナイジェリアの任務に復帰すべき時が来たと思われる理由を二時間半かけて説明した。最終的に同月、一一月末をもって帰国することで話がつき、その場は気持ち良く分かれた。四日後、私がポルトガル語と英語で記者会見を行った時、ウニムナが私に近寄って来て云った。

「見事なお手並みでした。貴官はアフリカの機嫌さえ損じなければ次期、事務総長になれます。」

これは人種差別的な発言であったか？ 私はそうは思わなかったが、その場にいた白人職員の一人がこれを聞いて眉を吊り上げ、これは問題発言だと云うように私の方を見た。

一一月一七日、サヴィムビが先の私の手紙に返事をよこした。フアンボで「国民連合」政治局常任委員会の会議が開かれ、「国民連合」としては「不正だらけで規定通り行かなかったことが周知の」国会議員選挙の結果を、和平の進展のために受け容れることに決まった、と。我々国連側としては「国民連合」が選挙を形容した言葉は容認できない旨、公に声明を発する必要があったが、ともかくも、これは一歩前進であった。次は政府側から建設的な反応が出ることが必要であった。それはそう簡単にはいかなかった。ドス・サントスはまだ挙国一致の和解政府を組閣する計画であった。しかし、彼は、「国民連合」がなお不正があったと云い続けていることに気を乱して、立場を硬化させているようであった。ンダルフ（参謀長）はこの難局が続く間政府と「国民連合」の間のパイプ役で、和解を奨励してきた人物であったが、サヴィムビの方が彼との会見を望むと云っていたのに、病気療養の名目でヨーロッパへ出かけてしまった。唯一、国土管理大臣で穏健派のロポ・ド・ナシメントだけが、政府にある程度の譲歩、少なくとも友好姿勢を示すように働きかけていた。

ロポは一一月二三日、ニューヨークでブートロス＝ガリ（国連事務総長）に会った。彼はアンゴラの両当事者が紛争を自分たちで処理する意欲を示さない限り、アンゴラは国連から見捨てられる危険のあることを悟った。しかし、政府は、サヴィムビら「国民連合」指導者たちが首都ルアンダに戻って来る時、彼らの身の安全を保障するために国連の支援を必要としていた。そういう支援は可能か？ 返答として、ロポはブートロス＝ガリの「講義」を「受講」することになった。こういう「講義」はブートロス＝ガリの定番になりつつあった。ブートロス[三四]は云った、政府は選挙に勝ち、首都ルアンダを支配下に置いているが、早く譲歩しなければ敗北の憂き目に遭うであろう。勝利者として政府の方から何らかの動きを見せる必要がある。時間が経てば経つ程やり難くなるであろう。

三四　訳注、ブートロス・ブートロス＝ガリで、ブートロスは名。ここでは、親しみを込めて名で呼んでいる。「ブートロス」は英語のピーター（ペテロ・石）と同根。

一一月一日の停戦から三週間が無駄に過ぎた。ドス・サントスは事態の緊急性を理解しているのか？　彼は国際社会の中に倦怠感が拡がっていることに気づいていないのか？　アンゴラ政府はレバノンの教訓を学ぶべきであろう三五。レバノンの首都ベイルートは、元来繁栄し、世界が敬意を払う街であったが、軍閥が抗争を繰り返し、対話を拒否したため、国際社会はこれに背を向けてしまった。アンゴラも同じ運命が待ち構えている。国際社会はアンゴラ政府が和解の姿勢を示すことを首を長くして待っている。あまり長くは待てない。国連としては、世界中の平和維持活動任務に追われている。国連加盟国も支援先を選ぶようになってきている。各国政府は紛争当事者が協力し合う政治的意思のあることを証明しない限り、国民の税金を出し渋るであろう。「過ぎたことは忘れて、新しい一歩を踏み出しましょう」と。

ロポ相手には、ブートロス=ガリは、既に入信した信者に説法していたようなものであった。私は、ロポが帰ってドス・サントスにブートロスと同じくらい精力的にこの説法を伝えてくれれば、と期待した。ひょっとすると、ロポは私の期待通りにしたのかもしれない。三日後、アンゴラの両当事者が、あまり重要人物が揃ったわけではなかったが、ともかくアンゴラ南西部の港町ナミベで会見した。彼らはビセス協定がまだ効力を失っていないこと、停戦を続けること、国連アンゴラ検証使節の任期を更新し、任務を拡大することを要請すること、の三点を宣言することで合意した。それから三日後、「国民連合」は北部のウイゲ県で大規模な攻勢をかけ、県庁所在地と重要な飛行場を制圧した。サヴィムビの意図は明確に見え、煮え湯を呑まされた。しかし、和平を斡旋する者は決して諦めてはならない。ブートロス=ガリは、一二月の最後の週、アンゴラの両当事者をジュネーヴに招いた。サヴィムビは了承した。ドス・サントスはサヴィムビとは会う用意があるが、首都ルアンダでのみ会うことができると主張した。

新年（一九九三年）早々、政府軍が県庁所在地やその他の町で、前年「国民連合」が制圧していた所を奪還するため攻勢をかけ、戦闘は一段と激しさを増した。前年一〇月、首都でおこったように、「国民連合」を支持する民間人の虐殺が伝えられてきた。事務総長は安保理に対してアンゴラは再び内戦に陥り、戦闘はこれまでにない程人口密集地に迫っている、と通知した。アンスティー（特別代表）は、疲れを忘れて、両当事者の高級将校を引き合わせるか、第二回ナミベ会談を開くか、両方の準備に没頭していた。両当事者とも、口では話し合いに応じると云っておきながら、期日が近付くとどちらかが背を向けてしまった。両者とも、内戦の再開を国連アン

三五　訳註、本書第5章参照。

ゴラ検証使節のせいにして非難した。現場の国連関係者にとってはこれは踏んだり蹴ったりであった。国連ヘリコプターが一機ファンボで破壊され、国連使節の多くの要員が攻撃に曝されていた。一月中旬には戦闘があまり激化したため、国連使節は派出所の三分の二から引き揚げ、時価数百万米ドル（数億円）の備品を放置して来ざるを得なかった。

国連アンゴラ検証使節は一九九三年一月三一日に任期切れとなる予定であった。この使節の任務は事情に迫られて相当様変わりしていた。その元々の任務は、ビセス協定の敷いた和平の手順が踏まれているかどうか、両当事者が自分たちで合同で検証していくことを監視することであった。この「最小限方式」はドス・サントス大統領がそれ以上の国連の関与がアンゴラの国家主権に及ぼす影響を懸念したことを反映していた。しかし、両当事者が合同で検証するという仕組みはうまく機能しなかった。これは、はじめのうちは主に兵站補給の困難のためであったが、どちらの当事者もその兵力を全部は集合場所に集めておらず、大型兵器を手放していないことが明白になるにつれ、不信感がつのり、合同検証機構の有効性はさらに減少した。その結果、国連アンゴラ検証使節は次第に和平の実施具合を直接検証するようになり、両当事者の違反行為を安保理に報告し、両当事者の間に入って、約束事を守り争いのある点を解決するよう、説得するようになっていった。米・ソ（露）・葡の三後見国は、こういう事態の推移を必ずしも快く思っていなかったが、かと云って、阻止しようともしなかった。

選挙後、長く続いた危機は、両当事者の国連に対する態度にも複雑な影響を与えた。両者とも、発生した災難を国連のせいにする傾向があり、時折、実際にそう主張して国連を非難した。しかし、同時に両当事者とも対話を再開する責任を国連に委ねるのが都合が良いと見て、国連が今後もっと大きな役割を果たすことを望むと主張した。私は、とても彼らが本心からそう望んでいるとは思えなかった。しかし、一九九二年一一月に私がアンゴラを訪れた時は、それだけが唯一、両当事者の主張が一致する点であったため、私とアンスティー（特別代表）は彼らの要望を梃子にして対話を再開させようと試みたのである。ブートロス＝ガリ（事務総長）はアンゴラ検証使節の任期更新に関する安保理宛報告書の中で、国連としてはこれからはビセス協定のような和平交渉にはもっと緊密に関与して、和平案の描く国連の役割がもっと現実的に実行可能なものとなるように努めるようにするべきであると論じたが、全くその通りであった。しかし、ブートロス＝ガリが、ビセス協定の場合はポルトガルが自分たちの交渉に国連がしゃしゃり出てくることを嫌い、アンゴラ政府が国連に最小限度以上の役割を任せることを嫌ったため、そうならなかったと言及したのは、巧妙過ぎた。リスボンでの交渉で彼らが受け容れた国連側の参加者は中級の軍事顧問デイヴィッド・アーリーただ一人であった。

　安保理がアンゴラ問題について採択した決議はそれまでで最も長文の決議の一つで（決議文の長さは、国連の無能度を示す信頼できる指標の一つである）[三六]、国連アンゴラ検証使節の任期を更に三ヶ月延長し、事務総長に必要人員と物資の数量と配備場所の決定を委ねた。その直後、私は平和維持活動局を離れることになり、この後、国連はアンゴラの両当事者の間をとりもって合意をとりつけ、それを実施させるために気の遠くなるような努力をしたが、私はほとんど関与しなかった。九年経った今も、アンゴラは相変わらず紛争で軋んでおり、サヴィムビが舞台から姿を消すまで続くであろう[三七]。サヴィムビを記憶に留めておくことは重要である。何故なら、この男は強国が心すべき教訓を体現しているからである。汝の利権の為に外国で代わりに戦うとおべっかを使って擦り寄ってくる者に武器や資金を提供する勿れ。そのような者どもは、要用が済んでも元のさやには戻すことのできない悪霊となって徘徊するかも知れない。「アンゴラ完全独立国民連合」やアフガニスタンの「ムジャヒディン」（聖戦「ジハード」戦士）や「タリバン」が米国にとって何か正味の利潤を生んだことがあるか？イスラエルにとって、「ハマス」（イスラム抵抗運動[三八]）の設立をパレスチナにおける解放機構（ＰＬＯ）の邪魔をさせるために応援してきたことが、利益になったであろうか？

　ともかく、国連がアンゴラにおいて両当事者の和平協定の実施を手助けしようとして失敗したことから、一つ、良いことも生まれた。それは、いくつか重要な教訓を学び、その教訓をすぐにアフリカのもう一つの大きな旧ポルトガル領植民地であったモザンビークにおける類似した状況に応用することができたことである。モザンビークの和平協定は、一九九三年一月末に私が平和維持活動局を離れる直前に調印されたモザンビーク政府と「モザンビーク国民抵抗運動」[三九]という反政府運動の間の協定であった。「アンゴラ完全独立国民連合」と同様、「モザンビーク国民抵抗運動」もアフリカ南部の白人至上主義者がマルクス主義政府を動揺させるための道具として利用してきた。国連の政治的・軍事的要員は和平協議

三六　訳註、一九九三年一月二九日の安保理決議第八〇四号。Ａ４版四頁、前置き13ヶ条、実効文19ヶ条からなる。

三七　訳註、サヴィムビは二〇〇二年に死亡した。

三八　訳註、harakat al-muqawama al-islamiyya (HAMAS)。84頁参照。

三九　訳註、Resistência Nacional Moçambicana。

の最終段階になってようやく受け容れられ、アンゴラでの教訓を踏まえて、モザンビークの両当事者と仲介国に対して、国連には託された任務を実行する権限がなければならないことを説得するのに成功した。

この結果、モザンビーク和平協定は国連に和平の実施過程を総じて監視する責任を付与した。国連が「監視・視察委員会」とその下の「停戦と兵士の平時生活再統合委員会」の議長を勤める。国連が停戦を監視し、主要幹線交通路の安全を確保し、兵役解除と武装解除を監視し、難民の帰還を準備・実施し、人道支援活動を調整し[四〇]、選挙について専門技術援助を与え、選挙を検証する。モザンビークでの平和維持活動は[四一]、これでその四年前にナミビアで行われた活動と少なくとも同じ規模となり、相当数の歩兵部隊を擁することになった。これは野心的な任務で、実施中、ゴタゴタしたこともあった。しかし、任務は完遂され、モザンビークは国連にとっては成功であった。こうして第二次国連アンゴラ検証使節の失敗から良いことも生まれたのである。

四〇　訳註、人道支援は、通常、非政府組織が主体となり、国連は各人道支援組織の活動を調整する。赤十字の云う humanitarian intervention「人道的介入」とは、非軍事の赤十字や非政府組織の人道支援活動を意味し、軍とは別。

四一　訳註、Opération des Nations Unies au Mozambique (ONUMOZ)。日本の自衛隊も参加。

第12章　西サハラ

西サハラはアフリカ大陸の北西部の海辺にあるモーリタニアとモロッコの間に挟まれた人影もまばらな広大な砂漠の土地である。一八八四年にスペイン領植民地になった。スペインが実施した最後の国勢調査は一九七四年のもので、それによると人口は約七万五千人であった。一九七六年早くにスペインは撤退し、スペインがその十年前に任命した「ジェマア」と呼ばれる現地の寄合が基礎になって暫定的に行政を担当することになった。スペイン撤退の翌日、モロッコが国連事務総長のもとにその「ジェマア」が西サハラをモーリタニアとモロッコに「再統合」することを承諾したという通知を持って来た。同じ日、長くスペイン植民地支配に対して「低強度紛争」[一]を闘ってきた「サグィア・エル＝ハマとリオ・デ・オロ解放人民戦線」[二]という名で知られる運動体が、西サハラを「サハラ[三]・アラブ民主共和国」という名前の独立国であると宣言した。しかし、「人民戦線」はこの土地を支配できるほど強力ではなく、モーリタニアとモロッコが分割して支配していた。

「人民戦線」はモロッコの敵であるアルジェリアの支援を受けてモロッコ軍と戦った。三年後（一九七九年）、モーリタニアが領有権の主張を放棄し、モロッコが、モーリタニアが領有権を主張していた部分も占領した後、戦闘は激化した。間もなく「人民戦線」は領域の東と南の国境線沿いの狭い帯状地に追い込まれた。モロッコはモロッコ軍が支配する領域（西サハラ全体の八〇％）に「人民戦線」が侵入して来ないようにするため、巨大な砂の壁ないし崖のような砂塁を築いた。砂塁の総延長は西サハラ領内では約千六百キロメートルにわたり、さらに北へモロッコ・アルジェリア国境沿いに約四百キロメートル延びていた。「人民戦線」は実戦では負けてばかりであったが、アルジェリアの支援を受けて外交的にはもっと成果を挙げていた。「サハラ・アラブ民主共和国」はアフリカ大陸の半数以上の国から承認を勝取り、一九八四年には「アフリカ統一機構」の加盟国となり、モロッコの方が同機構から脱退するに至った。

国連総会における多数意見は、西サハラは植民地であった以上、その住民には自決の権利（民族自決権）があるというものであった。一九七九年、この自決権は国際監視下の住民投

一　訳註、low intensity conflict（激烈度の低い紛争）。スペイン語のゲリラ（小さな戦争）の意味を概念化したようなもの。見方を変えれば「テロ」とも見なされる。

二　訳註、Frente Popular para la liberación de Saguia el-Hama y de Rio de Oro。サグィア・エル＝ハマとリオ・デ・オロというのは西サハラの別名で、「赤い水路と金の川」の意。スペイン語名を略してPOLISARIO戦線というが、ここでは「人民戦線」と略す。

三　訳註、サハラの形容詞にはSaharan、Sahrawi、Saharawiの三種があり、どれも使われる。

票を通して行使されるべきであるという提案が出た。一九八一年、モロッコ国王ハッサン二世はこの案を受け容れたが、「人民戦線」との直接交渉は拒絶した。しかし、中心的事案は直接交渉ではなく、誰に住民投票権があるか、ということであった。スペインの植民地であった頃は、人口のほとんどは砂漠の中を渡り歩く非定住民であった[四]。ところが、近年この土地のリン鉱石の採掘のためいくつか町ができ、モロッコからの「入植者」が集まるようになった。そして、戦争を避けて約五万人のサフラウィ人[五]が西サハラ・アルジェリア国境から少しアルジェリア領内に入ったところにあるティンドゥフ難民収容所へ逃げ込むことになった。住民投票が提案された時、一九七六年にスペインが領有権を放棄して撤退した時点では誰がサフラウィ人であったのか、合意できる「定義」などなかった。一九七四年の国勢調査は、非定住民の数と「人民戦線」とスペイン軍との間の敵対行為のために土地を離れざるを得なかった人々の数を勘定に入れていなかったと見られていた。この見方は一九七四年の国勢調査では七万四千人しか数えられていなかったのに、一九八〇年代初めにアルジェリア領内にいた難民人口は既に約五万人に達していたことから、正確であったように思われる。

一九八五年、国連事務総長ペレ=デ=クエヤルは、国連とアフリカ統一機構合同で西サハラ紛争の解決に乗り出した。実際にはこの仕事は国連がやり、ペレ=デ=クエヤルの執務室のギニア人の職員であったイッサ・ディアロが切り盛りした。ディアロはある意味でピッコに似ていた[六]。彼もペレ=デ=クエヤルの信頼を得て、控え目で、こっそり行動し、自分の交渉に他人が口出ししてくることを嫌がり、協同作業に向いていなかった。しかし、ディアロにはピッコのような辛抱強さも現実的な物の見方も、細部にわたる緻密さもなかった。彼は早く結果を出そうとして、懸念は全て無視して直進した。ペレ=デ=クエヤルは一早くハッサン国王（モロッコ）に国連が住民投票を組織する案を了承させたが、国王は、「人民戦線」と事の細部を直接交渉することを拒否していたのに、それに何の説得もしなかった。「人民戦線」指導者モハマド・アブデルアジズはもっと融通が効かなかった。モロッコとの

四　訳註、同様の問題が、程度の差こそあれ、旧委任統治領パレスチナ（現ヨルダンを含む）にもあったようだ（本書第6章）。十九世紀後半、欧米からユダヤ人が入植し始めた頃は 砂漠化が進んでいて定住人口は僅かで、アラビアの砂漠を徘徊する遊牧民が時々来る程度であったが、十九世紀後半から二十世紀にかけてユダヤ人・アラブ人双方の定住人口が爆発的に増えて問題が複雑化したという側面もある。

五　訳註、サフラウィ Sahrawi とはサハラの形容詞の一つ。サハラウィとも云う。

六　訳註、本書第7章冒頭参照。

直接交渉か、さもなければ、国連による西サハラ直接行政を要求してきた。しかし、双方とも、一九八七年一一月、国連の専門技術使節が西サハラとティンドゥフ難民収容所を訪問することに合意した。

　国連の専門技術使節が戻ってくると、ディアロが「西サハラ問題の解決案」なるものを準備した。それによると、国連事務総長は**特別代表**を一人任命し、特別代表は住民投票に関するあらゆる事項について、完全で排他的な権限を有する。諸事項には、投票人の安全の確保も含まれ、その目的のために、国連警察部隊が特別代表を補佐する。有権者は、一九七四年の国勢調査に名前の記載されている人と、難民収容所で**国連難民高等弁務官**[七]が行う調査でサフラウィ人と確認される人で、西サハラ領内に帰還することが許される。投票人は独立かモロッコとの統合かを選択することになる[八]。モロッコが「適切で実質的」兵力削減を行った後に、事務総長が停戦の日取りを決める。残留モロッコ軍と西サハラ領内の「人民戦線」軍（数は僅少）は基地に籠《こも》り、国連軍事監視員の監視下に置かれる。

　ペレ＝デ＝クエヤルは一九八八年の夏の間、両当事者と色々議論した挙句、八月、当事者双方に別々にこの解決案を提示することに決めた。双方の回答は、表向き受け容れるということではあったが、双方とも、沢山条件をつけてきた。「人民戦線」側はさらに十二の要求と所見をつけてきたが、どれも国連の提案を受け容れると云いながら、全くそれと相容れない内容のものであった。例えば、「人民戦線」は停戦についての当事者間の直接交渉と、停戦から住民投票までの期間のモロッコ法の全廃を要求してきたが、二つとも、国連案に出てこないばかりか、モロッコ側の受け容れようのないものであった。モロッコの方はいくつも留保（但書）をつけ、国連案の一つの大事な特色である公安に関する事項についての特別代表の役割を一切否認するという留保までつけ、ペレ＝デ＝クエヤル宛の長文の書簡の中で留保事項を詳述した。

　ペレ＝デ＝クエヤルはそれでも突き進むことに決めた。一九八八年九月、彼は安保理に両当事者が「いろいろ所見や評釈を付けながら」和平の提案に合意したと報告した。しかし彼は安保理に和平案を見せなかった。実に、その後二年近くの間安保理はこの和平案を見ることがなかった。安保理は、当事者の「原則的合意」にしかるべく留意し、特別代表の任命

七　訳註、事実上は国連難民高等弁務官事務所の職員。
八　訳註、類似例として、一九九九年五月の東チモールに関するインドネシア（実効支配国）とポルトガル（植民地宗主国として行政権を主張）の間の協定で、国連東チモール使節（UN Mission in East Timor: UNAMET）監視下の「相談」（実際上は住民投票）で、東チモール住民は独立かインドネシアへの統合かを選択することになった。

を許可した。ペレ＝デ＝クエヤルはヘクトル・グロス・エスピールという後にウルグアイ外相になる男を特別代表に選んだ。エスピールはこの仕事ではほとんど良い所を見せる機会がなく、ものすごく微妙な事項について公に色々言明したりして、ペレ＝デ＝クエヤルを苛立たせた。両当事者が国連案を「受け容れ」た後、西サハラでの戦闘は激化した。「人民戦線」とアルジェリアが、全てのモロッコ軍と「入植者」の撤退や、スペイン法の再施行や、その他、国連案に全く言及されていない事項を要求してくるので、国連は一体どんな案を出したのか、疑惑が膨らんだ。一九八九年はじめ、モロッコのマラケシュ[九]で、ハッサン国王がついに「人民戦線」の指導者と会見したことで、一時的に和平への期待も高まったが、「人民戦線」が、この会見はモロッコが当「戦線」をサフラウィ人の既定の代表として承認したことを意味するなどと宣言したため、いつものように一言多過ぎて、潰れた。

　ペレ＝デ＝クエヤルはその回顧録『平和のための巡礼』の中で、当事者の留保事項に鑑みると、あのような形で安保理に和平案の話を持ち出したことは危険であったと認めながら、しかし「人民戦線とモロッコの双方が好意的に見るような住民投票に向けて話を進める道は他にないように思われた」と書いている[一〇]。私はこの当時この見方に賛成しなかったし、今でも次の三つの理由で賛同できない。第一に、ペレ＝デ＝クエヤルは両当事者の「所見や評釈」についてわざと安保理に実情の一部しか報告しないことにした。確かに彼は事細かく実情を説明するように迫られていたわけではなかったが、黙っていれば安保理から信用されなくなる危険があった。この危険はどの国連事務総長も軽く考えてはならないものであった。第二に、事務総長は当事者にその留保事項を取り下げさせようにも、飴も鞭もほとんど何の手段も持っていなかった。第三にこのいつもなら辛抱強く非の打ち所のない外交官がこの時は和平斡旋の基本原則をいくつか忘れてしまっていたようであった。両当事者が、和平案を実施すればどういうことになるかを十分に確かに理解した上で受け容れるようにすること。各当事者が和平案を内部関係者に納得させる時間を与えること。当事者が直接面会しない場合でも、少なくとも、両者の署名を同一文書の上にもらって、双方の確認を得ること。（西サハラの場合、和平の提案にはどちらの側の署名も得られておらず、この後の交渉の中で、私は両当事

九　訳註、一九九四年、世界貿易機関 World Trade Organisation 設立合意のなった場所。

一〇　**原註**、Javier Perez de Cuéllar, *Pilgrimage for Peace*, St. Martin's Press, New York, 1977, p.343。

者が果たして同一文書を手にしているのかどうか、怪しむことが幾度となくあった。）「練習でうまくいかなくても本番ではうまくいく」などと思わないこと。

国連の活動計画の方も、和平交渉と同様、「不可」であった。国連事務局には両当事者と相談しながら「和平実施計画」を練る委員会が一つ設置された。国連事務局の委員は、誰も筆者自身を含めて、和平交渉の内幕については全く関与していなかったし、特別代表のグロス・エスピールなど、我々以上に何も知らされていなかった。まず、手始めにディブアマ（私の軍事顧問）と私は、和平実施の時間割を作成してみた。これに対して両当事者の反応が否定的であったことから判断して、多くの実質的事項についてまだ合意ができていないことが確認された。しかし、ペレ＝デ＝クエヤルは可及的速やかに和平の実施計画の作成を要望し、私は一九九〇年の正月休みを返上して草稿を練ることになった。

ところが、ディアロが、和平の実施計画に両当事者の同意を取り付ける必要など本当にあるのか？　単に安保理に提出して「国際的圧力」をかけて当事者が云う通りになるようにすれば良いのではないか？　などと質問してきた。こうしてもの解りの悪い同僚に他に近道などないことを説明するのに多大の労力を費やさなければならなくなったのは、これが最初でも最後でもなかった。平和維持活動には平和維持活動の決まりがある。四十年以上に亘って原則や慣行や手続きが定まってきたものである。そういうものを無視することはできない、と。私は一九九二年にブートロス＝ガリが新しく国連事務総長になった時にも、同じことを云わなければならなかった。私が何度も「事務総長、それはできません」と忠告したことが、ひょっとするとブートロス＝ガリが翌一九九三年に私を平和維持活動から外す原因の一つとなったのかもしれない。

一九九〇年はじめ、西サハラ担当国連事務総長特別代表は、グロス・エスピールに替わってスイス外務省の管理・人事部長ヨハネス・マンツが着任した。マンツはこの職務に長らく欠けていたが必須のプロの手腕を持ち込んでくれ、最初の印象も良かった。しかし、彼は何より国連事務局の奇行に順応することに抵抗を覚え、この目的のためにはスイスの超能率的国家公務員の訓練を受けてきたことはあまり理想的ではなかった。国連事務局の西サハラ特務班には特に厄介な性格の人士が何人もいて、マンツが彼らとうまく仕事をしていけなかったことは、マンツばかりの責任ではなかった。

一九九〇年三月、ペレ＝デ＝クエヤルは両当事者と和平の実施について話し合うため、モロッコとアルジェリアを訪問した。彼がニューヨーク本部に戻ってくると、主要な障害物は、撤退すべきモロッコ兵の数とどのサフラウィ人が有権者かどうか確かめる手続きであるが、双方とも非公式の敵対行為の停止については合意したということであった。事務総長は一九九〇年七月のアフリカ統一機構の首脳会議の前、六月中旬にその実施計画を安保理に提出したいという意向であった一一。実施計画を含む報告書は期日の六月中旬までに用意されたが、計画案は外部に漏洩し、アルジェリアと「人民戦線」はこれに強く反発し、ペレ=デ=クエヤルは、ディアロの助言を入れ、私の助言は退けて、提出を控えた。

国連事務総長が誰であれ、その決定には内容の如何を問わず加盟国から反対が出るもので、数ヶ国が反対することも珍しくはない。私は一貫して事務総長の方針についてこう助言していた。まず、利害関係のある全加盟国と相談し、安保理にどう報告するか決定し、そのあとは自分の銃をしっかり持ち、どれだけ反撃がやかましくてもへこたれずに頑張り通すこと。ブートロス=ガリは普段はこの助言に従った。ペレ=デ=クエヤルの場合はそれ程いつも従ったわけではなかった。しかし、この時は、ペレ=デ=クエヤルが躊躇《ためら》っていた時間は長くなく、一週間後には前とほとんど変わらない報告書が公表された。安保理はこれを遅滞なく受け容れ、両当事者に対して国連事務総長とアフリカ統一機構議長と協力するよう「要請」した。これはディアロが期待していた「国際的圧力」を表現したものとしてはやや弱いものであった。安保理はまた事務総長に彼の実施計画について経費の見積りをつけた詳細な報告書をもう一つ、「可及的速やかに」提出するよう要請した。

それからその詳細な報告書が誕生するまでほぼ十ヶ月かかった。この時、私は国連事務局で過ごした十一年間の中でも最もつらい産みの苦しみを味わった。この大難産の原因は様々であった。和平案そのものが、住民投票を行うにしても、投票権のある住民とは誰かについて両当事者の間で根本的な見解の相違があったにも拘らず、その点について何の対処もできていないという大きな欠陥を背負っていたこと。国連の西サハラ特務班には通常五人の事務次長が出席しとてつもなく頭でっかちの班であったこと。複雑に絡み合った人間関係の軋轢。そして平和維持活動を四つか五つ同時に新しく立案しなければならず、全般的に仕事が多過ぎたこと。まるで、これでもまだ足りないと云わんばかりに、我々は五常任理事国から経費削減の仮借のない圧迫を受けた。たかだか七万人程度しか投票しないような住民投票に二億五千万ドルもの経

一一　**原註**、公式には国連事務総長はアフリカ統一機構議長の協力のもとに尽力していた。当時 議長国であったエジプトのムバラク大統領が何度か仲立ちに入って助けてくれた。しかし、アフリカ統一機構は脇役で、その役割は 時折 ニューヨークの国連職員から無視されることもあった。この失態が国連平和維持活動開始後に厄介なことを惹き起こした。

費を費やすなど、どう釈明するつもりか？と云われた。

西サハラ特務班と安保理は関知していなかったが、一九九〇年七月下旬、モロッコのハッサン国王はペレ＝デ＝クエヤル宛に十二頁に及ぶ長文の書簡を送り、一九八八年に表明した留保事項を再度記すと同時に、安保理が了承した実施計画に対するモロッコの反論を書き連ねた。それから三ヶ月後、この国王の反論について何も聞かされていない部局がもっと詳細な実施計画の細目を作成中であることを察知したモロッコは、国王の書簡を報道機関に曝露した。西サハラ特務班では醜い云い争いが起こった。ディアロは、我々にこれまで何度も両当事者は和平案を受け容れたと云い続けてきた。そして、本当かなぁという我々の疑念は正しかったことが今や証明された。ナミビアでの在外勤務から元の本部の**事務管理・組織運営担当事務次長**に復帰していたアフティサアリは特に批判的であった。ディアロは、モロッコ側は書簡は国内向けのものので無視できると確約した、と返答したが、説得力に乏しかった。「人民戦線」もモロッコの後に続いて実施計画に対する「戦線」側の反論を公表した。これも、実は八月初旬には事務総長に届けられていたのであるが、はやり、西サハラ特務班と安保理には伏せられていた。

ペレ＝デ＝クエヤルはそれでもなお思いとどまらなかった。五常任理事国がこの和平案について両当事者は承服しているのかと尋ねた時も、穏やかに「事務総長は主要な点については全て両当事者の合意を得ております」という返答が帰ってくるだけであった。ペレ＝デ＝クエヤルは西サハラ特務班の会合にも顔を出して我々の様子をうかがい、当事者が拒絶するといけないから、この実施計画細目については、当事者のどちらとも協議などしないように、と水を差した。法律顧問のカール＝アウグスト・フライシュハウエルと私は、新しい計画について当事者の合意を得ることは必須の要件であると申し立てた。両当事者は六月に安保理の了承した計画を拒否すると公に発表した。もし我々がこの新しい実施計画細目について両当事者の合意を取り付けなければ、どちらか一方がいつでも協力を止める可能性がある、と述べた。「それはディアロに任せてある」というのが事務総長の返答であった。この頃、西サハラ特務班は毎日会合を開いており、雰囲気はどんどん険悪なものになっていった。加盟国の方でも何が起こっているのか臭いを嗅ぎつけ、安保理に平和維持活動新設を上申する前にきちんと両当事者の合意を取りつけておくようにと念を押しに来るようになった。ペレ＝デ＝クエヤルは渋々これを受諾することになった。

一九九〇年一二月、西サハラ特務班は「人民戦線」と会合を持った。経費削減のため、我々は実施計画の一部の変更を申し出ることにした。国連隊の軍事部門の駐留を当初の計画より短期間に縮めることであった。これは、住民投票の有権者の特定を、公式の停戦実施とモロッコ軍の部分的撤退の前に始めることで可能となる。我々はこう説明した。有権者の特定には国連の軍事使節が駐留する必要はない。兵士は実施計画の軍事事項が実施されるようになるまで必要ではない、と。「人民戦線」の特使ベヒール・ムスタファ・サイードは強くこの提案を拒絶した。曰く、西サハラ領内のモロッコ兵の数は民間人の数の倍以上ある。モロッコ兵が国連により削減され、監視されなければ、モロッコ軍が有権者の特定を操作し、信頼性を失うことになる、と。この時、ペレ=デ=クエヤルはハッサン国王からモロッコ兵は(推定の十六万人から)六万五千人に削減するとの約束をとりつけ、これは国連の和平案に沿うものであると了承していた。しかし、我々はこのことをまだ「人民戦線」に伝える許可を得ていなかった。この後すぐにアルジェリアの役人がニューヨーク本部に現れ、「人民戦線」の立場を全くズケズケと直接支持した。これはアルジェリア外交に特徴的な振る舞いであった。

一九九一年一月下旬の西サハラ特務班のある会合でペレ=デ=クエヤルは、四週間以内に実施計画細目の準備を終えるように、一九九〇年六月に安保理が了承した計画概要から決してはみ出すことのないように、と指示した。私が西サハラ特務班長となり、班がもっとよくまとまって仕事ができるように取り計らうことになった。私はこの試練を有難く受け容れたが、すぐに、毒杯を回されたのだと気づくことになった。

特務班は何とか西サハラ平和維持活動の派遣期間を短縮する方法はないものか知恵をふりしぼった。最も時間のかかる手続きは、住民投票の有権者は誰か文書から判定し、有権者を一人一人特定し、投票人として登録することであった。この仕事は**有権者特定委員会**に任せることになった。その基本台帳は一九七四年のスペインによる国勢調査で、そこから死亡が確認されている人を全て削除することで最新のものにすることになる。こうしてできた修正台帳は西サハラ領内とその他サフラウィ人の居ることが知られている場所で公示された。次にサフラウィ人であるが、事情により、国勢調査では勘定に入れられなかった人は、台帳に名前を記載するように申請できる。有権者特定委員会が種族の年寄衆の助言を得て申請を審査した後、有権者確定台帳が公表される。この仕事は、停戦が実施される「決行日」前に終了する。特務班は、この仕事には十六週間を要すると見積もった。有権者特定委員会はそれからさらに十一週間かけて確定台帳に名前の記載されている人を一人一人照合し確認し投票人として登録する。この期間に、委員会は記載拒否処分に対する不服申立も審査する。

これは明らかに複雑な手続きで、それに許された時間も大変短いと思われた。また、当事者がその気になれば手続きを無期限に遅延させることが容易であることも明白であった。特に、モロッコが、西サハラ領の北にあるタルファヤ地区の住民から何万もの記載申請を出させて委員会を忙殺することが恐れられた。この地区は、一九五八年にスペインがモロッコに割譲したもので、モロッコは、タルファヤ地区の住民は旧スペイン領サハラのうちモロッコに割譲されなかった部分に居住している人間と、サフラウィ人である点において何の違いもないと主張するかもしれなかった。

もう一つ懸念された問題は停戦から住民投票の結果発表までの期間に、「人民戦線」の兵をどこに籠《こも》らせておくかであった。「人民戦線」は西サハラ領内の基地に籠《こも》るのが筋であると主張した。モロッコの方は、「人民戦線」は西サハラ領内にはどこにも定まった基地など持ったことがなく、アルジェリア領内の基地に留まるべきであるという云い分（南アがナミビアの「南西アフリカ人民機構」戦士についてとった立場と全く同じ）であった。ディアロは、西サハラ特務班やマンツ新特別代表が茶々を入れ始めるまでは全てが明確であったなどと次第に愚痴をこぼすようになっていたが、この点については、やはり何の回答も持っていなかった。一九九一年二月中旬には、私は実施計画細目を含む安保理宛の事務総長の報告書の原案に特務班の合意をとりつけていた。ペレ=デ=クエヤルはマンツ、アフティサアリ、ディアロと私の四人を呼んで原案について討議した。ディアロは、特務班の会合では原案について何の反対も述べなかったのにも拘らず、原案の勧告事項について、特務班にはこのようなものは当事者の受け容れられるものではないと主張した、などと云って不支持を表明した。もっとも、ペレ=デ=クエヤルが一番気にしていたのは、この平和維持活動の経費がそれでもまだ嵩むことについて安保理が何と云うかであったが、一応、マンツとディアロと私に、両当事者に対して原案の概要を口頭で説明するよう指示した。

二日後、我々はモロッコの大使アリ・スカルリに説明した。彼は、国王は新提案が前年七月の国王の書簡に表明された懸念にどう対応しているか注意深く吟味するであろうと述べた。大使が去った後、私はディアロに国王の書簡のコピーを見せてくれないかと頼んだ。私はモロッコ通信社の出したものしか目にしたことがなかった。ディアロはプンプン怒って、自分は特務班の班員ではないから何もできないと云って私の要請を無視した。その日の午後、我々は「人民戦線」の特使ベヒールにも同じ説明をした。ディアロはこの時も同席したが、静かであった。ベヒールはブツブツ不平を云ったが、私はこの方面から大きな問題が起こるとは見ていなかった。私はペレ=デ=クエヤルに書面でディアロの態度について報告し、ペレ＝デ＝クエヤル本人からモロッコ国王の書簡のコピーを見せてもらいたいと頼む必要があると思った。それでもコピーは届かなかった。

当事者との協議は長引いた。「人民戦線」は割合満足していた。モロッコのスカルリ大使はまだ本国政府（首都ラバト）からは何の指示も届いていないと云いながら、機会がある度に事務総長の修正提案を悪く云った。事務総長本人はこのように経費の嵩む計画を安保理に提出するわけにはいかないと云って、経費を二〇％削減するように指示した。マンツ（特別代表）はスイスに帰った。二週間後、マンツは私との電話で、彼がペレ＝デ＝クエヤルから休暇をもらう時、事務総長は（その場にいた）ディアロの受け売りをして、特務班が関与し出すまで全てが順調であった、と述べたと云った。私はどうか翌月には戻ってきて特務班には内緒で事務総長とディアロが新しい報告書を作成するのを手伝ってくれないか？と訊いた。マンツは黙りこくってしまい、その後ペレ＝デ＝クエヤルに手紙で、原則として自分は同僚に背を向けたまま新しい報告書を書くことはしない。我々はもう両当事者にこの間の報告書について説明したばかりで、とにかくこの時点でまた新しい報告書に取り掛かることが賢明かどうか疑わしい。そして自分はディアロに対する信頼を完全に喪失した。ディアロの言動はもはや甘受し難い、と書いた。私がマンツの許可を得てこの話をアフティサアリ（事務管理・運営事務次長）にすると、彼は、唯一可能な助言をした。無視してとにかく云われた通りにすること。それで、私は兵士や事務屋を説得して回り、何とか二億四千五百万ドルの予算を二億ドル以下に削るべく努力した。この目標は達成された。

一九九一年三月中旬、国連の我々の所についにモロッコ政府が公式の返事を持ってきた。外務大臣アブデルラティフ・フィラリがペレ＝デ＝クエヤルに面会に来た。モロッコの異議は我々が思っていた程は多くなかった。異議は主に停戦に入る前の期間の長さ、「人民戦線」兵の西サハラ領内での基地籠り、平和維持活動の規模についてであった。我々は再び計画原案の練り直しにとりかかった。そしてモロッコのスカルリ大使は我々がハッサン国王の書簡に表明された論点を十分考慮しなかったと云って苦言を呈した。私はもう我慢がならなかった。西サハラ特務班は和平実施計画を改善する任務を持つ専門技術機関に過ぎず、前年の外交的やり取りの内情には通じていないことをよく了解しておいて頂きたいと述べた。こう発言したところ、ようやく胸の内のわだかまりが晴れてスーッとした。翌日、ペレ＝デ＝クエヤルがディアロに事務総長の報告書の最終原案を作成するよう指示を与えたことを聞いて、私も肩の荷が下りた気がした。私はもうこのみじめな仕事から身を引くことに決めた。私はその後の四週間をほとんどニューヨークから離れて過ごすことになっていたので話は簡単であった。まずネパールへ行って駐レバノン国連暫定軍の新司令官を探し、次にメキシコへ行ってエルサルヴァドル和平交渉に参加することになっていた。

それが終ってニューヨークに戻ってみると、状態は以前と変わらず渾沌としていた。当時国連の主計主任であったコフィ・アナンは西サハラでの平和維持活動の経費を削減するよう要請されていたが、そのうちどの部分をとりやめたり、縮小したりすればよいか、何も聞かされていなかった。ディアロは報告書原案を大幅に書き換え、特務班と十分に協議しないまま印刷に回してしまった。国連事務局の内部で今にも嵐が巻き起ころうとしていた。マンツ（特別代表）はもう辞めると云っていた。ジョナー（アフリカ担当の新事務次長）はもうディアロと一緒に仕事をする気はないと公言していた。一九九一年四月二四日、安保理は事務総長の報告書の審議にとりかかった。事務総長は当事者の態度について報告するにあたり慎重であった（「私は両当事者の表明した見解をできるだけ考慮した」）が、安保理の諸理事国はこれを「当事者は合意した」と解釈することにしてしまった。マンツが驚いたことに、事務総長に沢山の謝辞が寄せられた。マンツはまだ、国連加盟国というものは、自国民でも関係していない限り、事務局内部のイザコザにはあまり気に懸けないということが理解できなかった。国連事務局の報告書と平和維持隊の新設は、四月二九日、全会一致で安保理の了承を得た。この平和維持隊は**西サハラ住民投票の為の国連使節**と名付けられ、フランス語の頭文字をとって略称がつけられた[一二]。

私がこの話にかなりの頁数を割いたのは、この話がかなり極端な形ではあるが、国連事務局全体のどこにでもある弱点をよく例証していたからである。その一つは、事務総長の個人的部下と事務次長の間、そして事務次長同士の間の分業体制が明確に整っていないことであった。ペレ=デ=クエヤル事務総長の場合は、どの事務次長の権限も影響力も大きくなり過ぎないようにするという彼の政策のために、問題が大きくなっていた。責任分担がハッキリしていない方が、この目的のために都合が良かったのである。二つ目の弱点は、紀律を糺す処置がとられないことであった。ペレ=デ=クエヤルは他人と正面衝突することを好まず、官房長のヴィル・ダヤルが代わりにやらなければならなかった。しかしダヤルには、長年この忙しい職務に献身してきた疲れの色が出ており、さらに前年一九九〇年に、ペレ=デ=クエヤルがダヤルを国連難民高等弁務官に任命しようとしたのに、西側各国が反対したこ

一二　訳註、la Mission des Nations Unies pour l'organisation d'un référendum au Sahara Occidental (MINURSO)。

とで[一三]、意気消沈していた。ジャン＝クロード・エメはダヤルの後継者として養成中で、紀律にはうるさく、ディアロの言動には目に余るものがあると賛成していたが、まだ実権がなく、どうすることもできなかった。効率的な計画立案について三つ目の障害物は五常任理事国が事務総長に経費を削減するよう圧力をかけていたことであった。この西サハラの件に関して云えば、私が特務班長として不十分であったことも、もう一つの弱点であった。私よりも押しの強い人、ひょっとするとアフティサアリくらいの方が、餓鬼大将〈ディアロのこと〉を抑え、ペレ＝デ＝クエヤルを説得してもっと開放的にさせ、ディアロ問題に正面から向き合うようにさせるのに適役であったと思う。

安保理の票決の三週間後、総会が予算を可決し、事務総長は和平実施計画に基づいて一九九一年九月六日付で停戦に入ることを提案した。以上の動きで事態を楽観視する見方も出たかもしれないが、そのような見方はすぐに雲散霧消した。国連の我々のほとんどが理解していた通り、両当事者は実際には和平実施計画に同意しておらず、大きな相違点が解決されずにそのままになっていたことが表面化した。モロッコのスカルリ大使は「人民戦線」が国境とモロッコ軍の築いた砂塁の間の土地に基地を構築していると文句を云い、モロッコは「人民戦線」兵が西サハラ領内で籠営《ろうえい》することに反対であることを再度明言した。このことは、次の二、三週間の主要案件となった。

一九九一年六月下旬、私はマンツとジュネーヴに行き、二日間両当事者双方と別々に会見しながら交渉を進めた。ズィア・リズヴィという物腰の柔らかいパキスタン人でサドゥルッディン・アガ＝カーン[一四]率いる国連のアフガニスタン人道支援事業に携ってきた職員も一緒であった。ペレ＝デ＝クエヤルは彼をマンツ本人の意向に逆らってその副官につけ、マンツのペレ＝デ＝クエヤル本人と取巻きに対する猜疑心を煽っていた。マンツは私に、事務総長とディアロはわざとこの平和維持活動を失敗させ、マンツのせいにして苛める魂胆なのだ、とまで云ったことがある。

国連が「決行日」までにやるべき仕事は三十八項目にわた

一三　訳註、一九八九年末 六代目のジャン＝ピエール・オケが辞職に追い込まれた後、当時ノルウェーの国連大使であったソルヴァルト・ストルテンベルグが七代目に就任したが、九〇年一一月をもって本国政務に興味を示して辞めてしまい、緒方貞子が八代目に就任した。二〇〇一年からオランダ人のリュード・ルッベルスが九代目。

一四　訳註、アガ＝カーンとはイスラム教シーア派イシュマイル派のイマームの世襲名。サドゥルッディンは一九六五年から七七年まで第四代国連難民高等弁務官。

り、既に予定より四週間遅れていた。「人民戦線」兵の籠《こも》り場所が一番大きな争点であった。この点については、何の進展も見られなかった。初日、両当事者は全く妥協の余地のない各々の立場を繰り返し述べるだけであった。翌朝、マンツがモロッコ側に妥協案を提示した。「人民戦線」兵を一旦西サハラ領内の三つの集合場所に集め、本人確認をし、諸手続きを済ませて、国連使節がアルジェリア領ティンドゥフまで護送するというものであった。これは、モロッコのスカルリ大使がにべもなく拒絶した。しかし、大使は、私が停戦実施の時に疑いなく西サハラ領内に居る「人民戦線」兵をどうしたらよいのかと訪ねても、何も答えられなかった。大使の軍事目付け役は我々の提案に大層興味があるように見えた。私は、モロッコ側はいずれ我々の提案を受け容れるかもしれないと判断した。午後、「人民戦線」のベヒール特使の反応はそれほど敵対的ではなかったが、スカルリ大使の反応と同じくらい否定的であった。特使は、もし特別代表が西サハラ領内には「人民戦線」兵を宿営させるわけにはいかないというのであれば、忠実に従うが、住民投票の結果の発表前に「人民戦線」軍を解体することには反対すると、穏やかにしかし熱っぽく語った。

一九九一年七月八日、「決行日」まであと二ヶ月を切った頃、私はニューヨーク本部で計画会議を開いた。西サハラ住民投票使節からの参加者はマンツ（特別代表）、リズヴィ（副代表）、軍司令官（カナダ人）、副司令官（ペルー人）、警察部長（ウルグアイ人）が顔を連ねた。行政主任に内定していた者が直前になって出向元の機関から呼び戻され欠席したことは、痛かった。知らせは悪いことばかりで、特にモロッコがスペインによる国勢調査に漏れたという「サフラウィ人」七万六千人の名簿を新たに持ち出してきたことには困惑した。数日後、さらに四万五千人の名簿が追加された。我々が六ヶ月前に危惧した通りになった。私の日記には絶望感が記されている。

「これまでの五年半で一番気のめいる仕事だ。これは絶対に失敗する。」

無情な現実は次の通りであった。我々が実施しようとしている計画にモロッコは同意していない。五常任理事国の圧力のおかげで日程が大幅に短縮され、仮にモロッコが同意しても、この計画は実行不能である。国連西サハラ住民投票使節の上層部には運悪く気難しく興奮しやすい人材が幾人かそろってしまった。そして私が国連事務局の他の部局から私の部局へ事務管理機能を移そうとしたことで[一五]、国連平和維持活動の見直しが迫り、ニューヨーク本部内での縄張り争いが激化していた。

一五　**原註**、本書第3章40頁参照。

私は二週間の間中東へ抜け出した。私が戻ってくると、ペレ=デ=クエヤル自身が議長を務める新しい特務班が編成されていた。しかし問題に何の変化もなく、解決もされていなかった。我々は予定からはるかに遅れていたので、私は安保理には予定通り進むことができないと報告するべきであると感じた。しかし、他に誰も私に賛同する者はいなかった。二週間経ってハッサン国王からまた、モロッコは一九九〇年七月の書簡で表明した諸点が考慮されるという条件の下でしか事務総長の計画は承諾していない、という書簡が届いた。国王はどうして諸点が考慮されなかったのか理解できないと書いていた。モロッコは協力しないということについて、これ以上明確な意思表示はあり得なかった。しかし、それでも我々は突き進んだ。一九九一年八月九日、ペレ=デ=クエヤルは「決行日」は同年九月六日であることを確認することにした。これに伴う次のような危険性について指摘したのは私だけであった。モロッコ側は国連が西サハラ領内で停戦を監視するのに必要な人材と資材を搬入することを簡単に阻止できること。「人民戦線」兵をどこに籠らせるか、あるいは投票権の認定基準は何かについて、何の合意もできていないこと。有権者特定委員会の仕事が少なくとも三ヶ月予定より遅れていること。国境と砂塁の間の「人民戦線」側の「解放区」に対するモロッコ陸軍の作戦行動が迫っているという噂が流れていること。モロッコ空軍が既にその地域に対して空爆を行っていること。ペレ=デ=クエヤルはこう答えた。

「我々はモロッコとポーカー・ゲームをしているということを忘れないように。」

四日後、ジュネーヴでモロッコはポーカーの掛金を吊り上げた。ペレ=デ=クエヤルはモロッコの外相から、西サハラ国連使節の配備はモロッコが投票権の認定基準について満足し国連軍の地位協定に調印してからでないと許可できないと聞かされた。国連使節の西サハラ向け船荷の第一便はラエユーンで入港を拒否され、リズヴィ（副特別代表）にも入領許可が下りなかった。しかし事務総長は、決行日を延期せざるを得ないことを安保理に報告すべきであると助言しても聞かなかった。私は深刻な事態に陥る可能性のあるこの時期に職場を離れるべきではないと良心では分かっていたし、同僚もそう仄めかしていたが、敢えて三週間休暇をとった。

私がニューヨーク本部に戻って来たのは「決行日」の翌日であった。「決行日」は予定通りいかなかったことが判明した。モロッコ側の同意を得て、ペレ=デ=クエヤルは停戦を他の計画と切り離して実施してしまった。軍事監視員百名が停戦監視のために配備されたが、両軍とも基地に籠《こも》ることはなかった。投票権の認定基準その他の懸案事項について合意が成立する時に改めて「決行日」を決めることになった。「人民戦線」

側はこの展開に不満であったが、邪魔はしなかった。マンツ（特別代表）はまだニューヨーク本部にいた。モロッコ側が投票権の認定基準について合意が成立するまで西サハラの主都ラエユーン[一六]に特別代表が赴任することは望まないと云ってきたのであった。リズヴィ（副代表）はラエユーンに着任していたが、そこで軍司令官のアーマンド・ロイ少将と絶え間なく喧嘩ばかりしていた。リズヴィは今や完全にモロッコ側に飼い馴らされたと見られていた。これは、このみじめな活動に携った外国人職員全員に付きまとった宿命であった。私は、英国の国連大使デイヴィッド・ハナイから、私自身はそうは見られていないこと、モロッコ国王ハッサン二世が最近やり手のベンナニ大将をロンドンへ遣わし、英国政府に対し私が西サハラについてもうちょっと柔軟になるように要請してきたことを聞いて、嬉しかった。

一九九一年九月中頃には、私のもとには、司令官のロイ少将から、モロッコが国連西サハラ住民投票使節用の備品や補給物資の搬入を邪魔しており、使節は兵站補給をモロッコ当局に頼らざるを得ず、モロッコ当局の云うままになっているとの怒りの伝言が入ってくるようになっていた。事態はさらに悪化することになった。九月一七日、モロッコのスカルリ大使はペレ=デ=クエヤルに対し、国王が「北方諸県」つまりモロッコ本国から十七万人の「サフラウィ人」を「有権者特定委員会との会見に出向かせ、そのまま残留して住民投票に参加させる」ことに決定したと伝えてきた。驚いたことに、ペレ=デ=クエヤルは私のマンツ宛電信の原稿から、このことを「計画からの大きな逸脱」と表現した一文を削除した。もっと驚いたことは、彼は、この後の安保理宛報告書で、この展開を「周知のように西サハラ領に所属していると主張する数多くの人が西サハラへ移動させられている」と過小に報告したのである。これでペレ=デ=クエヤルとディアロが多くの人からモロッコの肩を持っていると見られたのは何の不思議もなかった。

マンツ（特別代表）はモロッコを訪問すると、コロリとリズヴィ（副代表）の見方に立場を変えた。曰く、モロッコ側は実によく協力してくれている。そうでないと示唆することは、止めなければならない、と。私は、ペレ=デ=クエヤルから特別代表に安保理の了承した計画に厳格に従うよう指示を出すよう何とか説得した。一九九一年一〇月上旬、ハッサン国王と外務大臣が国連のニューヨーク本部を訪れたが、ペレ=デ=クエヤルは一人で対応してしまい、マンツがニューヨーク本部に戻って来るまで、我々には一言も説明はなかった。マンツは、この時モロッコ国王は米国政府からきつく云われたの

一六　訳註、Laayoune、El Aiun。

かもしれないという指摘がある、と云っていた。マンツは、投票権の認定基準は、どの種族に属しているかという点だけでなく、「血統主義」と「地縁主義」[一七]を混合する、つまり認定基準としては、西サハラ領内に定住しているという一定の証拠を持たなければならないということでペレ＝デ＝クエヤルと合意していた。もう一つ幸先の良い兆候は、これまでいつも非妥協的であったモロッコのスカルリ大使が罷免されたことであった。そして「人民戦線」のベヒール特使は「血統」・「地縁」混合主義に肯定的であった。しかし、ハッサン国王の十七万人の「サフラウィ人」問題で楽観視する気もそがれてしまった。このような大量の有権者登録申請を処理するには何年と云わないまでも、何ヶ月もかかる。

ペレ＝デ＝クエヤルはこの頃には特務班を自ら定期的に主催し、いつもより強く自分の意見を主張し、これまで以上に張り切って西サハラ問題に取り組むようになっていた。私は次第に、ペレ＝デ＝クエヤルにはモロッコと裏工作があってディアロとリズヴィと、そしてマンツさえもが内情に通じているのではないか、という感じがしてきた。ひょっとするとペレ＝デ＝クエヤルは国連事務総長の任期が切れる前にモロッコ王国の中で西サハラに広範な自治権を持たせることを基本とする政治的取引を仲介したいと思っていたのではないか？　これを了承するかどうかがサフラウィ人の住民投票の争点となる。これはディアロの和平案が不十分であることが証明済みであった当時、賢明な目標であったと考えられるし、ペレ＝デ＝クエヤルの回顧録『平和のための巡礼』にもこれこそが彼の考えていたことであると読める節がある。ともあれ、私は、ポーランドの輜重隊[一八]一個大隊を即刻配備して軍事監視員二百名を後方支援したいと要請してくる現地司令官ロイと、モロッコ側に同情し、ニューヨーク本部の事務管理部局と連合してこれ以上の国連軍事部隊の配備に反対する勢力の間で板挟みになっていた。

一九九一年一一月初旬、ペレ＝デ＝クエヤルは有権者の特定を推し進めるために住民投票実施規則を公布し、有権者特定委員会宛に「血統」・「地縁」混合主義による認定基準を含めた指針を出すことに決めた。マンツ（特別代表）は両当事者に以上の二つの文書を提示するためにアフリカ北西部へ派遣された。各当事者は二つの文書のうち一つに合意し、もう一つを拒絶するであろうと見られていた。この戦術は両当事者が

一七　訳註、国籍決定の原則で、地縁主義は、アメリカ合州国の出生地主義であれば、その地で生まれた者に自動的に国籍が与えられる。血縁主義は、父系主義であれば、父親の国籍が子に伝わる。両者の中間に色々ある。

一八　訳註、「しちょうたい」。兵站補給を担当。Logistics。

同じくらい和平計画の実施に熱心であれば成功したかもしれない。しかし云うまでもなく、そんなことはなかった。「人民戦線」は何が何でも住民投票を望んでいた。モロッコは、モロッコが百%間違いなく勝つという確証がない限り、住民投票には絶対反対であった。アルジェリアと「人民戦線」は有権者の認定基準に動揺して愚かにもマンツの入国を拒否した。

一九九一年一一月第四木曜日[一九]、エメがお茶に立ち寄り、ペレ=デ=クエヤルの任期満了まであと五週間しかないが、何とかその名声を回復する手立てはないか、と相談を持ちかけた。これは私にはあまり興味のある話題ではなかったが、エメに対する友情から相談に乗ることにした。我々二人は、ペレ=デ=クエヤルはマンツ特別代表を更迭する必要のあること、そして安保理が了承するような和平実施日程を組み直す前提で和平提案を交渉し直す必要のあることで合意した。

私は、その後サイラス・ヴァンス[二〇]の手で、クロアチアの停戦交渉の手伝いのため、さっとニューヨークから連れ出されてしまい、西サハラが視界から消えてしまった。ユーゴスラヴィアからニューヨーク本部へ戻る前に、私はエジプトのカイロに立ち寄って次期国連事務総長としてペレ=デ=クエヤルを継ぐべく選出されたブートロス・ブートロス=ガリに会った。私が西サハラを話題に挙げると、ブートロス=ガリは溜息をつき、自分はもう十二年間もその問題に携ってきたと云った。私は、国連西サハラ住民投票使節の現地での問題について話し、国連側が停戦違反や当事者の協力拒否に対応する際にいつもの不偏不党性を遵守していないことについて懸念を表明した。すると、ブートロス=ガリは、ペレ=デ=クエヤルからはそういうことは何も聞いていないと云った。我々二人は、モロッコは独立に賛成するような住民投票を受け容れないであろうということで一致したが、彼は、モロッコ国王とアルジェリア大統領の間で妥協案を作って住民投票にかけるという案には全く興味を示さなかった。しかし、彼はディアロの和平提案を交渉し直すことで安保理の承諾を求めることには好意的であった。こういうことも、ペレ=デ=クエヤルとの会談では言及されていなかったそうであった。

一九九一年一二月一九日、ペレ=デ=クエヤル事務総長は安保理に耳触りの良い報告書を一つ提出して、西サハラ問題への関与を終了した。報告書は「これまでの日程の遅延」をマンツのせいにして、マンツの辞任を発表し、兵の基地籠り、難民の帰還、「西サハラ領外に居住する他のサハラ人」（つまりハッサン国王が持ち出した十七万人の追加名簿）について

一九　訳註、米国の Thanksgiving Day。新嘗祭？
二〇　訳註、Cyrus Vance。米カーター政権の国務長官で、当時、国連事務総長のユーゴスラヴィア担当特使 Special Envoy であった。

協議が続けられる間、国連西サハラ住民投票使節は停戦の検証のみを任務とする軍事監視団として機能すべきであると勧告した。この任務に必要のない人員は転任させるのが良いが、国連軍事監視員用の兵站支援を追加する必要があろう、と付記されていた。有権者特定委員会宛の例の認定基準の指針も添付された。「人民戦線」は投票人の認定基準に強く反対し、これを非同盟諸国が支持したため、安保理はペレ＝デ＝クエヤルの勧告を了承する決議案を採択できなくなった。しかし、私としては以上の問題点がようやく公になったことで、気が安まった。私はブートロス＝ガリの新体制のもとで、もっと「グラスノスチ」（情報公開）[二一]が進むことを期待した。しかし、一九九二年一月三日にブートロス＝ガリ新事務総長と会見した結果、彼は、しばらく触らないでそのままにして置きたいと思っていることが明らかになった。

　三週間後、メキシコ市におけるエルサルヴァドル和平協定の調印式からの帰途、私はブートロス＝ガリにもう一度この問題を持ちかけてみた。彼は、私が翌週ユーゴスラヴィアへ向かう途中に、西サハラを訪れることに決定した。私はちょうど右手の手術をしたばかりで何の記録も日誌もつけなかった。私はこの訪問についてはほとんど何も覚えていない。いくつか記憶にあることは全て不愉快なものばかりで、おそらく、私がこの企画全体をどれだけ嫌っていたかを物語る証拠であろう。モロッコの首都ラバトでは、西サハラ担当大臣ドゥリス・バスリが欺いて、私がテレビ・カメラの前で「人民戦線」から離脱したばかりの二人の高官と握手するように細工した。西サハラの主都ラエユーンでは、モロッコの支配は全体に隈なく及んでおり、国連使節には移動の自由がなかった。「人民戦線」は、私が離反者と握手したことに憤り、ラズヴィ（マンツ辞任のあと特別代表代行であった）がモロッコ側に擢り寄っていると見て怒っていた。リズヴィと一緒でないのなら、私はティンドゥフの「人民戦線」司令部に来ても良いということであったが、この条件は呑むわけにはいかなかった。ただ、砂漠の景色だけが美しかった。

　一九九二年二月末、ブートロス＝ガリの国連事務局再編成で、平和維持活動局として生まれ変わった私の局へ、コフィ・アナンが配属されてきた。彼は、この局に久しく増援を望まれていた人材であった。西サハラは彼の職域の一つで、私は、このしんどいだけで、うまくこなすことのできない職責から解放されて、感激の余り身体が打ち震えるほどであった。

　結果的に、アナンが事務総長になった時に彼にお別れに激励の報告書を書いた以外に、私が国連事務局で最後に行った

二一　訳註、ゴルバチョフ時代のソ連の改革（ペレストロイカ）の一環で、情報公開を意味するロシア語。

仕事は、西サハラに関係するものであった。一九九七年二月のこと、西サハラ和平の進展状況は私がその五年前に謝して引き下がった時とほとんど何も変わっていなかった。新事務総長は、私に米テキサス州ヒューストンへ行って、ジェイムズ・ベイカー三世[二二]に西サハラ担当の事務総長特別代表の役を引き受けてくれるよう説得し[二三]、モロッコ王国内で西サハラが広範な自治権を持つことを基本とする取引について交渉してみるよう頼んだ。ヒューストンへ飛ぶ道すがら、私はハッサン国王が一九八八年五月にペレ＝デ＝クエヤルに表明した予言的観測を思い出していた。国王はこう云った。住民投票に関する実務上の問題は誰が投票する権利を有するか決まるまで提議されるべきではない。さもなければ、国連は平和維持活動を始めた場合、根本的な問題が解決されるのを待たなければならなくなり、資金繰りに苦しむ可能性がある。モロッコは国連が住民投票を実施するという名目で西サハラに「永久」に駐留することは望まない、と。ハッサン国王の云った通りであった。国連西サハラ住民投票使節が設置されてから十年以上が過ぎた。使節はまだ現地に派遣されたままで、今なお誰が住民投票に参加できるのか合意はできていない。モロッコは西サハラのほとんどを実効支配下に置いており、難民はなおティンドゥフの収容所にしがみついている。

二二　訳註、米ブッシュ（父親）政権の国務長官。
二三　訳註、二〇〇四年五月現在、なお西サハラ担当国連事務総長特別代表。

第13章　中米

一九八九年二月のこと、私はペレ=デ=クエヤル事務総長とエルサルバドル、グァテマラ、コスタリカ、ニカラグア、ホンジュラスの中米五ヶ国外相との会談に一日間出席するように要請を受けた。目的は五ヶ国の外相と中米に平和を回復するために国連平和維持活動が役に立つかどうか協議することであった。

五ヶ国のうち三ヶ国は内戦状態にあった。内戦は各国国内の原因もあったが、冷戦のために激化していた。ニカラグアではマルクス主義政権が米国の支援を受けた右翼ゲリラ「コントラ」の反乱に直面していた。エルサルバドルとグァテマラでは右翼政権が左翼ゲリラと闘っていた。ソ連とキューバはニカラグア政府とエルサルバドルとグァテマラのゲリラを支援していた。米国はニカラグアのゲリラと他の二国の政府を支援していた。米ソ超大国は中米各国から政治的忠誠心を集めようと競い合い、自分の取り巻きがどういう連中か、怠慢にもあまり注意しなかった。米レーガン政権の下では「敵の敵は友」という標語が米国の対中米政策を支配した。しかし、これは健全な標語ではなく、このような標語に従って同盟を結ぶと、後になって全てが明るみに出た時、どうしてこのような相手と同盟を結んだのか、民主主義国家たる米国にとって全く恥ずかしい、実に愚かな政策であった、などということになりかねない。

一九八七年八月、グァテマラのエスキピュラスにおける中米五ヶ国首脳会議で中米の包括的和平案が採択された。これは「第二エスキピュラス協定」と呼ばれる。その中には五ヶ国がゲリラへの支援を停止し、自国を他国の攻撃の用に供するのを止めるという約束も盛り込まれていた。この協定の実施を検証する国際委員会に国連と米州機構の両事務総長が参加するように要請を受けた。

一九八九年にはペレ=デ=クエヤル国連事務総長とアルヴァロ・デ=ソト（中米担当事務総長個人代表）は、米ソの雪解けで新たに和平の可能性が開かれた地域として中米に注目するようになった。それで、事務総長はエルサルバドルでの中米首脳会議に先立って前述の中米五ヶ国の外相をニューヨークの国連本部に招いて会議を開いたのであった。この会議は、国連平和維持活動とは何かを説明する講義のようになり、ペレ=デ=クエヤルとカール・フライシュハウエル（法律顧問）とデ=ソトと私は、国連平和維持活動を実施するためには受容国の同意が必要であり、従って、受容国の主権を侵害することにはならないことを念を押して解説した。最終的に中米五ヶ国の外相は事務総長に各国における国連検証体制の案を用意するように要請した。

一ヶ月後、五ヶ国外相はニューヨークの国連本部を再訪し、我々が準備した、第二エスキピュラス協定の安全保障条項の実施を検証する**在中米国連監視団**[一]の計画案について協議した。国連案に対する反応は良好であったが、五ヶ国の間で相違点も生まれた。ホンジュラスは特にホンジュラス領内に拠点を置く「コントラ」ゲリラを抑制し、「コントラ」を狙ってニカラグア軍が越境攻撃してくるのを抑止できるだけの「強制力」ないし「抑止力」を持つ部隊を望んだ。しかし、これは実戦部隊を意味し、他の四ヶ国はそういうものは望んでいなかった。一九八九年四月三日、私がイラクからアンゴラへ行く途中、ヨルダンに立ち寄っていた時、デ＝ソトから電話で、五ヶ国外相が在中米国連監視団を非武装の軍事監視団として設置するように安保理に勧告することを事務総長に正式に依頼してきたと伝えてきた。

さらにニカラグア政府からペレ＝デ＝クエヤル事務総長に、一九九〇年二月に予定されているニカラグアの大統領・国会議員選挙を監視する文民使節を派遣するように要請が出たことで、中米紛争の解決についての国連の役割に期待が高まった。この文民使節は**ニカラグア選挙検証の為の国連監視使節**[二]と呼ばれ、米国の責任ある政治指導者で法律家であったエリオット・リチャードソンが長となり、現地ではイクバル・リザが統率した。リザは元パキスタン外交官で国連事務局ではイラン・イラク戦争についてコルドヴェス事務次長と仕事をしその後十年間国連幹部職員として活躍することとなる。ニカラグア選挙検証の為の国連監視使節は主権国家に派遣された最初の選挙監視使節で、それ以前には脱植民地化の過程でしか用いられたことのないものであった[三]。ナミビアにおける国連移行支援団[四]の選挙部門と同様、ニカラグアでの選挙検証は群を抜いて大成功を収め、一九九〇年代に国連が派遣することになった数多くの選挙使節の手本になった。これは純粋に文民活動であったため、「平和維持活動」には区分されず、私はその立案・配備には関与しなかった。

一九八九年七月、安保理は、国連事務総長がその「周旋」[五]機能を用いて第二エスキピュラス協定の締約国が協定を実施

一　訳註、スペイン語（国連公用語の一つ）でGrupo de Observadores de las Naciones Unidas en Centroamérica (ONUCA)。

二　訳註、スペイン語でMisión de Observadores de las Naciones Unidas encargada de verificar el proceso electoral en Nicaragua (ONUVEN)。日本も選挙監視員を派遣。

三　訳註、なお国連とは別に、聯盟は第一次世界大戦後、ザール等欧州の旧ドイツ帝国領の帰属を決める住民投票を監視したが、これは脱植民地化の一環とは捉えがたい。

四　訳註、The United Nations Transition Assistance Group (UNTAG)。本書第10章参照。

五　訳註、Good offices。斡旋活動とも。本書43頁原註参照。

する手助けをすることを了承した。翌八月、ホンジュラスの首脳会議で五締約国の大統領が中米各地の「コントラ」や他の非正規軍の解体に関する合同案を提示した。五締約国の大統領はまた国連と米州機構の両事務総長に合同で**国際支援検証委員会**[六]を設立し、第二エスキピュラス協定の締約国が協定の全てを実施する手助けをするように要請した。三週間後、一九八九年九月一五日、エルサルバドル政府と「国民解放のためのファラブンド・マルティ戦線」という名の反乱軍[七]が「エルサルバドルにおける武力紛争を政治的手段で終らせるための対話を開始」し、国連がその対話の「証人となること」に合意した。

　以上の事態は建設的な方向で進んでいた。しかし、国連と米州機構の両事務総長が合同で国際支援検証委員会を設立するという決定には、国連の我々は懸念を抱いた。これは、既にナミビアで問題をおこし、この後すぐにニカラグアでも問題となり、その後の数多くの平和維持活動をややこしくした案件であった。国連と地域機構の二つが両方とも同時に同じ和平の案件を手助けするように要請された場合、両者の間の関係はどうするのが良いか？この問題は中米での場合のように要請国の方で役割分担を明確に定めていない場合に特に厄介なものとなる。

　一九九〇年代を通して、地域機構の和平斡旋や平和維持の役割や能力について多くの議論が交わされてきた。地域機構の方が国連よりも自分の地域についてよく理解しているし、地域内の紛争についてもその要因や主役をよく知っているので、こういう仕事に向いているという議論が多かった。これを受けて、西側のいくつかの国が、特に米国が、「平和活動」[八]の「地域化」を提案した。各地域がその地域内の和平斡旋や平和維持にも責任を持ち、西側はいくらか資金的・専門技術的支援を行うが、地域外の軍・警察部隊の派遣は極力少なくするべきであると論じられた。この議論は、西側が防止措置や人道的介入を標榜するのを脅威と感じた第三世界の指導者たちの間で、西側は一定の援助はするが、第三世界の諸問題の解決に直接首を突っ込んで来ない方が良いということで、ある程度の支持が集まった。

　しかし、私の見るところでは、地域化に賛成する議論はうわべだけの議論で、反対論の方が強力である。西側諸国の間での賛成論は、とどのつまり、冷戦終結後に激増した国際貢

六　訳註、Comisión Internacional de Apoyo y Verificación (CIAV)。
七　訳註、Frente Farabundo Martí para la Liberación Nacional (FMLN)。Farabundo Martí は人名。
八　訳註、この用語については本書第2章参照。

献の資金的負担を軽減し、他人の戦争のために自国の兵士の生命を危険に曝すことを避けたいというのが本音である。この本音は、特に資金的なものはよく理解できる。経済協力開発機構[九]の諸国は現在国連平和維持活動費用[一〇]の九三%を負担しており、さらにこれらの諸国が国連活動用の部隊を供出する場合には、また別の経費がかかるのである。

　地域化に反対する議論には主要なもので二つある。一つ目は、北大西洋条約機構[一一]を例外として、多国籍の軍事部隊を配備・運営するのに必要な事務管理、兵站、指揮・命令系統を持っている地域機構は存在しない。他の地域機構の配備した「平和活動」は、効果的でなく、場合によっては、地域内の大国の利権を伸長するために利用された。地域内の大国の利権に奉仕した実例として、ナイジェリアが中心となって「平和維持」機能を果たすべく組織された一九九〇年代のリベリアとシエラレオネにおける西アフリカ諸国経済共同体[一二]監視団と、グルジアのアブハズ地方におけるロシア主導の独立主権国家連邦[一三]軍がある。どの地域機構をとってみても、和平斡旋と平和維持の分野で国連の所持している広く深い経験を持っている機構は存在しない。

　地域化に反対する二つ目の議論は倫理的なものである。国際連合は世界普遍の機構として設置されたものである。国連の公務は、全加盟国のために全加盟国に平等に各加盟国の負担能力に応じて全加盟国が供出する資金を基にして行われるものである。ある特定地域の国連加盟国はその地域の地域機構の能力と水準の範囲内でしか平和維持の便宜を享受できないということでは、この世界普遍の機構の理念に反することになる。

　ともかく我々は中米での和平の機運に変化が起こる前に在中米国連監視団を現地に派遣すべくできる限り全力を挙げた。国連アンゴラ検証使節の司令官ペリクレス・フェレイラ・ゴメス[一四]が、五締約国へ事実確認使節を率いて訪問した。使節には、提案された任務が現実的かどうか疑問が出され（米国政府内でも疑問の声が上がっていた）、軍部、特にグァテマラとホンジュラスの軍部から十分な協力を得ることができなかった。しかし、ニューヨーク本部では、我々は、内心第二エスキピュラス協定の安全保障条項の違反について、国連監視団にはそれを抑制する能力はおろか察知する能力さえほと

九　訳註、Organisation for Economic Co-operation and Development (OECD)。米欧日等。
一〇　訳註、国連予算上、平和維持活動は特別会計が一般会計と別にある。
一一　訳註、North Atlantic Treaty Organisation (NATO)。
一二　訳註、Economic Organisation of West African States (ECOWAS)。
一三　訳註、Commonwealth of Independent States (CIS)。
一四　訳註、本書第10章185頁参照。

んどないことを認識しながら、五締約国の大統領の明確な約束に基づいて仕事を進めた。我々にとっての本当の狙いは、次の二つの目的のために五ヶ国に国連の軍事部隊を派遣することにあった。一つ目は、第二エスキピュラス協定に違反する者が払うべき政治的代償を大きくすること。二つ目は、ニカラグアとエルサルバドルとグァテマラの紛争解決のための仲介の役割を国連に回すことであった。

一九八九年一一月初旬、安保理は事務総長の勧告したような形で在中米国連監視団を設置するため採決を行った。約二百六十名の非武装の軍事監視員を国境近くの九つの検証拠点に配属。監視員は五締約国がその約束を守っているかどうか、ヘリコプター、車両、偵察用舟艇ないし河川用小型舟艇に乗って巡回する。スペインのアグスティン・ケサダ・ゴメス少将が監視主任[一五]に任命された。

在中米国連監視団はひどい逆風の中で発足した。「コントラ」はニカラグア政府との和平交渉に合意したばかりであったが、二週間で交渉はもの別れに終わった。エルサルバドルでは左翼「ファラブンド・マルティ戦線」が首都サンサルバドルへ大規模な攻勢をかけ、米州機構の事務総長と米軍事顧問らが避難していたホテルを占拠した。これに対する報復として政府軍が残酷にも六名のイエズス会士を殺害した[一六]。政府はニカラグアが「ファラブンド・マルティ戦線」を支援していることを理由に国交を断絶した。二、三週間後、米軍がパナマに大統領の首を挿げ替えるために侵攻し、時代錯誤のやり方で中米における米国の覇権を見せつけた[一七]。

これで、中米でそれまで築き上げられてきた微妙な協調関係はもろくも潰れ、米ソの協力関係も同時に消え去った。米ソは、エルサルバドルの危機的状況について安保理に何か云うことがあるとすれば何か、云い争った。ケサダ司令官は、エルサルバドル政府は在中米国連監視団をできるだけ早く配備することを求めているが、ニカラグア政府の方は「コントラ」が解体させられるまで配備されるべきではないと云っている、と報告してきた。軍事監視員提供国はこんな物騒な所に自国の将校を派遣することを躊躇し始めた。中米和平もぺ

一五　訳註、Chief Military Observer は、原著者は分かり易く軍司令官と呼ぶ場合が多い。

一六　訳註、カトリック教会のエルサルバドル大司教オスカル・ロメロは米カーター政権に対しエルサルバドル独裁政権への軍事援助を行わないように要請したが、一九八〇年に暗殺され、これを契機に内戦が激化した。政府軍側は「司教を殺して愛国者になれ」を合言葉に反政府ゲリラとカトリック関係者に対する弾圧を強化した。なお、中米和平協定の成ったエスキピュラスはカトリック教会の巡礼地。

一七　訳註、ノリエガ大統領は麻薬取引の容疑で「逮捕」され、米国で裁判にかけられた。イラクのフセイン大統領と同じく、米国が飼い馴らし、米国が逮捕した。

レ＝デ＝クエヤルの勇み足であったように見えた。

しかし、我々は直向きに前進した。一九八九年一二月初旬には、ケサダ司令官はホンジュラスの首都テグチガルパに国連監視団司令部を設置し、他の四ヶ国の首都にも戦闘の続くサンサルバドルを除く三つに連絡事務所を設置準備中であった。翌一九九〇年一月中旬には、検証拠点は半数以上が活動を開始していた。しかし、米国政府は、国連の我々に対してニカラグアのサンディノ派[一八]政権が「ファラブンド・マルティ戦線」に与えている援助について、これを探知し、停止させ、少なくとも報告することに専念するように圧力をかけてきた。米国や中米各国の人々に、在中米国連監視団は不偏不党であり、それ故、米国がホンジュラスを通して「コントラ」を支援しているという周知の事実にも、同じだけの注意を払わなければならないことを理解させるのは容易ではなかった。

一九九〇年二月、ニカラグア大統領選挙で、一九七九年以来現職であったサンディノ派のダニエル・オルテガに替わり、ヴィオレタ・チャモロが勝利を収めた。ちょうどその頃、私は在中米国連監視団を現地訪問した。もしニカラグアにおける政権の移譲が平和裏に行われれば、国連監視団の任務も変わると考えられた。ニカラグア内戦は終結し、ニカラグアからエルサルバドルの反政府ゲリラへの援助も止まる。こうして越境軍事行動の二大要因が消えることになると考えられた。その間、私の任務は、在中米国連監視団の配備を急がせ、特に第二エスキピュラス協定の違反行為が起こっているかもしれない国境地帯に国連監視団の存在をもっとハッキリ誇示することであった。配備の遅れには、いつもながらの二つの要因があることが判明した。国連は慢性的に軍事監視団用の兵站その他の後方支援物資の補給が遅いことと、ケサダ司令官と参謀が軍事監視員の身の安全について心配していたことであった。

この兵站補給の遅れは、この当時の他の平和維持活動と同様、第一義的に、国連事務職員が踏襲しなければならない複雑な資金・物資調達規則のせいであった。国連事務職員にとってこういう規則を変える力は限られていた。安全面に関して云えば、この理由で現地配備がどの程度遅れるかは、現地司令官の性格次第であった。自分の指揮下に入る将校は他人の争いの中に身を置くのであるから、その生命まで危険に曝すべきではないと考える司令官もいた。こういう懸念は、しばしば現実に発生するように、軍供出国政府から司令官宛に直接（従って不適当に）意見が表明されたりすると、もっと大きくなる。もっと骨太の司令官もいた。彼らは平和維持

一八　訳註、サンディニスタとは「サンディノ（人名）主義者」。

活動の特殊性を理解し、良い司令官として不必要な危険は避けるようにしながらも、平和維持活動においてもその軍事的目標を達成するためには兵士の命を危険に曝す必要も時々発生することを十分認識していた。こういう場合、冷酷に聞こえるかもしれないが、私はいつも後者の側に立ち、平和維持活動とは危険のない、安全な活動であるという誤まった見方を訂正することに特に注意を払った。

この時、私は中米に十日間滞在し、五締約国各国を少なくとも一国あたり一回は訪れた。見事な景色がいっぱいあって、これまで見たことのない鳥の種類を沢山確認した。しかし、ニカラグアでの事態の展開は、新平和維持活動の現場の初視察以上のものとなった。大統領に当選したチャモロ女史は、「コントラ」の早期解体を望み、できれば一九九〇年四月二五日に予定された政権移譲前に解体されるべきであると望んでいた。米国は慎重にしかるべく手順を踏んでいきたいと考えていた。米国は、サンディノ派政権が政権移譲までの間、軍・警察の指揮権を保持することになりそうなのを見て、「コントラ」ゲリラ兵の身の安全を心配していた。米国はまた自分が「コントラ」に渡したレデイ地対空ミサイル約百五十発が「ファラブンド・マルティ戦線」や中米の他の非正規軍の手に渡らないように回収に必死であった。米国は、「コントラ」はサンディノ派政府軍からソ連製ミサイルを奪取し、政府軍も逆に「コントラ」から米国製ミサイルを奪取したかもしれない、どうしよう、嗚呼どうしよう、と疑心暗鬼になっていた。

この時の中米訪問の三日目の朝早く、私は、ホンジュラスの首都テグチガルパで寝ているところをニューヨークからの電話で叩き起こされた。ペレ＝デ＝クエヤルが私に直ちにニカラグアへ行って、政府側と新大統領に当選した側と会い[一九]、「コントラ」問題解決のために在中米国連監視団に何かできることはないか、相談してくるように要請した。ニカラグアの首都は一九七二年の地震以来、まだ大半が壊れたままの状態であったが、大統領・国会議員同時選挙を視察に来た国際諸機関の代表や個人でいっぱいであった。米州機構の事務総長、ニカラグア選挙検証のための国連監視使節（この時、政権移譲を円滑に進めるために重要な役割を担っていた）、国際支援検証委員会（国連本部の我々にとって気懸かりであった国連と米州機構の合同機関）の国連と米州機構それぞれの側の委員長、ジミー・カーター（元米大統領）そして北米・西欧からサンディノ派の応援にやって来て、落胆している者達（「サンディノ派」をもじって「サンダル派」というあだ名で馬鹿

一九　訳註、二月の選挙後も、四月の政権移譲まで、しばらく政府は交替しない。

にされていた）二〇。

ニカラグア選挙検証の為の国連監視使節代表エリオット・リチャードソンは、私に「コントラ」対策案の詳細を、「コントラ」に解体を納得させるための一連の「保証事項」を含めて準備するよう強く迫った。その日の晩、私は対策案の概略をまとめた。停戦を宣言する。ホンジュラス（場合によってはコスタリカも）の「コントラ」ゲリラは現地で除隊させられ、その後ニカラグアへ送還され、国際支援検証委員会の采配の下、再定住する。ニカラグア領内の「コントラ」ゲリラは、在中米国連監視団が設置し警備に当る集合場所に集められ、そこで武器、弾薬、その他の軍需品や軍服を明け渡し、その後、国際支援検証委員会の手で再定住させられる。「コントラ」の武器の処分は関係国政府の決定に従う。一九九〇年四月二五日までに「コントラ」解体を完了することを目標とする。在中米国連監視団は、「コントラ」の武器の明け渡しを受け、武器が破壊されあるいは処分されるまでの間見張りをするため、一時的に、十分な武装をした部隊で補強される必要がある。翌日午前中、私の国連の様々な同僚がこの案に賛成した。サンディノ派の参謀長も、ヴィオレタ・チャモロ女史の暫定事務所長も賛成した。しかし、ホンジュラスの大統領が留保をつけた。彼は、「コントラ」のゲリラ兵や武器はできるだけ早く国外へ放り出してしまいたいという意向であった。コスタリカ政府の方は、私の案を歓迎し、「コントラ」がコスタリカ領内で解体されるのを好むのなら、国連が一時的に領内に集合場所を設けることにも反対しなかった。

この案をペレ＝デ＝クエヤルに提出して、私は在中米国連監視団の視察を再開した。サンサルバドル市に行ってみると、当時国連側の報告にあったほど戦闘は激しくなかったことが分かった。アルフレド・クリスチャニ大統領および外相と会談した。しかし、この会談は、彼らが私に、在中米国連監視団の得た作戦上の情報のうち、エルサルバドル政府軍が「ファラブンド・マルティ戦線」との戦争を遂行する上で有益なものがあれば渡すように、と迫ってきてから難航した。私はこういう要請は断らなければならなかった。在中米国連監視団の任務は、第二エスキピュラス協定の五締約国が締約国相互の約束を守っているかどうかを検証することであって、国連がエルサルバドル政府の国内の敵に対する戦争を支援するような行動をとることは、越権行為となる。こう説明した時、私は、国連事務総長がもうじきエルサルバドル和平の仲介に入りたいと思っており、どちらか一方の肩を持っている

二〇　訳註、ベトナム（越南）のホーチミン（胡志明）のベトミン（越盟）兵がサンダル履きで有名であったが、サンディノ派兵士もこれに習っていたのか？　西洋人は靴を自尊心の象徴のように感じており、サンダル履きを馬鹿にするが、熱帯雨林で靴など履いていられない。

と見られることを望まないであろうことを考慮していた。

しかし、これはもっと大きな重要性を持つ問題であって、他所の内戦の脈絡でもよく発生した。国際的に承認された政府は、国連という政府間機関の代表者が政府を武力で転覆しようとしている勢力に対して政府側の立場をとろうとしないことが全く理解できなかった。こういう場合、我々は、普通、安保理ないし総会が事務総長に委任した任務は、「周旋」[二一]によって紛争の平和的解決を促すことであり、この任務は、事務総長とその部下が両当事者の間で厳格に不偏不党で中立の立場を貫かない限り、全うすることができない、と回答する他なかった。「不偏不党」と「中立」と、どう違うのかと訊かれることも度々あった。私は普通、「不偏不党性」とは判断の問題で、「中立性」は行動の問題であると答えることにしていた。「不偏不党性」とは、二つの敵対する当事者の言動を評価するに当って同じ基準を適用することで、一方がやると非難されることを他方がやった時に黙認したりしないことである。中立性とは、一方を利し、他方を害する行動をとらないことである。

よくあることであったが、この訪問で私は、在中米国連監視団がどのようにその仕事をこなしていくか、心配になった。ケサダ司令官は真面目で働き者であったが、平和維持活動の経験はなく、報道関係者とのおしゃべりが過ぎ、まだ部下を効率的に纏め上げていなかった。ケサダは司令部の作戦班を通して働くのではなく、五締約国の各首都全てにスペイン人中堅将校を配属し、彼らに直接指示を送って指揮していた。このやり方は、スペイン人と中南米人という国連平和維持活動は初体験の将校と、他所の国連平和維持活動に参加し同様の多国籍軍事作戦のやり方が踏襲されることを期待していた（アイルランド人、インド人、カナダ人、スウェーデン人、フランス人）将校との間の緊張を高め、後者は、在中米国連監視団はスペイン系の内輪の活動として運営されているようだと気分を害していた。

私がニューヨーク本部に戻るや否や、ペレ＝デ＝クエヤルは例の「コントラ」解体案を安保理に推薦し、ヴェネズエラが必要な歩兵大隊を出すと申し出た。米国はいつものように躊躇していた。ブッシュ大統領（父）とベイカー国務長官は早期解体に賛成のようであったが、米国政府内部には、なお「コントラ」を「尊い自由の戦士」として支持し、解体が始まり（国を追われていた）「英雄たち」が本国に帰還する前に在中米国連監視団がニカラグアに大規模に配備されていることを望む者がいた。しかし解体案は何とか了承される運びとなった。

二一　訳註、本書43頁原註参照

ヴェネズエラ兵の第一陣は一九九〇年四月一〇日にホンジュラス入りし、六日後、ホンジュラス領内の「コントラ」の極小規模の一隊が除隊させられた。期待に反して（しかしホンジュラス政府の意向に沿って）「コントラ」ゲリラの大部分は武装したままニカラグアに帰った。これでは兵役解除中、そして解除後の「コントラ」ゲリラの身の安全を保障することは一層困難になる。また「コントラ」の隊長たちが本気で解散する気があるのかどうか、疑いも上がった。一九九〇年四月前半、ニカラグアの首都マナグアではどう先へ進めばよいか、集中協議が行われた。ニューヨーク本部の我々のもとには、当時ケサダ司令官付上級政治顧問であったロルフ・クヌートソンから不吉な報告書が送付されてきた。在中米国連監視団の司令官ケサダとニカラグア選挙検証の為の国連監視使節の現地指揮官リザが反目しあっており、国連と米州機構の関係の不和のために国際支援検証委員会は任務を果たすことができず、マナグア市にいる米国政府職員の中には、ニカラグア新政府を支配する目的で「コントラ」ゲリラが永久に武装したままニカラグアに駐留するという「コントラ」隊長たちの要望を支持している者がいる、と。

一九九〇年四月一八日から一九日にかけての夜、合意が成立した。即時停戦実施。「コントラ」ゲリラは「安全保障区域」に集結し、その区域からは国軍（まだ「サンディノの人民軍」[二二]と呼ばれていた）は撤退すること。在中米国連監視団と国際支援検証委員会は以前合意されていた通りに「コントラ」を解体させること。全ての作業は一九九〇年六月一〇日までに完了すること。このため、安保理から在中米国連監視団の任務拡大の了承を得る必要ができ、しかも即時停戦実施のため、迅速に手続きを踏まなければならなかった。

これは「コントラ」ゲリラが武装したままニカラグア領内に駐留することを「合法化」するものであるとのキューバからの苦情（あのナミビアでの国連平和維持活動中頭痛の種であったリカルド・アラルソンがこの時のキューバの国連大使であった）にも拘らず、安保理は即刻必要な決定を下した。それでも「コントラ」は解散しようとせず、おかげでアラルソン大使が在中米国連監視団の任期更新について難癖をつけた。こうしてニカラグアでさらに協議、安保理でさらに討議、さらに直前の「合意」作りに追われ、「コントラ」がさらに時間をつぶし、キューバがさらに憤激することになった。同じことが、さらにこの後二ヶ月間繰り返された。一九九〇年五月中旬、ペレ＝デ＝クエヤルは、安保理に対して「コントラ」は自ら署名した約束を全く遵守していないこと、かくなる上は、国連も「コントラ」のためにいつまでも食糧補給や安全

二二　訳註、スペイン語でEjército Popular Sandinista。

の保障を続けたりはしないことを思い知らせる必要のあることを報告することにした。この懸念を裏付けるように、彼はケサダ司令官をニューヨーク本部に呼び寄せ、私を国連イラン・イラク軍事監視団の視察から呼び戻した。

ペレ=デ=クエヤル事務総長の報告書は米国の評判が悪かった。米国は、これは「コントラ」ばかりを非難し、サンディノ派の方の停戦違反や「安全保障区域」に関する違反行為を無視していると主張した。ケサダ司令官は事務総長にそのような違反行為は全くないと確認し、事務総長はそう安保理に報告した。後になって、その二週間以上前に、ケサダ司令官配下のニカラグア配属のスペインの大佐が、「コントラ」の隊長たちからニカラグア政府軍の停戦違反を大量に列挙した申立書を受理していながら、裏づけ調査もしなければ、ケサダ司令官に報告もしなかったという話を聞いて、私は激怒した。この結果、事務総長は安保理に嘘の報告をしてしまったことになる。しかし、私はこういう困難な時期にまた別の厄介事を持ち上げるのは得策でないと考え、ケサダ司令官が責任者を更迭せず、そのままにしておくことに異議は唱えなかった。

一九九〇年六月中旬、私は「コントラ」解体を終了させるための事務総長の提案を携えてニカラグアに戻った。私は「コントラ」の最高実力者イスラエル・ガレアノ（別名「フランクリン隊長」）をニカラグア湖[二三]の東岸の「安全保障区域」内の村に訪ねた。この村のちょっと外側に在中米国連監視団のヴェネズエラ隊が宿営していた。すぐそばの息も詰まるような倉庫の中でヴェネズエラ兵が「コントラ」の武器を破壊し、国際支援検証委員会がゲリラの除隊手続きをしていたが、私の聞いたところでは、手続きにあまり時間がかかり過ぎ、「コントラ」除隊者が平服と食糧配給を受領するための必要書類を受け取るまでに最高で二週間も待たされるそうであった。フランクリン隊長との会談は順調に進み、隊長は「コントラ」解体の最終手続きについての我々の提案を全て受け容れた。唯一の例外は最終日の日取りで、隊長は、「自分が除隊するのは最後にしたい。ヴィオレタ様[二四]と一緒の式典で除隊することにしたいから」という説明をした。チャモロ新大統領の顧問も我々国連側の提案を受け容れ、敗れたサンディノ派戦線のウムベルト・オルテガ将軍も、新政府の国防大臣として残留することになっていたが、受け容れた。この時、オルテガ将軍は同時に、エルサルバドルで二、三ヶ月前に発覚した「ファラブンド・マルティ戦線」宛に搬送中の武器の船荷の中にレデイ地対空ミサイルを一発忍ばせていたの

二三　訳註、ニカラグア湖は第二パナマ運河の候補地であるため、米国はニカラグアに反米政権があることを嫌う。
二四　訳註、新大統領に当選したヴィオレタ・チャモロ女史のこと。

がサンディノ派であることを認めた。その目的は「このような高性能の武器をこの地域に持ち込めば、どういうことになるか、北米の連中に思い知らせるため」であったということであった。

しかし、やはり「コントラ」の解体は遅々として進まず、結局一九九〇年七月九日まで完了しなかった。二万三千人以上の「コントラ」ゲリラ兵が除隊し、一万五千丁の小型武器と比較的信頼に足る数の大型兵器が引き渡され、破壊された。「コントラ」は米国を満足させるのに十分なだけのミサイルも引き渡した。しかし、米国は引き渡された小型武器についてはあまり満足しなかった。米国だけでも二万丁を越える小型武器を「コントラ」に回していただけでなく、回収された多くの武器が使い物にならないポンコツであった。いくつかまだ引き渡されずに残っていることが明々白々であった。従って、国連の成果は完全なものではなかった。しかし、当時は割りと成功した方だと感じられていた。

ニカラグア内戦の終結で、在中米国連監視団の存在意義はほとんど消滅した。中米三ヶ国における内戦のうち、外部から最大の支援を集めていた紛争が終結した。もはやニカラグアの対コスタリカ、対ホンジュラス国境を見張る必要もなくなった。一つは仕上がった。残りは二つ。焦点はエルサルバドルに移った。この国では十年にわたる武力紛争で、八万人の国民（六十人中一人）が命を落としたが、ここに平和が訪れれば、残りはグァテマラだけとなる。

エルサルバドルについての事態の進展は、一まず良好であった。一九八九年六月の大統領就任演説で、クリスチャニ大統領は政府と「ファラブンド・マルティ戦線」の間の対話を呼びかけた。それから、カトリック教会の後見のもと、隣国で二回にわたって会議が持たれていたが、一九八九年一一月の「ファラブンド・マルティ戦線」の攻勢で対話は中断した。しかし、二、三週間のうちに、アルヴァロ・デ＝ソト[二五]がその外交手腕を発揮して、中米五ヶ国の大統領が国連事務総長に「対話の再開を確かにする」よう要請し、「ファラブンド・マルティ戦線」も「国連事務総長の仲介ないし『周旋』外交によって本格的な交渉を始める」ことを要請してくるに至った。一九九〇年一月、クリスチャニ大統領がニューヨーク本部まで事務総長の役割はどういう形になるのか協議しにやって来た。クリスチャニは事実関係をよく把握し、流暢で、思考も明解で、私は感銘を受けた。しかし、彼はペレ＝デ＝クエヤルが仲介役になることには賛成せず、「ファラブンド・マルティ戦線」とは「対話」するだけで「交渉」はしない、という点では一歩も譲ろうとしなかった。曰く「我々は民主主

二五　訳註、国連事務総長の中米和平のための個人代表。

義の手続きを踏んで権力の座についている。相手側は賊軍であり、何の合法性もない」と。

国連が内戦の終結を仲介しようとする場合、当事者の立場をどのように扱うかが、いつも問題となる。反政府側は政治的に対等に処遇されることを要求する。交渉の場においては、仲介役は政府側と反政府側を政治的に対等なものとして扱い、一方が国際的に承認されているが、他方はそうではないというようなことに左右されるべきではない、と主張する。政府側はまずこれを一蹴し、選挙で選ばれ、国際的にも承認された政府であることを仲介役も考慮に入れるべきであると主張する。政府側に対し、内戦を解決したければ、交渉の場においては交渉という目的のため当事者は政治的に対等に扱われることを了承しなければならない、と納得させるのは骨の折れる仕事である。

クリスチャニ訪問の直後、デ=ソトが両当事者の対話ないし交渉の実施規則について合意を得ようと動き始めた。彼は二ヶ月の間休みなく両当事者の間を行ったり来たりしながら話を進め、「ファラブンド・マルティ戦線」が相手方との直接会談に応じたのは、その二ヶ月が経った時のことであった。この結果、両者の合意は一九九〇年四月四日、ジュネーヴで国連事務総長臨席のもと、署名がなされた。大方手続的なものばかりであったが、この合意で政府と「戦線」は、武力紛争を可及的速やかに終結させ、国を民主化し、人権を尊重し、エルサルバドル社会を一つに再統合すると約束した。

デ=ソトの頑張りはこれだけでは終らなかった。次の月、ヴェネズエラの首都カラカスで、両当事者からなすべき事項の一覧表と日程表について合意を取り付けた。このカラカス合意に至る交渉の中で、この後の交渉を難航させることになる一件が、必ずしも完全に明確化したわけではなかったが、表面に浮かび上がってきた。政府側の主要な目的は、内戦の終結と「戦線」の武装解除であり、米国政府も熱心にこの目的を支持していた。しかし、内戦の終結に合意することは「戦線」にとっては唯一の手持ちの札であって、政府の方が先に「戦線」の武装蜂起の原因となった政治的・経済的・社会的不正義を是正する改革に着手するまで、その札を切るわけにはいかなかった。

二ヵ月後、コスタリカのサンホセ市で、両当事者は戦争状態が続いてはいるが、人権を尊重することを約束し、エルサルバドル全土で人権が尊重されているかどうかを検証するための国連使節の派遣を要請する合意書に署名した。これは**国連エルサルバドル監視使節**[二六]と呼ばれ、紛争終結後、直ちに

二六　訳註、Misión de Observadores de las Naciones Unidas en El Salvador (ONUSAL)。

配備されることになった。しかし、カラカスで合意された交渉日程に沿うことが不可能であることが確認されると、両当事者は停戦を待たずに事務総長に対して使節の配備を要請した。

　私は、以上のジュネーヴ、カラカス、サンホセでの合意に至った交渉には参加しなかった。これらは和平斡旋であり、従って、私の局の職務領域の外にあった。しかし、デ＝ソトは一九九〇年七月に、私が「戦線」側に対して平和維持活動について基本的な説明をする段階に入ったと判断し、私はこの目的のためにメキシコ市に赴いた。「戦線」側はその五つの構成組織の一つであるエルサルバドル共産党の主席シャフィク・ハンダル少佐が率いていた[二七]。ハンダルは齢六十を超える巨漢で、完全に熟成した共産主義者であったが、フィデル・カストロ[二八]のように現実主義的な性格があり、時々、主義主張を脇へやることのある人物であった。ハンダルは、しかしながら、和平の進展について他の誰よりも懐疑的で、一九九二年一月の和平協定調印まで、あるいはもっと先まで、戦争に訴えることを選択肢として保持しようと頑張った。ハンダルは物の考え方が明確で、演説も上手く、もっと若い少佐たちも彼を事実上の指導者兼調整役として受け容れていた。

　ハンダルと仲間たちは国連平和維持活動について懐疑的であった。（彼らは、私をイギリス軍の将官と信じており、私個人に対しても懐疑的であったが、私が将官ではないと判明して、ホッとしたようであった。）彼らは在中米国連監視団を好まなかった。中米の各国政府が「非正規軍や反乱運動」による国境を股にかけた行動を止めさせているかどうかを在中米国連監視団が検証していることは、非正規軍や反乱運動の行動を間接的に阻害していることになり、不偏不党でない、と。私は、それはそうだと認めながら、彼らとエルサルバドル政府との間の話し合いによる紛争解決を検証することは全く別のことであると請合った。国連は、厳格に不偏不党でなければならず、その任務は、新しい別の平和維持活動が和平協定の全事項について、軍事であれ、民事であれ、その実施具合を検証することになる。私は、この種の新しい「多機能型」平和維持活動の模範例として、当時終ったばかりのナミビアでの平和維持活動を取り上げて説明した。彼らはこれで納得した。しかし、停戦のための措置について議論しても、共通の地盤がほとんどなかった。彼らの云い分では、他の全てが

二七　**原註**、ハンダルの両親はベツレヘム生まれのパレスチナ人であった。「ファラブンド・マルティ戦線」の残りの四つの構成組織は、大きさの順に、サルヴァドル・サンチェス・セレン少佐（またの名をレオネル・ゴンザレス）率いる人民解放軍、ホアキン・ヴィラロボス少佐率いる人民革命軍、エドアルド・サンチョ少佐（またの名をフェルマン・シエンフエゴス）率いる国民抵抗運動、フランシスコ・ホヴェル少佐率いる中米労働者革命党。〈comandante は少佐ないし隊長。〉

二八　訳註、キューバの指導者。

合意された後でないと、停戦は後戻りできないものにはならず、従って、彼らとしても、その軍事力に支障の出るような措置は受け容れられないということであった。

二、三週間後、私はエルサルバドル軍最高司令部との引き合わせ会談に出かけた。国防相エミリオ・ポンチェ大将が統率し、大将は強硬派として名が通っていたが、この時は物腰も柔らかく、柔軟姿勢を見せていた。彼らは国連監視下に置かれることが明らかに気に入らない様子で、「コンスティテューショナリダード」と「インスティテューショナリダード」という二つのスペイン語の概念を尊重する必要があるとベラベラしゃべりまくった。この二つのスペイン語は、こうして始まった長い長い交渉の過程で幾度となく登場することとなった。「コンスティテューショナリダード」なるスペイン語は、「憲法」(コンスティテューション)が軍部に付与した神聖なる義務と、軍部がいつでもそういう義務を果たすことができる立場にある必要性に関することであった。実際のところ、我々がいつ、停戦時にはエルサルバドル軍は基地に待機することになるなどと云ったであろうか？「インスティテューショナリダード」というスペイン語は、軍部の名誉と国家の制度(インスティテューション)の中での軍部の位置付けに関することで、もし、少しでも信頼性が低下したら、軍部の士気と共和国を防衛する能力に支障が出るという話であった。こういう懸念は予期されていたものであった。もっと気懸かりだったのは、将軍たちが「ファラブンド・マルティ戦線」兵士のための「安全保障区域」の設置について、困難を予見したことであった。曰く、国連はニカラグアで「コントラ」ゲリラ用に「安全保障区域」を設置したので、エルサルバドルでも同じことをするつもりかもしれないが、それはできないと相談である。エルサルバドルはずっと狭く、ずっと人口密度が高く、「戦線」兵士の多くは市街地に潜んでいるから、ということであった。

一九九〇年一二月中旬、私は再びメキシコ市で「ファラブンド・マルティ戦線」側と会見した。この時は、「戦線」側はその最も小さな構成組織(中米労働者革命党)の隊長フランシスコ・ホヴェル(少佐)が代表していた。この一ヶ月前、「戦線」は再び攻勢を開始していた。この時の目的は一九八九年一一月の攻勢の時よりも軍事的で、前回のように首都の広範な領域を制圧するといった劇的な戦果はあまり上げなかった。しかし、それでも「戦線」は停戦のあり方についてもっと強気で議論に臨んでくるようになった。彼らは「テリトリアリダード」というスペイン語を持ち出した。つまり、「戦線」は停戦協定調印の段階で「支配」している領域(テリトリー)全土の排他的支配権を保持するということであった。私は慎重に「支配」という概念を分析し、ゲリラ戦においてはそういう概念にはほとんど意味がないこと、どちらにせよ、彼らの提案は政府側の受け容れる余地のないものであることを、筋道を立てて説明した。

一九九一年一月、私は再びサンサルバドル市に戻り、エルサルバドル軍最高司令部に対し、両軍が停戦期間の間は市街地から離れた郡部の「集合場所」に兵力を集め、監視し易くすることを提案した。すると、また「コンスティテューショナリダード」と「インスティテューショナリダード」という例の二つのスペイン語の化け物が飛び出してきてギャーギャーわめき散らした。この後、新たに在中米国連監視団の司令官代行に着任してきたカナダのルイス・マッケンジー准将に会いにホンジュラスへ足を伸ばした時の方が心地よかった。准将は、後にボスニアの国連保護軍に赴任し、国連本部にニューヨーク時間の午後五時以降に連絡しても誰も応答したことがないと発言し、国連に大損害を与えた。当時、私の局の者たちは私と同様残業で夜十時前に職場を離れることなどほとんどなかった。しかし、この事実無根の極めて不当な発言は、一人歩きして、米国における国連攻撃のネタに使われた。おそらく、これでついた汚名は二度と拭い去ることはできないであろう。ビル・クリントン[二九]も国連総会での演説でこの発言を繰り返してくれた。しかし、この初対面の時は、私はマッケンジーにむしろ好感を抱いた。我々は、ヘリコプターとアルゼンチン部隊の海上偵察隊の仏ゾディアック社製の風船式舟艇でフォンセカ湾[三〇]を偵察した。これは三十年前の西イリアン[三一]以来初の国連の海上平和維持活動であった。我々はヘリコプターでエルサルバドルやグァテマラとの国境に近い僻地のガリタという小さな村も訪れた。そこには最近「ファラブンド・マルティ戦線」の攻勢から在中米国連監視団の許に逃れてきた約二百名のエルサルバドル兵がいた。我々は首都テグチガルパに戻る道すがらコパンのマヤ遺跡を見物した。

一九九一年二月、私はまたメキシコ市で「ファラブンド・マルティ戦線」側と会見した。この時「戦線」側は、両当事者とも「紛争地域」は軍事的には支配していないと合意した。「戦線」側のこの時の主要な懸案事項は、エルサルバドル北部で彼らが軍事的優位を保っている地域の政治的・行政的支配権を保持することであった。国連職員イクバル・リザがエルサルバドルにおける人権を監視するために設置されたばかり

二九　訳註、一九九三年から二〇〇〇年までの米大統領。民主党。

三〇　訳註、ホンジュラスとエルサルバドルとニカラグアの間に横たわる湾。

三一　訳註、現インドネシア共和国領土の最東端。西パプア。

の国連エルサルバドル監視使節の長に任命され、北部地域を数ヶ所視察していた。彼の報告によると「ファラブンド・マルティ戦線」がその辺りを「支配」していると主張しているのは誇張ではなく、政府側のものは影も形も見られず、流通している通貨は非政府組織や外国政府から回ってきたもので、住民はほとんど現地で産出するものを食べて生活しており、存在する唯一の社会的組織体は「ファラブンド・マルティ戦線」に同情的な人たちでつくった諸委員会や協同組合だけであるということであった。法と秩序は「共同体」が維持しており、「共同体」とは実際上、「ファラブンド・マルティ戦線」を意味していた。

政府軍側との次の会談は同じ月に国連ニューヨーク本部で行われた。彼らは「ファラブンド・マルティ戦線」の全戦闘員は三つの「安全保障区域」に集められ、エルサルバドル軍は「常駐屯地」に残留し、そこから全方向へ二十キロメートルの範囲を巡回する自由を持つべきであると執拗に粘った。私はそれでは話にならないと云った。三週間後、私はクリスチャニ大統領から首都サンサルバドルに呼び出された。デ＝ソトによると、これはいつものことで、クリスチャニは渉外班に全権を委任したと云いつつ、難しい局面が来ると本人が直接顔を出すのであった。クリスチャニは将軍たちと違って、ニカラグアで「コントラ」ゲリラに対して採られたのと同じ措置を「ファラブンド・マルティ戦線」に対して採るよう要求してきた。「戦線」の戦闘員は指定された場所に集結し、そこで身の安全を保障されつつ迅速に除隊する。私は、これは決して「戦線」の受け容れるところとはならないと述べた。エルサルバドルの件はニカラグアの件とは全く別であり、「コントラ」が武装解除した時彼らの政治的闘争はヴィオレタ・チャモロが選挙でサンディノ派を破ったことで勝利に終っていたが、「ファラブンド・マルティ戦線」のシャフィク・ハンダルはエルサルバドル大統領に当選したわけではないと説明した。

こうした一連の会談で、一九九〇年五月にカラカスで合意された日程表には根本的な欠陥が一つあったことが確認された。カラカス合意では停戦が始まるのは主要案件について大枠で政治的合意が成立した後のことで、停戦は、その後に詳細が決められ、特に「ファラブンド・マルティ戦線」の戦闘員を平時の生活に復帰させる措置についての詳細が決められるまで続けられ、その後、「武力紛争の停止」が宣言されることになっていた。この案は、現実にはうまく行かなかった。「戦線」側は必ずしも無理を云っていたわけではないが、曰く、詳細について合意不能と分かれば戦闘再開。従って、彼らとしては紛争が公式に終結するまで、戦闘員を集め、訓練し、動員し、必要物資を調達してくる必要がある、と執拗に粘った。政府側はこういう話は考慮することも拒否した。そのため、私が毎月両者の間を斡旋してきた話し合いには現実性がなかった。このような話し合いをする唯一の理由は、米国政府が停戦についての交渉を優先せよと国連にかけてくる圧力を脇へそらすことにあった。国連の我々担当者全員は、とっくの昔に「ファラブンド・マルティ戦線」が主要な政治的案件についてその目的を達成してしまうまで停戦はあり得ないことが分かっていた。私の仕事は、デ＝ソトが紛争の原因になった案件、つまり軍の役割と規模、警察と司法の質、選挙制度、土地問題について両当事者の合意をとりつけるべく奮闘している間、本当に停戦について交渉しているようなふりをすることであった。

「戦線」が以上の分野で追求していた改革は憲法の改正を必要とするものであった。実は事態は切迫しており、このことをデ＝ソトは上手く利用した。どういうことかと云うと、エルサルバドル憲法の改正のためには立法議会が二期連続で[三二]改正案を批准する必要があった。当時成立していた立法議会の任期は一九九一年四月三〇日いっぱいをもって満了することになっていた。もし、この時の立法議会が憲法改正手続きを改正し、あるいは、要求されるような実質的な憲法改正を批准しなければ、改憲案が批准されて法律になるのは次期立法議会、それも一九九四年五月まで成立することのない立法議会でのこととなる。これは明らかに容認できなかった。「ファラブンド・マルティ戦線」は、それまで生命を賭けて闘ってきた改革に勝利したという確証を得るのに、三年以上も待てる筈がなかった。戦争が続くことになる。

このような遅延を避けるため、デ＝ソトは両者を説得してメキシコ市で一九九一年四月一日から三週間交渉させることにした。この交渉で結果が出れば、立法議会は四月三〇日いっぱいで任期が切れるまでにそれを批准することができる。私は、この交渉の最初の二、三日間は出席することができなかった。この時、クウェートの武力解放の後にイラクとクウェートの国境を跨ぐ形で平和維持部隊を配備するため、ニューヨーク本部に詰めっきりになり、忙殺されていたのである。

デ＝ソトは両者が憲法改正手続きを改正するという選択肢に合意することを期待していた。三週間では実質的な憲法改正について合意に至ることは至難と思われた。デ＝ソトが彼の「政治会議」でこの問題に取り組んでいる間、私の「停戦会議」の方では、停戦の政治的側面の研究に専念していた。政府側は、停戦は一旦開始されたら後戻りできないことに固執していた。停戦で戦争は終り。「ファラブンド・マルティ戦

三二　訳註、総選挙から次の総選挙までが一期。

線」は可及的速やかに武装解除されるべきである、と。「戦線」側は、当初は実質的な案件が全て解決された後で初めて元には戻れなくなるという立場を維持していた。しかし、「戦線」側はそれから一つの取引を提案した。これは政府側もちょっと敵わないと思えたほど巧妙であった。政府側は停戦期間中「戦線」の政治的活動を許し、「戦線」は停戦がうまく行かない場合に備えてその戦闘員がいつでも実戦に出動できるようにするための軍事活動をするが、その数を減らす、というものであった。この案はスペイン語で「グラデュアリダード」（漸進案）と名付けられたが、「政治的活動」とは厳密には何を意味するのかということで、少し議論が交わされた。

しかし、我々の停戦会議の方は、もう一つの会議の場でもっと大きな掛合事が繰り広げられていることを承知していた。私もデ＝ソトの方の会議に何度か出席してみて、両当事者とも送り込んできた代表団の質があまりに違うことに衝撃を受けた。「ファラブンド・マルティ戦線」側は三人の強力な頭脳の持ち主を送り込んでいた。エルサルバドル共産党のハンダル主席、人民革命軍のホアキン・ヴィラロボス、そして人民解放軍のサルヴァドル・サマヨア。政府側は、大統領府担当相のオスカル・サンタマリアという法律家と内相ホアン・マルティネス・ヴァレラが率いていた。両当事者の間には対話などなかった。双方とも、それぞれの周知の立場をただ何度も繰り返して提示するだけであった。しかし、長期間、会場となったホテルに一緒に居合わせているだけで、いつの間にか両者の間の険悪な関係もほぐれてきているように見えた。ある晩のこと。私は、椰子の鉢植えの陰でヒソヒソ話をしている二人の影を見て、それが、人民解放軍のヴィラロボスと政府軍のマウリチオ・ヴァルガス大佐であるのを見て取って、身体が打ち震えるのを感じた。そして、ハンダル主席の母親がニカラグアの首都マナグアで危篤であることが伝えられると、政府側は、ハンダルが政府側出席者をサンサルバドル市に送り返す在中米国連監視団の飛行機に同乗し、同機でマナグア市まで飛んでいくことに合意した。

サンサルバドル市では憲法改正手続きの改正には大変根強い反対論があった。デ＝ソトは私と一緒にサンサルバドル市に飛び、クリスチャニ大統領を説得して改正手続きの改正の方を受け容れさせるべく、最後の努力を試みることにした。これは成功しなかった。クリスチャニは、停戦問題についてはある程度柔軟性を見せたが、改憲問題については右派の閣僚を無視することはできず、そのために会談が決裂してもやむを得ないという態度であった。我々がこのことを「ファラブンド・マルティ戦線」側に伝えると、彼らは、私の停戦会議に出席することを一時的に停止した。こうして前途多難の様相の中、デ=ソトは、立法議会が解散前に批准できるような最小限の改憲案を一包みにまとめて合意をとりつけられないかどうか、やってみるべきだと云った。一九九一年四月二二日、私はニューヨーク本部に戻り、メキシコ市での会議は必ず失敗すると確信していた。

　五日後、デ=ソトが電話してきて私は驚いた。何と、最後の最後になって、実質的改憲案を一包みにまとめて両者に承諾させることに成功したというのである。改憲案には軍の役割の再定義、軍から独立した文民警察の新設、人権監査員制度を含めた広範な司法制度改革、選挙制度改革などが他の改革とともに示されていた。改憲案にはまた国連事務総長が任命する「真相究明委員会」を設置し、「一九八〇年以降に発生した重大な暴力事件で社会に対する影響のため公民が緊急に真相を知る必要のあるものを調査する」ことも盛り込まれていた[三三]。米国のモンロー宣言[三四]に言及するまでもなく、中南米諸国が国内事項に関する外国からの干渉に警戒的であることに鑑みると、このメキシコ合意は特筆に値する。改憲案は立法議会にかけられ、四月三〇日の任期満了の二、三週間前に若干の修正を加えた後、可決され、総選挙後の新立法議会も即刻そのほとんどを批准した。例外の主要なものは、軍に関する規定であった。

　次の交渉場所はヴェネズエラの保養地カラバルレダで一九九一年五月に行われた。交渉様式が少し変更された。デ=ソトの政治会議場では軍の改革と停戦期間中の「ファラブンド・マルティ戦線」の政治的活動について話し、私の停戦会議場では、停戦の軍事的、事務的側面について話すことになった。私の方の会議場はヴィラロボス（人民革命軍）が欠席して重要性が下がり、代わりにサルヴァドル・サンチェス・セレン、またの名をレオネル・ゴンザレスという人民解放軍の指導者が出席した。彼は学校の先生で、他の隊長（少佐）よりも年齢がハンダル主席に近かった。彼は御しやすいように見えたが、強硬路線をとり、先月のメキシコ市での会議で決まったことについて何も聞かされていないようであった。

　私は、両当事者に次の二つの議題について討議するように提案した。まず「戦争のため政府が行政機能を行き渡らせられない地域」（「ファラブンド・マルティ戦線」が前回まで「戦線の支配地域」とか「軍事的優勢地域」という表現に固執

三三　訳註、一九七九年から一九八一年にかけて約三万人が軍の支援を受けた右翼「死の部隊」に殺され、一九八二年に右翼「国民主義共和国同盟」が政権に就いた後も軍は「死の部隊」に対する支援を続けた（英外務省）。

三四　**原註**、一八二三年に米国が欧州列強に発した警告で、米州にこれ以上植民地を拡大してはならないというものであった。米国政府は、これを後に米国の保護区と見なす米州の安全保障問題に西半球の外の勢力が口を挟んで来ることに反対する原則へと発展させた。

して話が進まなかった事態を打開するための婉曲表現）における法と秩序という議題、そして、どの地域が具体的にそういう地域に当てはまるか？という議題であった。どちらも話は進まなかった。エルサルバドルの貧困層が何十年にも亘って抑圧されてきたことから「ファラブンド・マルティ戦線」側は法と秩序の問題には極めて神経過敏になっていた。彼らは軍から独立した警察を別に新設し、直ちに職務に就かせることを要求した。政府側は、そのようなことは実際上無理であると、もっともな返答をした。まだ警察は存在せず、警察官を募集し訓練するだけでも二年はかかる。では、この法と秩序が問題となる「地域」はというと、誰かが現在「非常事態」（イレギュラリダード）にある市町村全てということにすればどうかと提案した。このスペイン語も、また物事を分かり易くするよりは、却ってもっとこんがらがらせてしまった悪い用例の一つであった。結局、「戦線」は和平協定に自分たちの要望が満足できるだけ盛り込まれるまで、郡部における実効的政治支配権を手放す気はないということに変わりはなかった。

　この支配地域の問題はあらゆる内戦で大もめにもめる。我々はすでにニカラグアで経験済みであった。この後もアンゴラでも、ユーゴスラビアでも、カンボジアでも、モザンビークでも、本当にどこでも、この点で大いにもめることになった。内戦の平和的解決の見通しが出てくると、政府側は、理解できることではあるが、やはりできるだけ早くその「官軍」としての権威を主張したがる。合憲性（コンスティテューショナリダード）の主張も結局同じことである。しかし、これで政府側が辛抱できずに見落としてしまっていることは、反乱軍にとっていかに大きな譲歩を迫っているかということである。反乱軍にとって、支配地域を手放すのは最後の手段である。支配領域とは、彼らにとっては抑圧に対して立ち上がって獲得した恩賞であり、和平交渉が決裂した時に戦いに出る拠点であり、兵力と食糧の源泉であり、支持者が安心して暮らせる場所であり、彼らがこれまで艱難辛苦に耐えてきたのも、土地があったればこそなのである。私は、政府側がこういう現実について全く盲目であり、反乱軍支配地域に即座に政府の権力を回復するという非現実的な要求をしてくるのを見て、いつも驚き呆れた。

　カラバルレダで五日間を過ごした後、私はリスボンへ飛び、アンゴラ和平協定の調印式に出た。その頃にはエルサルバドル和平は、デ=ソトの会議も、私の会議の方も行き詰り、危機に陥っていた。「ファラブンド・マルティ戦線」が最終的に彼らの必要とするものを手にできるという確証を持てるまで、その一枚の切り札、つまり後戻りなしの停戦を了承することはないことが、益々明らかになってきた。カラカスでの合意で予定されていた大枠での政治的合意は、メキシコ市での交渉で達成されていたが、それだけでは「戦線」が切り札を切るには至らなかった。「戦線」側は、大枠だけではなく、中身の詳細も見なければ何とも云えないという立場であった。これは「戦線」の最初からの戦略であったのであろうか？カラカスで合意された和平への手順は、まず主要な政治的案件についての大枠での合意を達成し、次に停戦に入り、次に大枠での合意のあった案件の詳細について交渉するということであった。「戦線」側がこの手順を受け容れたのは、政府側を交渉に引き込むためのゴマカシ戦略であったのであろうか？私には分からない。ひょっとすると、カラバルレダでの交渉まで、カラカスで合意された手順に従うと、彼らの政治的目標を最終的に勝取る前に、仲間に戦争を止めるように云わなければならなくなることに気が付かなかったのかもしれない。

メキシコ市での交渉では、ヴィラロボスから「戦線」の地元指揮官を何人か連れて来て、上層部が一体どのような交渉をしているのか見せたいという申し出があり、デ＝ソトもこれを承諾した。これがうまく行けば、彼らは地元に戻って地元の連中に上層部が彼らの利益を裏切ろうとしているわけではないことを納得させられるであろうというわけであった。これは良い考えであった。「戦線」側の代表団は数も少なく、顔ぶれもあまり変わらなかった。交渉の場に来ている者が交渉の流れに流されて、地元の後援会との連絡が途絶えてしまうことも容易におこり得た。私が国連で学んだこと、特に、デ＝ソトから学んだことは少なくなかったが、その一つは、仲介役はせかず焦らず「忍」の一字で頑張ること。両者の代表がそれぞれの地元の後援会に交渉の目的を説明し、その目的がうまく行けば、戦争を続行することよりもマシなことを納得させる時間を与えることである。地元が無視されれば、最終的に交渉がまとまっても、地元がそれを拒絶することになりかねない。

政府側もヴィラロボスの申出を受け容れた。これは政府側の善意の表れで、国連エルサルバドル監視使節は、「戦線」側の地元指揮官たちを国連専用機に乗せて連れて来て、帰りも地元司令部まで送り返すという危ない芸当を請け負うことになった。地元の者が交渉の場に姿を見せたことで、その場も活気づき、良い効果が出ているように思われた。しかし、彼ら地元の指揮官たちが、和平の手順の中間段階で停戦に入ることが最前線の戦闘員にとって何を意味するかについて懸念を持ったことが、「戦線」側の立場がメキシコ市での交渉の後、カラバルレダでの交渉の前に硬化した原因であったということも十分ありうることなのである。

次の交渉は一九九一年六月下旬、メキシコのケレタロという場所で行われた。国連側は暗い気分でこの交渉に臨んだ。

両当事者ともカラバルレダでの橋渡し不能の立場から一歩も譲ろうとはせず、現地では戦闘が再開されており、政府側は、そこから「戦線」側の地元指揮官が次回の交渉に出席できるように国連が移動の便宜を図ることに反対した。それでも我々は、「戦線」の方は二段階方式を放棄して残りの問題を集中的に交渉し、それがうまく行けば、完全な停戦に入るという方式に傾きつつある、という兆候を見て取った。三日ほど概して実りのない会議が続いた後、デ＝ソトと私は「戦線」の五人の隊長との会談に招かれた。「戦線」としては二段階方式を変えたいということを確認し、停戦に合意する前に「戦線」として満足する必要のある事項を列挙した。主に軍と「戦線」の政治的活動と土地に関するものであった。隊長たちは、この会談ではこの提案を政府側に伝えないで欲しいと云ったが、ハンダルは、この件についてはクリスチャニと直接話をしてあると述べ、クリスチャニとは直接連絡を取り続ける意向であると云った。これは全て朗報であったが、「戦線」側の列挙した事項には厄介なものも含まれており、我々としても、交渉が完全に終了するまで停戦を延期することについて、米国がどう反応するか、気がかりであった。

「ファラブンド・マルティ戦線」の提案は実はまやかしであったことが判明した。彼らは二、三週間後には考えを変えてしまい、クリスチャニ大統領の立場も曖昧なままであった。一九九一年七月、ヴェネズエラの大統領カルロス・アンドレス・ペレスが、デ＝ソトに何の断りもなく両当事者の中心的交渉担当者をカラカスへ呼び寄せ、行き詰まりの打開策を提示し、さらに事態を複雑化させてしまった。ヴェネズエラはエルサルバドル和平の仲介における「国連事務総長の友好国」四ヶ国の一つであった。他の三つはコロンビアとスペインとメキシコであった。ペレス大統領の行動は「事務総長の友好国」としてペレ＝デ＝クエヤルとデ＝ソトが決め、「友好国」側も全員が合意した取り決めに違反したものであった。

「事務総長の友好国」という概念はこのエルサルバドル和平の仲介に当って初めて試みられたもので、その目的は国連事務総長が当事者と特に緊密な関係を持つ極少数の国々から支援を受けられるようにすることにあった。「友好国」とは、事務総長がある当事者を説得するか、これに圧力をかける必要のある時に個別に動員できるような「外交上の資産」であった。ある国が「事務総長の友好国」になることを了承する場合、その国は勝手に独断で動かないこと、事務総長からの要請があってはじめて行動に移ることが暗黙の了解であり、エルサルバドル和平の場合は、明文でハッキリとそう明記されていた。これは、デ＝ソトが「仲介の統一性と一体性」と呼んだところのものが貫かれるために必須の条件であった。デ＝ソトはこう著書に書いている。

「仲介で一番困ることは誰が仲介しているのか分からなくなることである。仲介者が何人もいると、いいように弄ばれ、仲介者同士邪魔し合うことになる。多岐にわたる分野の問題を同時に扱う交渉は――複雑な国内紛争における交渉の極普通の性格――であるが、仲介者が明確に一人に絞られ、それが無条件に受け容れられてはじめて成功の見込みが出てくる。別の仲介者を考えることは、仲介そのものを無益にしてしまう可能性があり、危険な賭けである。」[三五]

「事務総長の友好国」とナミビア和平や後にボスニア和平に登場した「連絡国団」[三六]との間には重要な違いがある。連絡国は似通った考え方の国々が便宜上集まって行動するが、国際借款団のように各国がそれぞれ独自の外交を展開するものである。一方、「事務総長の友好国」というのは事務総長個人の外交の手助けができるように、自国の独自の外交は放棄するものである。

幸運にも、ペレス大統領の単独行動は「ファラブンド・マルティ戦線」が国連抜きの協議には応じられないと云って拒絶したため、阻止された。一九九一年八月、事務総長のもとに米国務長官とソ連外相（まだ当時は「ソ連」が存在していた）から連名の書簡が届き、事務総長個人がエルサルバドル和平の打開策を打ち出すように要請し、米ソ両国が「事務総長の友好国」に参加して、その手助けをしたいと申し出た。これは有難かった。両超大国の後押しを受けて、ペレ＝デ＝クエヤルは、クリスチャニ（大統領）と「ファラブンド・マルティ戦線」の五人の指導者をニューヨーク本部に招いて十日間交渉し、ついに行き詰まりを打開することに成功した。これは基本的に「戦線」がこの前のケレタロでの交渉でほのめかした案が実現されたもので、停戦実施前に懸案事項全てについて合意に達するため、集約的にもっと早く交渉するということであった。これで停戦は一旦後回しにされ、私はこの回の交渉ではほとんど何もすることがなかった。デ＝ソトにとってはこれは大成功で、軍の「浄化」[三七]、軍人勅諭の再定義、文民警察新設に即刻着手することと、土地改革について合意が得られた。また「平和を着実なものにするための国民評議会」[三八]の設立も合意され、「ファラブンド・マルティ戦線」か

三五　**原註**、Chester A. Crocker, Fen Osler Hampson and Pamela Aall 編、*Herding Cats: Multiparty Mediation in a Complex World* (United States Institute for Peace Press, 1999) 所収のÁlvaro de Soto, 'Ending Violent Conflict in El Salvador' pp.380-1。

三六　訳註、本書181頁、400頁参照。

三七　**原註**、スペイン語では depuración で、「粛清」や「公職追放」という言葉は軍の感情を刺激するので、慎重に回避された。

三八　訳註、la Comisión Nacional por la Consolidación de la Paz (COPAZ)。

らも二名の評議員が出ることになり、国連エルサルバドル監視使節と並行してエルサルバドルの市民社会が和平実施を見守ることになった。

この合意でエルサルバドルの右翼がまた騒ぎ出した。街頭でデモが繰り広げられ、国連要員に対する脅迫事件が相次いだ。この頃にはクリスチャニ大統領も、停戦の詳細な取り決めは一番最後に回すことを了承していた。しかし、クリスチャニは私に、一九九一年一一月にエルサルバドルに来て、右翼が、大統領は停戦を後回しにして、全ての点で政府の方が譲歩することになる政治問題を交渉することにしてしまったと云って攻撃してくるので、弁護して欲しいと強く要求してきた。クリスチャニとその将官たちとの四時間に亘る会談の中で、私は、まず政府の方が残っている政治案件の交渉をできるだけ迅速に済ますようにし、その上で、「ファラブンド・マルティ戦線」に対しこの政治的合意を実施したければ、「戦線」兵士の除隊を短期間のうちに行うように云ってみてはどうかと提案してみた。最終的にクリスチャニはこれを受け容れたようであった。将官たちの中ではヴァルガスだけが口を開いた。他はブスッとした表情で押し黙ったまま席についていたが、このやりとりを不愉快に思っていたことは明らかだった。二、三日後、「戦線」が一方的に停戦を宣言した。これはおそらくクリスチャニが右翼の圧力に抗し易くするためだったのであろう。ただ、このために米国が再び以前のようにペレ＝デ＝クエヤルに対し、デ＝ソトと私に停戦を最優先するよう云いつけるように圧力をかけてきた。それでも、既に「戦線」の方が先にクリスチャニ（大統領）に停戦に入るのは一番最後であることを了承させてしまっていたので、ペレ＝デ＝クエヤルも米国の圧力には屈しなかった。彼は、私に全てを切り上げてメキシコ市のデ＝ソトに合流して停戦を完結させよと命ずる代わりに、全てを切り上げてサイラス・ヴァンスと一緒にユーゴスラビアへ行き、クロアチアにおける停戦を交渉し、国連平和維持軍を導入するように指示を出したのである。

ユーゴスラビアのため、ほとんど丸一ヶ月の間エルサルバドルには気を回していられなかった。一九九一年一二月中旬には事態はまた行き詰まったようであった。ペレ＝デ＝クエヤルが国連事務総長であるのもあと二週間足らずとなり、彼は政府側と「ファラブンド・マルティ戦線」側の代表をニューヨークに招き寄せて最後の一押しをした。かなり話は進んだが、クリスマス前夜には双方とも新設される文民警察に元「ファラブンド・マルティ戦線」兵士を組み入れる基準について暗礁に乗り上げていた。その日（一二月二四日）の午後、事務総長交替のため引越用の箱詰めが積み上げられている中で、両者の代表団と会見し、その席で、ペレ＝デ＝クエヤルは私にクリスマスに停戦会議を開くように云った。ようやく停戦について詳細をつめる時が来た、と。私はこう指示されて当惑した。何故それほど緊急に？　その答えは、要するにペレ＝デ＝クエヤルの最後の一発として、クリスマス直後にクリスチャニ（大統領）本人が会議に参加するように要請してみることにした、ということであった。クリスチャニは停戦会議が実際に進んでいなければ、この要請を拒絶すると考えられていた。実際にクリスチャニは一二月二八日に、立法議会で多数を占めた右翼の「国民主義共和国同盟」[三九]の党首アルマンド・カルデロン・ソルと一緒に来訪した。

私はクリスマスの朝早く小雪のちらつく中、国連本部へ歩いて行った。他に道を歩いていたのは犬の散歩と路上生活者のみであった。双方の代表団と別々に会ってみると、これまで不毛に見えていた議論の中で両者の歩み寄れる土台が沢山特定されてきていたことが判明した。午後、私の持ち場の方では、残された六時間の間に議論すべき案件の目録を作成した。我々は、これをスペイン語で「カルニスタ・パラ・ロス・フェソス」（骨に肉付け）という表題をつけた。これは両代表団に受け容れられ、我々は几帳面に毎朝九時から夜半過ぎまで（大晦日の朝は午前四時まで）案件を一つ一つ順番に片付けていった。停戦の大枠と日程について合意に至るのは比較的容易であった。決行日に正式に停戦に入る。決行日から五日の間は、双方の軍は決行日の持ち場に留まる。これが第一段階。第二段階は、決行日から六日目に始まる。この日から、決行日から数えて三十日目までに政府軍はその「平時」の配置場所に引き揚げ、「ファラブンド・マルティ戦線」も「特定区域」に集まり、「戦線」の軍事組織が解体され、戦闘員が平時の生活に戻るまで、そこに留まる。

一二月二九日の晩には、残りの案件は二つだけとなっていた。停戦の各段階における双方の軍の配置場所と「戦線」の軍事組織の解体。「戦線」は政治交渉の結論が出るまで軍事組織の解体については議論を拒否した。そこで、まず停戦第一段階において双方がどこに戦闘員を配備しておきたいか、全て地図の上に記していくことにした。私は両者の代表団を呼び寄せて地図を見せて云った。両者合せて四七八ヶ所。これは馬鹿げている。カンボジアはエルサルバドルのほぼ九倍の面積があり、二十万人以上が武装しているが、そこでは停戦第一段階には九五ヶ所しかない。エルサルバドルでは、私は、政府側に最高百ヶ所、「戦線」側に最高五十ヶ所までしか認められないと云った。沢山不平がこぼれたが、両者ともこの決定を受け容れた。翌日一二月三一日にも停戦第二段階の配置場所をめぐって同様の対決が起こった。「戦線」は三十ヶ所を

三九　訳註、Alianza Republicana Nacionalista (ARENA)。

望み、政府側はそのうち三ヶ所しか容認できないと云い（つつ、自分の方は六十ヶ所を望んだ）。私は「戦線」に十五ヶ所と決定し、これも両者はしぶしぶ承諾した。

私は、ダヴィド・エスコバル=ガリンドという温厚な詩人、学者で、政府側代表団の一員であった人物の助言を入れてこういう強引な方法をとることにした。彼は官吏や軍人で構成された代表団の中では浮いているように見えたが、仲介者にとっては一貫して有難い存在であった。私は、彼に前もって地図を見せた。彼もこれは馬鹿げていると同感であり、私が決定を下すべきであり、云い争っている暇はないという意見であった。彼の助言のお蔭で私には過大な賛辞が寄せられた。エスコバル=ガリンド自身もこの新しい外交術を「ラ・シメタラ・デ・グールディング」（グールディングの刀）と呼んで歓呼の声を上げた[四〇]。

仲介者にとって一番難しい判断の一つは、いつ強く出るか見極めることである。デ=ソトは国連海洋法条約の作成を仲介した経験により、「単一文書交渉手続き」として知られる手続きで行くことを両当事者に承諾させていた。これは仲介者が各案件一つ一つについて各当事者と個別に話し、その上で、両者の間の溝を埋めることができると考えられる文言を選ぶ。もしこれでも溝が埋まらない場合は、そういう場合の方が普通であるが、仲介者はもう一度各当事者と個別に討議して修正案を作成する。これを、相互に承諾できる文言が仕上がるまで何度も繰り返す。この方式は反復が多く、時間がかかり、仲介者が一刀両断にできる機会はあまりない。これは双方の懸念のどちらにも回答を探すやり方で、仲介者の提案を強引に押し付けたり、怒鳴りつけたりして受け容れさせるものではない。あの大晦日には、ペレ=デ=クエヤルの任期満了ということで両者の尻を引っぱたき、一刀両断に采配することが可能となった。両者ともペレ=デ=クエヤルがどれだけ個人的にこの中米和平に尽力してきたか承知しており、ともに非ラテン系の新事務総長がこの事案に精通するまでどれくらい時間がかかるか、よく承知していた。

しかし、停戦会議の方の我々の成果は政治会議の方のペレ=デ=クエヤルとデ=ソトの成果に比べると色あせて見えた。そこでは軍の削減と「浄化」、文民警察の新設、そしていくつもの経済的社会的問題について合意が達成された。経済的・社会的問題、特に両者の兵役を解除された者のための土地の譲渡計画については、合意できたのは概略についてだけ

四〇　**原註**、和平協定の調印後、彼は彼の新しい飼い犬に私の名前をつけた。このことは、ある程度エルサルバドルの報道関係者の注目を集め、この犬が遺憾ながら早死にした時、とんでもない見出しの新聞の切り抜きが送られてきた。「グールディング・ムリオ」（グールディング死亡）。

で、この後の数ヶ月間、我々は高い代償を支払わされることになった。ペレ=デ=クエヤルは予定していたバハマ旅行を延期し、大晦日の晩、年が明ける直前に「ニューヨーク文書」の短い文面が採択された。この文書は実質的案件全てについて、そして停戦の技術的・軍事的側面について合意が達成されたことを記していた。決行日は一ヵ月後の一九九二年二月一日に控えていた。一月五日にはもう一度会議を開いて残り二つの案件、つまり協定の実施の日程表と、「ファラブンド・マルティ戦線」武装解除の手続きについて交渉することになった。もし、これらの案件が一月一〇日までに決まらない場合は、両当事者は国連事務総長（つまりブートロス・ブートロス=ガリ）の提案する解決案を承諾すると約束した。最終的な和平協定の調印は一月一六日にメキシコ市で行われることになった。

この「ニューヨーク文書」には、政府側代表団と「ファラブンド・マルティ」戦線の五人の隊長とデ=ソトが、ペレ=デ=クエヤルと「事務総長の友好国」四ヶ国の大使とデ=ソトの部下とエルサルバドルの両当事者の事務職員の立会いの中で署名を行った。その場に居なかったのは、私が率いた国連の停戦担当職員であった。我々は私の方の会議室で政治会議が終わるまで待機していた。廊下から興奮した声が聞こえてきて初めて我々は「ニューヨーク文書」の署名が終ったことを知った。我々は皆これはものすごく人を馬鹿にした仕打ちだと感じ、仲間は私が代表して抗議するように要請した。

私が抗議に赴いたのは一九九二年一月二日のことで、相手はもはや職場を退いたペレ=デ=クエヤルではなく、デ=ソトであった。彼は、まだ我々が建物の中に残っているかどうか確かめなかったのは悦びのあまりちょっと忘れてしまっただけであると答えた。しかし、本当にそうであろうか？デ=ソトはこの仕事においてはお手本とも云うべき目上の共同事業者であった。彼は、彼の方の交渉についてもれなく私に報告・連絡を欠かさなかったし、私の方で結果が出れば謝辞を送ってくれた。私がどれだけこの人物を立派だと思っているかは読者諸賢にもよくお分かりのことと思う。停戦班だけ署名式から排除してしまうなどということは、彼の性格からは考えられないことである。停戦がこれだけ大問題であった時に、誰も我々が署名式に立ち合うように呼ぶことを考える者は一人もいなかった？ひょっとするといなかったのかもしれない。

しかし、私は、ペレ=デ=クエヤルについての疑念がまだ尾を引いている。この話の二ヶ月前のこと、それまであまり親しくなかったある幹部職員が私を昼食に誘い、助言してくれた。彼曰く、私は一九八六年に着任した時はヨソモノであったが、今はもう仲間内である。他の仲間は国連の存立基盤は平和維持活動に大きく寄りかかっており、私はその長として「事実上更迭不能」であるから、私がこの職に留まれることを願っている。ペレ＝デ＝クエヤルの後継者が着任するなり、私は平和維持活動を立案し、運営するのに適切な組織作りをするように説得するべく「電撃戦」に撃って出るべきである。それまでの間、よく警戒しておくこと。ペレ＝デ＝クエヤルは、私のことを好ましく思っておらず、「近衛兵たち」（ダヤル、ピッコ、ディアロ、しかしエメは入っていない）は、私が今の職に残留することを望んでいない、と。私は、どうして事務総長から好ましく思われていないのか尋ねた。すると、「それは貴官が上役に直接物申すことが普通の極めて効率優先の官庁のご出身だからです。ジャヴィエル（ペレ＝デ＝クエヤルの名）は貴族で、そういうことを好まないのです。彼は特に貴官が彼のペレス（イスラエル外相）との昼食について文句を言ったことが[四一]大層心外であったようです」と答えた。私と私の停戦班の仲間を署名式に呼び寄せなかったのは、ペレ＝デ＝クエヤルの国連事務総長任期切れ間際の最後のお礼参りだったと考えるのは被害妄想であろうか？

　一九九二年一月一六日、私はブートロス＝ガリに付き添ってメキシコ市における和平協定調印式に出席した。この八日前、右手の「デュプイトラン拘縮」として知られる症状[四二]を治すための手術をした。（これは私とマーガレット・サッチャーとの唯一の共通点であると信じる）この結果、式場では私の手は包帯に巻かれ、右腕が三角巾で首から吊り下げられていた。この姿を見て、あるメキシコの新聞は私を「負傷したイギリスの将軍」と表現した。もっと深刻であったことに、私は手記をとることも、日記をつけることもできなくなった。六ヶ月間日記をつけなかった。もっとも、これは外科手術の術後の経過が悪かったというよりも、仕事の重圧のせいの方が大きかった。

　エルサルバドル和平協定は、チャプルテペック協定[四三]として知られるようになったが、この協定のために、国連エルサルバドル監視使節も既存の人権部門に加えて軍事部門と警察部門を増設する必要が生じた。またこれで中米の三つの紛争のうち二つが解決されたことで、在中米国連監視団を終了させる時が来た。国連エルサルバドル監視使節は一九九一年から一九九二年にかけて現地に配備された同期の国連平和維持活動（イラク・クウェート国境、アンゴラ、西サハラ、カ

四一　訳註、本書第6章111～112頁参照。

四二　訳註、指が曲がったまま伸びなくなる。

四三　訳註、メキシコ市最大の公園があり、アステカ語で「牧草売りの丘」ほどの意味。マクシミリアン皇帝の宮殿があった。なお、一九四五年三月の米州機構協定も「チャプルテペック」の名で呼ばれる。

ンボジア、ユーゴスラビア、ソマリア、モザンビーク）の中で最も早く立ち上がり活動を開始できた。人権についてのサンホセ合意[四四]のおかげで、国連使節そのものは既に設置済みであった。在中米国連監視団の任務終了で、国連エルサルバドル監視使節は任務拡大にあたって必要な人的・物的資源を引き継ぐことができた。

非公式停戦は尊重され、公式の停戦も一九九二年二月一日から実施され順調であった。双方の軍事力引き離しの第一段階は大きな事件もなく無事済んだ。「ファラブンド・マルティ戦線」の指導者たちもエルサルバドルに帰国し始めた。しかし、直に米国側から「戦線」は規定通りに行動していないという通報が入った。「戦線」側の戦闘員の約四分の一が「指定された場所」にまだ集まっておらず、武器・弾薬が秘密の隠し場所に隠されているということであった。「事務総長の友好国」の方は、国連エルサルバドル監視使節はもっと自主的であるべきで、「戦線」よりも政府の云い分に対してより反応し易いということではいけないと云ってきた。ニューヨーク本部から出て一度現場を訪問することが必要で、私は一九九二年三月中旬に四日間エルサルバドルを訪れた。

どちらの側も協定を遵守せず、協定実施の日程は遅れ気味であった。双方とも相手方のせいにする傾向があり、私は一つの間違いがもう一つの間違いを埋め合わせることにはならないという理由で両者にニューヨークとチャプルテペックで合意した時の精神に立ち帰るように促した。不平がある場合は、相手方と協議するか、国連と相談するべきである。国連エルサルバドル監視使節は両者の間でもめごとを処理できるように「周旋」するようにしている、と。そう云ってみても、ほとんど効果はなかった。長年に亘って話し合い相手を知り合う中で築き上げられてきた友情というものは、そう簡単にはより広範な人士の間には広げることができない。相互不信は根強く、エルサルバドルの社会はまだ高度に軍事化が進んだままであった。「ファラブンド・マルティ戦線」は、政府がなかなか新設の文民警察の訓練を始めようとせず、既存の軍事化された警察を解体しようとしないことに本当に不安を感じていた。政府は政府内右翼から突き上げられ、米国から「ファラブンド・マルティ戦線」についての諜報情報を得て、「戦線」の指導者の中には戦争を再開できるだけの軍事力を温存しようとしている者がいるのではないかと、本当に神経質になっていた。（そしてその疑いは現実のものとなった。）

これは、どちらも特に驚くべきことではなかった。本当に驚いたことは、土地問題をめぐる緊迫した状況であった。この問題は一九九一年一二月末のニューヨークでの交渉の最後

四四　訳註、本書283頁。

の段階で、ホンの概略だけ話し合われたのに過ぎなかった。それがどれだけ厄介なものであるか、この時国連の関係職員にもハッキリ分かるようになってきたのである。内戦の一つの原因は土地に対する権利問題であった。「ファラブンド・マルティ戦線」は、これからの土地の配分においては、政府は「戦線」（「及び政府軍」という文言も協定に入れることを承諾せざるを得なくなった）から除役された人員に最優先権を与えなければならないと頑張ってきた。「戦線」はまた、「紛争地域」や「戦線」が優勢である他の地域において沢山の「戦線」支持者たちが持ち主の立ち去ったあとの土地に勝手に入りこんでいる状況を整理し、現にその土地を耕作している者に所有権を与えることを望んでいた。この方策の概略は和平協定に盛り込まれたが、どうやって実行に移すのかを示す細目はなく、和平協定自体も、既存の農地法制は「バラバラで支離滅裂で不完全」であることを認めていた。和平協定の中に具体的な細目が規定されていれば、それは政府や「戦線」に非現実的な負担を負わせるものであった。例えば、「戦線」は三十日以内に「紛争地域」にある土地と建物全ての目録を提出することになっていたが、和平協定のどこを探しても、「紛争地域」の定義さえなかった。和平協定には土地再分配の財源をどう捻出するのかについて規定もなかった。

こうして、土地再分配が遅れ、先行きが不透明になったことで、軍部で緊張が高まった。農民が土地を占領した。所有者はこれを立ち除かせるために怨嗟の的である警察に助けを求めた。「ファラブンド・マルティ戦線」の戦闘員たちは指定された場所に宿営させられていたが、除隊した後、帰るべき土地が残っているかどうか気にしていた。土地問題はエルサルバドル担当事務総長特別代表リザと私と両当事者の間の会議で中心的議案となった。エルサルバドル訪問の最後の日、合同会議が開かれ、両者とも、新しく土地を占領することと現に占有状態にある者を立ち除かせることの両方を防止することに合意した。平和着実化国民評議会が和平協定で要請された通り、土地問題に関する特別委員会を設置し、申し立てられた事案の調査をするようになるまで、現状維持が決まった。両者は以上の案件につき、定期的に協議することに合意した。しかし、私はこれでケリがつくとは思えなかった。

一ヵ月後、ハンダル（共産党の主席）がニューヨークにやって来て、政府が司法と警察の非軍事化を進めない、リザ（特別代表）は何もしないと云って怒りを爆発させた。曰く、「ファラブンド・マルティ戦線」は国連に騙された。国連側は国連の関与こそ相手方が約束を守ることの保証になると確約したが、そうなっていない。従って、「戦線」としては独自の保証を見つけなければならない、と。これは悪い兆しであった。一九九二年五月一日に「戦線」戦闘員の最初の二〇

%が除隊されることになっていたが、ハンダルは、そうするわけにはいかないという口実を設けるつもりでいるように思われた。そして、やはり除隊は実施されなかった。和平協定で次の二〇%の除隊が予定されていた六月一日にも何も実施されなかった。エルサルバドル和平の行程はアンゴラやカンボジアで発生したのと同じ問題に苦しめられた。我々は和平協定実施のコツを忘れてしまったのであろうか？　国連に反抗的になるウイルスでも世界中に蔓延しているのであろうか？

一九九二年六月中旬、リザ（特別代表）から両当事者が実施日程を修正することに合意し、和平は前進すると連絡が入った。しかし、八月中旬にはまたうまく行かなくなり、私はまたエルサルバドルに駆け付けなければならなくなった。「ファラブンド・マルティ戦線」の戦闘員の八〇%がまだ指定された集合場所に残っており、「戦線」側は兵役解除を取引材料に使って容赦なくもっと政府側の譲歩を引き出そうとしていた。これは乱暴な外交であったが、効果的であった。クリスチャニ（大統領）は自分の弱い立場を自覚していて、「戦線」側との取引に応じる用意はあった。しかし、彼の周囲は二流の人物ばかりで、想像力も紀律もない連中であった。私は日程の二回目の修正を提案し、一ヵ月後両当事者と国連がこれまでの実績を振り返って見直してみて、一九九二年一〇月三一日に停戦手続きを終了できる状況になっているかどうか判定することにした。これも乱暴な外交で、政府側に対しもし約束を守らなければ、内戦再発の恐れがあることを思い知らせるように図ったものであった。予期した通り、「戦線」側はこのやり方に好意的であった。クリスチャニも好意的で、「戦線」と取引をする必要性があることは理解していると述べた。しかし、修正日程案に合意を得るまでにはほぼ一週間かけて難しい折衝をすることになった。

この二度目の修正で、「ファラブンド・マルティ戦線」の戦闘員の二回目の二〇%の除隊〈残るは六〇%〉に成功した。しかし事は再び中断した。一九九二年九月中旬の見直しで、「戦線」はまたその有利な立場を利用する機会ができた。「戦線」は和平協定によれば土地の移譲は除隊の完了する三ヶ月前に完了しなければならないことになっているが、まだ着手もされていない。新設の文民警察は、最後の兵の除隊が行われる二、三日前までにその第一陣が配備されることになっているが、まだ訓練が始まったばかりである、と云った。これを受けて、私は緊張したサンサルバドル市へ戻った。政府側はちょうど軍の「浄化」に関する特設委員会がブートロス＝ガリ（国連事務総長）とクリスチャニ（大統領）に報告書を提出したばかりで、緊張度が増していた。この特設委員会は、国連事務総長が任命する三名のエルサルバドル人の委員から構成されていた。その仕事は、各将校が和平協定の下で生まれ変わるべき軍の任務に適しているかどうかを評価し、その評価に基づいて勧告を出すことであった。政府は特設委員会の報告書を受領してから三十日以内に必要な事務的決定を下し、それから六十日以内にその決定を実施することになっていた。「戦線」はブートロス＝ガリ（事務総長）が特設委員会の報告書を極秘扱いしたことで激怒していた。

見直し会議は出席者が多過ぎ、全員ご機嫌斜めの長い会合の連続となり、私は二人の激昂した選手に代わる代わる壁に打ちつけられるスクウォッシュのボールのようであった。例の土地問題に関して、私の受けていた指示は、了承されれば両軍から除隊された人員に土地を移譲することに着手できるような案を提示することであった。私には事務総長室付のウルグアイ人経済学者グラシアーナ・デル＝カスティロも付き添っていた。政府側、そして「戦線」側との初回の会談は、ボクシングの手始めの突つき合いのようであった。つまり、われわれは国連側の提案の土台となる両者共通の地盤があるかどうか探ってみた。そのようなものはなかった。政府側は「戦線」側の要求に見合うだけの土地も金もないという懸念を表明した。「戦線」側は、「戦線」兵の「復員」と云う言葉はいつも土地を与えることを意味するとハッキリ云ってきた筈だと主張した。約束した以上、それが守られないのなら「戦線」の方も約束を守らなければならない謂れはない、と。デル＝カスティロと私は、「戦線」側の要求はエルサルバドルの耕作可能な土地と牧草地の四分の一以上に達することから、土地も財源も足らないという政府側の懸念に同感であった。リザ（特別代表）と彼の率いる国連監視使節の方は、「戦線」の方により同情的であった。

我々は一晩かけて提案を書き直し、翌日クリスチャニ（大統領）と彼の神経の尖った顧問団の面々に提出した。この案では一人当り平均三・五ヘクタールの土地を移譲することにしてあった。クリスチャニは完全に頭に来てしまい、全く現実というものが分かっていない、このような案は政治的に受け容れ難いと撥ねてしまった。クリスチャニは政府側が十分に検討した上で意見を出すまで、「断固として」国連側がこの案を「戦線」側に見せることのないように、私に念を押した。私はしぶしぶこれを了承した。この後は、「戦線」側とのもっと難しい会談が待っていた。私が新案について何も伝えられないことで、「戦線」側は懐疑的になった。ハンダル（共産党の主席）は前日話したことをまた長々と繰り返した。会議の終りに彼は、政府側がその約束を守らなかった点を逐一、どんなに小さな点も漏らさず全て隈なく網羅した詳細な一覧表を手渡した。その晩、私はデ＝ソトと電話で話をし、「戦線」は土地問題について本格的な折衝が始まる前に強気の構えを見せているだけであるということで合意した。我々の読みは外れた。ハンダルは、この政府側の実績を根拠として、「戦線」としては、一九九二年一〇月三一日までに完了することになっている事項ばかりでなくその後の予定事項も含め和平協定実施日程を全て完全に修正することを要求することに決したと述べた。当初組んだ日程の論理に立ち戻らなければならない。「戦線」は、政府が一九九二年一〇月三一日までにやる筈のことをやってしまうまで、武装解除を完了させることはなく、九月三〇日に平時の生活に戻る筈の第三回目の二〇％の兵の除隊も進めないということであった。私はそれでは政府に軍備縮小を中止し、軍の「浄化」を遅れさせる口実を与えることになると云った。すると、ハンダルは、そういうことも仲間と十分考え合わせた上で決定を下したと述べた。

翌朝、サンサルバドル市では我々には取り立てて重要な仕事はなかった。クリスチャニ（大統領）は我々の提案についてまだ検討中であり、「戦線」側はバーニー・アーロンソンという米国務省の米州間問題担当次官補で、この件に関して国連にとっての米国側の主要な話し相手であり、かなりの強硬派であった人物と隠密に交渉していた。この人物もエルサルバドルで和平協定を元通り進める方策はないものか探りに来ていた。そこで、デル＝カスティロと私は、ペルキンという村へ行って「テネドール」（不動産侵奪者）と呼ばれる、勝手に他人の土地に入って農牧業を営んでいる者とはどういう連中か、見に行くことにした。ペルキンは山間の村、いわゆる「紛争地域」の一つで、内戦中は「ファラブンド・マルティ戦線」の牙城であり、「戦線」側の「ヴェンセレモス放送局」の秘密の拠点であった。我々の出会った「不動産侵奪者」は女で、男とおばと祖母と七人の子供と豚二匹と鶏二羽と一緒に、爆撃された廃屋のあとに再建した家に住み、僅か二ヘクタール余りのトウモロコシと大豆の畑を耕していた。また最近除隊させられたばかりの元「戦線」兵士の一団が、二ヘクタール余りの何もない土地を占領し、トウモロコシを植えるために伐採している所も目撃した。彼らはその土地の所有者が誰であるか知らず、ほとんど気にも留めていなかった。

サンサルバドル市に戻ってクリスチャニ（大統領）と御付の者たちとまた長い会談をした。彼らは午前中いっぱい我々の提案を研究しこれを潰す魂胆であった。クリスチャニは、次から次へと統計を持ち出してきては一人当り三・五ヘクタールという我々の数字は妥当でなく、実行不可能であると論じた。これは私の手には負えないと感じた。デル＝カスティロが勇敢に応戦したが、我々の側には彼女しか経済専門家はおらず、もっと経済畑の人間を連れてくるべきであったと思った。政府側は都合の良い統計ばかり大量に持ち出してきて、我々としては検証する方法もなかった。最後に、私は限られた人数だけで会談することを提案し、クリスチャニに「ファラブンド・マルティ戦線」が新しい日程表を組むように要求していることを伝えた。クリスチャニの反応は辛辣かつ仮借のないもので、それなら軍備縮小は中止し、「ファラブンド・マルティ戦線」を政党として合法化することも止めると云った。私は、次に「戦線」側に対してまだ土地について案はできていないことと、政府側は日程の変更に強く反対していることを伝え、自分も一旦ニューヨークに帰って事務総長に報告しなければならないと述べた。このきつい一日の最後の会議は米国のアーロンソンとのもので、思ったより穏やかな人物であった。「戦線」側の決定は遺憾であり、受け容れるべきではないが、日程をいくらか修正することは避けられないであろう。重要なことは「戦線」側が除隊の第三陣目に早く取り掛かり、まだ保持している兵器についてもっと正直に報告すべきである、という話であった。

この土地問題と日程問題に関する話し合いに絡んでいたのが軍の「浄化」問題であった。私は最初この問題をクリスチャニとの一対一の会談で取り上げた。彼は、特設委員会の報告書は「過激」であると云った。これに従うと、五人の将官のうち三人、佐官の半数を取り除き、統帥部上層部の多数を排斥する事になる。さらに特設委員会はその勧告に理由をつけなかったので、余計に受け容れ難い。どうして理由も云わずに将校の首が切れるか？ そのようなことは軍人の沽券にかかわる、ということで、また「インスティテューショナリダード」(制度論) というスペイン語の話になった。ハンダル (共産党の主席) の方は、ブートロス=ガリ (事務総長) が特設委員会の報告書を平和着実化国民評議会にも見せないことに決定したことに辛辣に苦言を呈した。平和着実化国民評議会なら「戦線」にも報告書を見せてくれた筈である、と。私は、クリスチャニ (大統領) の方は、報告書の謄本を受領したことを伝え、もし「戦線」側にこれを見る権利があると思うのなら、平和着実化国民評議会で政府側と掛け合うのが良いと述べた。

ニューヨーク本部に一旦引き揚げた後、グラシアーナ・デル=カスティロは手早く事務総長本人が直々に両者に送付することになる土地問題に関する詳細な提案を作成することに取り掛かった。一九九二年一〇月一三日、事務総長の詳細な提案が両者に送付された。二、三日のうちに両者ともこれを受諾し、私も驚くと同時にホッとした。この成果は、ほとんど、専門的で矛盾のない釣り合いのとれた行動計画を立案したデル=カスティロの手腕によるものであった。案が一旦事務総長個人の了解を得ると、どちらの当事者にとっても拒絶するのが難しくなることが、理解できるであろう。またこれは「事務総長の友好国」四ヶ国に加えて米国を入れた「四たす一ヶ国」の全面的支持を得た案であった。

ブートロス＝ガリ（事務総長）は安保理に近く双方に対し「戦線」武装解除について提案をすることと、日程の三度目の修正の可能性について報告した。一九九二年一〇月二三日、日程の限定的な変更と一九九二年一二月一五日を期限とする武装解除完了を提案した書簡が双方に送付された。「ファラブンド・マルティ戦線」はこれを受諾。クリスチャニ（大統領）は、「戦線」がその所有する武器とそれを破壊する方策について満足のできる目標を提出することについて条件を付した。クリスチャニは軍の「浄化」の明細票を提出したが、ブートロス＝ガリはこれでは和平協定で要請されたことを満たしていないという理由で受理しないことにした。この結果、アーロンソン（米国務省担当官）とクリスチャニ自身から私に、クリスチャニの直面している問題を理解してもらいたいと毎日電話がかかってきて、その応対に追われた。クリスチャニは別に嘘をついていたわけではなく、私も大分同情した。リザ（現地特別代表）はサンサルバドル市で再び緊張が高まっていると報告してきた。特設委員会が軍の本格的な粛清を勧告したことが知れわたり、右翼過激派がこれに触発されて一九八〇年代の「死の部隊」による「汚い戦争」を再開するかもしれないと恐れられているということであった[四五]。しかし、軍の「浄化」は和平の中心的課題であり、和平協定はクリスチャニ大統領がこの時に採らなければならない措置を明確に規定していた。もしクリスチャニが必要な措置を採らないことを事務総長が不問に処すのであれば、国連そのものが和平事業の空中分解の責めを負うことになる。

一九九二年一〇月三〇日、私はサンサルバドル市に戻った。この時はデル＝カスティロだけでなくデ＝ソトも同行した。この日、「ファラブンド・マルティ戦線」は第三陣の除隊を実施し（残るは二〇％）、国連エルサルバドル監視使節は、初めて本物の兵士が除隊され、本物の武器が明け渡されたと報告した。会議の主要案件は軍の「浄化」であった。クリスチャニ（大統領）は、二、三週間のうちに百三名の将校を罷免しなければならない重責のため苦悶していた。彼は、中でも国防相ポンセ大将と、十三名の将校の罷免について、何故彼らの名前が挙がったのか納得がいかないと云って罷免したがらず、自分の任期はあと十八ヶ月で切れるから、それまでこの十四名はおいておきたいと述べた。クリスチャニがそうする理由は、どれもハンダル（共産党主席）には到底受け容れられないものであった。（もちろん、罷免される将校が誰かは国連としては教えていなかった）。デ＝ソトと私は、クリスチャニにこれは思い切った措置であるが、採らないわけには行かないと説得を試みた。例えば、予定されている内戦終結を祝う祝典で

四五　訳註、軍は組織的に陰に陽に「死の部隊」Death Squads を支援してきた。

大統領が発表することになっている軍の改革の一環ということにしてはどうか、と云ってみた。しかし、我々が何を云っても、ポンセ国防相と例の十三名の将校の件で暗礁に乗り上げた。二日目の会議が終って、我々は事務総長に、何も話はつかなかった、事務総長の方からクリスチャニに強硬姿勢を採る必要があり、特設委員会が除名を勧告した名簿を公表するとでも云って脅すことを考える必要があるかもしれない、と助言せざるを得なかった。

この時点でアンゴラで内戦が再発したため、ブートロス＝ガリ（事務総長）は私をニューヨークに呼び戻し、アンゴラ行きを命じた。デ＝ソトはそのまま五日間残り、かなり複雑な合意を引き出すのに成功した。事務総長は、除名されるべき軍人が誰かは秘密であったため、この合意については安保理に報告する場合も暈した表現を使う必要があった。クリスチャニ（大統領）は特設委員会の勧告を「一定期限内に」実施することに合意し、彼の採った事務的決定を一九九二年一一月二九日に事務総長に通知する。事務総長がこの決定を特設委員会の勧告に合致するものであると判断する場合は、「ファラブンド・マルティ戦線」は国連エルサルバドル監視使節に武器の最終目録を渡し、一一月三〇日までに武器を全部集めて一二月一日から破壊処分を開始し、政府側もこれを受けて軍備縮小を再開する。

この時点から、デ＝ソトがチャプルテペック協定の実施に必要ないつ果てるとも知れぬ交渉を主導していくことになった。私は他の責務で手一杯で、エルサルバドルへ頻繁に行くことができなくなったのは残念であったが、デ＝ソトがやってくれることは良かった。しかし、私も一九九二年一二月一五日には、内戦の公式の終焉を祝う祝典にブートロス＝ガリ事務総長に付き添って出席した。前日一四日に「ファラブンド・マルティ戦線」は政党として合法化されていた。式典会場は三千席の細長い、天井の低い、暑苦しい建物であった。国民和解の証拠はあまり目につかなかった。国歌斉唱の時、政府側支持者は米国式に手を胸に当てたが、「ファラブンド・マルティ戦線」側支持者はソ連式に拳を空へ振り上げた。ハンダル（共産党主席）は大衆を煽動するような雰囲気で、彼がキューバとサンディノ派に敬意を表したことに対してブーッとか、シーッとか聴衆から不満の声が上がると、彼は「彼らが再び声を上げられるように」という部分を繰り返して演説した。クリスチャニ（大統領）はここに至るまでの数週間の疲れが出ているようで声の調子も低く、式典は平和的に終った。ニューヨーク本部へ帰る途中で我々はニカラグアの首都マナグアに立ち寄り、チャモロ大統領と昼食をとった。大統領は解体された「コントラ」ゲリラの残した問題に対処するために国連の助成を求めた。この時、私が在中米国連監視団の設置を受けて初めてニカラグアを訪問した時のことが何十年も昔のことに思われた。しかし、現実にはまだ三年も経っていなかった。

　エルサルバドル和平のためのチャプルテペック協定の実施には、この後まだ二年かかり、相変わらずグラグラして安定しなかった。国連エルサルバドル監視使節の「周旋」事務は大変需要が大きかった。この和平協定の実施に時間がかかったのは、人権や経済的・社会的問題に関する規定というものは長期的なもので、内戦終結のように期限の定めのあるものではなかったためで、特に驚くべきことではなかった。双方とも、協定に違反することで利益があがるものなら、少しも躊躇することなく違反した。デ=ソトは、国連の事務総長室、後に政治局の「とまり木」から鷹のようにエルサルバドル和平の進展を見守り、重大な協定違反を見つける度に事務総長に鷹の爪で急襲するように助言し続けた。こうした検閲に引っかかるのは「ファラブンド・マルティ戦線」よりも政府の方が多かったという事実は、必ずしも双方の不遵守の度合いの正確な指標ではない。ブートロス=ガリ（事務総長）はしばらくしてこのことに気づき、クリスチャニ（大統領）とその後継者カルデロン・ソルの尻を叩くことにあまり気乗りしなくなった。しかし、仮にデ=ソトが時折政府側に対して少々厳し過ぎたとしても、そのことで、彼がエルサルバドルの歴史の残酷な一期間に[四六]終止符を打った平和的な革命を話し合いで成功させたという驚くべき業績から目をそむけることがあってはならない。私はこの事業に参画することができたことを誇りに思っている。

　二つが終わり、残るは一つとなった。ニカラグアとエルサルバドルの内戦が終わり、国連の注意は、次にグァテマラに向けられた。グァテマラ和平の斡旋は私の**国連政治局長**としての四年間の仕事の中で主要なものの一つであった。また長い交渉が続いたが、国連事務局のジャン・アーノルトというフランス人職員が手際よく担当し[四七]、一九九六年一二月末、ブートロス=ガリの国連事務総長の任期が切れる二日前になって、ようやく「確固たる持続する平和に関する協定」の調印に至った。調印したのはグァテマラ政府と「グァテマラ国民革命連合」[四八]として知られる反乱運動であった。チャプ

四六　訳注、似た表現としてAbgrund der deutschen Geschichte（ドイツの歴史の地獄）という、ブラント西独首相がワルシャワの旧ゲットー前で跪いたことを後で訊かれて説明した時の言葉がある。

四七　訳注、グァテマラ担当事務総長特別代表。一九九四年の総会決議第二六七号でグァテマラにおける人権と人権に関する包括的合意の遵守を検証する国連使節が設置され、和平交渉を助けた。一九九七年一月から五月にかけて最終的な軍事条項の実施を国連平和維持活動、国連グァテマラ検証使節 Misión de Verificación de las Naciones Unidas en Guatemala (MINUGUA) が手伝った。

四八　訳注、Unidad Revolucionaria Nacional Guatemalteca (URNG)。

ルテペック協定と同じように、この平和協定も長く凄惨な内戦[四九]を終結させ、内戦の根本原因に対処する多様な規定を盛り込んでいた。この二つの内戦には相違点もあったものの、グァテマラ和平の交渉に立ち合った者は、エルサルバドルで和平を進めた経験からいろいろ教訓を引き出すことができた。世界中を見渡しても、冷戦後、国連の平和への努力が中米以上に成功した地域は他にない。

四九　訳註、グァテマラは英外務省の統計でもマヤ族の人口が六六％に達する。このマヤ族が虐殺され、迫害された。

第14章　カンボジア

国連カンボジア暫定権力機構[一]は一九九二年四月から一九九三年一一月まで現地に置かれた。これは一九六〇年代前半の**コンゴ国連軍**[二]以来、当時国連最大の平和維持活動であった。概念的にはこの暫定権力機構は、その三年前にナミビアが独立へ移行するのを支援した**国連移行支援団**[三]の子であった。つまり、これは「多機能型」平和維持活動であり[四]、カンボジアの四つの軍閥が、それまで冷戦に煽られながら戦ってきた内戦を終らせる和平協定を実施するのを手助けするのが任務であった。しかし、国連カンボジア暫定権力機構のおかれた状況は、国連移行支援団の時とは異なっていた。一九八九年から一九九〇年にかけては、ナミビア以外の国連の平和維持活動は、極小規模なものか、ずっと前から継続していたものかのどちらかで、国連移行支援団は、その任期一年を通して事務総長と幹部職員の注意をひきつけることができた。一九九二年から一九九三年にかけては、カンボジアの国連暫定権力機構は、その十二ヶ月前からたて続けに開始されてきた他の四つの平和維持活動（イラクとクウェートの国境、西サハラ、アンゴラ、エルサルバドル）と二つの新しく準備中の大規模な平和維持活動（旧ユーゴスラビアとモザンビーク）と競合した。これに加えて、ブートロス=ガリは事務総長に着任したばかりで、ペレ=デ=クエヤルの持っていた過去十年間に亘る国連の「平和活動」[五]についての百科事典的な知識を持ち合わせていなかった。

カンボジアは、インドシナ三国の一つで、一九五三年にフランスから独立を獲得した。その統治者ノロドム・シハヌーク「王子」[六]はベトナム戦争に巻き込まれないように努力したが、国土は米軍による猛烈な爆撃に曝され[七]、一九七〇年にシハヌーク自身が軍司令官ロン・ノル元帥のクーデターで失

一　訳註、The United Nations Transitional Authority in Cambodia (UNTAC) / Autorité Provisoire des Nations Unies au Cambodge (APRONUC)。二〇〇三年、米英軍がイラク占領後に置いたCoalition Provisional Authority (CPA) も、国連を除き、同じ「暫定権力」の意。

二　訳註、Opération des Nations Unies au Congo (ONUC)。

三　訳註、The United Nations Transition Assistance Group (UNTAG)。英語の略称だと、カンボジアのUNTACとナミビアのUNTAGは一字しか違わない。

四　訳註、本書第2章参照。

五　訳註、本書第2章参照。

六　訳註、一九四一年から一九五五年まで国王、譲位して憲法の制約から離れ、直接政務を執った。太上国王。241頁訳註参照。

七　訳註、実は米軍のカンボジア空爆が「猛烈」になったのは、一九七〇年のクーデターの後で、殊に一九七三年、ベトナム和平協定で米軍がベトナムから撤退を完了した後に急に激化した。ウォーターゲート事件で米議会がニクソン大統領を弾劾しようとした時の四番目の弾劾事由がこのカンボジア爆撃。「ベトナムとの和平協定を執行する」という名目で、余った爆弾をカンボジアに落とした。

脚し[八]、ロン・ノルは即座に米国の支持を受けた。内戦となり[九]、五年後、「赤色クメール」という公式には「民主カンプチア党」として知られるポル・ポトの率いる勢力[一〇]が勝利した。それから五年に亘って所謂「民族皆殺し」[一一]が行われ、国民の二〇％が死に絶えたと推計されている。一九七八年一二月二五日クリスマスの日に、ポル・ポト派追討のため、ベトナム軍がカンボジアに侵攻した。

八　訳註、いとこのシリク・マタク王子が「王政こそカンボジアの諸悪の根源」と考え、共和制を敷くことを米ジョンソン政権の頃から計画、ロン・ノルを巻き込んだらしい。

九　訳註、失脚したシハヌークは中国共産党の周恩来に泣きつき、カンボジア共産党（ポル・ポト派）が「国王の軍隊」として初めて武装化された。

一〇　訳註、「民主カンプチア」は一九七五年にポル・ポト政権の名乗った国名。一九六六年以来「カンプチア共産党」が党名。ポル・ポト派。

一一　**原註**、厳密には「民族殺」genocide ではない。何故なら、カンボジア人がカンボジア人を殺していたので、殺害はイデオロギー的、階級的動機に基づき、人種的動機によるものではなかったからである。それで、健全な政治的、法的理由から、ペレ＝デ＝クエヤルはこの言葉の誤用を好まず、「過去の政策と行為」という婉曲表現に換え、この表現がカンボジア和平に関するパリ協定に採用された。〈**訳註**、ちなみに、Genocide 条約上、構成要件は「動機」ではなく、民族的・宗教的集団を抹殺する「故意」。事実としてカンボジアにはチャム族などの少数民族がいたが、その七割の行方が知れない。Genocide の用語に慎重となるべき法的理由は、人口統計が貧弱な上、迅速かつ中立かつ包括的な捜査が行われなかったので証拠が弱く、被疑者欠席のまま行われた裁判の判決しかないことであろう。興味のある人は本多勝一『カンボジア大虐殺』朝日新聞社刊参照。〉

この時点で、カンボジアの悲劇の「冷戦」という国際的次元の様相が表面化した。ベトナムの行動は、ソ連とその同盟国から全面的支持を得た。西側は、ベトナムをカンボジアに対する「侵略」の廉で糾弾し、ベトナムがポル・ポト派から離反してきたヘン・サムリンを担いでカンボジアに樹立した「カンプチア人民共和国」政府を承認することを拒否した。その代わり、西側はシハヌークを元首とし「民主カンプチア連立政府」を自称する対抗政府を支持した。これはポル・ポト派とシハヌークの「独立・中立・平和・協調のカンボジアの為の国家統一戦線」[一二]とソン・サン率いる「自由クメール国民戦線」[一三]という三つの派閥が合流してできたものであった。西側は、この「民主カンプチア連立政府」が国連におけるカンボジアの議席を占有するように計らい、ポル・ポト派の全く悔い改める気のない者がその椅子に座った。

それから四半世紀経って、冷戦も終わり、人道的介入や国際法廷において民族殺の犯人[一四]の処罰が行われる時代にな

一二　訳註、フランス語で Front Uni National pour un Cambodge indépendant, neutre, pacifique et coopératif (FUNCINPEC)。「国民」より「国家」の方がシハヌーク思想に忠実。

一三　訳註、フランス語で Front National pour la Libération du Peuple Khmer。Libération はクメール語の Sereika で、右翼の自由クメール軍団の自由 Serei から来ている。英語訳から「クメール人民解放戦線」と訳すのは左翼的に聞こえて語弊がある。

ると、以上の事態は信じ難いものとなった。これは、西側によるソ連主導の共産主義に対する世界的闘争が、どれだけ西側が防衛してきた筈の価値観を捻じ曲げてきたかを如実に物語るものである。当時、私はイギリスの国連常駐代表部の一員として、義務的にベトナムの行動を非難し、その一年後、これをソ連のアフガニスタン侵攻と併せて、ロナルド・レーガン（米大統領）が「悪の帝国」と名付けた勢力の邪悪さを現す双子の実例に数えた。しかし、内心では、アフガニスタンとカンボジアは違うことも分かっていた。ソ連のアフガニスタンでの行為は邪悪であった。ベトナムも外国を支配するために武力を行使した点では、邪悪であった。しかし、今日における人道の基準からすれば、ベトナムのしたことは、一九七九年タンザニアの軍の介入によりウガンダからイディ・アミンという怪物が放逐されたのと同様に[一五]、なさねばならなかったものとして正当化され得るものである。

一四　訳註、原語は genocidaires で意味は曖昧。Genocide を「集団殺害」と訳すと語弊が多いため、ここではドイツ語の Völkermord から訳した。

一五　訳註、国連安保理でも総会でも、タンザニア軍のウガンダ侵攻は議題にものぼらなかった。タンザニアは世界の注意がベトナム軍のカンボジア侵攻に集中している隙に見事にウガンダに侵攻したが、総じて紀律正しかったベトナム軍と違って、その行動には復讐のための町村破壊など戦争法（人道法）上、問題も多かった。

国連の場における西側の立場は、東南アジア諸国連合（アセアン）[一六]と一緒であった。東南アジア諸国連合は、国連総会でカンボジアからの全外国軍の撤退と民族自決権の行使を命ずる一連の決議を採択するのに必要なだけの非同盟諸国の票を上手に集めてきた。総会は、別途カンボジア問題国際会議も開催させたが、ベトナムとその同盟国が参加を拒否した。

カンボジア問題は、ペレ=デ=クエヤルがまだ**特別政治案件担当事務次長**[一七]の一人であった当時の縄張りの一つで、彼は事務総長に昇進するや否や、カンボジア問題を課題の上位に引き上げた。しかし、この問題に関する彼の唯一の公式の拠り所は一方的な総会決議だけであったため、慎重に事を進めなければならなかった。仲介者として成功するつもりであれば、まず、その不偏不党性を証明しなければならなかった[一八]。彼のカンボジアについての右腕はラフィー・ウッディーン・アフメドという国連職員歴の長いパキスタン人で、ペレ=デ=クエヤルは一九八三年に、この人物を彼の**東南アジアにおける**

一六　**原註**、当時の構成国はインドネシア、シンガポール、タイ、フィリピン、マレーシア。The Association of South East Asian Nations (ASEAN)。

一七　訳註、Under Secretary-General for Special Political Affairs。原著者と同じ地位。

一八　**原註**、パレスチナ問題についても、総会決議の党派性のため、似たような困難に直面した。本書第6章105〜106頁参照。

人道問題担当特別代表に任命した。この職名はアフメドが必要ならどの相手とも連絡が取れるように配慮されたものであったが、その職務の政治的性格を隠蔽するものでもあった。アフメドは礼儀正しく、やり手で、信念も忍耐力もある人物であった点で、ペレ＝デ＝クエヤルの外交官としての資質に勝るとも劣らずで、事務総長から篤く信頼されていた。

二人はカンボジア和平の基本要素を一早く特定した。停戦。ベトナム軍撤退。「カンプチア人民共和国」政府と「民主カンプチア連立政府」双方の解体ないし機能停止。自由で公正な選挙。新憲法制定。以上の項目の国際監視。二人は全党派に対して静かに粘り強くこの方針で解決を図るよう訴え続けた。交渉過程はペレ＝デ＝クエヤルの著書『平和のための巡礼』の中に詳しく書かれているが、ほぼ十年かかり、和平交渉の舞台には次から次へと色々な国際的な役者が押しかけ、混雑するようになった。アフメドが中心的役割を担い、几帳面にいずれ現地に派遣されるべき平和維持活動の計画を立てていた。アフメドは交渉の進展について私に報告を欠かさず、私は軍事顧問ティモティ・ディブアマに軍事的側面についてアフメドに助言するように手配した。

一九八九年中頃、動きが急になった。冷戦の終結は東西の緊張緩和だけに表れていたのではなく、中ソの急速な歩み寄りも進んでいた。一九八八年一二月、中国の外相がモスクワを訪れた。これは三十年以上途絶えていたことであった。それから二ヶ月足らずの間にソ連の外相が北京を答礼訪問し、ベトナム軍の撤退を含めたカンボジア問題の政治的解決に好意的な共同声明を発表した。これで、ベトナムは自国の立場を再検討せざるを得なくなった。中国はベトナム（越南）の歴史的な敵国であった。ベトナムがポル・ポト派という中国のカンボジアにおける代理人を討伐したことで、ベトナムのソ連にとっての価値が上がり、カンボジア占領に必要なソ連の政治的・資金的援助を獲得することができた。しかし、今や時局は移り、大国間の仲直りは、その子分の国にとっては戦争以上の脅威であり得ることが示された。ベトナムは、それまでにカンボジアからの段階的撤兵に着手していた。ソ連の外相が北京を訪問する二週間前に、ベトナムは一九八九年九月には撤兵を完了すると発表していた。

こうして、一九八九年八月にパリで予定されていた国際会議で政治的打開が見込まれた。現実の会議では、交渉関係者の多くは、国連が現地で活動を始めるまでにどれだけ時間がかかるか、全く非現実的に考えていた。ペレ＝デ＝クエヤルは、そのためパリ国際会議の席上で、国連にできることは何か、それが成功するために充足されなければならない条件とは何かをハッキリと明言した。ペレ＝デ＝クエヤルはさらに準備に必要な専門的調査をするため、カンボジア現地に事実確認使節を即刻派遣することを提案した。これは合意され、二、三日後にはマーティン・ヴァドセト中将という国連休戦監視機構[一九]の参謀長の指揮下、使節はカンボジアへ向かった。

パリでは小規模の国連監視使節を早目に送り込んでベトナム軍の撤兵を検証することも議論された。私はこれに反対した。私はソ連軍のアフガニスタンからの撤兵を検証するために送り込まれた遣アフガニスタン・パキスタン国連周旋使節[二〇]の二の舞になることを恐れていた。この使節は限られた任務を果たした後、内戦が巻き起こる中、ほとんど何もすることができないまま、立往生することになったのである。しかし、パリ国際会議は合意に達することができず、何も重要な決定は出なかった。ただ、和平協定成立の暁には、その実施を確かなものにする「国際管理機構」[二一]が必要であることが了解されたことを含め、将来のために有益な基礎工事はできた。事実確認使節の方は、指揮官が無思慮な発言を公の場でしたこともあって、政治的に難航したが、カンボジアでどのような平和維持活動が行われる場合でも発生する兵站補給の問題を明記した報告書を作成して帰って来た。

転換点が来たのは一九九〇年初め、豪州の外相ガレス・エヴァンズの発案を受けて国連安保理の五常任理事国がカンボジア和平交渉に本格的に乗り出した時である。エヴァンズから何の相談も受けていなかったことで一悶着あったが、ペレ＝デ＝クエヤルは彼の発案を歓迎した。既に述べてきたように、ペレ＝デ＝クエヤルは、これまで冷戦に煽られて長引いてきた地域紛争のいくつかを冷戦の終結を受けて安保理が解決する可能性を見つけるのが早かった。彼はイラン・イラク戦争終結のための努力に上手に五常任理事国を関与させることに成功した[二二]。この五ヶ国がカンボジア和平のために協力し合うことは、イラン・イラク戦争の場合よりももっと重要であったと同時に、もっと驚きでもあった。というのは、五ヶ国のほとんどが、カンボジア紛争に直接関与していたからである。中国はポル・ポト派の親分として、かつベトナムの敵として、フランスは元植民地宗主国として、ソ連はベトナムとベトナムがカンボジアに据え付けた政府の同盟国として、米国はソ連とベトナムの敵として、英国でさえ、「民主カンプ

一九　訳註、The United Nations Truce Supervision Organisation (UNTSO)。在エルサレム。

二〇　訳註、The United Nations Good Offices Mission in Afghanistan and Pakistan (UNGOMAP)。本書第8章参照。周旋 good offices は本書43頁参照。

二一　訳註、一九五四年、第一次インドシナ戦争の終結を取り決めたジュネーヴ協定の実施を、国連とは別に、カナダ（西側）ポーランド（東側）インド（南側）の三国の将校から成る国際監視・管理委員会が検証した例を念頭に置いた表現。

二二　訳註、本書第9章。

チア連立政府」の軍隊に秘密裏に軍事的支援を行っていたと報道された。カンボジアは、このような東西対立が第三世界で「発火」させた代理戦争を、冷戦の終結がどのように「消火」することになったかを示す最も良い例なのである。そこに築かれることになった平和は、当時も今も不安定なままである。しかし、カンボジアにおいては、アフガニスタンやアンゴラと違って、現地の主人公たちの方が戦争はもう嫌だと、国際社会が平和の再建に手を貸すことを許容したのである。それは、完全な平和ではなかったが、カンボジアの人々がそれまでの四半世紀間苦しんできた状態と比べれば、格段にマシな状態だったのである。

五常任理事国が主導権を握るまでに、「国際管理機構」は国連が設置することで話がまとまりつつあった。しかし、ポル・ポト派が国連総会におけるカンボジアの議席を占有し続けていることで、ベトナムとプノンペン政府[二三]は、国連が不偏不党かどうか、懐疑的であった。それでも、この両者も特に選挙の監視について国連平和維持活動とはどういうものか、説明を求めてきた。私は、一九九〇年三月のナミビア独立記念晩餐会の席上で、その場に出席していた「民主カンプチア連立政府」代表からも同じ点について尋問された。さすがの私も、ナミビアの「南西アフリカ人民機構」が、ソ連とベトナムをはじめとするその同盟国に大変接近していたことから、ポル・ポト派の人間がその場に居ることが、あまりにも場違いに思えた。

五常任理事国は、一九九〇年には六回の会議をもった。その六回目、八月終りのパリ会議で五ヶ国は、カンボジア紛争の包括的政治的解決の一案の要点をある程度詳しく書いた「枠組み文書」に合意した。それによると、カンボジア四派は「最高国家評議会」[二四]を設立し、これが暫定期間中「カンボジアの独立と主権と一体性を具現する」。五ヶ国はシハヌークが議長となることを希望した。最高国家評議会は国連暫定権力機構に和平協定の履行に必要な全権を、関係する行政的側面を含めて、委任する。国連暫定権力機構は、停戦を見守り、各派の軍隊が合意された場所に籠《こも》ることを監視し、制憲議会議員を選出するための自由で公正な選挙を組織し、実施する。人権が尊重され「過去の政策や行為が繰り返されることのないように」措置を講ずる。和平協定が全体として完全に履行されるように国際的保証がなされる。この「枠組み文書」は、

二三　訳註、プノンペンはカンボジアの首都。カンボジア全土をほぼ実効支配下においていた「カンプチア人民共和国」、後の「カンボジア国」政府を指す。

二四　訳註、The Supreme National Council (SNC)。最高国民評議会と訳す人もいる。

また難民の帰還と国の再建についての以前からの二つの提案も了承した。

この「枠組み文書」は五常任理事国同士の間とカンボジア四派の間の両方で苦心の末練り上げられたものであった。カンボジア四派は素早くこの文書の受諾を確認し、安保理が一九九〇年九月二〇日に公式に承諾した。ペレ＝デ＝クエヤルにとっては、この歓迎すべき成果は彼に驚異的な重責を新たに負荷するものに他ならなかったが、彼は、既にナミビアの件で成功を収めていた「特務班」をカンボジアについても設立していて、このカンボジア特務班に対し、国連が和平協定の実施計画を立案して、パリ国際会議や豪州に決してこの仕事を奪われることがないようにと、念を押した。というのは、安保理が「枠組み文書」を承諾したことは豪州にとっても外交的な成功であり[二五]、豪州は国連事務局がもたもたしていると見れば、いつでも厄介な仕事を引き受ける気でいたからである。

それから一九九一年一〇月二三日にカンボジア和平協定がパリで調印されるまでにはなお一年以上の月日が必要であった。和平協定そのものは、一九九〇年の「枠組み文書」を詳述したものであった。表向きは、この遅滞はプノンペン政府と対立三派の間で、「枠組み文書」では概要しか示されていなかった措置の細かい点について、意見が分かれたために発生したことになっている。しかし、本当の理由は、ポル・ポト派とフン・セン率いるプノンペン政府（この頃は「カンボジア国」政府を名乗っていた）の両方が、和平案にはどういう危険があるか考え直したからである。四派の指導者はそれでも事あるごとに最高国家評議会に出席しており（一九九一年七月にシハヌークが総裁に選ばれた）、一九九一年五月には国連事務総長とパリ国際会議の共同議長国（フランスとインドネシア）の訴えに応じて、自主的に停戦が実施されていた。和平の進展はもはや後戻りできないように見えつつあった。

一九九一年七月、四派は、国連が事前に「周旋」[二六]使節を送り、各派司令部に数名の国連軍事監視員を駐留させ、自主的停戦を見守ることができないかどうか、議論し始めた。アフメドも私もこの案には乗り気でなかった。もしカンボジア側が国連平和維持活動を望むのであれば、まず、和平協定に調印することである。当初、我々の立場は五常任理事国に支持されていたが、この案は着実に地盤を固めていって、一九九一年九月、五常任理事国とインドネシアは[二七]、ニューヨー

二五　訳註、「枠組み文書」は詰る所、豪州提案を基礎にしていた。

二六　訳註、Good Offices。一種の仲介。43頁参照。

二七　**原註**、この変則的な編成は、インドネシアがフランスと並んでパリ国際会議の共同議長国であったことを反映している。

クでカンボジア最高国家評議会との会合を開いた時、先遣使節を派遣する案を承諾してしまった。**国連カンボジア先遣使節**[二八]は一〇月中旬に設置が決められ、和平協定の調印から国連暫定権力機構の設置までの間も国連が何とか現地に目を光らしていられるように、調印と同時に現地に派遣されることになった。

国連先遣使節の誕生に当っては、みっともないいさかい事が起こった。この失態の責任は私にある。フランスは、この使節は全員フランス語を話す人間だけで編成することを望んだ。私は、五常任理事国にそういうことは無理だと上申した。しかし、加盟国各国に軍事監視員の派遣を要請した時、私は実用語はフランス語にすることに合意した。嵐が巻き起こった。他の四常任理事国が強い反対を表明した。東南アジア諸国連合は全構成国が英語の方を話すので、国連事務総長に抗議した。豪州などは、国連暫定権力機構の軍司令官に豪州人を当てるという周知の野心を、私がフランス人と結託して阻止しようとしていると云って私を非難していたらしい。アフメドは、カンボジア特務班の会合の席上で私をこき下ろした。事務総長は、うんざりしたように、国連事務職員としては、私は誤解されていると云わざるを得ない。平和維持活動を含めて国連における普遍的な実務慣行として、英語とフランス語は国連機構の二つの実用語として対等の立場を有する、と述べた。これは理論的にはその通りであったが、現実とはかけ離れていて、パリやジュネーヴといったフランス語圏の事務所でも、そうはなっていなかった。

それから私は、アンゴラでビセス協定の実施がうまく行っていなかったので、現地に駐留することが要求され、その十日後、パリでのカンボジア和平協定調印式に出席するためにパリに到着するまでカンボジアのことは考えなかった。パリではまた新しい問題が起こっていた。五常任理事国と東南アジア諸国連合は全てラフィー・アフメドが事務総長特別代表として国連カンボジア暫定権力機構の長となることを望んでいた。しかし、アフメドはペレ=デ=クエヤルに対し、在外勤務を望まないこと、この使節の規模と複雑さと関係加盟国の数に鑑みると、ニューヨーク本部から特別に指導する必要があると信じること、ニューヨーク本部でそういうことをする部局の長となる方がよいことを伝えていた。これは云うまでもなく平和維持活動は専ら私の部局の管轄であるという立場と真っ向から対立するものであったが、私は当時、仕事が多過ぎ、人手も足らな過ぎて、アフメドの企てを阻止するのに余計な労力を費やすのはやめておいた。ペレ=デ=クエヤルもア

二八　訳註、The United Nations Advance Mission in Cambodia (UNAMIC)/ Mission Préparatoire des Nations Unies au Cambodge (MIPRENUC)。

フメドが特別代表になるのがよいと考えていたが、アフメドにプノンペンに行くように説得し切れず、他の候補者を探し始めた。彼は候補者を北アフリカ人二名に絞った。一人はモハメド・サフヌンという経験を積んだアルジェリア外交官で、アフリカ統一機構とアラブ連盟の両方の事務局で要職を占めていた。もう一人はマフムード・メスティリというチュニジアの元外相であった。東南アジア諸国連合はシンガポールの許通美[二九]に率いられて、アフメドにするように強く各方面に圧力をかけ続けた。ペレ＝デ＝クエヤルは自分で決断するのはやめて、国連暫定権力機構がカンボジアに設置される頃に事務総長になる予定のブートロス＝ガリに任せることにした。

パリのクレベール国際会議場[三〇]での調印式は長く、妙に竜頭蛇尾の感じがした。カンボジアで犯された身も凍るような出来事に鑑みると、平和の回復で少しは祝賀ムードが漂う必要があるように思われた。暗い色のスーツに身を固めた外交官が何人も長々と演説する式典は、この要請にそぐわないものであった。ここで調印された協定は、国連にナミビア以上の大任をまかせた。特に、全く未経験の任務をもたらす規定

二九　訳註、福建音は Koh Thong Bee。北京官話で Xu Tong Mei。英語でTommy Koh。後に無任所大使。教授。

三〇　訳註、元ナチス秘密国家警察パリ支部。一九七三年のベトナム和平協定調印式場。

が三つあった。いずれもポル・ポト派とその支持者、特に中国[三一]が暫定期間にプノンペン政府（「カンボジア国」）が政府として機能することを承諾したがらなかった為にできた規定であった。同様に「カンボジア国」派[三二]とベトナムもカンボジアの全党派から成る暫定政府案を承諾しようとしなかった。中国は暫定期間に入る前にポル・ポトとその共犯者を排除してしまうことも承知しようとしなかった。それでは、暫定期間の間は国連がカンボジアの行政を責任をもって行うことになるのであろうか？　交渉の間、ペレ＝デ＝クエヤルは、こういうことは国連機構の能力を超えているとして拒絶した。これは正しい判断で、本書の執筆中も、国連は東チモールとコソボの行政を担当しているが[三三]、どちらも一九九二年当時のカンボジアと比べると領域もずっと小さく、それほど荒廃もしていないのに、国連による行政とは如何に困難なものであるかをよく示している。国連ができないのであれば、現地の行政当局が選挙で有利にならないような形で、これに行政を担

三一　訳註、一九七一年以来の国連実務に従い中華人民共和国を指す。

三二　訳註、フン・セン派。元カンプチア人民革命党。後にカンボジア人民党。

三三　訳註、The United Nations Transitional Administration in East Timor (UNTAET)(1999-2002)、国連東チモール暫定行政機構とThe United Nations Interim Administration Mission in Kosovo (UNMIK) (1999- present)、国連コソボ暫定行政使節。

当させる別の方策を編み出す必要があった。

三つの新規定のうちの一つは、最高国家評議会と国連暫定権力機構の長との関係に関するものであった。和平協定の下、最高国家評議会は国連に協定の履行に必要な全権を委任した。最高国家評議会は国連暫定権力機構に助言し、国連暫定権力機構はその助言が最高国家評議会全体の合意を得たものであり、和平協定の目的に沿うものである場合は、それに従う。和平協定の目的に沿うかどうかの判断は国連事務総長特別代表の判断するところであり、最高国家評議会の権限ではない。最高国家評議会の意見が一つにまとまらない場合は、シハヌークが評議会の意見を決定することができ、国連暫定権力機構は、事務総長特別代表がシハヌークの助言が和平協定の目的に沿うものであると認める場合には、これに従う。もしシハヌークが如何なる理由であれ助言をすることができない場合は「決定権は国連事務総長特別代表に移譲される」。この規定は、最高国家評議会がまとまらない場合、事務総長特別代表は、選択次第で相当大きな権力を発動することになるものであった。

二つ目の革新規定は「既存の行政組織」に関するもので、「既存の行政組織」とは、プノンペンの「カンボジア国」政府の行政組織と、「民主カンプチア連立政府」がカンボジア領内の僅かな支配領域に設定したと云い張っているだけで信憑性の無い行政組織を指していた。和平協定のもとでは、選挙に直接影響を与える行政組織は全て、特に、外務、防衛、財務、公安、情報の各分野の官庁は「国連の直接の監視または管理の下」に置かれることになっていた。理論的には、この規定も事務総長特別代表に相当大きな権限を与えるものであったが、現実には、現地クメール語と「カンボジア国」の共産主義の「党」と「国家」の組織を把握することは、まず不可能であり、極めて困難な仕事を請け負わせるものであった。ポル・ポト派は、国連が「カンボジア国」政府をその「直接の監視または管理」下に置くことに失敗していると何度も苦情を申し立て、これを口実として軍を解散することも、選挙に参加することも拒否した。ポル・ポト派の苦情は正当なものであったが、国連暫定権力機構に与えられた任務は初めから執行不能のものであった。ペレ＝デ＝クエヤルは、このことは理解していた。彼は一貫して国連に与えられる任務は明確で実行可能なものでなければならないと念を押していた。しかし、和平が目前に迫った時、その場の雰囲気と流れに押し流されて、彼も「カンボジア国」の「直接監視または管理」など実行不可能であると云って和平協定の成立を危険に曝すことはできないと感じるようになった。これは、事務総長と幹部職員がしばしば直面する板ばさみの状態である。国連事務局がこういう時に気を緩めていると大惨事になることがある。しかし、この件に関する限り、結果的には、ペレ＝デ＝クエヤルが危険を冒したことは正しかったことが証明された。

　三つ目の革新規定は国連暫定権力機構が「選挙」を責任をもって「組織し、実施する」という規定であった。これは、ナミビアでの国連の役割が、南アフリカの行政総官の実施する選挙手続きを監視・管理することであったのとは異なっていた。カンボジアでは、国連暫定権力機構そのものが選挙を実施した。選挙法の草案を作成し、政党登録と有権者登録をし、選挙戦を監視し、各政党が報道機関を利用できるようにし、不動投票所ならびに移動投票所を設置し、開票し、票数を数え、結果を発表することになった。これらの仕事はポル・ポト派が選挙に参加することを拒否し、一時、暴力で選挙を妨害するという意図を表明していたのにも拘らずかなりの成功を収めた。

　一九九二年に入り、ブートロス＝ガリが新事務総長に着任してカンボジアについて最初に下した決定が、明石康を彼の特別代表に任命することであった。明石は日本国外務省から一九八六年に国連に事務次長として入り[三四]、最初は広報、次に軍縮を担当していた。この人事については、いつものように事務総長には何か裏の思惑があったのではないかという憶測が飛び交った。私は、こういう場合には世間に疎く思われるかもしれないが、外見通りの理由が真相だろうと思う。この件の場合、ブートロス＝ガリは明石の職であった軍縮担当事務次長の職を廃止することにしたが[三五]、日本は国連予算の第二位の貢献国として事務次長職を少なくとも一つは保持する必要があり、日本には平和維持活動にもっと積極的に参加して欲しかった。それで、明石をカンボジアに派遣することにしたのは、まあ、当り前の決定であった。

　事務総長は和平実施計画の詳細を一九九二年二月中旬に安保理に提出した。この速さで作成できた理由は、長年和平交渉に携ってきたアフメドが周到に準備を整えてきたことが大きい。アフメドがカンボジアを自分以外「立ち入り禁止」の職域にしていたことは、私が最終的に責任を持って実施することになる平和維持活動の立案から、私が排除されてしまう形となり、困ったことで嬉しくなかった。しかし、これはニューヨーク本部からこの平和維持活動を采配したいというアフメドの希望からすれば意味のあることであった。また、私としても、アフメドが和平実施計画を準備したやり方は、

三四　訳註、国連職員として長く勤めた後、一旦外務省に入省し日本の国連代表部に勤めてから、事務次長として国連に戻った。

三五　訳註、軍縮局は一旦政治局に編入され、後軍縮局として復活した。

西サハラ特務班で我々が長年苦悶してきたこと[三六]と比べれば、ずっとマシであったことを認めざるを得ない。

一九九二年二月末、安保理は在カンボジア国連暫定権力機構の設置を決定し、二週間後、国連事務総長特別代表として明石康と軍司令官として豪州軍のサンダーソン中将が首都プノンペンに着任した。カンボジア最高国家評議会の方もポル・ポト派を代表する評議員キュー・サムファンが首都プノンペンに到着早々「カンボジア国」支持者から暴行を受けた事件にも拘らず、定期的に会合を開き始めた。ブートロス＝ガリは一九九二年四月に現地を訪問し、現場の様子に感銘を受けて戻ってきた。彼は、私も、私の局の誰も、この現地訪問に連れて行かなかった。前に述べたように、彼が幹部職員の外地行きをなかなか許可しようとしなかったことは、彼が事務総長である間ずっと続いた問題であった。

一九九二年五月には、もう活動は大きな困難に直面していた。ポル・ポト派にとってみれば、パリ和平協定の最も重要な規定の一つはベトナム軍がカンボジアから完全に撤兵したかどうかを国連暫定権力機構が検証することであった。ベトナムは公式には一九八九年九月に撤兵を完了していた。ポル・ポト派は、これは事実ではないと主張し続けた。ベトナム軍が完全に撤兵するまで、ポル・ポト派は停戦第二段階（各派の兵の兵営籠りと少なくとも各派七〇％の兵役解除）には入らないとしていた。国連暫定権力機構としては、ベトナム軍がカンボジア領内にまだ組織だった部隊を維持したりしていないことは確実であったが、ベトナム軍の将校がまだ数名「カンボジア国」軍に仕えている可能性を疑い、後にその事実を確認した[三七]。

しかし、明石はカンボジア最高国家評議会の場でポル・ポト派と直接対決を挑み、「四派、特に民主カンプチア党[三八]」に停戦第二段階に入る用意のあることを示す十二の措置を採るよう要請した。彼は、それから軍司令官と一緒にタイとの国境に近いパイリンという場所に赴いた。そこはポル・ポト派の拠点であり、同派による違法なルビーとサファイアの採掘と木材伐採の拠点であった[三九]。明石と付き添いはパイリンへ入ることを拒絶された。テレビを通じて国連事務総長の特別代表がポル・ポト派の検問所で追い返されるのを世界中が目撃した。明石の要請を受けてブートロス＝ガリはキュー・サムファン宛に、一九九二年六月一三日には、国連暫定権力

三六　訳註、本書第12章参照。

三七　訳註、カンボジア女性と結婚して子供がいる者が三名いた。ベトナムへ送還された。

三八　訳註、ポル・ポト派を指す。

三九　訳註、タイ領内へ向かってしか運搬用の道路はなかった。

機構が停戦第二段階に入れるように、ポル・ポト派の確約を求めた。ブートロス＝ガリの下には、そのような確約は何一つ届かなかった。明石も、次の二回の最高国家評議会の席上で、そのような確約を得ることはなかった。ブートロス＝ガリの安保理宛報告書によると、このポト派の協力拒否のため停戦第二段階に入るのを延期すべきかどうかという問題が生じた。彼はそれでも前進する必要があると決断した。これ以上遅れると、国連は一九九三年四月か五月に選挙を実施できなくなる恐れがあったからだという。

停戦第二段階に入る筈の日から一週間経って、私は初めてカンボジアの現場を訪れた。私が到着した時、明石は、カンボジアの復興・再建の為の資金援助の誓約を集める目的で日本国政府が主催した援助国会議に出席するべく、東京に出かけていた。私の五日間の現地訪問は、司令部で説明を聞くことと現場巡回視察から成るいつもの混成日程を組んだ。説明の方は、聞いても気分の良いものではなかった。兵隊の兵営入りは、ポル・ポト派がやらない以上、他の三派もやらない、と云って、全く始まっていなかった。明石はポル・ポト派に対する経済制裁を口にしていた。もう一つの懸念は、国連暫定権力機構の過度の軍事色であった。新種の「多機能型」平和維持活動として、国連暫定権力機構には人権、警察、行政、選挙、情報・教育、難民帰還、国土復興の各分野の大規模で重要な文民部門があった。しかし、必要な文民職員を募るに時間がかかり、いくつかの文民部門は、まだほとんど影も形も見えない有様であった。いつものように国連本部からの後方支援が不足し、兵站補給について文民部門と軍が対立しているという（もっともな）苦情が出た。文民部門は使節全体のための統合兵站支援を望んだが、軍部は当初、物資のほとんどを独占しており、全て軍用に回し、文民部門など自力で調達すればよいという意向であった。

以上の諸問題の影にはもう一つ別の問題があった。それは、それとなくほのめかされることはあっても、私が訪問の最後の方になって各文民部門の部長と個別に会ってみるまで、公には話されることがなかった。それは、明石がこの使節を率いるやり方について、文民部門の部長たちが快く思っていなかったということであった。彼らの懸念には、特に明石のポル・ポト派とのいさかいなど、ニューヨーク本部での懸念と重なるものもあった。しかし、彼らが一番困っていたのは、明石から全く信用されていないということであった。ニューヨーク本部からの政策に関する電信は回覧されず、戦略上の案件について、全員で話し合うこともなかった。こういう事項は、明石の個室で、明石が連れてきた数人の大変利口な若い者たちの間で処理されていた。また明石が報道関係者、特に日本の報道関係者を相手に説明している時間が長過ぎると云ってブツブツ云う声もあった。私は、この最後の点については、明石を弁護した。日本人が国連最大の平和維持活動の長になったことは、これまで平和維持活動に対して慎重であった日本国内で、理解が広まる一助となっている、と。しかし、他の点については、私も困り、明石が東京から帰って来た時、どう切り出したらよいか、迷った。

外を出回るのが面白い時期であった。雨季が近付いており、メコン川の水位は一週間に一メートル以上上昇を続け、支流の一つは国の中央部に位置する巨大な湖、トンレ・サップへ向けて逆流していた。雨季の最盛期にはこの国の平地の大部分が冠水するという。ヘリコプターから見てとれるように、必然的に人の住んでいる場所は、全て氾濫原の中の小高い丘か流路脇の堤防の上にあった。最初の外出先はコンポン・トムという町で、首都の北にあり、国連暫定権力機構のインドネシアの歩兵二個大隊のうち一個大隊が駐屯していた。ここは、ここから北西部を通ってタイ国境とポル・ポト派が優勢な地域へ向かう戦略的幹線道路が通っており、重大な停戦違反が起こっていた。この地方の混成軍事作業団[四〇]にポル・ポト派から派遣されてきた人員は、見たところ二〇歳前後の党機関員で、作業団での討議への唯一の貢献は、党の方針を鸚鵡返しにしゃべることであった。さすがの私も、明石がしびれを切らしていることに前にも増して強く同情するようになってきた。プノンペンに戻って、私は、メコン川のまだ使われていない水上兵営を警備している南米チリとウルグアイの海兵隊員とドイツ軍医務隊の野戦病院を視察した。軍医は、どうしても国連だけではなく、現地の患者も診察させてくれと頑張った。古代ギリシャの「医術の父」ヒッポクラテスなら、こういう医者を誇りに思ったであろうが、国連予算室は、そんなに崇高でない原則に基づいて行動していた。

もう一ヶ所遠征した場所は、シエム・リヤプで、トンレ・サップ湖の北辺に位置していた。ここの歩兵大隊はバングラデシュから来ており、オランダとニュージーランドの工兵が地雷撤去の訓練所を開設していた。また、タイから帰還してくる難民のための**国連難民高等弁務官事務所**の受付所もあった。受付所の所長はアイルランドの野鳥観察家で（これだけ水の豊富な熱帯に国にしては、鳥の数が異常に少ないという私の印象は正しいと確認してくれた。みんな、ポル・ポト派支配時代に食べられてしまったのであろうか？）難民は、ここで、二つの支援方法のうち、一つを選ぶことになった[四一]。

四〇　訳註、Mixed Military Working Group。各派代表と国連が一緒に仕事をする。

四一　訳註、原書を訂正。

一つは二ヘクタールの土地と家屋資材の提供。もう一つは現金五十ドルと一年分の食糧の配給。タイ領内の難民収容所ではポル・ポト派が大きな勢力を誇っていたが、カンボジア難民の大部分は現金と食糧配給の方を選び、農村には戻らず都市部に流れた[四二]。シハヌークヴィルというこの国の主要港へ出発する前に、近くのアンコール遺跡の寺院にも少し足を伸ばした。そこには、フランス工兵大隊が駐屯していた。ガーナとアイルランドの文民警察が要人の訪問に備えて道を空けさせるべく出動していたが、通りには別に人員整理をするほどの人通りはなく、ほとんど空っぽであった。その後、我々は対ベトナム国境沿いの国連暫定権力機構の最南端の検問所へ飛んだ。この検問所の任務は、ベトナム軍がカンボジアに再入国してこないように検証することであった。ロシアの中佐が指揮していた。夕闇が迫る頃、我々はプノンペンに戻った。その帰り道、二十年前の米軍のB52戦略爆撃機による絨毯《じゅうたん》爆撃の傷痕が、巨大な蟻地獄型クレーターとなってボコボコの痘痕《あばた》のように見渡す限り辺り一面に広がっているのを見て驚愕した。

　いつものように、こうして外を出歩いたことで、司令部で説明を聞いたあとの陰鬱な気分はいくらか晴れた。ジョン・サンダーソンは軍司令官として、しっかり仕事をしているようで、様々な国から集まった部隊がよくまとまって仕事をしていた。私はまた、国連暫定権力機構の要員が粗末な生活環境にもよく順応していることに感心し、アンゴラでもこのようであったら良いのに、と思った。

　明石は、東京におけるカンボジア復興援助会議で八億八千万ドルという事務総長の要請の五〇％増しの援助金の誓約をとりつけた大成功で、意気揚々とカンボジアに帰って来た。翌日は、午前中いっぱい明石と一緒であった。最初は彼の諸部門の部長たちとの会議で、その後、一対一で会った。こうして、私がこの使節についてどう考えているか、彼に充分時間をかけて話すことができた。諸部門の部長たちとの会議では、やはり彼は部長たちと戦略的案件についてあまり議論したがらないことが確認されたが、彼は、その後、私の様々な評釈を聞き入れ、私がカンボジア諸党派の間では厳に不偏不党を貫くように要求した時にだけ、顔をもち上げて怒った。

「四派のうち三派は国連暫定権力機構に協力しています。協力しないのは一派だけです。こういう状況で、どうして私に不偏不党であれと要求できるのですか？」

　この質問は、幾人もの特別代表や軍司令官からしょっちゅう聞かされた質問であった。私ができる最善の回答は、当事者が自分で署名した協定を守らない時、見て見ぬふりをし

四二　訳註、原書を訂正。

ないこと。平和維持活動とは、全当事者の確かな合意の上に立って、はじめてうまく行くものだからである。従って、一当事者が協定を破れば、直ちにこれと対決すること。しかし、その当事者は貴官や他の当事者がああいうことをした、あるいはしなかったから、自分もこうするのが当然だと、本当に信じていることもあることを忘れてはならない。従って、貴官は、その当事者が協力しないことは、他人の作為、不作為のせいにして済む問題ではないこと、すぐに改善されないようであれば安保理に報告しなければならないことを、しっかりと云って聞かせなければならない。しかし、こういうことは、他人のいない所で内密に伝えること。相手の体面を潰すと、その当事者は益々意固地になりかねない。その当事者と他の当事者とを比べたりして不愉快な思いをさせないこと。その当事者に対して社交の場であれ、どこであれ、差別待遇をしないこと。もし、そういうことをすれば、貴官は、その当事者から不偏不党の仲介者として信用されなくなる。そして何よりも、何とかしてその後も交渉する余地を残すようにしておくこと。門を閉じてはならない。これは、義憤を感じ易い人には特に実行に移すことの難しい助言であった。しかし、仲介者自身が紛争の当事者になってしまわない為には、きちんと実行され守られなければならないことであった。

一九九二年七月中旬の安保理宛のさらなる報告書に、事務総長が報告できるような進展はほとんどなかった。四派のうち三派は国連暫定権力機構と協力していたが、ポル・ポト派は協力を拒否していた。実に、この時ポル・ポト派は、プノンペン政府が解体されない限り協力しないと云っていた。これはパリ協定に反することで、国連暫定権力機構は「既存の行政機構」即ち「カンボジア国」政府と反「カンボジア国」三派がその支配地に設けたと主張している「政府」と協力して任務を果たすように要請されていた。米国の見るところでは、ポル・ポト派は現在自派が優勢である地域を保持し、自軍を温存しておき、暫定期間が終った後の新政府が腐敗し弱体化するのを待って、再び権力を奪取する機会を窺う目論見であろうということで、ポル・ポト派の一部が国連暫定権力機構に対する武力攻撃を考えているという情報もあるので、ポル・ポト派がいる地域で行動する時は注意した方が良いということであった。

一九九二年九月から一一月の間、まずタイと日本、次いでパリ国際会議の共同議長国がポル・ポト派に協定の実施に協力するよう、再度説得を試みた。どちらも成功しなかった。その間に選挙の有権者登録が始まり、支障なく順調に進んでいた。一一月中旬、ブートロス=ガリは、再度安保理に宛てて、ポル・ポト派が協力しようとしないが、国連としてはパリ協定をできるだけ良い形で実施し続けていくべきであると勧告した。この時、アンゴラでは選挙の結果をサヴィムビが否認し、再び戦闘が始まった四三。私はカンボジアでも同じ運命が待ち構えているのではないかと恐れた。兵の兵営入りは進まず、除隊もされず、ポル・ポト派はますます攻撃的になり、ベトナム系住民の虐殺と四四、停戦違反と、国連要員に対する攻撃を激化させていった。しかし、安保理は事務総長の勧告を即座に受け容れ、しかもその助言に反して「関係者全てに」パリ協定を遵守していない党派（つまりポル・ポト派）の支配地域に石油製品が搬入されることを阻止する措置を講ずるように「要請」した。パリ協定のうち、兵の兵営入りと除隊に関する規定を諦めることにした結果、我々としては、国連暫定権力機構の軍事部門の配置を修正し、その主要任務をポル・ポト派による妨害行為から選挙過程を保護することに変更した。この任務変更は年内に完了した。

その間、ブートロス=ガリは安保理宛の報告書の中で「静かな外交」を唱導し、何とかポル・ポト派に協力するよう説得する方策はないか模索し続けた。彼は、国連としてはポル・ポト派には敵意はなく、同派が和平へ向けて一緒に歩んで欲しいと望んでいることを、何とかして伝えなければならないと感じていた。誰がこのことを伝えるのが良いか？いろいろ候補者は挙がったが、白羽の矢は結局ラフィー・アフメドに当った。アフメドは、カンボジア担当の事務総長特別代表になることを辞退した後、ブートロス=ガリの人事で**国連アジア太平洋経済・社会委員会**の委員長として、タイのバンコクへ派遣されていた。アフメドは、名目上は、個人的資格で行動することになっていたが、内々に東南アジア諸国連合の支持を集めることになっていた。ポル・ポト派から、国連暫定権力機構が「既存の行政組織」を効果的に管理できないので、全国民の九〇％以上が住む地域を支配している「カンボジア国」派がその支配地域で選挙に有利な政治的立場に立ち不公平であるという全く理不尽でもない苦情が出ていることについて、彼にはいくつか妙案があった。一つは、最高国家評議会が直ちにシハヌークを行政権を持つ国家元首に任命し、選挙と同時にこの任命の是非を国民投票にかける。もう一つは、国民和解政府を臨時に組織し、選挙結果が出次第、それに合せて政府の構成を変更する。以上の案は、パリ協定から逸脱することを意味していたが、ポル・ポト派が和平に参加するようになるのであれば、それも正当化されるであろう。しかし、「カンボジア国」派が、承諾するであろうか？そしてポル・ポト派も承諾するであろうか？

四三　訳註、本書第11章参照。
四四　**原註**、ベトナム軍人はほとんどカンボジアを離れていたが、国民の約五％はベトナム系で、その大半が数世代に亘ってカンボジアに定住してきた。

アフメドの使節は、あまり成功せず、一九九三年はじめ、和平の行く手には暗雲が立ち込めていた。一月三日、シハヌークは明石（特別代表）に国連暫定権力機構に対する協力を中止すると通告した。二日後、シハヌークの息子のノロドム・ラナリット王子が当時王党派（「国家統一戦線」）の党首になっていたが、国連事務総長宛に、国連暫定権力機構が弱腰で、同党員を暗殺しに来るのは（王子は暗殺者の特定を避けたが）ポル・ポト派よりはフン・セン派（「カンボジア国」派）の方が多いのに、十分に守ってくれないと抗議し、父親にならって協力を中止すると通告してきた。同日、フン・セン自身も事務総長に、パリ国際会議共同議長国の介入と、必要ならばポル・ポト派に対して強制措置を採る安保理の許可を求めた。

ブートロス＝ガリは安保理宛の進展報告書の中で、有権者登録の成功とタイから二百五十万の難民（全体の三分の二）が帰還し、再定住したことに満足の意を表明したが、自由で公正な選挙のために必要な中立的な政治環境を創り出すには至っていないことを認めた。彼は、さらに踏み込んで、アフメドの発案のうちシハヌークが好意的であった案の方を支持した。それは、制憲議会議員が一九九三年五月に選出され、その数ヶ月後に新憲法を採択するのを待たずに、制憲議会議員選挙と同時に、シハヌークを候補者とする大統領選挙を行うという案であった。ブートロス＝ガリとアフメドは、制憲議会が新憲法を起草する時、かなり紛糾する可能性があるが、国民がシハヌークを国家元首として承認すれば、その間の国民和解の進展と安定化に役立つと考えていた。我々のうちの純粋主義者は、これはパリ協定からの逸脱であり、新憲法採択までの間のシハヌークの権力の根拠は何か？と問うた。しかし、この難局を乗り越えるためにブートロス＝ガリが何か新しい手を模索したことは、正しかった。

私は一九九三年一月の最後の週にカンボジアを訪れ、それから北京でのカンボジア最高国家評議会の会合に出席することになっていた。シハヌークは北京で「療養中」であった。ブートロス＝ガリは、私に、最初にバンコクで明石とアフメドに会って、どうやってポル・ポト派を説得するのが良いか、忌憚なく話し合ってくるように云った。この話し合いは大局的に見て、うまく行った。アフメドは辛抱強く外交努力を続けることを主張し、前にも私と話し合ったことのある案を出した。明石は、我々がポル・ポト派を説得できる可能性について懐疑的であった（これは結果的に正しかった）が、ポル・ポト派に「ニューヨークの国連事務局は同派の協定違反を許容している」などと云われないように言動に気をつける限り、我々が説得を試みることには反対しなかった。我々三人は、シハヌークが早期の大統領選挙に意欲的なのは恐らく良いことであるが、このことで国連暫定権力機構の方はどうなるのか、大変慎重に考える必要があるということで合意した。シハヌークが、行政権を持つ国家元首として民主的に選出された後、事務総長特別代表は、パリ協定上の最終決定権を維持できるかどうか？もし維持できるのであれば、新植民地主義の嫌いがありはしないか？[四五]同時に、国連暫定権力機構には安保理から委ねられた、例えば人権や法の支配の問題に関する一定の目標を達成する任務があり、これは選挙された大統領にも簡単に委譲するわけにはゆかない。我々としては、カンボジアには、シハヌークが一九六〇年代に持っていた絶対的権力を再び回復することを望まない人も沢山いることを忘れてはならない。

この後、プノンペンを訪れてみると、全く予期していなかったわけではないが、悲しいかな！国連暫定権力機構もやはり、いつもの焼餅で分裂し、文民部門の部長たちは、やはり、まだ政策決定から不当に排除されていると感じていた。首都プノンペンにはブルガリアの歩兵が一個大隊配備されていたが、まともな訓練も受けず、呑んだくれで酒癖が悪く、非常にできの悪い部隊であり、国連暫定権力機構の評判を傷つけること甚だしかったので、本国送還処分となった。しかし全部が全部悪い知らせばかりではなかった。選挙部門の電算機室では、百名の凛々しいカンボジアの若者たちが、有権者の名前を電算機に入力しており、国連暫定権力機構がこの目的のために新たに開発したクメール文字の文字盤を他に先駆けて使っていた。人権部門も、人権環境が選挙日までに根本的に改善されない限り、選挙は自由でも公正でもあり得ないと確信している主任に率いられて、よく頑張っていた。プノンペンでは、国連混成軍事作業団が、ポル・ポト派の拠点パイリンへ通じる二つの道路で、フン・セン派の軍の進出が見られたために発生した大規模な停戦違反について会議を開いていたが、これがまた人の度肝を抜くものであった。フン・セン派とポル・ポト派の代表が取っ組み合いの格闘を始めたのである。他の二派の代表は声も出ない有様であった。ポル・ポト派の将校は、また国連暫定権力機構が選挙活動を警護するという任務変更は、了承できない、という同派の妥協の余地のない立場を鮮明に申し立てた。

その後、外を出て回る良い日が来た。カンボジアの第二の都市バッタムバンとソク・サンというタイ国境に程近い「自由クメール国民戦線」（ソン・サン派）の支配する集落の脇に設

四五　訳註、国連コソボ暫定行政使節について、オックスフォード大学の二〇〇〇年の国際法研究会の会合で、民主的選挙があるまでの暫定措置であっても「法的帝国主義」というべき主権侵害に当るような超国家的な権限が国連行政機構に付与される傾向について議論があり、濫用は避けられるという考えが強かった。

けられた国連暫定権力機構の駐屯地を訪ねた。そこはポル・ポト派に取り囲まれており、小火器による攻撃がありうるので、それを避けるためにヘリコプターは高度を上げて飛び、駐屯地に急降下することになった。この国連駐屯地には士気の高いオランダ海兵隊が詰めており、国庫から支給を受けて橋一本、学校一校、診療所一軒を建てるなどの慈善事業を行っていた。しかしオランダ隊はこの地の実情についてはほとんど何も知らないことを認めた。自由クメール国民戦線とポル・ポト派とタイ軍と民間取引業者の間で、あらゆる類の取引が行われているようであるが、その点について聞き出そうとしても、沈黙の壁に阻まれてしまうということであった。我々は、この地区の有権者登録所を視察した。ニュージーランドの興奮した国連ボランティアと、バングラデシュの警察官が詰めていた。この若いニュージーランド人は、ちょうどポル・ポト派の片足の将軍が一人、部下の運転するオートバイの後部座席に乗って現れ、ポル・ポト派としてはこの辺の住民が有権者登録に出かけることを許可しない立場であるのに、自ら有権者登録を済ませたと云って、鼻高々であった。我々は、道でこのオートバイとすれ違っていたが、何という政治的逸脱行動を目撃しているのか全く気が付かないでいた。我々の乗ったヘリコプターが駐屯地から飛び立った時、我々目がけて二、三発、銃弾が撃ち込まれた。おそらくポル・ポト派と思われ、これまで私が国連の公務執行中に私または私の近辺に発砲した党派の一覧表に、もう一つ異国情緒溢れる名前を記載することができた。（それまでは、全て地中海東岸かバルカン半島ばかりであった。）我々の最終視察先は日本の工兵大隊であった[四六]。日本隊は、よく統制がとれ、高価な機材がふんだんに揃えてあったが、これは日本の国連平和維持活動への初めての軍事的貢献であり[四七]、隊員は、何としてでも成功させなければならないという重圧に圧倒されているように見えた。

次の日、私は明石（特別代表）と各部門の部長たちと一緒に北京でのカンボジア最高国家評議会の会議に赴いた。会議は丸一日かかる日程で、シハヌークの居宅で行われた。これは元々フランス公使館であったと、シハヌークは語った。私はこの時までシハヌークに謁見したことはなく、この日、最初はいくらか偏見を抱いていた。これまでの三ヶ月間、困難の中、カンボジア和平を予定通り進行させるためには、最高国家評議会の議長であるシハヌークの指導力が不可欠であった。しかし、彼は北京に隠遁してしまい、国連暫定権力機構の評

四六　訳註、「自衛隊」の用語では「施設大隊」と呼ぶ。
四七　訳註、初の非軍事的人的貢献はナミビアの国連移行支援団 UN Transition Assistance Group の選挙監視員の派遣であった。本書第10章参照。

判を落すような公正でない非難を続けてきた。これは全く無責任な行動に思えた。しかし、この長い一日、シハヌークの人格と人間的魅力が爆発的に溢れ出るのを見て、これまでシハヌークと会ったことのある大勢の人と同様、私も降参してしまった。シハヌークは、頭にくるくらい何をしでかすか分からず、全く批判を受け入れようとしない時もある。しかし、同時に、理知的で、気前も良く、機知に富み、暖かい人物でありたいと思えば、そのように振舞うこともできる人物で、その甲高いキーキー声と、神経質なクスクス笑いと、グネグネ身をくねらす姿から想像できる人物像よりは、もう少し真剣さのある人物であった。

この日、四回劇的な場面に遭遇した。一回目は、シハヌークが大統領選挙は制憲議会が新憲法を採択した後に行うのが良いと発表した時のことであった。こうしてシハヌーク自身が数週間に亘り精力的に唱え続けてきた立場を手のひらを返すように突然引っ込めてしまったために、フランスの連中がビックリ仰天した。フランス人たちは、私には全く理解できない理由で、シハヌークの大統領選挙を強く支持してきたからである。シハヌークの決断で、カンボジアの諸党派、特に、息子のラナリット王子率いる王党派が大いに慌てた。シハヌークの説明では、突然心変わりした理由は、一部には豪州外相ガレス・エヴァンズが国連の我々と同様、新憲法制定前に大統領に行政権を授権してしまうことに懸念を抱き、その旨書簡を出したことによるということであった。

二回目は、**国連教育科学文化機関**（ユネスコ）の職員が、「アンコール・ワットを救う」ための十頁にのぼる立法案をカンボジア最高国家評議会に提出し、その場で承諾を求めた時のことであった。これが引き金となって、シハヌークはカンボジアの文化遺産について延々十五分間に亘って熱弁をふるい続けた。しかし、他の評議員はこの法案にはまだ目を通したことがないので、検討する時間が必要だと云った。会議は一時休憩となった。再開されると、三派はこれを了承すると云ったが、ポル・ポト派のキュー・サムファンはできないと云った。シハヌークは激怒した。そしてなだめすかそうとした。次に嘆願した。キューは頑として立場を変えようとしなかった。最高国家評議会の決定は全会一致でなければならないので、シハヌークは敗北を認めざるを得なかった。三回目は、その直後のことであった。シハヌークの子が率いる党の代表が、大統領選挙の時期に関する問題を再び蒸し返し、シハヌークに再考を願い出て、民を裏切らないで欲しいと懇願した。これを聞いてシハヌークは烈火の如く怒った。ほぼ半時間に亘り、シハヌークの説教が続いた。大部分は英語であった。「予は、移り気で、気まぐれな君主という揺るぎ無き悪名が天下に鳴り響いている。しかし、今度ばかりは、もう心変わりはしない。予が臣民を裏切るだと？よくも、そんなことが云えるものだ。予の愛国心はそちよりも強い。」

四回目は、私が引き金を引いた。会議の終わりに私は各派が国連暫定権力機構に協力しないことについて、率直に意見を述べた。私は、国連暫定権力機構というものは、外国人が力ずくでカンボジアに押し付けたものではなく、カンボジア自身が要請したものであり、協力を約束したものである。別にポル・ポト派についてだけ話をしたのではなかった。フン・セン派も規則に違反していた。シハヌークはションボリした様子で聞いていたが、私が話を終えると、国連暫定権力機構に対して彼自身が少し前に行った批判について謝罪した。米国大使が国連暫定権力機構の要員に対する連続攻撃について述べた。シハヌークは、最高国家評議会が国連暫定権力機構に対するあらゆる暴力行為を非難する声明を発表することを提案した。キュー・サムファンを除いて全員が賛成した。これで二度も、シハヌークの思い通りにならなかったので、その怒りをぶちまけるため、シハヌークは、キューに対して、最も公の討議にふさわしくない個人攻撃を行った。私から見れば、これは自業自得であった。この前の休憩時間の間、私はキューにかなりの時間をかけて国連事務総長は各派に公平に対応することを望み、フン・セン派の方も悪いと認識しているということを、きちんと分かってもらおうとした。この時、私の発言の結果として、キューはシハヌークから屈辱的な扱いを受ける羽目となった。

余話として、王党派の若い者が大統領選挙の話を蒸し返してシハヌークの痛烈な非難を浴びている間、使用人が街角のマクドナルドからチキン・サンドウィッチとアップル・パイを運んで入って来た。シハヌークは云った。「これは予の好物じゃ。モニク（シハヌークの妻）は感心しないらしいが……。」

これが、私がカンボジアでの平和維持活動に関与した最後であった。一九九三年五月、選挙は、ポル・ポト派から特に重大な妨害も起こらず、登録を済ませた有権者のほとんど九〇％が投票した。これでブートロス=ガリ、そして前任者のペレ=デ=クエヤルが敢えて危険を冒したことも、正しかったことになった。王党派の得票率は四五・五％、フン・センのカンボジア人民党は三八・二％であった[四八]。シハヌークは、息子のラナリットとフン・センの両党首を暫定行政府の共同議長に任命した。新憲法は一九九三年九月二四日に発布された。カンボジアはシハヌークを国王に戴く王国となった。国王の最初の国事行為はラナリットとフン・センをそれぞれ第

四八　訳註、カンボジアでは、ナミビアのように全国区での比例代表制を採らず、二十一の州選挙区ごとに比例代表制を採ったので、全国での得票率と獲得議席の配分は必ずしも一致しない。

一、第二首相に任命することであった。制憲議会はそのまま立法議会となった。国連暫定権力機構の任務は終了した。

国連の冷戦後の平和維持活動を評価する時、カンボジアは、ナミビア、モザンビーク、エルサルバドル、グァテマラといった喝采を浴びるほどの大成功を収めた部類には普通入ってこない。かと云って、アンゴラ、ソマリア、ボスニア（・ヘルツェゴビナ）、ルワンダのように失敗が公に認められた部類にも入ってこない。ポル・ポト派の反乱はその後もしばらく続き、フン・セン第二首相が、武力でラナリット第一首相を権力の座から追放し、人民党による支配体制を固めるなど、憲法の規定に沿わない暴力的政変も起こった。カンボジアというまだ戦争の傷の癒えていない貧困のどん底の社会に、いきなり約二万人もの外国兵が、それも精力のあり余った若い男ばかりが伴侶も連れずにやって来て、現地の経済水準からすると目も眩むような高い賃金で任務についたことは、カンボジアの社会に、特に都市部で、実に様々な影響を与えた。これは二十年間続いた内戦の傷を癒すためには、決して良いことではなかった。これは、国連平和維持活動の中でもあまり研究されてこなかった憂慮すべき一側面である。

しかし、こういうやや運悪く発生してしまったことに注意を奪われて、国際社会としては事実として成功であったこの取り組みを正当に評価しないことは、妥当ではなく、パリ協定の作成と実施に尽力してきた人たちの努力に対して公正でない。カンボジアはまだ腐敗し、不法のまかり通る社会であるかもしれない。しかし、大国の意向で煽られてきた内戦は終った。三十万以上の難民がタイへ逃げ込んでいる事態はもう存在しない[四九]。首都では人権促進のために国際的、国内的諸組織が頑張っている。ポル・ポト派支配時代の犯罪の裁判も、確かに非常な困難をかかえながらではあるが、手続きが整えられつつある。総選挙は定期的に行われている。成功は、まだ完全とは云えないが、とにかく、成功であったことに間違いはない。

国際社会のカンボジアへの介入から学ぶべき教訓の一つは、和平斡旋も平和維持もそれだけでは充分ではないことである。さらに、平和を構築していく必要がある[五〇]。つまり、内戦で傷ついた社会が今終ったばかりの紛争の根本原因は何であったかを見極め、そういう根本原因をなくしていく方策を打ち立てられるように、国際的に援助していくことである。根本原因は、往々にして根深く、これは時間のかかる作業となる。

四九　訳註、正確には、タイ領内に逃げ込んだポル・ポト派を中心とする反越三派に拿捕され、三派の軍隊が国際的「人道援助」を受けるための人質になった者が大部分で、国連難民高等弁務官事務所の収容所に入れた者は、ごく僅かだった。

五〇　訳註、平和の構築 peace-building は本書第2章26～27頁参照。

和平斡旋や平和維持に携る者が普通持ち合わせていないような、その社会についてのもっと深い理解が必要となる。これは関係国の国内管轄権の中の奥深い問題に触ることになるため、大変慎重でなければならない。よそ者が押し付けに来たと思われたら失敗である。地元の人々が、自分自身の仕事だと思ってやるようでなければならない。こういう理由から、平和の構築は、外国政府や政府間組織が直接携ることはあまり適切ではない。その社会の中の平和の擁護者が自発的に行動を起こすことが必要であり、善意の部外者が、それにそっと手助けをすることが必要である。その部外者は普通、国際的非政府組織であることが望ましい[五一]。もっとも外国政府がそういう非政府組織を資金援助することを妨げるものではないが。

五一　訳註、二〇〇三年に始まったイラク戦争「後」（いつ終ったと云えるか？）の人道復興支援について考えてみよう。

第四部　新たな脅威

第15章　崩壊中の国家

これまでの章で扱ってきた事案では、冷戦の終結で安保理が地域紛争の解決のために措置を講ずることが可能になった。ほとんどの場合、ソ連側も西側も、戦争を続けたとしても何の利益にもならないと判断したためにそうなった。しかし、一件だけ、冷戦との関係がそれほど直接的でないものもあった。イラン・イラク戦争は米ソの代理戦争ではなかった[一]。米ソ両国にとって解決した方が良かった。米ソが協調し始めたことで、安保理がこの戦争を終らせるために効果的措置を講じることができるようになった。

以上の事態の推移で、一九八〇年代後半は極めて楽天的な時代になった。しかし、数々の成功で自信過剰になり、国連は、加盟国も事務局も同様に、新たに数々の和平斡旋や平和維持活動に取り組むのに当り、間違いを犯した。どれだけ危険があり、どれくらい成功する可能性があるかを徹底して分析することがなかった。任務があまり明確に定められなかった。必要な物資と人材が提供されなかった。「本番ではうまく行く」という安易な発想に頼り過ぎた。その上、冷戦の時代に蓄積されてきた地域紛争の山に目を奪われて、新種の紛争が二種類発生し始めていることに気が付くのが遅れた。

その一つは、崩壊中の国家における内戦であった。つまり、何らかの原因で国家の統治機構がうまく機能しなくなり、軍閥やその他の違法組織が権力を狙うようになった国家における内戦であった。もう一つは、ユーゴスラビア社会主義連邦共和国とソビエト社会主義共和国連邦という二つの共産主義連邦国家の無秩序な解体の過程で発生した紛争であった。そして、一九九〇年、国連は気が付かないうちに、ある古い種類の紛争の復活に巻き込まれていった。国家が国家を武力で併合する紛争である。

私が平和維持活動担当の事務次長であった七年間には、崩壊しかけている国の内戦というものはあまりハッキリした形では発生していなかったが、私が国連政治局長を勤めた次の四年間の間には、主要な関心事となった。しかし、私の平和維持活動時代にも、二件、こういう紛争に短期間携ったことがあった。ハイチとソマリアである。

ハイチ

ハイチ内戦は、米国が制御不能の難民の流出を恐れたということ以外には国際的様相の全くない紛争であった。この内戦が国際社会に投げかけ、今もなお投げかけ続けている問題

一　訳註、本書第9章参照。米国がイランのイスラム原理主義革命を嫌い、イラクのサダム・フセインをけしかけて起こした、「文明の衝突」の代理戦争と云えるか。

は、政治や戦略の問題というよりも、人道的な問題である。ハイチ人民の苦しみに対する憂慮と、西半球において民主主義が根付いて欲しいという願望が、ハイチへの国際的介入の動機であって、介入国の政治的、経済的利権の伸長が動機であったわけではない。一九九〇年代を通して、ハイチは、国際社会が冷戦後の世界で、崩壊しつつある国々にどう対処したらよいか、色々な手法を試してみる実験室となった。実験は、国連と地域機構の共同作業、独立国における選挙の監視、人権遵守状況を視察する使節の派遣、選挙で選ばれた統治者を権力の座に復帰させるための武力行使、国家警察新設に伴う警察官の募集と訓練、小規模な政治的エリートに政策を変更させるための経済制裁等々、多岐にわたった。これらの実験のうちかなりのものが失敗に終わり、とくに経済制裁はほとんど政治的効果を出さず、無辜の庶民の苦しみを一層大きくしただけで終った。

　ハイチは、いつも貧乏であったわけではない。十八世紀においてはフランス帝国の帝冠に輝く宝石のような存在であった。原住民は皆殺しにされ、その代わり、アフリカから奴隷が輸入された。（一七五〇年当時、島の人口の九〇％を占めた。）フランス人入植者は王侯貴族のような生活をし、あまり度が過ぎていたので、奴隷が反乱を起こし、一八〇四年、ハイチは中南米では初めて、西半球では（米国に次いで）二番目に、自ら独立国であると宣言した。二十世紀の間、ハイチは一九一五年から一九三四年までの十九年間に亘る米国による占領と、一九五七年から一九八六年までのフランソワ「檀那博士」デュヴァリエと、その息子のジャン・クロード「わか博士」の二代二十年に亘る専制支配を経験した。グラハム・グリーンの『喜劇役者』[二]に描かれているように、デュヴァリエ親子の体制は「マクートおじさん」と呼ばれる凶暴な準軍隊により維持され、地方では「分隊長」と呼ばれる軍人の知事がのさばっていた。一九八六年「わか博士」が追放されると、この国は続けざまに軍事クーデターに見舞われた。デュヴァリエ時代にハイチの経済と自然環境は見違えるほど劣化した。一九八〇年代後半には、人口のほぼ八〇％が文盲で、みじめな貧乏暮らしをおくっていた。

　一九八九年、米国とフランスとカナダとヴェネズエラが、ハイチに民主主義を確立しようと力を合わせることを決めた。これに触発されて、ペレ=デ=クエヤルはジャン=クロード・エメをハイチに派遣し、視察させた。エメは当時事務総長の執行補佐で、ハイチ出身であった。一九九〇年六月、ハイチの不安定な臨時政府の大統領が、国連と米州機構に民主的な選挙の実施を手伝って欲しいと要請してきた。支援は次の三形

二　訳註、Graham Greene, *The Comedians*。

態をとることとなった。選挙管理当局への専門技術的支援、選挙戦と選挙の監視、ハイチ軍[三]が投票所と選挙人の身の安全を確保するという義務を遂行するのを手助けする「特殊監視員」の派遣であった。ペレ＝デ＝クエヤルは、ブラジルの外交官ジョアン・デ・メディチスを**遣ハイチ事務総長個人代表**に任命し、国連の選挙使節の統率を任せた。この使節は、もし国連加盟国の了承を得れば**「ハイチ選挙検証国連監視団」**[四]として知られることになるものであった。

しかし、ハイチ選挙検証国連監視団はどのように設置したらよいか？　臨時大統領は明確に平和維持活動は望まないと云ったが、彼女は「公安の分野でしっかりとした経験のある専門監視員」を含む使節を要請してきた。通常、これは制服組の派遣を意味し、安保理の承諾を要する。しかし、中南米諸国は国家主権に敏感であり、安保理が関与することを望まなかった。安保理の五常任理事国の方も、総会が設置決定をすれば、使節の予算の負担分が減るので、**平和維持活動特別会計**が適用される方式を望まなかった。反対に、もし安保理がこの使節を設置すれば、現地派遣は早くなる。この問答は数週間に亘って続き、我々の貴重な時間だけが過ぎ去った。

三　訳註、Forces Armées d'Haïti。
四　訳註、Groupe d'Observateurs des Nations Unies pour la vérification des 'élections en Haïti (ONUVEH)。

最終的に総会が設置し、しかし制服組が派遣されるので、安保理に報告をすることで落着した。また、ニューヨーク本部では私の局がこの使節を担当することで合意ができ、私も満足した。それまで二年間に亘って押し込められてきた平和維持活動のカゴから、少し外へ出ることができた。総会は一九九〇年一〇月一〇日に決議を出し、同年一二月一六日に投票の第一回目が行われることになった。あまり時間的余裕はなかった。

ジョアン・デ・メディチスは穏やかで賢く効果的な指揮官であることが証明された。彼は在ハイチのブラジル大使館に勤め、いくつかの現地混成語を話し、ハイチの政治支配階級の信任を得ていた。私はこの使節を一九九〇年一二月初旬に短期間視察した。どこへ行っても貧しく、荒れ果てていて影の暴力行為が続いていた。空から見るとハイチの森のほとんどが薪に使うために伐採されてしまったことが一目瞭然であった。露出した丘から表土がカリヴ海へ幾筋もの大きな褐色の筋となって流出していた。いつものように国連監視団の現地司令部は補給物資の不足と文官部門と軍事部門の間の嫉妬で悩まされていた。軍事、つまり「治安監視員」と名付けられた方は、先に現地に派遣された文官たちが、数少ない車両や他の備品を奪ったと文句を云った。治安主任のカナダ人准将は、ゲイビー・ズリアーニという名前であったが、歯に衣を着せず、フランス語で「敵は国連の事務局である」と述べた。文官は文官で、軍の方を呑んだくれで、自分が何をしに来たのかも分からない荒くれ男どもと呼ぶ者さえ数名いた。（但し、ハイチ政府の方で、「治安監視員」に何を望んでいるのか、必ずしも定かでなかったせいもあることを指摘しておかなければならない。）もう一つの問題はハイチ軍であった。国連の治安監視員は、到着当時、冷たくあしらわれたが、そのうち大抵の場所でハイチ軍の方とうまく作業を進めていくことに成功した。文官の方は、逆にハイチ軍を民主的選挙に対する潜在的脅威と見て、距離を置こうとしていた。これは、ハイチ軍がこれまで選挙をいくつも妨害してきた経緯に照らして不合理な対応ではなかったが、国連監視団内部で文官と軍が仲良くやっていくことには有益ではなかった。

大統領選挙の主要な候補者は二人いた。一人はジャン・ベルトラン・アリスティードといって、三十代後半の大衆受けする僧侶で、その政治活動のため、二年前に所属するサレス修道会[五]を辞めさせられていた。もう一人はマーク・バザンといって、デュヴァリエ政権時代はほとんど国外にいて世界銀行や世界保健機関で働いていた政治家であった。「わか博士」が追放された後、バザンは帰国し、政党を一つ立ち上げた。バザンの方が選挙戦をよく組織立てていたが、説教の上手なアリスティードの弁舌と貧困層の若者に訴えかける力に劣っていた。選挙は大統領だけではなく、立法議会の上下両院と様々な地方議会の議員をも選ぶものであった。このため、ほとんど字の読めない選挙人にとって複雑すぎる投票用紙が渡されることになった。もう一つの懸念は、郡部の道路のひどい状態と、電気通信施設の欠如であった。投票所は一万四千ヶ所置かれることになっていた。これで、どうやって投票用紙を配り、迅速に安全に回収すべきか？

奥地のヒンシュという町まで行ってみた。直線距離では首都から七十五キロメートルしか離れていなかったが、道路に沿って行くと全行程百八十キロメートルの旅で、川を三つ渡らなければならず、七時間はかかる距離であった。それで、デ・メディチスと私は軽飛行機で飛んで行くことにした。空港に行くと、セスナ機が一機あったが、操縦士がいなかった。代わりを求めた。空港で待っている間は通常なら野鳥を観察する良い機会なのだが、首都ポート・オ・プランスには一羽もいなかった。操縦士が見つかった。明らかに前の晩、羽目をはずしたようだ。飛んでみると、どうしてこれほど沢山の投票所が必要なのか分かった。郡部では、人々は道らしき道もない小さな集落に住んでいて、これが数百ヶ所もあり、こ

五　訳註、カトリック教会で十七世紀のフランソワ・ド・サレスの始めた学校修道会。

れで如何やって選挙を効率的に実施できるのか、果たして少数の外国人監視員だけで検証できるものか、案じられた。ヒンシュ町の上空についても、どこにも滑走路が見当たらなかった。操縦士は私の双眼鏡を借りて周囲を見回し、着陸地点を見つけると、牛が放し飼いになっている所を低空飛行し、旋回し、散り散りになった獣の間に着陸した。我々は、この日、国連監視団の一隊とハイチ側の当局者と一緒に過ごした。よくあることではあるが、こうして外へ出てみると、司令部で説明を聞いて思い描いた芳しくない印象を修正することになった。国連監視団の一隊はウガンダ人の文官フランシス・オケロの巧みな指導の下に一致団結して仕事をしており、米州機構の監視員たちともうまくやっているようであった。ハイチ当局者の方も、一緒にうまくやっているようで、選挙を脅かすものがあるとすれば、それは軍ではなく、旧「マクートおじさん」たち、あるいは、アリスティード神父の若い支持者たちであるように思われた。

選挙前日、デ・メディチス（事務総長個人代表）はペレ＝デ＝クエヤル宛の報告の中で、ハイチではこれまで自由で公正な選挙など行われたことがなく、「紛争の解決も、指導者の選任もいつも暴力で決着がつけられてきた」ので、こういう国で自由で公正な選挙を執り行う困難さを隠そうとはしなかった。デ・メディチスは、選挙戦の期間に違反行為のあったこと、そして九日前、選挙集会から帰る途中の群集の中に手榴弾が投げ込まれて七人が殺されたことで、「全体の雰囲気が暗くなった」ことを認めた。しかし、国連監視団が駐留しているせいで、住民もやる気を出すようになり、「ハイチの人々は、現在と同様に将来もその手に掴んでいる」と報告した。

第一回投票は非常に首尾よくいった。有権者の約三分の二が投票し、重大事件は一つも起こらなかった。国連監視団員は、投票所の約一〇％において、当日少なくとも数時間は詰めていた。予想された通り、物資の補給がかなり乱れたが、大規模な違反行為は見られなかった。国連監視団は、米州機構の使節と合同で得票数の「速算」を行った。これは、十ヶ月前にニカラグアで初めて試された手法であった。開票の早い段階で、一部だけ抽出した標本の結果から最終結果を予測するものである。これで、集計の後の方になって、不正行為が起こらないように抑制することができる。また、国際監視員としても、主要党派に早めに結果を知らせておくことができる。例えば、ニカラグアでは国連と米州機構はサンディノ派政府に対して、ほぼ確実に選挙に敗れたことを予め警告しておくことができた。現職の方には、こうして内々に、国際社会は選挙人がどのように投票したかを承知しており、下手な操作をしてもすぐにバレることを知らせてあったのである。

速算の正確さは、抽出された部分的な票の標本がどれだけ全体の様相を反映しているかにかかっている。ハイチでは、開票は一万四千の投票所でそのまま行われた。そのうち百五十ヶ所が無作為に選ばれた。うち二、三ヶ所は、あまりに交通の便が悪過ぎて速算に間に合わないという理由で、別の投票所に取り替えられた。こうして得られた開票結果の標本は、見事に全体の様相を反映していた。投票が終了してから六時間以内に無作為抽出票は、大統領候補の得票率として、アリスティード候補六六・四%、バザン候補が一三・二%でこれを追う形であることを示した。その二十六日後に最終結果が発表されてみると、アリスティード候補の得票率は六七・五%、バザン候補は一四・二%であった。この結果、大統領選挙の決戦投票は不必要であったが、立法議会議員と地方議会議員の選挙を完結させるために、選挙人は一九九一年一月二〇日にもう一度投票を行わなければならなかった。これまで一度も本物の民主的選挙を経験したことのない国で、第一回投票が成功したことは、国連にとっては大きな成果であった。しかし、私は一二月一六日の晩、日記にこう記していた。「果たしてアリスティードは統治できるか?」

「果たしてアリスティードは統治させてもらえるか?」といった方がもっと適切であったであろう。一九九一年一月六日早く、第二回投票の二週間前、私がキプロスとレバノンへ向かうためにロンドンのヒースロー空港にいた時、ハイチでクーデターが起こり、首謀者は「わか博士」の下で「マクートおじさん」の首領であった全く改悛の意思のないデュヴァリエ派のロジェ・ラフォンタンであると知らされた。私がキプロスのニコシアに着くまでには、クーデターは鎮圧されたという知らせが入った。九ヶ月後、ミシェル・フランソワという名前の陸軍将校がラフォンタンに代わってクーデターに成功した。アリスティードは国外に逃亡し、ハイチ軍司令官ラウル・セドラス大将が国家元首の機能を果たすことになった。このクーデターに対して米州機構は非難声明を発し、加盟諸国に経済制裁をかけるように呼びかけた。国連も非難声明を発した。バザンが首相になったが、彼の政府を承認する国は現れなかった。国連事務総長としてペレ=デ=クエヤルも、次のブートロス=ガリも、米州機構による正統政府の復権に向けた努力に支持を表明し、一九九二年八月にハイチに派遣された米州機構の使節にも国連代表者が参加した。その年、しばらくして、国際社会の注意は、軍政下に繰り広げられた人権侵害に向けられるようになった。一九九二年一二月、ブートロス=ガリはアルゼンチンの元外相ダンテ・カピュトをハイチ担当特使に任命し、一ヶ月後、米州機構の事務総長もそうした。国連事務総長と地域機構の事務総長が合同で同じ人物を任命したのはこれが初めてであった。実は、ブートロス=ガリはソルボンヌ大学において地域機構について博士論文を書いており、彼の興味を反映した措置であった。

一九九三年一月、アリスティードは国連と米州機構に対し、人権尊重の具合を監視し、クーデターのために発生した政治的難局を打開する手始めとして、当事者間の対話を促す目的で、合同文官使節を派遣することを要請した。驚いたことに、軍部もバザンもこの提案の両方に合意した。カピュト特使は素早く**「国際ハイチ文官使節」**[六]の書簡事項について軍事政権の合意を取り付け、ハイチに先遣隊が送り込まれた。国際ハイチ文官使節には軍人は含まれず、形式的に国連事務局内の平和維持活動局の所管外であった。それで、私は、一九九三年三月に政治局に移るまで、ハイチに民主主義とまともな政治を回復させるための国際的努力に直接携ることはなかった。その後も、今日に至るまで、成果はあがっていない。

ソマリア

ハイチと違ってソマリアは国土も広大で、政治的、戦略的に重要な場所に位置していた[七]。ソマリアは冷戦に翻弄された。まず、西側寄りのハイレ・セラシェ皇帝のエチオピアに対抗するソ連の戦略的資産として。次に一九七五年に皇帝を廃してできたエチオピアのマルクス主義政府に対抗する西側の戦略的資産として。どちらの場合も、ソマリアを支配していたのは軍事独裁者シヤド・バーレ将軍であった。一九九一年初頭、政権はモハメド・ファラー・アイディードというもう一人の将軍が率いる連合軍に倒された。アイディードは、シヤド・バーレが権力についた時の参謀長であったが、後に投獄され、駐インド大使として外地に左遷されていた。シヤド・バーレが倒された後、アリ・マフディ・モハメドがアイディードの政党、統一ソマリア会議[八]により臨時大統領に任命された。彼は、実業家で、アイディードと同じように統一ソマリア会議と首都モガディシュ[九]を支配する強力なハウィウェ族の出身であった。一九九一年中頃にはアイディードとアリ・マフディは仲たがいを始め、その年の一一月、モガディシュで大規模な戦闘が勃発、首都は事実上分断されるに至った。二人の配下の民兵に加え、もっと小さな部族の長や企業家に率いられた武装勢力も存在した。ソマリア第二の都市で、港のあるキスマヨでも、同じような状態となった。シヤド・バーレに忠誠を誓う軍も、まだ国の南西部に支配地域を維持

六　訳註、Mission Civile Internationale en Haïti (MICIVIH)。

七　訳註、「アフリカの角」と呼ばれ、スエズ運河で地中海に通じる紅海とアジア南岸とアフリカ東岸とを結ぶ三つの海上交通路を見渡す要衝。

八　訳註、The United Somali Congress (USC)。

九　訳註、旧植民地宗主国イタリアの言葉ではモガディシオ。

していた。北部は昔イギリスの保護国ソマリランドであった地域で、分離独立運動が起こっていた。こうしてソマリアには実行支配力のある政府など存在せず、全く統制のとれていない武装勢力が沢山出現した。冷戦時代の超大国同士の競り合いのため、アフリカのこの地域には大量の武器が流入していた。戦闘に使用された武器は小火器ではなく、極めて小規模なギャングでさえ、重機関銃と対戦車砲を備え付けた改造車両を所持していた[一〇]。

　この政治的混乱と法と秩序の崩壊は、長引く旱魃と重なり、ソマリアは飢餓に陥った。一九九二年までに三十万人が死んだと推計され、人口の四分の一が家から追われた。国際機関と非政府組織が救援物資の搬入に尽力したが、救援物資は武装勢力の餌食となった。無法状態に陥り、人道活動家の苦境はさらに悪化していった。ペレ=デ=クエヤル事務総長は、その任期の終わり頃安保理議長に対し、後任のブートロス=ガリの同意を取り付けた上で、ソマリアに平和を回復する計画を打ち出すことに決定したことを伝えた。ブートロス=ガリはエジプト政府の対アフリカ政策を担当していた頃、ソマリアによく関与してきた。彼はこの決定で国連が抱え込むことになる仕事の大きさをよく承知していたが、彼は国連の和平斡旋と平和維持の優先事項の中で、アフリカが忘れ去られていると見ており、そういう事態を是正すると固く心に誓っていた。ナミビアで既に行われた活動、アンゴラと西サハラで当時行われていた活動、そしてモザンビークで始まることとなっていた活動のことを考えれば、この見方は必ずしも正確ではなかった。しかし、ブートロス=ガリが国連事務総長を勤めた間中、彼の思考はこの見方に支配されていた。そして、彼は、事務総長に着任早々、安保理の西側理事国は旧ユーゴスラビアにおける「金持ちの戦争」にばかり目を奪われて、ソマリアにおけるはるかに深刻な人々の苦しみには無関心であると批判し、味方に失点を与えてしまった。

　それで、ジェイムズ・ジョナーが**特別政治問題**[一一]**担当事務次長**としてアビ・ファラー（ソマリランド出身のソマリア人）の後任についたばかりであったが、彼が、ソマリアに派遣され、平和を回復し、人道支援活動を援護するために国連に何ができるか、探索してくることになった。ジョナーは、皆、国連

一〇　**原註**、こういう武器は「技術物」と呼ばれた。これは救援事業に携った非政府組織の用語で、モガディシュで大きな戦闘が始まった時、非政府組織のいくつかは、人道支援物資を運搬する車列の警備に、武装勢力の力を借りた。この経費を決算書にどう記載するべきかが問題となった。答えは、「技術的支出」。

一一　訳註、これは脱植民地化問題を指し、特別政治案件（平和維持活動）とは別。

が国民和解の手助けをすることを望んでいるが、軍事上のことになると紛争の主役たちの意見が分かれてしまうことを発見した。アリ・マフディは停戦を望んだ。アイディードは望まなかった。安保理は、武器禁輸措置をとり、事務総長に停戦交渉のための努力を続けるように要請した。一九九二年二月、二つの主要軍閥の代表が国連ニューヨーク本部にやって来た。両者とも停戦に合意し、同年三月三日、モガディシュで署名した。しかし、アリ・マフディは完全な平和維持軍が来て、民間人の武装を解除し、人道支援活動を援護することを望んだが、アイディードは、武器を持たない制服も着ない人員が来て、停戦を見守ることしか了承する気はなかった。

一ヶ月後、ブートロス＝ガリは、アイディードの行動はもう我慢がならないと考えて、平和維持活動（**国連ソマリア活動**）[12]の開始を勧告することに決した。これにはモガディシュでの停戦を監視する軍事監視員五十名と、国連の救援物資運搬を護衛する歩兵一個大隊を擁するという案であった。私は、これには賛成しかねた。アイディードからは同意の意思表示は明確になされておらず、歩兵大隊は船の中で寝泊りすることになっていたからである。これでは、国連兵が上陸してその任務を遂行するのを阻止しようとする軍閥の思う壺である。

一二　訳註、The United Nations Operation in Somalia (UNOSOM)。

しかし、三人のアフリカ人、つまり、ブートロス＝ガリ、ジョナーとアナンがこの活動の実施に決意を固めているのを前にして、私にはどうすることもできなかった。しかし、安保理の方で、やはり歩兵大隊がうまくいくかどうか疑念が出て、国連軍事監視員の派遣と事務総長特別代表の任命しか許可しなかった。ブートロス＝ガリはモハマド・サフヌンを特別代表に選任した。サフヌンはアルジェリアの外交官で、前年、ペレ＝デ＝クエヤルがカンボジアに派遣する特別代表に考えていた人物であった。二ヶ月後、軍事監視員の派遣についてのアイディードの同意がようやく得られた。

しかし、国連軍事監視員が到着し始めるや否や、アイディードは国連世界食糧計画[13]がケニヤのナイロビからアリ・マフディの所へソマリア紙幣を託送してきたと云いがかりをつけ、軍事監視員の配備を中断させた。ここは、サフヌン特別代表が出て行って説得し、アイディードも思い直した。国連事務総長が、歩兵大隊の派遣について同意が得られたと安保理に報告できるようになったのは、一九九二年八月のことであった。それまでの間、事務総長は、国連活動はソマリ

一三　訳註、世界食糧計画 World Food Programme (WFP) は国連とローマの食糧農業機構(FAO)の合同機関で、国連組織網最大の支援物資（食糧）搬入能力を持つ。

ア全土を四つの管区に分けて、各管区単位で人道支援、停戦監視、武装解除、国民和解の統合活動計画を組むことを提案していた。各管区に一個ずつ歩兵大隊を配備する。どれも、必要なことばかりで、統合活動計画というのは良い案であった。しかし、これは事務総長の独断専行で、現地の軍閥が合意するような案ではなく、彼の示した人的、物的資源では、とてもこの仕事には間に合わなかった。しかし、この時も、私は、どうにも止められない地均し蒸気ローラーに立ちはだかっているようなものであった。

サフヌン特別代表の方も、もはやブートロス＝ガリとジョナーとは歩調が合わなくなっていた。サフヌンは、自分の役割とは、諸軍閥の指導者たちを話し合いに誘導し、できれば国連の後見の下で、政治的解決に向けて交渉するようにもって行くことであると認識していた。私は、アイディードがまだ完全には同意していないことを恐れて、国連兵の配備を遅らせたいと考えていた。サフヌンも、国連に軍事的役割を与えるという話は全てアイディードから信用されようとしている自分の足を引っ張るもので、アイディードとアリ・マフディの間の緊張関係をさらに悪化させていると憂慮していた。この結果、サフヌンは国連活動とは距離を置こうとし、歩兵大隊の配備に反対し、人道活動家の方の立場に接近した。人道活動家たちは、この頃にはもう現地の様々な武装勢力と警備保障の取り決めを結ぶようになっており、国連の軍事活動と関係を持つと、ただでさえ厄介なアイディードとの関係がさらに厄介になると考えていた。破局は一九九二年一〇月下旬にやってきた。国連ソマリア活動の軍司令官イムティアズ・シャヒーン准将がブートロス＝ガリとの会談の中で、思わず、サフヌン特別代表はセイシェル諸島へ出かけて、ソマリアの知識人の一団とどうやって和平に着手したらよいか話し合っていると、口を滑らしてしまったのである。ブートロス＝ガリはサフヌンが許可なく持ち場を離れたことを譴責し、犯罪人よりもたちの悪い軍閥の首領どもと接近したと云って批判した。サフヌンは辞任した。代わりに特別代表になったのは、イシュマト・キタニという賢明かつ慎重なクルド系イラク人で、イラク外交部と国連事務局の間で、四十年間に亘って交互に職務についてきた人物であった。

ブートロス＝ガリが邪悪な軍閥の首領どものことで頭に来ていたのは、もっともなことであった。しかし、彼らが邪悪なのは、病気に例えれば、外に現れる症状に過ぎず、我々としては、治療方法は二つしかなかった。つまり、武力で討伐する（これは現実性のある方策ではなかった）か、あるいは、役職から外す、ないし、その言動を改めさせるような政治的解決を仲介するかであった。ひょっとすると、ブートロス＝ガリは長年ソマリア問題に携ってきた経験上、政治的解決は不可能であると確信していたのかもしれない。しかし、彼は安保理には、国連は政治的解決を目指して努力してみるべきであると勧告していたし、そのためには、彼の特別代表は、軍閥指導者たちがどれだけ邪悪であったとしても、彼らとうまく仕事をしていけるように計らわなければならなかったのである。当時、我々がユーゴスラビアで改めて思い知らされたように、和平斡旋に携る者は、沢山の悪魔と一緒にスープを啜ることを義務付けられるので、悪魔に近寄り過ぎないように、遠くから長いスプーンでスープを掬って飲むようにしなければならないのである。

その間、一九九二年一一月下旬、ブートロス＝ガリは安保理にモガディシュの状況はもはや看過できないと報告した。アイディードは国連歩兵大隊が市中の通りに出ることを禁止し、国連歩兵大隊は何とか空港を保持しているが、アイディードの軍から定期的に攻撃を受けるようになっている。アリ・マフディの軍は、国連軍が港を部族軍の手から奪い返してくれることを期待して、港に近寄ってくる船舶めがけて発砲を繰り返している。人道支援物資のうち、本当に必要としている人の手に渡るものは、極わずかである。国連活動そのものを見直す必要がある。ひょっとすると、強制措置に移る必要があるかもしれない、と。安保理はこれに合意し、ブートロス＝ガリに具体的な勧告を出すように要請した。同じ日、米国務長官であったローレンス・イーグルバーガーは、ブートロス＝ガリに、もし安保理が人道支援物資の搬入を援護するための武力行使を許可する場合には、米国が、その前の年にクウェートを解放した「砂漠の嵐」作戦に携ったような多国籍軍を組織し統帥することに指導的な役割を果たす用意があることを伝えた。

事務総長は安保理に五つの選択肢を用意した。一つは軍事的警護の取り止め。二つ目は、現行の活動の続行。三つ目は国連ソマリア活動と協力することを拒んでいる軍閥を抑止するために、モガディシュで武力を見せつけること。四つ目は、国連加盟国の一団が安保理の許しを得てソマリア全土で強制行動をとること。五つ目は、国連の指揮と統制の下、ソマリア全土で強制行動をとること。事務総長としては、四つ目の選択肢を選ぶことを勧告した。軍の任務としては、人道支援活動を護衛し、非正規軍を武装解除し、組織だった軍閥の所有する大型兵器を国際管理下に置くことが考えられた。以上の目的が達成された後、強制行動軍は強化された平和維持軍に置き換えられ、それは**国連第二次ソマリア活動**[一四]と名付けられることになる。安保理は四つ目の選択肢を選び、米国は即座に軍隊を集め、統合特務軍[一五]と名付けた。安保理決

一四　訳註、UNOSOM II。
一五　訳註、The Unified Task Force (UNITAF)。

議はその任務を「人道援助物資の搬入のために安全な環境を創出することを手助けすること」と定めた[一六]。この決議は非正規軍の武装解除や軍閥の大型兵器の国際管理については言及しなかった。また、多国籍軍がソマリア全土に展開することも、明確に言及することはなかった。

以上の事は、すぐにブートロス＝ガリと米国の間の論争の種となった。ブートロス＝ガリは、任期残すところ僅か数週間となっていたブッシュ大統領（父）に宛てて、統合特務軍から国連第二次ソマリア活動への引き継ぎは、まずギャングたちの武装解除と軍閥の大型兵器の管理、次に、統合特務軍の作戦範囲をソマリア全土に拡大することにかかっていると書簡にしたためた。しかし、米軍部は、公にも内々にもこれらの仕事を請け負うことを拒絶した。次のクリントン政権もこの点で軍部を説得しようとはしなかった。

統合特務軍は一九九二年一二月九日にモガディシュに到着し、何の抵抗も受けなかった。米国が許容した範囲の任務の中では、作戦は大成功であった。軍は、圧倒的優勢を誇り（最大配備兵力三万七千人、但し、配備場所は国土の四〇％だけ）、必要とあらばその圧倒的軍事力を行使するという政治的意志を明確に示した。軍は、人道支援活動にとって脅威となる者に対しては、どの軍閥やギャングに所属するかに関わりなく、武力を行使するということで、不偏不党であった。統合特務軍が人道支援活動の護衛以外に何の任務も持たなかったことは、軍が本当に不偏不党であるということを理解してもらうのに役立ち、その限られた範囲の任務を遂行する能力を高めた。そういう点では、将来このような目的で派遣される軍のお手本となるものであった。しかし、統合特務軍がギャングたちの武装を解除し、諸軍閥の大型兵器を管理下に置かなかったために、その五ヶ月後、統合特務軍と交替したずっと軽装備の国連第二次ソマリア活動は、最初から失敗する運命にあったのである。

一六　訳註、安保理決議第七九四号（一九九二年一二月三日）。

第16章　イラク対クウェート

ある国が他の国を侵略し併合するという行為は、第二次世界大戦の終結後、流行らなくなった。冷戦時代、米ソ両超大国は、どちらも時々独立国を侵略することはあったが、決して併合を目的とはしていなかった。分断国家の再統一を目的とした侵略は、朝鮮では失敗したが、ベトナム(越南)では成功した。そしてイスラエルが一九六七年の第三次中東戦争の後、ヨルダンとシリアの領土の一部を併合した[一]。しかし、一九九〇年八月二日のイラクのクウェート侵略は、第二次世界大戦以来、一国が他国を併合し、その主権と独立を抹消する目的で侵略した初めての例であった。

その日、私は家族と一緒に英国のサフォークで休暇をとっていた。この知らせが入っても休暇を返上する必要はなかった。国連に必要とされていた行動は和平斡旋であって、平和維持ではなく、当時、私は和平斡旋には全く携っていなかったからである。ただ、安保理がいつものように反射的にイラクに対して制裁措置をかけたので、イランとイラクの前線に配備されていた国連イラン・イラク軍事監視団[二]の安全について心配になった。

しかし、この知らせで一昔前のクウェート危機が記憶に甦った。一九六一年六月、イラクの前の独裁者アブドゥル・カリム・カシムが新たに独立したばかりのクウェートに対して敵対行為をとると脅した時、私はまだクウェートに赴任したての新米外交官であった。果たしてこの脅しが本物であったかどうか、今もってよく分からない。しかし、英国の反応は素早かった。後になって見れば、真夏のペルシャ湾に温帯地方から急に駆けつけた英国軍に対して当時のイラク軍が理論的にはどれだけの破壊力を持っていたかを考えると、「拙速に」と表現する人もいるであろう。最初の脅迫から四日後、政治代理(まだ英国の駐クウェート代表はそう呼ばれていた)は、英国軍の介入を要請するようにクウェートの「アミール」[三]を説得せよと指示を受けた。この指示は翌日には執行され、その次の日の晩には、英国は、海兵隊六百名、機甲(戦車)大隊一個、戦闘飛行中隊三個、小型砲艦二隻をクウェートとその領海内に配備した。その翌日には空挺連隊の一個大隊と、

一　訳註、一九四八年のイスラエル独立戦争でヨルダンが武力占領した旧英委任統治領パレスチナの一部(ヨルダン川西岸地区)をヨルダン領として承認していた国は英国とパキスタンの二国だけ。東エルサレムとゴラン高原には、厳密には、イスラエルはイスラエルの法と管轄権と行政権を適用し「併合」したとは云っていない。

二　訳註、The United Nations Iran-Iraq Military Observer Group (UNIIMOG)。本書第9章参照。

三　訳註、クウェートの国家元首。アラブ首長国連邦の「首長」と同じで、アラビア語でアミールとは「将軍」を意味する。

ケニヤから空輸される予定の歩兵一個旅団の先遣隊も到着した。当時、英国はペルシャ湾地方の超大国であり、バーレーン[四]とアデン[五]に軍隊を駐留させていた。しかし、そういう点を加味しても、クウェートへの配備は、今日の水準からすると、驚くほど迅速な対応であった。

それから三十年後、本物の侵略に対する対応にはもっと時間がかかった。一九九〇年一一月二九日、安保理は**決議第六七八号**を採択し、イラクが一九九一年一月一五日までに安保理決議第六六〇号に従うこと（クウェートから撤兵することを指す国連語）のない場合、「クウェート政府に協力している加盟国」（米国に率いられた多国籍軍参加国を指す国連語）に「必要なあらゆる手段をとる」（「武力行使」を指す国連語）権限を与えた。こうして指定された期限が近付くにつれ、国連のニューヨーク本部でも現地でも、イラクだけでなく、中東全体、特にイスラエルとイスラエルに占領されたアラブ領土にいる国連の文武官両職員の身の安全についての懸念が高まっていった。しかし、一九九一年一月八日に、レバノンの西ベイルートで国連の仲間六人と夕食をとった時、私がその月の終わりまでに戦争が始まると思う者はいるかと尋ねてみたところ、そう思っていたのは、駐レバノン国連暫定軍の司令官ラース＝エリック・ワールグレンと私だけであった。事務総長ペレ＝デ＝クエヤルも、我々と同様に戦争を予期して、イスラエルと占領されたパレスチナ領土から国連職員の被扶養者と基幹職員以外の全職員の義務的「配置換え」（国連語の例）を指令した。その後、ダマスカスで私は、ソ連赤軍がリトアニアの首都のラジオとテレビ放送局を制圧したというＢＢＣの報道を聞き[六]、一九五六年のことが繰り返されているような嫌な感じがした。即ち、西側の中東における軍事的冒険[七]と重なったモスクワの欧州における軍事力の誇示[八]である。一九九一年一月一六日、私がニューヨークの自宅に戻ると、ちょうど、ＣＮＮの生中継で、バグダード初空襲の模様が映し出されるのを観た。妻は泣き出した。私も同様に落胆した。しかし、同時に血が騒ぐのも覚えた。

この当時、私は、任務をまだ平和維持活動に限定されていて、ペレ＝デ＝クエヤルの戦争防止のための勇敢な仕事には残念ながら関与しないものと理解していた。しかし、エメが八月のクウェート侵攻以来、ペレ＝デ＝クエヤルの指示で、米国の国連大使トム・ピッカリングと、さらに後で判明したこと

四　訳註、ペルシャ湾内の島。
五　訳註、現イエメンの首都。
六　訳註、独立宣言を支持して集まっていた民間人のうち十三名が殺された。
七　訳註、英仏軍がイスラエルと共謀してスエズ運河を占領した第二次中東戦争。
八　訳註、ソ連軍のハンガリー侵攻。

だが、北欧諸国と、平和維持活動の可能性について議論していたことをエメ自身から聞いて頭に来た。戦争が始まると、ペレ＝デ＝クエヤルは敵対行為の終了後に国連が平和維持活動を行うことについて、公に話し始めた。これで報道関係者の関心が高まり、私に説明を求めてきた。事情を把握していないように見えたり、上司に不忠に見えたりしないように報道記者の質問に答えることは至難であった。

そうこうするうちに、イラクがイスラエルにミサイル攻撃をかけ始めると、エルサレムの国連休戦監視機構に残っていた文官職員や、主にイスラエル北部のナハリヤに住んでいた駐レバノン国連暫定軍付文官職員の間にパニックが起こった。私は、上級文官職員二名（彼らの言動は国連休戦監視機構の参謀長ハンス・クリステンセンの言葉を借りると「不愉快極まる」ものであった）に対して、他の職員のお手本となるべき義務のあることを忘れないようにと、厳しく云って聞かさなければならなかった。ニューヨーク本部の派遣活動部長ベフルーズ・サドリも、国連休戦監視機構と駐レバノン国連暫定軍の派遣事務職員でキプロスへ「配置換え」されていた者を早期に現場に戻すことに賛成で、彼らのために危険手当金を支給する段取りをした。ペレ＝デ＝クエヤルの官房長ダヤルも、それまでイラクと地中海東岸の両方でパニック状態になっていた文官職員の肩を持っていたが、ようやく、平和維持活動は特殊な事案であり、その定義上、潜在的紛争地域において行われるものであり、その要員は紛争が現実に火を噴いてもできるだけ持ち場に留まる必要があることを認めた。

一九九一年二月中旬、地上戦が始まる前、ノルウェーの国防大臣ヨハン・ヨルゲン・ホルストが国連ニューヨーク本部を訪れ、イラクとクウェートの間で平和維持活動を行う可能性について話し合った。ペレ＝デ＝クエヤルは、大きなキャンバスに絵を描くように広大な構想を話した。平和維持活動。難民の帰還。国土再建(イランを含む)。地域的安全保障措置。軍備管理、特にイラクの開発した大量破壊兵器[九]の完全撤廃。これらの課題の中には**安保理決議第五九八号**[一〇]が事務総長に要請したこと、つまり、「イランとイラクとその地域内の他の国々と協議し、その地域をより安全で、安定化させる方策を分析すること」を反映したものも入っていた。（ペレ＝デ＝クエヤルの副官）ピッコは、イランとイラクの間に平和が回復された後に、ピッコ自身がこの企画を担当するという希望を隠そうとはしなかった。実際、クウェート解放後に国連イラン・イラク軍事監視団が撤収した後も、国連政治職員がバグ

九　**原註**、Weapons of mass destruction とは生物・化学・核兵器を指す。〈**訳註**、これは破壊力の大きさにだけ着目した命名。人間にとって制御不能の効果をもたらし戦争法の基本にある人道性に根本的に反するという事実を隠蔽する嫌いがある。〉

一〇　訳註、本書第9章参照。イラン・イラク停戦を呼びかけた決議。

ダートとテヘランに駐留し続けたのは、この理由によるものであった。

私は、別途ホルスト国防大臣と会見し、ペレ＝デ＝クエヤルがあまり敷衍しなかった厄介な事柄について念を押しておいた。イラク軍の完全撤兵が必要であること。多国籍軍はしばらくクウェートに駐留し続けることになると予想されるので、多国籍軍と国連平和維持部隊との間の関係。そして、果たしてイラクが国連平和維持活動に同意するかどうか疑われること。ペレ＝デ＝クエヤルとダヤルとピッコは、まだ地上戦は回避できるかもしれないと期待し、必死になって国連に直接行動をとらせようとしていた。慎重さや現実主義というものは歓迎されなかった。私は、早期に国連平和維持活動を始めるために、兵力供出国を募ることに専念するようにと指示を受けた。

一九九一年二月二三日晩、ブッシュ大統領（父）は地上戦の開始を発表した。驚いたことに、それから四日のうちに多国籍軍が勝利してしまった。ブッシュ（父）は敵対行為の中止を発表し、サダム（フセイン）に多国籍軍が提示してきた様々な最後通牒について考慮する時間を与えた。私は、イラク軍を打ち破るのは難しいと一貫して予測してきたので、地上戦があまりに呆気なく終ってしまったことにホッとすると同時に、当惑した。しかし、私は勝ち誇る多国籍軍がイラクの敗残兵に対して残酷であったことに胸を痛めた。ペレ＝デ＝クエヤルは、アフティサアリ[一一]をイラクとクウェートに派遣し、戦争による損害と人道支援の需要の大きさを査定させた。

こうして、平和維持活動について真剣に討議すべき時が来た。一つ原則上の問題が持ち上がった。平和維持活動は、敵対する当事者同士の同意を必要とする。しかし、多国籍軍がイラクにかけるつもりの戦後の制裁措置やその他の抑制措置は、安保理が国連憲章第七章、つまり強制行動について定めた章に基づいて行動することを必要とするもので、その脈絡では、イラクの同意の問題は無関係となる。そういう場合の軍事活動は平和維持活動と云えるか？　もっと懸念されたことは、多国籍軍が当初考えていた国連活動の規模であった。イラク南部のバスラ市からイラクとヨルダンの国境まで一千キロメートル以上に亘って伸びる非武装化地帯とこれに連なる軍備制限地帯を監視する巨大な軍隊。しかし、この案は、すぐに、全長二百キロメートル未満のイラクとクウェートの国境に跨る監視軍に縮小された。

私は、それから駐レバノン国連暫定軍の新司令官を探しにネパールへ飛んだので、**安保理決議第六八七号**つまり、正式

一一　**原註**、アフティサアリは遣ナミビア特別代表を務めた後、当時ニューヨーク本部の事務管理・組織運営担当事務次長に復帰していた。

に停戦に入る前にイラクが受諾しなければならない措置を規定した「あらゆる決議の母」となる決議のための交渉には関与しなかった。そこに規定された措置には非武装化地帯の設定とそれを監視する国連使節の配備も含まれていた。米国防総省が国連ニューヨーク本部に示した非武装化地帯の説明には、落胆させられた。イラク軍は非武装化地帯のイラク管区とクウェート管区の両方に残留するのだと云われた。サダム（フセイン）に反旗を翻して失敗し、生き残った三万七千人のイラク南部のシーア派住民が難民となって、非武装化地帯のイラク管区内のサフワンという場所で、米軍に保護され、支援を受けていた。この非武装化地帯で国連が適用することになる法令は、ほとんど何もできていなかった。安保理決議第六八七号は一九九一年四月三日に採択され、四月六日、イラクがその規定を受諾した。その頃には事務総長は既に新たな**国連イラク・クウェート監視使節**[一二]についての勧告書を提出しており、四月九日に安保理の承諾を得た。

使節を早く配備すべき政治的必要性のあることは、明確であり、米国とその同盟国も一貫してそう主張してきた。しかし、私の局がそうする能力には限りがあった。安保理が決定を下した時、私はもうメキシコ市に飛んで、エルサルバドル和平の為の新たな交渉に臨んでいた。続く五週間のうち、私がニューヨークに居たのは僅か三日間（土日祝日を除く）だけであった。このため、私の部下はとても背負いきれない程の重荷を背負いこむことになり、ついにこの時、私の部下たちの仕事ぶりに対する公正でない苦情の件数が、その頂点に達した。国連イラク・クウェート監視使節の現地配備をメキシコ市のホテルから統轄するのは全くもどかしい限りで、すぐにあらゆる方面の関係者の神経がピリピリし出した。

事務総長の国連イラク・クウェート監視使節についての勧告書の我々の最初の原案では、非武装化地帯の監視ははじめのうち歩兵三個大隊で行い、状況が鎮静化するに伴い、次第に非武装の軍事監視員に置き換えて行くこと、また、不発弾の処理のために野戦工兵隊を派遣することを提案した。最初の配備兵力は約三千人の規模と計算された。この案は五常任理事国の受けが悪かった。英国とソ連は、歩兵も工兵もいらない、軍事監視員だけで充分であるという意見であった。平和維持の原則上の問題もあった。フライシュハウエル（法律顧問）は法律上の理由から、私は実務上の理由から、イラクの「同意」が必要であると論じた。五常任理事国は「協力する用意があること」以上のものを必要とすることは認めない方針であった。

一二　訳註、The United Nations Iraq-Kuwait Observer Mission (UNIKOM)。

私は、使節の兵力については妥協することに決め、監視は全て国連軍事監視員が行うが、最初の一、二ヶ月の間は、中東の他の場所に駐留している国連軍から歩兵を借りてきて、監視員の身の安全を保障し、もし四ヶ月経って司令官がまだ歩兵が必要であると考える場合には、そのように事務総長に勧告するという案を出した。これは五常任理事国にも受け容れられた。原則問題については、国連イラク・クウェート監視使節の設置を決めた決議は国連憲章第七章に基づき、安保理が終了させると決定しない限り、終了しないこととされた。従って、この使節は任期が切れようと、イラクが同意を撤回しようと、それだけでは終了できないことになった。これは、一九五六年に初の**国連緊急軍**がシナイ半島に設置された時、ハマーショルド（第二代事務総長）がナセル（エジプト大統領）と苦労して交渉しながら打ち立てた合意原則からの歴史的な離脱（人によっては「離反」と表現しよう）であった。しかし、このことは、国連イラク・クウェート監視使節が国連の許可した強制行動の直後に開始された平和維持活動であるということで、正当化されたのである[一三]。

一三　訳註、国連平和維持活動開始決議における憲章第七章の援用については香西茂『国連による紛争解決機能の変容―「平和強制」と「平和維持」の間』（山手治之編『現代国際法における人権と平和の保障』東信堂、二〇〇三年所収）207～240頁参照。

ペレ＝デ＝クエヤルは軍事顧問ティモティ・ディブアマに国連イラク・クウェート監視使節の指揮を任せようとした。しかし、彼はニューヨーク本部の職務から離れることを渋った。それで白羽の矢はオーストリア（墺）のギュンター・グラインドルに当った。彼はゴラン高原の国連兵力引き離し監視軍と駐キプロス国連軍の司令官として長く立派に働いてきた実績があった。

一つ大きな論争を巻き起こしたのは、非武装化地帯のイラク管区にいる三万七千人のイラクのシーア派住民に対する国連の責任であった。国連イラク・クウェート監視使節は、これに責任を持つ権限も人材も物資も資金もなかった。我々にできる最大限のことは、収容所の一つ一つに国連要員を配置し、こうしておけば米軍が去った後もイラクの秘密警察が虐殺を思い止まると期待することだけであった。これは全く心もとない措置で、国連使節は無慈悲に思えると米国報道機関が問題にした。

平和維持活動は、遠くの国々から兵士たちが集まってきて命懸けで他国の戦争を制御し終わらせようとする気高く無私の活動であると云うことは正しい。しかし、平和維持部隊はしばしば無慈悲に思われ、そのため、非難される立場に立たされることもある。平和維持活動は、どれも明確に定められた任務とその遂行に必要な人材、資材、資金を持っている（あるいは、持つべきである)。しかし、平和維持部隊が駐留することで、現地ではそれ以外のことも期待されることになる。平和維持部隊には運送手段、通信装備、宿営施設、食糧、医薬品、医師、武器などが揃っており、隊員は、たまたま仲良くなった現地人の身の安全を守ろうとすれば、できる。隊員は、紛争については不偏不党であり、通常まともな人たちである。そういう隊員が、駐留部隊に現地の人が抱くようになる期待に応えたいと思うようになるのは、まず自然の成り行きである。しかし、司令官は、あるいは司令官がその責任を果たそうとしない場合、ニューヨーク本部の官僚は、時には、隊員たちが人情でやらなければならないと思うことを、やってはいけないと云わなければならない。この制約には様々な理由がある。平和維持任務に充てられた人材、物資、資金には限りがあり、やりたいと思っても安保理の許可があるわけではなく、民間救援活動家は軍隊が自分たちの縄張りに出しゃばって来るのを恨むであろうし、もし、平和維持部隊が当事者の一方の側の民間人にだけ救援活動を行い、他方には何もしないと思われれば、平和維持活動全体の不偏不党性に傷がつくことになるからである。こういう事情は事実としてあるわけであるが、報道関係者に対してであれ、自分の身の回りで苦しんでいる人々を見るに忍びないと思う若い兵士たちに対してであれ、説明することは大変難しい。

最終的に米国がサウジ・アラビアを説得して、放って置けば命が危ないと判断される帰り場所を失ったイラク人を収容させた。しかし、もっと大きな人道的問題が今度はイラク北部で表面化した。多国籍軍による空爆の間、ブッシュ大統領（父）は公に「イラク人が自発的に立ち上がり、自分たちの手で独裁者サダム・フセインを打倒する」ように鼓舞した。イラク南部のシーア派住民がフセイン政権に対して反旗を翻すと、北部のクルド族もすぐにその例に倣った。多国籍軍の地上戦が終った後、サダム・フセインの軍と、クルド族の親フセイン派の非正規軍の復讐から逃れるために、二百万人近いクルド族がイランとトルコの方へ逃げようとしていることが判明した。果たして彼らがブッシュ（父）の飛ばした檄に応えて反旗を翻したのかどうかは別として、多国籍軍側は、彼らに対して責任を感じていた。

一九九一年四月五日、安保理は**決議第六八八号**を採択し、イラクに対し、クルド族を含めた自国の民間人に対する弾圧を止め、直ちに国際的人道諸機関の立ち入りを許可するように要求した。四月一八日、かつて**国連難民高等弁務官**であったサドゥルッディン・アガ=カーンは[一四]、この時この戦争で

一四　訳註、第四代高等弁務官。一九六五年から一九七七年まで。アガ・カーンとはシーア派イシュマイル分派の宗教指導者の世襲名。当人は宗教指導者ではない。

発生した人道的需要への国連の対応を監督する任務を授けられていたが[一五]、イラク側と、国連人道センター[一六]をいくつか設置することも含めて国連のイラクにおけるより大規模な人道支援活動についての合意書に署名した。その二日前、ブッシュ（父）はペレ＝デ＝クエヤルに対し、米・英・仏三国がイラク北部に出兵し、クルド難民のための収容所を建設して保護することに決めたと通知していた。二、三週間後、三国はイラク北部上空からイラクの飛行機を締め出す飛行禁止空域を設定すると宣言し、空域を監視し始めた。後に、イラク南部の湿地帯に反乱を起こしたシーア派住民が大勢逃げ込んでいることが判明した後も、同じような飛行禁止空域が南部にも設けられた。正式に停戦協定が発効した後に採られた以上の措置の合法性が問われたが、英・米両国は、停戦協定によれば、両国にイラクの軍用機の飛行を制御する権限があると云って正当化した。

一五　**原註**、サドゥルッディン・アガ＝カーンの肩書は、長ったらしい肩書の多い国連の中でも特に長いもので、「イラク並びにクウェート並びにイラク・イラン国境及びイラク・トルコ国境地帯の為の国連の組織間人道支援企画のための事務総長の委任執行役」(Executive Delegate of the Secretary-General for the United Nations Inter-Agency Humanitarian Programme for Iraq, Kuwait, and the Iraq/Iran and Iraq/Turkey Border Areas)。

一六　訳註、The United Nations Humanitarian Centres (UNHUCs)。

四月の終わりに、英国は多国籍軍がイラク北部から撤退できるように、代わりに国連の文民警察隊を配備することを提案した。英国は、国連事務総長が「自らの発案で」そうすることを望んだ。安保理にかけると、常任理事国の一つである中国がチベット（西蔵）問題に神経過敏になっているので、拒否権を発動することを恐れていた。私にはこの案はとても正気の沙汰とは思えなかった。一旦、多国籍軍が引き揚げてしまったら、イラクは好きなだけ虐殺することができ、国連にはそれを止めるような効果的な手段は何もない。さらに、警察隊が安保理の決定にも総会の決定にもよらないのであれば、どこから予算が下りるのか？より実際的な提案としては、多国籍軍が「人道保護区」からイラク軍とそのクルド族の同盟軍を排除してしまったあと、そこで通常の平和維持活動を行うことが良いと思われた。四月三〇日のジュネーヴにおける調整会議では、サドゥルッディン・アガ・カーンも、ホンの二、三ヶ月前に国連難民高等弁務官を拝命したばかりの緒方貞子[一七]も、英国案には賛成しなかった。しかし、ニューヨークのイラクの国連代表部が英国案に興味を示し、ペレ＝デ＝クエヤルは、ちょうど私が国連イラク・クウェート監視使節の最初（で最後）の視察に赴くところであったので、私にバグ

一七　訳註、第八代高等弁務官。

ダードでイラク側と会う時に英国案を取り上げるように云い付けた。

この頃は、まだクウェートに直接乗り入れている民間航空会社はなく、私は国連本部の軍事顧問室のダーモット・アーリーと一緒にまずバーレーンに向かう他はなかった。翌朝、我々はそこから国連がルーマニア航空ＴＡＲＯＭから傭立てしたオンボロの手入れの悪い異臭の漂う英国飛行機社製一一一型機[一八]に乗り込んでクウェートに向かった。東欧の飛行機は一九九〇年代の国連平和維持活動に特徴付ける不快な代物であった。共産主義の没落の後、東欧の飛行機が格安の値段で傭機契約市場に溢れ出たので、国連の厳格な調達規則に従うと、それ以外の飛行機を使うわけにはいかなかったのである。見るからにガタガタのポンコツ飛行機と、プカプカ煙草ばかりふかしている乗務員の無愛想な顔を見るたびに、皆、この空の旅が人生最後のものとなるのではないかと恐怖した。しかし、実際に墜落した飛行機は非常に僅かであった。

クウェートに近付くと、私は操縦席に案内され、イラク軍が撤退に当って火を放った油田がまだ激しく炎を噴き上げているのを見せられた。油田火災よりももっとひどかったのは、流出した原油が沢山の湖や川となって砂漠をドス黒く染めてしまっていたことであった。空港では米英軍の兵士がそこら中に立っていて、米軍の方はあまりの重装備のため、解放軍というよりは占領軍であるかのような印象を与えていた。我々はそこから国連イラク・クウェート監視使節の軽飛行機に乗り換えて非武装化地帯へ飛んだ。決して魅力的な空の旅ではなかった。クウェート市のすぐ北側では、多国籍軍の戦闘機が、地上戦の最後の日にイラク軍がクウェート市から逃げ出すのを追って視界に入った車両という車両を全て片っ端から破壊して回った「七面鳥撃ち」のあとの残骸の上を飛んだ。非武装化地帯の西の端には、サダム・フセインの共和国防衛隊が戦車戦に敗れたあとの残骸が横たわっていた。我々はサフワンに降り立った。そこでは米国機が帰り場所を失ったイラク人をサウジ・アラビアの新しい収容所へ運び出していた。ウム・カスルでは、国連イラク・クウェート監視使節の司令部用に接収された立派な建物を視察した。

クウェート市に戻ってから、私は昔一九六〇年代に妻と住んでいた家を見に行った。家はまだそこに在ったが、明らかに占領軍に接収されていたようであった。罠が仕掛けられていることを恐れて中には入らなかったが、昔応接に使っていた部屋の窓から覗いてみると、壁には美しい古典アラビア文字が書かれてあった。文字は、「偉大な指導者サダム・フセイン万歳！　打倒フスニ、ファハド、アリ、ハフィズ、そしてそ

一八　訳註、BAC-111。

の黒幕の汚いブッシュ！」と読めた[一九]。フスニはエジプト大統領、ファハドはサウジ・アラビアの国王、ハフィズはシリア大統領の名であった。しかし、アリとは誰であったか？

国連イラク・クウェート監視使節の司令官グラインドルは使節を立ち上げるのに良く手腕を発揮していたようであったが、必要以上に軍事監視員が多かったことも既に明らかであった。私は、その少し前、駐キプロス国連軍の見直しで[二〇]、平の兵隊でも(仮にもっと上手にできるとは云わないまでも)できるような仕事を、わざわざ将校にやらせるのは不合理であると結論したことを思い出していた。このことは駐キプロス国連軍の緩衝地帯と同様に、国連イラク・クウェート監視使節の非武装化地帯についても云えるのではないか？私は五常任理事国が歩兵の派遣を拒否した時、もっと強く抵抗すれば良かったと思った。

クウェートの閣僚たちとの会見は面白くなかった。彼らの国を襲った災難のことを割り引いて考えたとしても、彼らが過保護の駄々っ子のように国際社会から色々ねだるのを聞き届けるのは困難であった。私が担当した分野でダダをこねられたのは、国境を直ちに画定することと、国境のすぐ南側のクウェート領に集まっていたビドゥーンと呼ばれる国無き民を[二一]直ちにイラクに追放することであった。ビドゥーンたちは、諸般の事情からクウェート国籍を持たないクウェートの住民で、大抵、国籍取得の機会のあった時に申請しなかった者たちであった。ほとんどの者が昔からの遊牧氏族に属し、軍隊や警察で働いていた者も多かった。一九九一年当時のクウェートの閣僚にとって問題であったのは、クウェート政府から見て、イラク軍の占領下においてイラクと協力したことが疑われる連中であった。クウェート政府の見方では、そういう連中はイラク人であるから、イラクへ強制送還されるべきである、ということであった。

我々は、異臭が鼻につく例の英国飛行機社製一一一型機に乗ってイラクのハバニヤに飛び、そこから車でバグダードへ向かった。郡部でも市街でも、ほとんど戦禍は目に付かなかった。私の任務は、一週間後のサドゥルッディンの訪問の下準備をすることであった。ペレ＝デ＝クエヤル事務総長は、国連警察隊を派遣するという英国案が、クルド族を安心させ、多国籍軍のイラクからの撤兵を早める手段として良いと思っているが、形についてはこだわらない方針で、もしかすると、

一九　訳註、似たものとして、「偉大なる金正日首領様万歳！標的は明確だ！ソウル、東京、そしてその背後のワシントン！」

二〇　訳註、本書67～70頁参照。

二一　**原註**、bidūn とはアラビア語で「～の無い」を意味する。これらの不運な人たちは国籍を持たなかった。

平和維持活動の方がもっと効率的で、イラクにとっても受け容れ易いかもしれない。どちらにせよ、過渡期的措置に過ぎず、事務総長としては、イラク政府が現在行っているクルド族との交渉で和解と政治的解決の道が開けることを望んでいる。国連は、国の内部の紛争を解決する手助けをすることも多くなってきており、ペレ＝デ＝クエヤルも、イラクが望むのであれば、解決に向けていくつか考えがある、というようなことを伝えることになっていた。

　私は、まず副外相ムハマド・サイード・サハフと外務省の法律顧問リヤド・アル＝カイシと会った。彼らは、国連警察隊は、サドゥルッディンの国連人道センターに二、三人ずつ警官を配置する程度のことでさえ、断固として拒否した。イラクは国連平和維持活動でも受け容れない。クルド族に関しては、国内問題であり、国連には関与すべき権限はない。国連はサドゥルッディンの人道上の企画を推し進めることで、多国籍軍が北部に駐留する口実をなくしていけば、それで良い、ということであった。翌日、私は外相アフメド・フセインにもっと穏便な提案を示した。イラクが国連事務総長に対して、クルド族居住地域のイラク治安部隊の目付け役に、警察の経験のある国連文民監視員の派遣を要請し、クルド族の人権が尊重されているかどうか検証できるようにするという案であった。外相は、この案は「指導部」に伝えると述べた。

　私は、次の日は、以前、国連イラン・イラク軍事監視団[二二]の司令部のあった「運河ホテル」で、アンゴラ[二三]で間もなく停戦になるのに備えて、これを監視するために国連部隊の増強について報告書の原稿を書いて過ごした。この時、「運河ホテル」には国連イラク・クウェート監視使節ばかりでなく、在イラク国連事務総長事務室[二四]も置かれていた。国連イラン・イラク軍事監視団が解散された時、ペレ＝デ＝クエヤルは、イランとイラクが安保理決議第五九八号の政治的取り決め[二五]を実行するのを手助けするために、バグダードとテヘランの両方に小規模な国連事務室を維持することで、安保理の了承を得ていた。しかし、こうして維持された事務室も、ほとんど何もすることがなくなってしまったので、翌一九九二年の末までに段階的に撤収されることになった。ともかく、この時、在イラク事務室の軍事職員は、アーリーと私に、イラク側によればイランに操られた工作員により殺されたイラク兵数百名の死体の写真を見せた。裸で、手足を縛られ、目隠しをされ、遺体の損傷の激しいひどい写真であった。私は、

二二　訳註、本書第9章参照。
二三　訳註、本書第11章参照。
二四　訳註、The United Nations Office of the Secretary-General in Iraq (UNOSGI)。
二五　訳註、本書第9章参照。

写真の遺体は、本当は行方不明のクウェート人（あるいは、イラク軍が引き揚げる際に連れ去ったクウェート人で、多国籍軍の例の「七面鳥撃ち」で殺された者）のものではないかと疑った。その晩、私は、ペレ＝デ＝クエヤルからイラク北部の国連警察隊についてあまりに控えめ過ぎる提案をしたと叱責され、離れてよいという指示を受けるまでバグダードに留まるように云われた。

二日後、イラク側の返事が届いた。国連警察隊の派遣については全て拒否。私はサハフ副外相にこれから北部はどうなるのか、副外相の意見を訊いてみた。副外相は、クルド族との話し合いはうまく行っている。多国籍軍の方も、いずれ撤兵することになろう。多国籍軍が賢明であればあるほど、撤兵も早いであろう、と述べた。こうして虚勢を張るのは、当時も、そしてそれからも、イラク側の典型的な態度であった。ハバニヤに到着して以来、私は普通の住民のしたたかさと明るさに強く打たれた。私が目にしたものは、多国籍軍の「砂漠の嵐」作戦の直後に現場に派遣されたアフティサアリ事務次長が提出したこの世の終末を想起させるような報告とは全く違っていた。バグダード市街はきれいに後片付けされており、橋は修復が進み、電気と水の供給も三分の二が回復していた。サダム（フセイン）は安泰に見え、イラクは打ちひしがれたという西側の見方は、希望的観測としか、私には思えなかった。

ペレ＝デ＝クエヤルは、その翌日、私がバグダードを離れることを許可した。ニューヨーク本部に帰ってみると、イラクに国連警察隊を押し付ける安保理決議を出すという話になっていた。私には、これは絵空事に思えた。現実に合意に至ったのは、「国連警備隊」と呼ばれるもので、イラク軍から提供された腰の武器だけで、国連の人道企画の為に働いている非政府組織関係者を含めた国連要員と物資を警護するものであった。私は、この措置に関する交渉には一切関与しなかった。先のバグダード訪問が、私がイラクに関する主要案件に携わった最後のものとなった。私の国連平和維持活動担当事務次長としてのイラク関係の残りの仕事は、国連イラク・クウェート監視使節の運営だけで、一九九二年三月にはコフィ・アナンが平和維持活動局に入ってきて（私の副官となり）、この仕事からも私を解放してくれた。一九九二年には、ほとんど大きな事件はおこらなかった。国連イラク・クウェート監視使節は、シリアの国連兵力引き離し監視軍と同様に、両当事者にとって有益であり、両当事者とも戦略的に同意をしていた。もちろん小さな規則違反や、国連要員に対する嫌がらせなど、極些細な危機がしばしば起こってはいたが。しかし、一九九三年早く、イラクが米英軍が強制してきた飛行禁止措置に違反して緊張が高まった頃、非武装化地帯のクウェート管区内にイラク軍が侵入する事件が何度か発生した。国連イラク・クウェート監視使節が監視し、イラク当局に抗議したが、侵入事件は収まらなかった。西側列強は、それで、国連イラク・クウェート監視使節を武装した「鈴糸」[二六]の軍に転換すべきであると決定した。

そもそも、一九九一年に国連事務局は、この使節を、主に非武装化地帯、特に国境画定委員会で働く国連監視員と他の国際組織の人員の安全を保障するために、歩兵を基本とした軍として設置することを勧めていた。しかし、五常任理事国の方で、財政上の理由から、国連イラク・クウェート監視使節は軍事監視員だけで構成されるべきであると固執したのである。それが、この時、立場が逆転したが、結局西側列強の思い通りになった。

国連事務局の方は、「鈴糸」という発想を好まなかった。国連平和維持軍は、軍事力ではなく、侵略者が国連平和維持軍を攻撃することで支払うことになる政治的代償を高くすることで、侵略を抑止することができる、と考えられた時期も確かにかつてあった。しかし、一九八二年、イスラエルがレバノンに侵攻した時、国連平和維持軍には、イスラエル国防軍に抵抗できるような戦闘能力はなく、ほとんど一発の砲火も交えることなく、イスラエル軍の素通りを許してしまった。期待された政治的抑止力は働かず、国連は侮辱された。この事件で、国連事務局は、平和維持活動においても、本物の用兵と同じく、抑止力というものは、侵略者が攻撃してきた場合に必要な力を全て用意しておいて、初めて効果があるものであるということを学んだのである。そして、これこそが、一九九三年にブートロス＝ガリ事務総長が軍事職員の助言に従って、旧ユーゴスラビアの国連軍がボスニア（・ヘルツェゴビナ）の「安全地区」に対する攻撃を抑止する能力を持っためには、三万四千人の追加兵力を必要とすると安保理に進言した理由であった。ブートロス＝ガリが、僅か七千六百人の追加兵力でこの仕事をやれという西側の圧力に渋々屈したことが、私の見るところでは、失敗であり、スレブレニツァ[二七]の人々と国連の両方にとって悲惨な帰結をもたらすことになったのである。

もし、「鈴糸」というものが侵略行為を監視し報告する国際社会の目であり耳であるとすれば、非武装の軍事監視員で充分に間に合うはずである。非武装の軍事監視員であれば、たとえ侵略軍の手で払い除けられたとしても、一九八二年のレ

二六　訳註、Trip wire。引っかかると鈴が鳴って警戒を呼びかける糸。

二七　訳註、国連安全地区の一つで、オランダ歩兵大隊が警備、一九九五年七月にボスニアのセルビア系の軍に攻撃され、逃げ込んでいた民間人ら約七千人が虐殺された。本書202～203、229、425頁も参照。

バノンでの事件のように、国連の武装した歩兵部隊が払い除けられてしまうよりも、屈辱の大きさも小さい。しかし、このことから(古代ペルシャ戦争の)「テルモピュライの戦い」[二八]問題とも云うべき問題も発生する。仮に、レバノンないしスレブレニツァの国連平和維持軍が、侵略軍と交戦したとする。国連軍は敗北し、数多くの戦死者を出したであろう。それは、それ自体として侵略軍に高い政治的代償を支払わせることになったであろう。なぜなら、今日、我々が「テルモピュライの戦い」を記憶しているのは、ペルシャ軍の圧倒的勝利の故ではなく、三百名のスパルタ軍が、敵に背を向けることなく、死ぬまで闘って玉砕したからである。従って、理論的には、武装した「鈴糸」という発想にも一理あるかも知れない。しかし、現実には、「テルモピュライ」のようなことは、決して起こらないであろう。というのは、国連平和維持活動に兵隊を出している国々に自国の兵の命をこのような形で犠牲にする覚悟がある事態など、ちょっと考えられないからである。もし、国連という組織体が自前の軍隊を持っていれば、そういうことも、それほど、非現実的には思えなくなるかも知れないが、諸般の政治的、財政的理由から、国連には決して自前の軍隊はできないであろう。

（訳註、国連イラク・クウェート監視使節は、米英軍によるイラク政権武力転覆の後、二〇〇三年一〇月六日に任務を終了した。）

二八　訳註、紀元前四八〇年のギリシャ連合軍とペルシャ帝国軍の戦い。**Thermopylae** は温泉が出る峠で「熱門（複数）」の意。テルモピレー。スパルタ軍玉砕の地。

第17章　ユーゴスラビア

一九九一年は、私の国連事務局におけるそれまでの五年間のどれよりも多忙で不愉快な一年であった。まず第一に、平和維持活動の数が倍以上に増えた。一九八六年には現地で実施中の平和維持活動は五つで、計画中のものは一つもなかった。一九九一年中頃には、十の平和維持活動が実施中で、さらに三つが本格的に立案中であった。その頃までには、ペレ＝デ＝クエヤルの命令で一九八八年後半に平和維持活動に限定された私の職域の壁も、いつの間にか崩れてきて、私は、エルサルバドルの和平と、やや密度は薄かったが、西サハラの和平に向けた交渉に全面的に関与していたし、また、そうできて嬉しかった。私の多忙さに拍車をかけるように、一九八八年後半の私の局の人員削減のあとはまだ充分に穴埋めされておらず、頼りになる副官はまだ見つかっていなかった。一九九一年の最初の十ヶ月間のうち、私は百三十四日間ニューヨーク本部以外の場所で仕事をしていたが、本部に帰ってくる度に、まだ手付かずの書類の山に出迎えられた。

同時に、ペレ＝デ＝クエヤルとの緊張関係が続いていて、つらい日々が続き、さらに、誰が後継の事務総長になるのかサッパリ分からなかったので、気疲れが溜まった。まだアフリカ出身の事務総長が出ていなかったので、今度はアフリカの番であるという観測が広まっていた。しかし、アフリカには誰も目立った候補者がおらず、一九九一年五月に入ると、フランスが大っぴらにペレ＝デ＝クエヤルの三選を支持するようになっていた。しばらくすると、安保理の常任理事国はペレ＝デ＝クエヤルにあと二年事務総長を続けるように頼むらしいという噂が流れた。しかし、秋にはアフリカから二人の有力な候補者が現れ、エジプトのブートロス・ブートロス＝ガリとジンバブエのバーナード・チジェロの二人の接戦となった。一九九一年一一月二一日、ブートロス＝ガリが安保理での選挙に勝利し、十二日後、総会が正式に任命した。私はこの結果を喜ばしく思った。私はそれまでにもカイロを訪れブートロス＝ガリとは面識があり、彼の知性と外交の経験と人間的魅力と機転に感服していた。アフリカ諸国の大部分にとっては、アフリカ初の国連事務総長にはサハラ砂漠以南のアフリカ人の方が良かったかも知れないが、ブートロス＝ガリはイスラム教国のキリスト教徒[一]でユダヤ教徒を妻に持ち、多様な世界を網羅することのできる人物であった。

仕事の重圧、私の局の力量不足、ペレ＝デ＝クエヤルとのいつ破綻するとも知れない関係に鑑みて、この一九九一年の秋

一　訳註、コプト派。帝政ローマ以来、アラブ征服以前からのキリスト教徒の子孫。

に、私が一番望まなかったものは、大規模な新平和維持活動であった。しかし、一一月中旬、それは恐ろしいほど突然やって来た。間もなく「旧ユーゴスラビア」と呼ばれることになる国がバラバラになってしまった結果、途方もない仕事が私に襲い掛かった。

　チトーのユーゴスラビア社会主義連邦共和国は次の六つの共和国から構成されていた。人口の多い順に、セルビア、クロアチア、ボスニア・ヘルツェゴビナ（以下「ボスニア」と略称）、スロベニア、マケドニア、モンテネグロであった。セルビア共和国には二つの自治州があり、一つはコソボ（アルバニア系住民が多数を占める）、もう一つはボイボヂナ（ハンガリー系住民が大多数を占める）であった。ユーゴスラビアの住民のほとんどはスラヴ人で[二]、言語と宗教によって、主にセルビア系、クロアチア系、イスラム系（時にボスニア系とも呼ばれる）、スロベニア系、モンテネグロ系、マケドニア系[三]に分かれていたが、スラヴ人でない住民も各種いて、最も重要なのがアルバニア系とハンガリー系住民であった。一九九〇年代初頭までに、かなりの数の住民たちが「ユーゴスラビア系」という系に属すようになっていたが、それにはユーゴスラビア社会主義連邦共和国への忠誠という政治的理由や各系住民の混血という社会的理由があった。住民がほぼ均質であったのはスロベニアだけであった。セルビア共和国の住民のうちセルビア系は僅かに六六％、クロアチア共和国の住民のうちクロアチア系は七八％に過ぎず、ボスニア共和国では、イスラム系が四四％、セルビア系が三一％、クロアチア系が一七％、ユーゴスラビア系その他が七％であった[四]。ユーゴスラビア社会主義連邦共和国は六つの構成共和国と二つの自治州を代表する計八名が集団で大統領となり、毎年、輪番でそのうち一人が議長を務めていた。

　一九八〇年代後半[五]、この国制は経済的・政治的危機と東欧における共産主義体制の相次ぐ崩壊の中で、瓦解し始めた。ユーゴスラビア社会主義連邦共和国、特にユーゴスラビア人民軍[六]の中で中心的存在であったセルビア系共産主義者は信用が失墜した。民族主義が目に見えて台頭し、分離独立に傾くようになった。一九九一年初頭には、もはや連邦は崩壊寸前であることが明白であった。スロベニアとクロアチアの両共和国[七]が住民投票を行い、過半数が独立に賛成した。両共

二　訳註、ユーゴスラビアとは「南スラヴの国」の意。
三　訳註、古代ギリシャのマケドニアとは無関係。住民は南スラヴ、アルバニア、ブルガリア系。

四　訳註、このため、セルビア「人」とすると混乱が生じるので「系」とした。
五　訳註、チトーが死んだのは一九八〇年。
六　訳註、**Jugoslovenska Narodna Armija**。以下「人民軍」。
七　訳註、かつてハプスブルク帝国の一部であったところ。

和国とも、一九九一年六月にユーゴスラビア社会主義連邦共和国から分離独立した。セルビア共和国の大統領スロボーダン・ミロシェヴィッチはスロベニア共和国の分離独立は止めようとはしなかった。しかし、クロアチア共和国の分離独立には、クロアチア領内のクラジナ地区と東西両スラボニア地区の三地区[八]に集中して居住してきたセルビア系住民が強く反対した。セルビア系住民は独立したクロアチア共和国の支配下に入ることを拒絶し、武器を手に取って編成されたばかりのクロアチア軍に反旗を翻し、自ら「セルビア系クラジナ共和国」という名の主権国家の独立を宣言した。これらの動きはユーゴ人民軍とミロシェヴィッチから支持され、ミロシェヴィッチは連邦の分裂を利用して、ボスニアやクロアチアに住むセルビア系住民を組み入れて大セルビアを建設しようとした。その結果、野蛮な戦争となった。

　私は、夏の間以上の事態の進展を追っていたが、国連が関与することになろうとは予想していなかった。欧州共同体(EC)が[九]、この紛争を抑制し解決しようとする国際的努力の先頭に立ち、一九九一年九月にユーゴスラビア問題会議を開催した。英国のキャリントン卿[一〇]が議長となった。キャリントンはクロアチアのフランヨ・トゥジマン大統領、セルビアのミロシェヴィッチ大統領、連邦国防相のヴェリコ・カディエヴィッチ陸軍大将という主要関係指導者三人に、政治的解決のために次の三原則を了承させることに成功した。

一、連邦制ユーゴスラビアは独立国家の緩やかな同盟に置き換えられること。

二、少数民族の人権を保護し、一部の地域にはできれば特別の地位を付与すること。

三、一方的な境界の変更の禁止。

欧州共同体は軍事面ではそれほどの成果を出すことができなかった。クロアチアに派遣された**欧州共同体監視使節**[一一]は、文官の装束で赴いたために大層バカにされた（が、監視員の多くは実は本国では現役の将校であった）。六つの停戦協定が成立したが、どれも少しの間も守られることがなかった。戦闘が激化したので、欧州共同体は国連を関与させることにした。一九九一年九月二五日、安保理は決議の中で、欧

八　**原註**、地図参照。

九　訳註、一九九二年のマーストリヒト条約に基づき、「欧州連合」を形作る「柱」の一つになった。

一〇　訳註、Lord Carrington。サッチャー政権初期の貴族院に議席を持つ外相であったが、フォークランド戦争においてアルゼンチンの意図を予測できなかった責任をとって辞任した。世襲貴族であるが、貴族院改革と欧州統合推進の急先鋒。

一一　訳註、The European Community Monitoring Mission (ECMM)。

州共同体の努力を支持し、国連事務総長に対して、平和の回復の為に働いている全ての人を手助けするように要請し、ユーゴスラビアのどの党派に対しても武器や武備の搬入を禁止する全般的禁輸措置をとった。欧州共同体は自分の努力がうまくいかないので、国連事務総長がもっと積極的な役割を果たすべきであると強く迫り、ペレ＝デ＝クエヤルは米国のサイラス・ヴァンス元国務長官[一二]をユーゴスラビア担当事務総長個人特使に任命した。一一月中旬までに、ヴァンスは現地を二度訪問した。公式には事実確認のための訪問であったが、キャリントンとヴァンスは古くからの友人で、ヴァンスはすぐに和平交渉で主要な役回りを演じることになった。

「マケドニア」共和国は一九九一年九月に独立を宣言していた[一三]。一〇月にはボスニア共和国立法議会でイスラム系とクロアチア系の議員が独立案を投票にかけると、セルビア系議員が退場し、ボスニア共和国からセルビア系住民の分離独立を図る意図を表明した。セルビアのミロシェヴィッチ大統領は、モンテネグロの大統領と人民軍の支持を得て、元々八名で構成されていた連邦の集団大統領制度を改め、ベルグ

一二　訳註、カーター民主党政権の国務長官（一九七七年～一九八〇年）。

一三　訳註、ギリシャ（マケドニア州を持つ）に配慮して、首都のスコピエの名で呼ぶか、「旧ユーゴ構成共和国のマケドニア」と呼ぶ。

ラード[一四]に新たな連邦政府を組織した。この行動は、ミロシェヴィッチが先のキャリントンの和平三原則を承諾したこととは矛盾していた。他の全ての構成共和国がこの措置の違法性を糾弾し、このような「残存連邦政府」とは何の係わり合いもないと宣言した。国連も他の国際機関も同様の態度をとった。

欧州共同体の加盟国の間では、以上の事態にどう対応するべきか、意見が分かれた。ドイツは最初からクロアチアとスロベニア[一五]の分離独立をできるだけ早く承認したいと云っていた。より慎重な加盟国は、独立の承認と欧州共同体がユーゴスラビアの承継国となる各国に付与できる経済的便益というものは、連邦構成国に対し、連邦を話し合いで平和的に解体させるように説得する材料に使うべきである、と論じた。当初はこの慎重案に沿って動いた。一九九一年一一月八日のローマにおいて、欧州共同体は、独立承認の問題は人権保障を含むユーゴ問題全体の政治的解決と連結させると宣言した。しかし、当時既に欧州共同体内部ではクロアチアのセルビア系勢力を悪者として扱う傾向が発生していた。国連事務総長もヴァンス特使もこの傾向を憂慮していたが、もっと

一四　訳註、ユーゴスラビア社会主義連邦共和国の首都で、セルビア共和国の主都。

一五　訳註、昔のハプスブルク帝国の一部だったところ。

もなことであった。もし、国連が関与することになれば、国連は少なくとも安保理が正式に誰が侵略者か決定を下すまでは、当事者の間では不偏不党を保たなければならない。

ユーゴ社会主義連邦共和国の政治機構が崩壊した結果、人民軍を統制する正統な文官がいなくなり、人民軍は既にクロアチアではセルビア系住民の側に立ち、ボスニアでもセルビア系住民の武装化を進めていた。人民軍の目的とは、ユーゴスラビアの維持なのか、それとも大セルビアの建設なのか？表向きは、人民軍は未承認の残存連邦政府の国防相の政治的統制下に置かれていた。しかし、「国防相」はセルビア系の軍人であるヴェリコ・カディエヴィッチ陸軍大将であった。副相のスタネ・ブロヴェット海軍大将はスロベニア系であったが、なお人民軍に忠誠を誓っていた。政治的実権はミロシェヴィッチにあるものと考えられていた。クロアチアでの戦闘が激化するのに伴い、人民軍の駐屯兵がクロアチア軍の手で兵舎に閉じ込められ、武備を置いていかない限り引き揚げさせないと云われていた。軍事情勢は、領域防衛軍とか、予備隊とか、準軍隊とか、義勇軍とか呼ばれるものが大量に増殖し、にわかに台頭してきた種々の政治権力者の手で武装され、その利益の為に戦い、かつしばしば残虐行為を行ったが、権力者の方は、都合が悪ければいつでも関係を否認できる状態にあり、さらに混迷の度合いを深めていた。

一九九一年一一月一二日、私は、突然、ペレ=デ=クエヤル事務総長にユーゴスラビアで国連平和維持活動を行うための必要条件は何か提示するように依頼された。次の日、私はヴァンス特使が安保理の理事国に状況説明をする席に同伴するよう呼び出された。こうして私は渦の中に吸い込まれてしまい、十五ヶ月間出てくることができなくなった。この頃には、国連加盟国の多くが国連に軍事的措置を採るように迫っていたが、ペレ=デ=クエヤルは見事にキッパリと、そういうことは、停戦と本気で話し合いで政治的解決を図る意思がなければできないと云い切った。ヴァンスも悲観的な観測を示し、平和維持活動にはほとんど興味を示さなかった。

しかしその翌日、キャリントンが、ユーゴスラビアの全当事者が国連平和維持活動に好意的であると発表した時、ペレ=デ=クエヤルも、ヴァンスをユーゴスラビアに再派遣し我々平和維持担当職員を同伴させることに決した。私は、フィンランドのヘイッキ・プロラ大佐とシャシ・タルールというインド軍将校で私が**国連難民高等弁務官事務所**から私の局の特別補佐官として引き抜いてきたばかりの者を連れて行くことにした。この頃にはもう彼の能力からすれば、一つ大きな実質的な仕事を担当してもらわなければならないことがハッキリしていた。ユーゴスラビアがその仕事となることになった。ペレ=デ=クエヤル事務総長がヴァンスの派遣を安保理に報告した時、西側の理事国は満足の意を表明したが、非同盟の理事国は押し黙ったままであった。非同盟諸国は、なお、一九五五年のバンドン会議と一九六一年のベルグラードにおける初の非同盟諸国首脳会議以来、非同盟運動を率いてきたユーゴスラビア社会主義連邦共和国に忠実であった。

　我々は、まずアムステルダムへ飛び、空港で当時の欧州共同体閣僚理事会議長であったオランダ外相ハンス・ヴァン・デン・ブロックと会見した。彼は熱心に欧州共同体の活動の弁護につとめた。人民軍をクロアチアから撤兵させるには、国連平和維持活動しかないかもしれない。しかし、欧州共同体監視使節は、国連部隊と一緒に現地に留まる必要がある、と。ヴァンスは、そういうことがうまく行くかどうか疑問だと云った。我々はそこから豪華な重役用ジェット機（スイス政府が平和の探求に貢献するために用意した）に乗ってベルグラードへ飛んだ。到着したのは一九九一年一一月一七日で、クロアチアのヴコバルという町が八十五日間の包囲戦の末、人民軍の手に落ちた日であった。

　元国連イラン・イラク軍事監視団の指揮官であったスラヴコ・ヨヴィッチ[一六]がホテルで私を待っていてくれた。ヨヴィッチは一年前にバグダードで心臓発作を患ったが、もう完全に回復したように見えた。しかし、他の点では、もう以前のヨヴィッチではなかった。クロアチア系住民に対する激しい憎悪を顕わにして、「ウスタシ」[一七]が蘇った。ドイツはカトリック諸国の連邦を基盤にした「第四帝国」を建設しようとしている[一八]。人民軍がヴコバルでやっていることは、云ってみれば、天井の「ねずみ」を火炎放射器で退治しているようなものの筈だ。自分も心臓の具合さえ良ければ、義勇軍に参加してヴコバルで戦っているところだ。もし、クロアチア系の連中が良識的な解決に応じないのであれば、セルビア系住民としては、クロアチア系住民を全員一人残らず殺すしかない、と語った。かつて、私がその的確な判断と明晰な頭脳の故に敬意を抱いてきた人物の口から、このように激しい言説を聞くことになるとは、歴史と宗教によって隔てられただけの二つの民が[一九]どれだけ深く憎しみ合っているかを生々

一六　訳註、本書第９章163～164頁参照。

一七　**原註**、第二次世界大戦中、ユーゴスラビアでドイツ側に立って戦い、クロアチアのセルビア系住民の皆殺し作戦を展開したクロアチアのファシストに付けられた名前。

一八　訳註、クロアチアはカトリック。第四帝国とはヒトラーの第三帝国に続く帝国を意味する。プロテスタントの多いスイスなどでも、欧州統合をカトリック（ナチス党大会の会場はカトリック圏）の欧州制覇の陰謀として警戒する見方はある。

一九　訳註、同じスラヴ系のセルビアとクロアチアには言語的・人種的違いはなく、クロアチアはカトリック・ドイツ文化圏、セルビアはギリシャ正教・ロシア文化圏で、その間を隔てるものは、歴史的、文化的、宗教的な違いである。

しく示していて、身も凍る思いをした。しかし、私は、自分自身の国の一州において[二〇]、やはり同じような話が聞かれることを思い出していた。

その晩、既にヴコバルで残虐行為が行われているという噂が流れていた。ヴァンスは翌朝、現場に行くことに決めた。「それは無茶です。まだ危険過ぎます。」とお目付け役が云った。この明るい気持ちになれない一日の最後は、欧州共同体監視使節の地方隊との実りのない会議で締めくくられた。欧州共同体の連中は、明確に国連が活動することを嫌っており、連中は欧州共同体議長には、少なくとも二十六個大隊は必要であると報告していた。（そのような規模の平和維持軍は想像もできなかった。当時最大の平和維持軍はレバノン南部に配備されていたが、僅か七個大隊であった）。連中の話を聞いていて、ヴァン・デン・ブロック（欧州共同体議長）との会見で我々が思ったことは、正しいことが確認された。欧州共同体の諸機関は既にセルビア系住民に対して偏見を抱いている。この時の訪問で、我々に不偏不党の状況説明を行った欧州共同体監視使節の部隊は、サラエボ（ボスニア都）の部隊だけであった。

翌日我々はミロシェヴィッチ（セルビア大統領）に会った。それまで一面識も無く、よく知らなかったが、初対面の印象は悪くなかった。穏やかで、おおらかで、ものすごく自信たっぷりで、人の話をよく聞く人物であったが、自分でしゃべったことに興奮してしばらく鼻息が荒くなった。ヴァンスが云うので私はちょっとした講義を行ったが、ヴァンスはこれを「グールディングの平和維持活動・基礎編」と名付けた。ミロシェヴィッチは、平和維持活動というものは、まさにユーゴスラビアが必要としているもののようだと応えた。そして、紛争の政治的な基本の部分を時間をかけて説明し始めた。（クロアチア領内の）クラジナ地区と東西両スラボニア地区に住んでいるセルビア系住民は、トルコに対するオーストリア・ハンガリー二重帝国[二一]の防壁をつとめる代わり、特権的処遇を受けてきた。従って、いつでもベルグラードにではなく、ウィーンに対して責任を負っていた。第二次世界大戦後に形成された構成共和国は単なる行政単位に過ぎず、国家ではない。クロアチアが分離独立を決めた時、クロアチアに居住していたセルビア系住民には、ユーゴスラビアに残留するという意思を表明する「主権的権利」があった。人民軍としては彼らがクロアチア当局から攻撃されたとき、介入して守らないわけには行かなかった、と述べた。カディエヴィッチ（国防

二〇　訳註、北アイルランド。プロテスタントとカトリックの争い。

二一　訳註、皇帝はハプスブルク家。

相）とブロヴェット（副国防相）と会ってみたところ、彼らも平和維持活動には好意的であった。平和維持活動が実際に始まれば、人民軍もクロアチアから撤兵すると云う話であった。

ヴァンスと私は当初平和維持軍を要所要所にバラバラに配置する方式を考えていた。つまり規模を大きくし過ぎないために、住民同士の間で緊張が高まり実際に戦闘が起こった、「危機にある地区」に限定して配備する案である。私は、この案には次第に納得がいかなくなっていった。そういう地点だけが国連部隊の駐留を必要としているのであろうか？住民同士の間の緊張関係というものは、急速に拡大することのあるもので、**駐キプロス国連平和維持軍**も[二二]、最初の十年間（一九六四年から一九七四年まで）は、要所要所にバラバラに配置されていたが、やはり、結局対立する軍隊の間に明確な「前線」というものが形成されるまで、島の各所で散発する住民同士の間の戦闘を止めることにはあまり成功しなかった。現実にそういう「前線」ができたのは、戦争が住民を根こそぎ力ずくで住み分けさせた後のことであった。

翌日、我々はヴコバルを訪れることを許された。残虐行為の話が沢山耳に入ってきていた。特に恐ろしいことが町の病院で起こったと云われていた。ヴァンスは最初からどうでもその病院に行くことを最優先にすると云って聞かなかった。我々は、まずシドと云うセルビアとクロアチアの境界のセルビア側にある醜い農工業の町に停まった。クロアチア軍が二、三日前に軽く銃撃をかけた所で、セルビア側は、「ファシスト・ウスタシ体制の犯罪」と呼んでこの事件を説明し、我々に現場を見せて、時間を無駄に浪費させた。セルビア側が第二次世界大戦当時の用語を濫用している一つの証拠であった。その後の行程は、「狙撃されるといけないから」という理由で、装甲車に乗せられた。我々を「指揮していた」案内役はセルビア系のボスニア人であったが、愛嬌のある憎めない男で、私は同胞と戦う気分はどんなものか訊いてみた。すると、「最初は困惑したが、もう今はクロアチア系の奴らを殺すことにも慣れた」ということであった。ヴコバルへ向けてノロノロと進んで行った。道は軍用車両で渋滞していて、ほとんどの車両は橋掛け用資材を積み込んでおり、おそらく東スラボニア地区の中心都市オシエクへ突撃するのに備えて、原野や掘割を突っ切るのが目的であると思われた。ヴコバルまで二、三キロメートルの地点で車列はまた説明のために旅団司令部に立ち寄った。昼食を勧められた。「いや、結構です。町と病院が見たいのです」と云って断った。

町へ向かった。クロアチア系住民が包囲の間（取り立てて驚くべきことでもなかったが）封鎖していたユーゴ人民軍の

二二　訳註、本書第4章59頁参照。

兵舎を見学させられて、さらに時間が潰れた。それからヴコバルの町の中を通り抜けた。弾痕の生々しく残る家屋が沢山あり、戦車が二両破壊されたままになっていた。しかし、報道されたような大規模な破壊は見当たらなかった。それは何故かすぐに分かった。我々が見せられていたのは、町のはずれの方で、最も破壊の激しかった町の中心部ではなかったのである。それから我々は行き場を失った民間人のための人民軍の受入施設に連れて行かれた。そこではじめてこの紛争の生々しい人間的現実を嫌というほど見せつけられた。民間人はただ茫然と途方にくれていた。軍隊は勝ち誇っていた。セルビア系の非正規軍はボロをまとい、異様で恐ろしかった。はじめのうち、ヴァンスは気の向くまま庶民に話かけていたが、すぐにお目付け役の方が、「ヴァンスさんに話したいことがある」という人を引っ張ってくるようになり、勿論、全員が人民軍はどれほど素晴らしい慈善活動をしてくれているか、話した。何度か劇的な再会「劇」も演出された。突然、どこからともなく興奮した声が上がり、見ると男や女が猛然と群集を掻き分けて走って行き、身内ということになっている人物に抱きついた。

我々は、この受入施設のあと例の病院に連れて行くと聞かされていた。しかし、施設をあとにすると、病院は北西の方角にあるのに、車は南に向かっていることに気が付いた。ヴァンスも私ももう頭に来て、車列を停めるように云った。車列は停まった。身の丈二メートルはある体毛の逆立った人民軍の少佐が出てきて激しい口論となった。少佐は、病院までの道には地雷が仕掛けられているだことの、狙撃兵がいるだことの、別の旅団と相談しなければならないが、直接連絡をとる方法がないだことの云々と、ありきたりの云い訳をした。私は、そういう問題が本当にあるのであれば、どうして今になるまでに片付けておかなかったのか全く理解できないと云うと、少佐は急に怒り出した。人を嘘つき呼ばわりするとは、自分と人民軍を侮辱するものであるなどと文句を云った。結局我々はこの場は引き下がることにして、渋々ベルグラードに戻った。しかし、我々も云うべきことは云ったし、同行した数名の報道記者がこの事件をテレビカメラに収めていた。この時の体毛の逆立った少佐はヴェセリン・スリヴァンカニンとか云う名前の人物で、この事件の前日、ヴコバル病院から連れ出された（多くは負傷していた）約三百名のクロアチア系の人々の殺害に関与した疑いで、のちに、オランダのハーグに設置された旧ユーゴ国際戦争犯罪法廷の被告席に立たされることになった。

ベルグラード当局はクロアチアへ飛ぶ便を全て禁止していた。従って、クロアチアの都ザグレブに行くためには、我々はスイスの豪華ジェット機に乗ってまずオーストリアのグラーツへ飛んで、そこから車で二時間かけてスロベニア共和国を横断して行かなければならなかった。クロアチアの大統領、フランヨ・トゥジマンは頭は切れるが生意気で、いつも苦々しい表情をしており、自信満々で社交的なミロシェヴィッチとは随分違っていた。その場に一緒に居たのは、アントゥン・トゥスという人民軍の大佐であったものが離反し当時クロアチア国家防衛隊を指揮していた男と、ホルヴォエ・カチッチという、ドゥブロフニク市の船主兼政治家で、我々がザグレブで出会った唯一の穏健派であった。トゥジマン（大統領）はセルビア「帝国主義」と「ソ連[二三]に次ぐ欧州最大の共産軍」ユーゴ人民軍を、長時間に亘って激しくののしった。私は、平和維持活動とは何か、分かり易く簡潔に説明してこれに応えた。トゥジマンは最初敵対的であったが、ヴァンスを相手にして疲れてしまい（カチッチが上手に間をとりもって）、ようやく「危機にある地区」を非武装化することがクロアチア領内から人民軍を追い出す唯一の方法であると認めた。

翌朝、私は私の局から連れてきたプロラとタルールを（クロアチア領内の）西スラボニア地区へ視察に遣った。ザグレブ（クロアチアの都）では、ヴァンスと私はセパロヴィッチというピッタリの名前[二四]の外相と、他の重臣たちを訪問し、それから、ユーゴ人民軍の「チトー元帥」兵舎を視察した。兵舎は既に二ヶ月間以上も封鎖されたままであった。外で滝のように雨が降る中、火も明かりもない部屋（電気が止められていた）で我々の来訪を迎えたのは、第五軍管区司令のアンドリア・ラシュタ「上将」以下十二名の高級将校であった。彼らは兵舎に閉じ込められ、電気・ガス・水道を止められ、アパートも接収され、家族も嫌がらせを受け、どれだけの屈辱を味わわせられてきたかを語った。武器と装備と所持品の全てを置いて行くのでなければ、解放しないと云われているが、彼らは、頑として拒否してきた。それは名誉の問題であり、ここで死んだ方がマシだということであった。彼らは、こういうことを全て穏やかに感情を抑えながら話した。私はラシュタが配下の者をよく一つにまとめ、これほど長くの間紀律を維持してきた統率力に感心した。明らかに、クロアチアではこの問題が解決されない限り、停戦はありえなかった。

その日、あとでヴァンスがトゥジマン（クロアチア大統領）独りと会った。トゥジマンは我々の案を受け容れることを確

二三　訳註、この直後の一九九一年一二月二五日に消滅した。

二四　訳註、原著者はセパロの子セパロヴィッチのセパロと英語のセパレイト（分離）をかけて、分離独立を志向するクロアチアの外相にピッタリの名前と皮肉っている。

認した。案は「ヴァンス計画」の名前で呼ばれ始めていた。トゥジマンは三日後にミロシェヴィッチ（セルビア大統領）とカディエヴィッチ（ユーゴ国防相）に秘密裏に会うことに合意した。ヴァンスはこの秘密会談の場所としてサラエボ（ボスニアの都）を望んでいたが、トゥジマンはこれを嫌い、ジュネーヴに固執した。

次の日の朝、我々はまたオーストリア経由でサラエボに向かい、ボスニア共和国大統領アリヤ・イゼトベゴヴィッチと、同外相ハリス・スィライジッチに会った。二人ともイスラム系であった。二人はボスニアに住むセルビア系住民とクロアチア系住民の間で戦闘が始まる可能性が高いと憂慮し、ボスニアでも国連平和維持活動を実施して欲しいと云った。この時、私は気がつかなかったのであるが、二人の云ったことは必ずしも正確ではなかった。当時ボスニアでもっと危険が高かったのは、セルビア系住民が、ボスニア共和国東部をセルビア共和国に併合できるように東部で「民族浄化」（他の系統の住民を消す）した場合（程なく、実際にそうしたが）、セルビア系住民とイスラム系住民の間で戦闘が起こることの方であった。またイゼトベゴヴィッチ（大統領）が国連軍事監視員をできるだけ早く配備して欲しいと述べたモスタルとビハッチは、セルビア系とクロアチアの対立ではなく、セルビア系とイスラム系の対立が激化している場所であった。振り返って考えてみると、イゼトベゴヴィッチは恐らくユーゴスラビア全体に亘るセルビア系とクロアチア系の対立の構図の中で、イスラム系の立場を中立的なものとして描き、国連がこの対立を抑制しに入る時、イスラム系を国連の同盟者として有利な立場に立たせることを考えたのであろう。我々が立ち去るに当って、大統領は、クロアチアに配備する国連平和維持軍の司令部はベルグラード（セルビア）とザグレブ（クロアチア）の間の中立的な場所としてサラエボ（ボスニア）に置くのが良いと提案した。

この時、私がユーゴスラビアの民族問題の深層の流れをほとんど理解していなかったことは二五、国連による紛争防止・解決のなかなか改善できない弱点をよく示している。キプロス、中東、ナミビアなどの長年携ってきた硬い仕事と違って、一九九〇年代に安保理が事務局に担当させた紛争はほとんど国連がこれまで一度も関わったことのないものであった。ペレ＝デ＝クエヤル事務総長は**調査・情報収集室**という部局を新設し、ジェイムズ・ジョナーがアフリカ担当事務次長としてアビー・ファラーを継ぐまで室長をしていた。しかし、その

二五　訳註、責められない。訳者もボスニアのイスラム系の学生ニジャーナとセルビアのセルビア系の教授ニジャーナと話したが、同じ名前「白雪姫」、同じ言葉、同じ金髪の白人で、イスラム系の「白雪姫」は、最初に隣の村のイスラム系住民がセルビア系の武装集団に皆殺しにされた話が届いた時、村の誰もが信じなかったと語った。

調査能力には限界があり、どちらにせよ、私の局は手が広がり過ぎていて、こういう見知らぬ国の複雑な民族問題の渦中に飛び込む前に、専門家からきちんと解説を聞いておくような時間的余裕が無かった。

サラエボから我々ヴァンス一行はベルグラード（セルビアの都）へ飛んだ。我々がザグレブ（クロアチアの都）でユーゴ人民軍の兵舎を視察してきたことで、カディエヴィッチ（ユーゴ国防相）の評価も上がったが、彼は、今度は人民軍兵舎に対する全ての封鎖措置が解除されることを、人民軍が国連の平和維持活動を受け容れることの条件の一つとした。カディエヴィッチもミロシェヴィッチ（セルビア大統領）もトゥジマン（クロアチア大統領）に会うことには合意し、トゥジマン同様、サラエボでの会談は拒否し、二日後にジュネーヴで会うことに決まった。会談はくれぐれも秘密にということであった。ミロシェヴィッチはボスニア共和国に国連軍事監視員を置く案には強く反対した。この時も、私は後になるまでどうしてミロシェヴィッチがあれほど激しく反対したのか理解できなかった。彼は、ボスニアのセルビア系住民のための自分の計画に国際的な邪魔が入ることを望まなかったのである。

その間、我々の問題はクロアチア領内のセルビア系住民であった。我々はまず東スラボニア地区のセルビア系指導者ゴラン・ハジッチに会い、次にクラジナ地区のセルビア系指導者ミラン・バビッチに会った。ミロシェヴィッチが我々に期待させたのと裏腹に、この二人との会談は困難で実りのないものであった。二人とも、長時間に亘ってクロアチア系の残虐行為について語り、二人とも要所要所に国連部隊を配置する案に強く反対した。二人とも、そういう「危機にある地区」のセルビア系支配区域を非武装化することを承知しようとせず（反対に、バビッチはクロアチアのクロアチア系支配地域全部を非武装化することを望んだ！）、平和維持活動は停戦線に沿ってのみ実施されるべきで、クロアチア領内のセルビア系支配区域とセルビア本土やボスニアのセルビア系支配地域との間の移動には何らの制約も設けるべきではない、と云って聞かなかった。こうして大セルビア計画はハッキリとその姿を現し始めた。

我々がジュネーヴに飛んだのは秘密会談の当日、一九九一年一一月二三日の朝であった。ジュネーヴに降り立つと、駐ベルグラードのオランダ大使が、この会談のことを、キャリントン[二六]がお膳立てして、ユーゴの指導者たちを呼びつけたものとBBCに対して説明し、オシエク（クロアチア領東スラボニア地区の中心都市）への攻撃が止まらないことについて、カ

二六　訳註、欧州共同体のユーゴ問題会議議長（一九九一年～一九九二年）。

ディエヴィッチ（ユーゴ国防相）に釈明を「求める」と云ったと聞かされた。ヴァンスは、また欧州共同体が茶々を混ぜ、反セルビア姿勢をとったことに、青鬼のような形相をして憤った。ヴァンスは、この前夜、ベルグラードで夕食をとった時にキャリントンにも話をして秘密会談に招待したのである。もし、ヴァンスとキャリントンが古くからの友人でなければ、このオランダ大使のスッパ抜きは、欧州共同体と国連の間を大きく引き裂くことになったであろう。

この幸先の良くない前座の後、会談の方は首尾よく行った。ヴァンスの計画では、ユーゴ側三人とヴァンスとキャリントンで会談を始め、ヴァンスがユーゴスラビアで話し合ってきたことから導き出した結論をまとめて読み上げ、その後、五人で討議に入り、望むべくは、人民軍兵舎の封鎖の解除と停戦について新たな合意に至ることが予定されていた。その後で、私が呼ばれて、停戦とそれに続く兵力引き離しを監視する平和維持活動について私がベルグラードで準備しておいた案を提出することになっていた。私は、会議の最初の部分から排除されてしまうことに不満であったが、ヴァンスは、国連が欧州共同体の政治的仕事を横取りしたという印象を与えないように配慮したのであろうと、考えることにした。私は、政治的合意が成立した時に、用事で呼ばれる技術屋なのだと。

実際、会談はそのように進展した。会談の様子は、時々緊張が走ることがあった。ミロシェヴィッチ（セルビア大統領）とカディエヴィッチ（ユーゴ国防相）は全般的に無理は云わず、我々の提案にも好意的であった。反対にトゥジマン（クロアチア大統領）の方は、無理に肩肘張って、イライラしていて、敗色が濃厚であった。キャリントンも落ち着かない様子で、ヴァン・デン・ブロック[二七]に電話をかけるために、ひっきりなしに会議室から出たり入ったりしていた。ヴァン・デン・ブロックはどうやらキャリントンの手綱をきつく締めて、どういう合意に至るにせよ、どうでもユーゴ人民軍によるオシエク攻撃を非難する一文を入れろと迫っていたようであった。キャリントンの忍耐の緒もついに切れてしまったようで、立ち去ってしまった。平和維持活動の方は、主要な争点は「危機にある地区」を地図の上で画定することと、その中の見廻り方法（トゥジマンは「クロアチア憲法の規定に従う」べきだと云って聞かなかった）と、ボスニア共和国にも国連部隊を配備するという我々の提案であった。以上の三点についてはもう少し考える必要があるということで合意し、十日後にもう一度会談を開くことに決まった。

翌日、我々はローマに飛んで、ペレ＝デ＝クエヤル事務総長に報告した。後継者も選ばれて喜んでいたペレ＝デ＝クエヤル

二七　訳註、欧州共同体の閣僚理事会議長。

は、ユーゴスラビアについてはあまり話すことがなかったらしい。我々は事務総長に伴われて、イタリア外相の元気溌剌としたジャンニ・ディ・ミチェリスに会いに行った。彼は、二、三週間前は国連が活動することに猛烈に反対していたのに、この時は、猛烈に賛成した。私が、それにはまずユーゴの親分たちがそれぞれの配下の過激派を取り締まれるかどうか、確かめてみることが必要であり、国連本部の手続きを踏まなければならず、活動の費用について五常任理事国と難しい折衝が必要となるであろう、と云うと、私を「また官僚のお出まし」と云って酷評した。

国連ニューヨーク本部に帰ると、フランスが安保理に即座に平和維持活動を了承する決議を出すように求めたが、非同盟諸国は「盟主」であるユーゴスラビア社会主義連邦共和国に国連がこのような形で介入することに納得が行かない様子で反対し、米国は、費用が嵩むことを懸念して、まず議会の承認を得なければ、この平和維持活動には賛成できないと云って反対した。国連事務局自体も、この段階での安保理の決議は　時期尚早であると見て、停戦違反が収まらないことと、いつまでも人民軍に対する封鎖が解けないことの方を懸念していた。ヴァンスはすぐにユーゴに戻りたがったが、何度停戦合意をとりつけても、その直後から違反が始まるので、私は、ヴァンスが出向くのはもっと深刻な危機に備えて控えておくべきであると強く主張した。その代わり、ヴァンスの上級顧問のハーブ・オクンがザグレブへ派遣され、トゥジマン（クロアチア大統領）に自らやると云ったことをやるように説得を試みることになった。しかしヴァンスはどうしてもオクンの後を追って、二、三日後に私と一緒にユーゴに向かうと云って聞かなかった。そうこうしているうちに、ユーゴ人民軍がドゥブロフニク[二八]に対する砲撃を再開し、トゥジマンに対して独自の圧力をかけ始めた。その結果、当時フランス政府の人道活動相であったベルナール・クシュナー[二九]が、これ以上の砲撃を抑止するため、国連がイラクに派遣したような国連警備隊[三〇]を配備させたいと考え、週末の間、私に対して情け容赦のない電話攻勢をかけてきた。私は両当事者の様子を実際にこの目で見て来ていたので、そんなものを配備したら、国連の無力さを満天下に曝すだけであることが分かっていた。

一九九一年一二月一日、ヴァンスと私は再びベルグラードにやって来た。この時は、我々国連の一行には**派遣活動部長**のベフルーズ・サドリも含まれていた。彼は喧嘩腰であった。

二八　訳註、クロアチアのアドリア海に臨む港町。
二九　訳註、後に一九九九年、国連コソボ暫定行政使節（UNMIK）長官となる。
三〇　訳註、本書360頁参照。

曰く、我々の案はうまく行く筈がなく、国連事務局には既にカンボジアとアンゴラですることがあるので、さらに大規模な平和維持活動を背負い込む余力がない、と。私はこの二番目の点には全く同感であり、一番目の点も、ある程度共感するところがあった。ヴァンスと私は、主にジュネーヴで合意された停戦の違反と両当事者に双方の非正規軍を取り締まる力があるのかどうか、あるいはその気があるのかどうか、ということを懸念していた。カディエヴィッチ（ユーゴ国防相）は、セルビア系非正規軍のいくつかは自分の統制が効かないことを認めた。ミロシェヴィッチはそれほど正直ではなく、ヴァンスが、平和維持活動を望むのであればスラボニア地区とクラジナ地区のセルビア系指導者であるハジッチとバビッチに平和維持活動を承諾させなければならない、と云っても明確な回答を避けた。ミロシェヴィッチは、欧州共同体はどうなっているのか、ということの方が気になっていた。ドイツはスロベニア共和国とクロアチア共和国の分離独立を一二月一〇日までに承認することに飽くまでこだわり、実は、欧州共同体の政治委員会がその日に会議を開いてセルビアに対する制裁の強化を協議することになっていた。それでミロシェヴィッチは、こういうことで欧州共同体はまだ仲介をする資格があるのか、と尋ねたが、決して不当な疑問ではなかった。ヴァンスも同じ疑問を持っていたが、口に出して云うわけにはいかなかった。

なぜ、ドイツがこの時スロベニア共和国とクロアチア共和国の分離独立の承認にこれ程までにこだわり、その僅か一ヶ月前にローマで決まったばかりの、新国家の承認はユーゴ問題全体の解決と連結するという賢明な方針を放棄することに、これ程までに熱心であったのか、今もって分からないままである。また、英国とフランス、そして米国までもが、分離独立を承認するととんでもないことになるのがこれ程歴然としていたのに、どうしてドイツの思うままにさせてしまったのか、今もって分からない。ドイツの動機については、様々な説が挙がった。国の再統一後、欧州を指導するという欲望。カトリックのバイエルン州からの南方の新カトリック諸国との関係を強化せよという圧力。ドイツの歴史的なセルビアとの敵対関係と第二次世界大戦中のドイツの同盟国であったクロアチアとの友好関係。地中海への出口[三一]。どの説も、一九九〇年代の欧州では説得力に乏しかった。ドイツの同盟国の方に関して云えば、承認問題は一九九一年一二月に締結された欧州連合に関するマーストリヒト条約の交渉の一要素になったという説がある。特に、英国がスロベニアとクロアチア独立の承認を了承することは、ドイツが社会政策の統合に

三一　訳註、（スロベニアと）クロアチアはアドリア海に面する。

ついてはマーストリヒト条約ではなく、英国が署名しない別の合意書に入れるという英国の要求を呑むことと取引されたと云われる。しかし、この点は英国政府が一度も認めたことがないし、仮に本当であったとしても、なぜフランスがドイツの思うようにさせたのか、不明のままである。この謎は、マーストリヒト条約交渉の詳細が公開されるまで、解決されないであろう。

その一二月一日の午後、我々はボスニアに住むセルビア系住民の指導者で、精神科医で詩人でもあるラトヴァン・カラジッチに会った。激しく乱雑でケダモノのような目つきをしたこの男は、精神病患者を診る医者というよりも、精神病患者そのものに見えた。そして、我々にボスニア共和国の国制について講義をした。三種の国民ないし住民から成る一つの共和国。重要な決定は、三種の民の全てが合意しなければできない。これは国連部隊をボスニアに配備することにも当てはまる。セルビア系住民の指導者として彼は、国連部隊の配備には強く反対する。イゼトベゴヴィッチ（ボスニア大統領・イスラム系）が国連部隊の駐留を望んだのは、単にそうすれば、ボスニアの分離独立を進め易くなると考えたからに過ぎない。イゼトベゴヴィッチは（イランの）ホメイニ師よりももっと強硬な原理主義者であり、ボスニアのイスラム系住民の高い出生率からすれば十年後にはイスラム系が過半数を超えるだろうから、その時にボスニアを厳格なイスラム教国家にする魂胆であることを忘れてはならない、などと語った。

翌日、我々はまだユーゴ人民軍の包囲が解けないクロアチアの東スラボニア地区の中心都市オシエクを訪ねた。ダリーという名前の町で我々は人民軍の軍団長から、野戦司令部に接収されていたカトリックの大きな教会の中で、血生臭く、嘘だらけの状況説明を聞かされた。ジュネーヴでの合意までは軍団長の任務はドナウ河右岸の「ウスタシ」軍を撃破することであったが、ジュネーヴでの合意以降は軍団も非正規軍も一発も銃弾を放ったことはない。非正規軍も完全に自分の統制下に置いている。オシエクに対して無差別攻撃をかけたことなどはない。しかし、オシエクの建物のいくつかは、クロアチア系の連中が自分たちの政治的宣伝の材料にするために、自分で壊したのである、と語った。この最後の点は、どの当事者でも「違反行為をした」と云われた場合の標準的な回答になっていた。「相手方が、こちらのせいにするために、自分たちでやったことだ」と。

オシエクに行くためには欧州共同体の監視員に付き添われて前線を越える必要があった。ヴァンスは、ハーブ・オクン顧問に強く云われて、我々に付いて来ていた記者たちも前線越えに連れて行こうとした。私は、それは良くないと助言した。実際に戦争中の前線を越えるのは、一番良い時でも危険で、カメラは特に嫌われる。我々としては、記者を一人だけ代表で連れて行って、中立地帯ではビデオも写真撮影も一切なし、ということにすべきであると云った。ヴァンスがこの助言を聞き入れてくれて胸をなで下ろした。私は、初めてヴァンスとここに来た時以来、彼が報道関係者に対して無頓着であることを憂慮し、一度、一日中ずっと即興で時折一貫性に欠ける話をしゃべり続けるのは止めて、毎日朝と晩に一回ずつ声明を発するようにすべきであると云って、聞き入れられなかったことがあった。

ユーゴ人民軍の前線は泥まみれの塹壕で、背後にズラッと機甲部隊と野戦砲が並んでいて圧巻であった。中立地帯は幅約一キロメートルのまだ収穫が済んでいないトウモロコシ畑であった。道路は一目瞭然銃撃を受けており、破壊されたままの車両やへし折られた木々が、我々の行く手に次々に目に飛び込んできた。ある地点できれいな針金が何本か行く手を遮って張られている所に出た。デンマークの「平服」の監視員が我々の小さな一行を先導していたが、このウッカリしていると命にかかわる罠にもしっかり対応し、ライターで針金を焼き切って、これは針金に引っかかると起動する対戦車ミサイルの残骸だと云った。我々がクロアチア側の前線に近付くと、通過できるように対戦車地雷が手馴れた手つきで除去されていった。我々を出迎えたのは欧州共同体の監視員たちであった。彼らにとってはユーゴ人民軍だけが悪者で、その人民軍に対する義憤はBBCのケイト・エイディも顔負けの強烈なものであった。そのエイディも我々を出迎えた記者たちの中にいた。オシエクの町はあまり損傷は激しくないように見えたが、病院へ行ってみると、最近相当の砲火を浴びた痕が残っていた。

ベルグラード（セルビアの都）に戻る途中、我々はダリーに立ち寄って例の軍団長の不誠実な状況説明について叱責した。軍団長は（この日カディエヴィッチ国防相が認めたように）、ジュネーヴでの停戦合意のあとセルビア系「領域防衛隊」がオシエクを北から砲撃したことを認めたが、人民軍そのものが停戦に違反したことはないと云った。これもまた、ユーゴ戦争のあらゆる当事者がつく嘘の典型であった。ある日、本当に真剣な顔をして心から違反行為はやっていないと云った当の本人が、次の日、違反行為の証拠を見せ付けて迫ると、ニコッと笑ってああ、そうでした、とシャーシャーと違反行為を認め、その後、平和の回復のためには、信頼関係と誠実さが必要であると説教すると、ブスッと忌々しげに顔を背けてしまうのである。我々は日没の頃ダリーをあとにした。夕日が、霧と（司令部になっていた）大きな教会と迷彩色が施された司令車両の背後から輝いて見え、思い出になる瞬間であった。その夕日を背にして、軍団長は別れを告げながら、ギュッと私の手を潰れるほど強く握りしめた。

ザグレブ（クロアチアの都）では全員機嫌が悪かった。トゥジマン（大統領）と閣僚たちはドゥブロフニクが砲撃されたのは国連のせいであるとして、オクン（ヴァンスの顧問）がユーゴ人民軍の兵舎と、この前来た時には発生していなかったが、同軍の所有する飛行機整備工場に対する封鎖を解除するように圧力をかけていることを苦々しく思っていた。しかし、クロアチア側はヴァンス計画の最新版にはとりたてて反論はしなかった。我々はまたベルグラード（セルビアの都）に戻って、ミロシェヴィッチ（大統領）に会い、クロアチアのセルビア系住民の指導者ハジッチとバビッチにヴァンス計画を受諾させるように説得することになった。ミロシェヴィッチは形式的な動議を出して議事の進行を妨害した。この事案は、連邦大統領府（形の上ではまだ八人の大統領がいる）の管轄である。自分はセルビアの大統領でしかない。たまたまハジッチもバビッチもベルグラードに来ている。グールディング〈原著者〉が行ってもう一度話をしてみたらどうか？　グールディングはそうしたが、二人は一寸も立場を変えようとはしなかった。「危機にある地区」（この頃は国連側は「国連保護区」[三二]と呼ぶようになりつつあった）の非武装化は受諾できない。住民は武器を手放したりはしない。「セルビア系クラジナ共和国」はクロアチア共和国と対等に扱われなければならない。ずっとバビッチの方がしゃべっていた。バビッチは歯医者であったが、上手に歯をゆっくり抜いて（こちらの攻撃力を奪って）いった。

翌日、サラエボ（ボスニアの都）ではイゼトベゴヴィッチ（大統領）とスィライジッチ（外相）は以前にも増して事態を憂慮していた。欧州がスロベニア共和国とクロアチア共和国を独立国として承認してしまうと、ボスニアで戦争を誘発してしまう。人民軍がセルビア系住民を支援するためにまた介入してくる、ということであった。二人は我々にボスニアの三つの住民（イスラム系、セルビア系、クロアチア系）の代表者たちとボスニアに平和維持活動の部隊を配備する可能性について話し合うように要請した。我々はそうしたが、この会議は心苦しく大いに悩ましいものとなった。議場は大統領府の広い一室で、半円形の机に六人が着席した。イスラム系代表ルスミル・マフムチエハジッチ、セルビア系代表カラジッチ、クロアチア系代表ステパン・クリュイッチ、通訳の温厚な中年の婦人、ヴァンスと私であった。イスラム系とクロアチア系代表は、「セルビアの覇権を阻止するため」ボスニアに国連部隊を配置することに大いに賛成した。セルビア系代表カラジッチは強く反対した。イスラム系とクロアチア系の二人が

三二　訳註、The United Nations Protection Areas (UNPAs)。

明確にしたように、国連部隊が駐留すれば連中の分離独立運動の促進のために悪用される。ボスニアに住むセルビア系住民は「単一の連邦国家」の保護がない限り、生きていけないと述べた。「単一の連邦国家」とは、どうやらユーゴスラビア社会主義連邦共和国を承継すべき、セルビア系住民を相当数含む旧構成共和国全てをまとめた国を指すもののようであった。この会議は所々で三人の代表の各々が他の代表の一人ないし二人に対して、相手方の住民が自分の所の住民に対してやったことについて、毒々しくののしりかけた。あまりにひどい論戦となったため、通訳の婦人が一度ならず泣き崩れた。それで、イスラム系代表がかがみこんで足元の書類入れから何かを取り出そうとした時、私は一瞬銃を取り出すのではないかと思ってハッとした。それは実際には第二次世界大戦中にイスラム系住民を襲った大虐殺事件を恐ろしいほど生々しく写した写真入りの本であった。もはや、戦争はあと数日に迫っていて、国連にできることは、ドイツにスロベニアとクロアチアの独立を承認しないように説得する以外、ほとんどないという気がした。我々がイゼトベゴヴィッチ（ボスニア大統領）と昼食をとっている所へ、ユーゴ人民軍がクロアチアの南西端に位置するドゥブロフニクと北東端に位置するオシエクに対して同時に爆撃を加えたという知らせが入った。意図は明白であった。ヴァンスはガディエヴィッチ（ユーゴ国防相）に火のような抗議声明を送った。

我々はベルグラード（セルビアの都）に戻ってミロシェヴィッチ（大統領）にも抗議した。彼は自分も我々と同じくらい衝撃を受けたとわざとらしい返事をした。我々が、例の（クロアチアのセルビア系住民指導者である）歯医者とその仲間に会っても、全く話にならなかったと報告しても、何も関知していない振りをした。曰く、クラジナ地区と東スラボニア地区は本物の自治区で、セルビア共和国からは何の命令も受けない。しかし、地区住民には自分から、政治的に地区指導者の頭越しに呼びかけて、住民の利益は本当はどこにあるのか理解させるようにしましょう、と。次の日、カディエヴィッチ（国防相）の方も、爆撃については悪かったというような素振りで、関係司令官には処分があるでしょうと云った。（閉鎖社会でこういう空虚な確約をすることは何と楽なことか。）しかし、彼が本当に気にしていたのは、独立承認問題であった。もしドイツのやりたいようにさせたら、ユーゴスラビアは本物の戦争になるでしょう、と。これはセルビア系とイスラム系の双方の云い分が一致する数少ない問題の一つであった。

次期国連事務総長に選出されたばかりのブートロス・ブートロス＝ガリは、ニューヨークに居て、ニューヨークで私に会いたいと云ってきた。私としては、平和維持活動を新たに構想している大事な時にヴァンスから離れるのは気が進まなかった。それで、そのかわりカイロで、一二月九日に会うことになった。ブートロス＝ガリはそのままユーゴスラビアに直行した。彼は深く憂慮していた。ここで失敗すると、国連という機構そのものの評価がガタ落ちになる。既にもう手遅れかもしれない。仮に、懸案の平和維持活動に反対であると勧告したとしよう。国連事務局はフランスその他から腰抜けと非難され、ユーゴスラビアの現地では恐ろしいことが起こるであろう。しかし、仮に賛成した場合、この平和維持活動は、おそらくユーゴスラビアの他の場所にも展開するように拡大されることになる可能性もあるが、とにかくその後間違いなく失敗する。そして、国連は全く不名誉な撤退を余儀なくされるであろう、と。彼は、私はどうするのが良いと思うか尋ねた。(新事務総長からの重い初質問！)もし停戦が次の一週間維持され、かつ、もしミロシェヴィッチがクロアチアのセルビア系住民を手離すことができる場合には、私は平和維持活動に賛成できる。そうなった場合に拒否することは、誠実に力を尽して撤退を余儀なくされるよりも、国連の評価を落すことになろう。もし、それでうまく行けば、それは国連にとって大きな成果となる。彼は納得したようには見えなかった。そして、彼の見通しは見事に的中することになった。

ブートロス＝ガリは、国連事務局については就任後最初の六十日以内に再編成を完了させるつもりであると語った。この二、三日前、私はエメから、私は残留するように云われると思うと聞いていた。この時の会話で、私はエメの云ったことは正しいという感触を得たが、ブートロス＝ガリは明確なことは何も云わないように慎重な口ぶりであった。それでも、これは良い会話で、私は彼が高い知性の持ち主であり、一つの問題を時間をかけて考え、簡単に思考の道筋から注意をそがれることのない人物であるという印象に間違いのないことを確認した。これは、会議が長くなることを意味したが、彼は、権力は分散するのが良いと信じていると云ったし、彼の直属の部下ではなく、各局の長が主要案件について実質的に責任を持つことを望んでいた。

ニューヨークの国連本部では、フランスが、英国からある程度の支援を受けながら、ユーゴスラビアで本格的な平和維持活動を始める前に、ちょうどその当時カンボジアに派遣していたような軍事監視団を、先遣隊として即座に配備するように圧力をかけていた。しかし、ユーゴスラビアの現地の様子を見てきた我々は、オクン顧問以外は、そういうことは、ミロシェヴィッチ(セルビア大統領)がバビッチとハジッチ(クロアチアのセルビア系指導者)を手離さない限り、時期尚早だと考えた。一九九一年一二月一五日、安保理は平和維持活動についての事務総長の計画を了承したが、まだ活動を始めるという決定を下すための条件が整わないという事務総長の見解も支持した。安保理は準備使節を派遣するとだけ決定した。

その間、ペレ=デ=クエヤル（事務総長）はキャリントン[三三]と同様に、ゲンシャー（ドイツ外相）らに対してスロベニアとクロアチアの独立の承認を遅らせるように強く要請する書簡を出したが、無駄であった。一二月一五日と一六日に開かれた欧州共同体外相会議において、ゲンシャー（ドイツ）は他の十一ヶ国の外相をギロッと威圧的に睨みつけて、欧州共同体から独立の承認を求めるユーゴ構成共和国は七日以内に申請するように督促すること、申請は特別委員会が欧州共同体の承認基準（主に少数民族の権利に関するもの）を満たしているかどうか審査すること、そして特別委員会は一九九二年一月一五日までに報告書を提出することに決めた。しかしドイツは、スロベニアとクロアチアに関しては、例え欧州共同体の承認基準を満たさなくても（結局クロアチアは基準を満たさなかったが）、何が何でも承認することを確認した。ボスニアでは戦争を告げる太鼓の音が一層激しく打ち鳴らされた。私は欧州共同体の各国が（そして米国が）なぜ、みすみすこのような大惨事を起こるに任せたのか、今もって全く理解できない[三四]。

三三　訳註、欧州共同体のユーゴ問題会議議長。
三四　訳註、スロベニアは二〇〇四年五月一日ハンガリー・チェコ・スロバキア等と一緒に欧州連合に加盟した。

ブートロス=ガリは一九九一年のクリスマス直前にニューヨークにやって来た。クリスマスの前日のペレ=デ=クエヤル（事務総長）とヴァンス（そのユーゴ担当特使）との会見で、彼は、ユーゴスラビアからはできるだけ早く手を引きたいと述べた。国連が世界中のあらゆる問題に責任を負わなければならないという法はない。ユーゴスラビアは欧州の問題である。欧州人に任せておけばよい、と。最初のうち、ペレ=デ=クエヤルもヴァンスも私と同様、この方針に従い、ダヤル（事務総長官房長）だけが反対していた。しかし、三日後、オクン（ヴァンスの顧問）が現地から戻ってきて、熱心に国連の介入を訴えたので、ヴァンスは国連の介入できる条件を整えるようにもう一度だけ最後の努力をしてみることに決定した。私は、この時、クリスマスと一九九二年の年明けの間にエルサルバドル和平交渉が最大の山場を迎えつつあったので[三五]、ヴァンスに同行することはできなかったが、代わりに、私の局のユーゴ班長タルールを遣わして、ヴァンスに平和維持活動の問題について助言させることにした。カンボジアとアンゴラでの活動に加え、この時エルサルバドルでの活動を緊急に拡大することになり、その上、もう一つユーゴスラビアで平和維持活動をすることになると考えると、もう気が遠くなりそうで

三五　訳註、本書第13章参照。

あった。しかしヴァンスは、ミロシェヴィッチ（セルビア大統領）がしっかりとハジッチとバビッチに云うことを聞かせると請け負ったことと、新たなこれまで以上に詳細な停戦合意を取り付けたことで、何とか、乗り気でないブートロス＝ガリを説得し、まず当事者が停戦を維持するのを手助けする五十名の「軍事連絡将校」を派遣させることに成功した。ブートロス＝ガリは、しかし、この停戦が少なくとも四週間は持続しない限り、本格的な平和維持活動は勧告しないと云った。

しかし、停戦は持続しなかった。それで、私は一九九二年一月末、西サハラにちょっと立ち寄った後、ユーゴスラビアへ行って、進路を探ることになった。一番の問題は実は停戦ではなかった。それは、両当事者が我々の計画の基本的なところを受け容れようとしないことであった。最初からヴァンスと私は、伝統的な平和維持活動を行うという立場であった。その目的は、欧州共同体のユーゴ問題会議が当事者の政治的解決へ向けた交渉を手助けしている間、戦闘行為の再発を防止することにあった。その目的のために、停戦と、セルビア系支配地区の非武装化と代わりの国連による保護と、両当事者の大型兵器を合意された場所に引き揚げることが考えられた。これらの措置は、最終的な政治的解決のあり方を予め規定してしまうものではなく、平和維持活動における標準的な慣行として、暫定的な臨時の措置である。我々がこの時に直面した本物の問題は、クロアチア政府とクラジナ地区のセルビア系住民の双方が、このような平和維持の措置を何とか操って、国連の立場からは本来政治的交渉によって創られるべき状況を、既成事実として予め創ってしまおうとしていたことであった。

クロアチア政府は、例えば、一九九一年のセルビア系地区住民の蜂起で一掃されてしまったクロアチア共和国側の警察その他の地方行政機構を暫定期間中に復旧させ、クロアチア共和国憲法が遵守されることに固執した。これに対しては、我々は否と云わなければならなかった。我々の平和維持案は、クロアチアの中のセルビア系住民が多数を占める地区の将来の地位について、政治的決着が合意されるまでの間、（非武装化と兵力引き離しを除いて）現状を凍結することであった。しかし、この案は、クラジナ地区のセルビア系住民を満足させるには至らなかった。彼らは、自分たちが「クロアチアの中に」居るという発想そのものを拒絶した。彼らは民族自決権を行使して、クロアチアから分離独立した。国連はこのことを尊重しなければならない、ということであった。彼らはまた、国連軍に自分たちを保護する力があるかどうか疑った。三年後（一九九五年に）現実に証明された通り、この疑念は正当であった。もし、クロアチア政府が力ずくで同地区を奪還すると決めたら、国連軍は本当に戦う気があるのか？トゥジマン（クロアチア大統領）の「安保理の友人たち」（即ち米国）がいつの日か、国連軍の任期更新に拒否権を行使しないという保証がどこにあるのか？

　私は、ベルグラード（セルビアの都）ではまずユーゴ人民軍の参謀長ブラゴエ・アジッチ大将と会見した。彼は、セルビア政府はヴァンス計画を全面的に支持することに変わりはない。人民軍は一糸乱れず統制されている。人民軍が、停戦が署名されてから発砲したのは僅かに三十一回で、どれもクロアチアから攻撃してきたので反撃したもので、クロアチアの攻撃のために人民軍の兵士が二十四名死んだ。しかし、「危機にある地区」のセルビア系住民は本当に怯えている。国連は住民が安心できるようにしなければならない、と述べた。

　東スラボニア地区（クロアチア）のセルビア系指導者ハジッチに会ってみると、ミロシェヴィッチ（セルビア大統領）がクロアチアのセルビア系住民をきちんと統制する努力をしてきたことを確認できた。ハジッチは東スラボニア地区が「クロアチア領内にある」という表現が気にかかると云ったが、私が何もセルビア系住民の側の主張を侵害するものではなく、このことは国連事務総長の安保理宛の報告書にもしっかりと明記されると請合った時も、注意深く耳を傾けていた。この条件のもとに、ハジッチは我々の計画を了承した。西スラボニア地区のセルビア系指導者からも、同様の確約を得た。

　しかし、クラジナ地区の中心都市クニンでバビッチと会見してみると、このセルビア系指導者に対してはミロシェヴィッチの説得も力が及ばなかったことが示された。バビッチ曰く、ヴァンス計画は一九九二年一月一五日に欧州共同体がクロアチア独立を承認したことで、時代遅れになった。国際法の「事情変更の法理」を想起しなければならない。今や、クラジナ地区のセルビア系住民はクロアチアによる侵略の犠牲になるかもしれないのに、どうして国連はこれを非武装化し、ユーゴ人民軍による保護を拒絶するように要求することができるのか？どうでも非武装化しなければならないのなら、仮想敵同士の間で公正に均衡を保ちながら行うべきである。ミロシェヴィッチはヴァンス計画を受け容れたかも知れないが、クラジナ地区のセルビア系住民は受け容れていない、と。バビッチは、我々を常に困らせ続けたが、私はこの男が気に入り、この男の頭脳と、この男が自分の民の利益であると考えるところを臆することなく守ろうとして頑張る姿に感銘を受けた。今になって、アンゴラ政府に対してナミビアが独立すればサヴィムビの反政府ゲリラの戦闘能力を奪うことになると信じさせたこと[三六]は、誤りだったと思うのとちょうど同じように、クラジナ地区のセルビア系住民に対して、

三六　訳註、本書183〜184頁参照。

国連は彼らをトゥジマン（クロアチア大統領）による民族浄化（異分子を消すこと）から保護することができると説得しようとしたことは、間違いであった。一九九五年八月、トゥジマンが牙をむいてクラジナ地区に襲いかかった時、国連軍は守りきれなかったどころか、ほとんど守ろうともしなかった。

ラトゥコ・ムラディッチ将軍もクニン（クラジナ地区の中心）にいた。彼は一九九〇年にユーゴスラビア社会主義連邦共和国が分裂した場合に備えて、大セルビアを建設するためセルビア共和国の外に住むセルビア系住民を組織立て、武装させる秘密計画を立案したユーゴ人民軍将校の一人であった。私は、ムラディッチとはバビッチと別々に面会した。ムラディッチも結局同じことを話したが、強がってハッタリをかまし、直接的で、バビッチのようにクラジナ地区の主張を筋道をたてて論じるのとは全く違った。この男もまたクロアチア軍からセルビア系住民を保護する国連の力をバカにしていた。彼の軍団は、クラジナ地区の一部しか担当していなかったが、それでもクラジナ地区だけでなく、東西両スラボニア地区をも担当すべく提案されていた国連軍よりもはるかに強大であった。私は、国連軍の抑止力とは政治的なものであって、軍事力ではないと説明しようとしたが、議論の噛み合うところがなかった。次の日の未明、ムラディッチはタルールと私が接収していた凍えるような人民軍施設まで朝食にやって来た。

彼は、自分の過去について語るように云われて、第二次世界大戦中に彼の両親がクロアチアの「ウスタシ」にどのようにして殺害されたかを、淡々と事件を伝えるように話した。

ザグレブではトゥジマン（大統領）は、周知のクロアチアの立場を改めて表明した。クロアチアの主権を尊重すること。クロアチア系の家を追われた人々を元に戻すこと。そして、彼は国連の活動期間は六ヶ月、長くて一年、と付け加えた。私は、それでは到底相手方の承諾するところにならない理由を説明した。すると、トゥジマンは妥協案を提示した。国連の活動は文官が指揮し、その文官が適切な協議を行った上で暫定評議会の評議員を任命し、この暫定評議会が、国連による新評議会の評議員選挙までの間、警察を含む地方行政について責任を持つ。評議員選挙は、国連の文官の指揮官が、家を追われた住民がどれだけ元の場所に帰還できるかを考慮に入れた上で、その日取りを決定するというものであった。私は、この提案を相手方に提示すると約束はしたが、受け容れられるかどうか、怪しんだ。受け容れられなかった。ベルグラード（セルビアの都）では唯一の障害はバビッチ（クラジナ地区セルビア系指導者）だけであり、セルビア共和国の方で何とかするという話であった。少々遅れるかもしれないが、国連は準備を進めるべきであると。

事務総長は、安保理宛にぶっきらぼうに、トゥジマン（クロアチア大統領）はこの間平和維持計画を無条件に受諾するとヴァンスに伝えたが、その立場を変えた、と報告書を出した。バビッチの立場からすると、国連軍を送ってもクラジナ地区のセルビア系住民から協力を得ることはできそうにない。国連軍の配備はまだ勧告できない、と。ヴァンスが行ってトゥジマンを何とかすることになり、書面で平和維持の構想と計画の両方について本人の無条件の受諾を取り付けた。ミロシェヴィッチ（セルビア大統領）はバビッチをベルグラードに呼びつけて力ずくでこの計画を受諾させようとした。バビッチは拒否した。ミロシェヴィッチは、それで、クニン（クラジナ地区の中心）の警察長官ミラン・マルティッチの協力を得て、クニンのバビッチの本拠地から離れたところでクラジナ地区集会を開くことにした。バビッチはこの措置を違法として出席を拒否した。集会は圧倒的多数でバビッチを罷免し、計画を受諾した。

こうしてブートロス=ガリが安保理に新平和維持軍の設置を勧告する道が開かれた。当時のユーゴスラビアの地名をめぐる複雑な政治的対立のため、この平和維持軍の名前には一切地名は入れないことになった[三七]。我々は、これを「**国連保護軍**」[三八]と呼んだ。保護されることになっていたのは、勿論クロアチアのセルビア系住民であった。司令部はサラエボ（ボスニアの都）に置かれることになった。この案は、一九九一年一一月にイゼトベゴヴィッチ（ボスニア大統領）が最初に口にしてから賛同者が増えた。ヴァンスはこれはボスニア情勢を安定させる効果があると信じて賛成し、私は不偏不党の場所ということで賛成した。改めて振り返ってみると、我々は、ボスニアで戦争になる可能性が高かったことと、国連保護軍の司令部をそういう場所に置くとどういう結果になるか、もっと注意を払うべきであったと思う。

国連保護軍はクラジナ地区に二管区、西スラボニア地区に一管区、東スラボニア地区に一管区の計四管区を置き、各管区に配備されることになった。この活動は大規模な政治、法律、警察、情報の機能を持ち、各管区に民政部を置くことになっていたが、軍人が統率し、民政部長がこれを補佐することになった。このような平和維持活動の全般的責任者には事務総長の文官の特別代表が任命されるのがもっと普通であるが、この時は、平和維持活動を担当する国連と、政治交渉を担当する欧州共同体の役割分担を明確に残すためにそういう方式は回避された。国連保護軍の核となるのは増強された歩

三七　**原註**、同様の理由で、一九七四年にシリアのゴラン高原に配備された国連軍は「国連兵力引き離し監視軍」（UN Disengagement Observer Force）とだけ命名された。

三八　訳註、The United Nations Protection Force (UNPROFOR)。

兵大隊十二個大隊で、その兵力は総勢一万三千人を超え、同時期にカンボジアに配備されることになっていた兵力とほぼ同じであった。文民警察は五百名以上。軍司令官はインドのサティシュ・ナムビアル中将。その民政部長はセドリック・ソーンベリーで、以前ナミビアで似通った任務を担当した経験があった[三九]。一九九二年二月二一日、安保理は事務総長の勧告を了承し、一年の任期で**国連保護軍**の設置を決めた。

こうして国連史上最大の平和維持活動が誕生した。その最初の一年間に安保理は十二の決議を採択して新たな任務を追加していった。結果的に四年間現場で活動し、一九九五年に総勢五万七千人の最盛期を迎えた[四〇]。（本書執筆時点でも）極小規模な部隊がクロアチアのプレヴラカ半島に残留してい（た）[四一]。

三九　訳註、本書第10章（184頁、188頁）参照。

四〇　訳註、国連保護軍は一九九五年三月三一日に国連信頼回復活動（UN Confidence Restoration Operation, UNCRO）（クロアチア）と国連予防配備軍（UN Preventive Deployment Force, UNPREDEP）（旧ユーゴ「マケドニア」）が分離。残りも同一二月に国連ボスニア・ヘルツェゴビナ使節（UN Mission in Bosnia and Herzegovina, UNMIBH）に改組。一九九六年二月一日に国連信頼回復活動（クロアチア）は国連プレヴラカ監視員使節(UN Mission of Observers in Prevlaka, UNMOP)を残して終了した。

四一　訳註、原文訂正。国連プレヴラカ監視員使節（UN Mission of Observers in Prevlaka, UNMOP）は二〇〇二年一二月一五日に終了した。

ナムビアル司令官以下重役たちは一九九二年三月中旬にサラエボに着任した。国連保護区の情勢は目が離せなかった。停戦違反の訴えは日に平均百件を数え、クロアチア側もセルビア側も、国連保護軍が配備される前に既成事実を作ってしまおうとして異系の住民を追い立てた。サラエボそのものでも緊張が高まり、国連ニューヨーク本部で我々は、国連保護軍の司令部をサラエボに設置したことを悔やみつつあった。ナムビアルは兵をできるだけ早く配備するように迫り、安保理も迅速にこれを許可した。

しかし、安保理は既にオーストリアとハンガリーに率いられて、国連保護軍のクロアチアにおける任務よりも、悪化の一途を辿るボスニア情勢の方にもっと注意を傾けていた。この時、オーストリアとハンガリーが同時に安保理の（非常任）理事国になっていたことは、偶然ではあったが、両国がかつて二重帝国としてボスニアとクロアチアを支配したこと、そして両国が歴史的にセルビアに対して敵対的であったことに鑑みると、不幸な事態であった。両国の代表が安保理に持ち込んだ強烈な偏見は、安保理がこれからボスニアで直面することになる数々の非常に難しい局面を切り抜けて行くためには、ありがたくなかった。

少なくともこの一年前から、もしユーゴスラビアが全般的な政治的解決によらずにバラバラに分裂した場合、ボスニアで戦争になることは自明となっていた。ミロシェヴィッチ(セルビア大統領)が大セルビア建設の野望を抱いていることは、よく知られていた。この野望は、ボスニア北部がセルビアの支配下に入らない限り実現することはできず、さもなければクラジナ地区のセルビア系住民はセルビア共和国から切り離されてしまう。同様にトゥジマン(クロアチア大統領)がボスニア(・ヘルツェゴビナ)共和国のうち、クロアチア系住民が過半数を占めるヘルツェゴビナ西部[四二]を併合しようと狙っていることもよく知られていた。(彼は、ある時、「グールディングさん、ヘルツェゴビナ西部はクロアチアの最も素敵な一部であることを覚えておくことですな」と云ったことがある。)そしてクラジナ地区と東西スラボニア地区においてセルビアとクロアチアの敵対関係が続いている最中に、セルビアとクロアチアの指導者たちがボスニア分割を協議していたことは、公然の秘密であった。しかし、ボスニアがクロアチアとセルビアの間で分割されることになれば、イスラム系住民はどうなるのか? ボスニアは三重民族国家として維持する方が良いと思われた。さもなければ、ボスニアを分割し、イスラム系住民(人口の四三・七%)は、分割後僅かに残る小さな国家を保持するようにする他なかった。いろいろ賢明に考えた結果、国際社会は分割案は取り上げず、ボスニアを三重民族国家として維持すべく和平への努力に集中した。この方針に基づいて一九九五年一二月のデイトン合意で、戦争は終ることになったのである。この和平が持続するかどうかを判断することはまだ早過ぎる。

一九九一年一二月に欧州共同体がボスニア共和国の分離独立を承認するという話を持ちかけた時、その条件は住民投票の実施であった。住民投票は一九九二年二月二九日と三月一日に実施されたが、その時までにボスニアのセルビア系住民は既に「スルプスカ[四三]共和国」の独立を宣言していた。数日のうちにボスニア北部で戦闘が始まり、セルビア系軍がセルビア共和国とクラジナ地区を結ぶ回廊を支配下に置き、他系住民を排斥し始めた。四月初旬までにこのボスニアでの戦闘が安保理の中心的なユーゴ問題となっていた。ヴァンスと私が国連保護軍の司令部をサラエボ(ボスニアの都)に置いたのは間違であったことが、困ったことに 明白となっていた。

四月中旬にブートロス=ガリはヴァンス(特使)をボスニアに派遣した。この直前に停戦合意が成立したばかりであったが、守られていなかった。もう、いつものことであった。

四二 訳註、概略で云うと、ボスニアが北部、ヘルツェゴビナが南部。

四三 訳註、セルビア系の土地の意。クロアチア領内の「セルビア系クラジナ共和国」も同じ言葉を使っていた。

ヴァンスは帰ってくると憂鬱な報告をした。戦闘は広範囲に拡がって激化している。ほとんど統制のとれていない非正規軍同士が戦っている。既に二十五万人ほどの住民が家を追われた。脛に傷を持たない当事者はいない。イゼトベゴヴィッチ（ボスニア大統領）の望む平和維持活動を実施するため条件は整っていない。しかしキャリントン（欧州共同体ユーゴ問題会議議長）のボスニア担当の特使ジョセ・クティレイロというポルトガル外交官が取りしきっている政治的交渉はまだ可能性を残している。クティレイロは、ボスニアをスイスのような自治体連合[四四]にする可能性を探っている。まだこの段階ではイスラム系住民の受け容れるところとなっていないが、それでも、これが解決策となるかもしれないということであった。

四月末、ブートロス＝ガリはパリでミッテラン大統領と会い、ボスニアでも平和維持活動を始める勧告書を出すように圧力をかけられた。彼は、それはうまく行かないと疑問視し、当時の国連事務局にはもうこれ以上大規模な平和維持活動を取りしきる余力はないと心配していた。しかし、二日後、彼は私をボスニアに派遣して、可能性をいろいろ考えてくるように云った。私はユーゴスラビアに六日間滞在した。その間、ベルグラード（セルビア都）とサラエボ（ボスニア都）とザグレブ（クロアチア都）の間を回りながら、一度ベルグラードから東スラボニア地区へ国連保護軍の働きぶりを見に出かけた。

計画ではベルグラードから国連機でサラエボまで飛ぶことになっていた。しかし、銃撃のためサラエボ空港は閉鎖され、その為、ユーゴ人民軍がヘリコプターで我々をサラエボ市を見下ろす丘の上にあるカラジッチ（ボスニアのセルビア系指導者）の拠点パレまで運んだ。我々はパレの町のサッカー場に降ろされた。ナムビアル（国連軍司令官）が出迎えに来ているはずであったが、姿が見えなかった。二人の警官以外誰も見当たらなかった。一時間くらいして、「スルプスカ共和国」の通信社の社長を名乗る男が現れ、我々を事務所に案内すると云った。この男は、カラジッチ（セルビア系指導者）と会見するよう我々を招待した。私は、まずイゼトベゴヴィッチ（ボスニア大統領）に会うのが政治的に正しいと考えて、この申出を断り、ナムビアル（司令官）が来るまでその男の事務所で待つことにした。ナムビアルは丘の麓のセルビア系の検問所で何時間も足止めを喰らった末、ようやく現れた。セルビア系側がなぜこのようなことをしたのか、私をまずカラジッチに会わせるためだったのか、それとも単に誰が支配権を握っているかを見せつけるためだったのか、私には分からない。

四四　訳註、スイスは独仏伊ロマンスの四系統の住民が数多くのカントン（独立性の強い自治体）に分かれ緩やかな連合体（ラテン語でConfederatio, ドイツ語でEidgenossenschaft）を構成して一つとなっている。

サラエボは既に窮地に追い込まれていた。セルビア系の軍に包囲され、毎日砲火に曝されていた。食糧の供給は不足し、空港は普段閉鎖されたままで、公共交通機関は全て動いていなかった。経済活動も止まっていた。市中のユーゴ人民軍の施設は士官学校を含め、クロアチアでそうであったように、封鎖されていた。私が到着する二日前、国連保護軍の助力を得て、イスラム系側が市の中心部にある人民軍司令部の人員の安全な脱出を保障する合意が成立していた。しかし、人民軍の人員が国連保護軍の付き添いを受けながら狭い道を通って出て行く途中で、イスラム系民兵たちの銃撃を受け、無残に殺されてしまった。付き添った国連保護軍の将校たちはこの虐殺を止めようにもどうすることもできず、後でセルビア系民兵たちに罠にはめたと云い掛りをつけられ、侮辱され拿捕され武器を取り上げられた。

私がイゼトベゴヴィッチ（ボスニア大統領）を訪問すると、彼は市内を巡ってセルビア軍の攻撃による破壊のあとを見せたいと申し出た。私は、この前、ヴァンスと一緒にクロアチアのヴコバルを訪れた時の経験から、私自身がどこへ行くかを決めるという条件でこの申出を受けた。イゼトベゴヴィッチも了承した。こうして午後、我々は彼の大きなメルセデス・ベンツの装甲車両に乗って出かけた。彼が約束した通り私はまずユーゴ人民軍の人員が殺された道へ向かい、次に人民軍の兵舎とその他の封鎖中の施設を見させてもらった。それから、彼が私に見せたい所へ連れて行くように促した。彼は一番見て欲しいものはセルビア系が破壊した旧市街のモスクで、ユネスコ[四五]の世界遺産に登録されている場所であると云った。

そこは、報道関係者も来て取材していたが、破壊されたと云っても、どこが破壊されたのかよく分からなかった。単に石畳の道に割れたタイルが山積みになっていただけで、見渡したところ、周囲の建物には何の傷もなかった。突然銃声がちょっとの間だけ続いた。数百メートル離れたところで重機関銃が一丁射撃を行っただけだと判断できた。仕立てられたパニックが起こった。装甲ベンツは猛スピードで後ろへ下がった。我々全員、セルビア系銃撃犯よりもずっと装甲ベンツの方に身の危険を感じた。私はこの芝居に本当に頭に来てしまい、イゼトベゴヴィッチに対してレバノン内戦で首都ベイルートがどれだけ傷めつけられたか[四六]、その本物の破壊についてしっかり話し終えるまで、車の中に押し込められるのを拒否した。こうして私が銃撃に曝されながら勇敢に立ち

四五　訳註、The United Nations Educational, Scientific and Cultural Organisation (UNESCO)。
四六　訳註、本書第3章47頁参照。

振る舞ったように見えたことで、この様子をテレビで見ていた英国の視聴者から沢山の賞賛の手紙を戴いた。

サラエボ市の外でも、ボスニアはそこら中で戦争が起こっていたが、一貫した型というものはなかった。北西部ではセルビア系がイスラム系と戦っていた。北東部ではセルビア系がクロアチア系と戦っていた。東部ではセルビア系がイスラム系住民を家から追い立てていた。南西部ではクロアチア系がクロアチア共和国軍と一緒にユーゴ人民軍と戦っていたが、人民軍が撤退するや否や、クロアチア系とイスラム系がモスタル市とボスニアのアドリア海への出口であるネレトヴァ峡谷の支配権をめぐって戦うことになる。ヴァンスの訪問から一ヶ月の間に、家を追われた住民の数は倍の五十万人を超えた。

一九九二年五月一二日、ブートロス＝ガリは安保理に報告書を提出した。それは、あらゆる外国人監視員の見方が、現実に起こっていることはセルビア系による「民族的に純粋な」地域を作るという計画的努力によるものであるということで一致していると述べた。これは当時現場に来ていたほとんどの外国人監視員の見方を忠実に表現したものであったが、現実に起こっていた事態を正確に描写したものではなかった。見苦しい現実の姿はこうであった。セルビア系も本当に民族浄化を始めたが、自治体連合案が浮上するや、三種の住民たち各々が、自治共和国を作るにせよ、分割されるにせよ、各住民社会に一番ふさわしいように、住民の住み分けを行おうとしていたのであった。セルビア系側にとっては、これは彼らの夢である飛び地のない連続した大セルビアを実現するために支配する必要のある場所に住む自系住民を増強することを意味し、クロアチア系側にとっては、クロアチア共和国に隣接する支配地帯をできるだけ広く取って強化することを意味し、イスラム系側にとっては、できるだけ沢山の場所に足場を残して、ボスニア分割はイスラム系住民の利益に重大な損害を与えることなしには実現できないことを見せつけることを意味した。しかし、何十万ものボスニアの普通の住民にとっては、このような政治家たちの優先課題というものは、住民たちが長年手間隙をかけてきた家と土地を守りたいと思う願望に比べれば、大して重要なことではなかった。民族浄化は人の身も心もズタズタに引き裂いた。空からハッキリ目にすることができたが、幾万世帯の家々が破壊された。

この複雑極まりない紛争の中で、三当事者が一つ共有していたものがあったと、ブートロス＝ガリは報告した。それは、誰も国連に敬意を払わないことであった。国連相手の約束は守られない。国連要員は（私も含めて）自由に通ることもできず、銃撃に曝された。国連の所有物は盗まれ、国連の記章や制服は三つの当事者全てによって奪われた。しかし国連の平和維持活動に対する態度は異なっていた。イスラム系とクロアチア系はボスニアに「秩序を回復」し、少なくとも「通信を再開できるように」する部隊を望んでいた。実は、これは反セルビア系側につくことを意味していた。セルビア系は、ボスニアでの国連平和維持活動は望んでいなかった。ブートロス＝ガリは、こういう状況では平和維持活動を実施する条件は、国連保護軍がサラエボとモスタルで実施している活動（若干名の軍事監視員がいくらか命を危険に曝しながら行っていた）を除いて、存在しない、と報告した。欧州共同体が和平への努力を続けなければならないのであって、それが成功してはじめて、国連の平和維持活動も一つの可能性として考えられる。それまでの間、国連保護軍の司令部はサラエボに置いておくことはできないので、一時的にどこか他の場所に移す、と。

ブートロス＝ガリは、さらに国連保護軍のクロアチアでの活動も当事者が国連を軽視し、これと協力しようとしないため困っていると報告した。ヴァンス計画の重大な欠陥が一つ明るみに出た。計画では、国連保護区は政治的解決が交渉されている間暫定的にセルビア系住民が支配することになっていた。しかし、四管区設置された国連保護区には含まれないが、やはりセルビア系住民が過半数を占め、ユーゴ人民軍がなお支配している地区（「ピンク地区」として知られることになった）がまだ残っていた。セルビア共和国はこれらの地区も国連保護区に入れられることを望み、クロアチア共和国は人民軍とセルビア系非正規軍が直ちにそこから撤退することを求めた。私は、この問題にはいくらか責任を感じていた。一九九一年末にこれらの地区の人口統計や部隊の配置をもっと徹底的に調べていたら、国連保護区に入れられていたであろう。（それが当然良い解決である）。しかし、この時にはもう手遅れであった。トゥジマン（クロアチア大統領）はもはやこれ以上領土を譲る気はなかった。ブートロス＝ガリは、報告書の中でクロアチアの立場を支持し、ユーゴ人民軍とセルビア共和国当局に対して、国連保護区に入れられず、国連保護軍の保護を受けることのできないセルビア系住民の恐怖心を和らげるように影響力を行使するように要請した。

この報告書は安保理の理事国のほとんどを落胆させた。理事国の苦々しそうに拳を握り締める姿がたくさん見られた。理事国のほとんどは、国連はボスニアでもやれるという報告を望んでいた。しかし、事務総長はできないと云った。事務総長の議論は反論の余地はなかった。しかし、それでも「国連が何とかしなければならない」という思いが燻ぶっていた。ハプスブルク系の二国（本書では、オーストリアとハンガリーをひっくるめてこう呼ぶ）などは、セルビアをイラクやリビアと同列に並べてののしり、米国に対してこの「鼻つまみ者」にも爆撃をかけるように云った。これは、まだセルビアに対する空爆が現実のものとなる三年以上も前のことであった四七。そうこうするうちに、安保理は言葉数のやたらに多い決議を採択した。その中に事務総長への指示事項はたった一つしかなく、それは、国際的人道支援活動を護衛し、サラエボ空港の利用の安全を確保することの実現可能性と、ボスニアへの平和維持活動の配備について検討を続けることであった。

ブートロス＝ガリは検討した結果、二週間後の五月二六日に報告書を提出した。その頃にはサラエボの状況はさらに悪化していた。国連保護軍の司令部は引き揚げ、報道関係者を除いてまだ残っていた国際機関関係者は国連保護軍の軍事監視主任である豪州軍のジョン・ウィルソンという素晴らしい大佐が率いる小規模の一隊だけであった。民間人が大量に「第二次世界大戦後の欧州では前例のない規模で家から追われていた」。ブートロス＝ガリは、まだ人道支援活動を護衛する最善の道はそのような合意を取りつけて、それを尊重させることであるという考えを捨てようとはしなかった。問題は、ボスニアの紛争当事者の合意の尊重具合は情けないほど低かったということである。民族浄化は意図的に民間人を痛めつけることで進められていた。この結果、民間人に人道支援物資を運ぶ活動そのものが、関係する紛争当事者の戦争目的の邪魔をすることになり、人道支援活動家自身が武力攻撃の対象となった。単に人道支援物資を運ぶ車列に武装した護衛をつけることでは、ボスニアの戦争当事者による妨害や攻撃を抑止することにはならない。もし、万全を期すのであれば、相当の兵力を備えた軍隊を送り、輸送経路の障害を予め除去し、物資の搬送を護衛することが必要であった。もう少し抑えた目標としては、サラエボ空港を再開させる合意を取りつけ、包囲されたサラエボ市内での人道支援物資の配給を国連保護軍が護衛することであった。

事務総長の次の報告書は五月三〇日のもので、四月下旬にベルグラードでセルビア共和国とモンテネグロ共和国だけから成る新ユーゴスラビア連邦共和国の樹立が宣言されたことで発生した混乱を描写したものであった。この新連邦政府の下した最初の決定の一つは、ユーゴ人民軍の中の新連邦共和国の国民である者を他の四つの旧構成共和国から全員引き揚げ、残りの者は、平時の生活に戻すか新共和国の軍隊に再編入することにしたものであった。ボスニア共和国のユーゴ人民軍の人員の八〇％以上がボスニア籍を持ち、その大部分がセルビア系であったため、この決定で最大五万人の元人民軍兵士とその装備が（セルビア系）「スルプスカ共和国」の手に渡

四七　訳註、一九九九年春の北大西洋条約機構軍によるセルビア空爆（コソボ戦争）を指す。

ることになった。彼らはムラディッチ将軍の指揮下に入ると考えられた。ムラディッチ将軍は人民軍を辞すると即座にサラエボ市に対する夜間爆撃を命じた。これはベルグラードの人民軍指導部の命令を無視したものであったようで、裏切りの戦場ユーゴスラビアの症例の一つであった。安保理のこの前の決議の一つ前の決議で要請された通り、ブートロス＝ガリ事務総長は、ムラディッチ軍の解体を手助けする国際援助のあり方をいくつか分析した。どの選択肢も現実味のかけらもなかった。報告書は安保理をさらに苦悶させた。しかし、この報告書に触発されて、ハプスブルク系の二国の大袈裟な言説に対してようやくしかるべき反論が出た。フランスを含む数ヶ国の代表が、安保理は不偏不党を保たなければならないと念を押した。

六月のはじめ、ようやく良い知らせが入って来た。ソーンベリー（国連保護軍の民政部長）がジョン・ウィルソンの助力を得て、サラエボの三当事者と交渉し、サラエボ空港にいる部隊をボスニアのセルビア系軍の手で取り除かせ、人道支援物資の搬入のために開港するという合意を取りつけたのである。国連保護軍が空港を管理し、安全を確保する。飛行機の着陸前の接近経路の全ての対空砲火設備と空港を射程内に置く全ての火砲とミサイル施設は合意された場所に集め、国連保護軍の監視下に置かれる。これは見事な成果であったが、果たしてこの合意は尊重されるか？サラエボを包囲しているセルビア系軍がこのように重要な地点から簡単に手を引くであろうか？安保理は懐疑的であった。それで、安保理は提案された通り国連保護軍の任務を拡大したが、追加兵力については、事務総長が新任務に着手する用意が整ったかどうか確認するまで、配備を遅らせることにした。前途はあまり明るくないように見えたが、フランスのミッテラン大統領が、二、三時間のことではあったが、勇敢にもサラエボにいきなり直接飛行機で乗り入れたのである。アッと云わせる快挙であった。翌日、事務総長も、安保理に対してセルビア系軍がついに撤退を開始し、国連軍が入る道が開けたことを通知できるようになった。国連の追加兵力は直ちに許可された。

七月上旬、英国が一九九二年下半期の欧州共同体議長国をつとめることになったのを受けて、ブートロス＝ガリ事務総長が短くロンドンを訪問するのに、私も同伴した。ランカスター・ハウスにおける昼食会で、外相ダグラス・ハードは、もしセルビア系軍が国際的な人道支援活動に対する武力攻撃を続ける場合には、安保理は北大西洋条約機構[四八]軍による空爆を許可するように要請されるかも知れないということを伝えてきた。私は、そういう行動は国連保護軍の平和維持任

四八　訳註、The North Atlantic Treaty Organisation (NATO)。

務と両立させることができない、と云った。国連保護軍の人員は、もしセルビア系が（あるいはそれに敵対する二者のいずれかが）国連が敵対的であると判断した場合、報復を受ける危険性がある。国連保護軍としては、部隊の安全のために爆撃機が飛来する前に撤退しなければならなくなるであろう。安保理は紛争当事者の同意に基づく平和維持活動を行っているのか、それとも当事者の同意などを要しない強制行動をとるのか、区別しなければならない。この両者は一緒にすることはできない、と。この問題は、次の三年間、国連事務局と西側主要国との関係で頭痛の種になった。

国連事務総長に就任して以来、ブートロス=ガリはずっとユーゴスラビアにおいては欧州共同体が和平斡旋に責任を持ち、国連が平和維持に責任を持つという責任分担があるという立場を貫いてきた。この日、ダウニング通り十番地（英首相官邸）で、彼はこの立場を放棄した。英国が欧州共同体の議長国になった以上、彼は、欧州共同体のユーゴ問題会議はキャリントン（欧州共同体の代表として）[四九]とヴァンス（国連事務総長の特使として）が共同議長を務めることを提案した。国連はユーゴ問題に深く関わるようになってしまったので、これまでの責任分担はもはや意味をなさなくなった、と述べた。メイジャー首相はこの案に魅力を感じたが、フランスがどう云うか迷った。ハード外相がキャリントンと相談し、メイジャーが次の週の先進七ヶ国会議[五〇]の場でこの案を推してみるということで合意に至った。

二週間後、国連ニューヨーク本部に戻って、私の不注意からブートロス=ガリと安保理の間に大喧嘩を惹き起こしてしまった。七月一六日遅く、私はロンドンにいたジョセ・クティレイロ（キャリントンの特使）から、翌一七日にボスニアの三当事者が停戦に合意し、国連はボスニア全土で当事者の大型兵器を「監視」することになるという話を聞かされた。翌朝、英国の国連大使デイヴィッド・ハナイは、この情報の正確さを確認し、英国政府としては安保理が提案されたような国連の役割をその日のうちに許可することを望むと付け加えた。私は、我々としては必要な人員と装備がどれだけかを決めるのに、大型兵器の量と場所を具体的に把握する必要があると応えた。私は部下のアナンとタルールに、安保理の討議に臨席するように頼んだが、事務総長に連絡するようには云わなかった。（事務総長はキプロス紛争の両当事者ヴァシリウーとデンクタシュと協議中であった。）ハナイの圧力で、安保理はボスニアの当事者の要請を原則として受け容れる決定を発

四九　訳註、英国人。

五〇　訳註、Group of Seven（米英仏、日独伊、カナダの七ヶ国）。

表した。この日の晩遅く私がブートロス＝ガリに会うと、彼は何も連絡を受けなかったことで激怒した。曰く、午前中、キャリントンもヴァンスも二人ともこの停戦合意はうまく行かないと云っていた。よくも事務総長に知らせないまま、安保理にこんな決定を出させてくれたものだ、と。

ブートロス＝ガリの指示で、私は安保理議長に宛てて事務総長の断固たる書簡の原稿をしたため、次に国連がこの要請を受け容れることは勧告できないとする報告書を作成した。彼は、原則として国連が（欧州共同体のような）地域機構の下に入ることは許されない。国連憲章によれば、国連の方が地域機構を利用できるのであって、地域機構の方が国連を使うような規定はない。また国連は、この停戦交渉には全く関与しなかった。停戦はまだ実施されていない。また、どの当事者も国連保護軍に対して所持している武器の申告をすることになっているが、まだ何もしていない。国連には人材も補給物資も予備はなく、ナムビアル（現地司令官）がこの為に必要であると思料する一千名の軍事監視員を配備するには最低三ヶ月はかかる。そして、今ユーゴスラビア問題についてもっと努力することになると、他の同じくらい残虐で危険な紛争、例えばソマリア紛争に対処すべき国連機構の力をさらに削ぐことになる、と報告した。

ここに現れた論題は、ブートロス＝ガリが国連事務総長であった期間中ずっと彼と西側主要国との関係において幾度となく繰り返し議論されることになった。その行き着くところは、ブートロス＝ガリが前任者のペレ＝デ＝クエヤルと違って安保理の「非公式協議」の場に滅多に姿を現さなかったことで、もっと悪いことになった。非公式協議とは、非公開の会議で、息のつまるような不快な小部屋で行われ、理事国でない国や報道関係者の立ち入りのできないものであった。（これは、今でもそうである）。安保理の理事国がこうして裏で片付けてしまうことがあまりにも多いので、長い間恨みを買い続けてきた。冷戦の終結以降、安保理が持つことになった権力の大きさに鑑みて、多くの国が、安保理の議事はもっと透明性を高めるべきであり、理事国でない国でも安保理の決議に先立つ政治的取引を傍聴できるようにすべきであり、安保理の公開会議で既成事実と味も素っ気もない中身のない声明だけを聞かされるようなことではいけない、と感じていた。ペレ＝デ＝クエヤルは、こういう非公式協議の席上、長時間に亘って無表情で上の空でただ鉛筆を動かしながら静かに座っていることを少しも苦にしなかったので、安保理から敬意を払われるようになった。ブートロス＝ガリはそれほど辛抱のできる男ではなく、すぐにもっと大事なことに時間を使うべきであると考えて、滅多に出席しなくなった。このことは、安保理の理事国のいくつかから、理事国を馬鹿にした行動であると見られた。ブートロス＝ガリは、自分の代わりにチンマヤ・ガレカーンという人気もあり有能なインドの外交官を安保理協議に出席させていたが、安保理側の不満をなだめることにはならなかった。

ダグラス・ハード（英外相）が国連本部まで調停に遣って来て、ブートロス＝ガリ（事務総長）に、英国政府は欧州共同体の議長国として八月末にロンドンで「旧ユーゴスラビアについての国際会議」を開催することに決定したことを伝えた。目的は、和平交渉を新たな形でやり直すことであった。欧州共同体のユーゴ問題会議の議長キャリントンの最新の努力でも事態を打開することはできず、キャリントンは誰か新しい議長に仕事を引き継がせたいと考えており、ボスニアからの知らせは悪くなる一方であった。ブートロス＝ガリがロンドンを訪問した際、欧州共同体と国連の役割分担を見直すことに言及したのを受けて、英国政府は、国連事務総長と英首相メイジャーが新国際会議の共同議長となることを提案するという話であった。

ブートロス＝ガリ事務総長は、欧州共同体と国連との間に新たな提携関係を結ぶ事案が受け容れられて喜んでいた。しかし、これは、これまで彼がユーゴスラビアに対する国連の関与を縮小したいと公言してきたことに矛盾し、私は反対であった。私は、ブートロス＝ガリが欧州共同体（と米国）がユーゴスラビアにおける和平斡旋と平和維持の両方、そして平和の強制も日が経つにつれて可能性が高まっているように思われたが、強制行動についても、責任を持つようにしてくれることを望んでいた。私の局は、コフィ・アナンが加わっても、まだ絶望的に手が広がり過ぎていて、ユーゴスラビアは、他（カンボジア、中米、アンゴラ）の国連がもっと良い結果を出せそうに思える紛争から、私の注意を逸らしつつあった。しかし、私の国連の同僚たちは、あまり私に賛同しなかった。ほとんどは、国連がユーゴスラビア問題に関与することは避けられないことで、とにかく世界を震撼させている最も目立った紛争を解決しようとする努力から手を引くことは、国連機構にとって良いことにはならないという意見であった。

一つ新たな問題も起こっていた。それはボスニア東部のゴラジュデをはじめとするイスラム系住民が過半数を占める町々をセルビア系軍が包囲したことであった。セルビア系側はイスラム系住民を兵糧攻めにするために人道支援物資の搬入を阻止していた。ハプスブルク系の二国は空から物資を落下傘で落すか、国連保護軍に陸路物資を運ぶ車列を武装警護させるようにと強く訴えた。国連事務局は、そういうことをする権限を持たないことを明言した。事務総長は、安保理に対して、そういう仕事は現実には大変困難であると警告していた。これに絡んで問題となっていたのが、ボスニアのセルビア系支配地域に抑留者収容所の存在していることが報道で明らかにされたことであった。抑留者収容所のいくつかは、クロアチアとの国境近くに位置しており、クロアチア領内にいた外国人活動家たちは残虐行為の報告を聞いていた。彼らは、この情報を**赤十字国際委員会**に届けた。大変適切な行動であった。赤十字国際委員会はクロアチアとボスニアに代表部を置き、ジュネーヴ諸条約の下[五一]こういう事案について調査をする権限を有していた。しかし、報道関係者はボスニアの国連大使ムハメド・サチルビーに促されて、なぜこういう残虐行為が控え目な赤十字国際委員会などにではなく、安保理に報告されなかったのか、説明を求めた。米国ではちょうど大統領選挙を控えて選挙戦が始まっており、（民主党の）クリントン候補がこの騒ぎをネタに使ったことに触発されて、ブッシュ大統領（父）が、安保理に、ボスニアで包囲され苦しめられている人々に救援物資を運び込むために、加盟国が武力を行使することを許可するように提案するに至った。英国とフランスは恥かしいことに現実を直視する気がなく、この仕事は、国連保護軍に任せるべきだと考えた。この英仏の現実逃避は、これから二年半の長きに亘って両国の対ボスニア政策を特徴付けるものとなった。

ブートロス＝ガリ事務総長は、平和維持活動と平和の強制を混ぜることは不可能であり、西側列強が提案しているような仕事は現実には大変困難であるという立場をしっかりと見事に守り通した。この結末は、一九九二年八月一三日の二つの安保理決議であった。一つ目は、国連憲章第七章（強制行動を定める）に基づいて、各国に対し、サラエボやボスニアの他の場所における人道援助物資の供給の「便宜を図るため、国連と調整を取りながら、必要なあらゆる措置を採る」ことを要請した[五二]。ハナイ（英国代表）は、これはクウェートを解放するために武力を行使した多国籍軍に与えられた権限よりも狭い権限であると、正しい指摘をした。しかしガレカーン（まだ当時はインドの国連大使）は、そのような区別はセルビア系の方には理解されないであろうと云った。もし、この安保理決議の下でセルビア系側が爆撃を受けることになれば、彼らは国連保護軍に対して報復行動に出るであろう、と。ガレカーンも正しかった。二つ目の決議は「民族浄化」と呼ばれる行為も含めて、国際人道法[五三]の違反行為を非難し、こ

五一　訳註、第三条約（捕虜）と第四条約（文民）。

五二　訳註、安保理決議第七七〇号。

五三　訳註、ハーグ陸戦法規やジュネーヴ諸条約などの戦時国際法やニュールンベルクや東京の国際軍事法廷憲章などに実定的に現れている国際規範。

ういう行動を全て止めるように要求した[五四]。この決議は、ジュネーヴ諸条約に基づく赤十字国際委員会の役割も認めながら、結局憲章第七章に訴えて、安保理の要求に注意を払わない者は、旧ユーゴのどの当事者であれ、ボスニアのどの軍であれ、これに対して「更なる措置を採る」と脅迫した。こうして安保理が牙をむいたことは、ハプスブルク系の二ヶ国を満足させ、米国大統領選挙の選挙戦のための要請には応えたかも知れないが、ボスニアに平和を回復するためには何にもならなかった。

ブートロス=ガリ事務総長は、安保理に対し、ボスニアにおける強制行動は現地に駐留している国連保護軍要員の身の安全に対して極めて深刻な影響を与えると正式に警告を発した。全く予期しなかったことであるが、米国防総省もアドリア海に面するスプリットからサラエボとゴラジュデまで輸送路をこじ開けて保持するためには、十万の兵力を要すると公表し、我々の立場を支持することになった。一週間後、ロンドン、パリ、ワシントンから英仏米の代表が集まって、一つ目の安保理決議[五五]の実施について討議した。三国の提案は、国連保護軍が、国連難民高等弁務官から要請を受けた場合に、人道援助物資の運搬を護衛する責任を負い、国連の通常の交戦規則（つまり自衛のためだけに発砲が許される）[五六]に従い、この目的の為に英仏その他の国（但し米国は除く）の兵力で増強され、兵を供出する国が経費を賄うというものであった。ブートロス=ガリは嫌々これを承諾した。彼はもうこれ以上深くボスニアの泥沼に引きずり込まれたくはなかったのであるが、サラエボや他の包囲された町の住民がこれほどの辛酸を嘗めている時にこういう提案を拒絶することは、政治的にできなかったのである。

私は、ロンドンでのユーゴ問題国際会議にブートロス=ガリとヴァンスに付き添って行った。ブートロスは先にペトロフスキーを準備委員会における国連代表として派遣していた。彼は、ペトロフスキーが国連本部に何の相談もなく、制裁措置、人道問題、信頼醸成措置について「連絡国団」[五七]を編成したいという英国の要望を呑んでしまったことを聞いて、ご機嫌斜めであった。ブートロス=ガリは、国連のこの小さな代表団では共同議長の一人である自分に逐一成り行きを全て把握させることは困難であろうと憂慮した。しかし、今さら入場券は売り切れていた。メイジャー（英首相）とハード（英外相）との会談では、我々は、英国政府がキャリントンの代わ

五四　訳註、安保理決議第七七一号。
五五　訳註、安保理決議第七七〇号。

五六　訳註、本書第4章59～60頁参照。
五七　訳註、本章402～403頁参照。

りにデイヴィッド・オウウェン[五八]を欧州共同体の交渉役にすることで、他の欧州共同体の仲間を説得するのに苦労していると聞いた。また英国政府は、この国際会議に、一つヴァンスとオウウェンの共同議長の下で舵取り委員会を設置し、ボスニア問題、人道問題、承継問題、経済関係、少数民族問題、信頼醸成措置を担当する六つの作業部会を監督させることを意図していることが判明した。全て我々にとっては初耳であった。欧州共同体にとって初耳の我々の方の提案は、事務総長がマルッティ・アフティサアリ事務次長をボスニア問題の交渉役としてジョセ・クティレイロの後釜につけ、関連する作業部会の議長にすることを望むということであった。

国際会議は八月二六日と二七日の二日間に亘って続き、きつい日程で、何が起こっているのか全てを把握することはほとんど不可能であった。初日は演説ばかりで、交渉は無かった。我々は正方形に着席した。欧州共同体と国連はその一辺のほとんどの座席を占め、様々なユーゴ人指導者たちはその反対側の辺のほとんどの座席を占め、その机の上には全員国名ではなく、個人名が記されていた。残りの座席には約三十名の各国外相が着席した。会議の始めに様々なユーゴ人指導者たちが、議事進行上の規則について質問を浴びせかけた。なぜ共和国名を記していないのか？　なぜスロベニア語やボスニア語への通訳がないのか？　なぜ「マケドニア」[五九]は欧州共同体の承認を得ないのか？　キャリントンは、それまでの一年間の自身の努力を振り返りながら話し、時折感動を誘った。その初日の残りは、ほとんど外相たちの演説であった。雰囲気は大変反セルビア的で、数名が国際戦争犯罪法廷の設置を呼びかけた。ユーゴ人指導者たちの発言が最後で、互いに憎しみ合っていることが一目瞭然であった。また、ミロシェヴィッチとその四ヶ月前に樹立されたばかりの新連邦共和国の首相、ミラン・パニッチとのいがみ合いも明白であった。彼は米カリフォルニア州出身の薬品業界の大物実業家で、政界入りははじめてであった。私は、この日はほとんどボスニアにおける人道物資搬送の護衛に参加したいという国々や、我々の方で、ソマリアにおける人道物資搬送の護衛

五八　**原註**、オウウェンは一九六七年から一九七〇年まで英国の外務英連邦相であった。彼と私とは、実は一九四〇年代デヴォンの小さな予科学校の同期生同士であったが、二人とも相手のことは何一つ覚えていなかった。〈予科学校は122頁訳註参照。〉

五九　**原註**、当時、ユーゴスラビア社会主義連邦共和国の他の承継国と違って、「マケドニア」は欧州共同体の承認を受けていなかった。これはギリシャがギリシャのマケドニア州だけが「マケドニア」という名前を用いる資格があると固執したためであった。一九九三年にヴァンスが仲介し妥協案を出した。「旧ユーゴ構成共和国のマケドニア」**The Former Yugoslav Republic of Macedonia**。この名前で欧州共同体から承認され、国連にも加盟した。

に参加して欲しいと思う国々の外相と二者会談を行って過ごした。

　二日目は、国連と欧州共同体との協議で幕が開けた。メイジャー（英首相・共同議長）は、会議成功の鍵はイスラム系が交渉に応じるかどうかであると認識していた。応じなければ会議は失敗する。メイジャーの二つ目の目的は、昨夜英国政府が準備した文書類を会議にかけて承諾させることであった。その一部は前日の協議で我々も目を通していた。その他は、「連絡国団」から出されたもので、我々はその検討過程についてはほとんど知らされていなかった。私は、国連代表団はもっと大きなものにすべきであった、一日に少なくとも一回は代表団会議を持つようにすべきであった、と気が付いた。しかし、誰がそういう手配をして置くべきであったか？　ニューヨーク本部の事務総長室？　それとも政治局長ペトロフスキー？　それとも平和維持活動局長の私？　国連でよくあったことであるが、誰が何について責任を持っているのか、誰も明確にする人がいなかった。最も問題の大きかった文書は、クロアチアとボスニアでの戦争におけるセルビア・モンテネグロ[六〇]の関与を強く批判したものであった。夕方には会議は行き詰まっていた。セルビアの方は、もしこの文書が会議に上程されるのであれば、退場すると云った。ボスニア（イスラム系）の方は、もしこの文書が会議に上程されないのであれば、ジュネーヴにおける交渉に出席するという合意を取り消すと云った。メイジャーは、そこで、この文書を机の上にボンと上程するや否や、木槌を打ち鳴らして、誰も一言も抗議できないうちに会議の閉会を宣言し、この問題を解決した。イスラム系は非常に当惑した。セルビア側に対して何の実質的な非難もなかった。西側の軍事介入の約束もなく、武器禁輸措置からの控除もなかった。しかも、交渉には参加しなければならなかった。

　しかし、この会議は、英国政府が考えていた一番大切な目的を達成することには成功した。つまり、これまでの欧州共同体のユーゴ問題会議よりも大胆で、もっと人的・物的資源にも恵まれた交渉体制を整えることができた。全体として、新たに設置された舵取り委員会と六つの作業部会はよく機能した。欧州共同体のデイヴィッド・オウウェンと国連のサイラス・ヴァンス（後にソルヴァルト・ストルテンベルグに交代）の共同議長体制もうまく行った。弱点があったとすれば、ひょっとすると、ヴァンスが引退した後、米国が直接関与しなくなり、いくらか舵取り委員会の効能と信頼性が低下したことであろうか。クロアチアとボスニアにおける紛争の終盤においては、ほとんど、この会議よりも英・仏・独・露・米

六〇　訳註、新しくユーゴスラビア連邦共和国を宣言していた。

から成る「連絡国団」六一の方が中心となり、全てを取りしきるようになった。

　それはそうと、もう一つ驚くべきことが起こった。日が暮れてから、共同議長のメイジャーとブートロス＝ガリが記者会見を行った。メイジャーが、カラジッチ（ボスニアのセルビア系指導者）と合意を結んだと発表して、私は驚天動地であった。四日以内にボスニアのセルビア系軍は国連に対して自軍がサラエボと他の三つの町（ゴラジュデ、ビハッチ、ヤイツェ）の包囲に動員している全ての大型兵器について申告し、七日以内に大型兵器を国連の恒久的監視下に置く。この合意は、ダグラス・ホッグという英外務省担当閣外相がカラジッチと交渉してできたものであった。明らかに、これはイゼトベゴヴィッチ（ボスニア大統領でイスラム系）を交渉に引き留めておくためにどうしても必要な措置であった。しかし、国連代表団の我々の誰も、まさか英国政府が国連に、ブートロス＝ガリ事務総長が僅か一ヶ月前まで国連にはできないと公言してきたことをやると約束させる合意を作成しているとは、想像だにしていなかった。

　私は次の七日間をユーゴスラビアで過ごした。国連保護軍はもうこの頃にはザグレブ（クロアチア都）に新司令部を構え、誰もサラエボに戻ることは想定していなかった。ナムビアル（国連軍司令官）はよく司令部をまとめあげており、私は益々感心した。国連保護軍はボスニアではほぼ毎月のように任務が追加されていたが、落ち着いて効果的に対処していた。

　クロアチアでは、国連保護区の四管区全てを視察し、どの管区でも同じ問題に直面した。セルビア系軍は保護区を非武装化するという約束を守っていなかった。ユーゴ人民軍は確かに撤兵し、「領域防衛軍」も解散していた。しかし、「領域防衛軍」の人員と装備、そして元準軍隊の隊員たちは、「国境民兵」、「特別警察」、「多目的警察隊」など様々な組織に再編成されていた。紀律のとれないしばしば呑んだくれのこれらの武装組織は、民族浄化を遂行し続けていた。例えば、東スラボニア地区のバラニャ郡では、戦争前は警官が百五十名いた。それが「正規の警察官」だけで八百名に増え、そのほとんどが一度も警察の経験のない者たちであった。そして千五百名の「民兵」がいた。家から追われた人々が家に帰れた例はほとんどなく、元の家に帰ろうとした者のうち相当の割合の者が殺害された。クロアチア政府は、国連保護軍がなかなか難民が帰還できるような状態にすることができないでいるのを見て、しびれを切らしつつあり、武力に訴えると脅迫していた。

　自称「セルビア系クラジナ共和国政府」の指導者、ハジッ

六一　訳註、181頁（ナミビア）と294頁（中米）参照。

チとマルティッチ（バビッチに代わったクニン出身の警察長官）との会談では、私は無礼を承知でしっかり云った。「民兵」がいることは、ヴァンス計画に大きく違反している。あなた方が、自称「政府」を民兵の殺し屋（その一人はもちろんマルティッチ自身）の支配するままに任せていることは、全く信じられない。あなた方のせいで、ピンク地区（国連保護区外のセルビア系支配地区）の問題を解決するために設置された合同委員会の機能が麻痺している。クロアチア政府が軍事行動を起こすと脅すようになったのも、完全にあなた方のせいである。私が見るところ、あなた方はこれから何が起きようとも文句の云える立場にはないと。こう厳しく糾弾したところ、彼らはいつものようにニタッと笑って、貴官の云うことにも一理あるかもしれないが、まあ昼食でも食べようと応えた。

私は、トゥジマン（クロアチア大統領）とはこの視察旅行の最初と最後に会った。そのどちらにおいても、彼は全く不当とは云わなかったが、国連が全くセルビア系側をヴァンス計画に従わせられないでいることに、怒り、しびれを切らしていた。トゥジマンは特に経済への波及効果に腹を立てていた。国連保護区がクロアチアを三つに分断してしまっていると云って、国連保護軍がザグレブ（都）とセルビアとの国境までの間の自動車道を開け、西スラボニア地区を横断する非セルビア系の車両を護衛することを望んだ。ピンク地区（国連保護区の外のセルビア系支配区）の一つにあるペルツァ・ダムがダルマチア（アドリア海沿岸一帯）南部全域の電力の源であるが、これが一週間以内に再稼動できないのなら、クロアチアは行動を起こさざるを得ない。（これは実のない脅しで、クロアチアが攻撃をかければ、セルビア系軍はこのダムを破壊する可能性が高かった。）しかしトゥジマンは、クロアチアに逃げ込んだイスラム系難民をボスニアでの戦争に兵士として強制的に駆り立てることは止めると約束し、プレヴラカ半島に関して助けになる提案を出した。この半島は、クロアチア最南端にあって、コトル湾という新ユーゴ連邦（セルビア・モンテネグロ）にとってクロアチア分離独立後唯一残された海への出口の、入口を制する戦略的要衝であった。ユーゴ人民軍は、まだこの半島から撤退していなかった。トゥジマンは、このプレヴラカ半島を非武装化し、隣接するクロアチアとモンテネグロの両方の土地から大型兵器を除去することを提案した。この案は、その後新ユーゴ連邦当局の受け容れるところとなり、この措置を監視するために国連の小規模な軍事監視団が配備された。この監視団は本書執筆中も国連保護軍の最後の残留部隊として同半島に駐留してい（た）六二。しかし、トゥ

六二　訳註、原文訂正。The United Nations Mission of Observers in Prevlaka (UNMOP)。国連プレヴラカ監視員使節。二〇〇二年一二月一五日任務終了。

ジマンとの二度の会見と国連保護区の視察を終えて、私はヴァンス計画が果たしてうまく行くか、益々怪しく思った。何ヶ月も経たないうちに敵対行為が再発しそうであった。実際、そうなったが、規模は知れていた。トゥジマン（クロアチア大統領）が本当に痺れを切らして大軍を動員して西スラボニア地区、次いでクラジナ地区からセルビア系住民を追い出したのは一九九五年夏のことであった。

話は前後するが、私のこの二度に亘るトゥジマンとの会見の二度目は、一対一で始まった。彼は「一つ最も微妙な問題」について私の助言を求めた。昨晩、イラン航空のジャンボジェット機がボスニアのイスラム系住民向けの人道援助物資を降ろす目的で、ザグレブ空港に着陸した。クロアチアの税関職員が機内を臨検したところ、武装したムジャヒディン（イスラム聖戦戦士）とライフル四千丁、弾丸百二十万発、正体不明の液体化学物質二種類の入った容器一千個が発見された。どうしたら良いか？　私は、その航空機を拿捕《だほ》し、積荷を押収し、イランに抗議し、武器禁輸を監督する責任をもつ国連委員会に報告するのが適切な行動であると答えた。これよりは容易であるが、それほど適切でないやり方としては、積荷ごと航空機をイランへ送り返すことであるとも云った。彼は、最初のやり方に賛成したが、まず米国に相談してみる必要があると云った。私は、どうしてそんな必要があると考えるのか不可解であったが、後に、米国がトゥジマンにこの航空機は臨検してみる価値があると云ったということを知った。その晩、ジュネーヴに着くと、ナムビアル（国連軍司令官）から伝言があり、トゥジマンが痺れを切らして例の航空機を離陸させるつもりであるということであった。私はザグレブに駐在する米国代理公使に電話をした。公使は、ナムビアルの報告は正しいと確認したが、積荷は降ろされた。トゥジマンは国連保護軍が積荷の管理をすることを望んだが、制裁委員会に報告する気はない。私と会って話したことで大目に見ようではないか、と語った。

ベルグラード（セルビア都）では、石油を求めて長蛇の列ができていて、私ははじめて制裁の効果が現れてきたと感じた。この時のミロシェヴィッチは一番感じが良かった。ヴァンス計画の違反があるとは誰からも聞いていない。ハジッチとマルティッチには自分から直接改めるように云ってみようと話した。連邦首相のパニッチとの会見は超現実的であった。会見の場所は国会議事堂で、パニッチがロンドン会議の席上、公然とミロシェヴィッチと口論してしまった例の奇行のため、ちょうど不信任決議案が上程され、その審議が始まっていた。審議は延期され、何とか私と会うことができた。パニッチはクラジナ地区の指導者たちがヴァンス計画を実施しないことを強く非難し、何とか手助けしようと云った。しかし、彼の一番の関心事はプレヴラカ半島であった。彼はトゥジマン（クロアチア大統領）の提案（ユーゴ人民軍の撤退、非武装化、国連保護軍による監視）を拒否し、別の提案（人民軍の常駐と後背地の非武装化）を出したが、私は、これはトゥジマンが間違いなく拒絶すると述べた。すると、彼は「トゥジマンに、あの岩をその上には太陽しかないようにして、私に明け渡せと云って下さい。そうすればピンク地区のペルツァ・ダムと他の四施設をトゥジマンに渡すと。取引をすべきだ」と云った。

サラエボ空港（ボスニア）は二ヶ月以上に亘って開いていた。空港は中立地帯に位置し、イスラム系が大変憎々しく思っていたことには、空港の一方の側での戦闘で負傷したセルビア系兵士をセルビア系救急車が中立地帯を横切って反対側のセルビア系野戦病院まで運ぶ合意ができていた。しかし、救急車は道の両側にズラッと並んで潜んでいる狙撃兵の間を通り抜けなければならず、通り抜けられないことも多かった。昼食時、人道補給のためにサラエボ空港に向かっていたイタリアの航空機との連絡が突然途絶えたという知らせが入った。皆、撃墜されたと思った。どうすることもできない無力感が広がった。**国連保護軍**の一隊が現場に到着し、一人の生存者もいないことを確認したのは、それから八時間後のことであった。

私はイゼトベゴヴィッチ（ボスニア大統領）との会見はまずこの航空機のことから話し始めた。彼は即刻事実を確認するように指示を出した。人の出入りが慌しく続き、十五分ほどで報告が届いた。ザグレブの航空管制所に問い合わせたところ、航空機にはクプレス（勿論セルビア系支配地域）近くから発射されたミサイルが命中したと確認された。機長は約十分の間何とか体勢を立て直そうと努力し、その間ザグレブ航空管制官と連絡を取り続けたが、やんぬるかな、もたなかった。機体はドゥビナというクロアチア系支配地域に落ちた、云々。ザグレブ航空管制所との連絡は、突然途絶えたことが分かっていたので、私は、この嘘に対しては、相手が察することを望みながら軽蔑のまなざしで見つめることで応え、イゼトベゴヴィッチが国連保護軍の調査団に自分の部下を付き添わせるように迫ったときは、わざと怒ってみせた。（連れて行ったら、セルビア系検問所を通るたびに時間がとられたであろう）六三。イゼトベゴヴィッチはさらに、ロンドン会議でダグラス・ホッグが交渉してできたセルビア系側との合意は、サラエボ、ゴラジュデ、ビハッチ、ヤイツェの周囲だけでなく、ボスニア全土の全てのセルビア系軍の大型武器を対象とするものであると云って聞かず、私を一層苛立たせた。彼は、人もいないことを確認したのは、それから八時間後のことであった。

六三　**原註**、国連としては、誰がこの航空機を撃ち落したのか究明できなかった。

道援助物資の搬送を護衛するための我々の案をバカにして一蹴し、国連保護軍が全ての主要都市の間に安全な連絡路を通し、保持するようにという非現実的な要求を再び持ち出してきた。

サラエボでの最後の会見相手はカラジッチで、夕刻、街外れにあるセルビア系軍の基地の中で会った。サラエボでは日暮れ時を告げるイスラム教の祈りの吟詠（アザーン）が聞こえ、やはり大きな爆発音がして我々の会談は途切れた。しかし、ナムビアル（国連軍司令官）は耳が肥えていて、爆発音の方はおそらくセルビア系軍が「奏でた」もので、ロンドン会議の後もイスラム系軍からの「攻撃が絶えない」というカラジッチの苦情を裏づける魂胆であろうと読んだ。予想通り、カラジッチはイタリア航空機の墜落と、ゴラジュデ包囲からセルビア系軍が「撤退」（より正確には「敗退」）した後のその周辺のセルビア系住民に対する攻撃は、イスラム系の仕業であるとした。彼は、このまま攻撃が続けば、ホッグとの合意を遵守しようにも、下の者が黙っておらず、抑え切れなくなると云った。

ニューヨークでは安保理がまた躍起になって行動を起こした。ブートロス＝ガリ事務総長は、西側列強数ヶ国と〈緒方〉国連難民高等弁務官との協議の中で、国連保護軍が高等弁務官から要請を受けた場合に人道援助物資の搬送を護衛する計画がまとまったと報告した。国連保護軍は、この目的の為四個ないし五個大隊の補強を受けるが、国連予算には負担をかけない。この方策は、ボスニアから、解放された被抑留者[六四]を運び出す時も国連保護軍がこれを護衛するという追加規定と共に、一九九二年九月一四日、安保理の了承を得た。一〇月六日、安保理は事務総長に対しボスニアにおける国際人道法の違反行為を調査する専門家委員会を設置するよう要請する決議を採択した。三日後、ボスニアの領空を軍用機が飛行することを禁止する決議が採択され、国連保護軍は隣接する諸国の飛行場に監視員を配置し、この禁止措置の監視を担当することになった。一ヶ月後、ロンドン会議の舵取り委員会の共同議長であるヴァンスとオウウェンの最初の報告書を受理して、安保理はこれまでの山のような決議の有効性を確認しながら、ベルグラード（セルビア）に対する制裁を強化し、ブートロス＝ガリ事務総長に二つの新方策を研究するように要請する全会一致の決議を採択した。一つはボスニアの国境に国連監視員を配置すること、もう一つは人道的目的の為の「安全地区」の設定であった。

安保理は、国連保護軍のクロアチアにおける活動についても忘れてはいなかった。事務総長は、九月末にクロアチアの

六四　訳註、ジュネーヴ捕虜・文民保護条約の用語。

方について暗い報告書を提出していた。良い話は二つしかなかった。一つは、クロアチアとユーゴ連邦共和国（セルビア・モンテネグロ）がプレヴラカ半島の非武装化と国連保護軍による監視について合意したこと。もう一つは、国連保護軍のケニヤ大隊がペルツァ・ダムを管理下に置いたこと。これは、ダムが構造的にひどい状態にあるという諮問報告書が出た後の措置であったが、まだセルビア系軍が仕掛けたとされる爆発物を取り除くには至っていなかった。さらにその二ヶ月後にブートロス＝ガリが出した報告書では、良い話はもっと少なくなった。クラジナ地区のセルビア系側はどんどん非協力的になり、事務総長は歯に衣を着せず、平和維持計画が実施されないのは彼らのせいであるとした。懸案の問題はどれも未解決のままであった。プレヴラカ半島からのユーゴ人民軍の撤退でさえ、へまの為、後背地で大規模な戦闘に発展していた。

一二月、トゥジマン（クロアチア大統領）は、ヴァンス計画を実施するために国連保護軍に武力を行使する権限を与えることを提案した。一九九三年一月、トゥジマンがしびれを切らし、クロアチア軍は、ダルマチア沿岸部の道路交通を再開する為に修理する必要のある傷んだ橋を奪回すべく、ピンク地区（国連保護区外のセルビア系支配地区）に攻勢をかけた。セルビア系軍は、国連保護軍の管理下にあった大型兵器の倉庫に乱入し、戦闘となった。クロアチア軍がセルビア系軍を撃破し、国連軍のフランス兵二名が戦死した。安保理は動揺を隠さず、また一つ決議を採択した。セルビア系軍がペルツァ・ダムを占拠し、次いでクロアチア軍がこれを奪った。セルビア系はその損失を国連保護軍のせいにして国連要員を脅し、大型兵器を集積所に戻すことを拒否した。

ブートロス＝ガリ事務総長は、実は一九九二年一一月には安保理に対して、クロアチアにおける平和維持軍は安保理をレバノン南部に配備されている国連暫定軍について困っているのと同じ板ばさみ状況[六五]に置く可能性が高いように思えると警告を発していた。当事者の一部の非協力のため、国連軍は当初の短期の任務を遂行することはできなくなるが、それでも敵対の程度を緩和し、民間人の被害を小さく抑えることにはなるであろう。こうして、安保理は戦闘再発につながると分かっていながら撤退するか、いつまでも大規模で広範な平和維持活動を続けることになることを承知の上で、活動を続行するかという難しい決断を迫られることになる。クロアチア軍の攻勢の後、事務総長は安保理に対して、次の二つの問題にうまく取り組むことができないのであれば、クロアチアにおける国連保護軍の任期は更新されるべきではないと

六五　訳註、本書第5章98～99頁参照。

信じる、と述べた。一つ目は、当初の平和維持計画の実施。二つ目は、クロアチア政府とクラジナ地区のセルビア系側の間で政治的解決へ向けた交渉を進めること。この二つ目の仕事は国際会議の舵取り委員会の共同議長ヴァンスとオウウェンに委ねること。この事務総長の勧告は了承された。交渉はあまり大きな成果は挙げないまま、断続的に進められた。一九九五年、トゥジマン（クロアチア大統領）が再び痺れを切らして武力を行使し、西スラボニア地区、そしてクラジナ地区からセルビア系住民を放逐した。その後になってはじめて、東スラボニア地区について、我々が一九九一年に想定していたような政治的解決に至ったのである。

ボスニアに関して云えば、ヴァンスとオウウェン共同議長は次第に加速しながらボスニアを多民族国家として再構成する国制上の原則を定める仕事を進め、定期的に進展報告書を提出した。こうして一九九三年五月、十州から構成されるボスニア共和国を目指すヴァンス・オウウェン計画ができあがることになった。この計画は、当事者さえ受け容れていれば、それからさらに三十ヶ月あまりに亘って大量に人命を奪いながら続いた戦争の後、一九九五年一一月に成立したデイトン合意[六六]よりも良い解決であったと思われる。国連事務局の我々は、国連保護軍に単純で非現実的な新任務を付加していこうとする提案と、格闘を続けていた。その好例の一つは、ボスニアの国境に国連監視員を配置する問題であった。

ボスニアの首相は、一九九二年八月にボスニアへ兵隊や兵站物資が不法に搬入されるのを阻止し、ボスニアから隣国へボスニアの資産が不法に持ち出されるのを阻止するために、国連監視員がボスニアの国境に「沿って」配備されることを提案した。一一月、安保理はこの案を支持し、事務総長に勧告書を出すように要請した。検討の結果、三つの実施案ができた。一つは、監視と報告。もう一つは、監視と捜査と報告。もう一つは、監視と捜査と越境禁止と報告。ボスニアでは、名指しで批判してもどの当事者も約束を守ろうとしないため、越境禁止措置だけが唯一実効性のあるものであると結論した。ボスニアで百二十三ヶ所ある国境検問所は、そのほとんどがサラエボ政府（イスラム系）の敵か潜在的な敵の支配地域にあった。このことは、越境禁止措置はボスニアと国境を接する反対側の国々の方で、その国の政府の同意を得た上で実施せざるを得ないことを意味していた。しかし、そういう隣接国自体も、サラエボ政府に対して現実にあるいは潜在的に敵対的であったことから、国連監視員にはかなりの人数と武装と充分な兵站補給が必要とされた。少なくとも十万の追加兵力が必要とされ、初年度の経費は約一兆三千万米ドル（約百四

六六　訳註、米国オハイオ州デイトンで成立した。

三兆円）と計算された。安保理はこの案を了承しなかった。

私が**平和維持活動局**を離れる直前、国連保護軍には、「マケドニア」（「旧ユーゴ構成共和国のマケドニア」と云わなければならない）における任務が追加された。「マケドニア」大統領のキロ・グリゴロフが、同国のセルビアとアルバニアとの国境沿いに、紛争防止のために国連の軍・警察要員を配備することを求めた。この要請は、名目上は、「マケドニア」にいる極少数のセルビア系住民がクロアチアにおけるのと同様の問題を起こすかもしれないという危惧に基づいていた。しかし、表には出なかったが、もっと数の多いアルバニア系少数民族が分離独立を狙っていることに関して[六七]、より大きな懸念があった。グリゴロフ大統領は、国連部隊が駐留すれば安定化に役立つと考えた。この要請は問題なくヴァンスとブートロス＝ガリと安保理の承諾するところとなり、国連兵が配備された。

これは興味深い新たな試みであった。これまでの国連平和維持活動は全て、紛争の勃発した後で敵対する当事者の合意に基づいて実施されてきた。「マケドニア」では、まだ紛争はなく、国連部隊は一当事者の要請のみに基づいて配備され、誰がその当事者の仮想敵であるか特定されてもいなかった。セルビア系「マケドニア」人？ ユーゴ連邦共和国〈セルビア・モンテネグロ〉？ アルバニア系「マケドニア」人？ アルバニアそのもの？ 国連軍[六八]は「マケドニア」に六ヶ年以上駐留したが、一九九九年、「マケドニア」政府が下手に台湾〈中華民国〉を承認してしまった為に、中国〈中華人民共和国〉が国連軍の任期の延長に拒否権を発動し、終了してしまった[六九]。国連は（原著者も含めて）この「防止型」平和維持活動の実験を成功したと云って万歳を叫ぶ傾向がある。確かに、「マケドニア」は国連軍が撤退を余儀なくされた後数ヶ月経つまで内戦に陥らずに済んだ。しかし、果たしてこれは国連軍の駐留のせいであったと確信をもって云えるであろうか？ それはできない。「防止型」活動の問題の一つは、防止されるべき紛争が起こらなかった場合、その喜ぶべき帰結が防止努力の結果なのか、それとも他の無関係の要因によるものなのか、判断できないことである。

一九九三年はじめにブートロス＝ガリ事務総長が私を**政治**

六七　訳註、セルビア（ユーゴ連邦）のコソボ自治州ではアルバニア系住民が過半数を占め、アルバニア系軍のセルビア軍との衝突から、一九九九年に北大西洋条約機構軍によるセルビア攻撃が引き起こされた。

六八　訳註、一九九五年三月三一日に国連予防配備軍 UN Preventive Deployment Force (UNPREDEP) と改名され、一九九六年二月一日に国連保護軍から独立した。

六九　訳註、任期切れは一九九九年二月二八日。

局に移す決定を下したことで、私はその十五ヶ月前から巻き込まれてきたユーゴスラビア紛争の渦から抜け出ることができた。私はこの人事が遺憾であったが、国連保護軍の負担をコフィ・アナンに渡すことは少しも残念ではなかった。一九九二年八月のロンドン会議のあと、私はこの途方もなく大きな活動は私の平和維持活動局の手に負えなくなっていると感じるようになった。ナムビアル現地司令官も同じように感じていた。問題の一つは、この活動の規模と複雑さ、そしてその任務が絶え間なく拡大していくことであった。もう一つは、この紛争の恐るべき残忍さであり、これを見て西側とイスラム世界の人々が大いに胸を痛めたことである。三つ目は、この紛争の主役たち全てが平気で約束を破り、非協力的であったことである。私が関与した紛争の中で、これ程当事者が嘘をつき、その約束を守らなかったことは、他に例を見ない。四つ目の問題は、国連保護軍に参加した西側各国の部隊が、自弁で参加し、国連加盟国全体でその予算を負担するという形をとらなかったことであった。この結果、西側の各国隊は、国連軍司令官の命令よりも本国政府から（不適切に）送信されてくる指示の方により大きな注意を払う傾向が出た。このため国連の指揮・命令系統がひどく歪められ、ブートロス＝ガリ事務総長が、西側各国隊も他国の隊と同じ予算負担方式によるべきであると勧告したほどであった。五つ目の問題の要因は、サイラス・ヴァンスとデイヴィッド・オウウェンという個性の強い大物が二人ジュネーヴにいたことであった。私はこの二人が好きで、尊敬していたが、平和維持と和平斡旋に当っての国連の通常の管理体制の中に、この二人に入ってもらうことは容易ではなかった。

　最後に、一九九二年の最後の三ヶ月間、私の平和維持活動局はユーゴスラビアだけでなく、アンゴラ、エルサルバドル、カンボジア、ソマリアでも大きな危機に直面しており、その上、モザンビークで新たな活動を始めようとしていた。私の局員たちは、最初平和維持活動が数にして五つ、制服組の人数にして僅か一万人足らずであった頃から少し毛の生えた程度しか増員されていなかった。我々には、ただ、第二次世界大戦後欧州最大の紛争のもつれた糸を紐解き、大量に流れてくる情報を全部把握し、国連ニューヨーク本部に駐留する関係各国の代表部と良い関係を保ち、安保理がユーゴスラビアとその他の地域の紛争につき事務総長に負担させてくる数々の仕事をもっと効率よくこなす方法を編み出すだけの余力がなかったのである。今振り返ってみると、私は事務総長と加盟国各国に対して、この現実を見せつけもっと粘り強く職員の増員を迫るべきであった。ひょっとすると、ブートロス＝ガリが、私にニューヨーク本部で平和維持活動局を運営することにもっと時間を割き、現場視察の時間を減らすように云ったことも、正しかったかもしれない。しかし、私のユーゴスラビア訪問は、彼の云うような「散歩」ではなかった。（確かに、楽しく、ニューヨークでの圧迫から解放され、良い気晴らしになったのは事実であるが）、現場訪問は、平和維持軍の管理と、関係当事者との避けて通れない交渉事のために、どうしても必要であった。これも後知恵であるが、最初から国連保護軍を代表する高等文官を一人任命しておかなかったことは、間違いであった。事務総長特別代表が一人任命されていれば、特別代表がそういう当事者との交渉をもっと担当でき、ニューヨーク本部の平和維持活動局長の負担を軽減することができたであろう。この点は、一九九三年三月にブートロス=ガリがソルヴァルト・ストルテンベルグ七〇を自身の特別代表に任命するまで是正されなかった。しかしストルテンベルグは、直の間に国連保護軍の代表としての仕事とユーゴ問題国際会議の舵取り委員会の共同議長の一人としての仕事を掛け持つことは不可能と判断してしまった。結局、国連保護軍にはじめて、この途轍もない活動を専属で取りしきる文官として明石康特別代表が就任したのは、ようやく一九九四年一月になってからのことであった。

七〇　訳註、国連難民高等弁務官を一九九〇年一月から一一月まで務め、アッと云う間にノルウェー政界に入るために辞めてしまった、緒方貞子の前任者。

第五部　終りに

第18章　教訓を学ぶ

一九九三年三月、私は平和維持活動局から政治局へ移され、仕事が様変わりした。私はなお平和と安全保障の分野で働いていた。しかし、世界十三ヶ所で五万五千人の制服要員を擁する平和維持活動を指揮するという内容のハッキリした活動的な仕事から、ニューヨーク本部の大きいだけで構造も内容もハッキリしない局を運営する仕事と取り替えられた。政治局はその前年ブートロス=ガリ事務総長の国連事務局再編成で廃止ないし変革が決まった六つの部局から、大急ぎで三百名以上の職員を集めてできた代物であった。事務総長は、この新しい局には防止外交と和平斡旋を主に担当させるつもりであったが、こうして集められた職員の技量がこういう仕事に適しているかどうか評価する時間はなかった。当初、この局は二人の事務次長が率いた。一人はウラディミール・ペトロフスキー、もう一人はジェイムズ・ジョナーであった。私がペトロフスキーに代って就任した時点で、ジョナーは既に私の一番の専門領域である中近東とアフリカを担当していた。私は、欧州と米州ともっと事務的な種々の細々とした雑用を担当することになった。一年後、ジョナーがシエラレオネ政府に入閣するために出て行くと、ブートロス=ガリは、政治局の局長は一人で充分であると判断した。これで私は同局を六つの地域課と、軍縮課、選挙支援課、総会課、安保理課の十課に分け再編成することができた。

この新しい仕事には満足できる面もあったが、外地へ出る機会が減り、自立してできる仕事も減った。私の働くブドウ園（職場）はもはや外地に派遣された使節ではなく、ニューヨーク本部の諸委員会であった。最初のうちは、もはや堪え難くなっていた平和維持活動の重圧から解放されて嬉しかったが、コフィ・アナン[一]が平和維持活動の担当となり、最初の八ヶ月のうちに六つの部隊を新設するのを見て羨ましく思った。アナンの局と私の局の関係は、ブートロス=ガリが政治局は平和維持活動の「政治的側面」を扱うようにと固執したためにややこしくなった。私は、平和維持活動とはそれ自体として一体の活動であり、これを「政治的側面」と「実務的側面」に分けることはできない、と信じ続けていた。しかし、ブートロス=ガリと、この時彼の主席参事となっていたジャン=クロード・エメの二人は、このことを承知しなかった。アナンの平和維持活動局は、例えば、事務総長が安保理に提出する平和維持活動についての報告書を起草する。しかし、ブートロス=ガリは、こうして起草された草稿は彼の所に了承を得るべく上程される前に、私の審査を経ることに固執し

一　訳註、一九九七年から国連事務総長。

た。平和維持活動局の方でこのことを恨みがましく思ったのも理解できることで、私の局員の中の事起しが平和維持の政治的側面について責任があることになっているのを笠に着て威張ったことも恨みを買う一因となった。アナンと私は早いうちに、相互に相手方の職員の不公正な言動について自局から苦情が出ても、受け付けず、中立人には自分と同じ階層の所で問題を処理するように指示することで合意し、悪影響を押さえ込むことにした。

その間、国連平和維持活動はどんどん困難にぶち当たっていった。一九九四年後半には十四ヶ所での活動に総勢七万八千人の制服要員が従事していた。私が平和維持活動の主任であった時代にはもう仕事が過剰であることが歴然としていた。私は当時気が付かなかったが、我々は段々慎重さを欠きつつあった。これは一つには負担する仕事が多過ぎたせいもあるが、ひょっとすると、冷戦終結後の数年間平和維持活動が成功してきたことでいい気になってしまい、我々の判断力が鈍っていたこともあるかもしれない。後年の間違いの多くは、私の間違いであり、私も他と同じように有頂天になっていた。失敗例の一つは、ユーゴスラビアにおいて途方もなく拡大していった平和維持活動の大本の協定が、どれだけ脆弱なものであるか気が付かなかったことである。もう一例は、ソマリア紛争に、その動向をニューヨーク本部ではほとんど理解していなかったのにも拘らず、国連要員を投入してしまった軽率さであった。

コフィ・アナンは賢明にも平和維持活動局に「教訓勉強会」を設置したが、その仕事の重要性が国連事務局や加盟国に認識されるようになるまでに、国連はルワンダ、ソマリア、ボスニア（・ヘルツェゴビナ）で重大な後退を余儀なくされていた。この結果、国連平和維持活動の価値が特に米国政府から疑問視されるようになり、二年間で現地に配備されている平和維持要員の数は二万人足らずに削減された。失敗の分析においては、原因についても再発防止策についても意見は大筋において一致することが多いが、各国政府の方で、こういう再発防止策を採用する用意はあまりできていない。

まず紛争の性質にかかわる教訓から始めよう。紛争は普通、一方の当事者が暴力こそ目的遂行の為に取り得る最善の手段であると判断することから発生する。その紛争が続くのは、もう一方の当事者が敵から守るためには暴力こそ最善ないし唯一の方策であると判断するからである。このように各当事者とも、戦闘こそ最善ないし悪さの程度の一番低い手持ちの選択肢であると考えているために、闘っているのである。和平斡旋家の仕事とは、各当事者に武力紛争を続けていても望むような成果は上がらないこと、各当事者にとって各々の目的を一部ずつ達成し合うような解決策を話し合う方が良い選択であること、一山のパンの一片でも、何も取れないよりマシだと、説得することである。ジョンズ・ホプキンス大学のザルトマン教授によると、こういう説得は、紛争当事者が味わう戦闘の苦痛により解決の「機が熟す」まで成功しないと云う[二]。これは正しい。しかし、このことは、世界中の実際の紛争や潜在的紛争のうち、第三者の仲介に適するものはほとんどない、ということも意味している。必要な程度の苦痛が感じられるようになるまでには何年も何十年もかかることがある。もちろん国連事務総長は、定期的に各紛争の「温度」を測り、第三者の仲介に適するようになってきたかどうか検査しなければならない。しかし事務総長としては、各国政府や世論が、戦闘が起こっているからといって「国連が何とかすべきだ」などと思い込まないように水を差すようにしなければならない。国連としては、苦境にある民間人に人道的支援を与えるより他、何もできないことがあまりにも多い。クリントン米大統領が国連総会で演説したように、「国連は否と云えるようにならなければならない」のである。この訓戒は、政府に当てはまるのと同じくらい国連事務局にも当てはまる。和平斡旋と平和維持用の僅かな資源は、それを投入して成果が上がるのが明らかな事態に備えてとって置かなければならない。

次に、平和維持活動の根拠となる協定に関する諸教訓について論じる。平和維持活動が新設されたり、新任務が付加されたりする場合には、いつでも、当事者間に書面で協定が成立しているだけではなく、国連と各当事者の間にも書面で協定ができている必要がある。これらの協定は、最低限、全当事者の戦闘停止の合意、国連平和維持活動への同意、国連平和維持活動に協力するという約束、国連の活動任務の定義、国連要員の各当事者の支配地域における地位についての規定が盛り込まれていなければならない。このような交渉には時間がかかるかもしれない。取り敢えず、国連部隊を配備してしまって、細かいことは後で処理すればよい、という誘惑は強く、事実として、加盟国政府も報道機関もしばしば事務総長にそうするように迫ることがある。しかし、こういう誘惑に負けてはならない。これは、実際上の理由もあるし、当事者がこういう細目をどこまで迅速に交渉する用意ができているかどうかが、それ自体として、その当事者がどこまで本気かを示す指標であるからである。国連に、何とかしろと強い圧力がかかるかもしれないが、当事者に対して、国連の方から国連に何かさせてくれと頼みに行くのは間違いである[三]。

二　参照頁、30〜31。

三　参照章、第12章西サハラ。

当事者の方から国連にお願いに来るようにしなければならない。当事者の方が、国連を有難く思っていなければならないのであって、その反対であってはならない。

平和維持活動が成功するかどうかは、その根拠となる協定が破られた時に平和維持部隊がどう対応するかということにも掛かっている。これは、難しい決断を要することもあり、普遍的な指針というものは定め難い。例えば、アンゴラ（第11章）とカンボジア（第14章）における活動を比較してみよう。どちらにおいても、一派ないしそれ以上の当事者が和平協定の軍事条項を遵守しなかった。このため、選挙を実施する前提となる必須条件の一つが満たされない場合にも、予定通り選挙を実施できるかどうか、あるいは実施すべきかどうか、という問題が発生した。どちらの事案においても、現地使節とニューヨーク本部の事務総長と安保理の理事国の間で、危険を冒して選挙に突入することで意見が一致した。この決断は、カンボジアでは正しかったことが証明されたが、アンゴラでは失敗に終った。しかし、私は、以上の二つの事例から、何も普遍的な指針を導き出すことはできないでいる。ただ思うことは、アンゴラのように一対一のせめぎ合いではなく、カンボジアのようにもう少し多くの主要党派の間の競り合いの方が、選挙が失敗に終る危険は少ないのかもしれないということである。

しかし、協定違反が起こった時に、平和維持部隊が守るべき実践上の心得を提示することは可能である。第一に、違反行為を見て見ぬふりをしないこと。国連とは、当事者が自分で署名した協定を遵守しているかどうか、不断に図太く監視しているものであると、当事者自身が思い知るようにしなければならない。現地司令官によっては、当事者の方も、平和維持活動に慣れるまで時間が必要で、それからでないと、違反行為に警笛を鳴らしてもうまく行かないと強く主張する者もいる。私は、常にそういう考え方は間違っている、一つでも違反を見逃したら、それが先例となり、最初に失った地盤を後で取り返すことはできないから、最初から厳しく、最後まで厳しく、と回答すべきであると思っている。しかし、実を云うと、この私も、ある当事者の一方と早い段階で衝突することを恐れて、違反行為を問い質すことを後回しにしたことがある。

第二は、違反した当事者を侮辱してはならないこと[四]。批判する場合は、内密に伝えること。決して対立当事者の目の前で批判してはならない。公に発表される事務総長の安保理宛の報告書に載せて公衆の面前で「さらしもの」にしてはならない。「面子」というものは、こういう場合重要なもので、

四　参照頁、324～325。

これは東洋諸国に限った話ではない。第三は、協定違反の起こった時は、一人で苦しまずに、他者の助けを借りること。ほとんどあらゆる事案において、停戦協定ないし和平協定作りに関与した政府や国際機関というものがあるものである。そして必ず、安保理の理事国は問題の平和維持活動を設置する決定に参加している。和平推進に関与した国でかつ違反当事者に友好的な国があまり目立たない形で助け舟を出してくれることは、事務総長の外交上の持ち駒を充実させる点で貴重であることもある。特に、エルサルバドル和平における「事務総長の友好国」[五]は、この非常に良い例であった。

次に、国連平和維持活動に必要な軍・警察要員に関する教訓について述べる。国連加盟国には平和維持活動に人を出さなければならないという公式の義務はない。国連憲章には、加盟国各国が安保理と「特別協定」を結び、安保理が国際平和と安全の維持の為に必要とする場合に、安保理の要請に応じて必要な軍事的資源を提供することを約束するという規定が設けられている〈第四三条〉。冷戦に関わる政治的な理由により、このような「特別協定」を結んだ国は一つもない。安保理自体も強制行動の直接の指揮を執ったことはない[六]。一九五〇年の韓国や一九九〇年のクウェートでのように強制行動が要請された時、安保理は国連加盟国の一団（最近では「有志連合」と云う）に対し、安保理が了承した目的の達成のために武力を行使する権限を与えることになった。国連が平和維持活動、即ち、敵対し合う当事者同士の合意に基づいて、国際的に軍事要員を集めて行う活動、を要請される時は、安保理は常に活動の指揮権を事務総長に委任してきた。強制行動であれ平和維持活動であれ、各国政府からの軍・警察要員の派遣は純粋にその政府の自主的判断に委ねられている。このことは、一九九四年のルワンダでの場合のように[七]、事務総長が安保理に行動を起こすように勧告したくても、各国政府が必要な兵力の提供を渋るためにできなかったという事態に繋がることもある。

このため、国連創設の初期から幾人かの専門家、特にブライアン・アークハートは、国連機構が機構として必要な時に即座に動員できる五千人程度の緊急対応部隊を雇い入れることを論じてきた。緊急対応部隊は安保理の決定がない限り現

五　参照頁、293〜294。

六　訳註、国連憲章第四七条第三項では安保理の下で軍事参謀委員会が国連軍の戦略的指揮をとることになっている。軍事参謀委員会は一九四六年に設置されたが冷戦の激化に伴い活動停止。

七　訳註、フツ族過激派がツチ族等を計画的に虐殺した。

地に配備されることはなく、その役割とは、とにかく現地で活動を開始し、加盟国各国から提供された兵隊が現地に配備されるまでの間を繋ぐことである。その後は基地に戻り、次の危機に備えて待機する。この案は国連をもっと効果的な機構にしたいと望み、各国政府の自主性に任された派遣兵力に完全に依存していたのでは迅速な配備に支障が出ることに気が付いた個人や非政府組織の間で、多くの賛同を得た。しかし、この案に賛同する政府はほとんどなかった。それには二つの理由があった。第一に、緊急対応部隊の兵を雇い入れ、衣食住の世話をし、訓練し、装備を整え、管理するとなると予算が嵩み、加盟国が負担を許容する用意のある額を超えてしまうこと。第二に、国連事務総長が自前の「軍隊」を持つことを加盟国は好まないこと。緊急対応部隊は安保理の決定なしには現地に配備されることはないが、そのような軍隊が存在するだけで、国連事務総長は国連憲章に予定されていなかった程の強大な政治権力を持つように見えることになる。軍隊を持つことは主権国家特有の権利であって、一人の国際官僚などに委ねてしまったら、身の程を忘れてのぼせ上がる危険があるという議論もあった。

常備軍を持つという選択肢の代わりに、国連事務局は加盟国政府との間に「待機協定」を締結し、各国政府が、国連の必要とする時に備えて、緊急に現地配備ができるように兵力や装備を待機させておく約束をするように尽力した。この種の協定は、一番完全な形では、国連用に待機させておく兵力の種類や持参させる車両その他の装備、施されるべき訓練の種類、出動に当っての最低限の通告期限について定めがある。この種の協定のおかげで、いくらか改善された向きもあるが、問題を解決するのには程遠い状態にある。この種の協定の主要な弱点は、どの国の政府も、決まって人を出すかどうか決定する前に、新たな平和維持活動の具体的様相が明らかになるまで様子を見る権利を保持することである。多くの場合、これは、憲法上の義務である（場合によっては国会での長い審議を要する）が、同時にどの国の政府も他人の戦争の火中に自国の兵を送り込むのにあたって白紙委任をしたがらないという理解できる事情も反映している。

事務総長の軍事力と緊急配備能力を強化することを狙うもう一つの案は「参謀本部」の設置である[八]。これは加盟国軍部の士官が昇進の途中で国軍を離れ、終身で勤める覚悟で国連に入るものである。（ちょうど私が英国外務省から出向ではなく、終身勤務の形で国連に移ったように）国連参謀本部の役割は三つある。一つは事務総長に対して出される軍事上

八　訳註、憲章第四七条の安保理の下の軍事参謀委員会に似ているが、別で、事務総長の下に置く案について議論している。

の助言の主な作成者となること。一つはニューヨーク本部で軍事上の計画を立案すること。一つは国連の全派遣部隊の現地司令部に充当する参謀の中核となること。国連参謀本部は計画立案の質を改善し、新たな派遣部隊の設置を容易にするだけではなく、平和維持活動の定まった原則、手続き、慣行が必ず世界中どこでも同じように適用されるようにすることもできる。本書に登場したいくつかの逸話は、様々な国の将校がいきなり見知らぬ国に集められて、そこでほとんど経験したことのない全く特殊な種類の軍事活動を始めさせられた時にどういう問題が発生するものかを具体的に説明したものである。

この案もやはり好意的に見る政府はほとんどない。国連参謀本部など予算が嵩むし管理も困難である。常備軍と同様に国連事務総長に一見過大な権力を与えてしまう。さらに各国政府にとっては、国連に将校を短期間出向させ、あるいは貸与することで、国連事務局の軍事政策に影響を及ぼすことができなくなってしまう。一九九〇年代初頭、平和維持活動の急増に伴い、ニューヨーク本部のささやかな軍事参謀では間に合わなくなり、加盟国政府も国連には何の経費も負担させない形で平和維持活動局に将校を派遣することにどんどん乗り気になっていった。こういう国はまず西側諸国で、他の国々と比べてニューヨークに将校を派遣するというあまり馬鹿にならない費用を捻出するのにそれほど困らない国々であった。これらの所謂「無償の将校」九は、冷戦の終結後、西側列強が国連その他の国際機関を乗っ取り、各々の国益の伸張のために利用するようになってきたという、加盟国の多くが抱くようになった懸念を増大させた。無償の将校のせいで、西側各国政府にとっては、以前よりも国連事務職員を監視し、何か気に入らないことがあれば事務総長に口ばしを入れることさえ容易になった。

平和維持活動は、各国政府が兵力を提供する意欲に完全に依存しているので、国連職員は兵力提供国との関係において、ものすごく気を遣う。派遣されてくる人員の質や各国政府からの国連の指揮・命令系統への干渉行為に対する批判は、最も極端な場合を除いて回避されてきた。私は、もう公務についていた時の足かせから解かれているので、ここで、いくつか率直に兵力提供国に対する訓戒を掲げさせていただく。第一に、最も優秀な兵を出すこと一〇。兵の働きぶりが良ければ貴国の国際的評価も上がる。第二に、平和維持任務につく準備をしておくこと。平和維持活動は兵士が受けてきた戦闘任務とは異質であるが、やはり困難で危険な任務になること

九　訳註、gratis officers。gratisはgratia（恩恵）の奪格複数形。ただで。
一〇　参照頁、207、236、328。
一一　参照頁、59〜60、76、89、93、156、186、204。

がある一一。第三に、派遣隊長の質に特に注意してもらいたい。隊長にはきちんと部隊を紀律正しく統制できる人物を充てること。制服組の若い者が羽目を外すことに寛容な社会もあるが、そうでない社会もある。受入国の社会規範を破ると、その国の住民が平和維持部隊を白い目で見るようになる一二。汚職も同じである。貧乏な国では、平和維持隊員のちょっとした気前の良さが仇となってその国の社会の性格を壊してしまうことにもなりかねないので、特に注意を要する一三。第四に、現地司令部付の参謀の選任は慎重にすること。よその国から来る将校と一緒に仕事をするのに適した人物でなければならない一四。参謀たちは隊列を組んだ兵士以上に貴国の軍隊の質を示す指標となる。第五に、国連の指揮・命令系統を尊重すること一五。貴国の部隊が国連軍司令官から受けた命令と矛盾した命令を発したりしないこと。命令が気に食わなければ、ニューヨークの国連本部の方に文句を云うこと。第六に、派遣隊長には平和維持部隊の全体と異なった独自の地方色を出さないように指示すること。貴国の部隊の活動区域の住民の心を掴むことは良いことであるが、部隊が受入国に

一二　参照頁、168。
一三　参照頁、332。
一四　参照頁、173〜175、246、279、322〜323。
一五　参照頁、95、276〜277、411。

おいてもっと大きな政治的役割を果たそうなどと望むようなことがあってはならない。実は、この理由のために、初期には安保理の常任理事国は平和維持活動には参加せず、旧植民地宗主国はその旧植民地における活動には兵を出さないという非公式の不文律があった。キプロスの英国隊〈第5章〉とレバノン南部のフランス隊〈第6章〉はこの不文律を二つとも破るものであった。最近では、この不文律はほとんど無視され、旧植民地のいくつかにおいて特に残念な帰結をもたらしている。

次に、国連事務局とそれが非効率だと思われていることに関する教訓に移る。ある面においては、非効率性は他のほとんどの国際官僚組織と同様に存在していた（し、存在している）。我々がユーゴスラビアやソマリアなどといった場所での新たな紛争に突っ込んで行った時、如何に何も知らなかったか身につまされて思い知ったことほど心苦しい思い出は、私の国連時代でもあまりない一六。国連事務局は外務省ではない。その調査能力には限界があり、加盟国の国々や紛争について分かっていることはつまみ食いのようなもので、国連が以前関与したことがあるかどうかによって、大きく変わってくる。我々に欠けていたのは、新たな危機が発生し国連に

一六　参照頁、373〜374、393。

和平斡旋や平和維持活動の要請が来ることが予想される場合に、各国政府や学者や新聞記者や非政府組織の助けを借りて、国連職員に端的に情報を与える体系的な手続きが存在しなかったことである。

国連事務局が槍玉にあがっている非効率性には、国連事務局のせいでそうなっているわけではないものもある。これは、特に遠隔地で緊急に新たな平和維持活動を行う要請があった時に、迅速に部隊を現地に配備できないことについて当て嵌《はま》る。こういう場合に現地配備が遅れるとどれだけ損害が出るものか、本書のそこかしこで何度も議論してきた[一七]。被害者は別に戦争地域の不幸な住民ばかりではない。国連の評価も下がる。平和維持活動に責任を持つ我々は全員が、迅速に部隊を現地に配備しなければならないという政治的需要に応えることができないことに苦悶した。しかし、これは我々のせいではなかった。問題は、国連の平和維持活動が、国連のニューヨークやジュネーヴやウィーンその他の事務所の官僚組織の活動と、全く同じ規制と手続きに縛られていることに加盟国政府が固執することにあった[一八]。

加盟国政府が新たな平和維持活動のための特別措置を了承したがらないため、困ったことになった。一例として報道官を一人、現地に配備することを考えてみよう。現地の報道機関に対して、何故国連平和維持活動が始められるのか、そして何をしようとしているのかを説明する正規の国連の代弁者が必要であるから、報道官の派遣はほとんど最初の仕事になるはずのものである[一九]。そうでないと、紛争当事者は自分たちの一方的な解釈を好き放題に云いふらすことができる。しかし、もし規則に厳密に従うと、最初に報道官を送ることはほとんど不可能である。それは、規則によると、まず報道官の職が設けられないと、誰も現地に行くことができない。しかし、報道官の職は、総会が新たな平和維持活動の予算を可決するまで設置することができない。しかし、総会（の本会議）は予算案が第五委員会[二〇]で了承されるまで、これを可決することができない。そして、第五委員会は予算案が**事務・財政問題諮問委員会**[二一]という専門委員会の綿密な審査を経た上でないと、これを了承することができない。しかし、事務・財政問題諮問委員会は安保理が平和維持活動を新設するという政治的決定を下すまで、審議を始めることができない

一七　参照頁、197、202～203、231。
一八　参照頁、13、230～231、276。

一九　訳註、国連報道官については186～187頁も参照。
二〇　訳註、総会を衆議院に例えれば、予算委員会に当る。
二一　訳註、The Advisory Committee on Administrative and Budgetary Questions (ACABQ)。

のである。

一九九〇年代初頭、安保理の決定から総会による予算の可決までの平均所要時間は二十六週間（約半年）であった。それで、我々が新活動の需要に応えようとするならば、我々は規則を破り、監査役にこれを事後承諾させるという芸当に頼る他はなかった。しかし、規則というものは守られるためにあるのであって、ある組織の雇われ人が、仕事をするためには規則を破らなければならないという事態は、組織にとっては不健康であるし、雇われ人にとっては公正でない。

この不行き届きな事態は歴代の事務総長にもよく分かっていた。彼らは国連の平和維持活動に、毎年その機能や予算にほとんど変動の起こることのない動きの少ない国連事務局のための事務的規制を適用することが、賢明でもなく実際的でもないことをよく承知していた。遠隔地に迅速に軍隊を送り込むためには、財政の上でも兵站補給の上でもかなりの俊敏性が要求されるが、ほとんどの官僚組織はそういうことに向いていない。それで、歴代の事務総長は加盟国に対し、新たに平和維持活動を立ち上げる時のための特別措置を了承するように要請してきた二二。そしてある程度の成功も収めた。例えば、事務総長は安保理が新活動を開始するという政治的決定を下すや否や、事務・財政問題諮問委員会に、限られた出費をする権利を持てるように要請することができる。またイタリアのブリンディシに平和維持活動用の備品を備蓄することでも一定の進展があった。しかし、国連部隊の迅速な現地配備という政治的需要に充分に応えるためには、まだなすべきことが山のようにある。

国連事務局を常に悩ませているもう一つの問題は、内輪の役人同士の間の対立である。これも、国際官僚組織に固有な疫病とされている。ただ、私には、どうしてそうでなければならない必然性があるのかよく分からない。私の同僚と私の間に発生したややこしい関係のいくつかについては、本書で率直に描いた二三。国連ではこのように率直に書くことはしないものである。しかし、私は意図的にそうした。その理由は、古傷を癒すためでも、関係した人物をけなすためでもない。それは読者諸賢に、国連で仕事をするということがどういうものか、そして内部対立がどれだけ国連の効率性を下落させているか、もっとよく理解して頂くためである。どんな組織であれ社会であれ、そこに固有の内部対立を癒すことは至難である。成果が上がればそういうことも減少するはずで

二二　参照頁、230～231。

二三　参照頁、例、111～112、155、157、256、298～299、363。

あるが、現実にはどうもそうはならないようである。一九八八年に国連平和維持部隊に授与されたノーベル平和賞は、私の局の他の部局との関係の改善のためには何の役にも立たなかった[二四]。上手に指導することはもちろん大切であるが、加盟国政府の態度というものも、やはり重要である。国連事務局の面々は加盟国から感謝してもらいたいと思っている。ほとんどの者は、実際の所、よく頑張っており、そのことを分かってもらいたいと思っている。加盟国の方が国連職員に敬意も払わず支援もしないからと云って、職員の方が国連組織と職員たち自身の名誉を守るために団結するというようなことにはならない。反対に、その士気は下がり、結果的にバラバラになってしまう。

最後に、国連加盟国に関する教訓に移る。大きい問題であれ小さい問題であれ、決定権を握っているのは加盟国に他ならないので[二五]、この点について論じる必要がある。平和維持活動を開設し、その任務を決定するのは安保理の理事国となっている加盟国である。平和維持活動にどのような物資が必要であるかを決めるのは総会に出ている加盟国である。事務総長の仕事とは、以上の点について加盟国に勧告を出し、実施計画を立案することである。一九九〇年代中頃、国連平和維持活動の評判を台無しにした惨事のほとんどは、加盟国政府と事務総長の意見が合わない時に発生した。

西サハラでは事務総長ペレ＝デ＝クエヤルが、加盟国政府の方は両紛争当事者が本当に同意しているのかどうか懸念していたのにも拘らず、強引に自分の計画を押し通した[二六]。ソマリアでは事務総長ブートロス＝ガリが、どうでも首都モガデシュに早急にパキスタン隊を配備すると云って聞かず、各国政府は仕方なく渋々これを了承した[二七]。ボスニアでは加盟国政府が、事務総長の方は「安全地区」など実効性に乏しいと助言しているのに云うことを聞かず、それでは「安全地区」を実効的にするために事務総長が必要だと判断する軍事力の供出は拒否した[二八]。加盟国政府と事務総長の間に大きな見解の相違があったにも拘らず成功した事例もなかったわけではない。ナミビア（第10章）が一番の例である。しかし、一般論として、ここで学ぶべき教訓とは、加盟国政府と事務総長との間に重大な見解の相違がある場合には、提案された措置の実効性について非常に慎重に検討する必要があるとい

二四　参照頁、157。
二五　**原註**、私の局に秘書を一人つけるのには、総会の決議が必要である。

二六　参照頁、253～255、258、262～263、265、270。
二七　参照頁、345～346。
二八　参照頁、202～203、229、361、407。

うことである。

同様に、国連の国際的地位、ひいては国連の有効性は、国連加盟国が国連をどう扱うかによって変ってくる。加盟国は全て、国連憲章の下に負担する義務を果たし、国連が憲章に従って執るあらゆる措置を手助けする責任を負っている。しかし、これは単なる責任だけではない。もし、加盟国が国連を大切に思っているならば、そしてほとんどの加盟国が口ではそう云っているが、その大切な国連の邪魔をしたり、信用を落す行為はしないようにすることこそ、国益にかなうというものである。私が国連事務局に勤めた年月の間、果たして加盟国が本当にこのように国連を見ているのかどうか、全く不明であった。むしろ各国政府は国連というものを、自分で解決すべき利害関係のない、あるいは解決不能の問題を預けておく場所と見立てていることがあまりにも多いように思えてならなかった。ボスニアはその良い例である[二九]。一九九二年以来、あの場所で犯された虐殺のため、西側民主主義国とイスラム世界において義憤を感じる人が大勢出た。各国政府は、虐殺を止めるために何とかするようにという世論に押された。各国政府は、そこで国連にこのお荷物を預けることにして、事務総長に実行不能の任務を課し、その任務をやってみるために必要な人的・物的資源の供給は拒否した。この当時、ブートロス=ガリ事務総長が口にした通り、国連事務総長の第一の仕事は、加盟国各国の失敗のために加盟国の代わりに責め立てられ、非難される身代わりとなることなのである。

また国連も「倫理的評価軸」という軸の上での点数を上げる必要もある。一九九七年に英国にトニー・ブレア（労働党党首）が政権一期目に就いた時、外相ロビン・クックは「（英国の）外交政策は倫理的評価軸を持たなければならない」という有名な発言を残した。彼は、それ以来度々物笑いの種にされた。この物笑いは全く不当であった。まともな国であればどこでも、狭い国益に支配された政策が、道徳上なさねばならない、あるいはしてはならないことを考慮に入れた結果、どの程度まで修正されるべきか、しばしば討議しなければならないものである。国益と道徳を秤にかけて判断を下すのが政府の役割である。しかし国連は違う。国連憲章の謳うところに寄れば、国連加盟国各国は主権を持つけれども、各国の国益は、一九四五年の国連創設時の倫理的な設立目的以上のものであってはならないのである。この考え方は、世界中の国連協会の会合で音頭をとる年配の理想主義者の間ではまだ見受けられる。国連事務局の中には何人か、まだこの考え方に感応している者もいる。しかし、今や政府関係者の間では、

二九　参照頁、388〜399。

こういう考え方の持ち主は珍しい。

加盟国政府が国連に見出す価値というものは、より平和的で正しく豊かな世界を築くという加盟国全体のための集団的利益の伸張ではなく、各国の国益の伸張に関係している。このため、第三世界の諸国の間では、冷戦の終結で、西側諸国が国連やその他の国際機関を乗っ取り、西側の利権を増進させ、開発途上国の利益を阻害するために利用するようになったという見方が広まっている。この見方は誇張されているが、全く根拠がないわけではない。例えば、国連の持つ人的・物的資源や力の配分において、経済開発・社会開発という分野から、平和と安全保障の分野に大きく重点が移ったことが挙げられる。開発途上国のこの流れに対する不満は、さらに次の二要因のために膨らんでいる。第一に、西側の平和と安全の促進のための案のいくつか、例えば防止措置、人道的介入、民主化というものは、現在戦われている紛争のほとんどが第三世界で起こっているので、第三世界の国々の国家主権を脅かすものと捉えられている。第二に、西側の二枚舌が露骨に表面化した事例がいくつも出てきたこと。西側は、コソボ自治州における比較的重大性の低い人権侵害を止めさせるために何億ドル（何百億円）もの大金を使いながら、ルワンダでの民族皆殺しで八十万人もの人が殺されたのを止めるためには何もしようとしなかった[三〇]。中東のある一国が隣国の領土を占領し、大量破壊兵器を開発しようとしたために、十年間も懲罰的制裁をかけ続けたのに、中東のもう一つ別の国が隣国二ヶ国の領土を占領し[三一]、現実に大量破壊兵器を所有しているのに、これに対しては何の圧力もかけようとしない。こういう事実と、国連憲章に掲げられている第一原則「本機構は加盟国全てが主権国家として平等であるという原則に基づいている」とどう調和させることができるだろうか？という議論がある。

くそ真面目で世間知らずと思われるかもしれないが、私は、本書で詳述してきた問題点は、国連が国連憲章に定められた倫理的な役割に立ち帰る道を探し出さないことには解決できないと信じている。国連が加盟国政府の国益伸張競争の場であることを止めさせ、加盟国政府が「国際的に協力し合って国際的問題を解決する」ために一緒に働く場に変えようではないか。事務総長は、こうするための一助にはなる。コフィ・

三〇　訳註、安保理の許可を得たフランス軍を中心とした一九九四年の「トルコ石作戦」は、フツ族過激派によるツチ族等「民族皆殺し」を被害者のツチ族の軍隊が隣国ウガンダから介入して首都を制圧して止めた後に行われた。「トルコ石地区」という保護区を設定してフツ族の方を（一部過激派を含め）護衛した。

三一　訳註、イスラエルはシリアのゴラン高原を占領しているが、いわゆるヨルダン川西岸地区が「ヨルダン領」であると承認した国は世界中に英国とパキスタンの二ヶ国しかない。従って、隣「国」としては一国の領土が占領されているだけ。

アナンが現在そうしている。しかし、主要な責任は加盟国政府、特に**経済協力開発機構**の国々[三二]の政府にあるのである。これらの国々が国連とより大きな国連組織網の諸活動の大部分の費用を賄っているのである。幸いなことに、そこにはまだ国連憲章に謳われている理想に忠実な諸国がいくつか含まれている。

　私が国連で平和維持活動を担当した七年間は、私の仕事生活の中で最も充実した歳月であった。遠く離れた国々に派遣された部隊は、頂点に達した時は十一ヶ所に総勢五万五千人を擁したが、これらを日々取り締まることで、私は、もし英国外務省に留まっていたならば、決して担うことのなかった程の責任を持つことになった。この仕事の規模のため、時々、自分が偉くなったという幻想にとり憑かれることにもなった。しかし、私がこの職を離れる直前に、この幻想は国連自身の手でほとんど払拭されかけた。後に私の義理の娘になるクレア・ホルトとある友人がマンハッタンの我が家に泊りに来た時、ついでに国連本部建物の案内付き見学に出かけたことがある。私は皆が出かける前に、案内人に「ニューヨークでは誰が平和維持活動を担当しているか」と訊いてみるように云っておいた。皆が帰ってきて、案内人が何と回答したか？尋ねてみると、「それは将官たちの委員会で、委員長は四ヶ月ごとの輪番で持ち回りです。現在の委員長はインドの将官です」と一秒も躊躇わずに答えたという話であった。全くの作り事。しかし、これで舞い上がっていた私も地面に引きずり下ろされた。

三二　訳註、The Organisation for Economic Co-operation and Development (OECD)。米、欧、日等の裕福な国々。34～35頁参照。

訳者あとがき

訳者が本書を日本に紹介するのは、国連と国連平和維持活動のありのままの姿を、幻想も抱かず、軽視もせず、冷静に把握するのに役立つと考えたからであり、原著者が「国際公務員」としての立場で世界平和のために、具体的には和平斡旋と平和維持の分野で、その外交的手腕を発揮してきたことに、日本の国にとってふさわしい外交とは何か、を考え直す一つの糸口が見出せるかもしれないと思ったからである。

国連と国連平和維持活動の実像については、本文に綴られた原著者の経験から学んだ教訓が最後の章にまとめられているので、何も付言することはない。敢えて本書の限界について触れるのであれば、国連が比較的中立的な第三者として「外交的」に機能する平和維持活動と、「法」や特定の価値観を国連安保理の権威によって押し付けようとする活動との間の矛盾について、原著者はセント・アントニーズ・カレッジのセミナーなどでは、現場で直面した具体例に即して発言していたが、本書の総論的な第2章の記述は、それとやや矛盾するところがある。各論としての第3章以下の方が、「法」と「外交」が一見互いに矛盾する行動を要求するとき、外交官としてのグールディング氏の本音に近いところがよく現れているように見える。

ことに世界普遍の機関であるべき国連を「西側が乗っ取る」という所謂「第三世界」の批判を指摘している点は興味深い。しかし、元を糺せば、国連とは第二次世界大戦中の軍事同盟であった「連合国」の戦後機関であって、アジア・アフリカ諸国は一応「独立」したといっても、国連の枠組みの中での「独立」に過ぎず、国連憲章上、安保理常任理事国の特権的地位を承認する体制になっている。国連の「前身」の国際聯盟が永世中立国スイスのジュネーヴに本部を置いていたのと対照的に、国連は米国主権下の西側経済の中心地ニューヨークに本部を置いているところに、その本質的性格がよく顕れている。この点、国連も世界銀行・国際通貨基金（・世界貿易機関）など特定の金持ちの国（あるいは多国籍企業等の形で国家の枠組みを超えて膨張している利権集団）の価値観をもとにできた所謂「ブレトン・ウッズ体制」と「同じ穴の狢」と云える。「第三世界」が、西側の好きな安全保障や人権以上に、経済・社会の開発に関心があるといっても、結局一種の「小アメリカ化」を志向しているわけで、「自然環境あっての人間社会と経済」eco-economyの視点からは感心できるものではなく、世界各地の伝統的な社会・経済体制の破壊と「開発ないし発展」の画一化という現状には、「第三世界」の政府にも責任がある。ただアジア・アフリカ諸国を加盟国に含む国連は、「比較的」普遍的性格が強く、世界規模の問題を扱うために他に国連以上にふさわしい機関が存在しないということも事実であり、この点で「第三世界」の懸念は憂慮すべきものだと云えよう。

次に、原著者の、特定国家の外交官ではない「国際外交官」としての姿から日本の外交のあるべき姿を探ってみよう。例えば、日本の軍事力とか経済力とかを表に出すのではなく、日本独自の経験や性格（例えば被爆体験、非西洋文明）を世界の為に活かす外交というものが考えられる。これは、特に国連の欠陥を補うものとなるとき、大きな意義をもつことになろう。

日本独自の立場について敷衍すると、国連憲章第五三条と第一〇七条の「敵国」条項は日本など連合国（国連）の「敵国」を永久に差別待遇するだけでなく、「敵国」に対しては（第二次世界大戦の結果として、各国政府の責任の下であれば）何をしても構わないと云わんばかりの規定であり、何よりも世界普遍の機関たろうとする国連と、「国際関係における法の支配を促進すべき国連の道義的目標」（ブラウンリー教授）に照らして感心できるものではない。日本は一九五六年にソ連などにまで頭を下げて加盟するよりも（これを「自虐」という）、ドイツと連帯して加盟を拒否し、国連の方が自らを改めるようにさせる「国際貢献」があった筈で、間違って加盟してしまった今でもこの責務は忘れるべきではない。特に、国連の方を改めさせようとすれば、日本もドイツ以上に「過去を心に刻んで（Erinnerung）」（ヴァイツゼッカー）身を正す必要がある。

本書に即して日本の貢献を考えてみると、国連が一番困っていることは、平和維持活動に従事する将校や兵を迅速に現場に配備する能力の欠如である。その対策として、本書は具体的に、平和維持活動基金というものを設定して、安保理が活動開始を決定してから総会が予算を可決する間にも事務総長が必要物資の調達や輸送機・船舶の傭役の費用を出せるようにすること（予算可決後に埋め合わされる）と、現にイタリアに設置されているような平和維持活動の備品の常備施設を設けるなどの案を提示している。ずっと昔からこういう案はあった。一方、加盟国の方で、国連事務総長の要請に従い緊急に平和維持活動に派兵できるように国連待機部隊を設置するような策には、各国の憲法上の理由、ことに国会承認問題など、国連総会が予算審議をする以上に複雑で時間がかかるかもしれないという限界がある。（日本の場合、この憲法・国会承認の問題は特に大きい）。さらに、国連平和維持活動が基本的に軍事活動であり、戦闘任務とは全く異質であっても、同様に困難で危険を伴う可能性があることを指摘し、この点で加盟国政府に誤解が多いことを遺憾としている。あまり平和維持活動に慣れていない軍、言語能力を含めて外国部隊と協調していくのが苦手な軍には、非常に困難な仕事である。そして何より、国内憲法上の理由で、活動中止や撤退など独自の判断を下し、独自の待遇を求めるということでは、国連平和維持部隊の統一的指揮・命令系統を乱すことになり、そういう条件で参加することは、国連にとっては、決して歓迎できることではない。

以上の点からして、国連の視点から見た日本の一番の貢献とは、一目瞭然、事務総長が新たに平和維持活動を開始するときのための基金を拠出することであったはずである。これは、日本が、安保理常任理事国入りを目指して、湯水の如く非常任理事国選挙や派遣した自衛隊の安全の確保に多額の国費（税金）を浪費してきたことに比べれば、はるかに安上がりだったはずである。

さらに原著者が指摘しているように、平和のためには平和維持活動以外の仕事が極めて重要で、特に、長期的な平和の構築や人道的支援活動には、非政府組織の果たすべき役割が大きく、そういう分野では政府や軍隊が直接関与するよりも、一歩退いた形で、人道的な国際機関や非政府組織や個人の活動を影から見守り後方支援するような形の方がむしろ適切なのである。（戦闘任務でもないのに軍隊を派遣し、民間の活動を「自己責任論」で抑制してしまうのは、この点でも、そして経済効率の点でも、本末転倒）。そして、原著者は、カンボジアのような貧乏国にいきなり大金を持っていくと、その国の社会を滅茶苦茶にしてしまう危険があることも指摘している。平和の構築であれ、人道支援であれ、本当に軍事力や経済力とは全く別の、井戸掘りであるとか、義足であるとか、もっと視線の低い地道な活動が重要なのである。

日本は、ちょうど、有名な学校を中退した学生が、一旦入学して偉くなった気分が忘れられずに入試に落ちた場合よりもダメになるのに似て、第二次世界大戦前、国際聯盟の常任理事国であった、偉かった、という過去を忘れることができずに、国連から聯盟時代のような待遇を受けられないことに対する怨念を引きずり続けている。そういうことなら、むしろ、国連などに入っていない方が良いであろう。もっと国際社会、国際諸機関等の現実の需要を研究し、等身大の日本にできること、日本に、欧米だけでない広い国際社会が期待していることとは何かを考えるようになって欲しいと願う。また、そうでないと、原著者が危惧しているような、国連が欧米列強に乗っ取られるという事態に拍車がかかった時、日本はまた、孫文が嘆いたように帝国主義の番犬に成り下がるであろう。

感謝のことば

この訳書は、多くの方々にお世話いただいた。

筑波大学名誉教授進藤榮一先生をはじめ、原著者オックスフォード大学セント・アントニーズカレッジのマラック・グールディング学長にご面倒をかけた。

シンガポール外務省の許通美大使には中国人名の漢字などを、エルサレム・ヘブライ大学名誉教授ルス・ラピドス先生には関連の国際法について、ケンブリッジ大学のジェフリー・カーン教授にはセム語特にアラム語やシリア語の文化についてご教示をいただいた。

長年の英語の親身な助言者バーダー、ミックルウッド両氏には、この場をかりて、心から謝辞を述べたい。

東信堂の下田勝司社長には、学術出版が厳しい事情にある中、この分野(国際法)出版の第一人者たらんとする心意気に感銘の外はない。

京都大学名誉教授香西茂先生は、国連平和維持活動の権威者として、裨益のご教導と過分のご推薦を頂いた。

株式会社パソナの福本耕三顧問がいろいろご奮闘下さった。

みな様のお蔭で、日本版の上梓にあたり、感謝をもって畢わることができる。

二〇〇四年極月オックスフォードにて

訳者識

駐レバノン国連暫定軍の軍司令官（1988-93）、国連保護軍（旧ユーゴ）の軍司令官（1993年3月～6月）。

ワルトハイム（クルト）Waldheim, Kurt。オーストリア（墺）。1918-。外交官、政治家。第四代国連事務総長1972-81、墺大統領1986-92。索引6, 37, 75, 181-2, 184, 190, 193。

政治家。軍司令官(1989-98)、レバノン大統領(1998-)。

ラフォンタン（ロジェ）Lafontant, Roger。ハイチ。1991年1月、反アリスティード大統領のクーデターを起こすが、失敗。

ラフサンジャニ(アリ・アクバル・ハシェミ)Rafsanjani, Ali Akbar, Hashemi。イラン。1934年生。聖職者、政治家。イラン大統領(1989-97)。

ラリジャニ(ジャヴァド)Larijani, Javad。イラン。1951年。政治家。副外相（1980年代後半)。

リザ（イクバル）Riza, Iqbal。パキスタン。1934年生。外交官、国連職員。国連特別政治案件室(イラン・イラク担当)管理職(1982-8)、ニカラグア選挙検証のための国連監視使節の長(1989-90)、エルサルバドル担当国連事務総長特別代表(1990-3)、平和維持活動局担当事務次長補(1993-7)、コフィ・アナン事務総長の主席参事(1997-)。

リズヴィ（ズィア）Rizvi, Zia。パキスタン。国連職員。国連事務総長の西サハラ担当副特別代表(1991-2)。

リチャードソン（エリオット）Richardson, Elliot。米国。1920-1999。法律家、政治家。1970年代いくつも政府要職を占める。ニカラグア選挙検証のための国連事務総長の個人代表(1989-90)。

アル＝**リファァイ**（ザイード）al-Rifa`i, Zaid。ヨルダン。1936年生。外交官、政治家。首相(1973-6と1985-9)。

リュウ・フーチン(劉福増)Liu Fou-Tchin (FT)。中国。1919-2001。国連職員。1949年に国連事務総局入り。信託統治理事会(1949-60)、特別政治案件室(1960-86)では、はじめはラルフ・バンチ事務次長の特別補佐、1981年から事務次長補。

ルムンバ（パトリス）Lumumba, Patrice。コンゴ。1926-61(殺害)。政治家。首相(1960)。モブツの軍に捕らえられている時に殺害された。

レーガン（ロナルド）Reagan, Ronald。米大統領(1981-4)。共和党。

レグワイラ（レグワイラ・ジョセフ）Legwaila, Legwaila Joseph。ボツワナ。1937年生。外交官。ボツワナの国連大使(1980-)。国連事務総長のナミビア担当副特別代表。

ロイ（アーマンド）Roy, Armand。カナダ。軍人。西サハラ住民投票のための国連使節の軍司令官(1991-2)。

ロドリゲス(マニュエル・アレクサンドレ「キト」)Rodrigues, Manuel Alexandre ('Kito')。アンゴラ。政治家。内相（1980-9)。米国主導のアンゴラからのキューバ軍撤退交渉でのアンゴラ使節団長。

わ行

ワールグレン（ラース＝エリック）Wahlgren, Lars-Eric。スウェーデン。1929年生。軍人。

事項索引

※国名、地名等に関しては、国連平和維持活動が実施された国（領域）について関連章名を掲示した。

国連検証使節(**アンゴラ**)(第二次)UN Angola Verification Mission (UNAVEM II), 23, 229-50

国連軍事監視団(**イラクとイラン**)UN Iran-Iraq Military Observer Group (UNIIMOG), 22, 144, 163-79, 195, 217, 281, 349, 351, 359

国連監視使節(**イラクとクウェート**)UN Iraq-Kuwait Observer Mission (UNIKOM), 22, 353-61

国連軍事監視団(**インドとパキスタン**で係争中のカシュミール州)UN Military Observer Group in India and Pakistan (UNMOGIP), 38, 42-3

国連緊急軍(**エジプト**のシナイ半島とガザ地区)(第一次)UN Emergency Force (UNEF I), 20, 40, 95, 354

国連緊急軍(**エジプト**のシナイ半島)(第二次)UN Emergency Force (UNEF II), 37, 54

国連監視使節(**エルサルバドル**)Mision de Observadores de las Naciones Unidas en El Salvador (ONUSAL), 23, 283-308

国連休戦監視機構(**エルサレム**他)UN Truce Supervision Organisation (UNTSO), 20, 37-9, 47-8, 51-2, 54, 71-2, 82, 107, 116, 121, 126, 130, 135-6, 163, 185, 188, 314, 351

国連先遣使節(**カンボジア**)UN Advance Mission in Cambodia (UNAMIC), 22, 317, 382

国連暫定権力機構(**カンボジア**)UN Transitional Authority in Cambodia (UNTAC), 23, 310, 315-32

国連平和維持軍(**キプロス**)UN Force in Cyprus (UNFICYP), 38, 43-6, 59-70, 151, 188, 354, 358, 370

国連保護軍(**旧ユーゴスラビア**)UN Protection Force (UNPROFOR), 286, 387-412

国連暫定行政使節(コソボ自治州)UN Interim Administration Mission in Kosovo (UNMIK), 318

国連活動(軍)(**コンゴ**)Opération des Nations Unies au Congo (ONUC), 25, 48, 59, 188, 227

国連使節(軍)(シエラレオネ)UN Mission in Sierra Leone (UNAMSIL), 25

国連兵力引き離し監視軍(**シリア**のゴラン高原)UN Disengagement Observer Force (UNDOF), 38, 52-4, 71, 151, 354, 360, 387原註

国連活動(**ソマリア**)(第一次)UN Operation in Somalia (UNOSOM I), 22, 345

国連活動(**ソマリア**)(第二次)UN Operation in Somalia (UNOSOM II), 347-8

国連監視団(**中米**)Grupo de Observadores de las Naciones Unidas en Centroamérica (ONUCA), 22, 35, 198, 272-300, 307

国連移行支援団(**ナミビア**)UN Transition Assistance Group (UNTAG), 23, 181-223, 227, 229, 272, 310

国連使節(住民投票の為の)(**西サハラ**)Mission des Nations Unies pour l'organisation d'un référendum au Sahara Occidental (MINURSO), 23, 262-270

国連暫定行政機構(軍)(東チモール)UN Transitional Administration in East Timor (UNTAET), 25, 318

国連暫定軍(**レバノン**)UN Interim Force in Lebanon (UNIFIL), 25, 37-8, 47-51, 71, 73-99, 112, 126, 130-1, 134-9, 141, 145-6, 151, 169, 188, 197, 262, 350-2

さ行

主権sovereignty, 24, 27, 30-3

事務総長の友好国 293-4, 298, 300, 305 →「連絡国団」の項も参照。

た行

な行

ら行

わ行

附録4　主要登場人物（解説と索引）

あ行

アーウン（ミシェル）Aoun, Michel。レバノン（マルン派キリスト教徒）。1935-。軍人、政治家。陸軍司令官（1984）、1988年、アミン・ゲマイェル大統領が引退にあたり臨時政府首相に任命。1990年、シリア軍の手で大統領府から放逐される。1991年以来フランスに亡命中。

アークハート（ブライアン）Urquhart, Brian。英国。1919-。国連職員（1945-86）。特別政治案件担当事務次長（1974～86）。索引5-12, 17-8, 36-7, 41, 44, 51, 83, 111, 162, 419。

アースキン（エマヌエル「アレックス」）Erskine, Emmanuel (Alex)。ガーナ。1937-。軍人。第二次国連緊急軍の参謀長（1974-5）、国連休戦監視機構の参謀長（1976-8）、駐レバノン国連暫定軍司令官（1978-81）、国連休戦監視機構参謀長（1981-6）。

アーリー（ダーモット）Earley, Dermot。アイルランド。1948-。軍人。特別政治案件室の軍事職員（1987-91）。

アーレンス（モシェ）Arens, Moshe。イスラエル。1925-。学者、外交官、政治家。国防相（1983-4と1990-2）、外相（1988-90）。

アーロンソン（バーナード）Aronson, Bernard。米国。公務員、実業家。国務省の米州関係担当次官補（1989-93）。

アイディード（モハムメド・ファラー）Aidid, Mohammed Farah。ソマリア。1934-96。軍人、政治家。1969年シヤド・バーレが権力を掌握した時の参謀長。1991年、バーレ政権を倒した軍閥連合の指導者。その後の内戦の中でアリ・マフディ・モハムメドや諸外国の軍と首都モガデシュの支配権をめぐって争い、戦死。

アガ=カーン（サドゥルッディン）Aga Khan, Sadruddin。イラン。1933年生。第四代国連難民高等弁務官（1965-77）。アフガニスタンにおける国連の諸企画の調整役（1988-90）。クウェート危機の後の国連人道企画の主任（1990-1）。

あかし・やすし（明石康）。日本。1931-。外交官、国連職員。広報担当事務次長（1979-87）、軍縮担当事務次長（1987-91）、カンボジア担当事務総長特別代表（1992-3）、旧ユーゴスラビア担当事務総長特別代表（1994-5）、人道問題担当事務次長（1996-7）。索引320-4, 327, 329, 412。

アル= **アサド**（ハフィズ）al-Assad, Hafiz。シリア。1928-2000。軍人、政治家。シリア大統領（1971-2000）。

アジェルロ（アルド）Ajello, Aldo。イタリア。1936年生。政治家、国連職員。国連開発計画

(1984-92)、モザンビーク担当事務総長特別代表(1992-4)。

アジズ(タリク)Aziz, Tariq。イラク。1936-。記者、政治家。副首相(1981)、外相(1983-91)、副首相(1991-2003)。訳註、キリスト教カルデヤ教会洗礼名ミハイル・ハンナ・アジズ。

アジッチ(ブラゴイェ)Adžić, Blagoje。ユーゴ(セルビア)。1932-。軍人。1991年、ユーゴ人民軍参謀長。1992年、ユーゴ連邦国防相。

アダミシン(アナトリー)Adamishin, Anatoliy。ソ連(ロシア)。1934-。外交官。副外相(1986-90)、駐イタリア大使(1990-2)、第一副外相(1992-4)。

アナン(コフィ)Annan, Kofi。ガーナ。1938-。国連職員。予算課長Director of Budget(1984-7)、人材管理事務次長補(1987-90)、予算主計官Controller of Budget等(1990-2)、平和維持活動担当事務次長補(1992-3)、同事務次長(1993-6)、第七代国連事務総長(1997-)。索引14, 26, 32, 40-1, 98, 161, 218, 262, 269, 345, 360, 396, 398, 411, 415-6, 428。

アブ=ニダル Abu Nidal(サブリ=アル=バンナSabri al-Bannaの偽名)。パレスチナ人。1937-。「ファター(イスラム大征服)革命評議会」とか「社会主義イスラム教徒の革命機構」とか様々の名前で知られるパレスチナ人テロ組織の首魁。

アフティサアリ(マルッティ)Ahtisaari, Martti。フィンランド。1937-。外交官、国連職員、政治家、和平斡旋家。ナミビア担当事務総長特別代表(1978-90)、事務管理担当事務次長(1987-91)、旧ユーゴ問題国際会議のボスニア作業部会長(1992-3)、フィンランド大統領(1994-2000)。

アブデルアジズ(モハメド)Abdelaziz, Mohamed。西サハラ。1948-。政治家。1973年、(西サハラの)「サグィア・エル=ハマとリオ・デ・オロ解放人民戦線」Frente Popular para la Liberación de Saguia el-Hama y de Río de Oro(POLISARIO)の設立者の一人。1976年以来「サハラ・アラブ民主共和国」の「大統領」。

アブドゥル=ナセル(ガマル)Abdul Nasser, Gamal。エジプト。1918-1970。軍人、政治家。エジプト大統領(1954-70)。

アブドゥル=メグイド(エスマト)Abd al-Meguid, Esmat。エジプト。1923-。外交官、政治家。外相(1984-91)。アラブ連盟事務総長(1991-2001)。

アフメド(ラフィー・ウッディーン)Ahmed, Rafeeuddin。パキスタン。1932-。外交官、国連職員。1970年国連入り。事務総長官房長官(1978-83)、政治問題・信託統治・脱植民地化担当事務次長(1983-6)、国際経済社会問題担当事務次長(1987-92)、また、東南アジア人道問題担当の事務総長特別代表(1983-91)、アジア太平洋経済社会委員会執行委員長(1992-4)。

アラド(ロン)Arad, Ron。イスラエル。1958年生。空軍士官。1986年、レバノンで乗っていた飛行機が墜落、レバノン抵抗運動大隊(アマル大隊)の過激派に捕らわれ、行方不明。

アラファト（ヤシル）（アブ・アムマル）Arafat, Yasir (Abu Ammar)。パレスチナ人。1929年生。抵抗運動指導者で政治家。1968年以来パレスチナ解放機構（PLO）議長、1994年以来パレスチナ国民権力機構Palestinian National Authority主席。

アラルソン＝デ＝ケサダ（リカルド）Alarcón de Quesada, Ricardo。キューバ。1937年生。外交官、政治家。キューバの国連大使（1966-78と1990）、副外相（1978-90）、外相（1992-4）。

アリアス＝サンチェス（オスカル）Arias Sánchez, Oscar。コスタリカ。1940年生。学者、政治家、和平斡旋家。コスタリカ大統領（1986-90）。

アリスティード（ジャン＝ベルトラン）Aristide, Jean-Bertrand。ハイチ。1950年頃生。聖職者、政治家。1988年、（カトリックの学校修道会）サレス修道会から追放。変化と民主主義の為の国民戦線の指導者。ハイチ大統領（1991と1993-6と2000-）。

イーグルバーガー（ローレンス）Eagleburger, Lawrence。米国。1930年生。米在外公館（1957-84）、国務副長官（1989-92）、国務長官（1992年8月～1993年1月）。

イゼトベゴヴィッチ（アリヤ）Izetbegović, Alija。ユーゴ（ボスニア系）。政治家。1990年以来ボスニア・ヘルツェゴビナ大統領。

ウ・タントU Thant。ビルマ。第三代国連事務総長（1961-1971）。

ヴァシリウー（ゲオルゴス）Vassiliou, Georgos。キプロス（ギリシャ系）。1931年生。事業諮問委員、政治家。キプロス大統領（1988-93）。

ヴァドゥセト（マーティン）Vadset, Martin。ノルウェー。1930-。軍人。国連休戦監視機構の参謀長（1987-90）。

ヴァルガス（マウリチオ）Vargas, Mauricio。エルサルバドル。軍人。政府の交渉班の軍事担当官。

ヴァレンティム（ジョルゲ）Valentim, Jorge。アンゴラ。1937年生。政治家。アンゴラ完全独立国民連合の情報長官（1991-2）。

ヴァン＝デン＝ブロック（ハンス）Van den Broek, Hans。オランダ。1936年生。政治家。外相（1982-93）、欧州委員会の対外関係委員（1993-9）。

ヴァンス（サイラス）Vance, Cyrus。米国。1917年生。法律家、公務員、政治家。国務長官（1977-80、カーター政権）。国連事務総長のユーゴスラビア担当特使（1991-2）。ユーゴ問題国際会議の舵取り委員会の共同議長の一人（1992-3）。

ウィズナー（フランク）Wisner, Frank。米国。1938-。外交官。駐ザンビア大使（1979-82）、国務省アフリカ問題担当副次官補（1982-6）、駐エジプト大使（1986-91）、国防次官（1993-4）、駐インド大使（1994-7）。

ヴィラロボス＝フエソ（ホアキン）Villalobos Huezo, Joaquín。エルサルバドル。1951年生。政治家。人民革命軍の指導者。ファラブンド・マルティ国民解放戦線Frente

Farabundo Martí para la Liberación Nacionalの五人の司令の一人。

ウィリアムズ（アンジェラ）Williams, Angela。英国。国連職員。近東パレスチナ難民のための国連救援事業部のガザ地区取締役代行(1987-8)。

ウィルソン（ジョン）Wilson, John。豪州。軍人。ユーゴスラビア国連軍事連絡将校司令官(1992)、国連保護軍の軍事監視主任(1992-3)。

ウェイト（テリー）Waite, Terry。英国。1939-。英国教会の役員。1987年レバノンで拉致され、1991年釈放。

ヴェラヤティ（アリ・アクバル）Velayati, Ali Akbar。イラン。1945年生。外科医、政治家。外相(1981-97)。

ヴェリン（グスタフ）Welin, Gustaf。スウェーデン。国連兵力引き離し監視軍の司令官(1986-8)。

ヴェンドレル（フランチェスク）Vendrell, Francesc。スペイン。1940年生。法学者、国連職員。1968年に事務総局入り。特に中米と政治局においてデ＝ソトと緊密に働く。

ヴォロンツォフ（ユーリ）Vorontsov, Yuliy。ソ連（ロシア）。1929年生。外交官。第一副外相(1986-9)、大使としてアフガニスタン(1988-90)と国連(1990-2)に赴任、イェリツィン大統領の顧問(1992-4)、駐米大使(1994-8)。

ウニムナ（エドワード）Unimna, Edward。ナイジェリア。軍人。第二次国連アンゴラ検証使節の監視主任(1991-2)。

エヴァンズ（ガレス）Evans, Gareth。豪州。1944年生。法律家、政治家。外相(1988-96)。訳註、「介入と国家主権に関する国際委員会」（International Commission on Intervention and State Sovereignty、人道的軍事介入についての報告書「保護責任 The Responsibility to Protect」を出した）の共同議長（2000-1)。「サフヌン」の項も参照。

エコバル＝ガリンド（ダヴィッド）Ecobar Galindo, David。エルサルバドル。詩人、学者。エルサルバドルの政府交渉班の一員(1990-2)。

エメ（ジャン＝クロード）Aimé, Jean-Claude。ハイチ。1935年生。国連職員。国連開発計画(1962-77)、中東の国連平和維持活動の上級顧問（1978-82)、特別政治案件室の管理職（1982-8)、事務総長ペレ＝デ＝クエヤルの執行補佐（1989-91)、事務総長ブートロス＝ガリの主席参事官(1992-96)、国連補償委員会の執行委員長(1997-2000)。

エリアソン（ヤン）Eliasson, Jan。スウェーデン。1940年生。外交官、国連職員。スウェーデンの国連大使兼イラン・イラク担当国連事務総長個人代表（1988-92)。人道問題担当事務次長(1992-4)。

おがた・さだこ（緒方貞子）。日本。1927年生。学者、外交官、国連職員。国連難民高等弁務官(1991-2000)。索引263 訳註(13), 356, 407。

オクン（ハーバート）Okun, Herbert。米国。外交官。国連副大使(1985-9)。サイラス・ヴァ

ンスのユーゴスラビア担当特別顧問（1991-3）、同「マケドニア」担当特別顧問（1993-7）。

オケロ（フランシス）Okelo, Francis。ウガンダ。国連職員。ハイチ選挙検証のための国連監視団（1990-1）。

オニール（タウ）O' Neill, Tadgh。アイルランド。1926年生。軍人。アイルランド国防軍参謀長（1986-9）。

オバサンジョ（オルセグン）Obasanjo, Olsegun。ナイジェリア。1937年生。軍人、政治家。連邦軍事政府の首領（1976-9）、ナイジェリア大統領（1999-）。

オパンデ（ダニエル）Opande, Daniel。ケニヤ。軍人。国連移行支援団（ナミビア）の軍副司令官（1989-90）。

オバンド＝イ＝ブラヴォ（枢機卿ミグエル）Obando y Bravo, Cardinal Miguel。ニカラグア。1926年生。僧侶。ニカラグア国民和解委員会委員長（1987）。

オベイド（アブドゥル・カリム）Obeid, Abdul Karim。レバノン（シーア派イスラム教徒）。聖職者。1989年、イスラエルに拉致され、2001年現在、まだ拘禁中。

オマヤド（ヒシャム）Omayad, Hisham。ガーナ。国連職員。主にアフリカ問題を担当。国連移行支援団（ナミビア）の選挙部長（1989-90）。

オルテガ＝サアヴェドゥラ（ダニエル）Ortega Saavedra, Daniel。ニカラグア。1945年生。サンディノ派戦線の一員、抵抗運動指導者、政治家。ニカラグア大統領（1985-90）。

か行

カールストローム（ペル）Källström, Per。スウェーデン。1942年生。軍人。国連イラン・イラク軍事監視団駐テヘラン監視主任代行（1989-90）。

アル＝**カイシ**（リヤド）al-Qaysi, Riad。イラク。法律家、外交官。イラク外務省の法律顧問（1980年代終りから1990年代はじめ）。

カウンダ（ケネス）Kaunda, Kenneth。ザンビア。1924年生。政治家。大統領（1964-91）。

カストロ（フィデル）キューバ。1926年生。国家評議会議長1976-。

カシム（アブドゥル・カリム）Qasim, Abdul Karim。イラク。1914-1963（処刑）。軍人、政治家。1958年、イラクのハシムHashem王家を転覆（訳註、ヨルダンと同じ王家。ハシミテというのは英語の形容詞形成接尾辞iteを放置した云い方）。1963年、クーデターで失脚、処刑された。

カダフィ（ムアムマル）Qadhafi, Mu`ammar。リビア。1942年生。軍人、政治家。1969年にクーデターを起こして王政を打倒、革命司令評議会議長（国家元首）（1969-）。

カチッチ（フルヴォイェ）Kacić, Hrvoje。ユーゴ（クロアチア）。船主、政治家。クロアチア議会外交委員会委員長（1991）。

カディエヴィッチ(ヴェリコ)Kadijević, Veljko。ユーゴ(セルビア)。1925年生。軍人。連邦国防相(1989-92)。

アル=**カドゥミ**(ファルク「アブ・ルトゥフ」)al-Qaddumi, Farouq (Abu Lutf)。パレスチナ。1930年生。ファター Fatah (パレスチナ解放機構PLOのアラファト派) の創設委員。1974年以来パレスチナ解放機構の政治局長。

カバラン (アブドゥル・アミール)Kabalan, Abdul Amir。レバノン(シーア派イスラム教徒)。聖職者、政治家。レバノン抵抗運動大隊Amalの政治局員。

カプト (ダンテ) Caputo, Dante。アルゼンチン。1943-。学者、政治家、国連職員。外相(1983-8)、ハイチ担当国連事務総長特別代表(1993-4)。

カミリオン(オスカル)Camilión, Oscar。アルゼンチン。1930-。法律家、外交官、新聞編集委員、政治家。外相 (1981)、キプロス担当国連事務総長特別代表 (1988-93)、国防相(1993-6)。

カラメ (オマル)Karamé, Omar。レバノン(スンニー派イスラム教徒)。ラシードの弟。政治家。首相(1990-2)。

カラメ(ラシード)Karamé, Rashid。レバノン(スンニー派イスラム教徒)。1921-87(暗殺)。政治家。首相(1958-69と1975-87)。

カルデロン=ソル (アルマンド) Carderón Sol, Armando。エルサルバドル。政治家。国民主義共和国連合Alianza Republicana Nacionalistaの党首。エルサルバドル大統領(1994-9)。

ガレアノ (イスラエル、「フランクリン司令」)Galeano, Israel, 'Comandante Franklyn'。ニカラグア。コントラ・ゲリラの指揮官。

ガレカーン (チンマヤ) Gharekhan, Chinmaya。インド。1934年生。外交官。インドの国連大使(1986-92)、ブートロス=ガリ国連事務総長の上級顧問(1992-6)。

キーズ (アラン)Keyes, Alan。米国。政府職員、政治家。国務省国際機関次官補(1986)。

キタニ (イスマット)Kittani, Ismat。イラク(クルド系)。1929-2001。外交官、国際公務員。国連大使 (1961-4)。国連事務総局 (1964-75)。イラク副外相 (1975-82)、国連大使(1985-90)。国連事務総長のソマリア担当特別代表 (1992-3)、タジキスタン担当事務総長特使(1993)、事務総長特別顧問(1994-6)。

キッシンジャー (ヘンリー)Kissinger, Henry。米国。1923-。学者、政府役員、政治家、諮問委員。大統領の国家安全保障問題担当補佐官 (1969-75)、国務長官 (1973-7)、1982年以来、キッシンジャー・アソシエイツ社の会長。

キプリアヌー (スピロス)Kyprianou, Spyros。キプロス(ギリシャ系)。1932年生。法律家、政治家。キプロス大統領(1977-88)。

キャラハン (ウィリアム)Callaghan, William。アイルランド。1921-。軍人。コンゴ国連軍、

駐キプロス国連軍、国連休戦監視機構に従軍。駐レバノン国連暫定軍の司令官(1981-6)、国連休戦監視機構の参謀長(=現地最高指揮官)(1986-7)。

キャリントン(卿、ピーター)。Carrington, Lord (Peter)。英国。1919-。軍人、政治家、和平斡旋家。欧州共同体のユーゴ会議の議長(1991-2)。

キュー・サムファンKhieu Samphan。カンボジア。1932年生。政治家。ポル・ポト派に参加(1967)、ポル・ポト派最高司令官(1973-9)、国家元首(1976-9)、民主カンプチア亡命政府の外務担当副主席(1982-91)、最高国家評議会評議員(1991-3)。

クシュナー（ベルナール）Kouchner, Bernard。フランス。外科医、政治家。Médicines sans frontières(国境無き医師団)とMédicins du Monde(世界の医師団)を創設。人道活動担当国務相(1988-92)、保健・人道活動担当相(1992-3と1997-9)。索引376。

クック（ロビン）Cook, Robin。英外相(労働党)(1997-2002)。

クティレイロ（ジョセ）Cutileiro Jose。ポルトガル。外交官。欧州共同体のボスニア担当交渉役(1991-2)。

クヌートソン（ロルフ）Knutsson, Rolf。スウェーデン。1942年生。国連職員。国連開発計画(1969-83)。平和維持活動には、駐レバノン国連暫定軍(1985)、国連休戦監視機構(1987)、在中米国連監視団(1990)、国連西サハラ住民投票使節(1992)に上級政治顧問として赴任。

グラインドル（ギュンター）Greindle, Günther。オーストリア(墺)。軍人。国連兵力引き離し監視軍司令官（1979-81)、駐キプロス国連軍司令官（1981-9)、国連イラク・クウェート監視使節(1991-2)。

グリゴロフ(キロ)Gligorov, Kiro。ユーゴ(マケドニア系)。1917年生。政治家。旧ユーゴ構成共和国のマケドニア大統領(1991-9)。

クリスチャニ＝ブルカルド（アルフレド）Cristiani Burkard, Alfredo。エルサルバドル。1948年生。実業家、政治家。大統領(1989-94)。

クリュイッチ（ステパン）Kljuić, Stjepan。ユーゴ(クロアチア系ボスニア人)。政治家。ボスニア共和国の独立宣言以降、様々な局面でボスニア大統領府のクロアチア系要員であった。

クリントン（ビル）Clinton, William Jefferson (Bill)。米大統領(1997-2000)。

クレリデス（グラフコス）Clerides, Glafcos。キプロス（ギリシャ系)。1919年生。法律家、政治家。代議院議長(1960-76)、大統領(1993-)。

グロス＝エスピール(ヘクトル)Gros Espiell, Hector。ウルグアイ。外交官、政治家。西サハラ担当事務総長特別代表(1988-90)。

クロッカー(チェスター)Crocker, Chester。米国。1941年生。学者、国家公務員。国務省アフリカ問題次官補。

ゲアゲア（シャミル）Geagea, Samir。レバノン（マルン派キリスト教徒）。1952年生。民兵、政治家。「カタエブ党」と「レバノン軍」（マルン派民兵）の指導者の一人。

ケサダ＝ゴメス（アグスティン）Quesada Gómez, Agustín。スペイン。軍人。在中米国連監視団の監視主任（1989-90）。

ゲマイェル（アミン）Gemayel, Amin。レバノン（マルン派キリスト教徒）。1942年生。バシールの兄。政治家。レバノン大統領（1982-8）。訳註、現在カナダのケベック州に亡命中。父ピエールが1936年「カタエブ党」を設立した。

ゲマイェル（バシール）Gemayel, Bashir。レバノン（マルン派キリスト教徒）。1947-1982（暗殺）。政治家。1982年にレバノン大統領に当選したが、就任前に暗殺された。アミンの弟。

ゲンシャー（ハンス＝ディートリッヒ）Genscher, Hans-Dietrich。ドイツ。1927年生。政治家。自由民主党。外相（1974-92）。

コー・トン・ビー（許通美）Koh, Thong Bee (Tommy)。訳註、Xu Tong Mei。シンガポール。法律家、学者、外交官。国連大使（1974-84）、駐米大使（1984-90）、無任所大使(1990-)。

ゴクセル（ティムール）Goksel, Timur。トルコ。1944年生。国連職員。国連報道官（1978-2002）、駐レバノン国連暫定軍の上級顧問（1994-2002）。

ゴメス（ペリクレス）Gomes, Péricles Ferreira。ブラジル。1931年生。第一次および第二次国連アンゴラ検証使節の監視主任（1988-91）。

ゴメス（ルイス・マリア）Gómez, Luis María。アルゼンチン。1924年生。国連職員。アフティサアリがナミビアに出向している間の本部の事務管理担当事務次長代行（1989-90）、国連開発計画の準事務官Associate Administrator（1990-6）。

コルドヴェス（ディエゴ）Cordovez, Diego。エクアドル。1935年生。法律家、外交官、国連職員、政治家。国連政治案件担当事務次長（1981-8）としてイラン・イラク戦争とアフガニスタンを主に担当。エクアドル外相（1988-92）。

ゴルバチョフ（ミハイル）Gorbachev, Mikhail。ソ連（ロシア）。1931年生。政治家。ソ連共産党中央委員会書記長（1985-91）、ソ連大統領（1990-1）。

さ行

サヴィムビ（ジョナス）Savimbi, Jonas。アンゴラ。1934-2002。1966年以来、アンゴラ完全独立国民連合União Nacional para a Independência Total de Angolaの頭目。

サシルビー（ムハメド）Sacirbey, Muhamed。ユーゴ（ボスニア）。1956年生。法律家、銀行家、外交官、政治家。国連大使（1992-5）、外相（1995-6）。

サッチャー（マーガレット）Thatcher, Margaret。英首相（1979-90）。

サドリ（ベフルーズ）Sadry, Behrooz。イラン。1936年生。国連職員。1957年国連事務総局

入り。派遣活動部Field Operations Divisionの管理職（1987-92）、事務総長の副特別代表としてカンボジア（1992-3）とモザンビーク（1994）に赴任。

アル＝**サドル**（師、ムサ）al-Sadr, Imam Musa。イラン。1928年生。シーア派聖職者。レバノン抵抗運動大隊Amalの創設者。1978年リビアで失踪。

サハフ（ムハムマド・サイード）Sahhaf, Muhammad, Sai`d。イラク。政治家。外務担当国務大臣（1990年はじめ）、後に外相。

サフヌン（モハムメド）Sahnoun, Mohammed。アルジェリア。1913年生。政治家、外交官、国連職員。アフリカ統一機構の副事務総長（1963-74）、アラブ連盟の副事務総長（1973-4）。アルジェリアの大使として国連（1982-4）、米国（1984-8）、モロッコ（1989-90）に赴任。国連事務総長のソマリア担当特別代表（1992）、国連とアフリカ統一機構の両事務総長のアフリカ大湖水地方の特使（1993）。訳註、「介入と国家主権に関する国際委員会」（International Commission on Intervention and State Sovereignty、人道的軍事介入についての報告書「保護責任 The Responsibility to Protect」を出した）の共同議長（2000-1）。「エヴァンズ」の項も参照。

サマヨア（サルバドル）Samayoa, Salvador。エルサルバドル。人民解放軍の要人で、ファラブンド・マルティ国民解放戦線Frente Farabundo Martí para la Liberación Nacionalの交渉班の一人。

ザルトマン（ウィリアム）Zartman, I. William。米国。学者。ジョンズ・ホプキンス大学。話し合いによる紛争解決の「機が熟す」という概念を提唱した。

サンダーソン（ジョン）Sanderson, John。豪州。軍人。国連カンボジア暫定権力機構の軍司令官（1992-3）。

サンタマリア（オスカル）Santamaria, Oscar。エルサルバドル。大統領府大臣で、政府の交渉班長（1989-92）。

サンチェス＝セレン（サルバドル）、またの名をレオネル・ゴンザレス、Sanchéz Cerén, Salvador (alias Leonel Gonzales)。エルサルバドル。人民解放軍の指導者でファラブンド・マルティ戦線の五人の司令の一人。

サンチョ（エドゥアルド）、またの名をフェルマン・シエンフエゴスSancho, Eduardo (alias Ferman Cienfuegos)。エルサルバドル。国民抵抗運動の指導者で、ファラブンド・マルティ戦線の五人の司令の一人。

シーラル（ジェレミー）Shearar, Jeremy。南アフリカ。1931年生。外交官。国連大使（1988-94）。

シフ（ゼエヴ）Schiff, Ze'ev。イスラエル。1932年生。分析家、作家、記者。長年、Ha'aretz（ハ・アレツ）紙の国防問題編集委員。

しむら・ひさこ（志村尚子）。日本。1934年生。国連職員。原著者が国連事務総局に入った

時、特別政治案件室のコルドヴェス部の部員で、1989年から1992年はじめにアナンが平和維持活動局に入ってくるまでの間、原著者の副官。東京の津田塾大学学長(1996-)。訳註、国連平和活動についての独立検討委員会の委員(2000)。

シヤド＝バーレ（モハメド）Siyad Barre, Mohamed。ソマリア。1919年生。軍人、政治家。1969年に権力につく。1991年1月、アイディード率いる軍閥連合に倒される。

シャヒーン（イムティアズ）Shaheen, Imtiaz。パキスタン。軍人。第一次国連ソマリア活動の軍司令官(1992-3)。

シャミル（イツァーク）Shamir, Yitzhak。イスラエル。1915年生。政治家。外相(1980-3)、首相(1983-4)、外相(1984-6)、首相(1986-92)。

シャムカニ（アリ）Shamkhani, Ali。イラン。政治家。イラン革命防衛隊Pasdaran大臣(1980年代終り頃)。後に国防相。

シャムスディン（シャイク・ムハムマド・マフディ）Shamsuddin, Shaikh Muhammad Mahdi。レバノン(シーア派イスラム教徒)。1935-2001。聖職者。シーア派最高会議副議長(1978)、議長(1994)。

アル＝**シャラァ**（ファルク）al-Shara`, Farouq。シリア。1938年生。航空会社管理職、外交官、政治家。外相(1984-)。

ジャンヴィエ（ベルナール）Janvier, Bernard。フランス。1939年生。軍人。国連保護軍司令官、その後旧ユーゴの国連諸平和活動の軍司令官(1995-6)。

ジュムブラット（カマル）Jumblatt, Kamal。レバノン(ドゥルーズ教徒)。1917-1977(暗殺)。政治家。進歩社会党の創設者。ワリードの父。

ジュムブラット（ワリード）Jumblatt, Walid。レバノン(ドゥルーズ教徒)。1949年生。カマルの息子。政治家。進歩社会党とドゥルーズ民兵の指導者。

シュルツ（ジョージ）Shultz, George。米国。学者、経済学者、産業家、政治家。国務長官(1982-9)。

ジョヴェル（フランシスコ）Jovel, Francisco。エルサルバドル。中米労働者革命党首。ファラブンド・マルティ国民解放戦線Frente Farabundo Martí para la Liberación Nacionalの五人の司令の一人。

ジョナー（ジェイムズ）Jonah, James。シエラレオーネ。1934年生。国連職員、外交官、政治家。1963年に国連事務総局入り。特別政治案件室の管理職(1971-9)。人事担当事務次長補(1979-81)、派遣任務外部支援室担当事務次長補(1982-7)、調査情報収集室担当事務次長補(1987-90)、アフリカ担当事務次長(1991-2)、政治局担当事務次長(1992-4)。

ジョバルテ（エブリマ）Jobarteh, Ebrima。ガムビア。1940年生。国連職員。国連移行支援団(ナミビア)(1989-90)、第二次国連アンゴラ検証使節執行取締役(1992-3)。

シラク（ジャック）Chirac, Jacques。フランス。1932年生。政治家。首相（1974-6と1986-8）。大統領（1995-）。

スアンセス＝パルド（ヴィクトル）Suanzes Pardo, Victor。スペイン。在中米国連監視団の監視主任（1991-2）。

スィライジッチ（ハリス）Silajdžić, Haris。ユーゴ（ボスニア）。1945年生。ボスニア・ヘルツェゴビナ外相（1991-3）、首相（1993-6）。

スカルリ（アリ）Skalli, Ali。モロッコ。1927年生。法律家、外交官、国連大使（1990-1）。

スミス（ルパート）Smith, Rupert。英国。軍人。国連保護軍ボスニア方面司令官（1995）。

ズリアーニ（ゲイビー）Zuliani, Gaby。カナダ。軍人。ハイチ選挙検証の為の国連監視団の公安監視主任（1990-1）。

セパロヴィッチ（ツヴォニミル）Separović, Zvonimir。ユーゴ（クロアチア）1928年生。政治家。クロアチア外相（1991-2）、国連大使（1992）。

ソーンベリー（セドリック）Thornberry, Cedric。アイルランド。1936年生。法律家、学者、国連職員。上級顧問として駐キプロス国連軍（1981-2）と国連休戦監視機構（1982-4）に配属、国連移行支援団（ナミビア）の事務総長特別代表室長（1989-90）、事務管理組織運営局の事務次長室長（1990-2）、国連保護軍（旧ユーゴ）の民政部長（1992-5）。

ソマリンズ（レイモンド）Sommereyns, Raymond。ベルギー。国連職員。特別政治案件室コルドヴェス部。国連イラン・イラク軍事監視団上級顧問（1988-91）、政治局（1992）。

ソン・サン Son Sann。カンボジア。1911年生。政治家。国立銀行総裁（1954-68）、民主カンプチア連立政府の首相（1982-91）、最高国家評議会評議員（1991-3）、制憲議会議長（1993）。

た行

ダウード（ダウード・スレイマン）Daoud, Daoud Sulaiman。レバノン（シーア派イスラム教徒）。レバノン南部のレバノン抵抗運動大隊（アマル大隊）の穏健な指導者。1988年暗殺。おそらく神の党（ヒズブラー）による。

タミル（アヴラハム）Tamir, Avraham。イスラエル。1924年生。軍人、官僚、政治家。シャーロン（訳註、アリエル・シャーロン。国防相として1982年イスラエルのレバノン侵攻を指導し、その後、建設相としてユダヤ・サマリア地区〜西岸地区〜にユダヤ人入植地を築き、2001年以来、首相）の側近であったが、1982年のレバノン侵攻で袂を分かった。外務事務次官（1986-8）。

ダ・モウラ（ヴェナンチオ）da Moura, Venâncio。アンゴラ。政治家。1980年代はじめから副外相。1992年12月、外相となった。

ダヤル(ヴィレンドラ、通称ヴィル)Dayal, Virendra (Viru)。インド。1935年生。公務員。国連職員。特別政治案件室の管理職(1979-82)、事務総長官房長官(1982-92)。

タルール(シャシ)Tharoor, Shashi。インド。1956年生。作家。国連職員。1978年国連難民高等弁務官事務所に入り、1991年国連本部に原著者の特別補佐として移り、平和維持活動局にはコフィ・アナン時代も残り、1997年アナンが事務総長になると、その執行補佐となった。

ダン (トミー)Dunne, Tommy。アイルランド。1932年生。軍人。国連アンゴラ検証使節のジャムバ連絡班長。

チジェロ (バーナード)Chidzero, Bernard。ジンバブエ。1927年生。経済学者、国連職員、政治家。金融・経済企画・開発相(1980-95)。1991年の国連事務総長選挙におけるブートロス=ガリの主要対立候補。

チチッピオ (ジョセフ) Cicippio, Joseph。米国。大学経営者。ベイルートのアメリカ大学American University of Beirutの監査役。1986年に拉致され、1991年に釈放された。

チッサノ(ジョアキム)Chissano, Joaquim。モザンビーク。1939年生。自由の戦士、政治家。外相(1975-86)、大統領(1986-)。

チトー (ヨシプ・ブロッツ) Tito, Josip Broz。ユーゴ (クロアチアとスロベニア混血)。1892-1980。政治家。ユーゴスラビア社会主義連邦共和国首相 (1945-53)、同大統領(1953-80)。

チャモロ (ヴィオレタ・バリオス=デ=)Barrios de Chamorro, Violeta。ニカラグア。1939年生。記者、政治家。ニカラグア大統領(1990-6)。

デ=カスティロ(グラチアナ)de Castillo, Graciana。ウルグアイ。1951年生。経済学者、国連職員。事務総長執務室付(1992-4)。

デ=クエヤル→「ペレ=デ=クエヤル」の項を参照。

デ=クラーク (フレデリック・ヴィレム)de Klerk, Frederik, Willem。南アフリカ。1936年生。政治家。閣僚会議議長(1985-9)、国家大統領(1989-94)、国家副大統領(1994-6)。

デ=ソト (アルヴァロ)de Soto, Álvaro。ペルー。1943年生。外交官、国連職員。ペレ=デ=クエヤル事務総長の特別補佐 (1982-6)、同執行補佐 (1987-91)、中米和平のための事務総長の個人代表 (1988-91)、エルサルバドル和平協定の主要作成者、ブートロス=ガリ事務総長の上級政治顧問(1992-4)、政治局担当事務次長補(1995-8)。

デ=ミチェリス (ジャンニ)de Michelis, Gianni。イタリア。1940年生。学者、政治家。外相(1989-92)。

デ=メディチス(ジョアン)de Medicis, João。ブラジル。外交官。国連ハイチ選挙検証団の団長(1990)。

ディアロ(イッサ)Diallo, Issa。ギニア。1939年生。外交官、国連職員。ペレ=デ=クエヤル

事務総長付アフリカ問題特別顧問（1982-90)、西サハラについての国連の和平案の作成者。国連アフリカ経済委員会執行委員長代行(1990-1)。

ティトフ（ドミトリー）Titov, Dmitri。ソ連(ロシア)。1990年に国連特別政治案件室に入る。アンゴラ班長。

ディブアマ（ティモティ）Dibuama, Timothy。ガーナ。1937年生。軍人、国連職員。1974年、ガーナ軍から国連特別政治案件室の軍事連絡官として出向。1981年、特別政治案件担当事務次長（二人）付軍事顧問、1987年、事務総長付軍事顧問。国連イラン・クウェート監視使節の軍事監視主任。

ディラニ(ムスタファ)Dirani, Mustafa。レバノン(シーア派イスラム教徒)。1950年生。民兵、政治家。1975年、レバノン抵抗運動大隊（アマル大隊）に入隊、公安部長となる。1980年代中頃、信者の抵抗運動を組織。1988年のヒギンズ拉致事件後、ベリによりアマル大隊の公安部長を解任される。1994年にイスラエルにより拉致され、2001年現在、なお収監中。

デュ＝プレシス（バレンド）du Plessis, Barend。南アフリカ。1940年生。政治家。蔵相(1984-8)。1989年の国民党党首選挙におけるデ＝クラークの対立候補。

デンクタシュ(ラウフ)Denktash, Rauf。キプロス(トルコ系)。1924年生。法律家、政治家。「キプロス・トルコ連邦国」大統領（1975-83)、「北キプロス・トルコ共和国」大統領(1983-)。

ド＝ナシメント(ロポ)do Nascimento, Lopo。アンゴラ。1940年生。政治家。首相(1975-8)、企画相(1980-6)、フイラ州知事(1986-90)、国土行政相(1991-)。

トゥジマン（フランヨ）Tudjman, Franjo。ユーゴ（クロアチア)。1922-1999。軍人、学者、政治家。クロアチア独立闘争を指導（1990-1)。1991年から1999年に死ぬまでクロアチア大統領。

トゥス（アントゥン）Tus, Antun。ユーゴ（クロアチア)。ユーゴ人民軍将校。1991年まで人民軍の空軍司令官。クロアチア国家防衛隊司令官(1991-2)。

ドゥラカマ（アフォンソ）Dhlakama, Afonso。モザンビーク。1953年生。政治家。1977年、モザンビーク国民抵抗運動Resistência Nacional Moçambicana (RENAMO)に入る。1980年以来大統領。

ドス＝サントス（ジョセ・エドゥアルド）dos Santos, José Eduardo。アンゴラ。1942年生。アンゴラ大統領(1979-)。

な行

ナムビアル（サティシュ）Nambiar, Satish。インド。軍人。(ユーゴの）国連保護軍司令官(1992-3)。

ナセル→「アブドゥル＝ナセル」の項を参照。

ヌジョマ（サム）Nujoma, Sam。ナミビア。1929年生。自由の戦士、政治家。南西アフリカ人民機構の主席（1960-）、ナミビア大統領（1990-）。

ネタニヤーフ（ベニヤミン、「ビビ」）Netaniyahu, Benjamin (Bibi)。イスラエル。1949年生。外交官、政治家。国連大使（1984-8）、副外相（1988-91）、首相（1996-9）。

ネルー（ジャワハルラル）Nehru, Jawaharlal。1889-64。インド首相（1947-64）。

ノロドム・シハヌークNorodom Sihanouk。カンボジア。1922年生。1941年以来、二度カンボジア国王。亡命（1970-75; 1978-91）、「独立、中立、平和と協調のカンボジアの為の国家統一戦線」Front Uni National pour un Cambodge, Indépendant, Neutre, Pacifique, et Coopératif（FUNCINPEC）を設立（1981）、最高国家評議会議長（1991-3）、国王に復位（1993）。

ノロドム・ラナリットNorodom Ranariddh。カンボジア。1944年生。政治家。「独立、中立、平和と協調のカンボジアの為の国家統一戦線」Front Uni National pour un Cambodge, Indépendant, Neutre, Pacifique, et Coopératif（FUNCINPEC）党首。第一首相（1993-7）。

は行

パーソンズ（アントニー）Parsons, Anthony。英国。1922-1996。軍人、外交官。英国の国連大使（1979-82）。

ハード（ダグラス）Hurd, Douglas。英国。1930年生。外交官、政治家。外務英連邦相（1989-95）。

ハイレ・セラシェ Haile Selassie。エチオピア。1892-1975。皇帝（1930-74、1936-41亡命）。

バエナ＝ソアレス（ジョアン）Baena Soares, João。ブラジル。外交官。米州機構の事務総長（1984-94）。

ハグルンド（グスタフ）Hägglund, Gustav。フィンランド。1938年生。軍人。国連兵力引き離し監視軍司令官（1985-6）、駐レバノン国連暫定軍（1986-8）。

バザン（マーク）Bazin, Marc。ハイチ。1932年生。法律家、国際公務員（世界銀行）、政治家。1986年に政党を立ち上げ、1991年の大統領選挙でアリスティードの対立候補。軍がアリスティード政権を転覆した後、1992年から翌年まで、首相となった。

ハジッチ（ゴラン）Hadžić, Goran。ユーゴ（セルビア系クロアチア人）1958年生。政治家。（クロアチアの）東スラヴォニア地区のセルビア系住民指導者。

ハズラジ（ニザル）Khazraji, Nizar。イラク。軍人。陸軍参謀長（1988-91）、クウェート侵攻の際イラク第七師団を指揮。クウェート解放後のイラク南部におけるシーア派蜂起で負傷し拿捕されたが、生き残る。1996年にイラク反体制派に鞍替えしたと伝えら

れる。

ハダム（アブドゥル・ハリム）Khaddam, Abdul Halim。シリア。1932年生。政治家。外相(1970-84)。副大統領(1984-)。

ハッサン・ビン・タラール Hassan Bin Talal。ヨルダン。1947年。ヨルダン太子(1965-99)。

ハッサン・ベン・モハムメド Hassan Ben Mohammed。モロッコ。1929-1999。モロッコ国王ハッサン二世(在位1961-99)。

バッテンハイム（リサ）Battenheim, Lisa。米国。国連職員。政治職として国連休戦監視機構(1985-6)、特別政治案件室(1986-8)、事務総長執行部(1989-)に勤める。

パティル（ヴェンキー）Patil, Venky。インド。軍人。国連イラン・イラク軍事監視団バグダード監視主任代行(1988-90)。

ハナイ(デイヴィッド)Hannay, David。英国。1935年生。外交官。英国の国連大使(1990-5)。駐キプロス英国・欧州連合特別代表(1996-)。

パニッチ（ミラン）Panić, Milan。ユーゴ(セルビア)・米国。実業家(製薬)、政治家。1956年米国へ移住、1991年帰国。ユーゴスラビア連邦共和国の首相(1992)、大統領選挙の候補者、落選(1992)。

バビッチ(ミラン)Babić, Milan。ユーゴ(セルビア系クロアチア住民)。1956年生。歯科医、政治家。「クラジナ・スルプスカ(=セルビア人の土地)共和国大統領」(1990-2)。

ハマーショルド（ダグ）Hammarskjöld, Dag。スウェーデン。1905-61（飛行機事故死）。外交官、公務員。第二代国連事務総長(1953-61)。索引12, 20, 43原註, 156, 164, 354。

ハマデー（アブドゥル・ハディ）Hamadeh, Abdul Hadi。レバノン（シーア派イスラム教徒）。神の党Hizbullahの公安機構の指導的人物。

ハムテニャ（ヒディポ）Hamutenya, Hidipo。ナミビア。1939年生。政治家。1960年、南西アフリカ人民機構に入り、1981年、同情報長官、1990-4年、情報放送相。

ハンダル（シャフィク）Handal, Schafik。エルサルバドル。政治家。共産党主席。ファラブンド・マルティ国民解放戦線Frente Farabundo Martí para la Liberación Nacionalの五人の司令の一人。

バンチ（ラルフ）Bunche, Ralph。米国。1904-71。政治学者、国家公務員、国連職員(1946-71)。イスラエルと隣のアラブ諸国との間の休戦協定を仲介したことで1950年にノーベル平和賞を受賞。索引12, 51。

ピアソン（レスター）Pearson, Lester Bowles。カナダ。1897-1972。政治家(自由党)。外相(サン=ロラン内閣1948-57で)。首相(1963-8)。索引164。

ピエナール（ルイス）Pienaar, Louis。南アフリカ。1926年生。法律家、外交官、政治家。駐仏大使(1975)、ナミビア行政総官(1985-90)、内務環境相(1990-3)。

ヒギンズ（ウィリアム「リッチ」）Higgins, William 'Rich'。米国。1943年生、1988ないし

9年に殺害。米海兵隊。国連休戦監視機構レバノン監視団長（1987-8）。1988年2月、拉致。

ヒギンズ（ロビン）Higgins, Robin。米国。米海兵隊員。ヒギンズ大佐の妻。

ピッカリング（トーマス）Pickering, Thomas。米国。1931年。外交官。大使としてヨルダン（1974-8）、ナイジェリア（1981-3）、エルサルバドル（1983-5）、イスラエル（1985-8）、国連（1989-92）、インド（1992-3）、ロシア（1993-6）に赴任。政治問題担当次官（1997-2000）。

ピッコ（ジャンドメニコ）Picco, Giandomenico。イタリア。国連職員、国際諮問委員。1973年国連事務総局入り。キプロス、特別政治案件室、事務総長執務室で、ペレ＝デ＝クエヤルと働く。ベイルートで拉致された西側の人質の釈放交渉に携る（1990-1）。

ヒュッター（ヨアヒム）Hütter, Joachim。ドイツ。国連職員。駐レバノン国連暫定軍、駐キプロス国連軍の上級顧問。特別政治案件室（1990-2）、平和維持活動局（1992-）。

ブートロス＝ガリ（ブートロス）Boutros-Ghali, Boutros。エジプト。1922年生。法学者、記者、公務員、政治家。国務相（1977-91）、外務担当副首相（1991-2）、第六代国連事務総長（1992-6）。索引9, 14, 36, 54, 84, 234, 256-7, 310, 363, 382, 415;『平和のためになすべきこと』21, 32, 33, 54-5;『平和のためになすべきこと・追補』24, 27-8; 国連事務総局40-1, 69-70; キプロス69; 事務次長の外出について175-6, 321; ユーゴ229, 361, 381-3, 387, 389-90, 392-400, 403, 407-8, 410-1, 425; アンゴラ237-42, 247-9; 西サハラ268-9; 中米298, 299, 303, 305-8; カンボジア318, 320-2, 326-7, 331; ハイチ342-3; ソマリア344-8, 425; アフリカにおける平和維持について344; 安保理との関係397-8。

プーナ（ミグエル・ンザウ）Puna, Miguel, N'zau。アンゴラ（カビンダ州）。軍人、政治家。アンゴラ完全独立国民連合の事務総長（1968-91）。1992年2月、サヴィムビが同連合役員を数名殺害したとして、離脱。

ファイセル（グスタフ）Feissel, Gustave。米国（アルザス系）。1937年生。国連職員。種々の経済職（1963-84）、特別政治案件室（1984-8）、事務総長執務室（1988-90）、キプロス担当事務総長特別代表代理ないし副代表（1990-7）。

ファドララー（シャイク・サイード・ムハムマド・フセイン）Fadlallah, Shaikh Sayyid Muhammad Husain。レバノン（シーア派イスラム教徒）。1935年生。イラクで生まれ、教育を受けた。1966年にレバノンに移った。神の党（ヒズブラー）の1978年設立以来の精神的指導者（本人は否定）。

ファラー（アブデルラヒム・「おやじ」）Farah, Abdelrahim 'Abby'。ソマリア。1919年生。外交官、国連職員。国連大使（1965-9）、国連特別政治問題（脱植民地化問題）担当事務次長（1973-91）。

フィラリ（アブデルラティフ）Filali, Abdellatif。モロッコ。1928年生。外交官、政治家。外相(1985-98)、首相(1994-8)。

フォルティエ（イヴ）。Fortier, Yves。カナダ。1935年生。法律家、外交官。カナダの駐ニューヨーク国連大使1988-92)。

フセイニ（フセイン）Husseini, Hussein。レバノン（シーア派イスラム教徒）。1937年生。レバノン抵抗運動大隊Amalの初代事務局長(1970年代中頃)。国会議長(1984-92)。

フセイン（アフメド）Hussein, Ahmed。イラク。外相(1991)。

フセイン（サダム）Hussein, Saddam。イラク。1937-。政治家。イラク大統領(1979-2003)。

フセイン・ビン・タラール Hussein bin Talal。ヨルダン。1935-1999。ヨルダン国王。（訳註、ハシム家 Hashem。ハシミテというのは、ハシムに付いた英語の形容詞形成接尾辞 ite を英語と気づかず放置したもの）。

ブッシュ（ジョージ）(父)Bush, George。米国。1924-。政治家。国連大使(1971-2ニクソン政権)、駐中国大使（1974-5フォード政権)、中央諜報局長官（1976-7フォード政権)、副大統領(1981-9レーガン政権)、大統領(1989-93)。

フライシュハウエル（カール・アウグスト）Fleischhauer, Carl-August。ドイツ。1930年生。国際法曹、外交官、国連職員。国連法律顧問(1983-94)。国際司法裁判所判事(1994-)。

フラウィ（エリアス）Hrawi, Elias。レバノン(マルン派キリスト教徒)。1930年生。レバノン大統領(1989-98)。

ブラヒミ（ラクダル）Brahimi, Lakhdar。アルジェリア。1934年生。外交官、政治家、国連職員。アラブ連盟事務次長（1984-91)、レバノンに関するタイフ協定の作成者(1989)、外相（1991-3)、ザイール担当事務総長特使（1993)、イエメン担当事務総長特使（1994)、リベリア担当事務総長特使（1994)、南アフリカ（選挙）担当事務総長特別代表(1993-4)、ハイチ担当事務総長特別代表(1994-6)。訳註、国連平和活動についての独立検討委員会の委員長（2000)。イラク担当事務総長特別顧問（2004)。

フランサ（アントニオ・ドス=サントス、戦時名「**ンダル**」）França, António dos Santos ('Ndalu')。アンゴラ。軍人。1980年代はじめからアンゴラ解放人民軍Forças Armadas Populares da Libertação de Angolaの参謀長。ナミビアとアンゴラの和平交渉と実施に中心的役割を演じる。1992年12月、同年の選挙の失敗の後、失脚。

ブレイク（ジョージ）Blake, George。英国の二重スパイ。

フレイシュア（ロバート）Frasure, Robert。米国。外交官。米国務省のクロッカーのアンゴラ・ナミビア班の在ロンドン大使館担当班員。1995年にボスニアでデイトン合意についてホルブルック（訳註、Richard C. Holbrooke、1941年生まれのベトナム語に堪能な米外交官で1973年の米越和平交渉に携り、1994年、駐独大使から欧州・カナダ問題担当次官に任命された）と仕事をしている時、事故死。

プレム＝チャンド（デワン）Prem Chand, Dewan。インド。1916年生。軍人。1937年インド軍入隊。コンゴ国連軍（1962-3）に従軍、駐キプロス国連軍司令官（1969-76）、国連移行支援団（ナミビア）軍司令官（1989-90）。

ブロヴェト（スタネ）Brovet, Stane。ユーゴスラビア（スロベニア）。海軍士官。連邦副国防相（1991-2）。

プロラ（ハイッキ）Purola, Heikki。フィンランド。軍人。特別政治案件室の軍事職員（1990年代初期）。

フン・セン Hun Sen。カンボジア。1952年生。政治家。ポル・ポト派（1970-7）、親ベトナム派カンボジア人戦線に合流（1977）、外相（1979-85）、首相（1985-93）、王国政府第二首相（1993-8）、首相（1998-）。

ベイカー（ジェイムズ三世）Baker, James III。米国。1930-。法律家、政治家。財務長官（1985-8レーガン政権）、国務長官（1989-92ブッシュ（父）政権）。西サハラ担当国連特使（1997-）。

ベイリー（クリントン）Bailey, Clinton。イスラエル。1936-。学者、国家公務員。イスラエル国防軍の様々な諮問役を勤めた。レバノン南部のレバノン抵抗運動大隊（アマル大隊）との連絡官（1982-5）。

ペトロフスキー（ヴラディミル）Petrovsky, Vladimir。ソ連（ロシア）。1933年生。外交官、国連職員。副外相（1986-91）、国連政治局担当事務次長（1992）、国連ジュネーヴ事務局総長（1993-2002）。

ベヒール（ムスタファ・サイード）Béchir, Mustapha Sayid。西サハラ。1950-。政治家。「サグィア・エル＝ハマとリオ・デ・オロ解放人民戦線」の事務次長（1976-82）、同執行委員会外務担当委員（1988-）。

ベリ（ナビー）Berri, Nabih。レバノン（シーア派イスラム教徒）。1938年シエラレオーネ生。法律家、政治家。レバノン抵抗運動大隊（アマル大隊）の隊長（1980-）。レバノン国会議長（1992-）。

ペルティィエ（ミシェル）Pelletier, Michel。フランス。国連特別政治案件室、のちに平和維持活動局の職員。

ベルナドッテ（伯爵、フォルケ）Bernadotte, Count Folke。スウェーデン。1895-1948（暗殺）。和平斡旋家。国連パレスチナ仲介役（1948）。

ペレ＝デ＝クエヤル（ジャヴィエル）Pérez de Cuéllar, Javier (Xavier)。ペルー。1920-。法学者、外交官、政治家。国連事務総長のキプロス担当特別代表（1975-7）、特別政治案件担当事務次長（1979-81）、第五代国連事務総長（1982-91）。索引5-10, 27, 32, 34, 37-40, 54, 310; 国家主権と介入問題32; 和平斡旋家として43原註, 159-60; キプロス65-7, 70; 事務総局262; アラブ・イスラエル紛争71; レバノン90, 92; パレスチナ問題に関す

ペレス（カルロス・アンドレス）Pérez, Carlos Andrés。ヴェネズエラ。政治家。大統領（1974-9と1989-93）。

ペレス（シモン）Peres, Shimon。イスラエル。1923年生。政府役員、政治家。首相（1984-6）、副首相（1986-90）、外相（1986-8と1992-5）。

ベン＝ベン Ben-Ben（戦時名、実名不詳）。アンゴラ。サヴィムビの甥。軍人（アンゴラ完全独立国民連合）。同軍の参謀総長（1992-3）。

ホグ（ダグラス）Hogg, Douglas。英国。1945年生。政治家。外務英連邦省の閣外相（1990-5）。

アル＝**ホス**（サリム）al-Hoss, Salim。レバノン（スンニー派イスラム教徒）。1929年生。学者、財務官、政治家。首相（1976-80と1987-90）。

ボックBock（戦時名、実名不詳）。アンゴラ。軍人（アンゴラ完全独立国民連合）。サヴィムビの軍事顧問（1992）。

ボタ（ピーター・ヴィレム）Botha, Pieter Willem。南アフリカ。1916-。政治家。南アフリカ国家大統領（1984-9）。

ボタ（ロェロフ・フレデリック）Botha, Roelof Frederik。愛称ピックPik。南アフリカ。1932-。法律家、外交官、政治家。

ホメイニ（ルホラー）Khomeini, Ruhollah。イラン。1900-89。聖職者（アヤトラー Ayatollah）、政治家。1979年のイランにおけるイスラム革命の指導者。

ポル・ポト（サロト・サルの偽名）Pol Pot (Saloth Sar)。カンボジア。1925-1998。政治家。カンボジア共産党ポル・ポト派の首領。首相（1976-9）、1985年、指導職から離れる。

ホルスト（ヨーハン・ヨルゲン）Holst, Johan Jørgen。ノルウェー。1937-94。政治家。国防相（1986-9と1990-3）、外相（1993-4）。訳註、イスラエルのラビン首相とパレスチナ解放機構のアラファト議長の間の1993年のオスロ協定の仲介者。

ホワイト（トム）White, Tom。1938年生。軍人。国連職員。本部の派遣活動部（1985-9）、第一次・第二次国連アンゴラ検証使節の事務主任（1989-92）。

ポンチェ（エミリオ）Ponce, Emilio。エルサルバドル。軍人、エルサルバドル和平協定の時点で、国防相。

ま行

マーフィー（リチャード）Murphy, Richard。米国。外交官。駐シリア大使(1978-81)、駐サウジ・アラビア大使(1981-3)、国務省近東南アジア担当次官補(1983-9)。

マズィレ（ケット）Masire, Quett。ボツワナ。1925年生。政治家。ボツワナ大統領（1980-98)。

マッケンジー（レウィス）Mackenzie, Lewis。カナダ。軍人。在中米国連監視団の監視主任代行(1991)、国連保護軍のサライェヴォ軍管区司令官(1992)。

マヌヴァコラ（エウゲニオ）Manuvakola, Eugénio。アンゴラ。軍人、政治家。アンゴラ完全独立国民連合の事務次長(1992)。

マフムチェハジッチ（ルスミル）Mahmućehajić, Rusmir。ユーゴ(ボスニア)。政治家。

マルティッチ（ミラン）Martić, Milan。ユーゴ(セルビア系クロアチア人)。警察官、政治家。クニンの警察長官(1990-2)、「セルビア系クラジナ共和国」大統領(1992-5)。

マルティネス＝ヴァレラ（フアン）Martinez Varela, Juan。エルサルバドル。クリスチャニ政権の内相。

マンツ（ヨハネス）Manz, Johannes。スイス。外交官。西サハラ担当国連事務総長特別代表(1990-1)。その後、スイスの国連常駐傍聴官。

ミシャーリン（ヴラディスラヴ）Misharin, Vladislav。ソ連(ロシア)。国連特別政治案件室の管理職(1985-90)。

ミテラン（フランソワ）Mitterrand, François。フランス。1916-96。政治家(社会党)。フランス大統領(1981-95)。

ミルズ（バーナード）Mills, Bernard。英国。国連職員(救済事業部)。国連救済事業部のヨルダン川西岸地区での活動の取締役(1987-8)。

ミルナー（クライヴ）Milner, Clive。カナダ。1936年生。軍人。国連休戦監視機構と国連兵力引き離し監視軍の国連軍事監視員（1975-6)、駐キプロス国連軍の司令官(1989-92)。

ミロシェヴィッチ（スロボーダン）Milošević, Slobodan。ユーゴ(セルビア)。1941年生。セルビア大統領（1990-7)。ユーゴスラビア連邦共和国大統領（1997-2000)。旧ユーゴ国際刑事裁判所に訴追される。

ムウィニー（アリ・ハッサン）Mwinyi, Ali Hassan。タンザニア。1925年生。教師、外交官、政治家。タンザニア大統領(1985-95)。

ムガベ（ロバート）Mugabe, Robert。ジンバブエ。1924年生。自由の戦士、政治家。ジンバブエ首相(1980-7)、大統領(1988-)。

ムデンゲ（スタニスラウス）Mudenge, Stanislaus。ジンバブエ。1941-。学者、外交官、政治家。国連大使(1980年代後半)、外相(1995)。

ムバラク（ムハムマド・ホスニ）Mubarak, Muhammad Hosni。エジプト。1928年生。空軍士官、政治家。エジプト大統領（1981-）。

ムラディッチ（ラトゥコ）Mladić, Ratko。ユーゴ（セルビア系ボスニア人）。1943年生。軍人。ユーゴ人民軍のクニン部隊司令官（1991-2）、ボスニアのセルビア系軍の司令官（1991-6）。旧ユーゴ国際刑事裁判所被告人。

メイジャー（ジョン）Major, John。英国。1943年生。政治家。外務英連邦相（1989）、首相（1990-7）。

メスティリ（マフムード）Mestiri, Mahmoud。チュニジア。1929年生。外交官、政治家。国連大使（1986-7）、外相（1987）、駐エジプト大使（1988-90）、国連事務総長のアフガニスタン担当特別代表（1991-4）。

モートロック（ロジャー）Mortlock, Roger。ニュージーランド。軍人。国連アンゴラ検証使節のフアムボ地区司令官（1992）。

モハムメド（アリ・マフディー）Mohammed, Ali Mahdi。ソマリア。政治家。1991年1月のシアド・バーレ政権転覆にアイディードと一緒に参加したが、首都モガデシュの支配権をめぐりアイディードと抗争。

モリアーティ（マイケル）Moriarty, Michael。アイルランド。1931生。国連移行支援団（ナミビア）のアンゴラ派遣隊長（1989-90）。

や行

ヤコヴー（ゲオルギオス）Iacovou, Georgios。キプロス（ギリシャ系）。1938年生。外交官、政治家。外相（1983-93）。

ヨヴィッチ（スラヴコ）Jović, Slavko。ユーゴ（セルビア系ボスニア人）。1926年生。軍人。国連イラン・イラク軍事監視団の監視主任（1988-90）。

ら行

ラカヨ（アントニオ）Lacayo, Antonio。ニカラグア。ヴィオレタ・チャモロ女史の義理の息子で、1990年、女史の大統領正式就任前の事務局長で、その後、大統領府大臣。

ラシェタ（アンドゥリヤ）Rašeta, Andrija。ユーゴスラビア。軍人。ユーゴ人民軍第五軍管区司令官（1991）。

ラナ（ジャイ・プラタプ）Rana, Jai Pratap。ネパール。外交官。国連大使（1980年代終り）。

ラビン（イツァーク）Rabin, Yitzhak。イスラエル。1922-1995暗殺。軍人、政治家。イスラエル国防軍の参謀長（1964-8）、首相（1974-7）、国防相（1984-92）、首相（1992-5）。

ラフード（エミル）Lahoud, Emile。レバノン（マルン派キリスト教徒）。1936-。海軍士官、

原著者略歴
マラック・アーヴィン・グールディング（サー）
1936年　生
1959年　オックスフォード大学モードレン・カレッジ卒（人文）
　同年　英外務省入省、同省在ベイルート中東アラブ研究所入所
1961年　在クウェート大使館勤務
1964年　本省勤務
1968年　在リビア大使館勤務
1970年　在エジプト大使館勤務
1971年　外務政務次官付秘書官
1975年　内閣府審議官
1977年　在ポルトガル大使館参事官
1979年　英国国連常駐代表部主席参事官
1983年　アンゴラ及びサントメ・プリンシペ担当大使
1986年　国連事務局に特別政治案件担当事務次長として入局
1992年　国連事務局内の平和維持活動局長
1993年　国連事務局内の政治局長
1997年　国連事務局を引退
　同年　オックスフォード大学セント・アントニーズ・カレッジの学長

訳者略歴
幡新　大実（はたしん　おおみ）
1966年生、東大法学部卒、英国法廷弁護士
1997年、オックスフォード大学セント・アントニーズ・カレッジ所属
2004年、同カレッジ上級客員研究員

国連の平和外交

2005年8月15日　　初　版第1刷発行　　〔検印省略〕

＊定価はカバーに表示してあります

訳者 ©幡新大実／発行者 下田勝司　　印刷/製本 中央精版印刷

東京都文京区向丘1-20-6　郵便振替00110-6-37828
〒113-0023　TEL (03)3818-5521　FAX (03)3818-5514
発行所 株式会社 東信堂

Published by **TOSHINDO PUBLISHING CO., LTD.**
1-20-6, Mukougaoka, Bunkyo-ku, Tokyo, 113-0023, Japan
E-mail : tk203444@fsinet.or.jp　http://www.toshindo-pub.com

ISBN4-88713-620-X C3031

東信堂

（シリーズ 社会学のアクチュアリティ：批判と創造 全12巻＋2）

クリティークとしての社会学—現代を批判的に見る眼　西原和久・宇都宮京子 編　一八〇〇円

都市社会とリスク—豊かな生活をもとめて　藤田弘夫・浦野正樹 編　一八〇〇円

（シリーズ世界の社会学・日本の社会学叢書）

タルコット・パーソンズ—最後の近代主義者　中野秀一郎　一八〇〇円

ゲオルク・ジンメル—現代分化社会における個人と社会　居安正　一八〇〇円

ジョージ・H・ミード—社会的自我論の展開　船津衛　一八〇〇円

アラン・トゥーレーヌ—現代社会のゆくえと新しい社会運動　杉山光信　一八〇〇円

アルフレッド・シュッツ—主観的時間と社会的空間　森元孝　一八〇〇円

エミール・デュルケム—社会の道徳的再建と社会学　中島道男　一八〇〇円

レイモン・アロン—危機の時代の透徹した警世家　岩城完之　一八〇〇円

フェルディナンド・テンニエス—ゲマインシャフトとゲゼルシャフト　吉田浩　一八〇〇円

カール・マンハイム—時代を診断する亡命者　澤井敦　一八〇〇円

費孝通—民族自省の社会学　佐々木衞　一八〇〇円

奥井復太郎—都市社会学と生活論の創始者　藤田弘夫　一八〇〇円

新明正道—綜合社会学の探究　山本鎭雄　一八〇〇円

米田庄太郎—新総合社会学の先駆者　中久郎　一八〇〇円

高田保馬—理論と政策の無媒介的統一　北島滋　一八〇〇円

戸田貞三—家族研究・実証社会学の軌跡　川合隆男　一八〇〇円

（中野卓著作集・生活史シリーズ 全12巻）

生活史の研究　中野卓　二五〇〇円

先行者たちの生活史　中野卓　三二〇〇円

トクヴィルとデュルケーム—社会学的人間観と生の意味　菊谷和宏　三〇四八円

マッキーヴァーの政治理論と政治的多元主義　町田博　四二〇〇円

〒113-0023 東京都文京区向丘1-20-6　☎TEL 03-3818-5521 FAX 03-3818-5514 振替 00110-6-37828
Email tk203444@fsinet.or.jp　URL: http://www.toshindo-pub.com/

※定価：表示価格（本体）＋税